| 요한계시록 주석 12-22장 |

개봉된 책

| 한명철 지음 |

쿰란출판사

이 책을 함께 멍에를 멘
사랑하는 아내와 복음의 동역자들께
삼가 바칩니다.

‖ 들어가는 말 ‖

요한계시록은 성경 마지막에 위치한 신약 유일의 묵시적 계시서다. 본서가 성경의 맨 마지막에 위치한 것은 다른 성경의 책들에 비해 덜 중요해서가 아니다. 창세기가 성경의 첫 자리를 차지했다 하여 가장 중요한 책이 아니듯 계시록이 마지막에 있다 해서 가장 무가치한 책은 아니다. 성경의 각 책은 각각의 특징 있는 가치와 함께 모두가 동일한 무게를 지니고 있다. 계시록은 성령의 감동을 받은 저자에 의해 쓰인 신약 정경 27권 중의 한 책으로 신약의 나머지 책들과 동일한 권위와 영예를 가진다. 계시록은 환상들과 숫자들, 초인적인 인격들과 동물들, 의미심장한 색깔들 같은 신비한 분위기와 이상한 느낌 때문에 많은 사람들의 흥미를 자아내었다. 계시록은 신자들에게도 매력 있는 책으로 나타났지만 그런 만큼 사랑을 받아오지는 못했다. 대개가 지적인 호기심이나 상징풀이의 교과서로 여기든지 아니면 본서를 그저 예언의 성취와 같은 미래의 안내 책자 정도로 여길 뿐이었다.

불행하게도 계시록은 이단 종파의 종말론을 지지하기 위한 증거 본문(proof text)으로 마구 인용, 해석되었으며 그로 인하여 교회에 해악을 끼치게 되자 설교자들은 목회적인 이유에서 본서를 무의식중에라도 피하게 되고 간혹 가볍게 다루는 것만으로 만족해 오곤 했다. 그러자 계시록은 일단의 극단론자들의 전유물이 되어 버려서 제멋대로 다루어졌으며, 세계 종말이나 아마겟돈 전쟁이나 인류의 파멸과 같은 주제만을 강조함으로 '축복과 위로의 책'인 본서는 '공포와 재앙의 책'으로 둔갑해 버리고 말았다.[1] 역사적으로도 계시록은 유독 타

성경의 책들에 비하여 수난을 많이 받아 왔다. 때로는 정통을 주장하는 측에서 또 때로는 이단으로 낙인찍힌 측에서 계시록이 반박되었다. 가톨릭과 종교개혁자들 간의 싸움에서는 계시록이 양측에 의해서 부당하게 곡해되기도 했다. 오늘날에 이르기까지 혹자는 계시록을 평가절상해서 다른 성경들보다 우월하게 취급해 왔는가 하면, 혹자는 반대로 평가절하해서 다른 거룩한 책들에 비해 낮게 다루어 왔다. 아니면 아예 관심조차 두지 않으려 했다. 그러나 이 모든 태도들은 극단적이고 무책임한 것으로 비판되어야 한다.

이제 성실한 성경학도들은 뜨거운 기도와 진지한 연구를 통하여 계시록의 오도된 권위와 실추된 영예를 회복시켜야만 한다. 계시록에 대한 온갖 오해도 불식시켜야 한다. 또한 계시록이 일반 신자들에게

---

1) 이와 같은 경향의 저서들은 헤아릴 수 없을 정도로 많다. 개중에는 정당하게 고려되어야 할 부분들도 있지만 전체적으로 보아 경계해야 마땅하며, 복음주의적인 교회들은 이에 경각심을 가져야만 한다. 몇 가지 저서들을 추려 보자면 다음과 같은 것들이 있다. Hal Lindsey, *There's a New World Coming* (Santa Ana : Vision House, 1973); *The Terminal Generation* (New Jersey : F.H. Revell, 1976); David Jeremiah가 C.C. Carlson과 함께 저술한 책 *Escape the Coming Night* (Dallas, London, Vancouver, Melbourne : Word Publishing,1990); 그리고 역시 Carlson과 공저(共著)한 *The Late Great Planet Earth* (Grand Rapids : Zondervan Publishing House, 1970), 특히 이 책은 출판된 지 4년 만인 1974년에 이미 42판을 찍어냈고, 그로부터 7년 만인 1981년에는 무려 1천 8백만 부를 판매하는 대기록을 세웠는데, 이것을 월별로 환산해 보면 대략 월 2만 부씩 팔렸다는 결론이 된다. J.P. Newport, *The Lion and the Lamb* (Nashville : Broadman Press, 1986), pp. 24f.에 따르면 1970년대에 Lindsey는 같은 종류의 책을 다섯 권이나 출판하였는데, 10년이 채 못 되어 약 3천만 권이나 팔렸다. 린제이는 Dallas Theological Seminary에서 신학훈련을 받았으며, Walvoord나 J. Dwight Pentecost 같은 이의 영향을 많이 받았다. 이외에도 예언 잡지류와 예언 소설류, 그리고 전파 매체들을 이용한 방송 프로그램, 직업적인 텔레비전 설교가들의 왕성한 활동들이 이러한 경향을 더욱 부추기고 있는 실정이다. 1992년 10월 28일 자정의 휴거설을 주장하여, 한국교회를 한때 혼미하게 만들었던 이장림 목사의 소위 [다미시리즈]인 《다가올 미래를 대비하라》, 《하늘문이 열린다》, 《경고의 나팔》 등도 엄청난 분량이 팔려 나갔었다.

흥미만이 아니라 사랑의 대상으로서 공포와 재앙의 선고만이 아니라 위로와 축복의 선포로 가득 찬 책임을 인식시켜 주어야 한다. 또한 책임 있는 설교자들도 부단한 정성으로 계시록에 감추인 보화를 캐내어 이 시대에 적합한 메시지로 확실히 제시하고 담대히 증거하여야 한다. 요한계시록은 당시 소아시아의 일곱 교회뿐만 아니라 새로운 세기를 살아가는 오늘날의 우리들에게도 동일한 가치와 영감과 능력을 제공해 줄 수 있기 때문이다. 여기에 본서를 주의 깊게 연구하는 학문적인 보람과 목회적인 차원에서의 의의가 있을 것이다.

계시록에 대한 전반적인 이해를 돕기 위하여 서론 부분에 상당한 공력을 들였다. 한글성경은 개역을 따랐다. 보혜사 성령께서 우리 모두에게 학자의 영으로 충만케 해주시기를 간구드린다. 눈에서 비늘을 벗겨 주시고 성령의 안약을 발라 주시기를 갈구한다. 지혜와 계시의 영으로 인해 영혼과 삶에서 닫힌 것이 열리고, 맺힌 것이 풀리고, 막힌 곳이 뚫려 은혜를 지나 진리의 세계로 전진하는 진정한 벗김을 경험하게 되기를 바란다. 귀한 일에 기도로 함께 동참해 주신 쿰란출판사의 이형규 장로님과 수고하신 팀원들에게 감사를 드린다. 또한 물심양면으로 격려와 협력을 아끼지 않으신 귀한 동역자들께도 주님의 깊은 위로를 빈다.

2014년 5월

캘리포니아의 프리몬트에서

한명철 목사

‖ 목 차 ‖

개봉된 책

제2부

개봉된 책(12-22장)

요한계시록은 한 권의 책이다. 그러나 계시의 내용이 보다 감추어지고 드러난 측면에서 둘로 구분이 된다. 편의상 전반부를 인봉된 책(1-11장)으로 후반부를 개봉된 책(12-22장)으로 나누었다. 개봉된 책에서는 빛과 어둠의 투쟁을 담고 있는 넷째 환상(12-14장), 일곱 대접으로 구성된 다섯째 환상(15-16장), 바벨론의 멸망과 그리스도의 승리를 다루고 있는 여섯째 환상(17-19장), 심판과 갱신의 장면이 묘사된 일곱째 환상(20:1-22:5), 그리고 결론 부분(22:6-21)으로 이루어져 있다. 그리고 전반부의 인봉된 책에 나타난 구원의 환상(7:1-17)인 첫째 막간, 사역의 환상(10:1-11:13)인 둘째 막간에 이어 역시 후반부의 개봉된 책에도 심판의 환상(14:6-20)인 셋째 막간이 수록되어 있다.

V. 넷째 환상 : 빛과 어둠의 투쟁(12:1-14:20)

11:19은 일곱 나팔의 종료임과 동시에 곧 뒤이어 나올 환상을 소개한다. 하늘에 열린 성전으로 끝난 11장은 12장에서 하늘에 있는 큰 이적으로 시작한다. 이는 8:1-5에서처럼 일곱 인을 마무리하면서 일곱 나팔이 소개되는 것과 동일한 구조의 문학적 맥락이다. "번개와

음성들과 뇌성과 지진과 큰 우박"이 환상의 서두를 이루는 것은 4장의 보좌 환상과도 매우 비슷하다(4:5). 계시록에서 하늘이 열리거나 하늘의 성전이 열림은 중요한 환상이 주어짐을 뜻한다(4:1, 15:5, 19:11). 12-14장의 내용은 계시록의 심장부에 해당한다. 본서에서 다루고 있는 여러 주제들 가운데서 핵심적인 내용이 이곳에 몰려 있다. 하나님과 그의 백성들을 상대로 용과 그의 추종자들이 싸우고, 또한 어린양은 그의 적대자인 짐승과 싸운다. 이전의 환상들과 다른 새로운 환상들이 12-14장에 걸쳐 풍성하게 나타난다.

12-14장도 역시 다른 환상들과 마찬가지로 '내가 보니'(καὶ εἶδον / 카이 에이돈)나 '볼지어다'(καὶ ἰδού / 카이 이두)와 같은 전형적인 환상의 서론 구조를 따른다. 본문은 크게 네 부분으로 나눌 수 있다. 왈부어드도 일곱의 주요 인물들을 언급하였고(여자, 용, 남아, 미가엘, 여자의 자손, 두 짐승), 키들은 빛과 어둠의 투쟁을 묘사한 일곱 개에 이르는 신탁의 말씀을 찾기도 하였으며, 모리스는 교회의 환난에 일곱의 이적을 연관시키려 시도하였으나 역시 인위적인 요소가 강하다는 비판을 면할 수 없다.

① 여자와 남아가 용과 벌이는 투쟁(12:1-17)
② 두 짐승의 박해(13장)
③ 시온 산의 어린양과 144,000(14:1-5)
④ 셋째 막간 : 심판의 환상(14:6-10)

비얼은 넷째 환상 부분을 12:1-15:4까지 늘려 잡아서 요한의 일곱 구조를 따라 일부를 세분화하여 일곱 부분으로 나누었지만 인위적인 시도가 엿보인다.

① 여자와 남아가 용과 벌이는 투쟁(12:1-17)
② 바다에서 나온 짐승의 박해(13:1-10)
③ 땅에서 나온 짐승의 박해(13:11-18)
④ 시온 산의 어린양과 144,000(14:1-5)
⑤ 세 천사가 복음과 심판을 전함(14:6-13)
⑥ 인자의 추수(14:14-20)
⑦ 짐승을 이긴 성도와 승리의 노래(15:2-4)

1. 투쟁들(12:1-17)

어떤 의미에서 12장은 계시록 전체의 중심을 이룬다. 해석도 용이하지 않다. 이것은 마지막 때에 이 세상에서 실현될 어떤 특정한 사건이 아니다. 요한은 철저히 상징적인 언어를 사용하여 마귀와 하나님의 신실한 백성인 교회 사이에 이루어질 갈등을 생생하게 묘사하려 했다. 요한은 유대인들에게 매우 익숙한 민담 설화를 응용하여 자신의 메시지를 전한다. 구약의 시인들과 예언자들은 자신들의 상상력과 영적 이미지를 활용하여 인간 역사 뒤편에서 이루어지는 영적 세계의 실상을 알리려 하였다. 역사의 배후에는 영적 전쟁의 숨가쁜 현실이 있다. 요한은 예언자들이 사용했던 신적 메시지의 효율적인 전달을 위해 자신의 해석이 가미된 상상력에다 성령의 감동을 더한 패턴을 그대로 따르면서 메시지를 전한다.

예루살렘 탈굼 역에는 성전이 파괴되던 날 베들레헴에서 태어난 메시아는 폭풍에 의해 모친에게서 떼어진다. 메시아가 이미 태어났으나 감추어진다는 점이 본 장의 경우와는 다르며, 또한 본 장에서는 그 일이 초자연적이고 영적인 이미지를 더해 더욱 극적으로 강화되었다. 어쨌든 요한은 일곱 영과 일곱 금 촛대, 네 말들과 기수들의 이미지를 통하여 이를 적용하였다. 요한은 하나님과 사탄 사이에 벌어지는 하늘에서의 전쟁과 교회와 사탄의 수하들 간에 벌어지는 땅의 전쟁을 대비시키며 환상의 주제인 빛과 어둠의 투쟁 그 실상을 파헤친다.

하늘의 환상에서(1-12절) 땅의 환상(13-17절)으로 장면이 바뀌면서 영적 전쟁은 세상에 실현될 미증유의 대환난이라는 상태를 보인다. 사탄이 하늘에서 내쫓김으로 늘 위로 오르기만을 추구하던 그가 결국엔 공중 권세 잡은 자의 위치에서마저 쫓겨나 지상으로 하강한다. 사탄의 지상 체류는 그가 지상에서 활동하는 제한된 시기로 이미 앞부분에서 대환난의 기간으로 예시된 바 있다(7:14).

12장은 일곱 나팔과 일곱 대접 사이에 위치해 있다. 본 장은 영구한 세월 동안 지속되어 온 하나님께 대한 사탄의 반역, 십자가에서의 영원한 패배에도 불구하고 마지막 남은 사력을 다해 하나님의 신실한 백성인 이 땅의 교회를 진멸하려는 사탄의 끈질긴 항거를 보여준다. 사탄은 자신의 남은 때가 얼마 되지 않은 것을 잘 알고 있다(12:12). 자신의 최종적 운명을 알고 있는 그는 할 수만 있으면 구속함 받은 영혼들을 자신의 영원한 지배 아래 두고자 마지막 준동에 혼신의 힘을 쏟으려고 하는 것이다. 백위드와 찰스는 12장에 나타난 상징의 기원에 대해 몇 가지 가설들을 간략히 정리했다.

① 디트리히(Dieterich)는 아폴로(Apollo) 탄생의 헬라 신화에서 상징의 기원을 찾으려 하였다. 제우스와의 사이에서 여신 레토(Leto)가 아이를 배었는데, 해산할 날이 가까워 오자 용 파이톤(Python)이 레토와 아이를 죽이려고 한다.

제우스의 명령으로 보레아스(Boreas)가 레토를 해신(海神) 포세이돈(Poseidon)에게 데려오고 아폴로는 오르티기아(Ortygia)란 섬에서 태어난다. 태어난 지 4일 만에 아폴로는 서둘러 파이톤을 죽여 없앤다.

② 궁켈(Gunkel)은 바벨론의 창조 신화와 일곱 머리를 가진 바다의 괴수인 티아맛(Tiamat)과의 갈등에서 영향을 받았을 것으로 추정했다. 빛의 신인 젊은 마르둑(Marduk)이 티아맛을 처단한다.

③ 뵐터(Völter)는 최고의 선신인 오르마즈드(Ormazd)와 최고의 악신인 아흐리만(Ahriman)이 '최고의 영광'을 쟁취하려고 벌인 갈등이라는 페르시아의 신화에서 기원을 보았다. 아흐리만은 머리가 셋 달린 용을 보내서 '최고의 영광'(the great royal glory)을 강제로 갈취하려고 하지만 호수로 도망하여 물의 영(water-spirit)과 더불어 양육 받으며 용의 시도를 좌절시킨다.

④ 부세(Busset)는 신들의 어머니 이시스(Isis)가 용의 박해를 받고 자신의 아이 호루스(Horus)를 외딴 섬에서 양육한 애굽 신화에서 유사성을 발견하기도 하였다. 호루스는 장성한 후에 마술을 이용해서 용을 죽여 없앤다.

새로운 환상으로 시작하지만 12장의 내용은 어디까지나 이전에 진행되었던 환상들과 깊은 연관이 있다. 1-11장에서 교회와 세상 간에 벌어진 영적 갈등들이 더욱 심화되고 발전된 모습을 보인다. 일곱 교회에서 요한이 의도한 바는 여러 가지 다른 상황에서 다양한 형태로 교회가 어려움을 겪지만 그 배후는 교회를 세상과 타협시키려는 원수의 술수임을 밝히고자 함이었다. 교회의 안팎에서 세속의 권력이나 마귀의 영적 도전으로 교회를 변질시키고자 시도했다. 이것이 일곱 인과 일곱 나팔의 재앙으로 구체화되고 가시화되고 영적 전쟁의 양상으로 확대, 강화되었다.

하늘의 천군 천사들이 동원되고 사탄의 측근들이 활약을 펼친다. 온갖 박해가 끊임없이 성도를 괴롭히고 교회를 위협하지만, 하나님의 신실한 백성은 하나님의 철저한 보호 속에서 오히려 고난을 영적 순결을 위한 시금석으로 삼는다. 12장에서는 모든 악의 근원이면서 황충과 마병대로, 각종 재앙으로 세상에 화를 불러왔던 마귀가 '용'의 모습으로 역사의 전면에 등장한다. 그의 출현은 이미 그림자로 비쳐졌다(6:8, 9:11, 11:7). 세상의 끝에 나타나 하나님을 대적할 그에게는 충복들이 있다. 두 짐승, 거짓 선지자, 큰 바벨론 등이다.

A. **여자와 남자 아이와 용**(12:1-6)

12장의 환상 전반부에서 단연 돋보이는 것은 세 인물이다. 아직 태어나지 않은 왕자를 위협하는 적대자가 갓 태어난 아이에 의해 죽임을 당하는 것 같은 이야기나 신화는 고대 세계의 민담 설화나 신화에는 그 소재가 매우 풍부하다. 바로 앞장에서 다루었던 내용들이다. 비얼이 잘 지적했듯이 요한은 당시의 중근동 지역에서 성행하던 헬라, 바벨론, 페르시아, 애굽, 우가리트(Ugarit)의 신화들을 숙지하고 있었으며 이것들의 진수를 구약과 유대 전통의 렌즈를 통해 재해석하여 자신의 책에 반영했을 것이다.

특별한 남자 아이가 태어날 것을 알고 있던 사탄은 만반의 준비를 갖추고 순간적이고 결정적인 살해를 위해 깨어 있다. 그의 흉계는 철저하고 완벽하며 그의 살해 의지는 요지부동이다. 결정적인 때마다 간발의 차로 실패를 반복했던 사탄의 용의주도함은 이때에도 큰 힘을 발휘하지 못한다. 기이한 힘의 개입으로 사탄의 모든 계획은 틀어진다. 해산할 여자를 해하려 하지만 여자는 도주한다. 사탄의 흉계를 비웃듯 아이는 태어나자마자 하늘로 올려진다. 하나님의 보좌로 직행한 그는 권세를 받아 만국을 다스릴 권세자로 돌변한다.

고대 세계의 이교 신화에서도 비슷한 이야기들이 존재한다. 왕의 씨를 죽여 왕권을 찬탈하려는 음모가 아직 태어나지도 않은 왕자에 의해 파멸된다는 투의 설화이다. 그리스 신화에도 아폴로의 출생 비화가 전해져 내려온다. 앞에서도 언급했듯이 모친 레토가 해산하기 직전에 용 파이톤이 아직도 태어나지 않은 아이와 산모를 뒤쫓는다. 레토가 아폴로를 무사히 순산하자 바로 나흘 뒤에 파이톤을 만난 아폴로가 그를 죽인다는 내용이다.

요한이 민간에 알려진 이런 설화나 신화를 몰랐을 리 없다. 그렇다고 해서 요한이 이교주의에 대한 적대감 때문에 본문의 사건 묘사를 위한 기본 줄거리로 그런 자료들을 활용했으리라 보기는 어렵다. 모리스와 존슨은 요한의 기사와 신화나 설화의 내용이 근본적 차이를 보이므로 그러한 가능성을 일체 배제시켰다. 닮은 점이 있다면 선악의 대결이라는 전체적인 구도에서만 그럴 뿐이다.

1 하늘에 큰 이적이 보이니 해를 입은 한 여자가 있는데 그 발아래는 달이 있고 그 머리에는 열두 별의 면류관을 썼더라
2 이 여자가 아이를 배어 해산하게 되매 아파서 애써 부르짖더라
3 하늘에 또 다른 이적이 보이니 보라 한 큰 붉은 용이 있어 머리가 일곱이요 뿔이 열이라 그 여러 머리에 일곱 면류관이 있는데

4 그 꼬리가 하늘 별 삼분의 일을 끌어다가 땅에 던지더라 용이 해산
하려는 여자 앞에서 그가 해산하면 그 아이를 삼키고자 하더니
5 여자가 아들을 낳으니 이는 장차 철장으로 만국을 다스릴 남자라
그 아이를 하나님 앞과 그 보좌 앞으로 올려가더라
6 그 여자가 광야로 도망하매 거기서 일천이백육십일 동안 저를 양
육하기 위하여 하나님의 예비하신 곳이 있더라

1 하늘에 큰 이적이 보이니

"하늘에"(ἐν τῷ οὐρανῷ / 엔 토 우라노)는 4절의 묘사에 비추어 '하늘나라'(heaven)가 아니라 별이 떠 있는 '공중'(sky)에 해당한다. "이적"(σημεῖον / 세메이온)이란 말이 처음 나오지만 본서에 모두 8회 사용되었다. 세 번은 하나님의 특별계시와 관련하여(12:1, 3, 15:1) 그리고 나머지 다섯 번은 사탄의 조력자들이 보인 속임수로(13:3, 13, 14, 16:14, 19:20) 사용되었다. 1절에 나온 한 여자의 '큰 이적'과 3절에 나온 큰 용의 '다른 이적'이 대조적이다. "큰"(Μέγας / 메가스)이란 표현은 신약에서 사용된 전체 194회 중에 계시록에만 82번 나온다. 이 형용사는 하나님의 권능 있는 행위만이 아니라 사악한 영의 파괴적인 행사를 나타내고자 할 때 두루 사용되었다. 예를 들어 사탄은 큰 (붉은) 용(12:3, 9)이요 그의 왕국은 큰 성(11:8, 16:19, 18:16-17), 곧 큰 바벨론(14:8, 16:19, 17:5, 18:2-3)이요 하수인은 큰 음녀(17:1, 19:2)이지만 그의 이적은 하늘에서 기원된 여인의 큰 이적처럼 크지 않다.

해를 입은 한 여자

많은 가톨릭의 주석가들은 본 절의 '해를 입은 한 여자'(γυνὴ περιβεβλημένη τὸν ἥλιον / 귀네 페리 베블레메네 톤 헬리온)를 예수의 육신적 모친인 마리아로 해석하기를 즐겨한다. 중세 교회에서는 여자를 예수의 모친 마리아와 동일시하였고 이러한 해석은 가톨릭 전통에 아직도 현존하고 있다(Beasley-Murray). 그러나 1절의 묘사 자체와 본 장의 남은 부분을 살펴보아도 마리아로 해석하기에는 무리가 많다. 여자가 붉은 용의 추적을 피하여 광야로 도망가서 숨어 지낸 1,260일은 다니엘이 예언한 이스라엘의 환난이며, 신실한 하나님의 백성인 여자의 남은 자손도 마리아의 이미지에 부합되지 않는다. 계시록에는 모두 네 명의 여자가 등장한다. 본 절의 여자를 포함하여 이세벨(2:20), 음녀(17:4), 그리고 어린양의 신부(19:7)이다. 크리스천 사이언스 같은 종파에서는 자신들의 교단을 창설한 여성 지도자를 여자라 우기기까지 하였다.

실질적으로 6세기 이전에는 이 '여자'를 마리아로 해석한 시도가 없었다. 백위드는 메시아의 어미요 크리스천의 어미인(갈 4:26) 여자를 옛 계약과 새 언약을 통틀어서 하나님의 이상적인 백성, 즉 하나님의 모든 백성을 대표한다고 보았다.

찰스도 같은 입장이다. 글라슨은 하나님의 백성인 이스라엘로 보았다. 모리슨은 앞부분의 여자를 이스라엘로, 뒷부분의 여자를 교회의 상징으로 해석했다. 헨드릭슨은 여자를 교회로 이해했다. 성령이라 주장한 이도 있다(Quispel). 시 14:2에는 여호와께서 옷을 입음같이 빛을 입은 것으로 묘사되었다. 그렇다면 해를 (옷처럼) 입은 여자는 위엄을 암시한다.

여자는 마리아가 아니라 메시아적 공동체요 참 이스라엘의 남은 자며 하나님의 이상적 백성으로서의 교회다. 구약에는 하나님과 이스라엘의 관계를 남편과 아내로 표현한 곳이 상당히 많다. 이스라엘은 상징적 의미에서 여호와의 아내로 묘사되기도 했다(사 52:2, 54:5, 6; 렘 31:32; 호 2:19-23). 시온도 여호와의 아내로 언급되었다(사 61:10, 62:3, 5, 11, 66:7, 13). 예언자들은 배역한 이스라엘을 여호와의 부정한 아내로 묘사하기도 했다(사 1:8; 렘 6:2, 23, 14:17, 18:13, 31:4, 21-22; 애 1:6, 15, 2:1, 4, 10; 욜 1:8; 암 5:2; 그리고 렘 4:31 참조).

바울은 자신의 서신서에서 예루살렘을 가리켜 '우리 어머니'라 불렀고(갈 4:26-27), 교회를 그리스도의 신부인 여자로 묘사하였다(엡 5:31-32). 리스트는 마리아의 예수 탄생에 대한 비유적 묘사가 아닌 창조 이전에 천상의 어머니가 천상의 메시아를 탄생한 사실에 대한 묘사로 해석했다. 솔로몬은 예루살렘을 자신의 왕후로 비유했다(아 6:4, 10). 후광의 이미지가 후기 유대 문학에서는 광야생활이나 바벨론 포로기간에 걸쳐 신실한 이스라엘에 적용되었다.

이사야 선지자 역시 회복된 이스라엘을 언급하면서 해와 달이 아니라 여호와 하나님이 이스라엘의 영영한 빛이 되실 것을 언급하였다(60:19-20). 교회의 후광은 의의 태양 되시는 그리스도다. 그리스도의 후광을 업지 못한 교회는 참 교회가 아니다. 세상이 교회를 바라보는 것은 그 자체가 지니고 있는 힘과 능력이라기보다 교회의 배후가 되어 주시는 그리스도의 영광의 광채 때문이다. 하나님의 신실한 백성은 아버지의 나라에서 해와 같이 빛난다(마 13:43). 그들은 빛의 천사로 가장한 사탄의 정체를 파헤치고(고후 11:14) 발 아래 복종시킨다

(롬 16:20).

그 발 아래는 달이 있고……열두 별의 면류관을

달은 아름다움(아 6:10)과 영광(사 24:23, 30:26)을 의미한다. 발 아래 있음은 교회의 통치력을 의미하고, 열두 별의 면류관을 썼음은 교회의 존귀함을 보여준다. 본서에서 면류관은 항상 성도가 장차 획득할 메시아적인 왕권과 연관되어 사용되었다(2:10, 3:11, 4:4, 10, 14:14). 면류관을 나타내는 말이 둘이 있는데 하나는 '스테파노스'(στέφανος)이고 다른 하나는 '디아데마'(διάδημα)이다. 스페파노스는 왕권(royalty)과 관련이 있고(2:10, 3:11, 4:4, 10, 6:2, 9:7, 12:1, 14:14) 디아데마는 통치자의 권세를 나타냈다(12:3, 13:1, 19:12). 면류관은 보통 유리나 잔가지를 이용해서 만들었으나 특별한 경우에는 금으로 세공하기도 하였다(4:4, 10, 9:7, 14:14). 월계수 잎이나 담쟁이넝쿨로 만든 관은 주로 신들에게 바쳐졌고 경기의 우승자나 종교적 축복을 나타내는 데 사용되었다.

수세기를 거치면서 교회가 온갖 시험과 환난, 박해와 시련을 극복하고 타협과 속임수의 난관 속에서도 끝까지 신실하였기에 응당 받을 영광의 보상이었다. 천상의 영광스럽고 영광스러운 모습에도 불구하고 그가 용의 추적을 받는 것은 교회의 현실적인 기원이 하늘이 아니라 땅임을 보여준다. 교회는 이 땅에 세워진 하나님의 천상적 실재이다. 연약함의 뿌리를 지녔으나 무너지지 않고 불안한 환경에 놓여도 담대함을 잃지 않는 하나님의 용사요 영적 전쟁을 위한 세상에서의 마지막 보루다.

세상은 교회를 업신여겨도 교회는 영광스런 하나님의 신부다(렘 2:2). 해와 달과 열두 별과 연관된 여인의 모습은 천상적 보호와 영광, 궁극적인 불멸성을 보여준다. 열두 별은 요셉의 꿈 이야기에서만 나오는 묘사인데(창 37:9), 열두 지파(21:12)와 열두 사도(21:14)에 대한 묘사 또는 둘 다를 포함하는 것일 수도 있다. 비얼을 비롯한 많은 주석가들은 '열두 별의 면류관'을 열두 지파에 대한 상징으로 이해하였다(Wikenhauser, Weiss, Bousset, Glasson, Behm, Roloff, Prigent, Thomas, Walvoord, Morris, Kraft, Zahn). 요셉의 꿈속에서 해와 달과 열한 별이 나타나 요셉에게 절한 장면이 그려졌다(창 37:9-10). 해는 야곱, 달은 라헬, 열한 별은 요셉의 형제들이니 열두 별은 열두 족장을 상징함이 틀림없다. 창세기 기사에 따르면 요셉의 꿈을 다른 이들은 이해하지 못했어도 야곱과 당사자인 요셉만은 정확히 알고 있었다(창 37:11). 이것이 성경에서 유일하게 찾아볼 수 있는 해와 달과 열두 별의 내용이다. 스위트와 마운스는 열두 제자로 보았고, 로메이어는 이상적인 이스라엘로서 교회 자체로 이해했다. 아운을 중심한 몇몇 학자는 12궁도에 대한 언급으로 이해하였다(Charles, Beasley-Murray, Beckwith). 아이언사이드는 '해'를 새 언약의 영광으로, '달'을 옛 언약의 영광으로 해석했다.

2 이 여자가 아이를 배어……아파서 애써 부르짖더라

'해산하게 되매'(βασανιζομένη τεκεῖν / 바사니조메네 테케인)에서 '해산하게'(τεκεῖν / 테케인)는 매우 이례적으로 사용된 부정사인데 고통의 목적을 나타내는 설명적 보족어에 속한다. 곧 목적 부정사이다. 앞에 있는 분사인 "배어"(ἔχουσα / 엑수사)와 뒤따라오는 "아파서"(ὠδίνουσα / 오디누사)가 내포한 갈망의 개념에 지배를 받는다. 구약에서는 속박 당한 이스라엘을 '구로하는 여인'으로 묘사했다(사 26:17, 66:7; 미 4:10). 구로함은 곧 생산케 될 것을 예상한다. 이스라엘은 속박과 고난의 아픔을 통하여 해방의 순산을 맞이했다.

이사야는 날랜 뱀 곧 꼬불꼬불한 리워야단을 크고 강한 칼로 벌하고 바다에 있는 용을 죽이심으로 이스라엘의 해방을 가져왔다고 했다. 하지만 이곳에서는 태어날 아기를 삼키려는 용 앞에서 여자는 아이를 생산하였다. 이는 교회가 박해 속에 놓였다 해도 사탄의 척살 위협을 능히 견디며 '그 아이'를 낳는다는 것을 의미한다. 이 단어가 복음서에서는 형벌이나 시험, 박해 등에 연관해 사용되었다(마 8:6, 29, 14:24; 막 5:7, 6:48; 눅 8:28; 벧후 2:8). 계시록에서는 유일하게 전갈로 인한 괴로움에 사용되었으며(9:5) 나머지의 경우는 모두 '하나님에 의한 고통'에 적용되었다(11:10, 14:10, 20:10). 해산과 연관해서는 사용된 적이 없다.

한편 여자는 가시적인 유형 교회에 대한 상징으로 아직 태어나지 않은 아이는 불가시적인 무형 교회에 관한 상징으로 생각할 수 있다. 교회는 잉태의 고통과 해산의 수고를 통하여 전 역사에 걸쳐 하나님의 신실한 백성을 태어나게 해야만 한다. 잉태하여 고통하면서 땅에 구원을 베풀려 애를 썼지만 세계의 거민을 생산치 못한 안타까움을, 이사야 선지자는 비유적으로 표현한 바 있다(사 26:18). 여기서 "부르짖더라"(κράζει / 크라제이)는 아주 크게 울부짖음을 의미한다. 눅 23:46의 주님이 십자가 위에서 운명하실 때에 자신의 영혼을 하나님께 부탁하시면서 "큰 소리로 부르짖었던"(φωνήσας φωνῇ μεγάλῃ / 포네사스 포네 메갈레, 눅 23:46; 또한 마 27:46; 막 15:34 참조) 것과 흡사하다.

여자를 하나님으로 해석한 이도 있으나(Mulholland) 그는 어떻게 하나님이 하나님을 낳고 용을 피해 광야로 도망했는지에 대해서는 침묵하였다. 또 메시아를 낳은 이스라엘 민족에 적용하기도 하지만(Moffatt, Johnson, Ladd, Kiddle), 여자의 후손인 하나님의 백성은 유대인과 이방인을 포함한 하나의 공동체여야 한다. 메시아는 율법 아래에서 태어나셨지만(갈 4:4) 은혜 안에서는 교회가 메시아의 신부가 된다(고후 11:2; 엡 5:25-27, 31-32). 민족적 의미에서 구약의 이스라엘은 신약의 교회와는 아무런 연속성이 없다. 혈연이 아니라 그리스도의 피로 맺어진 은혜의 공동체 안에서 둘의 장벽은 허물어지고 한 하나님의 백성으로 드러난다. 그러므로 '여자'는 이스라엘 민족이 아니다.

3 한 붉은 용이 있어

'큰 용'(μέγας δράκων / 메가스 드라콘)의 최대 목표는 이 땅에서 하나님의 교회를 박멸함에 있다. 하나님의 신실한 백성들을 박해하고 속임수와 술수로 교회에 침투해서 영혼을 타락시켜 지옥불로 이끈다. 용의 박해는 매우 급속하였으나(애 4:19) 환난의 날이 경감되고(마 24:22) 주님의 개입으로 완전히 소멸된다. 가나안의 전통에는 리워야단이라 알려진 깊은 바닷속의 거수(巨獸)가 있었다. 혼돈의 괴물인 라합(시 89:10; 사 30:7은 애굽을 라합에 비유함)은 티아맛이란 별명으로 불린 암컷이었다. 그리스 신화에서는 아홉 개의 머리를 가진 히드라(Hydra)가 있었으며, 페르시아인들의 신화에는 세 개의 머리를 가진 아즈히 다하카(Azhi Dahaka)가 있었다.

구약에는 용에 관한 암시가 별반 없다. 구약에서는 리워야단이 악한 지배자를 지칭할 때 널리 사용되었다(시 74:14에서는 애굽으로, 사 27:1에서는 앗수르와 바벨론으로, 렘 51:34에서는 느부갓네살로, 겔 29:3에서는 바로로, 겔 32:2에서는 바로가 바다 괴물인 큰 악어로 묘사되었음). 사 27:1에는 "날랜 뱀 리워야단 곧 꼬불꼬불한 뱀 리워야단"과 "바다에 있는 용"이 결합되기도 하였다.

암 9:3에서는 바다의 뱀이 언급되었다. 욥기 40장에서는 베히못(Behemoth)으로 나타난다(40:15, 한글성경에서는 '하마'로 번역되었음). 욥은 빌닷의 비난에 대한 답변에서 '라합'과 '날랜 뱀'을 언급하였다(욥 26:12-13). 바로는 거대한 악어로도 묘사되었다(겔 29:3; 32:2; 렘 51:34). 어느 때는 라합이 하나님의 백성의 주적으로 언급되었다(욥 26:12-13; 시 89:10; 사 51:9). 가나안 전통에도 리워야단이 혼돈의 암컷 괴물인 라합과 연관되어 있다. 바벨론 신화에는 머리 일곱 달린 히드라가 나오고, 이집트 신화에는 용 타이폰이 신의 아들 오시리스를 박해한다. 요한은 이러한 사탄의 흉포성을 용의 이미지에서 보았다(12:4, 7, 9, 13, 16, 17, 13:2, 4, 11, 16:13, 20:2).

"붉은"(πυρρός / 퓌르로스)이란 사탄의 살인적 성격(요 8:44; 계 6:4 참조)을 상징하며, 그가 장차 들어갈 지옥불의 화염을 연상시킨다. 6:4의 붉은 말과 그 기수를 통한 재앙은 '피'와 연관되었다(6:6-8). 17:3-6에서도 음녀가 자줏빛과 붉은 빛 옷을 입었는데, 그녀는 성도들과 예수의 증인들의 피에 취하여 있었다. 이로 보건대 붉은 색이 지니고 있는 '피'와 '살인'의 이미지를 알 수 있다. 그는 상당히 거대한(μέγας / 메가스) 용이다. 괴물같이 생긴 큰 뱀 또는 바닷속에 사는 거수의 개념이 고대 세계에서는 매우 흔한 현상이었다.

욥 7:12에는 '용'이 깊은 곳의 괴물을 의미했다. 이처럼 다양한 개념들이 후기 유대교에 이르러 에덴 동산의 뱀과 동일시되었고 자연적인 결론으로 사탄으로 취급되었다. 요한은 이 용을 '옛 뱀', '마귀', '사탄'이라 불렀다(20:2). 옛 뱀=마귀=사탄이란 뜻이다. 용과 적그리스도나 거짓 선지자와의 관계는 13장에서 구체화된다. 다니엘 7장에 나오는 넷째 짐승과 유사하다. 이 용의 처소는 깊은 바다다(12:18, 13:1, 15:2). 다니엘이 이상 중에 본 열 뿔 달린 넷째 짐승도 바다에서 나왔다(단 7:7, 24). 용은 지상 왕국의 사탄적 성격뿐만 아니라 그것이 사탄 자체에 대한 비유임을 보여준다. 악한 왕국을 세워 유지시키며 그 지배자들을 통해 인류에 재앙을 가져오게 하는 악의 실체는 배후 조종자인 원수 마귀 곧 용인 사탄이다.

사탄은 "세상 임금"(요 12:31, 14:30, 16:11)이라 불리고 "공중 권세 잡은 자"(엡 2:2)로 묘사되며 "이 세상의 신"(고후 4:4)으로 간주된다. 계시록에서 묘사된 사탄은 그 정체성이 분명하다. 그는 일시적이고 유한한 권세를 지녔으며 그것도 자신을 따르는 자들에게만 실질적인 영향을 미친다. 십자가에서 완패를 당한 사탄은 자신의 때가 얼마 남지 않았음을 잘 알고 있다(12:12). 이것이 그로 하여금 필사적이고 발악적인 자세로 교회와 성도들을 핍박하고 괴롭히게 만든다.

머리가 일곱이요 뿔이 열이라

일곱은 본서에서 요한이 즐겨 쓰는 숫자로서 '완전' 또는 '충만'을 상징한다. 일곱 머리는 이 세상 임금인 사탄의 충만한 권세를 뜻한다. 사탄은 어린양의 일곱 뿔(계 5:6)을 모방한다. 어린양이신 주님의 일곱 뿔은 사람들을 구속하는 능력에 있어 완전함을 보이지만, 붉은 용의 일곱 뿔은 하나님의 백성을 억누르고 파괴하는 데 있어 충만하다. 나중에 영광의 주님은 사탄이 감히 흉내 낼 수 없는 무수한 면류관을 쓰실 것이다(19:12). '열 뿔'은 단 7:7의 직접 인용으로 보아도 무관하다. '뿔'은 '힘'과 '능력'을, '열'은 충만한 수 곧 완전을 나타낸다. 17:12-14에서 열 뿔은 열 왕을 의미하였는데, 그들은 짐승(다니엘서의 '작은 뿔')에게서 권세를 받아 그와 더불어 누리다가 다시 짐승에게 그 권세를 되돌려준다.

일곱 면류관이 있더라

일곱 머리가 권세를 상징함은 일곱 머리에 쓴 일곱 면류관으로 알 수 있다. "면류관"(διάδημα / 디아데마)은 1절에서 잠시 논했지만 통치자의 권세를 나타낸다. 일곱 면류관은 지상 권세의 충만함을 뜻하거나 권세 있는 지상의 왕들을 의미한다. 일곱 머리에 일곱 뿔이 아니라, 일곱 머리에 열 뿔은 언뜻 조화되지 않는 듯 보인다. 숫자의 차이가 갖는 별다른 의미는 없다. 용은 계 13:1에도 일곱 머리와 열 뿔을 가진 것으로 묘사되었는데(17:3), 중요한 차이는 일곱 머리에 일곱 면류관을 쓴 것과는 달리 열 뿔에 열 면류관을 썼다. 일곱 머리에 쓴 일곱 면류관보다 열 뿔에 쓴 열 면류관의 모습이 더욱 흉악하고 악마적이다.

4 그 꼬리가 하늘 별 삼분의 일을 끌어다가 땅에 던지더라

이는 단 8:10의 인용인 듯하다. 여자가 아이를 출산하기 직전에 용은 하늘 별의 3분의 1을 떨어뜨린다. 황충들은 전갈과 같은 꼬리로 다섯 달 동안 사람들을 해했다(9:10). 마병대의 말들은 그 힘이 입과 꼬리에 있었는데, 꼬리에 달린 머리로 무수한 사람들을 해쳤다(9:19). 용의 힘이 발휘되는 근원 중의 하나가 꼬리에 있었음이 분명하다.

1절이 지상에 있는 이스라엘 열두 지파를 대표한 천상의 신분을 지닌 존재라면 용의 공격은 1절의 열두 별을 향한 것일 가능성이 짙다. 그럴 경우에 1절의 열두 별은 여자가 쓴 열두 면류관으로서, 여자가 하나님의 철저한 보호로 용의 추격을 따돌렸음에 비하여 4절의 3분의 1에 해당하는 별들이 땅에 던져진 것은 내용적으로 맞지 않다. 열두 별에 대한 공격이라기보다 천사로 상징된 모든 별들 중에서 사탄의 흉계에 빠져 타락한 천사들로 보아야 한다.

"끌어다가"(σύρει / 쉬레이)는 역사적 현재 시제로서 매우 강력한 단어이며, 그물에 걸린 고기들을 뭍으로 끌어내는 동작(요 21:8)을 의미했다. 박해자 사울은 집집마다 예고 없이 침입하여 예수 믿는 남녀를 사정없이 '끌어냈다'(행 8:3).

작은 뿔은 하늘 군대와 별 중에 몇을 (끌어다가) 땅에 떨어뜨리고 짓밟았다(단 10:8). 4절의 장면에 대한 해석상의 논쟁이 주어졌다. 오스본은 대표적인 해석 넷을 다음과 같이 요약 정리하였다.

① 다니엘의 이미지처럼 여기에서의 별은 천상의 별이 아니라 지상적인 존재, 즉 사탄과 그의 추종자들에게 짓밟히는 하나님의 백성을 의미한다. 다니엘서에서 천사는 간혹 사람을 뜻하였다(10:20-21; 12:1, 3). 실제로 단 8:10에 묘사된 안티오코스의 유대 침공은 천상의 군대에 대한 공격으로 묘사되었다. 이에 근거하여 본 절에서 별들이 떨어짐을 천사들의 타락이 아니라 용에게 핍박받는 하나님의 백성으로 보아야 한다는 것이다. 그러나 단 8:10의 우선적인 의미는 천사이지 사람에 관한 언급이 아니다. 신실한 성도들은 별과 '같이' 빛나지만(단 12:3) 별 자체는 아니다. 계시록에서 별이 어떤 존재를 의미할 때는 반드시 천사였다(1:16, 20, 2:1, 3:1, 9:1, 22:16).

② 사탄이 별 3분의 1을 끌어다 땅에 던진 것은 하늘에서 벌어진 고유의 전쟁이다. 하늘의 별 3분의 1에 해당하는 반역의 무리들이 하나님께 대항했다. 여자와 남자아이를 박해하는 과정에서 전쟁 초반에 승기를 잡는 듯했지만 이내 그들은 하늘의 제한된 본거지에서 땅으로 쫓겨난다. 4절의 '던져짐'과 9절의 '내어쫓김'은 같은 단어이다.

③ 행성들이 별들과 싸우는 모습이며 그 결과 별들이 비처럼 쏟아진다. 천체적인 이미지로 생각하기 어려운 것은 본 절의 상황에 대하여 점성학적으로 지지해줄 근거가 전혀 없다.

④ 특별한 의미는 없고 공중에서 연출된 대축제이다. 본 절의 장면은 그렇게 생각하기에는 의미심장한 광경이다.

해산하면 그 아이를 삼키고자 하더니

용의 흉계는 사악하고 그의 술책은 교묘하며 그의 추격은 맹렬하고 그의 공격은 집요하다. 사탄은 메시아가 탄생하자마자 없앨 만반의 준비를 갖추고 있다. 캐어드는 메시아의 탄생을 베들레헴의 실제 탄생이 아니라 골고다의 십자가로 보았다. 그것은 시편 2편이 메시아의 탄생보다 시온 산에서의 등극을 노래한 것이라는 사실에 근거한 이해였다. 주님의 지상 사역을 통해서도 사탄은 여러 차례에 걸쳐 주님을 살해코자 했다. 살인마 헤롯 대왕이 그러했고(눅 4:28-30), 용의 하수인인 사악한 유대인들이 그러했다(요 5:18, 7:1, 19, 8:40, 59, 10:31, 그리고 12:19 참조). 결국 흉악한 유대인들은 빌라도의 손을 빌어 사형 판결을 얻어냈다. 마귀의 원래 본성은 살인에 있다(요 8:44).

하늘에서 쫓겨난 용은 여자와 그녀가 낳을 아이와 전쟁을 일으키려 한다. 천상에서 추방된 이후 태어날 남자 아이를 삼키기 위하여 용은 '여자 앞에 서 있다'(ἕστηκεν ἐνώπιον τῆςγυνναικος / 에스테켄 에노피온 테스귄나이코스).

요한은 장면 묘사에 긴장감을 더하기 위하여 절묘한 시제의 변화를 꾀하였다. 즉 본 절에서의 '끌어다가'(σύρει / 쉬레이)는 현재요, '던지더라'(ἔβαλεν / 에발렌)는 단순과거요, '섰더니'(ἕστηκεν / 에스테켄)는 완료이며, '~고자 하더니'(μελλούσης / 멜루세스)는 현재분사이다. 요한은 한 문장에서 시제를 다양하게 바꿈으로써 독자들로 하여금 이야기에 집중하도록 만들고 있다.

원문에는 '여자 앞에서' 앞에 '섰더니'(ἕστηκεν / 에스테켄)라는 완료형 동사가 나오는데, 이는 이미 사탄이 자리를 확보하였음을 뜻한다. 사냥물을 노리고 있는 맹수의 모습을 쉽게 연상시킨다. 사탄은 포획물을 낚기에 유리한 고지에 숨은 맹수처럼 가만히 숨어서 메시아의 출현만을 고대하고 있다. 태어나자마자 죽여서 아예 그 씨를 말리기 위함이다. '남자 아이'(υἱόν, ἄρσεν / 휘온, 아르센)는 아이의 성을 강조하기 위한 표현으로 상당히 이례적이다(렘 20:15). 이 '남자 아이'를 일곱 교회의 '이기는 자'에 대한 상징으로 이해할 수도 있다. 그 근거를 이루는 내용상 유사점은 다음과 같다.

① 서머나 교회의 '죽도록 충성한 이들'(2:10)은 11절의 "여러 형제가 어린양의 피와 자기의 증거하는 말을 인하여 저를 이기었으니 그들은 죽기까지 자기 생명을 아끼지 아니하였도다"와 흡사하다.

② 두아디라 교회의 '철장으로 만국을 다스릴 이들'(2:26-27)은

5절의 “이는 장차 철장으로 만국을 다스릴 남자”와 흡사하다.

③ 빌라델비아 교회의 ‘장차 온 세상에 임할 시험의 때를 면할 이들’(3:10)은 5절의 “하나님 앞과 보좌 앞으로 올려간 아이”와 흡사하다.

④ 라오디게아 교회의 ‘보좌에 앉을 이들’(3:21)은 5절의 ‘그 보좌 앞에서 만국을 다스릴 아이’와 흡사하다.

5 여자가 아이를 낳으니

여자는 최악의 무시무시한 환경에서 가장 존귀한 아이를 낳는다. 이 아이는 ‘남자 아이’(υἱόν, ἄρσεν / 휘이온, 아르센)로서 남자로서의 성이 강조되었다. ‘휘이온’만으로도 남자임이 밝혀짐에도 불구하고 요한은 굳이 남성을 뜻하는 단어를 추가하였다. 구약에서 희생제사를 드릴 때 사용된 수컷을, 본 절의 ‘남자’라는 단어와 연결하여 그리스도의 희생 의미를 유추하는 것은 비약이다. 그보다는 오히려 사 66:7에 언급된 내용처럼 포로생활의 구로를 통해 귀환과 해방이라는 아이를 얻은 것으로 이해함이 낫다.

이는 장차 철장으로 만국을 다스릴 남자라

메시아에게 부여된 권세와 능력은 ‘오래지 않아’(μέλλει / 멜레이) 실현될 것이다. 그리스도가 다스릴 도구는 “철장”(ῥάβδῳ σιδηρᾷ / 흐라브도 시데라, 2:27; 시 2:8-9)이다. 그리스도가 다스릴 대상과 범위는 “만국”(πάντα τὰ ἔθνη / 판타 타 에뜨네)이다. 메시아 왕국이 이 땅에 임할 때에 그를 대적하였던 모든 열방과 민족이 그리스도의 통치를 받게 될 것이다. 이때 만왕의 왕이요 만주의 주이신 그리스도는 자기의 양떼를 치던 나무막대기가 아니라 쇠로 만든 지팡이로 원수를 제압할 것이다. 본 절은 메시아에 관한 구절이면서 메시아의 지상 사역과 죽음의 내용은 빠져 있다. 만일 아이의 올려짐이 부활 이후의 승천이라면 그 사실을 강조하기 위함일 수도 있다. 세대주의적 해석은 이를 휴거로 본다.

아이의 올려짐은 죽음에서의 보호가 아니라 죽음을 통한 부활로 말미암는다. "올려가더라"(ἡρπάσθη / 헤르파스떼)는 아이의 올려짐이 외부의 힘에 의해 강제적으로 수행되었음을 보여준다. 사탄의 공격 의도는 무위로 돌아가고 메시아는 영광중에 승천하였다. 이는 시편 2편에 기록된 메시아의 예언을 부분적으로나마 성취한 것이다. 완전한 성취는 19:15에 나타난다. 요한은 그리스도의 전 생애를 탄생에서 바로 승천으로 연결함으로서 지상 사역과 죽으심과 부활까지 생략한다. 그와 같은 요약과 사건의 조준이 요한에게는 매우 특징적이며(요 3:13, 8:14, 13:3, 16:5, 28), 본서(1:5, 2:8, 17:8)를 비롯하여 신약에서 그런 용례를 찾아볼 수가 있다(롬 1:3, 4; 딤전 3:16).

혹자는 여자가 낳은 남자 아이를 그리스도의 육신적 탄생으로, 혹은 첫 크리스천 황제였던 콘스탄틴의 출생과 등극으로 혹은 콘스탄틴 생존 시에 이루어진 기독교의 확장이나 기독교 왕국의 시작으로 보았다. 또 다른 이는 순수한 예배자에 대한 상징으로 이방 세계에서의 교회로, 7장과 14장에 나오는 144,000으로, 극단적으로는 니케아 신경이나 로마 교회로까지 확대 해석하였다. 그런데 알포드는 남자 아이가 그리스도이며 그 이상도 그 이하도 아님을 못 박았다. 모리스는 이 남자 아이가 그리스도 자신을 포함하여 그리스도 안에 있는 모든 신실한 하나님의 백성이라 보았다.

하나님 앞과 그 보좌 앞으로 올려가더라

사탄은 메시아의 발꿈치를 무는 순간 자신의 승리를 장담했지만 그것이 자신의 영원한 파멸이 될 줄은 몰랐다. 주님이 십자가에서 무력하게 죽어갈 때 사탄과 타락한 천사들은 환호했다. 무저갱까지 시끌벅적하였다. 그러나 그것도 잠시뿐이요, 그리스도는 하나님의 능력으로 '하나님 앞'(πρὸς τὸν θεόν / 프로스 톤 떼온)과 '그 보좌 앞으로'(πρὸς τὸν θρόνον αὐτοῦ / 프로스 톤 뜨로논 아우투) 높이 올려졌다.

'~로'를 뜻하는 전치사 '프로스'는 정확한 방향이나 목표를 나타낸다. 메시아는 아버지 앞과 그 권능의 보좌를 향하여 똑바로 올려졌다. 아버지와 더불어 영원토록 통치할 권능의 보좌로 끌어올려짐은 그리스도의 승리가 일시적인 것이 아니라 영원하고 완벽한 승리임을 확정한다.

"올려가더라"(ἡρπασθη / 헤르파스떼)는 단순 과거형으로서 동작의 완결성을 강조한다. 용의 치명적인 공격이 있기 전에 남자 아이는 순간적인 격렬함으로 끌어 올려졌다. 용이 그리스도를 삼키기 바로 직전의 싸움에서 사탄의 무모한 의도는 그리스도의 부활로 인해 무참히 꺾이고 말았다. '삼키고자 함'은 단지 의도에 끝나지 않았으며 주님을 십자가에서 죽이는 벼랑 끝까지 몰고 간 것으로 이해할 수 있다. 사망 권세를 잡은 사탄이 죽음으로 생명의 그리스도를 멸절시키고자 하였으나 죽음은 오히려 생명에게 져서 삼킨 바 되었다(고전 15:54).

6 그 여자가 광야로 도망하매

여자는 광야로 도망갔다. 광야로의 도주는 여러 가지 역사적인 배경을 지닌다. 이스라엘 백성은 광야에서 40년간 방황했다(신 8:2-4). 엘리야는 아합 왕과 이세벨을 피해 광야로 도주하였다(왕상 17:2-3; 19:3-4). 요셉과 마리아는 헤롯 대왕의 학살을 피해 애굽으로 도망했다(마 2:13). 많은 경건한 유대인들이 시리아의 폭군 안티오코스 4세의 학정을 피해 광야로 도주했다(마카비전서 2:28-31). 유세비우스의 《교회사》에 따르면, 광야로 도망간 여자는 66년 유대 전쟁이 발발했을 때 펠라(Pella)로 탈출한 팔레스타인 교회를 부분적으로 반영하는 것일 수도 있다. 킬튼과 포드와 마운스가 이 과거주의적 해석을 견지하였다. 그러나 본문의 사건은 지역적이 아니라 우주적인 사건에 대한 묘사이다. 이상주의적인 견해를 지닌 헨드릭슨이나 비얼은 하나님께서 오늘날 박해 중에 있는 자기 백성들을 돌보시는 것으로 설명했다.

유대인에게 있어 광야는 하나님의 예비와 친근한 사귐이 있는 곳이었다(출 16:14-16; 호 2:14). 그래서 계시록의 독자들은 아무런 심리적 저항 없이 요한이 묘사한 여자의 광야도 악령이나 부정한 짐승들이 거하는 삭막한 곳이 아니라 영적 피난처로 이해할 수 있었다. 여자 혼자의 힘으로는 용의 끈질긴 추격을 피하지 못했을 것이다. 여자의 광야 도주에는 하나님의 초자연적인 도움이 있었을 것이다. 이것은 광야의 이스라엘이나(출 19:4; 신 32:11-12), 엘리야의 경우(왕상 18:46)를 보아서 추정할 수 있다. 키들은 요 17:15과 고후 6:17을 근거 구절로 해서 '광야'를 "문명 세계의 제반사로부터 영적 분리가 이루어진 상태"로 보았다. 혹자(Wilcock)는 지리적으로 고대 모압과 암몬과 에돔의 지역 안에 있는 사해와 요단 강 건너편 광야로서, 오늘날의 암벽 도시로 그 형태가 잘 보존된 페트라(Petra)일 가능성을 제시하였는데 모를 일이다.

성경에서 광야는 부정적인 이미지와 함께 긍정적인 이미지를 동시에 지니고 있다. 광야는 애굽을 떠난 이스라엘 백성이 가나안 땅에 들어가기 전까지 하나님의 보호와 양육을 경험한 곳일 뿐만 아니라 사나운 들짐승들과 악한 영들이 거처하여 사람이 살 수 없는 곳이었다(레 16:10; 사 13:20-22, 34:10-15; 렘 9:10-12, 12:10-12, 50:39-40; 애 4:19; 겔 6:14, 29:5; 욜 2:3, 3:19; 말 1:3; 마 12:43; 눅 11:24). 신약 성경은 이스라엘 백성의 광야에서의 생활을 죄와 연관시켰다(행 7:39-43; 고전 10:1-13; 히 3:7-4:7). 이스라엘의 광야 생활이 지닌 양면적인 성격을 가장 잘 표현한 곳이 바로 신 8:14-16이다.

"두렵건대 네 마음이 교만하여 네 하나님 여호와를 잊어버릴까 하노라. 여호와는 너를 애굽 땅 종 되었던 집에서 이끌어내시고 너를 인도하여 그 광대하고 위험한 광야 곧 불뱀과 전갈이 있고 물이 없는 간조한 땅을 지나게 하셨으며 또 너를 위하여 물을 굳은 반석에서 내셨으며 네 열조도 알지 못하던 만나를 네게 먹이셨나니 이는 다 너를 낮추시며 너를 시험하사 마침내 네게 복을 주려 하심이었느니라."

일천이백육십일 동안 저를 양육하기 위하여 여자는 하나님이 친히 마련하신 곳에서 보호받고 양육을 받는다. 1,260일은 한편으로 환난의 기간이면서(11:2, 13:5), 다른 한편으로 보호와 양육 그리고 훈련의 기간이다(12:14). 3년 반, 42달, 1,260일이란 한정된 기간은 그 시간이 짧고 일시적이요 영구적이지 않으며 그 시기가 철저하게 하나님의 통제 아래 있음을 의미한다. 사탄은 마지막 발악을 위한 시간을 하나님의 허용 아래 수여받았지만 전체 기간 동안 하나님은 자기 백성들을 꼼꼼하게 살피실 것이다. 사탄은 성도의 몸은 죽여도 영혼은 죽이지 못한다(마 10:28).

3년 반, 마흔 두 달 혹은 1,260일은 모두 하나의 개념을 설명하기 위한 표현들이다. 14절에는 한때 두 때 반 때로 표현되었다. 이 표현은 이스라엘 백성이 광야에서 방황했던 실제적 기간인 42년(Farrer)이나 42경로(Kiddle, Morris)의 반향일 가능성일 수 있다(민 33:5-49). 성경에는 이 기간과 연결될 만한 사건들이나 중요한 내용들이 있다. 엘리야가 이스라엘을 향해 심판을 선언했던 사역 기간이 대략 3년 반이다. 안티오코스 에피파네스 4세의 살벌한 박해를 피하여 유대인들이 예루살렘에서 도주해서 지냈던 기간이 3년 반으로서 다니엘의 예언(7:25)을 부분적으로 성취시켰다. 이는 주님의 종말 강화에서도 중요하게 취급된 내용이다(마 24:15-24; 막 13:14-20). 세대주의 관점에서 이 기간은 매우 중요하며 상징적인 의미 또한 깊다. 즉 7년 대환난에서 후반기의 3년 반에 해당하는 이 기간 동안에 유대인의 민족적 회심이 있다고 믿기 때문이다.

바울은 회심 이후에 아라비아 광야로 들어가 거기서 3년을 보냈다(갈 1:17). 이후에 그가 보인 활동을 보면 바울이 광야에서 성령에 의하여 영적 양육의 기간을 보냈음이 틀림없다. 1,260일 동안 광야에서 양육 받고 보호받는 이 사건은 광야를 지날 때에 이스라엘 백성을 향하신 하나님의 역사와 하나님의 사람이 광야 기간을 통해 영적 고양을 이루었던 사실에 비춰보아 분명하다. 애굽을 탈출한 이스라엘 백성은 광야에서 하나님의 능력으로 보호와 양육을 받았다(출 16:32; 신 2:7, 8:3, 15-16, 29:5, 32:10; 수 24:7; 느 9:19, 21; 시 78:5, 15,

19, 136:16; 호 13:5). 다윗(삼상 22:1-2), 엘리야(왕상 19:3-9), 주님(막 1:12-13)의 경우가 그러하다. 하나님은 거친 들에서 자기 백성을 친히 위로하셨다(호 2:14).

여자의 광야 피신은 종말의 시대에 이르러 다시 한 번 출애굽과 같은 회복의 역사가 있을 것임을 암시한다. 그리스도가 메시아인 것을 거부하던 유대 민족이 그리스도를 향한 믿음으로 회귀했을 때, 하나님은 광야에서 자기 백성을 보호하고 양육하실 것이다(사 32:15, 35:1, 40:3, 41:18, 43:19-20, 51:3; 렘 31:2; 겔 34:25). 호 2:14-15은 종말의 출애굽을 분명하게 묘사하고 있다. 이것은 하나님이 유대 민족을 다시 돌아보실 것이라는 희망의 토대가 되었다. 쿰란 공동체를 비롯한 역사상 박해받던 신실한 하나님의 백성들과 교회는, 늘 자신의 광야 공동체를 통해 이와 같은 예언의 성취가 시작될 것이라는 기대감에 부풀어 있었다. 그것이 그들로 하여금 모진 박해와 곤궁한 삶의 환경을 능히 견디게 만들었음은 부인할 수 없는 사실이다.

예비하신 곳이 있더라

"예비하신"(ἡτοιμασμένον / 헤토이 마스메논)은 완료수동 분사로서 하나님 자신이 예비하셨음을 강조한다. 바로 뒤에 나오는 전치사 '아포'(ἀπό)도 수단을 나타내는 조격 전치사로 '하나님에게서 비롯된'의 의미를 지닌다. 이 단어는 자주 하나님의 주권적 행위를 나타낼 때 사용되었다(9:5, 16:12, 21:2). 여기에서 하나님은 사면초가에 놓인 자기 백성을 보호하고 양육하기 위한 특별한 처소를 스스로 준비하셨다. 이 '곳'(τόπος / 토포스)이란 지리학적인 장소를 나타내는 분명한 묘사다. 특정한 지역에서의 초자연적이며 구체적인 하나님의 보호를 암시한다. 이는 박해나 순교 같은 최악의 상황에서 보호해 주시겠다는 의미가 아니라 그런 상황에서의 영적인 양육과 보호를 의미한다. 사탄은 성도를 능히 죽일 수 있지만 성도는 그 죽음으로 인해 오히려 이긴다(12:11).

비얼은 광야 어느 곳의 이 '장소'는 사탄의 공격으로부터 보호되는 곳으로서 눈에 보이지 않는 하나님의 영적 성소라 보았다. 성경에서 '토포스'란 곧 성전이나 성전을 의미하기 때문이다. 이 성스러운 장소는 광야와 접경을 이루지 않고 광야 안에 있다. 단 8:11의 칠십인역처럼 마 24:15에서는 멸망의 가증한 것이 '거룩한 곳'(ἐν τόπῳ ἁγίῳ / 엔 토포 하기오)에 설 것을 말하였다. 여기서도 '토포스'는 성전을 의미한다. 하나님의 보호와 직결되는 이곳은 하나님만이 예비하실 수 있는 곳이다. 하나님이 손수 예비하신 곳(6절)이 여자에게는 광야의 '자기 곳'(τὸν τόπον αὐτῆς / 톤 토폰 아우테스)이다.

바벨론의 공격으로 멸망하고 난 이후에 예루살렘 '성소'(γίασμος / 기아스모스)는 '광야'(ἔρημος / 에레모스)에 비유되었기에 요한이 광야를 성소로 간주할 수도 있었다. 에베소 교회에게 주신 경고의 메시지에서도 그들이 회개하지 않으면 인자가 그에게 임하여 그의 촛대를 '그 자리에서'(ἐκ τοῦ τόπου αὐτῆς / 에크 투 토푸 아우테스) 옮길 것을 통고하셨다. 이 역시 성전에 의해 공급되는 영적 보호의 상실을 암시한 말이다. 이로 보건대 '곳'(토포스)은 상당 부분 제의적으로 사용되었음이 분명하다. 계시록에서 '곳'은 항상 하나님의 보호(11:8, 12:14, 14:14) 아니면 사탄으로 인한 위험이 있는(2:13, 17:3, 9, 20:10) 상징적이거나 영적인 영역을 나타낸다.

하나님이 예비하신 장소로의 도피는 여자로서는 유일한 해결책이었다. 죽기살기식으로 덮쳐오는 사탄의 대공세에 맞설 수 있는 대안이 여자에게는 없었다. 예비처만이 희망이었다. 예비처가 무엇을 의미하는가에 대한 해석이 다양하게 주어졌다.

① 역사주의적 관점 → 용의 핍박은 이교도의 박해 특히 로마 제국의 박해를 떠올린다. 나아가 용에 의한 핍박은 교황권 박해이며 여자는 참되고 영적인 교회이다(Barnes). 교회는 박해의 기간 중에 작고 감지할 수 없으며 박해 받는 종단으로 살아남는다. 역사적으로는 왈덴시안이나 보헤미안 형제단 같은 그룹이 이에 속한다. 그들은 광야의 궁벽한 곳에서 보호받는다. 엘리엇은 교회가 콘스탄틴 황제의 보호 아래 안정과 번성을 구가했지만, 제국의 3분의 1에 해당하는 아시아 지역의 통치자였던 맥시민에 의한 박해를 하늘 별의 3분의 1을 끌어다 땅에 던진 것으로 보았다.

② 과거주의적 관점 → 66년경 예루살렘이 포위당했을 때에 유대 그리스도인들이 벨라로 도망한 사건으로 해석한다. 1,260일도 유대 전쟁 기간(AD 66-70)이나 네로 황제가 교회를 박해한 기간으로 본다. 12장의 서론은 하나의 사건이 아니라 우주적 사건을 다룬다. 일부는 이를 19장까지 바벨론으로 상징된 예루살렘에 대한 파멸의 예언으로 보았다(Terry, Chilton, Russell, Carrington). 과거주의자 중에서도 다른 이들(Stuart, Clark)은, 나머지 장에서 교회의 첫 박해자였던 예루살렘의 멸망이 성취되고, 두 번째 박해자인 로마 제국에 대한 파멸 예언이 성취된 것으로 해석한다. 12장의 사건은 로마 제국의 박해를 피해 유대 크리스천들이 도주한 것으로 보고, 13장에 나오는 용의준동은 교회를 박멸하기 위한 시도로 보았다. 그들 내부에서도 용과 여자와 남자 아이가 누구인가에 대한 격론은 쉬지 않았다.

③ 미래주의적 관점 → 왈부어드는 5절과 6절 사이에 시간적 간격이 있음을 말하면서 대환난 기간에 그리스도의 재림을 기다리는 유대 민족에 대한 보호로 해석했다. 왈부어드를 비롯한 대다수의 미래주의파 학자들은 여자를 이스라엘, 남자 아이를 그리스도로 받아들인다. 여자를 이스라엘로 보는 이유는 요셉의 꿈을 연상시키는 1절의 묘사에 있다. 래드와 마운스는 세대주의자가 아니지만 여자를 이스라엘로 해석했고, 남자 아이만은 그리스도가 아니라 이상적이고 신실한 이스라엘로서 메시아적 공동체라 보았다. 마운스는 여자의 광야 피신을 AD 66년경의 사건을 반영한 것이라 인정하면서도 보호의 의미를 영적으로 이해했다. 즉 생명 유지를 위한 하나님의 공급과 같은 의미가 아니라 순교 상황에 직면하여 영적 도피와 사탄을 대적케 하기 위함이 광야 피신의 의미다. 비얼은 그리스도의 부활과 대환난 기간의 오랜 시간적 간격을 반대하였다.

④ 이상주의적 관점 → 박해 속에 있는 교회와 성도들을 하나님이 보호하심에 대한 묘사이다. 그러나 전술한 1,260일의 한정된 시간을 '예비처'와 조화시켜야 하는 어려움이 있다. 성경에서 광야는 시련과 훈련의 장소만이 아니라 위로와 보호의 장소이기도 하였다. 이스라엘 백성들은 광야에서 혹독한 시련과 훈련을 거쳐야 하였지만 그 기간에 하나님의 특별하신 보호와 인도가 있었다(출 16:32; 신 1:31, 8:3; 시 78:52; 행 7:36). 어느 시대를 막론하고 이스라엘의 신실한 남은 자들이 하나님의 도구가 되어 세상에 메시아를 보여준다.

B. **하늘의 전쟁**(12:7-12)

12장 전체 더 나아가 12-14장 전체에서 볼 때, 7-12절을 '극 중의 극'으로 생각한다면 그 구조와 의미가 더욱 명확해진다. 이 주도적인 환상은 전체적으로 묵시 내용의 신학적 중요성을 뒷받침한다. 독자들로 하여금 주요한 이야기가 전개되면서 항상 무엇이 진실인지를 알려준다. 즉 초자연적으로 하늘과 현실이란 땅에서 사탄의 세력과 하나님, 사악한 세력과 선 사이에 영속적인 전쟁이 진행되고 있음을 인지시켜준다. 결국에 가서 사탄은 패하고 승리는 하나님과 그리스도, 그리고 그에게 속한 성도들에게 영원히 속하게 된다.

요한의 환상은 계속되고 장면이 바뀐다. 본문은 두 부분으로 나뉠 수 있다. 하나는 용과 미가엘 군대와의 전쟁이고(7-9절), 다른 하나는 승리에 대한 하늘의 화답(10-12절)이다. 요한의 계속되는 환상 속에서 하늘의 전쟁 장면이 펼쳐진다. 이 전쟁은 공중(sky)에서 벌어진 신나는 광경이 아니라 영적인 하늘(heaven)에서 일어난 전쟁이다. 전쟁의 용사는 강한 천사인 미가엘과 그의 사자들이다. 미가엘과 용의 싸움에 배경이 될 만한 직접적인 성경 구절은 없다. 유대 전통에서 미가엘은 이스라엘의 수호천사로서 이스라엘의 '왕자'(Michael, your prince)라 불렸다(단 10:21). 한글성경에서는 '너희 군 미가엘'이라 번역되었다. 미가엘은 환난의 때에 이스라엘의 호위자다(단 12:1).

상대 역시 싸움에 능한 사탄이다. 역전의 용사다. 그는 니므롯으로, 바로로, 가나안의 용사들로, 골리앗으로, 이방의 왕으로, 하나님의 백성과 부단히 싸워왔던 싸움꾼이다. 단지 둘만의 대결이 아니라 그들에게 속한 사자들이 모두 참여하는 큰 전쟁이다. 싸움은 시작되었고 오래 가지 않아 승패는 갈린다. 이길 수 없는 싸움에서 진 사탄과 그의 사자들은 공중에서의 모든 권세를 다 빼앗기고 땅으로 쫓겨난다.

하늘에서 큰 음성이 나서 이 승리를 축하한다. 승리의 내용은 영광스런 승리의 선언과 땅의 승리자들에게 보내는 칭송, 하늘에 가득한 기쁨의 선포, 땅과 바다에 넘치는 악의 경고이다.

이곳에서 하늘의 전쟁은 땅에서의 싸움에 대한 대응물로 묘사되었다. 이런 형식은 다니엘의 환상(10:13, 21, 12:1)과 후기 유대 문헌들(에녹전서, 제4에스라서, 바룩후서, 마카비후서)에서 이미 소개되었다. 선한 천사와 악한 천사는 각각 이스라엘과 사악한 민족을 나타낸다(마 25:41). 애굽에 내린 재앙들과 출애굽은 애굽의 악한 신들에 대한 징벌이었다. 애굽의 술객들은 모세를 통해 나타난 하나님의 능력 앞에 무릎을 꿇었다. 바로의 철병거가 몽땅 홍해에 수장된 사건은 여호와의 천사가 애굽의 악한 천사들을 이긴 사건이었다. 모세와 바로의 대리인을 통해 하나님과 전쟁에 돌입했던 사탄은 이미 하늘의 전쟁에서 패퇴했기에 이길 수가 없었다. 출애굽 사건과 계 12:1-12의 두 전쟁(용과 여자의 싸움 그리고 용과 미가엘의 전쟁)을 그렇게 해석할 수 있는 근거는 바로 사 24:21이다. "그날에 여호와께서 높은 데서 높은 군대를 벌하시며 땅에서 땅의 왕들을 벌하시리니." 높은 군대는 하늘에 있는 사탄의 악한 천사들을 지칭하고 있다. 그들은 미가엘과의 전쟁에서 패하여 쫓겨났다.

7 하늘에 전쟁이 있으니 미가엘과 그의 사자들이 용으로 더불어 싸울새 용과 그의 사자들도 싸우나
8 이기지 못하여 다시 하늘에서 저희의 있을 곳을 얻지 못한지라
9 큰 용이 내어쫓기니 옛 뱀 곧 마귀라고도 하고 사탄이라고도 하는 온 천하를 꾀는 자라 땅으로 내어쫓기니 그의 사자들도 저와 함께 내어쫓기니라

10 내가 또 들으니 하늘에 큰 음성이 있어 가로되 이제 우리 하나님의
구원과 능력과 나라와 또 그의 그리스도의 권세가 이루었으니
우리 형제들을 참소하던 자 곧 우리 하나님 앞에서 밤낮 참소하던
자가 쫓겨났고
11 또 여러 형제가 어린양의 피와 자기의 증거하는 말을 인하여 저를
이기었으니 그들은 죽기까지 자기 생명을 아끼지 아니하였도다
12 그러므로 하늘과 그 가운데 거하는 자들은 즐거워하라 그러나
땅과 바다는 화 있을진저 이는 마귀가 자기의 때가 얼마 못된
줄을 알므로 크게 분내어 너희에게 내려갔음이라 하더라

7 하늘에 전쟁이 있으니

7-12절은 1-6절과 문맥상으로는 연결이 잘 이루어지지 않는다. 오히려 3절의 환상과 연결시키면 조금 자연스럽다. 7-12절은 4-5절의 마무리에 해당한다. 혹자는 7-12절을 선악의 오래된 쟁투를 시적 상상으로 간략하게 표현한 것이라고 주장한다. 출애굽 유형을 따르고 있는 점이 매우 흥미롭다. 바로(용)가 탈출한 이스라엘 백성(여자)을 추격한다. 하나님은 독수리 날개로 그 백성을 광야로 피신시킨다(출 19:4). 이스라엘의 많은 남자 아이들(출 1:22)과 모세(빼어난 한 남자 아이)를 나일 강에 빠뜨린다(출 2:3-6). 그런데 그는 강물에 떠내려가기 직전에 바로의 공주에 의하여 건짐을 받는다. 땅이 반역자를 삼켜 하나님의 백성을 성결하게 지키듯이 땅은 용의 입에서 토한 강물을 삼킨다. 강물이 자기 백성을 삼키려고 하지만(시 18:4, 32:6, 124:4) 하나님이 강물을 마르게 하여 그들로 지나게 하신다(사 42:15, 43:2, 50:2).

바사와 헬라의 악한 천사들에 대항하여 미가엘과 인자가 함께 싸우는 다니엘의 환상(단 10:13)이 7절에서 발전된 모습을 보인다. 그들과 싸워 격퇴시킬 수 있는 존재는 군장 중의 하나인 미가엘이다. 인자와 밀접한 관계에 있는 미가엘은 이스라엘 민족의 호위천사다(단 12:1). 미가엘은 이스라엘에 대한 천상의 대응적 존재다. 미가엘은 사악한 세력에 대항하여 인자와 더불어 싸운다(단 12:20-21). 미가엘은 이스라엘의 해방자답게 이스라엘을 위해 싸운다. 유대의 문헌 곳곳에서는 미가엘이 이스라엘 또는 야곱의 수호천사로 묘사되었다(에녹전서 90:14; 레위 유언서 5:7; 다니엘 유언서 6:1-7).

용이 여자에게 그토록 분노하는 이유가 이곳에 정확하게 언급되어 있다. 여자와 아이를 삼키려던 원래의 계획이 수포로 돌아가고 뒤쫓던 남자 아이는 하나님의 보좌 앞으로 올라갔는데, 여자는 용의 추격을 피해 광야의 도피처로 은신하고 말았다. 그곳은 일정 기간 동안 여자를 보호하기 위한 하나님의 양육 장소로서, 용의 힘이 도저히 미칠 수 없는 성역이었다. 장면은 땅에서부터 하늘로 순식간에 바뀐다. 하늘의 장면에서는 미가엘과 그의 사자들이 용과 그의 사자들과 더불어서 싸운다. 백위드와 킬튼은 용이 아니라 미가엘이 먼저 싸움을 걸었다고 보았다. 싸움을 누가 먼저 시작했든지 간에 싸움의 결과는 미가엘 군의 일방적인 승리였다(7-9절).

요한의 환상은 이윽고 봄에서 들음으로 바뀐다. 요한은 하늘의 큰 음성들이 부르는 승리의 찬가를 듣는다(10-12절). 하늘의 전쟁에서 패한 사탄과 그의 일행은 추방당한 공중을 뒤로 하고 땅으로 내려와 혼신의 힘을 다해 여자를 핍박한다(13절). 여자는 큰 독수리의 두 날개를 받아 광야의 자기 곳으로 날아가서 그곳에서 한때와 두 때와 반

때를 양육 받는다(14절). 이는 6절의 반복 같아 보이지만 중요한 차이가 있다. 6절에서는 여자의 도피 이유가 불명확한 데 비해 이곳에서는 매우 명확하다. 용의 추격을 피해 도주한다. 남자 아이를 죽이려던 계획이 실패했기에 남자 아이를 낳은 여자를 통해 남자 아이를 해하려 하는 것이다. 이 계획마저 성사시키지 못한 용은 결국 여자의 남은 자손과 싸우려는 전투 의지만을 결연히 다진다(17절).

미가엘과 그의 사자들이 용으로 더불어 싸울새

7-12절의 내용은 매우 독특한 천상의 전쟁에 관한 기록이다. 미가엘은 싸움에 아주 능한 천사들의 우두머리(단 10:13, 21, 12:1)로서 하나님의 철천지원수인 사탄과 그의 졸개들과 겨루어 싸울 만한 영적 존재다. 쿰란 문서에서는 '위엄 있는 천사'로, 에녹전후서에서는 주님의 '강한 천사'로 묘사된 미가엘은 가브리엘(눅 1:19)과 함께 신약에서 유일하게 언급되고 있는 천사장이다. 미가엘이란 '누가 하나님과 같으랴?'는 이름 뜻을 지녔다. 이 싸움이 어느 때에 이루어졌는지는 알 수 없다. 그것은 역사의 종점을 향하여 나아가면서 이루어진 특정한 사건이라기보다 초역사적인 현실로서 이해되어야 한다. 한 가지 분명한 것은 미가엘과 용의 전쟁이 주님의 부활 이후에 이루어졌다는 사실이다. 아이의 올려짐 이후에야 이 전쟁이 개시되었음을 보아도 이는 명백한 사실이다. 주님의 십자가를 통한 승리, 사탄의 머리를 부수는 승리가 미가엘이 사탄을 이기는 근거가 된다. 이미 머리가 으깨진 사탄으로서 싸움에 능한 미가엘을 이길 수는 없다.

하늘의 전쟁을 총지휘하는 사령관은 그리스도가 아니라 미가엘이다. 용에게 대응적인 존재는 하나님이나 그리스도가 아니라 그의 천사

미가엘이다. 이스라엘의 천상적 대표자로서 인자와 함께 마지막 싸움을 싸우는 종말의 해방자다. 사탄은 이미 타락 이전에 하나님께 대항하다 패했으며, 십자가에서는 그리스도에게 완패했다. 사탄은 감히 하나님과 그리스도의 호적수가 될 수 없다. 미가엘로서도 넉넉하다. 하늘의 전쟁이 미가엘과 그의 사자들의 승리로 용과 그의 사자들의 패주로 끝난 것은 당연한 귀결이다. 하늘의 전쟁은 사탄과 그의 졸개들이 먼저 일으킨 것이 아니다. 싸움에 능한 미가엘과 그의 사자들이 먼저 용에게 싸움을 걸었다. "미가엘과 그의 사자들이 용과 더불어 싸울새 용과 그의 사자들도 싸우나 이기지 못하여"란 구절은 미가엘과 그의 군대가 지닌 월등한 전력을 알려주는 대목이다.

미가엘을 대동하신 인자는 바사군 곧 바사의 우두머리를 대적하여 싸운다. 단 7:21에 따르면 '작은 뿔'이 성도들과 싸워 그 강력한 힘으로 성도들을 제압한다(계 13:7). 세상의 통치자로, 이 세상 신으로 불리는 사탄은 겉보기에 승승장구한다. 그런데 요한은 다니엘서의 침울한 전쟁 양상을 뒤집어 놓는다. 미가엘의 막강한 힘이 짐승('작은 뿔')을 이긴다. 짐승이 성도들을 이기는 것은 단지 외형적이며 육체적인 일에 국한될 뿐 성도가 오히려 짐승을 이긴다. 짐승을 이기는 것은 성도에게 있는 본원적인 어떤 힘이 아니라 어린양의 보혈과 자신의 증거를 통하여 드러난 하나님의 말씀(11절)에 의한 능력이다.

주님이 지상 사역을 통하여 이룩하신 승리가 하늘의 영적 전쟁에서 미가엘이 승리할 발판을 제공한다. 미가엘의 승리는 원천적으로 그리스도의 승리다. 그리스도가 없이 미가엘의 승리는 불가능하다. 그리스도께서 이루신 십자가의 승리 사역으로 인하여 미가엘은 가볍게 승리를 쟁취할 수 있었다. 이 사탄은 한때 영광스러운 천사장의 하나였다. 사탄은 하나님의 보좌로 나아갈 수 있는 아주 좋은 위치에 있었다(욥 1:6-9, 2:1-6; 슥 3:1-3). 북극 집회의 가장 높은 곳에서 지극히 높으신 자와 비기려 시도했던 교만의 왕자는 하나님의 보좌로부터 공중으로 추방을 당했다.

가장 가까운 근거 구절은 사 14:12이다. "너 아침의 아들 계명성이여 어찌 그리 하늘에서 떨어졌으며 너 열국을 엎은 자여 어찌 그리 땅에 찍혔는고." 교만으로 지극히 높으신 하나님과 견주려 했던 결과로 타락한 천사장에게 하늘이 아니라 공중이 그의 임시 거처가 되었다. 사탄은 그곳에서 공중 권세를 잡은 자(엡 2:2)가 되어 지상 나라에 영향력을 행사하며, 성도들의 하나님께 드리는 기도가 상달되지 못하도록 끈질기게 방해하였다. 그런데 이제 때가 이르러 미가엘 천사장과의 영적인 대전쟁이 드디어 시작되었다. 팽팽할 것만 같던 이 전쟁의 양상은 너무나도 싱겁게 결말이 난다. 그리스도의 영원한 승리에 힘입은 미가엘의 일방적 승리였다. 중요한 점은 이 싸움이 하나님과 사탄 간에 이루어진 것이 아니라 미가엘과 사탄 사이에 이루어졌다는 사실이다. 사탄은 하나님의 맞수가 아니며 미가엘이 상대해도 충분하다. 사탄과 하나님이 벌인 이원론적 쟁투의 모습은 전혀 타당하지가 않다. 미가엘은 사탄의 호적수로서 힘과 능력과 호승심에 있어 사탄을 훨씬 능가한다.

전쟁에 완패한 용과 그의 사자들은 땅으로 내어쫓긴다. 공중은 평정이 되고 세대주의자들의 견해에 따르면 주님께서 공중에 강림하실 때 휴거의 역사가 일어난다(살전 4:17). 용이 내려온 지상에는 전대미문의 대환난이 시작된다. 이를 일컬어 7년 대환난이라 하고 공중에는 첫째 부활에 참여한 성도들과 휴거를 이룬 성도들이 하나의 구속함 받은 하나님의 백성들을 이루어 어린양의 혼인 잔치에 참여한다. 본서에만 보아도 사탄의 운명은 언제나 밑으로 곤두박질을 친다. 하늘에서 땅으로 떨어진 사탄은(12:9) 땅에서 심연으로(20:2) 그리고 심연에서 잠시 동안 놓인 후에 다시 불못으로 영원히 떨어진다(20:10).

8 다시 하늘에서 저희의 있을 곳을 얻지 못한지라

이 싸움은 결정적인 싸움이다. 하늘의 전쟁에서 패배한 사탄은 공중의 권세를 잃어버렸다. 하늘에서 비교적 자유롭게 활동하던 사탄은 광활한 활동 무대를 단번에 잃었다. 사탄은 자신이 빼앗긴 공중을 다시 탈환할 수 없다. 그는 하늘의 보좌를 잃어버렸다. 더 이상 머무를 수도 기웃거릴 수도 없게 되었다. 사탄과 그의 일행들의 패배는 '이기지 못한지라'는 표현으로 더욱더 강화되었다. 뜨인 돌에 산산조각이 난 신상처럼 되어버렸다(단 2:35).

패배의 현실은 혹독한 결과를 가져왔다. 용은 재기의 발판이 될 만한 근거지를 잃어버렸다. 그들은 결코 하늘에 '있을 곳을 얻지 못한다.'(οὐδὲ τόπος εὑρέθη / 우데 토포스 휘레떼). 천상에서의 승리는 즉시 지상의 재앙으로 들이닥치게 되었다.

하늘에서의 투쟁은 영원히 막을 내렸고 인간 세상의 마지막 전쟁을 앞두고 대환난이 시작되었다. 십자가에서 머리가 깨졌어도 끝까지 하나님 대적하기를 포기하지 않던 사탄이 미가엘에게 패하였다고 해서 완전히 항복하지는 않는다. 그는 패하였지만 여전히 독기 서린 적이요 마땅히 경계해야 할 대상이다. 독침은 제거되었지만 그에게는 여전히 쏘는 힘이 남아 있다. 두려워할 이유는 없으나 대적할 능력을 길러야 한다.

"있을 곳을 얻지 못한지라"는 표현은 20:11의 원문인 '간 데 없더라'(τόπος οὐχ εὑρέθη / 토포스 우크 휘레떼)와 매우 흡사하다. 원래 사탄은 하늘의 자기 처소로부터 하나님의 현존으로 접근할 수 있었다(욥 1:6-9, 2:1-6; 슥 3:1-2). 용의 반역 도모의 심장부요 용과 그의 수하들이 힘을 기르고 우주적인 대전쟁을 준비하던 존재 기반과 활동의 그루터기가 한때는 높은 하늘에 분명히 있었다. 그런데 그것이 온데간데없이 사라졌다는 말이다. 근거지의 상실은 절대적이고 완전한 추방에 따른 결과다(단 2:35; 슥 10:10; 계 20:11).

9 큰 용이 내어쫓기니

"있을 곳을 얻지 못한" 결과로 용은 땅으로 내어쫓긴다. "내어쫓기니"(ἐβλήτη / 에블레테)는 미가엘이 용을 추방한 배후에 실질적 권세의 원천이신 하나님이 버티고 계심을 암시한다. 사탄과 그의 사자들은 쫓겨나는 바로 그 시간까지도 전혀 알아채지 못하였다. 철저하게 베일에 가려 있던 하나님의 의중이 추방되는 순간에 현실이 되어 버렸다. 요한은 용의 내어쫓김을 반복적으로 두 번, 그리고 그의 사자들의 내어쫓김에 한 번, 도합 세 번에 걸쳐 '내어쫓기니'(ἐβλήτη / 에블레테)를 거듭 사용한다. 스캇은 이것을 사탄의 추방이 매우 굴욕적임을 의미한다고 설명했다. 바벨론을 지탱시키고 융성하게 만들었던 사탄은 높은 하늘에서 쫓겨났다(사 14:12). 주님은 사탄이 번개처럼 하늘로부터 떨어지는 것을 이미 보셨다(눅 10:18). 주님은 자신의 십자가를 통해 사탄이 세상의 통치권으로부터 밀려날 것임을 미리 아셨다(요 12:31). 4절에서는 용이 자신의 꼬리로 하늘 별 3분의 1을 '끌어다가 땅에 내던졌는데', 이제 여기에서는 용 자신이 내던져짐을 당한다. 용이 별들에게 하였던 그것과 동일하게 아니 더 엄청난 강도로 되갚음을 받는다. 또 하나의 신성한 '복수법'(lex talionis)을 본다.

요한은 사탄의 실상을 다섯 가지 칭호로 자세히 언급한다. 천상의 전쟁에서 완패하여 지상으로 추방당한 악의 화신은 바로 '큰 용'(ὁ δράκων ὁ μέγας / 호 드라콘 호 메가스)이다. 그는 '옛 뱀'(ὄφις ὁ ἀρχαῖος / 오피스 호 아르카이오스)이다. '옛 뱀'은 뱀의 형체를 빌어 에덴동산에 침입하였던 사탄을 연상시킨다(창 3:1). 그는 '마귀'(Διάβολος / 디아볼로스)이다. 그는 '온 천하를 꾀는 자'(ὁ πλανῶν τὴν οἰκουμένην ὅλην / 호 플라논 텐 오이쿠메넨 홀렌)이다. 큰 용 곧 옛 뱀이라고도 하고 마귀라고도 하는 사탄은 우주적인 사기꾼이다. 그는 미혹에 매우 능한 유혹자이다(20:3, 8, 10; 고후 2:11, 11:3; 딤전 2:14). 그는 하나님 앞에서 하나님의 종들을 비방하고 중상 모략하던 존재이다. 그는 그렇게 첫 사람들을 미혹했고 비방하였다. 사탄은 첫 사람들만이 아니었다.

창세 이후로 그는 온 천하를 꾀는 자가 되었다. 그는 밤낮 하나님 앞에서 참소하던 찰거머리처럼 끈덕진 존재였다. 하나님의 대리자인 미가엘과 그의 사자들, 그리고 사탄과 그의 하수들 사이에 벌어진 전쟁(7절)은 매우 흥미진진한 역사를 지니고 있다. 창조 시에는 이미 리워야단/용이 패하였고(시 74:13-14), 출애굽 때는 라합/용이 패배하였다(사 51:9-10). 이 혼돈의 영은 애굽(겔 29:4-5, 32:3-8)과 바벨론(렘 51:34)처럼 이스라엘의 적으로 상징되었으나, 궁극적으로 그들 배후에 있는 악의 세력은 하나님을 끊임없이 적대시해 온 사탄이다.

온 천하를 꾀는 자라

사탄은 속이는 자이다. 그는 속임으로 자신의 존재를 천명하고 속임으로 사악한 힘을 키운다. 그는 '온 천하를 꾀는 자'(ὁ πλανῶν τὴν οἰκουμένην ὅλην / 호 플라논 텐 오이쿠메넨 홀렌)이다. 사탄과 그에게 속한 악령들은 성도를 속이고(6:13, 24:24; 고후 11:3), 불신자들을 속이며(행 26:18; 고후 3:12-18, 4:4) 하나님까지 속이려든다(마 4:1-11). 그의 기만술은 시험(고전 7:5; 살전 3:5; 계 3:10)과 궤계(엡 6:11)를 활용하며, 자신을 천사로까지 변장시킨다(고후 11:14). 지상에 맨 최초로 나타난 사탄의 모습은 하나님의 첫 창조물인 사람을 속이는(창세기 3장) 사기꾼이었다. 많은 경우에 사탄은 중요한 일에서 대성공을 거두었다. 천사들이 실족되었고 탁월한 하나님의 종들이 속아 넘어갔다. 구약 시대에는 적지 않은 예언자들이 거짓 영에 사로잡혀 하나님의 구원 계획을 망치는 일에 협조자가 되곤 했다.

10 내가 또 들으니

누구인지 밝혀지지는 않았지만 천상적 존재들이 함께 소리 높여 외친다. 그것을 요한이 듣는다. 듣는 내용은 10-12절이요 그 의미는 7-9절의 환상에 대한 해설이다. 계시록에 나오는 찬양들은 요한이 본 환상에 대한 설명 혹은 요약으로 이루어져 있다(4:1-7에 대한 4:8-10, 5:5-8에 대한 5:9-14, 14:1에 대한 14:2-5, 15:2에 대한 15:3-4, 17:1-6에 대한 17:9-17임). 10-11절에서는 마귀에게 시달림을 당하던 지상의 성도들과 순교자들을 자기 형제라고 밝히는데, 그렇다 해서 굳이 이 찬양단들을 성도의 무리로 볼 이유는 없다. 19:10에서 천사 자신이 밝히듯 천사는 '성도들과 같이 된 종'이기 때문이다

(19:10). 비얼은 하늘에서 난 큰 음성을 하늘에 있는 성도들의 음성으로 해석했다.

계시록에서의 찬양은 단순히 송축만이 아니라 환상이나 메시지를 해석하는 기능까지 담당한다. 여기에서도 하나님의 백성들에 대하여 12:7-9의 중요성을 해석해 주고 있다. 찬양의 내용은 용의 추방을 이끈 하나님의 해방 사역을 송축하고(10절), 그 승리는 성도가 사탄을 이기는 영역으로까지 확대되며(11절), 그 승리를 하늘과 땅에 적용시키는 세 부분으로 이루어졌다.

하늘에 큰 음성이 있어 가로되

계시록에서 반복하여 나오는 표현 중의 하나가 "하늘에 큰 음성이 있어 가로되"(λέγοντες φωνὴ μεγάλη / 레곤테스 포네 메갈레)이다. 음성의 출처는 언제나 하늘이며 음성의 주체는 하나님이나 그리스도가 아니면 천사이다(1:10-11, 5:2, 7:2-3, 8:13, 10:3, 11:12, 14:7, 9, 15, 18, 16:1, 17, 18:2, 19:17, 21:3). 그러나 하늘에 있는 죽은 성도의 음성도 꽤 나온다(6:10, 7:10, 11:15, 14:2-3, 19:1, 6). 어떤 학자는 여기서 요한이 들은 음성을 6:9-11에 나오는 순교자들의 음성으로 간주하였으나(Charles, Thomas, Kiddle), 본 절에 나타난 큰 음성의 주인공은 인간보다 뛰어난 영적 존재이다. 그는 찬양에서 성도들을 '우리 형제'라 언급하는데, 그렇다면 그렇게 말하는 본인이 형제의 그룹에는 속하지 않았음을 알 수 있다.

천사는 요한도 하나님의 일을 수행하는 종이라는 관점에서 자신을 인간의 동류로 표현하였다(19:10, 22:9). 마운스는 '능력'에 대한 반복된 강조를 주시하면서(4:11, 7:12, 11:17, 12:10) 이것이 이십사 장로 중 하나의 음성이라 추정하였다. 5:12과 19:1에도 능력이 언급됐다. 래드는 '우리 형제'라는 구절에 비중을 두면서 이 음성이 하나님의 백성들, 즉 순교자들 중의 하나일 것이라 보았다. 음성은 하나님의 보좌를 둘러싼 하늘의 궁정에서 나왔을 것이다. 보좌의 주위에는 네 생물과 이십사 장로들이 있어 큰 음성의 주인공으로 간주될 소지가 많다.

구원과 능력과 나라와……그리스도의 권세가

'하나님께 속한'(τοῦ θεοῦ / 투 떼우) 구원과 능력과 나라는 현존하는 실체다. "구원"(ἡ σωτηρία / 헤 소테리아)은 본서에서 단지 세 번 나오는데(7:10, 12:10, 19:1) 모두 해방과 승리를 의미하는 구약적인 취지를 따른다. 이와 같은 의미는 미가엘이 일군 천상에서의 승리가 지닌 구원의 실체를 제대로 반영하고 있다. 모든 "능력"은 근본적으로 하나님께 속했다. 사탄도 땅에 속한 일종의 권세를 지녔으나(13:2, 17:13, 18:3) 그것은 한시적이어서 종말의 때가 이르면 소멸되고 마는 무기력한 권세다(15:8, 19:11-16, 20:7-10).

사탄은 나라의 모습을 갖추었어도 스스로 설 수 없는 나라다. 그의 나라는 기초를 닦기도 전에 아예 붕괴되어 버렸다. 이에 비해 하나님 나라는 영원히 무궁하고 무궁하며 또한 무궁하다. 하나님은 이 나라를 그리스도의 구속 사역을 통하여 성도들에게 선물로 주셨다(1:6, 9, 5:10). 결국 죄로 얼룩진 세상 나라는 그리스도에게 종속되어 그의 영원한 왕권에 의해 다스려질 것이다(11:15). 그것은 새 하늘과 새 땅의 실현에서 궁극적으로 가시화될 것이다(20:4).

하나님의 그리스도에게 속한 권세 또한 이루어졌다. 그 결과 악랄한 참소자가 추방당하였다. 쫓겨난 참소자는 더 이상 성도들을 송사할 수 없고 정죄할 수도 없다(롬 8:33-34). '참소하는 자'(ὁ κατήγωρ / 호 카테고르)는 신약에서 유일하게 이곳에만 나온다. 참소자의 패배는 그리스도의 대속적 죽음이 가져온 결과였기에, 그리스도는 하나님께 속한 구원과 능력과 나라에 동등한 권위를 지닌다. 마찬가지로 그리스도가 '하나님께 속한 그리스도'(τοῦ Χριστοῦ αὐτοῦ / 투 크리스투 아우투)이기에 하나님은 그리스도의 성취된 권세에도 동참한다.

구원과 능력과 나라는 그리스도의 권세를 통해 수행되고 성취된다. 하나님의 그리스도의 권세가 이루어짐은 하나님과 그리스도의 메시아 왕국이 실현됨을 뜻한다. 10절의 선포는 11:15처럼 아직 도래하지 않은 완성의 때를 향해 나아가면서 내다보는 예상적인 선포다. 원칙적으로는 이미 이루어졌다(already). 사탄이 이미 패했기 때문이다. 그럼에도 불구하고 실질적으로는 아직까지 이루어지지 않았다. 여기에도 '이미'(already)와 '아직'(not yet)의 긴장이 존재한다. 메시아의 왕국이 완성되지 않았기 때문이다.

11 **어린양의 피와……말을 인하여 저를 이기었으니**

그의 피로 우리를 죄에서 해방했기에 우리는 그가 흘리신 보혈의 능력으로 죄와 더불어 싸워 이긴다. 성령의 검인 말씀은 영적인 전쟁에서 공격용 무기로 그 위력을 발휘한다. '어린양의 피'(τὸ αἷμα τοῦ ἀρνίου / 토 하이마 투 아르니우)와 하나님의 말씀은 성도의 승리에 있어 근간을 이룬다. 여기에서의 "말"은 곧 하나님의 말씀이다. 계시록에서는 '하나님의 말씀'이 증거와 연관되어 사용되었다(1:2, 9, 6:9,

20:4).

여기에서 "자기의 증거하는 말"(τὸν λόγον τῆς μαρτυρίας αὐτῶν / 톤 로곤 테스 마르투리아스 아우톤)이란 '자기의 증거를 통하여 드러나는 하나님의 말씀'을 의미한다.

하나님의 말씀은 곧 계시다. 계시는 드러나기 전에는 도저히 알 수 없는 비밀이요 신비다. 감추어진 비밀과 신비를 알 수 있도록 벗겨 내려면 증거는 필수적이다. 성도의 증거가 없으면 말씀은 세상에 비밀로 남겨진다. '인하여'(διά / 디아)는 여기에서 어린양의 피와 하나님의 말씀이 단순한 수단이 아니라 그들 승리의 그루터기가 됨을 의미한다. 무수한 백의의 무리들도 어린양의 피에 그 옷을 씻었는데(7:14), 순교자들이 승리하는 근본적 원인은 처음부터 끝까지 어린양의 보혈에 있다. 그리스도의 보혈을 의지하여 신앙적인 수고와 희생을 아끼지 않았기 때문에, 다시 말해서 생명을 돌보지 않는 충성심과 예수의 증거로 인하여 그들은 영광의 승리자가 될 수 있었다(6:9, 11:7, 20:4).

12 하늘과 그 가운데 거하는 자들은 즐거워하라

왕국의 도래로 인한 직접적인 여파는 사탄의 전복과 충성된 성도들의 승리를 가져오게 하였다. 그 결과로서 하늘과 그 가운데 거하는 자들은 즐거워하고 '땅과 바다'로 그려진 땅에 거하는 자들은 슬퍼한다. 일반적으로 하늘과 땅은 항상 함께 즐거워했지만(시 96:11; 사 44:23, 49:13), 땅이 사악한 세력에게 통제되면서 전쟁 패배의 결과를 떠안는 화에 처하게 되었다. 그들은 조금 전만 해도 두 증인의 죽음을 보고 기뻐하며 서로 예물을 보내던 자들이다(11:10). 전세는 완전히 역전되었다. 이제 하늘과 하늘에 거하는 자들이 사탄의 추방을 즐거워한다.

아직까지도 성도들의 주소는 하늘이 아니다. '하늘의 거주자들'(οἱ οὐρανοὶ καὶ οἱ ἐν αὐτοῖς σκηνοῦντες / 호이 우라노이 카이 호이 엔 아우토이스 스케눈테스)이란 영물들과 천군천사들이다. '하늘'은 계시록에서 50회 이상이나 사용이 되었는데 유독 이곳에서만 복수로 사용되었다. '땅과 바다'(τὴν γῆν καὶ τὴν θάλασσαν / 텐 겐 카이 텐 딸라산)는 온 세상에 대한 매우 포괄적인 표현으로서(10:2) 사탄이 지배하는 모든 영역을 의미한다. 하늘이 깨끗이 소제되었으므로 하늘의 존재들은 즐거움을 노래할 수 있다. 사탄은 하늘에서의 참소자로서 그나마 누리던 참소권을 완전히 박탈당했다. 이제 성도는 마귀의 참소로부터 자유롭다. 성도와 함께 된 종으로서 천사들은 마땅히 즐거워해야 한다. "하늘이여 즐거워하라"(εὐφραίνεσθε οὐρανοί / 유프라이네스떼 우라노이)는 70인역에서 악한 자에 대한 심판이 이루어지고 하나님의 구속이 성취되는 경우에 권면하였던 외침으로서 명령 형태를 보인다(신 32:43; 대상 16:31; 시 96:11; 사 44:23, 45:8, 49:13).

땅과 바다는 화 있을진저

"화 있을진저"(οὐαὶ τὴν γῆν / 우아이 텐 겐)는 8:13의 "땅에 거하는 자들에게 화 화 화가 있으리라"(οὐαὶ οὐαὶ οὐαὶ……τὴν γῆν / 우아이 우아이 우아이……텐 겐)와 같은 형식이다. 대부분의 주석가들은 본 절에 기록된 사탄의 하강을 셋째 화(11:14)로 이해한다. 그러나 15-16장의 마지막 재앙인 일곱 대접을 셋째 화로 보는 견해가 설득력이 더 강하다. 본 절의 화의 선포와 8:13의 화의 선포가 외형적으로 동일한 형식을 취하고 있는 것은 사실이지만, 내용적으로 차이가 있기 때문이다. 즉 본 절의 화는 사탄이 땅에 있는 하나님의 백성들을 괴롭히는 것이지만 8:3의 경우는 불신자들에 대한 재앙이다. 8:13에 예언된 나팔 재앙들은 미래의 사건이지만, 본 절에 나타난 사탄의 추방은 과거의 일이다. 이에 대해서는 마운스와 찰스와 벡위드가 잘 요약했다. 비얼은 셋째 화가 이미 11:15-19에서 이루어졌다고 보았다.

13장의 내용에 비추어보면 하늘에 거하는 자들(13:6)과 땅에 거하는 자들(13:8, 12, 14)로 나누어지는 두 부류의 정체가 분명해진다. 하늘에 거하는 자들은 하나님과 그의 어린양 그리스도를 섬기는 자들이다. 이에 반해 땅에 거하는 자들은 하나님을 거역하고 사탄과 그의 짐승을 경배하는 자들이다. 하늘의 거주자들은 땅에 속하기를 거절하고 하늘의 하나님을 충성스럽게 섬기던 자들로 장차 하늘에서 밤낮 하나님을 섬기게 될 것이다(7:15). 영원한 운명을 가르는 것은 경배에 있다. 올바른 경배야말로 이 땅에서 나그네와 행인같이(벧전 1:17, 2:11) 또는 외국인(히 11:13)처럼 살아가던 성도들을 하늘의 원주민 되게 한다. 세상에 대해 낯선 자가 하나님의 권속이 되어(엡 2:19) 하늘에 거한다.

원문에는 "그러므로……(내려갔기) 때문이라"(διὰ τοῦτο / 디아 투토)가 먼저 나와서 하늘의 거주자들이 즐거워해야 할 이유를 밝혀주고 있다. 하나님의 어린양 그리스도의 권세는 이루어졌고 사탄은 패주하여 땅으로 쫓겨났다. 이로 인하여 땅에는 전대미문의 참혹한 재앙이 불어 닥칠 것이지만 주님의 신실한 백성들이 넉넉히 이길 것이다. 그들은 더 이상 박해에 짓눌려 상한 영혼들이 아니다. 고난 속에서도 믿음을 지키며 어떠한 불이익에도 물러서거나 타협하지 않았던 올곧은 심령이 승리의 함성을 울리게 되었다. 화가 복이 되고 성도들에게 쏟아졌던 화가 이제는 모두 악한 자들의 몫이 되었다

그들은 모두 어린양의 보혈과 하나님의 증거의 말씀을 인해 악한 자들을 이긴 자로서 사탄을 대적하기 위해 포진한 주님의 용사들이다. 한때 그들은 그리스도 예수의 선한 일꾼으로서(딤전 4:6), 믿음의 선한 싸움을 싸운 군사들이었다(딤전 6:12). 이제 그들은 주님의 좋은 군사(딤후 2:3)된 것만으로 만족지 못하는 자들이다. 그들은 거룩한 싸움에 탁월한 자 되기를 원하는 자들이다. 영적 전쟁의 승리자가 되기 원한다. 옛적 요셉밧세벳(삼하 23:8), 엘르아살(삼하 23:9-10), 삼마(삼하 23:11-12)의 '세 용사들'과 우리아(삼하 11:6-25; 23:29)를 비롯한 '30인의 용사'(삼하 23:24-39)가 다윗의 용사가 되어 여호와의 큰 구원을 이루었듯이, 주님의 용사 중의 용사가 되어 원수의 맹장인 사탄과 더불어 싸워 이기고자 하는 것이다.

이는 마귀가 자기의 때가 얼마 못된 줄을 알므로

마귀는 지혜로운 존재다. 그의 지혜는 뱀 같은 지혜라고 일컬을 정도로 뛰어나다(마 10:16). 그가 지혜로운 것은 자기의 때를 알기 때문이다. 주님도 자기의 때를 아셨다. 주님의 사역의 중심은 언제나 하나님의 때에 자기의 때를 맞추는 것이었다. 자기의 때가 아니면 행치 않으셨다. 이에 비해 우리는 우리의 때를 모른다. 나의 때를 모른다. 머물러야 할 때와 나아가야 할 때를 모른다. 부르짖어야 할 때를 모르고 침묵해야 할 때를 모른다. 지혜자는 "천하에 범사가 기한이 있고 모든 목적이 이룰 때가 있나니"(전 3:1)라며 때를 아는 자로서 후세들을 일깨우고자 했다(전 3:2-8).

내 때를 아는 것이 최우선적이어야 한다. 사역도 비전도 자신의 때와 주님의 때에 대한 정확한 인식이 선결되어야 한다. 때를 아는 자체가 지혜요 은혜며 축복이다. 때를 아는 자는 세월을 아끼며 산다(엡 5:16). 찾아오는 기회를 놓치지 않고 붙들면서 산다. 내 인생의 길이가 얼마나 짧은지 모른다. 시편 기자는 그래서 부르짖었다. "주께서 나의 날을 손 넓이만큼 되게 하시매 나의 일생이 주의 앞에는 없는 것 같사오니 사람마다 그 든든히 선 때도 진실로 허사뿐이니이다"(시 39:5).

"나의 때가 얼마나 단축한지 기억하소서"(시 89:47). 이는 내 인생의 시간들이 화살처럼 '획획 지나가버린다'(fleeting)는 말이다. "우리에게 우리 날 계수함을 가르치사 지혜의 마음을 얻게 하소서"(시 90:12). 자신의 종말과 '남은 날 수'가 얼마인지(시 39:4) 아는 것이 지혜다. 나의 시간은 오직 주의 손에 있다(시 35:1).

주님은 선지자들이 예언하고 의로운 백성들이 소망하던 그 '때'를 단축하지 않으셨다. 정확한 때가 되어서야 이 땅에 임하셨다. 주님은 자신의 때가 얼마 남지 않음을 아셨다.

세상을 떠나서 아버지께로 돌아가실 때가 임박한 것을 아셨지만 주님은 슬퍼하거나 분노하지 않으셨다. 오히려 세상에 있는 자기 사람들을 사랑하시되 끝까지 사랑하셨다(요 13:1).

마귀는 자기 때가 얼마 남지 않은 것을 알고 분노했다. 이것이 차이점이다. 주님의 백성은 자신의 남은 때를 기뻐한다. 살아도 주님의 뜻을 행할 수 있음을 기뻐하며 죽어도 주님의 뜻을 이룰 수 있어 기뻐한다. 그들은 살아도 주를 위해 살고 죽어도 주를 위하여 죽기에 철저히 주님께 속한 주님의 사람이다(롬 14:8).

마귀에게 남은 짧은 때는 성도의 영원한 승리가 결코 멀지 않았음을 시사한다. 사탄이 마지막 발악을 함으로 견디기 힘든 시간이 주어지겠지만 칠흑 같은 어둠이 밝은 새벽의 먼동을 일깨우듯 사탄의 넘치는 분노는 세상의 구원이 아닐 수 없다. 그는 혼신의 힘을 쏟아 부어 주님의 신실한 백성들을 진멸하고자 할 것이다. 얼마 남지 않은 시간이 그로 하여금 맹렬한 화력을 집중시키도록 만든다.

이 '짧은 시간'(ὀλίγον καιρόν / 올리곤 카이론)은 영원한 왕국의 도래와 함께 사탄의 멸망이 바로 목전에 이르렀음을 알려준다.

'짧은 시간'은 사탄이 무저갱에 갇혔다가 '잠깐'(μιρὸν χρόνον / 미론 크로논) 놓이는 그 시간(20:3)까지 포함한다. 아들도 모르고 하늘의 천사들도 모르던 그날과 그때, 오직 한 분 아버지만 아시던 '그날과 그때'(마 24:36; 행 1:7)가 바로 문 앞에 이르렀다. 결코 지체되지 않았던 이때(10:6-7)가 구체적으로는 1,260일(11:3, 12:6)이요 마흔 두 달(11:2, 13:5)이며 한 때 두 때 반 때(12:14)이니 곧 3년 6개월이다. 물론 이 숫자는 실질적일 수도 있지만 상징적으로 해석하는 것이 적절하다. 이 '짧은 시간'은 순교자들이 제단 밑에서 안식을 누리던 '잠시 동안'(χρόνον μιρόν / 크로논 미론)이다(6:11).

하늘에서 일어난 전쟁은 초자연적이고 우주적인 규모인지라 이해하기가 쉽지 않다. 자연히 이에 대한 해석도 바라보는 관점에 따라 크게 차이를 보인다.

① 역사주의적 관점 → 엘리엇은 줄리아누스 황제 때 야기되었던 기독교와 이교와의 갈등으로 보았다. 콘스탄틴 황제 이후 기독교 신앙을 견지했던 황제들과 달리 그는 배교자로서 이교주의를 확립하였다

(AD 361-363). 용의 추방은 줄리아누스 황제의 죽음으로 이교주의가 몰락된 것이라 해석했다. 10절에 묘사된 '우리 하나님의 나라'는 기독교 신앙을 지닌 통치자에 의하여 로마가 통치되던 시대로 간주했다. 하지만 교회에 대한 사탄의 대대적인 박해는 아직 이르지 않았다. 분노에 가득 찬 사탄의 하강(12절)은 나중에 여자의 남은 자손들에게로 집중되었다(17절). 10절의 찬양을 기독교 왕국의 형성으로 볼 수 없는 이유이다. 엘리엇은 12절의 묘사를 교회 내부로부터 일어난 박해자와 곧 다가올 고트 족에 의한 응징으로 이해하였다. 반즈는 교황권의 발흥으로 간주하였다.

② 과거주의적 관점 → 임박한 심판으로 "세상 임금이 쫓겨나리라"(요 12:31)던 주님의 말씀에 근거하여 큰 용의 추방은 십자가의 구속과 부활로 인해 이룩한 하늘 전쟁의 결과로 해석했다(Chilton, Terry. Carrington). 그리스도의 죽음은 사탄의 모든 역사를 폐하지 않았지만 형제들을 '참소하는 자'(12:10)로서의 그의 역할을 마감시켰다. 또한 천사장 미가엘을 그리스도와 동일시했다(Chilton). 창조된 존재로서 그리스도를 천사로 해석하는 여호와의 증인과 차별화하기 위하여, 그는 그리스도가 '단순한 천사'가 아니라 10:1의 '힘센 다른 천사'로 상징된 그런 존재로 여겼다. 이럴 경우에 '천사장'이란 천사들 그룹 중의 우두머리라는 의미가 아니라 천사들의 최고사령관(수 5:13-15)에 더 가까웠다. 천사들을 거느린 미가엘은 사도들을 거느리셨던 주님을 암시한다고 보았다.

③ 미래주의적 관점 → 하늘에서의 전쟁은 다니엘을 통해 예언된 것으로서(단 12:1) 이 사건은 대환난의 시작을 알린다. 대환난이란 7년 중에서도 후반기 3년 반에 해당하는 기한을 뜻한다. 왈부어드는

다니엘 12장의 예언과 요한계시록 12장의 사건을 동일시하였다. 전쟁의 결과로 인해 사탄과 그의 추종자들은 천상계로부터 추방되어 그 활동 영역이 땅에 국한되었다. 사탄의 추락을 조금 후인 다섯째 나팔이 불어질 때로 늦춰 잡은 이도 있다(Gaebelein). 아이언사이드는 이 사건을 교회의 휴거 초기 곧 다니엘의 70주에서 아주 이른 시기로 본다.

라일리도 천상 전투에서의 사탄 패배가 대환난의 중간에 일어나는 것으로 보고 그리스도의 결정적인 승리를 향해 나아가는 마지막 정복을 앞두고 부른 찬양이라 여겼다. 왈부어드는 대환난 시기와 구원의 노래를 동시적인 것으로 보면서, 이 구원이 죄로부터의 구원이 아니라 하나님의 계획하심 속에서의 해방과 완성의 구원이라 보았다. 구원과 능력과 나라와 그리스도의 권세가 이루어지고 사탄이 패했지만 싸움이 완전히 끝난 것은 아니다. 천상에서 사탄이 추구하였던 참소자로서의 기능은 끝났지만, 대환난기를 맞이한 지상에서는 성도들을 향한 사탄의 공격이 지속된다. 성도들은 천상에서 이루어진 영적 배경을 가지고 결연한 의지로 사탄의 공격에 맞선다. 그들에게는 하나님의 계명과 예수의 증거가 있다.

④ 이상주의적 관점 → 이는 앞부분의 1-6절에 묘사된 영적 갈등을 재론한 것으로서 천상적 관점에서 기술한 것이다.

그리스도의 죽으심과 부활로 인해 흑암의 나라가 지리멸렬하여지고 그 마지막 국면이 바로 참소자의 추방이다(요 12:31). 지상에서 이룩한 그리스도의 승리를 천상의 싸움에서 미가엘에게 돌린 것을 캐어드는 재미있게 설명했다.

미가엘이 그리스도의 참모로서 십자가의 실질적인 전투에 임한 야

전군 사령관이신 그리스도의 명령에 따라 천상의 전투 지도에서 적장인 사탄의 깃발을 뽑은 것으로 표현했다. 욥과 대제사장 여호수아를 참소하던 사탄(욥기 1-2장; 슥 3:1)은 그리스도의 구속으로 인해 참소의 모든 근거들을 상실하고 말았다(롬 8:31-34). 성도들을 참소함에 있어 사탄이 꾸며대던 온갖 의의 가장들은 모두 제거되었다. 천상에서의 사역은 원천적으로 봉쇄되었고 대적자로서의 기능은 지상에 있는 성도들의 양심과 자기만족의 영역만으로 국한되었다. 10절의 찬양은 그리스도의 부활로 인하여 사탄을 꺾고 새 언약의 시대가 이르렀음(골 2:15; 히 2:14)을 축하하는 것이다.

C. **땅의 전쟁**(12:13-17)

10-12절의 찬양이 끝나자 환상의 장면은 1-6절, 7-9절에 이어 용과 여자가 전면에 재등장한다. 7-9절이 4절의 확장이듯이 13절은 12:6의 확장편이다. 요한은 방금 전까지 용의 본모습인 사탄과 마귀에 대해 언급하다가 이 부분에서 다시 용을 언급하는데, 이는 독자로 하여금 여자를 광야로 피신케 만든 장본인인 용의 이야기를 다룬 1-6절의 장면을 회상토록 하기 위함이다. 6절에서 13절을 연결하면 아귀가 맞듯 이야기 전개가 매끄럽다. 용은 이미 하늘에서 추방당하였으며 자신의 때가 얼마 남지 않았음을 익히 알고 있다. 이제 용이 준비한 마지막 투쟁의 화살은 지상에 남아 있는 여자와 여자의 후손들을 겨냥하고 있다. 사탄이 그리스도의 교회를 집요하게 박해하는 것은, 그가 하늘의 전쟁에서 패퇴하여 지상으로 쫓겨났으며, 지상에서조차 메시아를 제거하는 데 실패하였기 때문이다.

이길 수 없는 두 차례의 대격전에서 참패함으로 지칠 대로 지친 사탄은 전열을 가다듬어 보다 쉬운 공격 목표를 찾아 나섰다. 남자 아이를 진멸할 계획도 수포로 돌아가고 그에게 남은 공격 대상은 남자 아이를 잃어버림으로 기력이 쇠약해진 여자를 총공격하는 것이다. 주목표를 상실했지만 남자 아이를 해산한 여자는 사탄에게 매우 적절한 과녁이 된 셈이다. 남자 아이를 죽이지 못했지만 남자 아이를 생산한 여자를 죽이면 생명의 근원으로서 여자를 죽여 남자 아이를 상하게 할 수 있을 것이라 여겼기 때문이다. 이것은 교회를 핍박하는 것이 주님 자신을 핍박하는 것과 같은 이치다(행 9:4). 지극히 작은 자에게 하거나 하지 않은 것이 곧 주님께 대한 것과 같은 원리다(마 25:34-46). 결론적으로 여자가 낳은 남자 아이와 여자에 대한 공격 역시 성공적이지 못하였다.

용이 어떻게 여자를 박해했는지 아무런 설명이 주어지지 않았지만 견디기 힘들 정도의 박해였음은 미루어 짐작할 수 있다. 그래서 하나님은 자신이 예비하신 피난처로 여자를 급송하셨다. 미래주의적 해석에서는 바로 이 시기에 유대인들이 회심할 것으로 본다.

세대주의자들은 여자가 광야로 날아가서 양육을 받는 이 "한 때와 두 때와 반 때"(καιρὸν καὶ καιοὺρ καὶ ἥμισυ / 카이론 카이 카이우르 카이 헤미쉬)의 기간을 7년 대환난의 후반기인 '후 3년 반'으로 해석한다. 유대인이 종말의 때에 이르러 세계의 주목을 받는 것은 그들이 '하나님'(el)의 '유대인'(Jew)으로 '하나님의 보석'(Jewel) 같은 존재라고 풀이하는 이도 있다.

> 13 용이 자기가 땅으로 내어쫓긴 것을 보고 남자를 낳은 여자를 핍박하는지라
> 14 그 여자가 큰 독수리의 두 날개를 받아 광야 자기 곳으로 날아가 거기서 그 뱀의 낯을 피하여 한 때와 두 때와 반 때를 양육 받으매

15 여자의 뒤에서 뱀이 그 입으로 물을 강같이 토하여 여자를 물에 떠내려가게 하려 하되
16 땅이 여자를 도와 그 입을 벌려 용의 입에서 토한 강물을 삼키니
17 용이 여자에게 분노하여 돌아가서 그 여자의 남은 자손 곧 하나님의 계명을 지키며 예수의 증거를 가진 자들로 더불어 싸우려고 바다 모래 위에 섰더라

13 **용이 자기가 땅으로 내어쫓긴 것을 보고**

용이 자신의 추방된 처지를 보았다 함은 천상에서의 추방 사건이 매우 순간적이고 저항할 수 없는 힘에 의해 이루어진 것임을 강력히 암시한다. 방금 전까지 사탄은 하늘에서 미가엘과 더불어 싸우고 있었다. 그런데 한순간 사탄은 하늘이 아닌 땅에 있는 자신을 발견했다. 이것이 그로 하여금 분기탱천하여 여자를 맹렬히 좇는 추격자가 되게 하였다. 남자 아이를 낳은 여자를 핍박하는 것이 곧 남자 아이에 대한 박해이기 때문이다. 용은 자신을 추방한 그리스도가 곧 자신의 몸인 교회와 동일시됨을 알기에, 교회를 박해하는 일에 혼신의 힘을 쏟는다. 성경은 용과 그의 사자들이 주님의 교회와 하나님의 백성을 박해하는 주체임을 곳곳에서 밝혀주고 있다(마 5:11, 10:22, 24:9; 요 15:18-21; 행 9:4-5; 벧전 4:14; 계 1:9, 14:13).

남자를 낳은 여자를 핍박하는지라

6절에 언급된 여자의 도주에 대한 상세한 설명이 13절 이하에서 주어진다. 용은 하늘에서 쫓겨났고 남자 아이를 낳은 여자는 용의 분노를 피해 광야로 도주했다. 그는 단지 여자를 추격할 뿐 아니라

박해한다(ἐδίοξεν / 에디옥센). 여자는 추격당하면서 박해의 고통을 겪는다. “핍박하는지라”는 추격과 박해의 의미를 함께 포함하고 있다. 여자는 용의 분노가 두려워 도주하고 실제적으로 미치는 박해의 고통으로 인하여 도주를 멈추지 않는다. 이 도주는 하나님께서 베푸신 초자연적 조처로 이루어졌기에 여자는 안전하다. ‘남자’ 앞에 붙은 정관사 톤(τόν / 톤)은 그 아이가 5절에 나타난 그 아이임을 가리킨다. 이는 바로의 철병거를 피하여 도주하던 이스라엘 백성의 경험을 여지없이 반영하고 있다.

용이 추격하면서 박해를 가한 여자는 도대체 누구인가? 이에 대해서는 다양한 해석이 시도되었다. 결론적으로 말해 여자는 교회가 될 수 없다. 교회가 메시아를 낳은 것이 아니라 메시아가 교회를 낳았다. 교회는 예수의 추종자들의 어머니(17절)라 불릴 수도 없다. 여자는 하나님의 이상적인 백성으로서(Ladd), 메시아적 공동체이다(Mounce). 옛 언약과 새 언약을 포함해 하나님의 이상적인 백성이다(Beckwith). 어찌 되었든 13-17절의 삽화에는 출애굽의 모형이 짙게 깔려 있다. 바로 왕의 추격(출 14:8)과 용의 추적, 이스라엘 남자 아이들을 강에 버림(출 1:22), 그리고 홍해의 위협(출애굽기 14장)과 여자를 물에 떠내려가게 함, 광야로의 피난(출 15:22)과 도피, 광야 40년의 양육(신 1:31-33, 8:4)과 한 때 두 때 반 때의 양육, 독수리 날개의 인도(출 19:4; 신 32:11-12)와 독수리의 날개로 보호하심 등이다.

원문의 ‘핍박하는지라’(ἐδίωξεν / 에디옥센)는 단순과거형으로서 동작의 발단을 나타낸다. 원래의 뜻은 ‘추격한다’인데, 좋은 의미의 ‘좇음’(롬 9:30-31, 12:13; 빌 3:12, 14)에도 쓰였고, 나쁜 의미에서 ‘핍박’과 ‘구박’(마 10:23, 23:34; 행 26:11)으로도 쓰였다. 신약에서 이 단어는 ‘박해’의 의미로 더 많이 사용되었다(마 5:10-12, 44; 행

7:52, 9:4-5; 롬 12:4; 고전 15:9; 빌 3:6). 영어성경은 '추격'의 해석을 취한 역본들(NIV, RSV, NEB, JB)과 '박해'의 해석을 취한 역본들(KJV, NASB)로 나뉜다. 본문의 경우에는 어떤 의미로 해석되든 별 상관이 없다. 스웨트는 요한이 두 가지 개념을 모두 염두에 두고 있었다고 간주했다. 용이 여자를 핍박하는 것은 남자 아이에 대한 살해 의욕이 완전하게 꺾이지 않았기 때문이다.

용의 여자 박해는 이전에 비해 훨씬 강하고 발악적이다. 그는 박해의 강도를 급상승시키는데 분노가 주원인이다. 용이 분노하는 것은 하늘에서의 전쟁 패배라는 충격과 함께 자신의 활동 무대가 좁아졌고, 역사할 시간도 얼마 남지 않았다는 인식 때문이다. 용은 그리스도나 미가엘에게 직접 공격을 가할 엄두조차 내지 못한다. 그가 가장 손쉬운 상대로 고른 것이 여자다. 남자 아이를 낳은 여자, 자신의 위협에 광야로 도주했던 여자, 역사적으로 일전일퇴를 거듭하며 용에게 승리의 짜릿한 맛을 안겨주었던 여자, 주님께 충성할 때는 가시 같았지만 변절하고 난 뒤에는 자신의 측근이 된 가룟 유다나 니골라 같은 교회였다. 그래서 주님의 기쁨인 한편 근심의 대상이기도 한 교회에다 용은 총공세를 펼치려고 한다. 주님의 몸인 교회를 상하게 함으로 교회의 머리 되신 주님을 아프게 하기 위해서이다.

주님의 종들이 핍박을 받는 것도 같은 맥락에서이다. 사탄과 그의 추종자들은 십자가의 죽음으로도 죽일 수 없었던 주님 까닭에 주님의 추종자들을 박해하는 일에 모든 열정을 쏟는다. 그리스도의 교회는 그리스도의 몸으로서 머리 되신 주님과 유기적으로 연합되어 있음을 사탄 역시 잘 안다. 주님의 영광이 곧 교회의 영광이요 교회의 고통이 곧 주님의 고통임도 잘 안다. 성경은 주님이 스스로를 자신의 교회와 동일시하는 경우를 많이 다룬다(마 5:11, 25:45; 행 9:4-5; 벧전 4:14; 계 1:9, 14:3). 사탄의 교회 핍박은 역사적으로 많은 순교자를 배출하였다. 허물과 죄로 인하여 이지러지던 교회도 박해를 극복한 순교의 피로 말미암아 새 힘을 얻어 다시 만월의 영광으로 나아가곤 했다.

14 큰 독수리의 두 날개를 받아 광야 자기 곳으로 날아가

여자가 도망간 곳은 하나님이 예비하신 곳이었다(6절). 우리를 위하여 처소를 예비하러 가신 주님은 이 종말의 때에도 하나님의 신실한 백성들을 위해 피난처를 예비하신다. 여자의 도주는 오직 하나, 용의 분노를 피해 숨음이다. "큰 독수리의 두 날개"(αἱ δύο πτέρυγες τοῦ ἀετοῦ τοῦ μεγάλου / 하이 두오 프테뤼게스 투 아에투 투 메갈루)엔 관사가 셋 다 붙어 있어 '그 큰 그 독수리의 그 두 날개'로 직역이 된다. 이것은 요한의 수신자들이 출애굽(출 19:4)과 신명기(신 32:11-12)의 전통을 통하여 '바로 그 독수리'의 이미지를 충분히 알 수 있었음을 보여준다. '날개'를 통한 보호와 인도의 이미지는 시편에도 상당히 풍부하다(시 17:8-10, 36:7-8, 55:6-8, 57:1, 61:4, 63:1-2, 7, 91:4, 11-13, 103:5-7). 하나님은 사람이 자기 아들을 안음같이 이스라엘의 행로 중에 그들을 안고 약속의 땅까지 이르게 하셨다(신 1:31).

여호와를 앙망하는 백성들에게는 환난의 때도 그 영혼에 독수리의 날개가 돋는다(사 40:31). 키들은 이를 새 예루살렘에서 생활하기 위한 준비 과정으로서 '큰 성'인 세상으로부터 영적으로 완전히 격리되는 상태로 보았다. 래드는 이를 교회에 대한 궁극적 안전에 대한 확신

으로 이해하였다. 독수리의 두 날개를 믿음과 계명, 구약과 신약으로 구체화한 시도 또한 있었으나 그보다는 하나님의 전반적인 인도와 보호로 해석함이 더욱 자연스럽고 안전하다.

여자는 독수리의 두 날개를 받아 순간적으로 변형되어 광야의 '자기 곳'에 안착했다. 이스라엘 백성이 애굽의 학정을 피해 광야를 거쳐 가나안 복지에 이르기까지 하나님은 불 기둥과 구름 기둥이라는 양 날개로 그들을 품어 이끄셨다.

거기서……한 때와 두 때와 반 때를 양육 받으며

광야는 단순한 도피처가 아니다. 신실한 주님의 백성이 필요할 때에는 보호는 물론 육신적이고 영적인 모든 필요를 채워주시는 하나님의 공급처이다. 광야는 바벨론의 영화를 거절하고 열악한 삶의 환경에다 자신을 익숙게 하는 참된 성도들의 주거지이다. 그곳에서 용의 공격으로부터 보호를 받을 뿐 아니라 천국 시민권(엡 2:19)을 획득하여 새 예루살렘에 입주하고자 양육을 받는다. 광야가 여자의 도피처요 영적인 훈련을 받기에 최적의 장소인 것으로 묘사된 것은 메시아가 장차 광야에서 나올 것이라는 종말론적 기대감 때문이다(사 40:3; 호 11:1; 마 2:13-15).

마운스는 "양육 받으며"(τρέφεται / 트레페타이)에 훈련의 의미가 있음을 내비쳤다. 한 때와 두 때와 반 때를 모두 합치면 세 때 반으로서 1,260일과 마흔두 달과 동일한 3년 반에 해당한다. 포드는 마흔 두 달 또는 3년 6개월이 구약에서 항상 폭력적인 죽음과 연관되었음을 상기시키면서 무모하고 폭력적인 살해에 대한 상징으로 해석했다(왕하 2:23-24, 10:14). 역사적 경험을 살펴보아도 유대인들이 시리아의 폭군 안티오코스 4세에 의하여 박해를 받은 기간도 3년 6개월이었다. 다니엘서(7:25, 12:7)에 근거한 이 표현은 한정된 기간을 나타낸다. 성도들은 이 기간에 육신적인 고난을 통하여 박해를 받지만, 영적으로는 하나님의 양육을 받는다. 계시록에는 동전의 양면처럼, 훈련과 양육이 공존하는 성도의 삶을 상당히 많이 다룬다(3:10, 6:9-11, 7:3-4, 14-17, 10:9-10, 11:1-2, 12:6). 여자의 광야 도피를 지난 과거의 역사에 비추어보는 것보다 문자적인 적용을 해서 미래에 일어날 사건으로 이해하는 것이 훨씬 낫다. 미래의 도피 역시 애굽 당시의 도피와 유사한 모습이 될 것이다. 이것은 주님의 종말론 강화에서 언급하신 내용들(마 24:15-28; 막 13:24-23)과도 일치한다. 벌링거와 왈부어드가 이 입장을 취하였다. 13절의 '핍박하는지라'의 원형 디오코(διώκω)는 간혹 적개심에 불탄 추격을 의미하며 마지막 때의 상황이해에도 잘 맞는다(Swete, Robertson, Thomas).

15 뱀이 그 입으로 물을 강같이 토하여

뱀이 그 입으로 물을 강같이 토함은 하나의 상징으로서 사실적인 표현이 아니다. 사탄이 교회를 박멸하기 위해 동원하는 모든 사악한 재앙과 박해의 물결이 이에 속한다. 물의 파괴적인 속성이 다 포함된다. 역사가 요세푸스는 《유대 전쟁사》에서 68년 3월경 로마 군대의 추격을 받던 가다라 지방의 유대인들이 강을 건너갈 때에 강물이 범람함으로 보호받았던 사실을 기록하고 있다. 그러나 본 절의 경우는 적대자인 뱀이 물을 강같이 토한다. 주님은 미지근한 신자를 토해 내치시는데(3:16) 뱀은 신실한 백성을 죽이고자 물을 토한다. 주님의 입에서 좌우에 날선 검이 나와 원수를 진멸하고(1:11, 2:16, 19:15, 21), 두 증인의 입에서는 불이 나와 원수를 소멸시킨다(11:5). 빅토리누스는 이 '홍수'를 교회에 반기를 든 민중의 세력으로 해석하였다. 혹자는 신실한 주님의 백성들을 타락으로 많이 이끌었던 '데키우스 황제의 칙령'(Decian Edict)으로 보기도 하였다. 비얼은 '물의 넘침'이 갖는 상징적 의미를 구약에서 셋 정도 찾아냈다.

① 나라를 정복하는 군대의 모습(단 11:10, 22, 26, 40)이다. 간혹 하나님의 심판을 가리켰다(시 88:7, 17; 사 8:7-8, 17:12-13; 렘 46:8, 47:2, 51:55; 호 5:10; 사 10:22, 59:19; 미 1:4; 나 1:8 참조).

② 하나님의 심판에 대한 일반적인 언급이다(시 32:6, 90:5).

③ 구원의 과정에서 하나님의 백성을 핍박하는 어떤 세력을 상징한다(삼하 22:5; 시 18:4, 16, 46:3, 66:12, 69:1-2, 14-15, 124:4-5, 144:7-8, 11; 사 43:2). 그는 요한이 사 43:2을 염두에 두고 있었을 것으로 보았다.

16 땅이 여자를 도와

땅이 물을 삼켜 뱀의 토사물이 여자를 해하지 못하게 한 것은 출애굽 당시 하나님의 도우심으로 이스라엘 백성들이 홍해를 마른 땅같이 건넜던 역사적인 경험을 상기시킨다. 실제로 모세는 "주께서 손을 드신즉 땅이 그들을 삼켰나이다"(출 15:12)라며 노래하였다. 남자 아이들을 나일 강물에 빠뜨려 수장시키려 했던 바로는 이스라엘 백성을 추격했지만 하나님은 강을 마른 땅으로 바꾸어 그들을 무사하게 하셨다(사 42:15, 43:2-3, 50:2). 사탄은 하나님의 신실한 백성을 파멸시키기 위하여 안간힘을 쓰지만 그 모든 노력은 수포로 돌아간다. 파괴하는 사탄의 힘보다 보호하시는 하나님의 능력이 크시기 때문이다. 땅이 열려서 반역의 무리였던 고라일당을 삼킴(민 16:30)으로 이스라엘에 하나님의 진노를 쉬게 했는데, 여기에서는 땅이 열려 넘치는 물을 다 삼킴으로 사탄의 진노를 무위로 돌아가게 만들었다. 일반적으로 계시록에서는 땅이 언제나 하나님을 대적하거나 성도를 괴롭히는 이미지였으나 이곳에서는 유일하게 성도를 돕는 이미지로 묘사되었다.

17 그 여자의 남은 후손

여자의 남은 자손은 하나님의 계명을 지킨 자들이며 예수의 증거를 가진 자들이다. '하나님의 계명을 지킨 자들'(τῶν τηρούντων τὰς ἐντολὰς θεοῦ / 톤 테룬톤 타스 엔톨라스 떼우)을 신실한 유대인으로 보고 '예수의 증거를 가진 자들'(ἐχόντων τὴν μαρτυρίαν / 에콘톤 텐 마르투리안)을 남겨진 크리스천들(세대주의적)로 해석할 수도 있다. 왈부어드는 여자의 남은 자손을 유대인 성도로 이해했으나 글라슨은 이방인 성도로 보았다. '가진 자'를 뜻하는 '에콘톤'은 단순한 소유가 아니라 '가져 굳게 지킴'을 뜻한다(Beckwith).

자이스는 전자를 7장에 묘사된 144,000의 유대인 신자로, 후자를 시험의 때에 예수 믿는 믿음을 굳게 지킨 이방 출신의 하나님의 종들로 보았다. 혹자는 여자의 남은 후손을 로마 제국의 도처에 흩어져 살아가던 이방인 신자들로 보기도 했다.

16-17절에서 사탄이 여자를 이기지 못하고 하나님의 계명을 지키며 예수의 증거를 가진 자들이 사탄의 대적자로 굳세게 선 것은 '음부의 권세가 이기지 못할 교회를 반석 위에 세우시겠다던'(마 16:16) 주님의 언약을 상기시킨다. 백위드와 래드는 13-16절의 여자를 천상

적 관점에서의 이상적 교회가 당하는 고난의 주체로서 17절에 묘사된 여자의 자손을 지상적 관점에서의 하나님의 백성이 고난당하는 것으로 이해했다. 5절과 13절에서 언급된 남자 아이는 본 절의 "그 여자의 남은 자손"(τῶν λοιπῶν τοῦ σπέρματος αὐτῆς / 톤 로이폰 투 스페르마토스 아우테스)과 구별되어야 한다. 창 3:15의 메시아 예언을 일반화시키면 이 장면과 부분적으로 연결된다.

2. 두 짐승(13:1–18)

가장 강력한 형태의 셋째 화(11:14)가 13장이 열리면서 계속된다. 12장의 마지막 절은 아직 시작되지 않은 여자의 자손들과의 큰 전쟁을 위해 용이 만반의 준비를 갖추고 바다 모래 위에 서 있는 장면으로 끝이 났다. 그가 바다 모래 위에 서 있음은 마지막 전쟁을 위해, 자신의 대리자를 불러 모으기 위함이다. 13장이 열리면서 사탄이 신자들에 대항하여 사용하는 두 대리자가 갑자기 출현한다. 그들은 사탄이 하나님의 신실한 백성들과 싸우기 위해 마련한 최후의 대항마다.

첫 짐승은 바다에서 나오고 둘째 짐승은 땅에서 올라온다. 첫째 짐승의 모습은 소름이 끼칠 정도로 무섭고 흉측스럽다.

둘째 짐승은 첫째 짐승에 비하여 덜 흉악한 형체다. 적그리스도의 정체를 다루고 있는 13장은 12:13–17의 연장선상에서 이전의 내용을 상세하게 보충 설명한다.

두 짐승의 묘사는 부분적으로 구약에서 유일하게 하나님께 적대적인 두 짐승(하마 곧 베히못과 악어 곧 리워야단)을 다루고 있는 욥 40–41장에 근거를 두고 있다. 유대 전승에 따르면 남자 괴수인 베히못(욥 40:15–24)은 땅에서 살고 여자 괴수인 리워야단(욥 41:1–34;

시 104:25-26)은 바다에 산다. 천지 창조 때 셋째 날에 땅과 바다가 창조되었는데, 베히못과 리워야단의 분리는 이미 그때부터 이루어졌다(창 1:9). 종말의 때에 바다의 거수를 상징하듯 첫 짐승이 바다로부터 나오고(13:1), 땅의 거수에 해당하는 둘째 짐승이 땅에서 올라온다(13:11). 이는 새 하늘과 새 땅으로 시작되는 새 세상이 도래하기 전에 흑암과 혼돈을 지배하던 사악한 주체 세력들이, 안간힘을 쓰며 최후의 발악을 시작하고 있음을 보여준다. 새로운 세상이 이르면 바다가 다시 있지 않을 것이기에 바다의 거수는 감추었던 모습을 드러내고, 땅에 남아 있는 하나님의 백성들에 대한 전대미문의 박해를 가하고, 땅에 거하는 자들을 독려하여 하나님께 끊임없이 항거하게 만든다.

패배한 사탄은 아직 항복 문서를 바치지 않았다. 그는 자신의 파멸적인 운명을 알지만 현시점에서 패배를 받아들이지 않는다. 도리어 모든 역량을 총집결시켜 이 땅에 있는 하나님의 신실한 백성들을 압박한다. 흉물스런 짐승으로 상징되었지만 그들은 각각 현존하는 실체이다. 막강한 힘과 능력을 보유한 인격이다. 13장은 적그리스도의 등장과 교회의 박해를 묘사하고 있다. 13장에 대한 구약의 배경은 부분적으로는 욥기 40-41장이며 전체적으로는 다니엘 7장이다. 욥 40:15-24에 '육지의 짐승' 하마가 나오고, 욥기 41장에 '바다의 짐승'인 악어가 나온다. 콜린스(Collins)는 13장을 다니엘 7장에 대한 재해석이라고 했다.

A. **바다에서 나온 짐승**(13:1-10)

첫 짐승은 바다에서 나온다. 계시록에서 바다는 악의 영역으로 상징되고 있다. 12장 마지막 부분과 13장 초두의 모습을 연결하면 매우 극적인 장면이 연상된다. 용은 바다 모래 위에 서 있고 짐승은 바다

위로 서서히 올라온다. 처음에는 열 개의 면류관으로 번쩍이는 뾰족한 뿔들이, 다음에는 참람된 이름들이 기록된 일곱 개의 머리가 솟아오른다. 표범과 곰과 사자의 형체로 조합된 몸체가 윤곽을 드러낸다. 다니엘 7장에서는 네 짐승이 연속적인 제국에 대한 묘사였으나, 이곳에서는 네 짐승의 형상들이 하나의 모습으로 되어 있어 그 기괴함을 더한다. 전통적으로 요한의 수신자들은 바다에서 나온 짐승을 외래적인 권세자로, 그리고 땅에서 올라온 짐승을 국내의 권세자로 이해하고 있었다.

지중해를 건너 로마의 총독 일행을 태운 거대한 함선이 소아시아 지역의 내륙으로 근접할 때에, 에베소를 비롯한 육지의 거민들은 로마의 새로운 권력자가 황제를 대행하여 나타났음을 인지하고 있었다. 함선이 수평선 위로 떠오르는 모습을 보며 사람들은 얼마든지 그것을 바다에서 올라오는 짐승으로 간주할 수도 있었다. 이에 비해 땅에서 올라오는 짐승은 내부에서 일어난 정치-경제의 강자로 여겨지기에 충분했다. 어쨌든 요한은 주도면밀한 관찰력으로 짐승의 세부구조를 묘사한다. 열 뿔, 일곱 머리, 열 뿔 위에 있는 열 면류관, 머리 부분에 쓰인 참람한 이름들, 그 형체는 표범과 비슷하고 발은 곰의 발 같고 입은 사자의 입 같다. 헨드릭슨은 입이 맨 마지막에 언급된 것이 짐승의 형상에서 가장 중요한 부위이기 때문이라고 주장하였는데 그리 중요한 논점은 아니다.

사탄은 천상의 싸움에서도 이미 완패하고 여자와 남자 아이를 향한 흉계마저 수포로 돌아가 버리고 말았다. 이제 사탄은 마지막 수단으로 자신의 최측근인 적그리스도를 파송하여 땅 위에 남아 있는 성도들을 박멸하려고 한다. 바다에서 나온 짐승과 땅에서 올라온 짐승의 활약은 하나님을 적대해 온 사탄의 최후 발악이기도 하다. 이 짐승을 로마 제국의 황제 숭배와 관련시키기도 하지만, 짐승에게 묘사된 권세와 능력 특히 심연에서 올라와 땅의 모든 군대의 통솔자가 되어 메시아의 군대와 싸우는 이미지와는 맞지 않다. 그에게는 인간적 인격에 악마적 능력이 보태졌다. 그는 이 땅에 스쳐간 숱한 적대자들 가운데서도 특출하게 하나님의 가장 막강한 마지막 적대자로 행세한다. 사탄적 존재는 세계적인 숭배의 대상이 된다(8, 12, 15절).

1 내가 보니 바다에서 한 짐승이 나오는데 뿔이 열이요 머리가 일곱 이라 그 뿔에는 열 면류관이 있고 그 머리들에는 참람된 이름들이 있더라

2 내가 본 짐승은 표범과 비슷하고 그 발은 곰의 발 같고 그 입은 사자의 입 같은데 용이 자기의 능력과 보좌와 큰 권세를 그에게 주었더라

3 그의 머리 하나가 상하여 죽게 된 것 같더니 그 죽게 되었던 상처가 나으매 온 땅이 이상히 여겨 짐승을 따르고

4 용이 짐승에게 권세를 주므로 용에게 경배하며 짐승에게 경배하여 가로되 누가 이 짐승과 같으뇨 누가 능히 이로 더불어 싸우리요 하더라

5 또 짐승이 큰 말과 참람된 말하는 입을 받고 또 마흔두 달 일할 권세를 받으니라

6 짐승이 입을 벌려 하나님을 향하여 훼방하되 그의 이름과 그의 장막 곧 하늘에 거하는 자들을 훼방하더라

7 또 권세를 받아 성도들과 싸워 이기게 되고 각 족속과 백성과 방언과 나라를 다스리는 권세를 받으니

8 죽임을 당한 어린양의 생명책에 창세 이후로 녹명되지 못하고 이

땅에 사는 자들은 다 짐승에게 경배하리라
9 누구든지 귀가 있거든 들을지어다
10 사로잡는 자는 사로잡힐 것이요 칼로 죽이는 자는 자기도 마땅히
칼에 죽으리니 성도들의 인내와 믿음이 여기 있느니라

1 내가 보니

"(그리고) 내가 보니"(καὶ εἶδον / 카이 에이돈)는 앞장에서의 환상과 이곳의 새로운 환상이 분리되지 않고 이어져 있음을 암시한다. 이는 환상의 새로운 국면을 가리키는 표현이다(6:1, 2, 5, 8, 12, 13:11). 요한에게 새로운 환상이 펼쳐진다. 12장의 환상, 특히 13-17절의 환상은 아직 끝나지 않았다. 12장의 마지막 장면과 연결되어 요한의 계시 인식의 차원은 보다 생동적이고 급박한 사태의 발생을 암시한다. 요한은 6절과 13-17절과 연관하여 마지막 때의 역사적 시간대를 설정해 보이려고 한다. 11:7에서는 짐승이 무저갱에서부터 올라왔는데 여기서는 바다에서 나온다. 무저갱은 깊이를 헤아릴 수 없는 바다의 깊이인 심연으로서 결국 본 절의 이미지와 같은 것이다.

12:3의 큰 붉은 용처럼 짐승은 구약의 리워야단 또는 바다의 괴물과 연관되어 있다. 용이 일곱 머리와 열 뿔을 가지고 있는 것으로 묘사되었음에 비해 첫째 짐승은 그 순서가 열 뿔과 일곱 머리로 뒤바꾸어졌다. 용에게는 머리가 주요한 모습임에 비하여 첫째 짐승에게는 뿔이 주요 모습을 이룬다.

이는 용의 경우에 면류관이 일곱 머리에 있음과 달리 짐승은 뿔에 열 면류관이 있음을 보아 알 수 있다. 순서가 뒤바뀌고 면류관의 위치와 숫자에 차이가 있어도 짐승은 용에게 결합되어 있다. 짐승의 일곱

뿔은 죽임을 당하신 하나님의 어린양의 일곱 뿔(5:6)을 그대로 모방하고 있다. 이렇게 용과 (첫째 짐승)과 거짓 선지자(둘째 짐승)는 삼위일체 하나님을 본떠 사악한 삼위일체(16:13)를 이룬다.

바다에서

요한의 환상이 열리자마자 바다에서부터 올라오는 한 짐승의 형상이 눈에 꽉 들어차온다. 12장 마지막 절에서 분노한 용이 여자의 남은 자손과 싸우기 위하여 바다 모래 위에 선 장면과 자연스럽게 연결된다. 바다로부터 올라오는 짐승을 용이 응시하고 요한은 환상 속에서 그 장면을 바라본다. 바다에서 나오는 짐승의 모습은 단 7:3의 인용이다. '바다'는 끝도 없는 심연의 상징이다. '바다'(θάλασσα / 딸랏사)가 곧 '심연'(ἄβυσσος / 아뷧소스)이다. 이 심연은 하나님의 통제 아래 있으며 악한 영들이 감금된 영적인 유치장과 같은 곳이며 악령의 처소요 지옥의 전투 사령부 같은 곳이다. 이스라엘 백성에게 있어 바다는 경원의 대상이었다. 고대 히브리인들은 목축업에서 출발하여 가나안 정착 이후로는 농경 민족이 되어서 변화를 보였다. 그들은 해양 민족이 아니었다. 따라서 바다는 그들에게 두려운 대상이었고 무언가 파괴적인 성격을 지닌 것으로 여겨졌다(시 65:7; 사 17:2; 57:20-21; 렘 49:23). 민족들의 소란을 나타낼 때도 이 이미지를 사용하였다(사 60:5; 렘 51:13, 42, 55-56; 겔 26:3). 한편 어드먼(Eerdman)은 바다를 폭군이 일어나기에 안성맞춤이며, 혼란하고 험악한 사회, 정치적 상태를 상징하는 것이라 보았다(Mounce의 인용). 한편 래드는 중생치 못한 인간성의 들썩거리는 표면을 상징한다고 보았다.

바다가 '열방'(17:15)의 의미를 지녔다면 짐승은 열방의 권세를 가지고 열방에 영향력을 끼칠 존재로 부상된 것이 틀림없다. 이런 근거로 바다를 요한 당시의 가장 막강한 제국이었던 로마로 간주하는 학자들이 많다(Moffatt, Charles, Hendriksen). 토마스는 바다를 지중해나 열방으로 해석하는 시도를 부적합한 것으로 반박하면서 모리스의 해석을 지지해 '악의 저장소'(the reservoir of evil)를 상징하는 것이라 보았다. 바다에서 나온 짐승은 과거주의적인 해석이 아니라 미래주의적 입장을 취할 때, 종말의 시기에 세계적인 권력을 등에 업고 출현할 특정 인물로 보는 것이 더 타당하다(Ladd).

알포드는 본 절을 단 7:2–3과 연관시켜서 이방인들의 거대한 무리로 보았다. 물을 백성과 무리와 열국과 방언들로 이해한 17:15의 말씀이 이러한 해석을 뒷받침한다. 문제는 이렇게 해석할 경우에 12:17의 '바다 모래'를 어찌 해석해야 하는가? 하는 어려움이 따른다. 게다가 땅에서 올라온 짐승도 해석하기 어려워진다. 바다를 상징적으로 해석하기 어려운 이유가 여기에 있다. 고대 세계에서 바다나 심연은 악의 원천이었다. '~에서'(ἐκ / 에크)는 근원을 나타내는 전치사이다. 첫 짐승과 둘째 짐승의 근원은 같다(11절).

한 짐승이 나오는데

'한 짐승'(θηρίον / 떼리온)이 무엇일까? 무형의 정신일까? 사상일까? 아니면 제도일까? 총체적인 세속 권력일까? 그것이 인격이라면 누구일까? 역사적 실체라면 이미 지나간 인물일까? 현존한 인물일까? 아니면 머지않은 장래에 출현할 인물일까? 가장 손쉬운 해석은 짐승을 로마 제국으로 보는 것이다. 일곱 머리는 어느 황제를 지칭할 것인지 하는 어려움은 있으나 황제직을 승계한 일곱 황제들로 본다. 참람된 이름은 적그리스도의 자기 신성화를 뜻한다(마 24:15; 살후 2:4). 줄리우스 시저, 아우구스투스, 클라우디우스, 베스파시안, 타이터스 황제는 모두 사후에 원로원의 결의를 거쳐 신으로 선언되었음에 근거하여 이를 황제의 신격화로 해석한다. 클라우디우스와 베스파시안과 타이터스는 아예 살아 있을 때 동전에다 신성을 나타내는 문구(divus)를 새겨 넣었다.

가장 명백한 예는 도미티안 황제의 경우로서 그는 망령되게 '주와 하나님'(Dominus et Deus Noster / 도미누스에트 데우스 노스테르)이라는 칭호를 강력히 요구하였다. 혹자는 적그리스도의 역사적인 실체를 네로 황제로 간주하기도 하였고(Ramsay, Morris), 칼리굴라 황제로 보기도 하였으며(Spitta), 황제 개인이 아니라 적대적인 세상 권력으로서의 로마 제국으로 해석하기도 했다(Wellhausen, Charles, Caird).

자이스는 한 특별한 인격의 사람으로서 정치 지배 또는 세상 권세의 화신으로 보았다. 래드와 왈부어드는 이것에 대하여 11:7에서 이미 소개하였고, 다니엘 7장의 네 짐승과 연관된 적그리스도로 보았다. 교부 이레나이우스는 살후 2:10-12과 비교하면서 첫 짐승을 적그리스도와 동일시했다. 대부분의 교부들은 바다로부터 올라온 첫 짐승을 적그리스도로 해석하는 경향을 취했다(Hippolytus, Tertullian, Victorinus).

적그리스도는 사탄의 그리스도이다. 성부, 성자, 성령에 대항하여 사탄, 적그리스도, 악령이 있다. 사탄은 보이지 않고 감추어진 아버지 격의 용이요 옛 뱀이며 마귀이다(Anti-God). 적그리스도는 일곱 머리와 열 뿔을 가졌으며 바다로부터 나온 첫 짐승으로서 배역의 아들, 마귀의 독생자, 사탄의 성육신, 죽었다 다시 살아난 유사(類似)부활자, 무저갱에 갇혀 지내다가 그리스도처럼 세상에 잠깐 나타나 보일 존재다(Anti-Christ). 악령은 두 뿔을 지니고 육지로부터 나온 둘째 짐승으로서 용과 첫 짐승으로부터 나온다(Anti-Spirit).

적그리스도는 예수 그리스도의 재림 직전인 마지막 때에 출현한다. 그는 큰 표적과 기사를 보이면서 때로는 거짓 가르침으로 성도들을 미혹하고(고후 11:14), 때로는 거짓 권세와 힘으로 교회를 파괴하는 전대미문의 박해자이다(벧전 5:8). 구약에서는 적그리스도의 모형이 여럿 나타난다. '세상의 군왕들'로(시 2:2), 바벨론의 왕으로(사 14:12-15), 두로의 통치자로(겔 28:12-17), 마곡의 곡 또는 곡과 마곡으로(에스겔 38-39장), 작은 뿔로(단 7:8, 20, 21, 24; 8:9), 북방 왕으로(다니엘 11장) 다양하게 묘사되었다. 이 북방왕은 매일 드리는 제사를 폐지하면서 성소를 유린하고(단 11:31; 마 24:15; 막 13:14; 계 13:14-15), 자기 자신을 신격화하고(단 11:36-39; 살후 2:34), 파국적인 종말을 맞는다(단 11:45; 살후 2:8; 계 19:20).

신약에도 적그리스도의 모형이 있다. 복음서에서는 자칭 그리스도들(마 24:5), 거짓 그리스도들(마 24:24; 막 13:22). 그리스도의 이름을 빙자하여 올 이(요 5:43), 멸망의 가증한 것(마 24:15; 막 13:14), 멸망의 아들(요 17:12), 광야의 그리스도, 골방의 그리스도(마 24:26)이다. 바울의 서신서에서는 불법의 사람(살후 2:3, 8-9), 멸망의 아들(살후 2:3), 자칭 하나님(살후 2:4), 대적자(살후 2:4), 불법의 비밀(살후 2:7), 악한 자(살후 2:9-10)이다. 요한의 서신서에서는 적그리스도(요일 2:18상반절, 22하반절), 미혹자 적그리스도(요이 1:7), 많은 적그리스도(요일 2:18하반절), 거짓말하는 자(요일 2:22상반절)이다.

외경과 위경에서도 적그리스도의 모형은 많다. 《12족장 유언서》와 《시빌신탁서》에 나오는 '벨리알'은 악마적 형상으로 단 지파에서 출현하나 레위 지파의 메시아에 의해 영원한 불에 던져진다(바울은 고후 6:15에서 이를 사탄과 동일시했음). 사탄과 여인 사이에서 생겨난 아르밀루스(Armilus)는 로마의 건국 시조인 로물루스(Romulus)로부터 변형되었을 가능성이 높다(New-Hebraic Midrash). 그리고 《시빌신탁서》에 나오는 네로 부활 신화인데 그는 죽게 되었던 상처가 나은 첫째 짐승(13:12)으로서 메시아의 적대적인 세력인데, 세상을 파멸로 이끌기 전에 하나님이 왕 메시아를 보내신다.

이외에도 쿰란 문서에 묘사된 어둠의 주관자, 세 개의 머리와 열두 개의 날개를 가진 독수리가 메시아인 사자에 의하여 불로 멸망됨(제4에스라서와 바룩묵시록), 《이사야 순교서》에 나오는 삼마엘(Sammael), 《희년서》의 귀신의 왕, 마스테마(Mastema), 심연에 살던 암컷 거수인 악어(Leviathan)와 사막을 장악한 수컷 거수인 하마(Behemoth) 등이다.

악어와 하마가 창세 초와 세상 종말에 연관되어 있음은 숙고할 만하다. 그리스도가 한 사람의 인격이었듯이 적그리스도 역시 한 사람의 인격이다. 그것도 놀랄 만큼 매혹적이고 환상적이며 마력적인 인격의 소유자일 것이다. 사람들은 그의 영향력에서 떠나가지 못하고 그를 사랑하게 되며 그의 영광을 즐거워할 것이다. 그는 완전한 철인이요 모든 시대의 영웅으로서 떠받들어지게 될 것이다. 그는 세계인들에게 우상적인 존재가 될 것이며, 세상의 왕들은 기쁨으로 자신들의 보좌를 그에게 양보하고 자신들의 권력을 그에게 위임할 것이다. 모든 민족은 그의 영화와 지혜와 기적과 교훈과 행위 속에서 진정한 천년 왕국이 도래했다고 기뻐할 것이다.

두 짐승에 대한 해석이 어떠하든 그것이 교회를 박해하는 사탄적 대리자인 점에서는 모두가 동일하다. 이를 간략히 정리하면 다음과 같다.

① 역사주의적 관점 → 두 짐승이 로마 제국을 상징한다고 여겼다. 세 개의 다른 설명이 주어졌다. 첫째, 바다에서 나온 짐승은 로마 제국 자체로 땅에서 올라온 짐승은 로마 제국의 이교 제사장직으로 보았다(Bede). 둘째, 조금 변형된 형태로서 바다에서 나온 짐승을 이교 세력의 총본산지로서의 로마 제국으로, 땅에서 올라온 짐승을 교황권으로 위장한 로마의 이교 세력이 다시 발현한 것이라 간주했다(Barnes). 셋째, 두 짐승을 모두 교황권으로 보았는데, 바다에서 나온 짐승을 교황권이 행사한 정치 권력으로, 땅에서 올라온 짐승을 교황권이 휘두른 무소불위의 교권으로 보았다(Elliot).

② 과거주의적 관점 → 두 짐승을 개인이나 국가와 같은 제도권으로 해석함에 있어 역사주의자들과 별 차이를 보이지 못했다. 바다에서 나온 짐승을 계시록의 본문이 지닌 열 여섯 개의 특징을 들어서 로마 제국으로 해석하는가 하면(Farrar) 네로 황제(Chilton)나 줄리어스 시저(Clark) 같은 개인으로 해석하기도 했다.

③ 미래주의적 관점 → 대체적으로 바다를 세계의 이방 나라로 받아들인다. 다니엘서에 나타난 넷째 짐승과의 유사성에 근거하여 로마 제국과 동일시하지만, 17장에서 구체적으로 교회의 박해자라 묘사된 이 실체는 로마 제국을 넘어선 세속 권력의 신격화로서 마지막 시기에 가시화된다. 교회가 전 세기를 통하여 직면했던 악마적인 권세는 종말의 때에 그 절정을 이룬다. 이 경우에 짐승이 로마 제국이라면 이는 다시 일어난 로마 제국이다(Mounce, Ladd). 세대주의자들은 짐승을 이교적이고 제국적인 로마의 부흥체로서 해석하지만, 한 걸음 더 나아

가 그가 세계의 지배자로서 사탄적 권세를 노골적으로 행사할 사악한 인물이란 점에 초점을 맞춘다(Gaebelein, Walvoord).

④ 이상주의적 관점 → 바다는 하나님을 상습적으로 거역하는 세상의 정치 제도(시 2:2)로서 교회는 언제 어디에서건 정치 권력에 의해 박해를 받아왔다. 이곳에서 짐승을 나타내는 색깔이나 머리와 뿔의 숫자는 짐승이 사탄의 정치적인 현현체임을 암시한다. 헨드릭슨에 따르면 첫째 짐승은 세상 나라들과 그들의 정치 체제를 통해 역사하는 사탄의 가공할 힘이며, 둘째 짐승은 이 세상의 거짓 종교들과 철학과 같은 뒤틀린 사상을 상징한다.

뿔이 열이요 머리가 일곱이라

첫 번째 짐승은 머리보다 뿔부터 언급되었는데, 이는 요한이 바다에서 뿔부터 솟아오르는 짐승의 모습을 정확히 묘사하려 했기 때문이다. 이 짐승은 일곱 머리를 지닌 용(12:3)과 닮았다. 뿔에는 면류관이, 머리에는 이름이 각인되었다. 다니엘의 환상에서 열 뿔은 열 왕을 의미한다고 밝혔다(단 7:24). 계 17:10에는 일곱 머리를 일곱 왕이라 밝혔다. 본 절에서는 왕에 대한 직접적 언급은 없지만 면류관으로 인해 왕적 권위를 지닌 것으로 이해할 수 있다. 글라슨은 열 뿔을 역사적으로 해석해서 네로와 함께 로마로 진격한 파르티아의 통치자 열 명으로 보았다. 일곱 머리와 열 뿔은 그들의 파괴적인 성격이 완전하고 그 효력이 온 세상에 미칠 만큼 충만함을 뜻한다.

일곱 머리를 일곱 황제라고 해석할 근거는 사실상 없다. 아이언사이드는 일곱 머리를 로마 제국의 수도가 세워진 일곱 언덕과 로마 제국이 보여주었던 정부의 형태(요한 당시에 다섯 형태는 이미 지나갔고, 하나는 현존했으며, 한 형태는 아직 나타나지 않았음)에 견주기도 하였는데 단견이다. 헨드릭슨과 헨리 모리스는 일곱 머리를 역사적 제국으로 보았다. 이외에도 그리스도 이전의 시리아와 두로, 그리스도 이후의 이슬람 제국, 나치 독일, 러시아, 공산국가 등도 얼마든지 일곱 머리에 포함될 수 있으므로 이 해석은 매력적이지 못하다.

① 수메르 제국 : 니므롯 하에 시날 평지에 세워진 바벨이 노아 홍수 이후 인간 반역의 첫 중심이 되었다.

② 애굽 제국 : 이스라엘의 첫 압제자였다.

③ 앗수르 제국 : 불이 침략하고 이어 디글랏빌레셀, 살만에셀, 산헤립이 이스라엘 땅을 황폐케 하고 북왕국 이스라엘 백성들을 포로로 잡아갔다.

④ 바벨론 제국 : 느부갓네살 하에 후기 바벨론 사람들은 니므롯 왕국을 재건하고 예루살렘과 성전을 파괴했으며 남왕국 유다 백성을 포로로 잡아갔다.

⑤ 메데 파사 제국 : 바벨론을 이어 일어났고(단 2:39, 5:28), 하만이 유대인 몰살을 계획했다.

⑥ 헬라 제국 : 알렉산더의 정복으로 헬라 철학이 유대교와 기독교의 정신 세계를 지배했다.

⑦ 로마 제국 : 정치적으로 가장 뛰어난 제국으로서 그리스도 생존 시에 유대를 통치했다. 70년에 성전을 파괴하고 유대인들은 흩어지기 시작했고 초기 기독교에 대한 대대적인 탄압을 주도했다.

바클레이는 일곱 머리를 아우구스투스 이후에 로마 제국을 통치한 티베리우스(AD 14-37), 칼리굴라(AD 37-41), 클라우디우스(AD

41-54), 네로(AD 55-68), 베시파시안(AD 69-79), 타이터스(AD 79- 81), 도미티안(AD 81-96)의 일곱 황제로 보았다. 열 뿔은 네로가 죽고 난 후의 혼란기(18개월) 동안 갈바(Galba), 오토(Otho), 비텔리우스(Vittelius)가 황제의 권력을 잠시 장악한 사실에 근거하여 일곱 황제와 합해서 열 황제로 보았다. 그는 황제들이 스스로를 신격화하고 황제의 신상을 세우며 동전 주조 때도 그 사실을 명기토록 했다는 역사적 사실에 주목했다. 팀 라하이 같은 세대주의자들은 일곱 머리를 일곱 황제로 받아들이면서도 변형을 가하여 다섯 왕은 지나갔고, 여섯째는 도미티안이요, 일곱째는 아직 이르지 않은 적그리스도라 주장하였다.

혹자는 일곱 머리와 열 뿔을 해석함에 있어 머리가 뿔보다 큰 사실을 내세워 로마의 일곱 황제와 로마 제국에 복속한 나라들의 열 왕으로도 보았다. 포드는 열 나라를 이태리, 아케아, 아시아, 시리아, 이집트, 아프리카, 스페인, 고울, 브리튼, 독일이라고 언급했다. 마운스는 열 뿔을 알렉산더 대왕에서 안티오코스 4세에 이르기까지 열 명의 셀류커스 왕국의 통치자로 보았다. 요한 당시에 이 짐승이 로마 제국을 지칭하고 있었음은 의심할 여지가 없다. 다니엘 7장의 네 짐승과 관련하여 유대인의 문헌들에서는 짐승을 당연히 로마 제국으로 간주했다. 어떤 경우에는 로마가 에돔 혹은 바벨론으로 묘사되기도 했다. 요한은 바벨론으로서의 로마 이미지를 17장에서 사용하고 있다.

머리들에게는 참람한 이름들이 있더라

모팻은 짐승이 면류관을 머리에 쓰지 않고 뿔에 쓴 것을 두고 머리에 참람한 이름들을 기록하기 위해서라고 하였지만 너무 단순한 설명이다. 다니엘의 환상에 나타난 넷째 짐승의 머리에는 뿔이 있었으나 참람한 이름의 기록은 없었고 대신에 그 뿔에 달린 입이 큰 말을 했다(단 7:8). 여기 "참람한"(βλασφημίας / 블라스페미아스)이란 표현은 2:9과 3:9에서 서머나 교회와 빌라델비아 교회를 괴롭혔던 유대인들의 '훼방'에 적용된 것 외에는 오직 짐승과 그의 추종자들에게만 적용되었다(13:1, 5, 6, 16:9, 11, 21, 17:3). 교회에 아주 적대적이었던 자칭 유대인들은 '사탄의 회'(συναγωγὴ τοῦ Σατανᾶ / 쉬나고게 투 사타나)로서 그들의 괴수나 첫 짐승의 괴수는 동일한 인물로서 사탄 곧 용이요 옛 뱀의 대리자인 적그리스도이다. 사탄은 벌써 따르는 천사들과 함께 권력의 기반이 붕괴되었지만(12:9) 두 짐승의 출현을 통해 재기를 모색한다.

2 내가 본 짐승은

다니엘 7장에서는 사자 같은 첫 짐승, 곰과 같은 둘째 짐승, 표범 같은 셋째 짐승, 유별나게 흉측한 모습의 넷째 짐승이 순차적으로 뒤를 이을 나라로 상징되었는데 계시록에서는 네 짐승의 부위별 특징을 한 짐승에다 초점을 맞추었다. 다니엘서에 묘사된 세 짐승은 로마 이전에 일어났던 제국들을 상징하였는데, 그 제국들의 특징이 로마 제국에 그대로 드러났다. 즉 마게도냐 제국의 신속한 정복력, 페르시아 제국의 불굴의 의지, 그리고 바벨론 제국의 탐욕이다. 13장의 첫째 짐승은 단 7:24의 넷째 짐승과 동일하다. 이 짐승을 설사 당시의 역사적 정황에 따라 로마의 핍박으로 이해한다 해도 환상이나 예언의 이중적 구조로 인해 적그리스도의 이미지는 계속 남게 된다.

다니엘서의 네 짐승이 제국을 나타냈기에 이곳의 짐승을 개인이 아닌 제국으로 해석하는 이들(Charles, Bauckham, Mounce, Collins,

Beale, Swete, Roloff)도 적지 않다. 특히 세계를 정복하여 다스리는 힘과 하나님 경배를 능가하는 황제 숭배 제도에서 짐승이 바로 로마 제국이라고 여겼다. 하지만 제도나 국가 체제보다 한 인격에 관한 특질들이 많으므로 적그리스도는 사악한 제국의 화신으로서 개인일 가능성이 더 짙다(Johnson, Chilton, Krodel).

네로도 로마 정부도 적그리스도적인 인격이었고 제도였다. 그것이 제도이든 국가이든 개인이든 첫째 짐승이 지녔던 권세와 능력은 온 세상 권력 집단들의 절대적인 지지를 획득케 해서 무소불위의 전권을 휘두르게 될 것이다. 지금도 현재적인 의미에서 적그리스도는 존재하거나 형성되는 과정에 있다 할 것이다. 지금까지 역사적으로 적용되었던 모든 인물들은 적그리스도적이었으나 한 사람의 인격인 바로 그 적그리스도는 아니었다. 적그리스도는 미구에 반드시 출현할 것이다.

용이 자기의 능력과 보좌와 큰 권세를 그에게 주었더라

사탄은 적그리스도에게 자신의 능력과 보좌와 큰 권세를 주었다. 사악한 대관식은 마치 하나님이 자신의 능력과 보좌와 큰 권세를 그리스도에게 주신 것을 본뜬 모양이다. 그리스도께서 면류관을 쓰면 적그리스도도 면류관을 쓰고, 그리스도께서 죽었다 다시 사시면 적그리스도도 죽었다 회생한다. 적그리스도가 받은 능력은 하나님을 훼방하는 능력이요 그리스도를 부인하는 능력이다. 보좌는 오로지 그리스도의 신성에 관한 것인데(4:2, 5:7, 19:4-5, 22:3) 적그리스도가 그대로 모방하고 있다. 짐승은 사탄에게서 부여받은 모든 권세와 능력을 동원하여 세상으로 하여금 참되신 하나님을 부인하도록 하는 일에 전력하게끔 만든다. 짐승의 보좌는 세상의 모든 영광을 합한 것과 같지만(마

4:8-9) 궤멸될 보좌로서 시들은 풀잎의 영광 같은 것이다.

원문에는 능력과 보좌와 권세 뒤에 소유대명사(αὐτοῦ / 아우트)가 나오는데 이것은 적그리스도가 사탄에게서 그것들을 직접 수여받음을 강조키 위함이다. 천상의 싸움에서 결정적인 패배를 했음에도 불구하고, 아직 사탄에게는 지상의 충직한 자신의 대리자들에게 하나님의 백성들을 속이고 괴롭히고 박해할 권능을 수여할 만한 저력이 남아 있는 것이다(20:3, 8; 고후 2:11, 11:13-15; 엡 2:2, 6:10-16; 딤후 2:24-26; 벧전 5:8; 요일 4:6, 5:19; 요이 7). 로마 제국으로 대표될 수 있는 세상의 악한 권력이나 적그리스도나 할 것 없이 모든 사탄의 대리자들은 사탄이 부여한 힘과 능력으로 세워지고 지탱되고 악마적인 사역을 수행한다.

3 그의 머리 하나가 상하여 죽게 된 것 같더니

요한은 아무 설명 없이 짐승의 일곱 머리 중에서 하나가 "상하여 죽게 된 것 같았다"(ὡς ἐσφαγμένην εἰς θάνατον / 호스 에스파그메넨 에이스 따나톤)고 진술한다. 요한 자신도 적그리스도의 머리 하나가 상하는 광경을 보지 못했을 것이다. 치명상을 입은 머리를 보았을 뿐이다. 원문의 뜻은 칼로 베임을 당했다는 뜻이다. 14절에 의하면 칼에 머리를 베인 것이 틀림없다. 상처는 치명적이어서 머리가 하나라면 이미 죽었을지도 모른다. 그런데 기적적으로 치유되었다. 이는 창 3:15의 예언을 연상시키는 표현이다. 이것 또한 "일찍 죽임을 당한 것 같던"(5:6) 그리스도를 모방한 것이다. 요한은 비록 침묵하지만 짐승에게 치명상을 입히신 분이 하나님임은 두 말할 필요도 없다. 3절에 나온 '상처'(ἡπληγή / 헤플레게)는 계시록 곳곳에서 열한 번이나 나타나는데 모두가 하나님에 의한 형벌을 가리킨다.

17:9-11에는 짐승의 일곱 머리가 일곱 산 곧 일곱 왕을 상징한 것으로 설명되었다. 짐승은 여덟째 왕으로서 일곱 중에 속했으나 이내 멸망으로 들어갈 자이다. 이는 집합적인 의미에서 로마 황제를 가리킬 수도 있고, 개인적으로 적용하면 중병에 들었다 기적적으로 회복한 칼리굴라로 이해하기 쉬우나, 대부분의 주석가들은 네로 부활 신화와 연관시킨다. 이러한 과거주의적 관점을 일부 미래주의 해석 계열에서는 받아들였다(Mounce, Ladd). 세대주의 학자들은 좀 더 노골적인 어조로 환난기에 로마 제국이 다시 일어날 것이며, 세계의 지배자로서 사탄적인 권세를 행사할 인물이라 여겼다(Walvoord, Gaebelein).

그 죽게 된 상처가 나으매

어린양이신 그리스도는 죽임을 당했다(5:6). 적그리스도의 머리도 잘렸다. 그리스도는 다시 '살아나셨다'(ἔζησεν / 에제센, 2:8). 적그리스도의 머리도 나아서(12절) '소생하였다'(ἔζησεν / 에제센, 14). 그는 또다시 철저히 주님의 사역을 모방한다. 역사적으로는 네로의 부활 신화(Nero redivivus / 네로 레디비부스)를 상기시킨다. AD 67-68년경 그의 통치 말기에 고울(Gaul)과 스페인에서 그의 권위에 대항함으로 반란이 일어났다. 친위대와 원로원도 네로를 거부하고 공중의 적으로 선언하며 갈바(Galva)를 후계자로 선정했다. 그들은 68년 6월 9일 네로의 목을 베었다. 시중에는 그가 죽지 않고 파르티아로 탈출했으며 재집권할 것이라는 소문이 파다했다.

칼리굴라 황제도 중병에 걸렸다 나은 적이 있었다. 역사가 타키투스와 수에토니우스의 신빙성 있는 기록에 따르면, AD 69년 초기에 본도(Pontus) 출신의 노예 혹은 네로처럼 광적인 음악가로서 이태리에서 온 자유민 하나가 네로로 자처하여 군대까지 속였지만, 정체가 탄로나는 바람에 갈바 군대의 추격을 받고 피살되었다. 가짜 네로가 3명이 나타나서 그 중의 두 명은 파르티아인들에게 환영을 받기까지 했다. 네로는 모친을 살해한 악명에다 유대 공격과 신성 주장으로 인해 유대인들에게 뱀이라 불리며 혐오의 대상이 되었다. 후기 랍비문서들에서 네로는 악마적인 존재로 지탄받았다.

스웨트는 네로의 박해 정책이 도미티안 황제를 통해 네로의 부활 신화로 되살아날 것을 요한에 의해 알려진 것이라 보았다. 그리스도는 죽으심으로 오히려 사망 권세를 정복하시고 부활의 주님으로 세움 받았지만 사탄과 적그리스도는 죽었다가 회생함으로 반전을 시도했지만 실패로 끝나고 말았다. 13장에서는 계속해서 그들의 권세가 언급되지만 그 권세는 성도들을 해할 수 없는 한정된 권세이며, 그것마저도 하나님의 허락하심 안에서 유지되는 것이었다. 사탄은 수치스런 패배를 당했지만 '잠깐 동안' 자신의 분노를 이 땅에 표현할 수 있는 능력까지 거세되지는 않았다. 사실 적그리스도는 머리가 다섯이 잘려 나가도 죽지 않을 정도로 끈질긴 생명의 소유자이다(17:10). 머리가 잘려도 회복되어 건재한 모습을 과시했을 때, 세상은 그의 회생 능력에 감동하고 종교적 의미까지 부여하게 되었다(14-15절). 라일리를 비롯하여 많은 세대주의자들은 암살로 인한 위기를 벗어난 것으로 이해하였다. 마운스는 짐승의 상처 회복을 어떤 역사적 사건에 결부시키기를 거부하면서 짐승이 지닌 가공할 만한 생존 능력을 강조한 것으로 이해하였다. 그러나 그의 회생은 일시적인 것이었고 하나님께로부터 오는 파멸이 그를 기다리고 있었다.

4 누가 이 짐승과 같으뇨

짐승 경배는 곧 사탄 경배이다. 사탄이 짐승에게 자신의 모든 능력과 보좌와 큰 권세를 주었기 때문이다. "누가……같으뇨"(τίς ὅμοιος / 티스 호모이오스)란 표현은 허무한 우상들과 대조되어서 하나님을 찬양할 때 사용되었던 전용구이다(출 8:10, 15:11; 신 3:24; 시 35:10, 71:19, 86:8, 89:6-8, 113:5; 사 40:18, 25-26, 44:7, 46:5; 미 7:18-19). 본 절에서는 짐승에 대한 경배가 간략하게 처리되었으나 뒷부분에서 자세하게 취급된다. 그리스도의 사역을 모방하던 그가 이제는 감히 하나님의 영광까지 모방한다. "누가 이 짐승과 같으뇨"란 말은 내용적으로 다니엘의 환상에서 스스로 강성해진 숫염소가 스스로를 높인 자세나 북방 왕의 스스로 높임과 매우 흡사하다(단 8:11, 25, 11:36-37). 짐승을 경배하던 무리들의 입에서 나온 이 표현은 신성 모독의 요약이다. "누가 능히 이로 더불어 싸우리요?"란 덧붙임은 세상 천지에 첫째 짐승과 맞대결할 적수가 없다는 거짓 경배자들의 고백에 해당한다.

5 마흔두 달 일할 권세를 받으니라

짐승은 한정된 기간 내에 자신의 목적을 이룰 능력을 허락받았다. '받고'(ἐδόθη αὐτῷ / 에도떼 아우토)의 원문은 '주어졌더라'는 수동형으로서 짐승이 사탄으로부터 부여받은 것들이 사실상 하나님의 묵인하에 이루어진 것임을 반영한다. 5절과 7절에 각각 두 번씩 4회나 이 단어가 씌어졌다. 짐승은 사탄에게서 큰 말, 곧 '대단히 교만을 떠는 말'과 참람스런 말하는 입술을 받았다(단 7:8, 20, 25). 래드는 이 참람된 말을 직접적인 신성모독이라기보다 자기 신격화에 관한 말로 해석하였다. 그러나 다음 절의 하나님께 대한 직접적인 훼방의 말은 그가 받은 권세가 하나님께 대한 신성 모독까지 포함시킬 것을 요구한다. 적그리스도는 대단한 화술의 명인일 것이다.

짐승은 사탄에게서 마흔두 달 동안 일할 권세를 실제로 받았다. 사탄이 주는 권세라면 시간에 아무 제한도 두지 않았을 것이다. 박해와 고통의 시간이 마흔두 달로 한정되었음은 성도들에게는 대단한 위로가 되었을 것이다. 짐승은 사탄에게서 성도들과 싸워 이길 권세를 받았다. 짐승은 사탄에게서 각 족속과 백성과 방언과 나라를 다스리는 권세를 받았다. 이 모든 것을 사탄이 짐승에게 부여하는데 하나님이 허락하셨다. 초대 교부들을 비롯하여 비교적 옛 시대에 속했던 주석가들은 마흔두 달, 곧 1,260일이 의미하는 년대를 계산해 내느라고 무익한 수고를 많이 했다.

1~1,260(Joachim)

134~1,394(Walter Brute)

260~1,520(Artopaes)

292~1,522(Cocceius)

304~1,564(Brightman)

312~1572(Aretius)

316~1,576(Napier)

476~1,736(Daubuz)

529/608~1,789/1,868(Elliott)

533~1,792(Canningham, Frere)

533~1,793(Croley)

584~1,844(Habershon)

606~1,848(Fleming)

606~1849(Galloway)

606~1,866(Gill, Faber)

622~1,882(Woodhouse)

660~2,000(Melanchton)

727~1,987(Fysh)

756~1,998(Frazer)

756~2,016(Lowman)

6 짐승이 입을 벌려 하나님을 향하여 훼방하되

짐승의 "훼방"(βλασφημίας / 블라스페미아스)은 다니엘의 환상에도 나온다(7:25, 8:10, 11:36). 그가 이렇게 전능하신 하나님의 이름과 하늘 장막과 하늘의 거주자들을 훼방하는 것은 그가 사탄에게서 훼방하는 권세를 받았기 때문이다.

"훼방"의 목적에 해당하는 것은 바로 하나님의 이름과 하늘 장막과 하늘의 거주자들이다. 그것이 실제로 하나님의 영광을 훼손하지 못할지라도 짐승은 자신에게 주어진 권세를 마음껏 과시하는 것이다. 그는 자신을 하나님이라 높이며 하나님의 영광에 도전한다. 그의 거룩하신 이름을 업신여긴다. 이는 마치 로마의 황제들이 자신들을 '주와 하나님'(Dominus et Deus Noster / 도미누스 에트 데우스 노스테르)이라 높여 하나님을 모독한 것과 같다.

성도들을 박해하고 그들을 해하는 것 또한 훼방의 범주에 포함된다. 왜냐하면 '이기는 자'로서 그들에게는 '하나님의 이름'과 '그리스도의 새 이름'이 새겨졌기 때문이다(3:12, 14:1, 22:4). '그의 장막'(τὴν σκηνὴν αὐτοῦ / 텐 스케넨 아우투)은 이 땅에 하늘 양식을 본받아 성막을 짓게 하신 바로 그 하나님의 장막이다. 원문에서는 '하늘에 거하는 자들'(ἐν τῷ οὐρανῷ σκηνοῦντας / 엔 토 우라노 스케눈타스)이 '하늘에 장막을 치고 있는 자들'의 뜻이다(단 8:10-13). 우리의 영적인 위치가 이미 그리스도와 함께 하늘에 앉힌 바 되었다면(엡 2:6) 하늘에 장막을 친 거주자들은 이미 죽은 성도와 함께 이 땅에 거하는 모든 신실한 백성들까지 포함시켜야 한다.

이스라엘의 원수들이 하나님의 법궤를 두려워하면서도 끈질기게 법궤가 보존된 성막, 성막이 있는 도성을 공격했던 것처럼, 적그리스도는 하늘의 장막 거주자들을 훼방하고 땅에 남아 있는 성도들을 핍박한다. 무형교회, 유형교회 할 것 없이 하늘의 장막이 그리스도의 지체들로 구성되었기에 사정없이 공격한다. 그러나 하나님의 신실한 백성들은 척량의 대상이 되어서 마흔두 달 동안 성전 밖 마당이 이방인에게 짓밟힐 때 보호를 받았기에(11:1-2), 본 절에서의 훼방과 핍박도 하나님의 성도들을 해할 수는 없다. 하나님의 장막이 그분의 신실한 백성들과 함께 계심이 그들의 궁극적인 보호와 안전을 보장하기 때문이다(7:15, 21:3). 혹자는 장막 훼방을 칼리굴라 황제가 지성소에 자기의 상을 세우려 시도했다가 유대인들의 반대에 직면하자 군대를 동원하여 갑자기 살해한 역사적 사실과 연관시키나, 본 장에서 그런 암시를 찾아보기는 어렵다.

7 또 권세를 받아 성도들과 싸워 이기게 되고

하나님을 훼방한 짐승은 하나님의 성도들을 핍박하여 외견상의 승리를 거둔다(단 7:21, 8:10, 25, 11:36). 이 승리는 이미 무저갱에서 올라온 사자가 두 증인과 전쟁을 일으켜 이긴 사실로(11:5) 이미 예견되었다. 이 예언은 역사적으로 안티오코스 4세의 유대인 학살과 성전 유린으로 일부는 성취가 되었다. 사탄은 권세 있는 사역자이다. 그의 다스리는 권세는 전 세계에 미친다. 그러나 나라를 얻을 이는 사탄과 적그리스도가 아니라 성도들이다(단 7:22). 성도들이 패하긴 하지만 궁극적 승리의 주인공은 성도들이다. 그들은 이 혹독한 싸움, 곧 짐승과 그의 우상과 그의 이름의 수를 이기고 벗어난 자들로 하나님 앞에 설 것이기 때문이다(15:2). 영원한 권세로 무궁히 다스려질 오직 하나의 나라는 어린양의 나라가 있을 뿐이다(단 7:14).

8 **죽임을 당한 어린양의 생명책에……녹명되지 못하고**

어린양의 죽으심과 부활로 인해 이 땅에서 얻은 영혼들의 명부를 기록한 "생명책"(τῷ βιβλίῳ τῆς ζωῆς / 토 비블리오 테스 조에스)은 어린양의 책이다. 이 책의 성격과 목적은 오직 생명에 있다(τῆς ζωῆς / 테스 조에스). 영원한 생명이 성도의 영원한 안전장치가 된다. "죽임을 당한 어린양"(τοῦ ἀρνίου τοῦ ἐσφαγμένου / 투 아르니우 투 에스파그메누)만이 이 책의 소유권을 갖는다. 이 책은 오직 어린양만이 펼 수 있는 책이다(5:1-14 참조). 어린양만이 이름을 기록할 수 있고 이름을 제할 수도 있다(시 69:28). 짐승에게 경배하기를 거부하고 짐승의 표 받기를 거절하고 오직 어린양이신 그리스도의 이름을 지키고 그의 말씀을 배반치 않은 자들만이 결코 흐려지지 않을 영원한 이름을 주님으로부터 받는다(3:5). 생명책에 녹명된 자들만이 만국의 영광과 존귀를 가지고 새 예루살렘에 들어간다(21:27). "죽임을 당한"의 완료 시제형은 죽음이 이미 종료되었음을 강변한다(5:6). 이 죽음은 계속되는 결과가 아니라 과거에 발생했던 사건으로서 이해하여야만 한다.

어린양은 만민의 대속을 위하여 죽임을 당하셨다. 땅에 거하는 자들은 그들을 위하여 임하신 어린양을 외면하고 짐승을 경배하는 길을 선택하였다. 이것이 그들로 하여금 어린양의 생명책에 그 이름이 영구히 제거된 이유이다. 어린양은 그들 역시 하나님께 드리기 위하여 대속하셨다(5:9). 어린양을 거부한 그들은 어린양의 진노에서 숨게 된다(6:16). 어린양의 피는 구속함 받은 이들의 옷을 씻어 희게 만들지만(7:14), 땅에 거하는 자들은 해당되지 않는다. 그들은 벌거벗은 상태에서 그대로 지낸다. 생명책에 녹명이 된 자들은 어린양을 하나님으로 경배하고(7:10), 어린양은 천상에서 신부와의 결합을 기다린다(19:7, 9). 어린양의 열두 사도들의 이름이 새 예루살렘 성문에 새겨지고(21:14) 어린양은 성전이 되며(21:22) 유일한 빛이 되어 성을 두루 비추신다.

"녹명되지 못한"(οὐ̃ γέγραπται / 우 게그랖타이)의 시제 역시 완료형으로서 녹명되지 못함의 영구한 상태를 강조한다. 이는 그들의 이름이 한 번도 녹명되지 못했거나 녹명되었다가 지워졌기 때문일 것이다. 토마스는 그들의 이름이 녹명되었다가 지워진 경우로 이해하였다. 왈부어드는 그리스도의 십자가 죽음으로 인해 모든 자의 이름이 원래 녹명되었다고 설명하지만 그리 간단한 문제는 아니다. 녹명되었던 이름이라 할지라도 지워질 수 있었다. 이를 암시하는 듯한 내용들이 성경에서 발견된다(출 32:32-33; 시 69:28). 어쨌든 이 생명책에 기록된 자들만이 영원한 구원을 이룰 것이다(단 7:10, 12:1-2). 생명책에 녹명되지 못한 자들은 짐승의 추종자로 전락하여 짐승을 경배하다(17:8) 영원한 불못에 떨어진다(20:15). 이 생명책은 하나지만 사람들을 심판한 행위를 기록한 책은 여러 권으로 되어 있다(20:12).

창세 이후로

이 표현은 그리스도의 죽음과 부활로 인해 생명책에 이름이 수록되었음이 이미 영원 전부터 계획되었음을 보여준다(벧전 1:19-21). “창세 이후로”란 표현에 대하여서 ‘녹명됨’(γέγραπται / 게그랖타이)과 연결되었다고(계 17:8; 벧전 1:18-19) 보는 학자들(Hengstenberg, Bengel, Moffatt)과는 달리, “죽임을 당한 어린양”(τοῦ ἀρνίου τοῦ ἐσφαγμένου / 투 아르니우 투 에스파그메누)과 연결되었다(마 25:34; 엡 1:4)고 보는 학자들로 나뉜다(Beckwith, Charles, Mounce, Morris, Bede, Torrance, Vincent, Harrington, Beasley-Murray, Barclay, Michaels, Caird, Beale, Eichhorn, Wall). 글라슨은 두 가지 가능성을 다 수용하였다. 영역본도 전자를 따른 번역(KJV, REB, NIV)과 후자를 따른 번역(NLT, NRSV)으로 나뉘었다. 어떤 견해를 취한다 하여도 의미에 손상을 입힐 일은 전혀 없다. 전형적인 묘사로 ‘창세 이후로’(ἀπὸ καταβολῆς κόσμου / 아포 카타볼레스 코스무)는 신약에서 모두 10번 사용되었는데, 구원 역사에 있어 하나의 중요한 핵심을 이룬다. 감춰진 비밀(마 13:35), 종말의 왕국(마 25:34), 선지자의 피(눅 11:50), 아들을 향한 아버지의 사랑(요 17:24), 믿는 자의 선택(엡 1:4), 생명책(계 17:8), 그리고 그리스도의 고난당하심과 죽음(히 4:3, 9:26; 벧전 1:20; 계 13:8)등에 사용되었다.

이 땅에 사는 자들은 다 짐승에게 경배하리라

생명책에 녹명되지 못한 자들의 어두운 운명이다. 피할 길이 없다. 다른 대안이 없다. 그들 스스로 변화를 시도할 아무런 능력도 없다.

이미 사탄으로부터 멸망당할 영혼들을 움켜쥐도록 능력을 부여받은 그들의 손아귀에서 빠져나올 틈이 전연 없다. 생명책에 '자기 이름이 녹명되지 못한 자들'(οὗ οὐ γέγραπται τὸ ὄνομα αὐτοῦ / 후 우 게그랖타이 토 오노마 아우투)은 성도들처럼 영생의 보호 장치가 없으므로 생명을 위협하는 적그리스도의 권세에 짓눌릴 수밖에 없다. 그들은 살기 위해서 짐승을 경배하지만, 그것이 그들을 영원한 죽음으로 몰고 가는 것이다. 속은 그들은 자신들을 속인 거짓 선지자들과 운명을 함께할 것이다(겔 13:9).

"이 땅에 사는 자들"은 땅의 거주자들로서, 이번에 소개되었던 완고한 무리들이다(3:10, 6:10, 8:13, 11:10[2]). 그들은 하나님을 거역하고 마지막 순간에 이를 때까지 악역에서 벗어나지 못한다. 이는 그들이 선택한 불신앙의 결과이며 그들 자신으로서도 어쩔 수 없는 불가항력이다. 그들은 짐승에게 경배하며 그와의 제휴를 증명하는 표를 지닌다(14절[2]). 그들은 짐승의 신출귀몰한 정체성을 기이히 여기면서 그 영향권에서 벗어나지 못하고 산다(17:8). 그들은 창세 이후로 생명책에 녹명되지 못한 자들이다. 생명책에 그 이름이 녹명되지 못한 자는, 토마스의 주장처럼 녹명되었다가 지워진 사람들만이 아니라 한 번도 녹명되지 못한 자들까지 포함시키는 것이 적합하다. 본 절에서는 분명하게 '녹명되지 못한' 상태를 강조하고 있기 때문이다.

9 누구든지 귀가 있거든 들을지어다

이는 일곱 교회에 보낸 편지에서 반복하여 권고하던 표현이다(2:7, 11, 17, 29, 3:6, 13, 22). 이것은 또한 '들을 귀 있는 자는 들으라!' 하신 그리스도의 말씀을 상기시킨다(마 5:11, 11:15, 24:15; 막 4:9,

23, 8:18; 눅 8:8, 24:35). 이런 선언은 예언자적인 외침으로서 진리에 대한 순종을 촉구하는 일종의 경고다. 이 외침은 13:1-8에 대한 권고일 수도 있으나 10절의 내용에 대한 언급으로 보는 것이 자연스럽다. 혹독한 박해 속에서 하나님의 특별한 보호를 기다리고 있을 수신자들에게 요한은, 오히려 더 무섭고 힘든 박해가 몰려올 수 있으니 죽음을 각오하고 순전함을 지킬 것을 강력히 권고한다. 경고에 가까운 권고의 말씀이다.

10 사로잡는 자는 사로잡힐 것이요……칼에 죽으리니

한글 번역은 사로잡는 적그리스도의 세력이 사로잡히는 신세가 될 것이라는 오역의 형태다(AV). 비슬리-머리는 사로잡는 자와 칼로 죽이는 학살자가 사로잡히고 학살당할 것이라는 의미로 해석을 취했다. 찰스는 순교에 직면한 크리스천들에게 주시는 권고로 해석했다(Mounce, Johnson). 스웨트는 신자들이 박해자들에 대항하여 어떤 물리적 시도를 행하지 못하게끔 권고한 것으로 해석하였다. 백위드 역시 포로나 칼에 의한 순교가 독자들을 기다린다면, 짐승이 사주한 그 박해에 힘으로 저항할 시도를 포기해야 하고 참음으로 견뎌야 한다고 보았다. 그러면서 전반부는 정해진 고난에 대한 준비를 분부하며 후반부는 저항에 대한 어리석음을 선포하는 것이라고 결론을 맺었다.

바클레이는 이에 더하여 세 가지 사실을 설명하였다. 첫째, 크리스천 신앙이 수감 당함을 의미한다면 크리스천은 머뭇거리지 말고 그것을 수용해야만 한다. 둘째, 기독교는 힘으로 방어할 수 없다. 셋째, 크리스천이 믿고 사용할 수 있는 무기는 '인내'(ὑπομονή / 후포모네)와 '신실함'(πιστός / 피스토스)이다. '인내'는 수동적인 견딤이 아니라 가장 나쁜 것이라 할지라도 그것이 영광으로 인도할 것임을 받아들이는 것이다. '신실함'은 주님께 대한 헌신에 있어 결코 흔들리지 않는 확신을 뜻한다.

존슨은 요한이 선택된 자들을 위한 종말의 싸움에서 능동적이고 폭력적 참여를 주장한 에세네파나 폭력 혁명을 주창한 열심당의 교리에 반하여 크리스천으로서 적에 대한 수동적인 저항을 강조한 것이라 보았다. "칼로 죽이는 자는 자기도 마땅히 칼에 죽으리니"는 "네 검을 도로 집에 꽂으라 검을 가지는 자는 다 검으로 망하느니라"(마 26:52)던 주님의 말씀을 회상시킨다. 때리면 맞고 죽이면 죽어야 한다. 뽑힌 칼은 다시 칼집에 넣어야 한다. 오른편 뺨을 맞으면 왼편 뺨까지 돌려대며 속옷을 뺏으면 겉옷까지 내어주어야 한다(마 5:39-40). 이것이 성경이 제시하는 순교자의 모습이다. 순교의 삶이 없으면 순교의 죽음도 없다.

그렇기 때문에 "사로잡는 자는 사로잡힐 것이요"라는 본 절의 표현은 "사로잡힐 사람은 사로잡힐 것이요"(εἴ τις εἰς αἰχμαλωσίαν…… ὑπάγει / 에이 티스 에이스 아이크말로시안……후파게이)가 바른 번역이다. 폭력을 수반하는 저항이 아니라 묵묵히 순응할 것임을 의미한다. 비폭력, 무저항의 자세이다.

이는 렘 15:2의 말씀을 연상시킨다. "여호와의 말씀에 사망할 자는 사망으로 나아가고 칼을 받을 자는 칼로 나아가고 기근을 당할 자는 기근으로 나아가고 포로 될 자들은 포로됨으로 나아갈지니라"(렘 43:11 참조).

사로잡힐 자가 사로잡히고 칼로 죽을 자는 칼로 죽게 될 것이라는 해석을 취하게 되면 이어서 나오는 언급이 곧 순교자들에 대한 위로와 권면의 말씀이 된다. 박해자에 대한 형벌과 순교자에 대한 권면의 말씀으로 해석이 모두 가능하므로 무엇을 취하든 상관없다. 비얼과 백위드를 비롯한 많은 주석가들은 본 절이 악한 자들에 대한 형벌이 아니라 성도들이 겪을 고난에 대한 경고로 해석한다(6:2-11). 본 절의 마지막 부분인 "성도들의 인내와 믿음이 여기 있느니라"가 성도의 고난에 대한 것임을 증명한다(7절 참조). 이와 같은 권고는 나중에 다시 한 번 더 강조된다(14:12).

성도들의 인내와 믿음이 여기 있느니라

박해가 계속되기에 참고 견디는 성도들로서의 인내가 요구된다. 성도들의 믿음(πίστις / 피스티스)은 박해 속에서도 신실함(πιστός / 피스토스)을 잃지 않는 믿음이다(1:5, 2:10, 13, 19, 14:12, 17:9, 14). 그들은 혼자가 아니다. 박해당하고 인내하고 믿음에 신실한 동료들이 주위 사방에 있다. 13장의 초점은 사실 첫째 짐승이나 둘째 짐승이 아니라 그들을 극복할 성도의 믿음과 인내여야 한다. 이것을 아는 것이 지혜이다. 성도들의 인내와 믿음이 여기 있듯이 성도들의 지혜도 여기 있다(18절).

계시록에서의 믿음(πίστις / 피스티스, 2:13, 19, 13:10, 14:12)이란 충성(πιστός / 피스토스, 1:5, 2:10, 13, 3:14, 17:14, 19:11, 21:5, 22:6)만큼 자주 나타나지 않지만, 여기에서 인내의 의미를 더욱 강화시키고 있다. 믿음은 다름 아닌 그리스도께 신실함으로 남아 있음을 뜻하기 때문이다. 성도는 죽기까지 자신의 생명을 돌아보지 않음으로써 사탄을 이기며(12:11), 순교의 희생 제물이 되는 한이 있더라도 하나님을 신뢰함으로써 악의 세력을 꺾는다(6:11).

B. **땅에서 나온 짐승**(13:11-18)

첫째 짐승의 환상에 이어 둘째 짐승의 모습이 드러난다. 첫째 짐승과 달리 둘째 짐승은 땅에서 올라온다. 그는 적그리스도의 동료요(욥기 40-41장의 리워야단과 베히못처럼) 하수인으로서 사탄의 사역을 돕는다. 역사적으로는 로마 제국의 황제 숭배로 인해 초대 교회는 이와 같은 경험을 충분히 경험하고 있었다. 그러나 그것이 다가 아니었다. 더 악질적이고 흉물스런 적대자가 성도들을 괴롭힐 것이다. 둘째 짐승의 돋보이는 역할은 '속임'과 '기만술'이다(13-15절, 19:20). 그의 속임과 기만술을 뒷받침하는 것이 이적이다. 그의 이적은 그의 입에서 나오는 더러운 영 곧 귀신의 영으로서 천하 임금을 꾀기에 충분하다(16:13-14).

그의 모든 권세와 이적 행사의 능력은 바로 첫 짐승에게서 나온 것이다. 첫째 짐승에 대한 경배와 관련하여 그는 마술사 시몬처럼 "자칭 큰 자"요 사람들에 의해 "크다 일컫는 하나님의 능력"(행 8:9-10)이라 칭송을 받지만 단지 거짓 선지자에 불과할 뿐이다(16:13, 19:20, 20:10). 둘째 짐승이라 일컬어지는 '다른 짐승'(ἄλλο θηρίον / 알로 떼리온)은 11절에서 언급된 이후로 짐승이라 부르지 않고 '거짓 선지자'로 부른다. '그 짐승'은 계시록에서 30회 이상 사용되는데, 모두 첫째 짐승을 지칭한다. 요한에게 있어 그는 첫째 짐승의 지원병에 불과하다. 13:11-18은 계시록 전체를 통틀어 해석하기 가장 어려운 부분에 속한다.

> 11 내가 보매 또 다른 짐승이 땅에서 올라오니 새끼양같이 두 뿔이 있고 용처럼 말하더라

12 저가 먼저 나온 짐승의 모든 권세를 그 앞에서 행하고 땅과 땅에
거하는 자들로 처음 짐승에게 경배하게 하니 곧 죽게 되었던 상처
가 나은 자니라
13 큰 이적을 행하되 심지어 사람들 앞에서 불이 하늘로부터 땅에
내려오게 하고
14 짐승 앞에서 받은 바 이적을 행함으로 땅에 거하는 자들을 미혹하
며 땅에 거하는 자들에게 이르기를 칼에 상하였다가 살아난 짐승
을 위하여 우상을 만들라 하더라
15 저가 권세를 받아 그 짐승의 우상에게 생기를 주어 그 짐승의
우상으로 말하게 하고 또 짐승의 우상에게 경배하지 아니하는
자는 몇이든지 다 죽이게 하더라
16 저가 모든 자 곧 작은 자나 큰 자나 부자나 빈궁한 자나 자유한
자나 종들로 그 오른손에나 이마에 표를 받게 하고
17 누구든지 이 표를 가진 자 외에는 매매를 못하게 하니 이 표는
곧 짐승의 이름이나 그 이름의 수라
18 지혜가 여기 있으니 총명 있는 자는 그 짐승의 수를 세어 보라
그 수는 사람의 수니 육백육십육이니라

11 내가 보매 또 다른 짐승이 땅에서 올라오니

요한은 바다에서 나온 짐승의 환상이 끝나자 곧 뒤이어 땅에서 올라오는 짐승의 환상을 '본다'(7:2, 8:3, 10:1, 15:1, 18:1, 20:12). 그가 본 "다른 짐승"(ἄλλο θηρίον / 알로 떼리온)은 사탄에게서 비롯된 모든 속성을 첫째 짐승과 함께 나눠 가졌다. 그의 출현은 오직 첫째 짐승의 사역을 돕기 위함이다. 바로가 스스로를 높여서 여호와께 대항하고 두 증인인 모세와 아론을 대적할 때 애굽의 모든 술법사들이

바로를 도왔다. 모압 왕 발락이 이스라엘을 멸하고자 할 때 거짓 선지자 발람이 조력자로 나섰다. 압살롬이 다윗의 왕위를 찬탈하려 했을 때 아히도벨이 그를 도왔다. 아합 왕이 엘리야를 없애고자 하였을 때 이세벨과 이방의 제사장들이 그를 도왔다. 사울이 다윗을 제거하려 하였을 때 도엑이 그를 도왔다.

적그리스도가 하나님의 신실한 백성들을 진멸하고자 할 때 둘째 짐승이 그를 돕는 것은 조금도 이상한 일이 아니다.

이 둘째 짐승을 아이언사이드는 세계적인 권위의 종교 지도자로 보았고, 헨리 모리스도 종교 통합 이후의 수장으로 이해하였다. 첫째 짐승을 로마 제국 내지 네로 황제라 서슴없이 간주하던 과거주의자들도 둘째 짐승의 역사적 대응인물을 찾지 못하였다. 그들은 개인에 대한 적용을 포기하고 황제 숭배를 지지한 이방 종교들의 제사 구조 또는 지역의 황제 숭배 사제직(Holtzmann, Bousset, Weiss) 정도로 적용했다(Mommsen, Victorinus).

이레나이우스는 첫째 짐승을 적그리스도로 둘째 짐승을 골리앗의 방패를 든 자(armour-bearer, 삼상 17:7)와 같은 적그리스도의 심복으로 해석했다. 헨드릭슨은 둘째 짐승을 기본적으로 거짓 선지자라 규정하면서(19:20) 모든 시대에 걸친 거짓 종교와 거짓 철학을 상징하는 것이라고 보았다. 람제이 경은 둘째 짐승이 전 시대에 걸쳐서 기독교의 형제애를 파괴하기 위해 마술과 미신 등으로 사탄의 숨겨진 의도를 나타낸 하나의 제도라 보았다. 심연에서 올라온 첫째 짐승과는 달리 둘째 짐승은 땅에서 올라왔다. 그의 근원은 첫째 짐승에 비해 덜 악마적이다. 첫째 짐승의 흉포성에는 미치지 못하지만 그의 입에는 교묘한 언변과 부드러움으로 치장된 속임의 칼날이 번득이고 있었다.

종교 개혁자들은 시대적 상황의 요청에 따라 이를 가톨릭 교회로 해석했다.

새끼 양같이 두 뿔이 있고 용처럼 말하더라

둘째 짐승은 어린양(5:6)을 모방('새끼 양같이')하며 적그리스도의 말('용처럼')을 한다. 그는 '두' 감람나무와 '두' 촛대인 하나님의 '두' 증인(11:3-4)처럼 '두' 뿔을 지녔다. 부분적으로 양의 모습을 했지만 그 속에는 노략질하는 이리의 속성으로 충만하다(마 7:15). 양은 뿔이 없기 때문이다. 이것이 어린양의 일곱 '뿔'(5:6)을 모방한 것이라면 그는 절대적인 권세를 추구하고 있는 것이다. 이 뒤섞인 모방 이후로 '다른 짐승'은 '거짓 선지자'(ψευδοπροφήτης / 프슈도프로페테스)라고 불린다(16:13; 19:20; 20:10).

첫째 짐승은 '큰 말하는 입을 받고'(λαλοῦν μεγάλα / 랄룬 메갈라, 5절) 하나님을 향하여 크게 입을 벌려 훼방하였다. 둘째 짐승은 큰 소리가 아니라 부드러운 유혹의 음성으로 사람들을 다독인다(λέγων / 레곤). 그는 속성상으로는 용처럼 말하지만(ἐλάλει ὡς δράκων / 엘랄레이 호스 드라콘) 외견상으로는 평범한 권고의 형식을 취한다. "칼에 상하였다가 살아난 짐승을 위하여 우상을 만들라." 이적에 놀란 사람들에게 크게 외칠 필요도 없다. 가만히 속삭여도 그들은 이내 우상 제조와 경배에 나설 것이기 때문이다. 스웨트는 둘째 짐승이 용처럼 울부짖었다고 보았다.

둘째 짐승은 나중 '거짓 선지자'(16:13, 19:20, 20:10)라 언급된 것처럼 종교적 성격의 역할을 담당한다. 새끼 양 같은 모습은 어린양을 모방하고 용처럼 말함은 사탄을 닮았다. 그의 존재 이유는 오직 첫째 짐승만을 영화롭게 하고 사람들을 꼬드겨 첫째 짐승에게 경배하도록 만듦에 있었다. 종교 개혁 당시에 두 짐승은 로마 교황권과 연관하여 해석되는 것이 유행이었다. 과거주의적 관점에서는 둘째 짐승을 1세기경 소아시아 지역에 편만하였던 황제 숭배의 제사장으로 해석하였다. 미래주의적 관점에서는 종말의 때에 나타날 거짓 그리스도로 보았다(Swete, Morris). 성경은 마지막 때에 많은 적그리스도와 거짓 교사들이 넘쳐날 것으로 경고하였다(살후 2:3; 요일 2:18, 4:1-3). 13장의 두 짐승은 그들의 정지 작업을 통해 소위 말세의 끝자락 때 출현할 한 사람의 인격으로서 적그리스도와 그를 돕는 특출한 거짓 선지자를 가리킨다. 두 짐승이 체제나 조직이 아니라 한 개인인 것은 그들이 던져질 불못의 형벌만 보아도 알 수 있다. 체제나 조직에게 불못의 형벌은 무의미하다.

12 **먼저 나온 짐승의 모든 권세를 그 앞에서 행하고**

둘째 짐승이 첫째 짐승에게 철저히 복속되었음을 나타낸다. 그가 적그리스도에게서 받은 권세는 사탄에게서 비롯된 것이었다(13:4). 그는 자기가 받은 모든 권세를 적그리스도가 '보는 앞에서'(ἐνώπιον αὐτοῦ / 에노피온 아우투) 행하였다(왕상 17:1). 적그리스도는 자기가 받은 모든 권세를 사탄 앞에서 행사하였고, 거짓 선지자는 적그리스도에게서 받은 모든 권세를 그 앞에서 행한다. 목적은 단순하다. 권세를 집행함으로 사람들로 하여금 죽었다가 회생한 적그리스도에게 경배토록 하기 위함이다. 그는 첫 짐승이 행하였던 모든 기적을 행함으로 적그리스도와의 일체감을 과시하고 사람들에게 그와 적그리스도를 맹신케 한다. 하늘에서 불이 땅에 내리는 기적도 행한다.

13:1-8에서의 단순과거시제가 11절에서는 미완료로, 다시 12절에서는 현재형으로 바뀌는데 이는 적그리스도와 거짓 선지자의 지속되는 사역의 생동감을 강조하기 위함이다. 중심 동사인 '행하고'(ποιέω / 포이에오)가 12-16절에서는 무려 아홉 번이나 사용되었는데, 이는 거짓 선지자의 놀라운 활약상을 강조하기 위함이다. 용은 첫 짐승에게 자신의 권세를 주었고(2절), 둘째 짐승은 첫째 짐승에게서 권세를 받는다(12, 15절). 둘째 짐승이 행하는 권세는 적그리스도의 권세요 용의 권세다.

땅과 땅에 거하는 자들로 처음 짐승에게 경배하게 하니

예수 그리스도는 아버지에게서 모든 권세를 받았으나(마 11:27; 28:18) 첫 짐승은 용에게서 큰 권세를 받았다(13:4). 성령이 그리스도를 영화롭게 하였으나(요 16:14) 거짓 선지자는 적그리스도를 영화롭게 한다. 거짓 선지자는 자신의 모든 능력을 총동원하여 사람들을 허황된 경배의 삶으로 몰아간다. 사람을 하나님으로 섬기도록 미혹한다. "땅에 거하는 자들"(τοὺς ἐν αὐτῇ κατοικοῦντας / 투스 엔 아우테 카토이쿤타스)은 하나님을 거스르는 모든 인류에 대한 통칭이다. "땅과 땅에 거하는 자들"이란 표현은 단순하게 "땅에 거하는 자들"(3:10, 6:10, 8:13, 11:10, 13:14, 17:2, 8) 또는 "온 세상(천하 / 땅)"(3:10, 12:9, 13:3, 16:14)과는 달리 계시록에서 이곳에만 나타난다.

토마스는 "땅에 거하는 자들"이란 표현과 "땅과 땅에 거하는 자들"이 다르다고 주장하였다. 전자는 계시록에 전용적인 표현으로 사용된 반역의 무리들이만 후자는 보다 넓은 의미에서 광야로부터 살아남은 이스라엘 백성과 거짓 경배를 벗어난 자들까지 포함한다는 것이다.

그렇게 구분한 예가 없고 같은 의미를 약간 다르게 표현한 것으로 봄이 옳다. 사람들은 둘째 짐승이 행사한 놀라운 기적을 보아도 땅에서 올라온 짐승에게 경배하지 않고 바다에서 나온 첫째 짐승에게 경배한다. 이는 둘째 짐승이 행한 모든 기적과 권세가 첫째 짐승에게 속한 것임을 알기 때문이다. 이로 인하여 첫째 짐승이 받았던 영광은 그에게 큰 권세를 주었던 용에게로 고스란히 돌아간다.

13 사람들 앞에서 불이 하늘로부터 땅에 내려오게 하고

엘리야가 기도할 때 하늘로부터 내린 불은 하나님이 그와 함께하신다는 가시적인 표식이었다. 적그리스도의 거짓 선지자는 엘리야가 행했던 기적을 모방하였다. 하나님의 참 선지자인 엘리야의 불은 제물을 태우고(왕상 18:38-39) 원수를 진멸하였다(왕하 1:10-14). 그러나 거짓 선지자는 단순히 불을 땅에 내렸다. 이는 아무런 효험 없는 목적이다. 하나님의 두 증인은 입에서 나오는 불로 원수를 진멸할 수 있었다(11:5; 그리고 눅 9:54 참조). 하나님은 성도들을 포위한 땅의 사방 백성들을 하늘의 불을 내려 소멸할 것이다(20:8-9).

적그리스도의 대변인 격으로 거짓 선지자는 말씀의 상징인 불을 내리지만 결단코 성도를 해치 못하는 불이다. 그가 행하는 이적과 기사는 이미 주님께서도 경고하신 바가 있다(마 7:15, 24:5, 11, 24; 막 13:22). 이는 바울도 경고한 사실이다(살후 2:9; 벧전 2:13; 그리고 신 13:1-5 참조).

14 짐승 앞에서 받은 바 이적을 행함으로

짐승 자체로는 아무런 권세도 능력도 없다. 그는 적그리스도를 통해서만, 적그리스도와의 전략적 제휴를 통해서만이 능력을 발휘한다. 래드는 이레나이우스의 적용을 그대로 받아들여서 첫 짐승을 사탄에 의한 정치 권력, 둘째 짐승을 그 정치 권력을 돕도록 되어 있는 종교 권력으로 이해하였다. '거짓 선지자'라는 묘사가 정치 권력보다는 종교 권력과 관련된 말임은 확실하다. 글라슨은 둘째 짐승을 당시 소아시아 지역의 로마 집정관이거나 지방 정치 지도자, 아니면 황제 숭배를 위한 제사장으로 보았다. 둘째 짐승은 적그리스도에게 위임받은 권세로 각종 이적을 행하여 이미 사람들을 미혹했고 그의 유화책은 적중하였다. 많은 사람들이 그에게 넘어갔다.

칼에 상하였다가 살아난 짐승을 위하여 우상을 만들라

황제의 신상에 부복케 함으로 신적 경배를 강요했던 로마 제국의 권력처럼 둘째 짐승은 우상에게 신적 경배를 하게 만든다. 이를 위해 그는 미혹하던 자세에서 명령하는 지배자의 모습을 보인다. 강압적 명령이 아니라 부드러운 꼬드김과 '아첨하는 입술'(flattery)로 시작했지만(단 11:32) 마수에 걸려든 자들에게 우상 제조를 명령한다. 이미 그가 행한 이적에 놀란 사람들은 그의 단순한 명을 감히 거절하지 못한다. 첫째 짐승은 칼에 상하였다가 실제로 죽었다. 3절과 12절에서는 "죽게 되었던 상처"라 언급함으로 이 상처가 죽음에 이르게 하였다는 사실을 암시한다. 요한의 독자들은 이 묘사에서 칼을 목구멍으로 밀어 넣어 자살을 시도하였다가 기적적으로 소생하였던 '네로의 부활 신화'(Nero Redivivus)에 대해 알고 있었을 것이다. 보컴은 이것을 하나님이 내린 심판의 결과로 보았다. 곧 그리스도의 입에서 나온 검에 의한 상처로 이해하였는데 숙고할 만하다. '상처'(3, 12, 14)로 번역된 '플레겐'(πληγήν)은 짐승에게 내린 하나님의 심판으로서 '재앙'(πληγήν)을 의미하였다(9:18-19, 11:6, 15:1-2, 16:9, 21, 18:4, 8, 21:9, 22:18). 여기에서도 그리스도의 영광스런 부활을 모방하는 첫째 짐승의 조잡스런 행태를 본다. 첫째 짐승은 죽었던 상처가 나았지만 그리스도는 다시 살아나셨다. 짐승은 소생은 있어도 부활은 없었다. 소생(resuscitation)은 다시 죽지만 부활(resurrection)은 다시 죽지 않는다. 그리스도는 다시 죽지 않으시지만 첫째 짐승은 영원한 죽음인 불못에 던져진다.

둘째 짐승이 행했던 기사와 이적은 둘째 짐승의 요청에 힘을 실어주었다. 그리고 우상에게 생기를 주어 짐승의 우상이 말을 하고, 짐승에게 경배하기를 거절하는 자들은 누구든지 죽이는 초능력적인 현상은, 둘째 짐승의 요구가 옳았음을 사람들에게 확신시키기에 충분하였다. 찰스는 짐승이 보이는 능력을 어디까지나 불신 세상에 대한 것이라 간주했다(12:9, 18:23, 19:20, 20:3, 8, 10). 하나님의 인 맞은 자들은 사탄의 속임과 시험에서 이미 보호를 받기 때문(7:4-6, 9:4)이라는 근거에서다.

15 짐승의 우상에게 생기를 주어……말하게 하고

원래의 우상은 귀가 있어도 듣지 못하고 입이 있어도 말하지 못한다. 그런데 이 희귀한 우상은 말하는 우상이다. 용의 권세가 적그리스도를 통해 둘째 짐승에게 수여되었고 회생한 첫째 짐승의 우상에게 생기를 불어넣게 하였다. 바울의 표현에 따르자면 그는 의의 일꾼으로 가장한 '궤휼의 역군'(deceitful workmen)이다(고후 11:13-15). 14절에 소개된 이적의 수행자는 짐승의 우상에게 생명을 불어넣어서 우상으로 하여금 말하게 한다. 이것은 초유의 마술이나 일종의 복화술(ventriloquism)이 아니라면 적그리스도의 신성을 사람들에게 확신시키는 짐승의 능력에 대한 상징이다. 그는 '적그리스도의 선전상'답게(Bruce), 적그리스도를 한없이 돋보이게 만든다. 둘째 짐승은 첫째 짐승의 우상에게 말하게 하는 권세를 '받았다'(ἐδόθη / 에도떼). 사탄에게서 받은 것도 아니요 죽었다 소생한 첫째 짐승에게서 받은 것도 아니다. 하나님이 주셨다. 하나님이 허락하심으로써 둘째 짐승은 희한한 권세를 행사할 수 있다. 하나님이 허락하지 않으시면 두 짐승이나 사탄은 아무것도 할 수 없는 전적 무능력자에 불과하다.

우상에게 경배하지 아니하는 자는……죽이게 하더라

느부갓네살은 자신의 금신상에 절하지 않는 자는 누구를 막론하고 죽이도록 하는 법령을 공포하였다(단 3:6, 11, 15).

사드락, 메삭, 아벳느고는 요한의 수신자들에게 생사를 초월한 신앙의 모델이 된다. 다니엘의 세 친구가 보여준 불굴의 신앙은 이후의 유대 문학에서 다니엘 3장의 풀무불이 순교의 전범이 되게 만들었다. 우상 경배를 거절하던 불굴의 용사는 극렬히 타는 풀무불로부터 건짐을 받았지만 그들을 불속에 던져 넣은 자들은 불에 타서 죽었다. 우상은 사람들의 경배를 원한다. 우상의 주인인 사탄이 이를 원하기 때문이다. 그리스도는 다시 살아나셔서, 사람들에게 영원한 생명을 주셨지만 짐승은 다시 소생하여 사람들을 죽음으로 이끈다. 그리스도는 자신을 섬김에 있어 한 번도 강요한 적이 없으신데 짐승은 죽음으로 위협하며 경배를 강요한다.

아론의 황소, 느부갓네살의 금신상, 도미티안의 신상, 안티오코스 4세의 제우스 신상은 한결같이 사람의 경배를 요구했다. 요한 당시의 도미티안 황제가 느부갓네살과 유사한 칙령을 내렸다는 역사적인 정황은 없다. 그러나 15년 후에 플리니가 트라얀 황제에게 보낸 서한에 따르면 황제의 상에 절하고 향불 피우기를 거절한 크리스천을 죽였다는 보고가 들어 있었다. 본 절의 우상도 자신을 경배하는 자는 살려두었지만 경배하기를 거절하는 자는 반드시 죽였다. 혹자(Kiddle, Smith, Walvoord)는 '죽이게 하더라'를 실제 사형이 아니라 사형 선고의 뜻으로 받아들였다. 이는 대환난 직후에 전개될 '천년 왕국에서 거주민으로 남을 성도들'이 반드시 있어야 한다는 이유에서다. 그러나 여기에서의 죽임은 느부갓네살의 법령에서처럼(단 3:5-6) 실제 죽임이다.

16 이마에 표를 받게 하고

헨드릭슨의 설명에 따르면 이곳의 "표"(χάραγμα / 카라그마)는 공제 제도(free masonry)의 상징이었다. 요한 당시에는 문서에나 상품의 품질을 보장하는 뜻으로 황제의 도장을 찍었고(χάραγμα / 카라그마), 군인들에게는 다른 낙인(στίγμα / 스티그마)을 찍었다. 통용되던 동전에는 꼭 황제의 두상을 새겨 넣었다(Spitta, Mommsen). 역사가 헤로도투스나 플루타크의 기록에 의하면 고대 세계에서는 복종치 않는 노예나 병사에게 문신을 그리거나 낙인을 찍는 풍습이 있었다. 자신이 섬기는 신들에 대한 복종의 표시로서 문신이나 낙인을 새기기도 했다. 이는 소유권과 충성을 나타내는 상징이다. 일종의 '충성에 대한 사무적인 증명서'였다(Ramsay).

전쟁에서 패한 병사나 탈출하다가 잡힌 노예에게 승자나 주인이 낙인(στιγματίας / 스티그마티아스)을 찍는 풍습들도 있었다. 대개는 팔에다 새겨 넣었으나 주홍 글씨의 'ST'처럼 이마에다 표를 새겼다. 후기 랍비 문서의 어떤 기록에 따르면 톨레미 필로파토르(Ptolemy

IV Philopator)는 주전 219년경 디오니서스 신에 대한 경배의 표시로 알렉산드리아의 유대인들에게 담쟁이넝쿨 잎으로 낙인을 찍도록 하였으며 이에 불복하면 가차 없이 죽였다. 낙인을 찍으면 노예 상태에서 해방되기는 하였지만 반면에 디오니서스 신의 노예가 됨을 의미하였다.

람제이 경에 따르면 로마 제국은 후기의 박해 시기에 이르러서는 디오클레시안 황제나 데키우스 황제가 황제 숭배에 참석하는 이들에게 충성에 대한 표시로 일종의 증명서를 발부하기도 하였다. 한편 유대인들은 전통적으로 작은 성구함을 왼손과 이마에 부착하는 습관을 지켰다(출 13:9, 16, 신 6:8, 11:18). 적그리스도에 대한 경배의 증거로 표를 받음은 곧 그에 대한 충성과 소유됨의 진정한 표식이라 할 수 있다. 표를 문자적으로 적용하면 사탄도 자신에게 속한 자들을 구별하기 위해 어떤 표식을 하게 할 것이다. 헨드릭슨은 '이마'는 마음과 생각을 '오른손'은 구체적 행동을 상징한다고 보았다.

17 이 표를 가진 자 외에는 매매를 못하게 하니

만일에 짐승의 "표"(χάραγμα / 카라그마)를 받지 '아니하면'(εἰ μή / 에이 메) 어떤 매매 행위도 할 수 없다. 이것은 짐승의 표가 일상생활의 요체임을 강조한다. 짐승의 표는 곧 짐승의 이름이요 이름은 '그의 이름의 숫자'(ἀριθμὸν τοῦὀνόματος αὐτοῦ / 아리뜨몬 투오노마토스 아우투) 곧 그에게 속한 이름의 숫자로 이내 밝혀진다. 믿는 자들의 이마에 어린양의 이름이 있는 것(22:4)을 짐승이 그대로 모방하고 있음을 본다. 본서에서 간접적으로 묘사하고 있는 당시 신자들의 어려운 상황을 연상시킨다(2:9, 6:5-6).

박해는 많은 순교자를 낳았으며 대다수의 살아 있는 신자들에게는 정신적 고통에 버금가는 물질적 어려움에 직면케 했다. 그들은 견디고 또다시 견뎌야만 하였다. 그와 같은 고통과 상관없을 지복의 세상이 그들에게 약속으로 허락되었기 때문이다(7:16-17). "표"는 정치적이요 종교적 제재만이 아니라 경제적인 압박의 상징이었다. 용에게서 수여받은 권세로 세상 권력을 장악한 적그리스도는 합법적인 모든 수단 방법을 총동원하여 하나님의 백성에게 사회적이고 경제적인 제재를 가한다.

지난 역사를 통하여 교회가 겪은 다양한 수난의 경험은 사탄이 추구하는 바가 무엇이며 이를 위해 그가 취할 수 있는 악랄한 방도가 얼마나 대단한지를 잘 알고 있다. 실제로 교황권이 최고조에 달했을 무렵에 교황의 칙령에 의해 이교도나 신교도 간의 교역을 금하였다. 특히 1170년의 라테란 공의회를 통해 교서를 발표한 교황 알렉산더 3세는 대표적인 인물에 해당한다. 적그리스도는 합법적인 경로를 통해 세계 경제를 완벽히 통제하고 크리스천의 일상 생활을 고통으로 얼룩지게 할 것이다.

이 표는 곧 짐승의 이름이나 그 수라

하나님의 인침(3:12, 7:3-8, 14:1, 22:4)을 모방함이 역력하다. 이 "표"는 가시적인 것일 수도 있겠으나 하나님의 인침이 눈에 보이지 않는 것이라면 이것을 모방한 짐승의 표 역시 눈에 보이지 않는 것일 수 있다. 눈에 보이든 눈에 보이지 않든 짐승의 표는 곧 짐승의 이름과 수다. 짐승의 일곱머리에는 '참람된 이름들'(ὀνόμα τα βλασφημίας / 오노마 타 블라스페미아스)이 있었으므로 "짐승의 이름" 곧 "표"는 문자적이기보다는 거짓 신성을 부각시키려는 상징으로 해석함이 적절하다. 하나님의 인침이 소유와 보호와 보증을 의미하듯이(고후 1:21-22; 엡 4:30) 짐승의 '표'를 받은 자들에게도 마찬가지 의미였을 것이다.

18 총명 있는 자는 그 짐승의 수를 세어보라

"총명"(σοφία / 소피아)이란 곧 지혜이다. 이 지혜는 사람이 습득해서 얻는 지식이 아니라 터득되어 알게 되는 고차원의 앎이다. 하나님이 은사로 주시는 지혜와 계시의 영(고전 12:8; 엡 1:17)이며, 하나님께서 다니엘에게 특별히 풍부하셨던 은사로 '명철'(insight)과 '총명'(intelligence)과 '비상한 지혜'(outstanding wisdom)'이다(단 5:11, 14). 이러한 지혜와 총명은 오직 하나님만이 주실 수 있다(단 9:22). 요셉은 바로가 꾼 징조 있는 꿈을 하나님이 주신 지혜로 해몽하였다. 심지어 다니엘은 느부갓네살이 꿈을 꾸고 잊어버린 내용까지 하나님이 주신 지혜로 알아내고 그 꿈을 해몽하였다.

적그리스도가 통치하는 그날에는 하나님께서 성도에게 이런 특별한 지식을 허락하셔서 짐승의 숫자가 의미하는 바가 무엇인지 정확히 깨닫게 하실 것이다. 하나님께로부터 지혜를 받아서 지혜가 있는 자는 깨닫는다(단 12:10).

그 수는 사람의 수니 육백육십육이니라

숫자는 사람을 의미한다. 고대 세계에서는 알파벳의 글자들에 숫자를 부여하여 일상생활에 사용하였고 이를 통칭 '게마트리아'(Gematria)라 불렀다. 예를 들어 첫 아홉 글자로 1에서 9를 나타냈고 다음 아홉 글자로

10에서 90을 나타내는 이치였다. 모든 히브리어로 된 이름과 단어에는 분명한 의미가 담겨 있었다. 랍비들은 단어와 구절들이 지니고 있는 숫자의 값어치와 의미를 연관 짓는 일에 매우 흥미를 느꼈다. 폼페이 유적지의 한 벽에 긁어서 쓴 글씨(graffito)에 "나는 545의 이름을 지니고 있는 그녀를 사랑한다"는 내용이 있었다(Mounce).

이는 헬라어의 경우도 마찬가지였다. 예를 들어 헬라어로 예수의 이름은 888이다. 왈부어드와 래드는 예수의 이름 888이 짐승의 이름 666과 대조적인 사실에 주목하였다. 666은 하나님을 거역하는 인간성의 궁극수로서 완전수인 777에 한참 모자란 불완전과 죄의 상징임에(Beale, Morris) 비하여 예수의 이름은 777에 한참 넘치는 절대 완전의 상징이다. 백위드는 '666'의 정체를 개인으로 보았고(Bousset, Moffatt), 스웨트는 개인이 아닌 것으로 이해했다.

예수의 이름을 헬라어의 수가로 적용하여 계산하면 다음과 같은 결과가 나온다.

I= 10

H= 8

Σ= 200

O= 70

Y= 400

Σ= 200

888

이런 게마트리아의 영향을 받아 영어나 자국어 알파벳에다 숫자를 임의로 설정하여서 '666'에 해당하는 그럴듯한 인물을 찾아내곤 했다.

키신저나 레이건은 그 직접적인 희생자였으며 개인만이 아니라 교황이나 로마나 이슬람이나 나치 독일처럼 특정 종교나 직책, 심지어 국가까지 그 표적이 되었다. 이런 행위 자체가 일종의 표로 낙인을 찍는 처사가 아닐 수 없다. 그야말로 '666'의 상징적 의미를 찾아내기 위하여 많은 학자들이 다양한 시도를 하였다. 전문적인 신학자나 성경 연구가뿐만 아니라 아마추어 종말 연구가들까지 이런 시류에 가세했고, 그들은 진지한 연구에서부터 기상천외한 방법을 동원하여 '666'의 정체를 밝히고자 무던히도 애를 썼다. 세계가 위기에 봉착하거나 전쟁 또는 자연재해로 인해 대재난에 처할 때마다 계시록은 초미의 관심이 되었다. 그중에서도 네 말을 탄 기사들과 '666'에 대한 호기심은 잠재워지지 않았다. 기독교 신앙과는 거리가 먼 사람들까지도 '666'이라든지 적그리스도에 대해 어렴풋하게나마 예비지식을 지니고 있다. 많은 경우에 사람들의 호기심을 증폭시키는 이설들이 많고 피상적인 정보의 난립으로 인해 기독교적 바른 종말론을 확립시키는 데는 전혀 도움이 되지 못했다.

그럼에도 불구하고 교회는 '666'에 대한 역사적 해석들을 진지하게 살펴 진단하려는 노력을 하지 않았다. 특히 이단 종파의 교주들을 주축으로 한 계시록의 독특한 해석과 기괴한 적용은 많은 영혼들을 혼미케 만들어 교회에 큰 해악을 끼치곤 했다. 그들은 강경하고 확신에 찬 어조로 '666'을 특출한 개인이나 사조나 문명의 현상에까지 적용시켜서 믿음이 약한 이들을 불안에 빠뜨리고 진리로부터 멀어지게끔 만들었다. 교회는 오래 전부터 '666'의 정체성을 밝히려는 노력을 강구해왔다. 이제라도 건전하고 바른 해석의 지평을 열고자 한다면 '666'에 관한 다양한 정보들을 취합할 필요가 있다. 해석의 역사에 들어가기에 앞서 몇 가지 고려할 내용들이 있다.

① 고대 이집트의 밀교에서는 주신 중 하나인 이시스(Isis)의 상징(SSS)이었고 악마 숭배와 관련되었다. (S=6)

② 라틴 글자 중에서 숫자를 나타내는 글자는 '6'(여섯)이요, 합계는 666이다(D=500, C=100, L=50, X=10, V=5, I=1).

③ 앗수르 제국의 통치 기간은 666년이었다.

④ 예루살렘이 악티움(Actium) 해전(주전 31년)의 결과로 로마에 짓밟혔을 때로부터 사라센 제국에 정복(636년)될 때까지의 기간은 666년이다.

⑤ 바벨론 포로에서 귀환한 아도니감('원수의 주')의 자손은 모두 666명이었다.

⑥ 솔로몬이 거둬들인 세입금 중수는 연간 666달란트였다(왕상 10:14). 그때로부터 국운이 기울어지기 시작했다.

⑦ 모형적 인물로는 골리앗(삼상 17:4-7)과 느부갓네살이다(단 3:1). 신상의 높이는 60규빗, 넓이는 6규빗, 그리고 금신상에 절하게 할 때 사용된 악기는 여섯 종류였다.

⑧ 벌링거(Bullinger)는 짐승이 여덟째 왕이므로(17:11) 이에 근거하여 정수인 1에서 8까지의 삼각수에 해당하는 36으로 빙고이론을 만들어서는 666을 설명하였다(Lohmeyer, Bauckham, Farrar).

6	32	3	34	35	1
7	11	27	28	8	30
19	14	16	15	23	24
18	20	22	21	17	13
25	29	10	9	26	12
36	5	33	4	2	31

⑨ 아이징거(Eysinger)의 이론에 따르면 1에서 36까지를 합하면 666이 된다.

⑩ 악의 최고 능력을 나타내는 숫자다(Dana, Richardson).

⑪ 666은 어떤 인간이나 인간 질서를 나타낸다(Barnhouse).

⑫ 한 사람 또는 한 인간 종족을 나타낸다(Rosenmuller).

⑬ 7은 충만과 완전의 상징이며 6은 불완전과 불충분의 숫자다(Adela Y. Collins).

⑭ 666은 삼중적으로 완전에 모자라는 숫자다(Mounce).

⑮ 예수의 888을 흉내 낸 숫자로 늘 완전수 7에 못 미친다. 6은 고난일을, 8은 부활일을 나타낸다(Caird).

⑯ 666은 세 자리 숫자가 다 완전수에 모자라니 곧 적그리스도의 표다(Swete, Miligan).

⑰ 사탄의 적그리스도(666)는 구속주가 되어 인간의 모든 희망을 초월하시는 하나님의 그리스도(888)에게 훨씬 미치지 못한다(Beasley-Murray).

⑱ 6은 표적을 빗나감 또는 실패의 숫자다. 언제 어디서나 하나님을 대적하고 그리스도를 거부하고 교회를 핍박하는 적그리스도의 영이다. 666은 실패 위에 실패 위의 실패다(Hendriksen).

⑲ 악의 삼위일체 666은 거룩한 삼위일체 777을 모방하지만 늘 짧고 실패한다(Torrance).

⑳ 불완전을 뜻하는 666은 완전수 7의 '거의 완전함'으로 속이려는 악마의 모방이다(Minear).

인류 역사를 통틀어 '666'보다 더 장구한 논쟁을 불러일으킨 숫자도 없고, 계 13:18은 성경 전체의 구절 중에서 늘 논쟁의 중심에 있었다. 역사적으로 '666'에 대한 개인적 적용의 예는 수백 명을 능가한다.

요한은 말했다. “지혜가 여기 있다”(Ὧδε σοφία ἐστίν / 호데 소피아 에스틴). 이는 19절의 “성도들의 인내와 믿음이 여기 있느니라” 했을 때처럼 지혜가 요구된다. 지혜가 반드시 필요하다. 실로 “지혜 있는 자는 깨닫는다”(단 12:10). 이 지혜는 종말의 때에 이르러 하나님이 자기의 종들과 백성들에게 주신다. 이런 지혜의 빛 안에서 읽는 자는 깨닫는다(마 24:15; 막 13:14). 요한은 분명히 ‘666’의 정체를 밝히기 전에 지혜를 전제했는데, 이 경고는 묵살된 채 부주의한 중구난방식의 해석과 적용이 마구잡이로 쏟아졌다. 말씀의 해석자이신 성령을 도외시하고 인간 스스로 말씀의 해석자로 나선 결과는 무참하고 어처구니 없는 결과만을 낳았다.

요한의 경고를 무시해서는 정말 곤란하다. 연구의 진지함과 해석상의 신중함에 더해 극도의 용의주도함을 견지하여야만 한다. 이 숫자를 해석함에 있어 성령의 조명은 그 어느 성경 구절보다 더욱 필요하다. 문제는 저마다 성령의 특별 계시를 받았다고 주장하는 이들이 너무 많다는 사실이다. 어쩌면 요한의 독자들이 ‘666’의 정체를 파악하는 데 있어, 21세기를 살고 있는 우리들에 비해 더 맑고 밝은 영성과 정신세계를 지니고 있었을지 모른다. 우리는 많은 자료들과 풍부한 기도의 역사를 갖고 있지만 마음이 진리의 알맹이에서 멀다. 영혼의 순수성과 더불어 지혜와 계시의 영이 없이는 이런 통찰력은 지닐 수 없다. 요한은 자신의 독자들에게 수수께끼를 내지 않았다. 자신이 숫자로 암호화(encoding)해도 그의 독자들은 능히 그것을 풀 수 있음(decoding)을 기대하고 있었다. ‘666’에 대하여 다양한 해석들이 시도되었다. 이를 대략 정리하면 다음과 같다.

① 트라얀 황제의 가족 이름을 헬라어로 고치면 합계가 666이다.

트라얀은 '인류의 구세주'(Conservator Generis Humani / 콘세르바토르 게네리스 후마니, σωτήρ τῆς οἰκουμένης / 소테르 테스 오이쿠메네스)라 불렸다.

② 네로 황제를 히브리어로 계산하면 666이 된다. 네로 부활 신화(Nero Redivivus)와 연관하여 많은 학자들이 이 해석을 지지하였다(Bauckham, Beckwith, Collins, Aune, Krodel, Chilton, Roloff, Sweet, Charles, Giesen,).

50 = נ눈-
200= ר레-슈
50 = נ눈-
100= ק코-프
60 = ס싸-멕
200= ר레-슈
666

③ 베스파시안이 72년경 주조한 동전에 새겨진 자기의 두상 주위 이름을 히브리어로 배열하면 666이다. 그는 '전 인류의 구주와 은인'으로 불렸다.

④ 도미티안 황제의 라틴어 전체 이름 표기 임페라토르 케사르 도미티아누스 아우구스투스 게르마니크스(Imperator Caesar Domitianus Augustus Germanicus)를 헬라어로 번역하면 아우토크라토르 케사르 도메티아노스 세바스토스 게르마니코스(Autocrator Kaisar Dometianos Sebastos Germanikos)다. 이의 생략어 A. KAI. ΔΟΜΕΤ. ΣΕΒ. ΓΕ

합이 666이다. 그는 '주와 하나님'(Dominus et Deus Noster / 도미누스 에트 데우스 노스테르)로 불렸고, 수에토니우스의 보고에 따르면 그의 칙령은 항상 '주 우리 하나님이 명하시기를'로 시작되었다.

⑤ 디오클레시안 황제의 알파벳 중에서 숫자를 나타내는 글자를 합하면 666이다. DIoCLes aVgVstVs로부터 숫자로 표기되는 글자를 배열하면 다음과 같은 수가가 나온다.

D = 500

I=1

C=100

L= 50

V=5

V=5

V=5

666

⑥ 타이탄(Teitan)도 알파벳 숫자를 합하면 666이다. 신화에서 신들에게 거역한 타이탄이거나 70년경에 예루살렘을 파괴시키고 나중에 황제가 되었던 디도(Titus)일 것이라고 보았다(안드레아스, 이레네우스, 빅토리누스).

T= 300

E=5

I = 10

T=300

A=1

N=50

666

⑦ 태양신의 딸인 람페티스(Lampetis)(가이사랴의 안드레아스).

⑧ 줄리어스 시저로부터 베스파시안 황제까지 여덟 황제들의 이니셜을 모두 합치면 헬라어 수가(數價)로 666이다. 역대 황제들 중에서 포함되거나 삭제된 기준이 분명치 않아 매우 인위적인 발상이다.

K=20

Σ=200

T=300

Γ=3

K=20

N=50

Γ=3

O=70

666

⑨ 피타고라스 학파의 삼각수 개념을 도입해 보면 n의 삼각수는 n(n+1)/2이다. 8의 삼각수는 36이다. 적그리스도는 자신을 8번째로 하여 888의 그리스도를 모방하려 한다. 36의 삼각수는 666이다. 153마리의 물고기(요 21:11)는 17의 삼각수다. 조난당했다가 구조된 바울 일행 276인(행 27:37)은 23의 삼각수다.

⑩ 힙폴리투스는 '나는 부인한다'(ἀρνουμαι / 아르누마이)로 해석했다.

A=1

P=100

N= 50

O= 70

Y=400

M= 40

E=5

666

⑪ 이레나이우스는 라틴 교회가 이교주의에게 짓눌렸기 때문에 666을 라테이노스(Lateinos)로 보았다. 라테이노스는 로마 제국을 의미한다. 이레나이우스는 〈이단을 반박함〉이란 소논문에서 유안타스(Euanthas)를 언급하였는데, 그것이 대체 무엇을 의미하는지 아직까지 밝혀지지 않았다.

Λ= 30

A=1

T= 300

E=5

I=10

N= 50

O= 70

Σ=200

666

⑫ 궁켈은 '태초의 혼돈'인 티아맛(Tiamat)으로 보았다.

100 = ק
4 = ד
40 = מ
6 = ו
50 = נ
10 = י
5 = ה
400 = ת
5 = ה
6 = ו
40 = ם
666

⑬ 666(Χξς)은 그리스도(Χριστος / 크리스토스)의 첫 글자 (Χ)와 마지막 글자 (ς)를 흉내 낸 모습이다. 중간의 글자는 뱀의 뒤틀린 형상이다.

⑭ 칼리굴라는 자기의 신상을 예루살렘 성전에 세우려 시도하였으며 중병에 걸렸다가 기적적으로 회복했다. 그는 '인류의 구주'(Salus Generis Humani / 살루스 게네리스 후마니)라 불렸다.

⑮ 케플러(Kepler)는 영어 알파벳을 적용하여 A를 100으로 시작하여 히틀러(Hitler)를 666이라고 했다. 역시 A를 1이나 10이 아닌 100으로 시작한 어떤 합리적 이유도 제공하지 못한다.

H= 107

I=108

T= 119

L= 111

E= 104

R= 117

666

⑯ 브루스톤(Bruston)에 따르면 바벨론 제국의 창시자인 니므롯('반역적인')이 666이다(창 10:8-12; 대상 1:10; 미 5:6).

⑰ 계시록에는 '짐승'이 36회 나오는데 1부터 36까지 합하면 모두 666이 된다.

⑱ 예수의 헬라어 수가인 888은 삼중의 7+1임에 반해 적그리스도의 666은 삼중의 7-1이다.

⑲ Papeiskos : 교황(클라크)

이외에도 시대와 역사적 정황에 따라서 해석은 봇물 터지듯 시도됐다. 안드레아스는 '고대의 술법사'를 뜻하는 팔라이바스카노스(Palaiba-skanos)로, '붉은 사생아'의 '베네딕토스'(Benediktos)로, '사악한 인도자'를 의미한 카코스 오데고스(Kakos odegos)로, 실질적인 '알레떼스 블라베로스' (Alethes Blaberos), '불의한 양' 암노스 아디코스(Amnos Adikos)로 해석하였다. 이레나이우스는 유안따스(Euanthas)로 해석했고, 비투스(Beatus)는 '저주받은 자'를 뜻하는 담나토스

(Damnatos)로 해석했고, 클라크는 라틴 왕국을 뜻하는 '헤 라티네 바실레이아'(He Latine Basileia)로, '배교자'를 뜻하는 아포스타테스(Apostates)로 해석하였다.

엘리엇은 '이태리 교회'를 뜻하는 이탈리카 에클레시아(Italika Ekklesia)로 해석하였다. 빅토리누스는 '표리부동의 인간'인 디클럭스(Diclux, 라틴어 알파벳에서 수가를 지니고 있는 DICLUX를 모두 합하면은 500+1+100+50+5+10=666이 됨)로, '반대자'를 뜻하는 안테노스(Antenos)로, 455년경에 로마를 정복한 반달족의 왕인 겐세리코스(Genserikos)로 해석하였다. 피스카토르(Piscator)는 로미트(Romith, 666=200+6+40+10+10+400 / רומיית), 플레밍은 로마누스(Romanus, רמעננוש)로 해석했다. 로마누스에 해당하는 히브리어 일곱 자의 수가를 모두 합하면 '666'이 된다(200+40+70+50+50+6+300=666).

유티미우스(Euthymius)는 이슬람의 마호메트인 마오메티스(Maometis)로, 포이아르덴티우스(Feuardentius)는 가톨릭의 공적 1호인 루터를 의미한 루테라네(Loutherane) 또는 마틴 라우터(Martin Lauter)로 해석하였다. 특히 중세 시대에 교황과 마틴 루터 간에 서로를 향하여 적그리스도라 매도하며 공방전을 펼치면서 '666'의 해석은 종교 전쟁과 교파 싸움의 뇌관 역할을 하였다. 그 여파로 인해 아직까지 교황이나 교황 제도를 적그리스도로 간주하는 해석이 건재하다. 264대 교황 요한 바오로 2세가 재위에 있을 때는 그를 적그리스도로 간주한 흐름이 있었고, 베네딕토 16세가 265대 교황으로 재임 중에는 '붉은 사생아'의 베네딕토스에 근거하여 그를 666의 화신으로 매도하기도 했다. 건강을 이유로 그레고리오

교황 이후 598년 만에 사임한 지금에 와서, 그를 적그리스도라 우기던 소리는 빛이 바래고 말았다. 미국 최초의 흑인 대통령으로 버락 오바마가 당선되자 그의 이름과 연관하여 적그리스도로 해석하는 주장들이 지금까지 끊임없이 제기되고 있다. 현존하는 정치, 종교, 경제 지도자들 중에서 섣불리 적그리스도로 지목하려는 충동은 매우 위험한 발상이다.

섬머스는 그레인저(Granger)의 《짐승이었는가? 아닌가?》라는 책에서, 교황 즉위식 때 사용된 관에 보석으로 박혔던 글씨체인 '하나님의 아들 자리에'(Vicarius filii dei)와 교황의 공식적인 직함인 비카리우스 게네랄리스 데이 인 테리스(Vicarius Generalis Dei in Terris)를 인용 언급했다. 프란시스칸의 지도자였던 울베르티노는 교황 보니파체 8세(Boniface VIII)를 적그리스도로, 루터와 칼뱅과 위클리프는 교황 그레고리 1세를 적그리스도라 불렀다. 프레데릭 2세 황제는 교황 그레고리 9세를 큰 용이라 부르고, 교황 그레고리 9세는 프레데릭 2세를 출교시키며 그를 바다에서 나온 짐승이라 불렀다. 그밖에도 적그리스도로 지탄받았던 인물들은 존 낙스, 볼테르, 샬마뉴 대제, 크롬웰, 회교도, 사라센인, 터키인, 유대인, 현대에 와서는 무솔리니, 사다트, 키신저, 문선명처럼 아주 다양하다. 심지어 KKK(Ku Klux Klan), 컴퓨터에까지 적용할 정도다.

많은 주석가들이나 성경 연구가들은 히브리어와 헬라어와 라틴어의 알파벳 수치를 적용하였고, 영어도 그렇게 시도한 경우가 많았다. 그러나 요한이 과연 그런 의도를 갖고서 다양한 숫자를 사용하였는지는 알 길이 없다. 요한은 자신이 쓰는 용어가 특별한 경우에는 반드시 그 출처를 밝혔다. 히브리어면 히브리어, 헬라어면 헬라어라 밝혔다

(9:11; 16:16).

'666'의 숨은 의미를 조금이라도 생각했다면 어떤 형태로든지 암시를 주었을 것인데, 요한은 '666'에 대해 아무런 보충설명을 남기지 않는다. 히브리어나 헬라어일 수도 있고 아닐 수도 있다. 왜 하필이면 '666'이었을까? '666' 자체로는 아무 의미가 없다. 자신의 독자들에게 숫자의 상징과 이미지를 통해 무언가를 알리고 싶은 어떤 비밀이 있었음에 틀림없다.

계시록이 진정 하나님의 계시라면 반드시 '풀어서 밝혀야' 하는 것이 원칙인데, 무슨 까닭이 있어서 요한은 숫자로 숨겨야 했을까? 사도 요한이 스스로 받은 특별한 계시를 당시 교회가 처한 상황을 고려하여 암호화해야 했다면(encoding), 어떤 방식으로 해독해야(decoding) 하는가? 자신의 저술이 로마 당국의 손에 들어갈 경우를 대비하여 박해를 피하기 위해 요한이 황제의 정체를 은밀하게 묘사했다고 보기는 어렵다. 요한은 이미 밧모 섬에 유배 중이었고 더 이상의 고난을 두려워해야 할 아무런 이유도 없다. 자신의 수신자들에게 엄청난 박해를 만나더라도 죽기로 충성해야 할 것을 권고한 그로서 그들의 안전을 고려했을 까닭도 없다.

요한이 사용한 모든 숫자는 거의 대부분이 상징적 의미를 지니고 있다. '666'이라 해서 예외여야 할 이유가 없다. 매우 자주 사용된 숫자 '일곱'이 완전과 충만을 나타낸다면 '6'은 분명히 불완전과 부족을 의미한다. 여섯 개의 인도 일곱 인이 없으면 불완전하고, 여섯 개의 나팔도 일곱째 나팔이 없으면 불완전하며, 여섯 개의 대접도 일곱째 대접이 없으면 불완전하다. 인 재앙과 나팔 재앙과 대접 재앙은 일곱이 되어야 사탄과 적그리스도와 거짓 선지자를 진멸하고 심판하기에 충분하고도 완전한 '777'의 재앙이 된다. 성경에서 '셋'도 완전수의 의미를 갖고 있으므로 불완전한 수 '6'의 '세'(완전) 겹인 '666'(불완전하고 불완전하고 불완전한)은 '완전한 불완전'(perfect imperfection)을 뜻한다. 사탄은 성부, 성자, 성령 하나님을 본떠서 사탄과 적그리스도와 악령으로 세상에서 역사하지만, 사탄도 불완전하고 적그리스도도 불완전하고 악령도 불완전하다. 완전하신 성부, 성자, 성령 하나님 앞에서 그들은 티끌만치라도 완전을 이룰 수 없다.

인류 역사를 '창조 6일'과 연관시켜서 '하루를 천 년'(시 90:4; 벧후 3:8)으로 해석한 바나바 서신(15장)이나 이레나이우스의 《이단을 반박함》에서도 분명히 드러난 입장은 세상 역사의 6000년이 불완전과 부족을 뜻한다는 사실이다. 천년 왕국이 이르기 직전인 여섯 번째의 천 년에 해당하는 6000년은 적그리스도의 시간이 된다. 천년 왕국이 더해져 인류의 역사는 완전과 충만함에 이를 수 있다. '666'에 대한 개인적 적용은 흥미롭지만 결코 쉬운 일은 아니다. 요한이 당시의 네로나 도미티안과 같은 박해자를 일차적으로 의도하면서도 더 근원적으로 악마적인 인물을 심중 깊숙이 감추어두었을 가능성은 얼마든지 있다. 해석자가 종교, 정치, 사회 전반에 걸쳐 당시의 역사적 상황을 반영해야 하기에 '666'을 통한 적그리스도의 정체성은 자꾸 바뀌게 마련이다. 이것이 상징적 숫자나 이미지를 현실적 인물로 적용해야 할 때 극복하기 어려운 점이다.

지금도 666에 대한 해석은 다양하게 시도되고 있다. 그것이 제도이든, 국가이든, 사조이든, 개인이든 그리스도의 사역과 삶에 정확히 상반적일 것은 분명하다. 666의 정체보다 더욱 중요한 사실은 그리스도의 제자로서 크리스천이 지녀야 할 바른 정체성이다. 적그리스도가 철권 통치를 실현하는 상황에서도 그리스도의 제자 된 하나님의 백성은 두려워하거나 주눅 들지를 않는다.

예수 그리스도가 '완전하고 완전하며 완전하신'(888) 분임에 비해 적그리스도는 '불완전하고 불완전하며 불완전한'(666) 존재다. 하나님이 '거룩하고 거룩하며 거룩하신'(4:8) 존재임에 비하여 사탄은 '불결하고 불결하며 불결한' 존재다. 사탄과 그의 적그리스도는 하나님과 그의 그리스도를 끝없이 모방하지만 실체에는 한 발짝도 미치지 못하고 늘 음울한 그림자에 머물 뿐이다. 그것이 어둠에 속한 그들의 운명이다.

이 시대에 이르러서 베리칩과 연관하여 다양한 주장들이 제기되고 있다. 사람들의 폭발적인 관심은 베리칩과 관련된 일부 서적들의 판매나 그와 관련된 유인물들이 횡행하고 있음을 보아 알 수 있는데 이는 심히 우려할 일이다. 666은 적용 인물이나 대상에 대한 호기심을 자아내지만, 이는 단지 계시록의 일부 곧 적그리스도의 정체성에 대한 정보를 제공할 뿐이다. 적그리스도가 벌이는 다양한 활동은 더욱 베일에 가려 있다. 물론 찬반 입장에 따라서 해석의 방향은 뚜렷하다.

컴퓨터가 세상에 처음 나왔을 때 모든 사람들의 관심은 666의 정체에 대한 궁금증을 대거 증폭시켰다. 베리칩도 과학 발전에 따른 한 현상이다. 여기에 666과 연관시켜 해석을 시도하는 자체가 시류에 편승한 처사다. 666을 베리칩과 관련시키려는 어떠한 해석학적인 시도나 실제적 적용도 그렇게 해석할 만한 아무런 성경적인 증거도 확보하지 못한다. 단지 종말에 대한 기대감과 두려움 사이에서 갈팡질팡하는 사람들의 기대감만 키우고 두려움만 확장시킬 뿐이다.

베리칩이 세상에 알려지기 시작하면서 많은 사람들의 시선은 온통 미국으로 집중되었다. 오바마 대통령의 의료 개혁안과 맞물려 베리칩의 인체 삽입이 미국에서 법제화되어 실시될 것이라는 우려감과 사실 확인에 대한 기대감 때문이었다. 베리칩으로 계시록의 온갖 비밀을 풀어낼 것 같은 주장이 곳곳에서 제기되었다. 소위 베리칩 전도사들은 공공연히 주장했다. 베리칩 시술의 "시행 날짜는 법이 통과되어 대통령이 최종 서명한 2010년 3월 31일부터 3년 후인 2013년 3월 31일을 넘기지 않는 어느 시점부터 베리칩 이식을 시행한다." 베리칩은 확인용 칩(verification chip)으로서 편의성을 기반으로 만들어졌다. 쌀알 크기의 작은 캡슐을 주사기를 통하여 인체 내에 주입시키는데, 칩 안에는 유전자 정보와 고유번호가 저장되어 외부의 시스템과 연결되면 개인의 모든 정보가 드러난다. 신분 확인, 건강 관리, 자산 관리처럼 다양한 목적에 이용될 수 있다.

베리칩을 짐승의 표와 동일시하여 어느 누구든지 베리칩 주사를 맞으면 구원에서 제외된다는 가르침은 도를 한참 넘어선 것이 사실이다. 베리칩과 연계되어 계시록 특강을 한다거나 666의 정체를 밝히게 되었다는 온갖 주장은 대중을 호도하는 기만행위이다. 계시록은 그처럼 가볍게 다룰 책이 아니다. 성실한 학문적 탐구 정신과 처절하리만치 깊은 기도와 본문에 대한 전문가적 연구가 뒷받침되지 않고는 감히 '계시록 특강'과 같은 만용을 부리지는 않을 것이다. 어떤 목회자는 베리칩 반대를 설교했다가 생명의 위협을 당했다는 기사도 읽은 적이 있는데, 이 정도쯤 되면 베리칩 자체보다 베리칩과 연관된 일들이 얼마나 우리의 초점을 흐리게 하는지 알 수 있을 것이다. 베리칩이 아니라 성경을 붙들고서 더 많이 계시록을 읽되 깊이 묵상해야 한다. 계시록만이 아니라 성경 전체의 맥락에서 계시록의 내용을 분별력

있게 파악해 나가야 한다. 시간이 지나면 베리칩과 관련된 논쟁들도 한때의 해프닝으로 끝나고 말 것이다. 설은 설로 그칠 뿐 진리 규명과 영적인 성장에는 아무런 도움이 되지 않는다. 그저 호기심만 불러일으키고 사람들을 불안에 떨게 만들 뿐이다.

물론 베리칩일 가능성도 아주 없는 것은 아니다. 그러나 13장의 전후 문맥을 자세히 살펴보면 666=베리칩이란 도식이 얼마나 섣부른 단정임을 알 수 있다. 우리가 진정 관심을 기울여야 할 것은 적그리스도의 정체성이 아니라 그리스도에 대한 바른 인식이다. 적그리스도의 대단한 활약상보다 그리스도가 이루신 놀라운 사역과 세상 역사를 주관하시는 그분이 우리의 구원자로 속히 이 땅에 강림하실 것이라는 사실이다. 베리칩과 관련된 중구난방 식의 주장은 사람들의 영혼만 들뜨게 하고 바른 논점을 흐리게 만든다. 베리칩(Verichip)은 그야말로 '가장 값싼'(very cheap) 성경풀이에 불과하다.

3. 시온 산의 어린양과 144,000(14:1-5)

해석하기 어려운 점에도 불구하고 이 부분은 참으로 영광스러운 장면을 담고 있다. 13장의 앞부분과 뒷부분은 바다에서 나온 짐승과 땅에서 올라온 짐승으로서 어둡고 음침하기 짝이 없다. 14장이 열리면서 장면은 갑자기 어린양과 구속함 받은 성도들의 존귀한 모습으로 전환된다. 이것은 놀라운 반전이며 극적인 대조가 아닐 수 없다. 선악의 대쟁투로 비쳐지는 장면에서, 주도적인 역할을 하는 것은 사탄의 대리자인 두 개의 인격이다. 하나는 바다에서 나타난 짐승이요 다른 하나는 땅에서 올라온 짐승이다. 그들의 종횡무진한 활약으로 13장은 두렵고 침울하며 괴기스러움으로 넘쳐난다.

666으로 13장의 뒷문을 닫는 순간에 어린양과 144,000의 밝은 모습이 새로운 환상을 가득 채운다. 13장의 바다에서 나오거나 땅에서 올라오는 짐승들과는 달리 14장의 주님께서는 산에 나타나셨다. 13장에서는 짐승들이 땅을 장악하였는데, 14장에서는 하늘을 장악하신 어린양이 조명을 받으신다. 그만이 진정 세상 만민이 경배해야 할 참 구주요 하나님이시다. 둘째 짐승은 새끼 양 같은 모습으로 용처럼 말하여 사람들을 미혹하였으나(13:11), 이제 환상은 참 어린양이신 그리스도에게로 독자들을 집중시키고 있다.

짐승들의 박해와 두려운 대환난에서 저들의 먹잇감으로 노출되었던 성도들이 주님과 더불어 메시아 왕국의 영광에 들어섰다. 그러나 이 장면의 실제적인 실현은 20장 이후에 가서야 이루어진다. 요한은 아직 도래하지는 않았지만 그들이 오래지 않아 이르게 될 영광의 모습을 잠깐 보여줌으로, 성도들의 인내를 더욱 견고하게 하고 그 믿음을 강인하게 만들고자 한다. 구속함 받은 성도들과 시온 산에 서신 어린양 그리스도의 모습은 결코 낯설지 않다(사 24:23; 미 4:7; 욜 2:32). 예루살렘과 동의어로 사용되었고 구약에서만 155회 이상 언급된 시온 산은 메시아 왕국에서 중심적 역할을 맡는다. 시온 산은 지리학적인 의미에서의 시온 산이 아니다. 새로운 왕국에서의 이상적인 장소다. 새 예루살렘이 천국을 상징하듯 시온 산 역시 그러하다.

시온 산은 살아 계신 하나님의 도성인 하늘의 예루살렘과 나란하게 견주어졌다(히 12:22). 지상 성전의 원형인 그곳은 종말의 때에 지상에 강림할 것으로 알려졌고(갈 4:26) 천년 왕국 시대에 이르러 사랑받을 도성이다(20:9). 시온 산이 천국은 아니지만 메시아 왕국의 보좌임은 사실이다. 시온은 종말론적 관점에서 구원의 도성이다. 그리고

144,000은 상급을 받는다. 그들의 상급은 머지않아 현실로 다가올 것이다. 144,000의 고난은 끝나고 그들은 이제 구속함을 받은 승리자가 되었다. 최후의 승리자로서 그들은 이름을 지녔다(3:12 참조). 짐승에게 경배치 않는 자들이 순교할 수밖에 없는 긴박한 상황에서 요한은 수신자들에게 그들이 장차 받을 영광을 미리 보여줌으로써 궁극적 승리에 대한 확신을 재확인시키고자 한 것이다. 그들은 구속받은 모든 백성을 가리킨다.

1 또 내가 보니 보라 어린양이 시온 산에 섰고 그와 함께 십사만 사천이 섰는데 그 이마에 어린양의 이름과 그 아버지의 이름을 쓴 것이 있도다
2 내가 하늘에서 나는 소리를 들으니 많은 물소리도 같고 큰 뇌성도 같은데 내게 들리는 소리는 거문고 타는 자들의 그 거문고 타는 것 같더라
3 저희가 보좌와 네 생물과 장로들 앞에서 새 노래를 부르니 땅에서 구속함을 얻은 십사만 사천 인밖에는 능히 이 노래를 배울 자가 없더라
4 이 사람들은 여자로 더불어 더럽히지 아니하고 정절이 있는 자라 어린양이 어디로 인도하든지 따라가는 자며 사람 가운데서 구속을 받아 처음 익은 열매로 하나님과 어린양에게 속한 자들이니
5 그 입에 거짓말이 없고 흠이 없는 자들이더라

1 또 내가 보니 보라

본서에 사용된 표현 "내가 보니"(καὶ εἶδον / 카이 에이돈)나 "보라"(καὶ ἰδού / 카이 이두)는 최고의 명장면들을 소개할 때에 사용되

었다(4:1, 6:2, 5, 8, 7:9, 14:14). 이것은 문학적이고 묵시적인 형식으로서 본서에 매우 특징적이며 환상이 곧 뒤따른다. 영적인 바라봄은 환상이 보여줄 장면에선 가장 중요한 개념이다. 여기에서는 "내가 보니"와 "보라"가 바로 연결되어 새로운 환상의 장면을 더욱 기대하게 만든다.

환상은 시온 산에 선 어린양을 중심으로 하여 세 개의 장면(1-5절), 다가올 일에 대한 천사의 예언적 메시지가 넷(6-13절), 그리고 곡식 추수와 포도 수확의 추수 장면 둘(14-20절)로 구성되어 있다. 처절하고 끔찍했던 땅의 환상이 일시적으로 중단되고, 어느 정도 눌린 상태에 놓였던 요한의 영혼을 새롭게 해줄 천상의 장면이 전개된다. 이전의 장면과는 거의 반대이다.

피오렌자의 적절한 표현처럼 13장에서 잠깐 위축되었던 어린양의 추종자들이 승리하신 어린양과 함께 있다. 1-5절의 장면은 짐승의 경우와 퍽 대조적이다. 짐승 대신에 어린양이 서 있다. 짐승의 표를 받은 자들이 땅에 있고 하나님의 인을 맞은 어린양에게 속한 자들이 시온 산에 있다. 멸망당할 자들이 우상에게 경배하는 대신에 구속받은 십사만 사천 인이 경배의 찬양을 부른다. 14장에서 언급된 나머지 부분들은 16:17-22:5에서 좀 더 자세히 다루어질 대파국과 축복에 대한 예기적(proleptic) 묘사들로 이루어져 있다. 특히 14장의 전체 내용은 20:4-6에 묘사된 천년 왕국을 요약하고 있다. 14장은 삽입부로서 짐승의 표를 거절한 자들이 결국은 궁극적 승리를 취할 것이며, 짐승의 무리들은 그에 합당한 최후를 맞게 될 것이라는 사실을 선포하면서 요한의 독자들을 격려하고 있다.

보라 어린양이 시온 산에 섰고

'시온'이 본서에서 처음 언급되는 순간이다. 신약에서는 모두 7회 나오는데 그중에 5회는 구약의 인용을 통해서다. 오래전부터 시온 산은 하나님의 보좌가 있는 '거룩한 산'으로 여겨졌다. 시온은 하나님의 도성이다. 이곳에는 다윗의 도성이 있었고(삼하 5:7; 대상 11:5) 여호와의 거소 또한 있었다(시 9:11, 65:1, 135:21; 사 8:18; 욜 3:17). 시온 산이 중요하고 주목을 받는 이유는 종말의 때에 그곳이 지니는 상징적인 의미 때문이다. 심판이 행해지고 영원한 통치가 시작되는 곳이다. 시온은 하나님의 성소였다(시 20:2). 메시아는 시온의 왕으로 불렸다(시 2:6). 해방과 승리의 장소인 시온 산은 주님의 부활로 말미암아 실현되었다(행 13:33; 히 1:5, 5:5). 시온 산에 서신 주님의 모습은 그분이 하나님의 거룩하신 분임을 여실히 보여준다. 악인을 징벌하시고 의인을 보상하시는 분이다. 짐승과 그의 추종자들을 심판하시고 끝까지 신실했던 자기 백성을 영화롭게 하실 분이다.

시온 산은 하나님의 거소이며 어린양이 그곳에 144,000과 함께 서 있음은 그곳이 또한 남은 자들을 위한 피난처임을 보여준다. 시온 산은 하나님의 백성들이 장차 이를 곳이며(히 12:22), 아래에 있는 예루살렘의 천상적인 원형인 예루살렘처럼(갈 4:25-26) 시온의 천상적 원형은 있지 않을까? 토마스는 성경에서 시온 산이 단 한 번도 하나님의 천상적 처소로 묘사된 적이 없음을 들어 그 가능성을 배제시켰다. 그러나 환상에서 시온 산은 어린양과 십사만 사천 인이 서 있던 장소요 십사만 사천이 새 노래를 부를 때 그들 앞에는 보좌와 네 생물과 이십사 장로들이 있었다. 환상 속에서 시온 산은 천상의 장소로 나타났다. 래드와 마운스는 하늘에서 내려올 하나님의 새로운 도성으로서 종말적 왕국의 터전이 될 것이라 보았다. 스웨트(Swete)는 시온 산을 단순히 힘에 대한 상징으로 보았다. 그는 이에 대한 근거 자료로 성구들을 제시했다(시 2:6, 48:2, 78:68, 87:1, 125:1; 사 28:16, 59:20; 욥 17, 21; 미 4:7). 시온에는 지리적인 의미만이 아니라 안전과 보호라는 상징적 의미도 있다. 키들은 시온 산이 한때 예루살렘의 터전이었던 천상적 패턴으로, 스위트(Sweet)는 지상의 예루살렘에 대한 천상의 대응물로 보았다. 시온 산에 대한 해석은 다음의 세 가지로 정리된다.

① 시온 산은 옛 세상이 끝나고 새로운 세상이 열렸을 때 하늘에서 내려올 새 예루살렘이다(21장). 요한은 옛 시온을 생각하면서도 메시아 왕국에서 성도들의 회합이 이루어질 이상적인 곳으로 내다봤을 것이다. 시온 산은 성도의 궁극적이며 종말론적 승리를 확약한다.

② 실제의 땅으로서 시온 산이다. 왈부어드는 이 시온 산을 지리적인 의미로 받아들여 천년 왕국 때 그리스도께서 통치하실 중심지로 해석했다. 성경에 시온이 모두 162번 나타나는데 모두 예루살렘 성과 연관된 지역을 가리켰다는 설명이다. 알포드는 7장과 함께 이곳의 144,000이 지상의 시온 산에 있는 것으로 보았다. 거문고 타는 소리와 새 노래는 천상에서 비롯되었지만 144,000은 지상에 있다고 나누어 설명했다. 그러나 헹스텐버그는 2절의 소리는 어린양이 서신 시온 산의 144,000이며 하나님의 보좌도 시온 산에 있으므로(3절) 시온 산은 지상이 아니라 천상의 것이라 보았다.

③ 교회 시대를 통틀어서 성도들에게 영감을 불어넣는 하늘의 이상적인 도성이다(갈 4:25-27; 히 12:22-23). 혹자는 시온 산이 세상을

떠난 성도들의 실제 머무는 장소로 보았다(Vitringa, Grotius). 반즈도 어린양과 함께하는 영원한 영광의 상태를 땅에서 용으로 인한 박해에 시달리던 성도들을 격려하고 위무하기 위한 것으로 보았다. 그들도 참고 견디면 동일한 영광을 취하게 될 것이다. 그러나 일부는 히 12:22에 근거하여 참 교회에 대한 상징으로 여겼다.

짐승에게 속한 자는 팔과 이마에 표를 새겼고(13:16-17), 어린양의 추종자들은 팔과 이마에 어린양과 아버지의 이름이 새겨졌다. 용이 바다 모래 위에 서서 짐승의 출현을 기다리는 동안 어린양은 시온 산에 서서 승리한 성도들을 기다리신다. 계시록에서 하나님이 앉아 계심에 비하여(4:2-3) 어린양은 항상 서 있는 모습이다. 하나님과 그 어린양의 보좌가 있어 앉아 계심을 연상시키는 구절도 있다(22:3). 인자요, 충성되고 진실한 증인이시며, 하나님의 말씀이신 그리스도는 구름 위(14:14-16)와 재림의 장면 때 말 위에 앉아 계신 분으로 묘사되었다(19:11, 19, 21).

본 절의 환상 장면이 땅인지(Swete, Charles, Krodel, Micahels, Aune), 천상인지(Kiddle, Mounce, Lohmeyer, Lohse, Giesen)에 대해서는 의견이 분분하다. '새 노래'는 히 12:22의 시온 산과 살아 계신 하나님의 도성인 하늘의 예루살렘과 연관하여 천상의 장면으로 보는 것이 합당하다. 다른 곳에서도 어린양은 하늘에서 구속함 받은 성도들과 함께 있으며(7:6), 파루시아 전까지는 땅에 나타나지 않는다. 이것은 어린양과 구속함 받은 성도들이 더불어 통치할 천년 왕국(Thomas, Beckwith, Walvoord)이나 새 예루살렘(Ladd)에 대한 예기적 환상으로 보아야 함이 타당하다. 비얼은 이것을 과거와 현재와 미래가 뒤섞인 '이미와 아직'의 종말적 상황으로 이해했다. 다시 말해 지상의 장면인 동시에 미래의 실재로서 천상의 장면이라는 두 개의 국면이 있는 셈이다.

144,000의 이마에 기록된 하나님의 이름과 어린양의 이름은 이 시온 산이 종말론적인 도성이어야 함을 요구한다. 이것은 이사야의 예언에서도 확인되는 사실이다(56:5, 62:2, 65:15). 시온 산의 예루살렘은 '여호와의 보좌'(렘 3:17), '여호와 우리의 의'라는 뜻의 '여호와 치드케누'(렘 33:16), '여호와는 거기 계시다'라는 뜻의 '여호와 삼마'(겔 48:35)로 다양하게 불렸다. 하늘 보좌에서 계셨던 어린양(7:9)이 이제는 성도들과 함께 시온 산에 서셨다. 아이언사이드는 이 시온 산이 땅이라 보았으나 어린양이 아직 지상에 강림하기 전이므로 이 시온 산의 위치는 하늘이어야 한다. 이 환상의 중심부를 차지하신 어린양은 장차 만국과 만민을 심판하실 심판주이시다. 일찍 죽임을 당하였으나 다시 살아나 영원한 승리자가 되신 바로 그분이시다. 이제는 시온 산에 서 계시지만 나중에는 위엄의 보좌에 앉으신 사자의 위용을 보이실 것이다.

계시록에 비친 어린양은 온유함과 희생의 상징만이 아니라 부활을 통한 궁극적 승리를 암시한다. 어린양이 흘리신 희생의 피가 승리의 터전을 일구고 신실한 자들을 자신에게로 이끌게 하였다(5:9, 7:14, 12:11). 연약한 모습의 어린양이 포악스러운 용과 짐승들을 이김은 실로 놀라운 일이다.

둘째 짐승이 두 뿔 달린 '새끼 양' 모습을 취하였지만, 뿔이 없으신 '어린양'을 닮을 수는 없다. 두 짐승은 바다와 땅에서 올라오는 중에 있지만 어린양은 시온 산에 굳게 서 계신다. "섰고"(ἑστός / 헤스토스)는 완료 시제로서 어린양이 확보한 위치의 견고함을 보여준다. 또한 어린양의 견고한 직립은 하나님의 계명을 지키며 예수의 증거를 가진 자들과 싸우기 위해 바다 모래 위에 "섰던"(ἐστάθη / 에스타떼) 용과 대조를 이룬다. 스웨트의 지적처럼 그는 부서지는 모래 위에 섰지만 어린 양은 견고한 시온 산에 서 계신다. 그렇게 서 계신 모습의 주님의 발이 장차 감람 산 꼭대기에 우뚝 서게 될 것이다(슥 14:3-4).

144,000

혹자는 7:4-8에는 144,000 앞에 관사가 있음에 비해 이곳에는 관사가 없는 이유를 내세워 둘이 다른 그룹이라 주장했으나, 관사의 생략은 17:3의 "여자"처럼 환상의 특징으로 이해해야 한다. 둘은 같은 그룹이다. 찰스는 이들을 부활한 순교자들의 전체적 공동체로 보았다. '첫 열매'(ἀπαρχή / 아파르케)로 하나님께 드려진 제물은 그들이 이미 죽음의 문을 통과한 것이라 본 것이다. 그래서 그는 14장의 목적도 장차 임할 보편적 순교에 직면하고 있는 성도들을 격려키 위한 것으로 보았다. 글라슨은 7:4-8의 144,000은 열두 지파에서 나왔음에 반하여 시온 산의 144,000이 온 땅에서 모인(3절) 점을 들어서 두 무리가 다른 것으로 보았으나 대부분의 주석가들은 같은 무리로 본다.

홀츠만은 이들이 특별히 선택받은 그룹이라 보았고, 콜린스도 이들이 완전에 이른 특별한 그룹으로 여겼다. 스웨트는 7장과 14장의 두 무리가 같음을 인정하면서 144,000이 '많고도 제한적인 숫자'를 상징하는 것이라 주장하였다. 전자의 144,000에게는 살아 계신 하나님의 인이, 후자의 144,000에게는 아버지와 어린양의 이름이 씌어졌고 전자의 경우에는 옛 노래(7:4)였음에 비하여 후자의 경우는 새 노래(3

절)인 차이점이 있으나 둘을 굳이 다른 그룹으로 보아야 할 이유로서는 부족하다.

십사만 사천 인을 민족적 이스라엘이 아니라, 영적 이스라엘로 해석하는 입장에서는 7:1-8의 십사만 사천 인과의 연결을 제대로 설명하기 어렵다. 7장에서는 각 지파들의 이름과 함께 십사만 사천 인이 거론되었는데, 이곳에서도 예루살렘 장면과 연관되어 거론되었다. 7장에서는 하나님의 인이란 묘사만 있음에 비하여 이곳에서는 이마에 어린양의 이름과 그 아버지의 이름이 쓰인 것을 차이라 여기면서 두 그룹이 같지 않음을 주장하지만, 본 절의 묘사는 7장의 '인'을 자세히 풀어쓴 것으로 보아야 한다. 요한은 두 그룹의 차이를 알리기 위해 '다른'이라는 표현을 써야 했음에도 그러지 않았다. 알포드는 두 그룹의 숫자가 동일하고 인침이 같으므로 하나의 그룹으로 보아야 한다고 주장하였다.

왈부어드는 이에 부연하여 설명하였다. 토마스가 정리한 그의 입장은 이렇다. "두 그룹이 모두 하나님의 종이라는 점에서는 옳지만 그들이 짐승의 박해로부터 보호받는다는 해석은 거부한다. 그들의 인침은 짐승이 아니라 하나님의 진노로부터의 보호를 뜻한다. 둘은 같은 그룹일 뿐 아니라 여자의 남은 자손들로서(12:17) 짐승 경배를 거절하다 순교를 당하게 될 이들(13:15)과도 같다. 14:4의 언급처럼 그들은 '특별한 그룹'이다. 그들은 자신의 목숨을 희생한 대가로 특별한 축복 가운데 거한다." 모팻은 그들의 궁극적인 승리가 시작되는 모습을 14장의 환상이 보여주는 것이라 보았고, 찰스는 이 장면에서 그들이 그리스도와 함께 지상으로 내려와 천년 왕국의 통치를 행사하는 것이라 보았다.

그 이마에 어린양의 이름과……이름을 쓴 것

이마에 이름을 새김은 그들이 하나님께 소유되었을 뿐만 아니라 하나님이 친히 그들의 보증이 되어 주시며 보호하실 것이라는 상징을 보여준다. 13장에서 짐승은 '표'를 짐승 경배자의 이마에 새겼는데(16-17절), 144,000에게는 하나님의 이름과 어린양의 이름이 씌어졌다. 13장의 '666'이 불완전함의 충만을 상징한다면 144,000은 완전함의 충만을 상징한다.

짐승에 의한 박해와 세상 정복은 불완전에 불완전에 불완전으로 머물지만, 어린양으로 말미암은 구속은 완전에 완전에 완전을 이룬다. '인자', '짐승', '표', '유리바다' 등은 계시록의 이곳저곳에서 반복되어 나타난다. 그들의 이마에 새겨진 어린양과 아버지의 이름은 7:1-8의 인침과 동일하다. 그들은 하나님께 속했으며 박해 속에서도 신실함을 견지함으로 하나님의 진품 보증이 되었으며 하나님의 철저한 보호의 대상이 되었다. 그들이 바로 하나님의 소유된 백성이기 때문이다. 인침이 곧 새 이름을 새겨 넣음이다. 7장에서 인 맞았던 이들인 144,000은 한 사람도 실족하지 않고 완전한 144,000으로 시온 산에 섰다.

144,000은 7:4-9에서와 마찬가지로 종말의 때에 있을 유대 민족의 남은 자나 교회의 남은 자를 의미하지 않는다. 모든 시대를 거쳐 형성된 참 이스라엘로서 하나님의 백성의 완전함에 대한 상징이다(Beckwith). 찰스는 이들이 부활한 순교자들이라 보았고, 보컴은 이들을 '첫 열매'인 남은 자로서 자신들의 증거를 통하여 많은 이들을 회심으로 이끌 것이라 주장했다. 그러나 144,000이라 한정된 숫자를 그렇게 상징적으로만 해석하는 것도 난점이 많다. 또 여기의 144,000

에는 정관사가 없어서 정관사가 붙은 7장의 144,000과 같지 않다는 주장도 제기됐다. 계시록에서는 여러 이미지들이 반복되어 나오면서 어떤 때는 정관사가 생략된 경우도 있어 정관사의 있고 없음에 따라서 7장의 144,000과 달리 취급하는 것도 무리이다. '인자'(1:13과 14:14), '표'(13:16-17과 14:9), '유리 바다'(4:6과 15:2), '음녀'(17:1과 17:3), '짐승'(17:3과 17:7)이 그런 경우에 해당한다.

2 많은 물소리도 같고 뇌성도 같은데

모리스는 144,000이 구속함 받은 사실을 즐겁게 노래하는 것으로 보았으나 144,000의 소리가 아니다. 하나님의 보좌에서 나온 소리다(19:6). 영화로운 그리스도의 소리가 많은 물 같았으며(1:15), 네 영물의 소리는 우레 같았다(6:1). 에스겔의 환상에서는 네 영물의 소리(1:24)였고 하나님의 소리였다(43:2). 이에 비해서 거문고 타는 것과 같은 소리는 이십사 장로가 아니면 천사의 소리였을 것이다. 찰스는 하늘의 소리를 천사 합창단이라 못 박았다. 비슬리-머리와 백워드는 헤아릴 수 없는 천군들로 이해했다(5:11, 7:11). 거문고(harp)를 타고 새 노래를 부름으로 하나님을 찬송하는 것은 후기 유대 문헌들에서 흔히 발견되는 내용이었다. 장차 도래할 메시아 시대가 가시화되면 이루어질 이 일이, 본 절에서는 승리에 대한 화답으로서 구속함 받은 성도들이 거문고를 타는 것으로 나타났다.

이와 비슷한 장면이 본서에서는 5:8-9과 15:2-3에만 나타난다. 5:5의 "이기었으니"와 15:2의 "이기고"란 표현이 이를 뒷받침한다. 5장에서는 죄에 대한 승리를, 15장에서는 짐승과 그의 우상과 그의 이름의 숫자를 이긴 것으로 되어 있다. 종말의 때에 이르러 시온 산에서 울려 퍼질 찬양에 대해서는 이사야 선지자가 이미 예언하였다(사 35:10). 15장에서의 짐승과 그의 우상과 그의 이름의 숫자를 이김이 아직 이루어지지 않았으나, 본 절의 찬양은 죄와 짐승에 대한 승리의 찬양을 하나님께 드리는 것으로 보아야 한다. 그들은 땅에서 구속함을 받고(3절) 사람 가운데서도 구속받았다(4절).

거문고 타는 자들의 그 거문고 타는 것 같더라

천사들이 악기를 동원하여 찬양하는 장면은 매우 이례적이다(5:8-9, 15:2-3). 두 경우 모두가 승리를 노래한 것이다.

5장은 죄를 이긴 승리에 대한 화답이요, 15장은 짐승과 그의 우상과 그의 이름을 이긴 승리(15:2-4)에 대한 화답이다. 본 절의 노래 역시 다가올 승리에 대한 확신으로 부른 것이라 이해할 수 있다. 3절과 4절에서는 “땅에서 구속함을 얻은”(ἠγορασμένοι ἀπὸ τῆν γῆν / 에고라스메노이 아포 텐 겐) “사람 가운데서 구속을 받아”(ἠγοράσθησαν ἀπὸ τῶν ἀνθρώπων / 에고라스떼산 아포 톤 안뜨로폰)처럼 구속이 두 번 언급되었다. 그렇다고 하면 144,000이 5장의 구속(죄로부터의 구속)과 13장의 구속(짐승으로부터의 구속)을 노래한 것으로 볼 수 있다. 죄로 가득한 땅에서의 구속이요 저 불법의 사람(살후 2:3, 8)인 적그리스도로부터의 구속이다.

땅 위에 있는 요한에게 들린 하늘의 소리는 많은 물소리, 큰 뇌성 그리고 거문고 타는 것과 같았다. 소리의 원천은 물론 보좌였다. 스몰리는 이 소리가 결코 하나님의 소리가 아니며 집합적인 남성 명사는 이것이 공공의 예전적 외침을 의미한다고 보았다. 그는 이 소리가 제단 앞에서 울부짖던 순교자들의 소리도 아니요 시온 산에 선

144,000의 소리도 아니라고 단정했다. 하나님의 현존에서 울려 퍼진 이 소리는 천사들과 모든 시대를 통틀어 구속함 받은 성도들에게 속한 것이라 여겼다. 그럼에도 불구하고 보좌에 앉으신 그리스도의 많은 물소리 같고, 네 생물의 큰 뇌성 같고, 이십사 장로들이나 천사들 혹은 구속함 받은 성도들이 타는 거문고 소리 같음으로 이해함이 불가한 것도 아니다. 요한의 환상에서는 땅에 있는 교회와 하늘에 있는 성도들이 뚜렷하게 구별되긴 하지만, 이곳 1-5절에서는 일체와 연합 안에서 완전히 융해되어 버렸다.

3 새 노래를 부르니

모세는 출애굽 후에 승리의 노래를 불렀다(출 15:1-18). "새 노래"(ᾠδὴν καινήν / 오덴 카이넨)는 성경에 모두 9회 나온다. 시편에 6회(33:3, 40:3, 96:1, 98:1, 144:9, 149:1), 계시록에 2회 그리고 사 42:10이다. 시편에 나타난 새 노래는 대적자에 대한 하나님의 승리를 노래하는 내용으로서 대개 하나님의 창조 사역까지도 내포한다. 본 절의 새 노래는 '구속의 노래'이다. 5:9에서는 이십사 장로가 '구속과 승리의 새 노래'를 부른다. 결단코 구속을 경험하지 못한 그들이 성도의 구속을 함께 기뻐하며 노래로 그 지극한 즐거움을 나타내고 있는 것이다(7:11-12; 눅 15:10). 성도의 구속함을 바라보며 즐거워했던 천사들이 새 노래를 부르고 구속함을 받은 성도들이 따라 배운다. 하늘 합창의 큰 소리는 많은 물소리와도 같은 하늘 존재들의 소리와 합해져서 천지에 가득하다.

144,000으로 상징된 구속함 받은 성도들은 능히 셀 수 없는 무리들이다(7:9). 헤아릴 수 없이 많은 성도들의 대합창은 많은 물소리나

큰 뇌성처럼 웅장하고 거대하다. 이는 단지 144,000명이 아니라 전 시대를 통하여 구속함 받은 모든 성도들이 합세한 소리이기 때문에 그 장엄함이란 이루 말로 표현할 길이 없다. 그들의 찬송은 5:8-10에 수록된 네 그룹과 이십사 장로들의 새 노래와는 엄연히 다르지만 본질적으로는 같다. 그들은 지상 성도들의 원형이 되는 천상의 성도들을 대표하기 때문에 그러하다. 그리스도 예수 안에서 지식에까지 새로움을 경험한 새로운 피조물만이 새 노래를 부를 수 있다. 요한은 보는 환상의 즐거움에 더하여 이제 듣는 은혜까지 누린다.

4 여자로 더불어 더럽히지 아니하고 정절이 있는 자라

구약에서 이스라엘은 자주 처녀로 상징되고 비유되었다(왕하 19:21; 사 37:22; 렘 14:17, 18:13, 31:4, 13, 21; 애 1:15, 2:13; 암 5:2). 헬라어에서 '파르떼노이'(παρθένοι)는 동정녀를 의미하는데 이곳에서만 남자에게 적용되었다. 상징적이고 영적인 의미로 사용하였을 것이다. 바울은 신자들을 정결한 처녀로 상징하여 자신이 그들을 그리스도께 중매하기를 원했다(고후 11:2). 성경에서는 우상 숭배를 영적 간음으로 이해하였기에 우상 숭배를 피하는 것이 정절을 지키는 것이란 해석이 가능하다. 의도를 순수하게 지키고 마음의 성결함을 유지하는 것이다.

성 관계를 거절하고 결혼을 아예 포기함으로써 영적으로 고양된 성도들의 엘리트 계급이라는 주석가도 많으나 이는 어이없는 발상이다. 독신남(마 19:12)의 해석이 곤란한 것은 구속받은 성도들이 남녀로 이루어졌기 때문이다(Krodel). 키들은 이를 문자적으로 취하여 독신으로 해석하였다. 모팻과 글라슨도 같은 입장을 취했다. 완전한 독신자만이 순교에 이르러서도 신실한 증인이 될 힘을 얻는다는 주장인데, 성경에서 이를 지지할 만한 구절을 전혀 발견할 수 없다. 게다가 독신 자체가 영적 고양의 잣대가 될 수도 없다.

성경은 결혼 관계에서의 성적 결합을 결코 죄로 취급하지 않는다. 결혼은 성 관계를 인정하고(고전 7:4-5) 독신은 하나님의 은사로서 특별한 사역을 위하여 주어질 수 있지만(고전 7:32-34) 모든 사람의 것은 아니다. 하나님은 이미 육신에다 죄를 정하셨다. 하나님의 은혜는 우리의 육체가 아니라 영에 머무른다. 영에 머문 은혜로 인하여 우리의 육체가 의의 도구로 사용될 수 있는 것이다. 독신주의는 결혼과 생식을 사탄에게서 온 것이라 주장하는 영지주의를 비롯한 이단 그룹으로부터 일찍부터 채택되었다.

캐어드는 이스라엘 군사들이 전쟁에 나갈 때 의식적 정결을 지켜야 한 사실(신 23:9-10; 삼상 21:5; 삼하 11:8-11)에 근거하여 독신을 상징적으로 이해했다. 그는 영적 전쟁에 임한 크리스천이 어린양을 본받아 자기희생을 감수해야 하는 것으로 결론지었다. 캐어드의 견해를 보다 발전시킨 보컴도 캐어드와 함께 독신 그룹을 144,000이란 숫자에 적용시켜 '참 교회의 남은 자'를 국한시키는 한계를 보였다. 그러므로 여기에서의 "정절이 있는 자"란 여하한 상황에서도 신랑 되신 그리스도의 충실한 정혼녀(19:7-9, 21:2; 고후 11:2)로 남기를 결심한 모든 크리스천에 대한 은유로 보아야 한다.

오스본은 본 절이 '전쟁을 준비하는 용사'나 '그리스도의 신부'로 해석될 수 있음을 인정했다. 그는 "여자로 더불어 더럽히지 아니하고"를 전사 이미지와 연관시키고 '정절이 있는 자'를 신부 이미지에 연관시킴으로 두 해석 간의 갈등을 조화시키려 했다. 그래서 어떤 학자들(Harrington, Mounce, Krodel, Ladd, Fiorenza, Beckwith)은 '파르떼노이'가 4절 서두에 묘사한 성을 남성에만 국한시킴을 알면서도 굳이 "여자로 더불어 더럽히지 아니하고 정절이 있는 자"를 남녀 모두에게 적용할 수 있다고 주장했다.

이단자 마르시온은 순전히 독신자들을 위한 교회를 세웠으며, 오리겐은 영구한 정절을 보증하기 위하여 스스로 거세했음을 밝혔지만 자랑할 만한 일은 결코 아니다. 이러한 해석이 위험한 것은 결혼 후의 성 관계가 더럽다는 사실을 내포하기 때문이다. 이는 성경의 가르침(마 19:4-6; 엡 5:22-33)과 위배될 뿐 아니라 결혼을 축복하시고 결혼을 통해서 경건한 자손이 이 땅에 퍼지기를 원하시는 하나님의 뜻을 정면으로 거스르는 것이다. 결혼 안한 사람이 아니라 하나님께 대한 깊은 성실성을 나타내는 상징적 표현이다. 짐승 경배를 거절한 이들, 인 맞은 이들, 어린양의 생명책에 녹명된 자들 모두가 정절이 있는 자다.

존슨은 간음으로 인해 더럽히지 않음으로 정절의 의미를 완화시켰다. 남자로 구성된 군사와 제사장들은 전투와 성전업무에 임하면서 일시적이나마 금욕을 유지했다(신 23:9-10; 삼상 21:5; 삼하 11:8-11). 상징의 남성적 이미지로 인해 많은 학자들은 이것을 거룩한 전쟁에 임한 군사들에 대한 언급으로 해석했다(Caird, Beasley-Murray, Farrer, Michaels, Chilton, Lohmeyer, Fiorenza, Harrington, Bauckham, Giesen). 그리스도의 정절 있는 신부와 성전에 임한 군사는 조화시키기 어려운 이미지이지만, 이스라엘 군사들의 의식적인 정결 습관과 연관하여 볼 때 얼마든지 가능한 연결이다.

콜린스는 요한에 의하여 독신이 크리스천의 생활로 격려되었을 것으로 보고, 이것이 이상적 기독교의 아주 완전한 모형을 보여주는 것이라 하였다. 벌링거는 혼인을 금하는 것은 지옥에서 나온 것이라 단죄하며 이것을 적그리스도의 종교와 연관시켰다(딤전 4:3). 독신주의에 대한 지나친 반박이다. 당시의 오염되고 타락한 생활 문화로부터 자발적으로 순결함을 유지한 것이라 보아야 한다. 그들이 결혼했다면 결혼 서약에 충실한 자들이요 결혼을 하지 않았다면 독신의 영성을 제대로 지키는 자들이다. 육신적 정절보다는 영적 정절로서의 순결함으로 이해하는 것이 옳다. 정절이란 개념은 독신보다는 한 번 결혼한 사람에게도 적용이 되어야 하는 개념이다. 결혼 서약에 충실하다면 정절로 받아들여야 한다.

어린양이 어디로 인도하든지 따라가는 자며

구속함 받은 144,000의 두 번째 영적 특질과 상태는 어린양이 인도하는 대로 따라간다. 그들은 땅에 거할 때에도 따를 수 없는 상황을 극복하고 그리스도의 뒤를 신실하게 따랐던 자들이다. "따라가는 자들"(οἱ ἀκολουθοῦντες / 호이 아콜루뚠테스)의 원문은 정관사가 분사와 함께 있는 형태이며 명사의 의미를 갖는다. 그들의 '따름'이 지상의 신앙 생활을 통하여 거룩한 습관으로 굳어졌음을 뜻한다. 그들의 따름은 일시적이 아니라 지속적인 따름이었다. 이 '따름'은 특별히 순교자의 죽음에 관한 언급이 아니라 '완전한 제자도'에 관한 언급으로 이해하는 것이 적절하다(마 19:21; 막 2:14, 8:34, 10:21; 눅 5:27, 9:59; 요 1:43, 12:26, 21:19; 벧전 2:21).

복음서에서만 70회나 언급된 '따름'은 제자도의 뚜렷한 표식이었다. 그들은 주님의 가르침을 따라 지켰고 주님이 보여주신 삶을 그대로 따라 행하였다. 그것이 곧 주님을 줄기차게 '따름'이었다(마 8:19; 눅 9:57). 구속함 받은 성도들은 목자의 음성을 알아듣는 양으로서 따른다. 대장 되신 주님의 명령에 절대 복종하는 군사로서 따른다. 신랑 되신 그리스도의 사랑에 이끌려 동행하는 신부로서 따른다. 선생의 가르침을 존중하여 행하는 제자로서 따른다. "어디로 인도하든지"는 고난과 죽음의 가능성을 내비친 표현이다. 주님을 따르려면 자기 부인과 자기 십자가를 감수하는 결단이 선행되어야만 하고, 그것은 자기 목숨을 돌아보지 않는 절박한 순종으로서 반드시 보증되어야만 한다(막 8:34; 마 10:38; 눅 17:33; 요 12:25-26, 13:36, 21:18-19; 벧전 2:21; 계 12:11).

사람 가운데서 구속을 받아 처음 익은 열매로

세 번째 특징은 그들이 사람 가운데서 구속함을 받아 처음 익은 열매라는 사실에 있다. '처음 열매'(ἀπαρχή / 아파르케)는 칠십인역에서 모두 76회 사용되었다. 원래 첫 열매 중에 가장 좋은 것이나(출 23:19; 레 23:10-14; 신 26:1-11) '처음 열매'인 첫 아들(출 22:29)은 하나님께 바쳐졌다. 장자와 짐승의 첫 새끼만이 아니라 처음 익은 곡식까지 하나님께 감사하는 뜻에서 구별하여 드렸다(민 18;12; 신 18;4). 제사장과 레위인에게 바쳤다(출 25:30; 신 12:11). 하나님은 광야의 이스라엘을 "나 여호와의 성물 곧 나의 소산 중 처음 익은 열매"(렘 2:3)로 기억하고 계셨다.

'처음 열매'는 신약에서 모두 아홉 번 사용되었는데 바울 서신에만 일곱 번 나오고 있다(롬 8:23, 11:16, 16:5; 고전 15:20, 23, 16:15;

살후 2:13; 약 1:18; 계 14:4). 그중에서 다섯 번은 비유적인 의미로 사용되었다(롬 8:23; 16:5; 고전 16:15; 살후 2:13; 약 1:18). 바울은 에배네도를 아시아에서 "그리스도께 처음 익은 열매"(롬 16:5), 스데바나의 집을 아가야 지방의 "첫 열매"(고전 16:15)로 묘사하였다. 또한 그리스도 자신이 죽은 자 가운데서 다시 살아 잠자는 자들의 첫 열매가 되셨다(고전 15:20). 포드는 '처음 열매'를 하나님께 대한 성별의 의미로 보아야 한다고 여겼다.

특별한 성도의 그룹이 아니라 모든 구속함 받은 신자들로서 그들의 이마에는 하나같이 어린양의 이름과 아버지의 이름으로 인침을 받았다. 이것은 이마와 오른손에 표를 받은 경우와는 다르다(13:16). 한편 찰스는 정절 있는 자를 신실함(fidelity)으로, 주를 따르는 자를 제자도(discipleship)로, 첫 열매를 하나님께 대한 그들 자신의 희생적 봉헌(sacrificial offering)으로 해석하였다. '처음 열매'는 하나님께 대한 전적인 성별을 뜻한다(Beckwith). 모든 크리스천은 창조의 첫 열매이다(약 1:18). 헨드릭슨은 14-16절의 첫 열매를 주님의 몫으로, 17-20절의 나머지는 사탄의 몫으로 보았다.

하나님과 어린양에게 속한 자들이라

그들은 세상에 거했지만 세상에 속한 자들이 아니었다. 발은 땅을 밟고 머리는 하늘을 이고 살았어도 그들의 영혼만은 영원하신 하나님을 향했다. 그들은 뿌리의 거룩함으로 인해 거룩해진 가지로서 포도나무이신 그리스도께 속했다. 그들은 성령으로 거듭나고 새롭게 되어 영에 속한 자로서 성령께 속했다. 그들은 하나님의 주권을 인정하고 통치에 순응하는 백성으로서 영원한 왕이신 하나님께 속했다. 그리스도께서 값비싼 희생을 치르고, 성도들을 사서 하나님께 드렸기에 (5:9), 구속함 받은 모든 영혼은 오직 하나님과 어린양 그리스도에게만 속하였다. '속함'은 소속만이 아니라 소유됨까지 의미한다.

성도들이 하나님과 어린양에게 속했다는 증표로 주어진 것이 바로 인침이었다.

5 그 입에 거짓말이 없고 흠이 없는 자들이더라

땅에서 구속함을 얻고 사람 가운데서 구속함을 얻은 그들은 주님이 이끄시는 대로 따라가는 주님의 진정한 양떼들이다. 양들에게는 그들이 따르는 목자의 속성들이 있다. 그들은 이리가 아니기에 거짓말이 없다. 어린양이 죽임을 당했듯이(5:9) 그들 역시 죽임을 당하였다 (6:9). 어린양이 충성된 증인이었듯이(1:5, 3:14) 그들도 충성된 증인의 길을 걸었다(2:13). '거짓말이 없음'(οὐχ εὑρέθη ψεῦδος / 우크 휘레떼 프슈도스)은 단순한 진실함보다 주님의 증거와 관련된 신실함에 더 가깝다.

거짓 선지자(ψευδοπροφήτης / 프슈도프로페테스)는 공교하고 사특한 지혜로서 세상과의 타협을 추구하지만(16:13, 19:20, 20:10) 주님의 참된 추종자들은 타협을 거절하고 증거의 중심을 지킨다. 거짓 선지자는 거짓말쟁이인 까닭에 메시아 왕국에는 결코 들어가지 못하고(21:27) 성 밖으로 쫓겨나서(22:15) 슬피 울며 이를 가는 신세가 된다(마 24:51). 불과 유황으로 타는 못에 들어가니 곧 둘째 사망이다 (21:8).

주님의 증인은 증거 정신에서 벗어나지를 않는다. 좌우로 치우치지 않고 "죽음의 순간에 처한다 해도"(ἄχρι θανάτου / 아크리 따나투, 2:11) 안디바처럼 스데반처럼 그렇게 증거에 임한다. 구속함 받은 자 곧 하나님의 남은 자는 실제로 거짓을 말하지 않는다(습 3:13). "흠이 없는"(ἄμωμοί / 아모모이)은 습 3:13과 사 53:9의 말씀을 상기시킨다. 원래 이 말은 하나님께 바치는 제물의 흠 없음과 연관하여 사용된 형용사인데, 신자(엡 1:4; 골 1:22), 교회(엡 5:27)와 그리스도(벧전 1:19)에게도 적용되었다. 주님은 흠이 없고 점도 없어(히 7:26; 9:14) 거룩한 분이다(레 11:45; 벧전 1:15-16). 주님의 추종자로 144,000은 그리스도의 긍휼 안에서 흠 없는 자가 되며 거룩한 자로서 부름을 받는다(레 11:45; 벧전 1:15-16). 흠이 없는 거룩함을 이루어야 주님을 뵐 수 있다(히 12:14).

4. 셋째 막간 : 심판의 환상(14:6-20)

계시록에는 문학적 구조의 측면에서 볼 때 세 개의 막간으로 이루어져 있다. 첫째 막간은, 여섯째 인과 일곱째 인 사이에 있던 구원의 환상(7:1-17)이요 둘째 막간은, 여섯째 나팔과 일곱째 나팔 사이에 있던 '사역의 환상'(10:1-11:13)이며 셋째 막간은, 빛과 어둠의 투쟁을 다룬 넷째 환상과 일곱 대접의 다섯째 환상 사이에 있는 '심판의 환상'(14:6-10)이다. 구원의 환상과 사역의 환상과 심판의 환상이 연대기적 의미를 갖도록 의도한 것은 아니지만 주요 환상들을 이어주고 완급을 조절하는 가운데 중요한 역할을 하고 있음은 주지할 만한 사실이다. 세 막간은 모두 환상으로 이루어져 있어 계시록의 대(大)환상 일곱과 막간 속의 소(小)환상 셋 하여 모두 '열 개의 환상'으로 되어 있음을 알 수 있다. 이 부분에서는 임박한 심판을 경고하고 있다. 이 심판은 알곡 추수와 포도 수확의 상징으로 실감나게 그려졌다.

전체적인 주제는 세상에 대한 하나님의 구원하는 심판이다. 심판은 매우 포괄적이며 전 지구적인 규모로 진행되는데 마지막 추수 장면이 그 중심에 있다. 큰 성 바벨론의 붕괴로 인한 세상의 대혼란은 뒤이어 들이닥친 심판으로 인하여 미처 수습할 틈조차 없다. 이곳에서의 중심 인물은 "구름 위에 앉은 인자 같은 이"시다. 알곡 추수와 포도 수확이 '구원과 심판의 환상인지? 아니면 심판 환상인지?'에 대한 해석도 결코 쉽지 않나. 6-20절에서는 일곱 개의 장면(6-7, 8, 9-11, 13, 14-16, 17-18, 19-20절)이 극적으로 전개되고 있다. 아운은 6-20절이 네 개의 작은 단락들로 이루어져 있으며(6-7, 8, 9-11, 12절) 앞의 세 단락이 '내가 보니'라는 전형적 환상 소개로 시작함을 지적하였다. 세 단락의 앞에는 제각각 "다른 천사"(6절), "또 다른 천사 곧 둘째"(8절), "또 다른 천사 곧 셋째"(9절)가 등장한다.

14장은 시온산과 144,000의 장면(1-5절)과 더불어 하늘의 영역과 지상을 번갈아가며 두 개의 구별된 장면을 스케치한다. 한쪽에는 성도와 함께하시는 하나님과 그리스도에 초점이 맞추어진 세계가 있고 다른 쪽에는 용과 사악한 힘이 판을 치는 세상이 있다. 성도는 영원전부터 하늘에 위치해 있지만 그가 현실 속에서 직면해야 하는 상황은 악이 주도하는 세상이다. 성도를 제압하고 있는 듯한 수평적 세상 환경이 그를 괴롭혀도 역사를 주관하시며 적시에 개입하여 자신의 뜻을 펼치시는 하나님의 수직적 섭리가 성도를 담대하게 만든다. 큰 성 바벨론은 망해도 그리스도와 그의 나라는 영원하다. 짐승을 따르고 경배하며 어린양을 따르던 신실한 자들을 핍박하던 그들은 순식간에 멸절될 것이다. 일시적인 광기에 휘둘려 어린양에게 속해 영원한 구원에 이르는 길을 외면하였던 그들은 영원토록 하나님께로부터 외면을 당할 것이다. 심판은 이한 낫을 휘두르고 진노의 포도즙 틀에 익은 포도송이를 집어넣고 밟는 상징으로 두려운 현실감을 더한다.

A. **임박한 심판의 예고**(14:6-13)

14:1-5에서는 구속함 받은 성도들의 영광이 다루어졌는데, 6-13절에서는 구속함 받지 못한 자들의 재앙에 대하여 언급한다. 중요한 주제 중의 하나는 신실치 못한 자들에 대한 경고 메시지와 더불어 신실한 자들이 받을 보상이다. 이를 근거로 짐승의 표 받기를 거절하고, 순교의 가능성에 기쁨으로 대비케 하기 위함이다. 13절의 결론이 이를 확실시한다. 이 환상에서는 세 명의 다른 천사들이 세 개의 중요한 선포를, 하늘의 음성이 또 하나의 메시지를 도합 네 개의 메시지를 전한다. 첫째는 '다른 천사'가 전한 영원한 복음에 대한 선포요(6-7절), 둘째는 '또 다른 천사'가 전하는 바벨론 붕괴에 대한 선포요(8절), 셋째는 '또 다른 천사'가 전하는 짐승 경배자가 받을 고난에 대한 선포요(9-12절), 넷째는 '하늘의 음성'이 전하는 것으로 신실한 자들이 누리게 될 지복에 대한 선포이다(13절).

세 천사의 선언은 점진적으로 이루어져 있다. 영원한 복음을 가진 첫째 천사는 심판이 이르기 전에 회개로 하나님께 영광 돌릴 것을 주문하며 심판의 도래를 예고한다(7절). 둘째 천사는 첫째 천사가 선언한 심판의 이유를 언급하고(8b, 8c), 셋째 천사는 심판의 이유 두 가지를 명확하게 설명하면서(9절) 심판의 내용을 밝힌다(10-11절). 이 모든 선언들은 짐승의 미혹을 극복하고 끝까지 어린양에게 붙어 있음으로 하나님께 영광을 돌리도록 격려하기 위해 주어졌다. 혹독한 박해의 환경에서 짓눌리며 살아가던 성도들에게 적들은 패하여 심판에 넘겨지고 형언할 수 없는 천상의 즐거움이 예비되어 있음을 보여줌으로 끝까지 신실한 남은 자로 머물기를 격려와 동시에 경고하고 있다. 물론 하나님을 두려워하고 그에게 영광을 돌려야 할 우선적인 대상은 불신자들이다. 동시에 미지근한 신자들에게 다가오는 파멸을 언급함으로 그들을 깨어 있도록 경고하는 의미도 포함된다. 계시록에서는 천사의 선포가 모두 9번 나오는데 다음과 같이 일정한 구조를 지니고 있다.

① '내가 보니'로 시작함(7:1, 10:1, 14:6, 18:1, 19:17).
② '환상의 주체'는 천사임(7:1, 10:1, 14:6, 8, 9, 18:1, 19:17).
③ 천사의 여러 움직임(승천, 하강, 섬, 날아감, 뒤따름, 나옴 등 7:1, 10:1, 14:6, 8, 9, 15, 18:1, 19:17).
④ 큰 소리로 외침(7:2, 10:3, 14:7, 9, 15, 18, 18:2, 19:17)
⑤ 천사가 간단한 언급을 함(7:3, 10:3, 14:7, 8, 9-11, 15, 18, 18:2-3, 19:7-18).

6 또 보니 다른 천사가 공중에 날아가는데 땅에 거하는 자들 곧 여러
나라와 족속과 방언과 백성에게 전할 영원한 복음을 가졌더라
7 그가 큰 음성으로 가로되 하나님을 두려워하며 그에게 영광을 돌
리라 이는 그의 심판하실 시간이 이르렀음이니 하늘과 땅과 바다
와 물들의 근원을 만드신 이를 경배하라 하더라
8 또 다른 천사 곧 둘째가 그 뒤를 따라 말하되 무너졌도다 무너졌도
다 큰 성 바벨론이여 모든 나라를 그 음행으로 인하여 진노의 포도
주로 먹이던 자로다 하더라
9 또 다른 천사 곧 셋째가 그 뒤를 따라 큰 음성으로 가로되 만일
누구든지 짐승과 그의 우상에게 경배하고 이마에나 손에 표를 받

으면
10 그도 하나님의 진노의 포도주를 마시리니 그 진노의 잔에 섞인
것이 없이 부은 포도주라 거룩한 천사들 앞과 어린양 앞에서 불과
유황으로 고난을 받으리니
11 그 고난의 연기가 세세토록 올라가리로다 짐승과 그의 우상에게
경배하고 그 이름의 표를 받는 자는 누구든지 밤낮 쉼을 얻지
못하리라 하더라
12 성도들의 인내가 여기 있나니 저희는 하나님의 계명과 예수 믿음
을 지키는 자니라
13 또 내가 들으니 하늘에서 음성이 나서 가로되 기록하라 자금 이후
로 주 안에서 죽는 자들은 복이 있도다 하시매 성령이 가라사대
그러하다 저희 수고를 그치고 쉬리니 이는 저희의 행한 일이 따름
이라 하시더라

6 땅에 거하는 자들

"땅에 거하는 자들"이란 표현은 요한이 자주 사용하는 전용어로 정확한 번역은 '땅 위에 앉아 있는 자들'(ἐπὶ τοὺς καθημένους ἐπὶ τῆς γῆς / 에피 투스 카떼메누스 에피 테스 게스)인데, 이는 다른 곳에 나오는 "땅에 거하는 자들"(τοὺς κατοικοῦντας ἐπὶ τῆς γῆς / 투스 카토이쿤타스 에피 테스 게스)과 의미상 다르지 않다. 본 절의 '앉아 있음'은 '거함'에 비하여 눌러앉아 영주하려는 의지와 자기중심적인 성격의 관점에서 보면 단순한 거함보다 더욱 강화된 표현으로 이해할 수 있다. 본서에서 이 표현은 언제나 하나님의 복음을 의도적으로 거절하는 불신 세력들을 가리키며 그들의 하나님께 대한 고질적인 반역과 불신앙적 태도를 의미한다(3:10, 6:10, 8:13, 11:10, 13:8,

12, 14; 17:2, 8). 그들은 우상 숭배자요 짐승의 추종자며 교회의 핍박자이다. 그들은 자의적으로 하나님을 거부하였기 때문에 '다른 천사'로부터 멸망의 메시지를 받게 된다. 또한 짐승을 추종하고 악행을 불사하여 스스로 구원의 가능성을 폐기했다.

영원한 복음을 가졌더라

"영원한 복음"(εὐαγγέλιον αἰώνιον / 유앙겔리온 아이오니온) 앞에는 정관사가 없는데, 마운스는 이것이 심판을 강조하기 위함이라고 주장하였다. 아운은 이것이 복음이 아니라 일종의 메시지를 의미한다고 보았다. 그러나 메시지가 역시 인간을 구원하기 위한 하나님의 뜻을 지녔다면, 좋은 소식으로서의 복음으로 이해함에 별 무리는 없어 보인다. 1:1을 제외한 나머지 신약 성경에서는 정관사가 붙어서 은혜의 복음을 의미하였다. 뒤이어 나오는 구절의 내용도 이를 뒷받침하는 듯이 보인다. "하나님을 두려워하며 그에게 영광을 돌리라 이는 그의 심판하실 시간이 이르렀음이니 하늘과 땅과 바다와 물들의 근원을 만드신 이를 경배하라." '공중에 날아가는 천사'가 외친 영원한 복음은 8:13의 '공중에 날아가는 독수리'가 외친 '세 화'와도 관련이 있다면 이 복음은 화의 복음 곧 심판의 복음이다.

영혼을 구원하는 복음과는 달리 이 복음은 예수와 그의 죄를 위한 희생도 없고, 9:20-21과 16:9-11과 같은 회개의 초청도 없다. 이어서 나오는 "하나님을 두려워하며 그에게 영광을 돌리라"는 내용을 고려한다면, 심판의 선고와 같은 화의 복음일 가능성이 유력하다(Mounce, Beale). '세 화'와 영원한 복음의 대상은 땅에 거하는 자들이었다. 영원한 복음의 경우에는 땅에 거하는 자들이 "여러 나라와 족속과 방언과 백성"으로 구체화되었다. "영원한 복음"은 천사의 명령에 따라 요한이 작은 책을 먹었을 때 입에는 꿀같이 다나 배에서는 쓰게 되었다. 그 책은 곧 그가 소화하여서 많은 백성과 나라와 방언과 임금들을 향해 다시 예언해야만 할 복음이었다(10:10-11).

복음은 달고 쓰다. 사랑과 공의의 말씀을 담고 있기 때문이다. 약속은 달고 심판은 쓰다. 축복은 달고 재앙은 쓰다.

복음을 받아들이는 자들에게는 경고가 달게 들리지만 복음을 거부하는 자들에게는 언약의 말씀도 쓰게 들린다. 이 복음은 한시적인 것이 아니다. 어느 특별한 시대의 구별된 사람들만을 위한 것이 아니다. 악인이나 선인, 죄인이나 의인 할 것 없이 모든 사람, 모든 세대, 언제, 어디서나 필요한 복음 곧 영원한 복음이다. '영원에서 영원'(εἰς ἀιῶνας αἰώνων / 에이스 아이오나스 아이오논)으로 이어가야 할 복음이다. 오리겐과 예레미야스는 여기의 "영원한 복음"을 이방인 중에서 놀라운 구원 운동이 일어나는 마지막 때에 천사가 행하는 특별한 사역이라고 했으나 그렇지 않다. 천사의 사역이 아니라 사람들을 통한 사역이다.

다른 복음이란 없다. 우리가 받았고 우리가 믿고 우리가 전하는 복음 외에 다른 복음은 없다. 천사가 전한 다른 복음이 있다면 사도 바울의 격정적인 표현처럼 "저주가 있을 것" (ἀνάθεμα ἔστω / 아나떼마 에스토, 갈 1:7-9)이다. 명사형 '복음'은 이곳에만 나온다(10:7의 '복음'은 동사로서 '전파하신 바와 같이'가 옳음). "영원한 복음"은 영원하신 그리스도의 복음이 있을 뿐이다. '영원'은 본서에서 이곳에만 나오지만 나머지 요한의 저술에는 많이 나오고 있다(요 3:15, 16, 36, 4:14, 36, 6:51, 68, 8:51, 10:28, 12:50, 17:2, 3, 20:31; 요일 1:2, 2:25, 3:15, 5:20).

7 하나님을 두려워하며 그에게 영광을 돌리라

이 구절을 영원한 복음의 내용으로 간주하는 이도 있으나(Aune) 그렇게 해석하기는 어렵다. 콜린스에 따르면 복음의 내용은 초대 기독교 설교에서 핵심이었다. '하나님을 두려워함'(φόβος τοῦ θεοῦ / 포보스 투 떼우)은 '하나님을 경외함'이란 표현과 마찬가지다. 이는 하나님의 권위를 인정하고 그의 명령에 온전하게 복종함을 의미한다(창 22:12; 렘 32:40; 시 111:10; 잠 8:13) 그리고 '하나님을 두려워하는 자'(φοβούμενοι τὸν θεόν / 포부메노이 톤 떼온)가 누가의 저술에서는 이방인으로서 유대교에 호의적인 이들을 나타내는 전문 용어이기도 했다(행 10:2, 22, 13:16, 26). '하나님의 영광'이 복음의 진수요 경배의 목적인 것은 확실하지만 영원한 복음의 내용은 마땅히 이보다 더 풍요롭다.

'하나님께 영광 돌림'은 인간이 드리는 최상의 예배이므로 하나님은 모든 인간들을 향해 이것을 요청하셨다. '하나님을 두려워함'의 주제는 '하나님께 영광 돌림'(대상 16:24; 시 22:23; 사 24:15; 42:12)처럼 구약에는 매우 풍부하다(신 31:12; 삼상 12:14, 24; 시 34:11; 잠 1:7; 사 11:3). '하나님께 영광 돌림'(눅 1:46; 롬 15:6, 9; 벧전 2:12)과 '하나님을 두려워함'(고후 5:11; 빌 2:12; 벧전 1:17)은 신약의 중요 주제이기도 하다. 이러한 요청은 불의한 자들에게 주어졌을 뿐(수 7:19; 왕상 6:5; 사 24:15; 렘 13:16; 말 2:2; 행 12:23) 아니라 의인들에게도 주어졌다(시 22:23; 115:1; 사 42:12; 요 9:24; 롬 4:20; 고전 10:31; 고후 1:20; 계 4:9).

본 절의 경우가 성도들에게 대한 권면인지 불신자들에게 대한 경고

인지는 확실치 않다. 11:13에는 불신자들이 하나님을 두려워하여 영광을 돌렸으나, 15:4에는 어린양의 노래 내용 중에 함께 사용되었다. 11:13의 불신자들은 회개할 수가 없었다. 진정한 회개의 영은 이미 거두어졌다. 두 증인의 부활 승천, 지진 등으로 인해 하나님의 위엄에 충동적인 경외심을 느껴 회개의 모습을 갖추게 했을 것이다. 느부갓네살도 하나님을 섬기지 않았지만 하나님의 능력 앞에서 하나님을 높이고(단 2:47), 찬송하고(3:28), 감사하며 존경을 표시했다(단 4:34). 그렇다고 그를 회개자로 볼 수는 없다. 여하튼 본 절의 "하나님께 영광을 돌리라"(δότε αὐτῷ δόξαν / 도테 아우토 독산)는 명령은 회개를 위한 경고의 말씀이다. 대부분의 주석가들은 이를 회개를 위한 경고로 당연히 받아들인다(Beasley-Murray, Beckwith, Swete, Ladd, Lenski, Beale, Mounce).

하늘과 땅과 바다와 물들의 근원을 만드신 이에게 경배하라

첫째 천사의 선언은 만물의 창조주를 경배하라는 권면으로 끝난다. 창조주 하나님은 피조물들로 하여금 자신들을 지으신 하나님께 경배하도록 능히 하실 수 있으시다. 하나님을 경배하도록 강제력을 동원하지 않으시고 그들을 경배의 초청으로 부르신다.

"경배하라"(προσκυνήσατε / 프로스퀴네사테)는 단어는 계시록에서 모두 21회 사용되었는데, 강제적 의미는 전혀 없고 언제나 자발적인 경의와 칭송으로 이루어졌다. 그런 경배가 하나님께 바쳐졌고(4:10, 5:14, 7:11, 9:20, 11:1, 16, 15:4, 19:4, 10[2], 22:8, 9) 사악한 삼위일체인 용과 두 짐승에게 주어졌다(13:4[2], 8, 12, 15; 14:9, 11, 16:2, 19:20).

이는 그의 심판하실 시간이 이르렀음이니

바로 앞부분의 선포가 성도를 향한 권고가 아니라 불신자를 향한 경고임을 지지해 주는 내용이다. 심판하실 시간이 임박했으므로 하나님께 회개해야 한다는 뜻이다. 이미 늦었지만 더 늦기 전에 돌이키라는 말이다. 심판의 시간이 이르면 이전에 인류가 경험하였던 심판들과는 도저히 비교할 수 없을 만큼의 대재앙이 이를 것이므로 회개하라는 말이다. "이는"에 해당하는 접속사 '호티'(ὅτι) 이하의 절은 회개의 명령을 전할 수밖에 없는 이유를 가리킨다. "그의 심판하실 시간이 이르렀음이니." 회개하지 않으면 다시 돌이킬 기회가 주어지지 않고 엄중한 책벌만이 기다리고 있을 뿐이다. 미완료인 "이르렀음"(ἦλθεν / 엘덴)은 심판의 정점이 이미 도래하였음을 강조한다. 심판하실 그 "시간"(ὥρα / 호라)은 하나님께서 친히 작정하신 바로 그 '때'(요 2:4, 4:21, 23, 5:25, 28, 7:30, 8:20, 12:23, 13:1, 16:2, 4, 21, 25, 32, 17:1)이다.

모팻은 '고정되는'(fit) 순간으로서의 '카이로스'(καιρός)에 비하여 '오라'는 '고정된'(fixed) 순간을 의미한다며 둘을 약간 달리 설명하였다.

땅의 사방의 바람을 붙잡고 있던 네 천사는 사람 삼분의 일을 죽이기로 예비한 바로 그 '년 월 일 시' 곧 '때'를 기다렸다(9:15). 곡식 추수 환상에서는 곡식을 거둘 '때'(14:15)가 언급되었다. 바벨론 패망을 가져온 그 '때'는 일시간에 임하였다(18:10, 17, 19). 느부갓네살은 하나님의 심판을 받아 일곱 '때'를 짐승처럼 하늘 이슬에 젖고 풀잎 사이에서 기거해야 하였다(단 4:15-16). 북방 왕의 시퍼렇던 그 기세도 '끝'이 다가옴으로 종지부를 찍게 된다(단 11:45). 심판의 임박성은 회개할 마지막 기회에 대한 근거가 된다. 이처럼 심판과 관계된 '때'의 사용은 회개하고 복음을 믿어야 할 것은 때가 찼고 하나님의 나라가 가까웠다(막 1:15)는 복음서의 선언과도 합치된다.

본 절의 '심판'(κρίσις /크리시스)은 계시록에서 처음 사용되었고 이후로 수차례 더 의롭고 정당한 심판의 의미에서 언급된다(16:7, 18:10, 19:2).

하늘과 땅과 바다와 물들의 근원을 만드신 이를 경배하라

바울이 루스드라의 군중 앞에서 행했던 설교 내용을 상기시켜 주는 표현이다(행 14:15). "하늘과 땅을 지으신 이"(ὁποιήσας τὸν οὐρανὸν καὶ τὴν γῆν καὶ τὴν θάλασσαν / 호포이에사스 톤 우라논 카이 텐 겐 카이 텐 딸랏산)는 하나님께 대한 칭호다. 본서에는 여기만 나오나 성경에서 자주 쓰인 표현이다(창 1:1, 14:18, 22; 왕 19:15; 대하 2:12; 시 115:15, 121:2, 124:8, 134:3, 146:6; 사 37:16; 행 4:24, 17:24). 하나님의 우주적 통치권을 나타낼 때 '하늘과 땅'이란 표현을 사용했다(마 11:25, 28:18; 눅 10:21; 행 17:24).

또한 "경배하라"(προσκυνήσατε / 프로스퀴네사테)는 본서에서 주로 하나님께 대하여 사용되었으나(4:10, 5:14, 7:11, 9:20, 11:1, 16, 15:4, 19:4, 10, 22:8, 9) 사악한 삼위일체에게도 적용되었다(13:4, 8, 12, 15; 14:9, 11, 16:2, 19:20). 회개의 마지막 요청은 경배로 이어졌다. "경배하라"는 명령은 하나님이 천지만물의 창조주이시기 때문이다. 다른 곳에서 사용된 '경배'의 경우에 21회 중에서 단 한 번도 강압적인 경우는 없고 경외감과 숭앙하는 마음으로 하나님께 드려졌다(4:10, 5:14,; 7:11, 9:20, 11:1, 16, 15:4, 19:4, 10[2회], 22:8, 9). 거짓의 삼총사(용, 적그리스도, 거짓 선지자)에게도 마찬가지였다(13:4[2], 8, 12, 15, 14:9, 11, 16:2, 19:20).

8 또 다른 천사 곧 둘째가 그 뒤를 따라 말하되

첫 번째 다른 천사의 외침(6-7절)에 비해 두 번째 다른 천사의 선포는 심판의 내용이 분명하고 어조도 또한 매우 강하다. 바벨론의 죄악이 하늘에 사무쳐서 영원한 복음이 열매를 맺지 못한다. 복음의 능력이 부족해서가 아니라 그들의 완고함과 세속의 영으로 충만한 현실이 복음을 거부하게 만들었기 때문이다. 세상의 허영과 사치에 길들여진 바벨론은 도덕적으로나 영적으로 타락할 대로 타락하여 임박한 심판의 대상으로 확정되었다. 선포할 때마다 다른 천사가 등장함은 장면의 극적 효과를 극대화시키기 위함이다. 둘째 천사는 첫째 천사의, 셋째 천사는 둘째 천사의 선언을 포함하므로 결국엔 바벨론이 심판을 받는 이유가 선포된 영원한 복음을 거절했기 때문이라는 결론에 도달하게 된다. 스웨트와 마운스가 이 점을 잘 지적하였다.

무너졌도다 무너졌도다 큰 성 바벨론이여

"큰 성 바벨론"(16:9, 17:5, 18:2, 10, 21)은 창조주 하나님 대신 각종 우상을 섬기게 하는 불신과 배역의 영을 상징한다(단 4:30). 본서에서는 바벨론 앞에 반드시 '큰'이 있어 바벨론이 지니고 있는 악의 영향력을 강조하였다. 두 번째 다른 천사가 외친 '무너졌도다'(ἔπεσεν / 에페센)는 "함락되었도다 함락되었도다 바벨론이여"(사 21:9)의 말씀을 직접 인용한 것이다. 요한은 이 말을 두 번이나 사용하여 앞으로 닥칠 재앙의 불가피성을 확고히 한다. 실제적으로 바벨론의 비참한 종말은 16:19과 18장에 가서 구체화된다. 끝 간 데를 모를 정도로 사치와 방종에 취해 있던 바벨론은 한순간에 경제적 기반이 무너지기 시작하면서 몰락한다(18:11, 19).

그것은 점진적이면서도 갑작스런 붕괴였다. 바벨론의 영화 곧 경제적 부에 취하여 있던 사람들은 이 세계적인 대파국 앞에서 통곡한다(18:9-10, 15, 19). 그러나 바벨론의 경제적 파탄은 서곡에 불과했다. 바벨론의 붕괴는 모든 세계 질서의 붕괴와 세상의 종말로 이끄는 선봉이었다. 하나님이 행하실 우주적 심판의 중심에 바벨론이 놓이게 된 것이다. 단순과거시제는 이것이 예언적인 메시지임을 보여준다. 미래에 일어날 일을 마치 지금 일어난 것처럼 표현한다. 이는 바벨론의 붕괴에 대한 확실성(10:7)을 강조하는 기법이다. 10절의 말씀은 이 심판의 재앙이 우상 숭배와 관련되어 있음을 암시한다. 하나님의 영광을 가로채려던 거짓 신들의 모든 시도를 깨뜨리시는 것이다.

일찍이 이스라엘은 바벨론에 포로로 끌려가서 하나님을 대적하던 이방 나라의 압제 아래에서 기나긴 세월 동안 고초를 겪었다. 정치, 사회적 압박에 의한 동화 현상은 이스라엘 백성의 신앙에도 지대한 영향을 끼쳤다. 끝까지 여호와 신앙에 투철한 의의 백성도 있었지만 일부는 우상을 받아들였으며 또 다른 일부는 우상을 중시하는 바벨론의 종교 정책에 현실적으로 타협했다. 요한의 수신자들이 처해 있던 로마 제국 아래에서의 정황도 본질적으로는 마찬가지였다. 느부갓네살의 일회성에 그친 금신상과는 비교도 되지 않을 정도로 제국의 황제 숭배 정책은 강도를 더해만 갔다. 세상에 뿌리를 내리기 시작한 하나님의 교회로서는 감당키 어려운 시련이었다. 제국의 조직적인 박해와 유화 정책의 강온 정책에 휘말려 많은 성도들이 신앙을 포기하고 변절자의 길을 걸었다.

소수의 영웅적인 순교자들이 교회의 터를 지키긴 했지만 상황은 매우 절망적이었다. 예루살렘 성전을 파괴하고 이스라엘을 압제했던 바벨론의 전철을 밟아 로마 제국 역시 예루살렘 성전을 파괴하고 이스라엘을 압제했기에 유대인들은 로마를 바벨론이라고 부르기를 주저하지 않았다(시빌 신탁서 5:143, 159, 434; 바룩묵시록 11:1, 67:7). 박해 속에 머물던 초대 교회 신자들은 로마를 바벨론으로 불렀다(벧전 5:13). 본서에서의 '바벨론' 혹은 '큰 성 바벨론'은 역사적인 로마제국과 사악한 세상의 모든 권력을 상징한다. 아이언사이드는 바벨론을 기독교 내의 모든 거짓 종교적인 교훈들로서 하나의 '거대한 거짓 교회'라고 보았다. 역사적인 바벨론 붕괴에 대한 예언은 고레스와 연관하여 주어졌다(사 21:9; 렘 51:8). 계시록에는 모두 여섯 번에 걸쳐 바벨론을 언급한다(16:19, 17:5, 18:2, 10, 21). 본 절은 그 첫 번째에 해당하며 11:8의 '큰 성' 또한 바벨론으로 간주할 수 있다. 계시록에서 바벨론으로 비유된 로마의 운명은 고대 바벨론의 파멸을 예언한 말씀들로부터 유추해낼 수 있다(사 13:19-22, 14:2-23; 렘25:12-14, 50:35-40, 51:24-26).

그 음행으로 인하여 진노의 포도주로 먹이던 자로다

본 절은 렘 51:7-8의 내용을 연상시킨다(렘 25:15-18 참조). "바벨론은 여호와의 수중의 온 세계로 취하게 하는 금잔이라 열방이 그 포도주를 마시고 인하여 미쳤도다. 바벨론이 졸지에 넘어져 파멸되니 이로 인하여 울라 그 창상을 인하여 유향을 구하라 혹 나으리로다." "진노의"(τοῦ θυμοῦ / 투 뛰무)와 "음행의"(αὐτῆς πορνείας / 아우테스 포르네이아스)에 사용된 속격은 원인과 목적 또는 결과를 나타내는 것으로서 모든 나라를 '음행으로 이끌고 간 진노'의 포도주를 뜻한다(17:2). 우상 숭배와 연결하여 취해진 각종 경제적인 제재는 신자들의 생활에 궁핍을 초래하였고 그것은 실로 현실적으로 극복하기 어려운 시험이었다. “먹이던”(πεπότικεν / 페포티켄)의 표현처럼 그것은 강압적인 하나의 국가 제도였고 시스템이었다. 하루 이틀이 아니라 언제까지 지속될는지 모르는 캄캄한 상황에서 믿음을 끝까지 지킨다는 것은 거의 불가능해 보였다. 동화자에게 베푸는 관용과 거역자에게 내리는 제재는 당근과 채찍이 되어서 제국에 속한 모든 거주민들에게 도덕적 판단력을 흐리게 하여 제국의 정책에 순응하게 만들었다.

포도주처럼 달콤하고 향긋한 ‘관용 정책’은 항거하기에는 두렵고 거절하기에는 너무 달콤한 유혹이었다. 시간이 지나감에 따라 이런 중독 현상은 제국의 통치가 미치는 전체 지역에 만연하게 되었다. 알포드는 이 포도주를 두 가지가 섞인 것으로 보았다. 즉 바벨론이 음행의 포도주를 모든 민족에게 마시게 했으며(17:2), 바벨론 자신이 마신 “하나님의 진노의 포도주”(10, 16:9)라는 해석이다. 후자는 전자에 대한 보상이요 전자의 결과로 후자에 이른다는 주장이다. 그러나 “하나님의 진노의 포도주”는 10절에서 나오며 본 절의 포도주는 음행으로 이끄는 진노의 포도주다. 찰스는 이 ‘포도주’가 사람을 도취시키는 힘으로서 다름 아닌 로마의 부패라고 보았다. 구약에는 ‘진노의 잔’이란 표현이 가끔 나온다(욥 21:10; 시 75:8; 사 51:17; 렘 25:15).

9 만일 누구든지……그 이마에나 손에 표를 받으면

세 번째 천사도 이전의 두 천사와 마찬가지로 심판의 내용을 선포한다. 적그리스도에 대한 경배와 더불어 이마에나 손에 받는 표는 목숨을 보장하는 생명 장치와 같다. 거절하면 본보기로 몇 사람은 죽게 되어 있다(13:15). 본 절의 “경배하고”(προσκυνεῖ / 프로스퀴네이)와 “받으면”(λαμβάνει / 람바네이)의 시제는 현재형인데, 이는 그들의 짐승 경배와 표 받음이 일시적인 현상이 아니라 계속적인 습관이었음을 강조한다. 두 번째 천사가 임박한 심판을 경고하고 세 번째 천사가 두려운 형벌의 재앙을 전했음에도 불구하고 그들의 짐승 경배와 표 받음은 중단되지 않았다.

10 그도 하나님의 포도주를 마시리니

모든 나라에게 진노의 포도주를 먹여 음행케 하던 바벨론은 결국 하나님의 심판으로 무너진다. 강제로 사람들에게 술을 먹이던 그에게 하나님이 진노의 포도주를 내려서 받게 하신다(습 2:15-16). 원문에선 '그리고'의 뜻을 가진 접속사 '카이'(καί)로 시작하는데 이것은 '그러면'의 뜻이다. 한글성경에서는 9절 마지막 부분에서 '받으면'이라 번역하여 '카이'의 뜻을 포함한 듯이 보이지만 강조점이 짐승과 연관되어 있어 보인다. 10절은 9절의 행위를 계속할 경우에 '그러면'이 되어야 하고 강조점도 자연스럽게 천사의 경고에 있게 된다. 진노의 포도주를 마신 자에게 하나님의 진노의 포도주를 마시게 하신다. 여기에 나온 "하나님의 진노의 포도주"(τοῦ οἴνου τοῦ θυμοῦ τοῦ θεοῦ / 투 오이누 투 뛰무 투 떼우)는 곧 하나님의 진노다. 진노의 포도주는 심판을 구체화하는 상징으로서 견디기 힘들 만큼의 극심한 고통을 반영한다(욥 21:20; 시 60:3, 75:8; 사 51:17, 21-23, 63:6; 렘 25:15-18, 51:7; 욥기 16장).

그 진노의 잔에 섞인 것이 없이 부은 포도주라

바벨론의 포도주도 사람들을 취케 만들지만 하나님이 내리시는 진노의 포도주는 독주 중의 독주로서 그 도취의 능력을 이길 사람이 없다. 잠시 취했다가 깨는 것이 아니라 취한 상태가 끝없이 이어진다. 이 포도주는 다른 성분이 전혀 섞이지 않은 순수한 포도주다. 은혜나 회개의 기회와 같은 요소가 철저히 배제된 순수한 진노의 진액이다. 자비나 긍휼이나 사랑이 완전히 배제되어 있다. 지옥불과 같은 화염의 분노만으로 충만하다. 100%의 순도를 자랑하는 진노의 포도주다. 하나님은 이 진노의 포도주를 위해 잔까지 준비하셨다. 찰랑거려서 넘치지 않게 그득 채운 진노의 잔이다. 1세기경의 사람들은 포도주와 물의 비율을 반반, 3:2 혹은 3:1의 비율처럼 물을 더 많이 타 마시는 것이 보통이었다. "섞인 것이 없이 부은"이란 표현은 원래가 '섞이지 않은 것을 섞은'(κεκερασμένου ἀκράτου / 케케라스메누 아크라투)이란 말로서, '물을 섞어 전혀 묽게 하지 않은'의 뜻이다. 이는 비할 바 없는 진노의 강도를 강조하는 표현이다. 하나님이 마시게 한 진노의 포도주는 아주 독해서 마시는 자를 취하게 함으로 쓰러뜨려 다시는 일어나지 못하게 만든다(욥 21:20; 시 60:3, 75:8; 사 51:17; 렘 25:15-18, 27-28; 슥 12:2).

불과 유황으로 고난을 받으리니

불과 유황은 언제나 하나님의 엄중한 심판을 상징하며(창 19:24, 28; 신 29:23; 삼하 22:9; 욥 18:15-17; 시 11:6; 사 30:27-33, 34:9-10; 겔 38:22) 지옥의 고통을 말한다(20:10). 불이나 불꽃 이미지는 본서에 자주 등장하며(1:14, 2:18, 3:18, 4:5, 8:5-8, 14:18, 15:2, 16:8, 18:8, 19:12) 특별히 '불못'의 이미지에서 심판의 강도를 본다(20:10, 21:8). 이들의 고통은 자신들의 믿음이 무너져 내림으로 인한 것이다. 바벨론의 붕괴는 그들 존재의 기반을 무너뜨리는 것이었고, 그들 신앙 체계를 완전히 전복시키는 재앙이었다. 돌이킬 수도 없고 도피할 수도 없는 상황에서 그들은 무기력하게 주어진 고난의 현실을 받아들일 뿐이다. 자신들이 비난하고 조소했던 어린양과 거룩한 천사들 앞에서 당하는 고난이기에 그들의 고통을 더욱더 가중시킨다. 이들의 절망적인 심정이 6:16에 잘 나타나 있다. "산과 바위에게 이르되 우리 위에 떨어져 보좌에 앉으신 이의 낯에서와 어린양의 진노에서 우리를 가리우라."

그러나 진노의 포도주는 그들이 충분히 마시고 충분히 취하기까지 부어질 것이고, 그들이 진노의 포도주에 만취된 그런 상태는 어린양과 그의 천사들 앞에 낱낱이 드러난다.

"고난을 받으리니"(βασανισθήσεται / 바사니스떼세타이)는 미래형으로서 고난은 미구에 곧 들이닥칠 것이다. 과연 11절에 이어져 그들이 받는 고난의 연기는 세세토록 '올라간다'(ἀναβαίνει / 아나바이네이). 이 현재형의 사용은 어느 시점에서부터 시작된 고난의 연기가 끝없이 지속될 것임을 가리킨다. 부분적이든지 전체적이든지 하나님의 심판으로 인해 사람들이 당하는 정신적이고 심리적이며 영적인 고통은 본서에서 자주 나타난다(9:5-6, 11:10, 18:7, 10, 15, 18:7, 10).

11 그 고난의 연기가 세세토록 올라가리로다

"세세토록"(εἰς αἰῶνας αἰώνον / 에이스 아이오나스 아이오논) 올라가는 고난의 연기는 에돔에 부어졌던 하나님의 심판을 연상시킨다. "에돔의 시내들은 변하여 역청이 되고 그 티끌은 유황이 되고 그 땅은 불붙는 역청이 되며 낮에나 밤에나 꺼지지 않고 그 연기가 끊임없이 떠오를 것이며 '세세에'(εἰς τὸν αἰῶνα χρόνον / 에이스 톤 아이오나 크로논) 황무하여 그리로 지날 자가 없겠고"(사 34:9-10).

13장 이후에서 여기까지의 메시지는 확실하고 분명하다. 적그리스도에게 경배하고 짐승의 표를 받는 자는 하나님이 내리신 진노의 잔을 남김없이 들이켜서 안식 없는 고난의 형벌에 처해지게 될 것이다. 이 가공할 심판은 20:10에서 마귀와 짐승과 그 거짓 선지자가 받을 바로 그 심판이다. '고난의 연기'(ὁ καπνὸς τοῦ βασανισμοῦ / 호 카프노스 투 바사니스무)는 '고난에서 나오는 연기'가 아니라 '고난을 연상시키는 연기'를 상징한 것이다. 8:4에서도 비슷한 표현이 나온다. 성도들의 기도가 향연이 되어 하나님 앞으로 올라간다. 그러면 하나님이 보좌 앞까지 올라오는 연기를 보고, 성도들의 기도를 기억하신다는 표현이다. 고난의 연기는 극심한 고통의 산물이지만 하나님께는 향기로운 냄새가 된다. 사탄과 적그리스도와 거짓 선지자와 함께 심판을 받는 자들은 이런 형벌로부터 한 순간도 자유하지 못하며 영원히 지속되는 고통을 감수해야만 한다.

밤낮 쉼을 얻지 못하리라

지옥불의 고통이 영원히 계속될 것임을 뜻한다. 이 심판의 고통은 영원히 소멸되는 것이 아니다. 지옥불이 계속 타오르는 한 영원토록 계속되는 고통이다. "밤낮"(ἡμέρας καὶ νυκτός / 헤메라스 카이 뉙토스)은 쉬지 못함의 상태가 끝없음을 실감나게 표현한 말이다. 성경에서 "밤낮"이란 쉼이 없는 활동의 시간대를 나타내는 의미로 사용되었다(시 22:2; 사 34:10; 렘 8:23; 애 2:18; 막 5:5; 눅 18:7; 행 9:24; 살전 3:10; 딤후 1:3). 영원이란 개념은 피부에 와 닿지 않을 수도 있다. 밤낮이 이어지고 또 이어지고 끝없이 이어져서 그렇게 매일 밤낮으로 고통을 당할 것이다. 이것은 주님의 가르침과도 조화를 이룬다(마 18:8-9, 25:41, 46; 막 9:47-49; 눅 16:23-25, 28). 이는 네 생물이 밤낮 쉬지 않고 하나님을 찬양하는 것(4:8)과, 구속함 받은 하나님의 백성이 밤낮으로 하나님을 섬기는 것과 대조가 된다(7:15). 글라슨은 '지옥의 교리'가 현대인들에게 너무 공격적이라 하여 급이 낮은 것으로 처리했고, 프레스톤(Preston)과 한슨(Hanson)은 이 고통에 대하여 "최고선을 일부러 외면하는 자들이 받게 될 고난"으로 재해석했다.

12 성도들의 인내가 여기 있나니

13:10에도 나오는 표현이다. 이는 9-11절과 연관되어 묘사하고 있는 장면에 대한 해석적 언급 역할을 한다. 11절이 단지 선언이라기보다 셋째 천사의 선언에 대한 의미를 설명하도록 요한 곁에서 부른 합창 같은 것이라면 더더욱 그렇다. 그럴 경우에 12절은 셋째 천사의 선언에 대하여 주석을 한 것이다. 성도들의 고난은 영원하지 않다. 마음과 삶의 고통도 영원하지는 않다. 이것이 우리가 영원할 것 같은 고통을 이길 수 있는 비결이다. 우리가 인내할 수 있음은 사탄이 주는 고통이 영원하지 않으며 하나님이 주시는 안식이 영원함을 알기 때문이다. 이것은 믿음의 인내이다. 믿음의 내용이란 다름 아닌 '하나님의 계명과 예수 믿음을 지키는 것'이다(딤후 4:7). 요한 자신도 바로 이 하나님의 계명과 예수의 증거를 인해 밧모 섬에 갇혀 있는 것이다(1:9).

하나님의 계명과 예수 믿음을 지키는 자니라

"하나님의 계명"(τὰς ἐντολὰς τοῦ θεοῦ / 타스 엔톨라스 투 떼우)은 구약과 신약을 포함한 모든 성경 말씀이다.

그리스도를 믿는 이는 계명을 지키며(요 14:21), 하나님의 계명을 사랑하는 이는 그리스도를 믿는다(요 6:28, 29). 12:17의 말씀에 비추어보면 예수 믿음을 지킴은 곧 예수의 증거를 가짐이다. 이 믿음은 성도의 믿음이 아니라 예수의 믿음이다. 믿음의 근원은 성도가 아니라 예수의 인격으로부터 나온다. 예수 그리스도의 언약에서 나온다. "예수의 믿음"(τὴν πίστιν Ἰησοῦ / 텐 피스틴 예수)은 대다수의 주석가들이 선호하듯 목적 속격이며 '예수 안에 있는 믿음' 혹은 '예수에게서 나온 믿음'이란 뜻이다. 영원히 살아 계신 예수 안에 있는 믿음이기에 죽은 믿음이 아니라 살아 있는 믿음이다. 이 '주님의 믿음'(ὁ πιστός μου / 호 피스토스 무)이 2:13의 한글성경에서는 '나를 믿는 믿음'으로 의역되었다. '예수의 믿음'이 무엇을 의미하는지 정확하게 보여준다. 주님을 믿는 믿음이란 크리스천의 신앙 고백에 해당한다. 예수에게서 나온 교리(유 1:3)요 신경들(creeds)이다.

13 기록하라 자금 이후로 주 안에서 죽는 자들은 복이 있도다

원문에는 "기록하라 복이 있도다"(Γάρψο' Μακάριοι / 가릎소 마카리오이)로 시작하는데, 이와 같은 형식은 뒷부분에 가서도 반복되어 나온다(19:9). '가릎소'는 또한 일곱 교회에 편지를 써서 보내도록 명령했을 때 사용한 단어(2:1, 8, 12, 3:1, 7, 14)로 천사의 전한 메시지가 매우 중요함을 가리킨다. 성도들의 인내가 지닌 목적은 순교의 죽음이다. 하나님의 계명을 지키고 예수 믿음을 지키기 위해서는 값비싼 희생이 따른다. 충성의 대가는 결코 싸구려가 아니다. 천하보다 귀한 생명을 포기할 수도 있다. 그것이 그만한 가치가 있기 때문이다. 순교가 고귀한 것은 생명을 지불하면서까지 가장 값어치 있는 것을 선택했음에 있다. 고통 끝에 죽음을 맞이한 것으로 모든 것이 끝나지

않는다. 짧막한 죽음 후에는 영원한 안식이 있다. 성도들의 인내를 기다리고 있는 것은 죽음이 아니라 영원한 안식이다. 죽음의 열린 문을 통해 영원의 현관으로 들어가는 것이다. 죽음에 처해서도 죽음을 두려워하지 않는 것은 놀라운 복이다.

하나님은 성도의 죽음을 귀하게 보신다. 이 복은 계시록에서 증거한 일곱 복 중에 두 번째다. 하나님의 계명과 예수 믿음을 위하여 생명을 포기하였기에 하나님은 생명의 면류관으로 갚으신다(2:10). 주님의 영광 받으심이 이것을 보장한다(히 12:2). 문법적으로 "자금 이후로"(ἀπ' ἄρτι / 아프 아르티)는 "죽는 자들"과 "복이 있도다"의 두 말에 모두 연결될 수 있다(Morris). "복이 있도다"에 연결시키는 학자들도 있으나(Holtzmann, Moffatt) 문맥상 "죽는 자들"에 연결시키는 것이 더 자연스럽다(Swete). "자금 이후로"를 "쉬리니"에 연결하는 이도 있으나 "자금"(ἄρτι / 아르티)이라는 말의 현재적인 의미가 '쉬리니'(ἀναπαήσονται / 아나파에손타이)의 미래형과 맞지 않는다.

성령이 가라사대 그러하다……행한 일이 따름이라

천사의 증거를 성령이 확정한다. 그 보상의 내용은 이렇다. "저희 수고를 그치고 쉬리니 이는 저희의 행한 일이 따름이라." 노고 깃든 삶이 그치면 수고도 그친다. 생명이 끝나면 안식이 시작된다. 주 안에서 그들이 보였던 모든 선행과 수고가 뒤를 따른다. 이 수고는 그들이 펼쳤던 모든 선행, 사역을 위한 희생들, 믿음을 지키기 위해 포기해야 했던 지상의 모든 즐거움, 인내 등을 다 포함한다. 주님 안에서의 모든 수고는 결코 헛되지 않다(마 25:21; 고전 3:8, 15:58; 그리고 살전 4:16 참조). 여기 사용된 '수고'는 권태로울 지경에까지 이른 수고(Ladd),

또는 고통스러움을(Beckwith) 뜻한다. 앞에서의 '수고'(κόπων / 코폰)나 뒤의 '행한 일'(ἔργα / 에르가)이나 의미상으로 다르지 않다. 12절이 소극적인 격려라면 13절은 적극적인 격려에 속한다.

성도들의 방해받지 않는 영원한 안식은 밤낮 쉼을 얻지 못하는 불신자들과 우상 숭배자들의 운명(14:11)과 극적으로 대조된다. 이들이 누릴 안식은 제단 밑에서 울부짖던 순교한 영혼들에게 흰 옷을 주시며 위로하셨던 약속의 말씀(6:11)과도 일치한다. 순교한 영혼들이 누린 안식이 일시적이라면 이곳의 안식은 영원한 안식이다. 시간에서는 차이가 나지만 질적으로는 다르지가 않다. 안식의 원천은 그들이 목숨을 걸고 지켰던 어린양의 이름, 그 이름이 지닌 권세와 능력에서 나오기 때문이다. 하나님이 창조 후 안식을 취하셨듯이 성도들은 자기 일로부터 놓여나 쉼을 갖는다.

"저희 수고를 그치고 쉬리니"(ἵνα ἀναπαήσονται ἐκ τῶν κόπον αὐτῶν / 히나 아나파에손타이 에크 톤 코폰 아우톤)는 히 4:10의 "자기 일을 쉬느니라"(κατέπαυσεν ἀπὸ τῶν ἔργων / 카테파우센 아포 톤 에르곤)는 표현과 내용적으로 비슷하다. 본 절에서는 '수고'와 '일'이 같은 의미로 반복되어 사용되었다. 일이 곧 수고요 수고가 곧 일이다.

계시록에서 성령은 주로 일곱 편지에서처럼 계시의 원천으로 그려졌다(2:7, 11, 17, 29, 3:6, 13, 22). 대언의 영으로 불리기도 하였다(19:10). 아담의 호흡이 되고 골짜기의 마른 뼈들로 살아 일어나게 만들었던 생기처럼 두 증인에게로 들어가 죽었던 그들을 살린 장본인이셨다(11:11). 성령이 요한을 환상의 세계로 이끄셨다(1:10, 4:2, 17:3, 21:10). 성령은 이곳과 22:17에서 신부와 함께 초청의 말씀을 하신 것처럼 유일하게 능동적으로 말씀하셨다. 요한의 독자들은 하늘에서 들린 음성이 곧 성령의 음성이요, 자신들의 수고와 인내에 대한 확실한 보상이 진정한 것임을 확신시켜 준다. "그러하다"(ναί / 나이)는 '진실로 그렇다'를 나타내는 '아멘'과 동일한 뜻으로 쓰였다. 다른 축복들과는 달리 주 안에서 죽는 자의 복됨을 성령께서 친히 확정하신다.

B. **알곡 추수**(14:14-16)

앞부분에서 임박한 심판을 예고한 이후에 두 개의 작은 환상이 연이어 나온다. 둘 다 마지막에 이루어질 심판을 다룬다. 먼저는 알곡 추수에 관한 것이고 나중은 포도 수확에 관한 것이다. 이것은 실제적인 상황이 아니라 상징을 이용하여 종말의 때에 일어날 사건을 상당히 극적으로 처리하고 있다. 요엘 선지자가 열방을 향해 건넨 경고의 예언을 상기하면 알곡 추수와 포도 수확의 두 환상은 모두 심판을 상징한 것으로 볼 수 있다. "너희는 낫을 쓰라 곡식이 익었도다. 와서 밟을지어다. 포도주 틀이 가득히 차고 포도주 독이 넘치니 그들의 악이 큼이로다"(3:13).

13절에서 천상의 격려 메시지로 잠깐의 쉼을 가진 후에 요한은 자신의 신실한 독자들을 세상을 향한 하나님의 심판이라는 주제로 이끌고 간다. 곡식 추수 장면은 다시 19:11-21에서 보다 확대된 모습으로 전개된다. 순교한 영혼들의 부르짖음과 함께 세상을 눈여겨 살피시던 하나님에게 모든 것이 무르익었다. 하나님은 파종의 때를 아시듯이 결실의 때도 아신다. 세상을 창조하기 훨씬 이전부터 하나님은 이 '때'를 알고 계셨다. 역사 속에서의 심판이라는 경험이 인간에게 인지되기까지는 오랜 시간이 걸렸다. 아벨의 피가 땅에서 하나님의 보좌에 호소하던 때로부터 순교한 영혼들의 울부짖음에 이르기까지 의로운 피 흘림은 이 마지막 순간을 위해 필요불가결한 일이었다.

한편 마 3:11-12에 나오는 타작 마당은 추수 장면과 연관하여 의인들을 악인들로부터 구별하여 모으는 것으로 되어 있다. 알곡은 모아 곡간에 들이고 쭉정이는 꺼지지 않는 불에 태우신다. 이럴 경우에 알곡 추수의 심판은 포도 수확의 경우처럼 파멸만이 아니라 구원을 위한 것이다. 쭉정이에서 알곡을 골라내고 모래 더미로부터 진주를 구하듯, 악인들 틈바귀에서 의인들을 골라내시는 구원의 의미가 분명하다. 백보좌 심판에서 생명책에 그 이름이 기록된 성도들 역시 상급을 위해 행위를 따라 심판을 받는다(20:12). 이 심판은 악인들의 파멸을 위한 심판과는 엄연히 구별된다.

추수는 종말론적 표현이다(사 17:5, 18:4-5, 24:13; 렘 51:33; 호 6:11; 욜 3:13; 마 4:12-13). 주님의 말씀에서도 이 점은 분명히 드러났다(마 9:37-38, 13:30, 39; 막 4:29), 예언자들도 이런 의미에서 사용했다(렘 51:33; 호 6:11). 알곡 추수는 죄인에게서 의인을 골라내는 주님의 구원 사역인 동시에 가라지를 걸러내는 심판 사역이기도 하다. 알곡만을 골라내는 것이 아니라 알곡과 가라지를 분리한다. 가라지로서는 심판이요 알곡으로서는 구원이다. 청한 자들 중에서 택한 자들을 골라내신다. 벌링거는 입법자요 심판자이신 그리스도(약 5:12)께서 파종자(마 13:37)와 추수자로서의 '인자'로 성경 마지막 부분에 이르러 호칭되었음을 주목하였다. 주님이 최초로 스스로를 인자라 밝힌 것은 마 8:20이다.

14 또 내가 보니 흰 구름이 있고 구름 위에 사람의 아들과 같은 이가

앉았는데 그 머리에는 금 면류관이 있고 그 손에는 이한 낫을
가졌더라
15 또 다른 천사가 성전으로부터 나와 구름 위에 앉은 이를 향하여
큰 음성으로 외쳐 가로되 네 낫을 휘둘러 거두라 거둘 때가 이르
러 땅에 곡식이 다 익었음이로다 하니
16 구름 위에 앉으신 이가 낫을 땅에 휘두르매 곡식이 거두어지니라

14 또 내가 보니

원문에서는 본절이 1절에 묘사되었던 "내가 보니 보라"(Καὶ εἶδον, καὶ ἰδοὐ / 카이 에이돈, 카이 이두)와 똑같은 형식으로 새로운 환상을 시작한다. 매우 특별한 내용임을 암시한다. 곡식 추수와 포도 수확의 환상은 마지막 일곱 대접의 재앙에 대한 서론 격이 된다. 이는 신실한 자들을 격려하던 12-13절의 내용으로 잠시 중단되었던 하나님의 심판 주제로 되돌아왔음을 의미한다. 14-20절은 6절에서 시작된 심판의 선언을 두 개의 그림 같은 장면을 통하여 더 세밀하게 다루고 있다.

구름 위에 사람의 아들 같은 이가 앉았는데

"사람의 아들 같은 이"(ὅμοιον υἱὸν ἀνθρώπου / 호모이온 휘이온 안뜨로푸)는 천사들 중의 하나가 아니다. 복음서 전통에 따르면 '인자'는 구름을 타고 오시는데(마 24:30, 26:64; 막 13:26, 14:62; 눅 21:27; 그리고 계 1:7 참조), 이분은 하나님의 영광 받으신 그리스도이시다(Beale, Charles, Johnson, Chilton, Giesen, Mounce, Osborne). 이를 천사로 해석하는 이들도 있다(Kiddle, Michaelis, Aune). 본 절

에서 “사람의 아들 같은 이”는 “옛적부터 항상 계신 자”에게서 권세와 영광과 나라를 받은 바로 그 인자이시다(단 7:13).

주님은 종말의 때에 이르러 자신이 하나님의 권능의 보좌 우편에 앉아 계실 것을 적대자들을 향해 공언하셨다(눅 22:68).

권능의 보좌에 앉은 이가 바로 본 절의 구름 위에 앉은 사람의 아들 같은 그분이시다. 인자의 모습으로 나타나신 주님은 구원과 심판을 의미한다(마 24:27-51; 막 13:26; 눅 21:27). 헨드릭슨은 ‘흰 구름’을 성결(‘흰’)과 심판(‘구름’)의 상징으로 보았다.

여기의 인자는 세 가지 뚜렷한 특징을 지녔다. 첫째, 그는 구름 위에 계신다. 단 7:13에는 옛적부터 항상 계신 이가 구름을 타고 계신다고 했는데, 이곳에서는 연거푸 세 번에 걸쳐 그가 구름 위에 계신 것으로 되어 있다(14, 15, 16절). 특히 14절에서는 ‘흰 구름’으로 되어 있는데 흰옷처럼 정결(6:11, 7:9, 13), 지혜(1:14), 영광(4:4), 승리(19:11, 14)를 상징한다. 둘째, 그는 금 면류관을 쓰셨다. 천상의 이십사 장로(4:4) 역시 금 면류관을 썼으나 황충은 금 같은 면류관을 썼다(9:7). 면류관(στέφανος / 스테파노스)은 경기에서 승리한 자가 쓰는 관이거나 통치자의 주권을 상징하였다. 셋째, 그는 이한 낫을 가졌다. 이한 낫은 14:14-19에서만 일곱 번 사용되었다. 낫은 마지막 추수 때 나타날 하나님의 심판을 상징한다.

강조는 낫 자체보다 낫의 날카로움에 있다.

여기에서 흰 구름이 심판(1:7)을 암시하는지 구원(10:1, 11:12)을 암시하는지는 논의가 있지만, 이미 앞에서 밝힌 대로 정결과 승리에 대한 상징으로 보는 것이 타당하다. 그리스도는 흰 구름 위에 좌정하고 계시다. 이는 땅의 곡식 수확을 준비하시는 그리스도의 영광스러운 승리에 대한 암시로 이해하는 것이 옳다. 흰 구름을 굳이 심판과 구원의 이미지로 연결한다면 장차 악인에 대한 심판주로 의인에 대한 구원주로 강림하실 영광스런 승리자이신 그리스도와도 잘 부합된다.

그 머리에는 금 면류관이 있고

"금 면류관"은 그의 왕적 권위를 나타낸다(4:4, 10, 그리고 2:10, 3:11, 12:1 참조). 실제로 계시록에서 금 면류관은 본 절을 비롯하여 세 군데 더 나온다. 무저갱으로부터 나온 황충들이 금 같은 면류관 비슷한 것을 썼고(9:7), 하늘의 보좌에 있는 이십사 장로들이 금 면류관을 썼다(4:4, 10). 이 왕적인 권위는 자기 백성만이 아니라 적대자를 심판하시는 이의 권위까지 포함한다(19:11-12). 19장의 백마를 타신 분은 많은 면류관을 쓰긴 하였어도 금 면류관이라 밝히지는 않았다. 그렇지만 그가 '만왕의 왕이요 만주의 주'이신 그리스도로서 왕적 권위를 지닌 분임을 부인할 수는 없다. 그래서 찰스는 이것이 부활하신 그리스도의 영광을 묘사한 것이며 금 면류관은 그가 곧 메시아임을 가리킨다고 해석하였다.

모리스는 이곳의 인물을 그리스도라 해석하면서도 논쟁을 제기하였다. 14절에 보면 또 다른 천사가 구름 위에 앉은 인자를 향하여 명령을 전하고 때를 알지 못하였다는 점을 들어 논쟁을 제기했지만 큰 문제는 아니다. 천사는 다만 천사일 뿐 그는 아버지의 명령을 전하는 메신저에 불과했다. 천사는 감히 그리스도에게 자기 고유의 권한으로 명령할 수가 없다. 그는 단지 하늘 성전에 계신 성부 하나님께로부터 받은 명령을 성자 그리스도께 전달하고 있을 뿐이다.

천사는 계시의 주창자나 수령자가 아니다. 그는 단지 계시를 명하시는 분에게서 받은 계시의 내용을 수령하실 분에게 전달하는 매개자에 불과하다. 비록 그가 존귀한 일을 수행하고 있긴 하지만 계시의 알파와 오메가는 아니다. 수원지의 물을 저수지로 옮기는 수로 역할을 할 뿐이다. 수로는 수원지나 저수지의 물을 능가하지 못한다.

계시록에는 천사들이 많이 등장하고 있지만 단 한 번도 그들 자신으로부터 신적인 메시지는 나오지 않았다. 명령은 천사가 아니라 아버지에게서만 나오며, 아들도 그 날과 그 시(때)는 알지 못한다고 주님께서 분명하게 밝혀주셨다(마 24:36; 막 13:32; 행 1:7). 콜린스는 천사로 해석했다.

15 또 다른 천사가 성전으로부터 나와

이 천사는 14절에 묘사된 인자와 뚜렷하게 구별된다. 흰 구름 위에 앉은 사람의 아들과 같은 이, 곧 인자 같은 이는 영광의 아들이신 바로 그 '인자'이시다. 다른 천사가 인자에게 포도 수확을 명령했다고 하여 그가 인자보다 상위의 존재라 규정할 근거는 되지 못한다. 천사는 자신의 명령이 아니라 보좌로부터 나온 명령을 단지 전하고 있을 뿐이다. 그는 초반부에 등장했던 다른 천사들의(6-9절) 동류이다. 다만 차이가 나는 것은 그들이 심판의 메시지를 선포했을 뿐임에 비하여, 여기의 천사는 심판 집행을 명령하고 있다는 점이다. 불을 다스리는 천사는 제단으로부터 나왔는데(18절) 여기의 천사는 성전에서 나왔다. 성전은 하나님의 거소이다.

다시 한 번 정리하자면 이렇다. 하나님의 명령이 보좌로부터 나온다. 천사는 하나님으로부터 심판 집행의 명령을 전해 받는다. 천사는 자신에게서 나온 명령이 아니라 성전에 거하시는 하나님으로부터 받은 명령을 성전 밖으로 나와 구름 위에 앉아 계신 아들에게 전한다. 그러므로 주님의 행함은 천사의 명령에 따른 것이 아니라 아버지의 명령을 성실하게 준행한 것이다. 주님은 지상 사역 동안에도 자신의 의도가 아니라 오직 아버지의 명령을 따라 말씀하셨고(요 7:16-17, 12:50), 아버지가 행하시는 것만을 철저히 행하셨으며(요 5:19), 아버지의 기뻐하시는 뜻만을 온전히 행하셨다(요 5:30, 6:38-39, 8:29).

16 낫을 땅에 휘두르매 곡식이 거두어지니라

비얼은 두 개의 수확을 심판에 대한 강조로 이해했으나 두 개의 수확은 정황상 비슷해도 실제적으로는 성격이 전혀 다르다. 캐어드는 곡식 추수를 의인의 거두어들임으로 해석하였다. 17-20절의 포도수확이 악인에 대한 심판이 분명한 이상 이곳의 곡식 추수는 악인에 대한 심판이 아니라 의인을 거둬들이는 것으로 간주하여야 한다(Osborne, Charles, Lenski, Bauckham, Ladd, Hendriksen). 요한은 곡식 추수가 갖고 있는 엄청난 상징적 파괴력에도 불구하고 아무런 설명도 보충하지 않는다. 그는 단지 인자가 낫을 휘두르자 곡식곧 알곡이 거두어졌다는 간단한 서술만 하고 있을 뿐이다. 수신자들의 상상에 맡기는 처사다. 언제나 죄악이 관영했을 때 하나님의 심판이 임했다. 하나님께서 정하신 시기란 심판을 내리기로 작정한 어떤 높이에 한 치의 틈도 들어가지 못할 만큼 완벽하게 닿을 바로 그 결정적인 순간을 의미한다.

이스라엘 백성들에게 가나안 땅이 약속으로 주어졌지만 그의 실현은 4대를 기다려야 하였다. 성경은 그 이유를 단적으로 이렇게 설명한다. "네 자손은 사대 만에 이 땅으로 돌아오리니 이는 아모리 족속의 죄악이 아직 관영치 아니함이니라"(창 15:16). 노아의 홍수는 세상의 죄악이 관영했기 때문이며(창 6:5), 소돔과 고모라도 그 성에 관영한 죄악 때문이었다(창 18:20–21). 왕의 폐함과 세움도 하나님께서 정하신 때에 맞추어 이루신다(단 8:23). 불법의 사람 곧 멸망의 아들은 나타나야 할 때에 나타나 폐해야 할 때에 폐함을 당한다(살후 2:6–8).

"구름 위에 앉으신 이"란 표현이 반복적으로 언급되었는데, 이는 인자 되신 그리스도가 지니신 권세와 행하시는 곡식 수확 사역의 완결성을 강조한다. "휘두르매"(ἔβαλεν / 에발렌)의 예기적 미완료 시제는 매우 강력한 비유법으로서 곡식거둠이 매우 단호한 행동임을 나타낸다. 주님이 의인인 알곡을 거두시고자 이한 낫을 휘두르심과, 다른 천사가 악인인 익은 포도를 거두고자 이한 낫을 휘두르는 것은, 서로 대조적이면서 백보좌 심판에서의 성도와 악인들이 처한 장면(20:12와 20:13–14)과 병행을 이룬다.

두 개의 다른 수확은 14장 서두에서 이미 나타나 있다. 우주적인 규모의 곡식 수확에 대한 원형(antecedent)은 십사만 사천의 모습에서 발견된다(1–4절). 그들은 구속 받은 성도들로서 하나님과 어린양에게 바쳐진 곡물이다. 이는 가나안에서 거둔 곡물의 첫 이삭에 해당한다(레 23:9–14). 한편 하나님께서 예비하신 진노의 포도주를 마실 자들에 대한 원형 역시 짐승과 그의 우상에게 경배하고 이마나 손에 짐승의 표를 받은 자들에게서 발견된다(8–11절).

첫 수확이 일회적인 사건임에 비해 둘째 수확은 포도를 수확하고 다시 포도주 틀에 넣는 두 국면으로 진행된다. 곡식 수확은 인자에 의하여, 포도 수확은 다른 천사에 의해 이루어진다. 보컴은 포도 수확 이후에 포도주 틀을 밟는 이를 그리스도로 보았다. 그렇다면 그리스도는 곡식 수확에선 구원주로, 포도주 틀을 밟는 이로선 심판주로 드러난다.

그러나 곡식 수확과 포도 수확을 단순히 구원과 심판이라는 도식으로 설명하기엔 복잡한 측면이 있다. 성경에서는 곡식 수확이 긍정적인 면(요 4:35-38)만이 아니라 부정적인 의미(사 17:4-5; 렘 51:33; 호 6:11)도 겸하고 있어서 해석의 적용상 어려움을 제공한다. 이는 곡식 추수를 열방의 회심이라는 긍정적인 잣대로, 포도 수확을 회개하지 않는 열방에 대한 부정적인 진노의 이미지로 이해한 것이다. 이후에 그분은 '백마를 타신 그리스도'로서 맹렬한 진노의 포도주 틀을 밟는 분으로 묘사되었다(19:15).

C. **포도 수확**(14:17-20)

곡식 수확이 한 장면으로 간단히 처리되었음에 비해 포도 수확은 장면이 세밀하게 전개된다. 마운스는 14-16절의 알곡 추수는 의인을 골라내는 것이며, 17-20절의 포도 수확은 악인을 심판하시는 것이라 해석하였다. 그는 지지 근거로 복음서의 구절들을 인용하였다(마 9:37-38; 막 4:29; 눅 10:2; 요 4:35-38). 스웨트와 캐어드도 같은 입장을 표명했다. 캐어드는 그 이유를 밝혔다. 곡식 추수는 의인을 거두어들이는 것이기에 추수꾼인 인자 자신이 친히 나섰으며, 포도수확은 원수와 박해자들에 대한 심판이기에 진노의 천사에게 맡겼다는 주장이다. 은혜의 추수는 주님이, 진노의 수확은 천사에게 맡겼다는 논리다.

그러나 종말론적인 추수 개념에는 두 가지의 의미가 포함되어 있다. 이에 대하여 비슬리-머리는 반대하였다. 키들도 캐어드와 같은 이분법에 반기를 들었다. 찰스는 19:11-16의 포도주 틀을 밟음이 하나님의 아들에게 맡겨진 사역이었음을 근거로 이분법적 해석에 회의를 나타냈다. 곡식 수확에 비해서, 포도 수확을 악인에 대한 심판으로 이해하기가 쉽다. 백위드는 곡식 수확이 신자와 불신자에 대한 심판이며 포도 수확은 불신자에 대한 심판을 상징한 것이라 보았다. 그의 해석이 적절하다. 그러나 곡식 추수와 포도 수확은 동일한 주제를 달리 표현한 것일 수도 있다. 구약에서 곡식 추수와 포도 수확은 자기 백성에 대한 하나님의 심판을 상징했다(호 6:11; 애 1:15).

곡식 추수는 포도 수확과 함께 너무 과장된 표현으로 인하여 그 중심 메시지가 간과되기 쉬우나 하나님의 극렬히 타는 진노에 비하면 오히려 미약한 편이다. 포도주 틀에 포도송이를 던져 짓밟아서 피가 말굴레까지 닿아 1,600 스다디온까지 퍼진 것은 상상할 수 없을 만큼의 심판 강도와 규모를 짐작케 한다. 포도주를 밟았는데 포도주가 아니라 피가 나왔음은 상징 속의 현실로서 그 참혹한 정경을 사실적으로 묘사하기 위함이다. 보통 압착기를 눌러 짜거나 사람이 직접 발로 밟지만 본 환상에서는 엄청난 양의 포도송이를 처리하기 위해 말들까지 동원한 것으로 보인다. 그래서 흘러나온 피가 말굴레 곧 재갈과 고삐 있는 곳까지 미쳤다.

17 또 다른 천사가 하늘에 있는 성전에서 나오는데 또한 이한 낫을 가졌더라

18 또 불을 다스리는 다른 천사가 제단으로부터 나와 이한 낫 가진 자를 향하여 큰 음성으로 불러 가로되 네 이한 낫을 휘둘러 땅의 포도송이를 거두라 그 포도가 익었느니라 하더라

19 천사가 낫을 땅에 휘둘러 땅의 포도를 거두어 하나님의 진노의
큰 포도주 틀에 던지매
20 성 밖에서 그 틀이 밟히니 틀에서 피가 나서 말굴레까지 닿았고
일천 육백 스다디온에 퍼졌더라

17 또 다른 천사가 하늘에 있는 성전에서 나오는데

곡식 추수의 환상에 이어 포도 수확의 환상이 전개된다. 성전에서 나온 "또 다른 천사"의 손에도 이한 낫이 들려졌다.

그 천사도 이한 낫을 지녔지만 인자이신 그리스도와는 전적으로 다르다. "다른 천사"(ἄλλος ἄγγελος / 알로스 앙겔로스)는 금 면류관이 없어 14절의 인자와 뚜렷이 구별된다. 다른 천사는 성전에서 나오는데, 15절의 말씀에 비추어 역시 그리스도와 구별된 존재임을 보여준다. 그가 성전에서 나왔음은 그가 지니고 있는 권세가 18절의 불을 다스리는 천사와 함께 성전의 하나님께로부터 온 것임을 시사한다. 다만 18절의 "다른 천사"는 성전이 아닌 제단에서 나온다. "이한 낫"(δρπανον / 드르파논)은 굽은 낫으로 휘어진 칼 모양을 비롯하여 다양한 형태가 있었다. 낫은 곡식을 벨 때 사용되었고(신 16:9) 포도나무 가지를 다듬을 때에도 사용되었지만 주로 포도송이를 자를 때에 사용되었다(욜 3:13). 이사야는 말일에 이르면 칼을 쳐서 보습을 만들고 창을 쳐서 낫을 만들 것이라 하여 전쟁이 끝나고 평화의 시대에 쓰일 도구로 묘사했다(2:4). 그런데 본 절에서는 낫이 전쟁을 넘어서 엄중한 종말 전 심판의 도구로 상징되었다.

18 불을 다스리는 다른 천사가 제단으로부터 나와

제단은 성도의 기도와 심판과 연관되었다(8:3-5). 불을 다스리는 다른 천사가 번제단에서 나왔다면(6:9, 11:1), 순교자의 피가 보수를 신원함과 연관되었다. "불을 다스리는 다른 천사"란 '불을 능히 제어할 수 있는 권세를 가진'(ἔχων ἐξουσίαν ἐπὶ τοῦ πυρός / 에콘 엑수시안 에피 투 퓌로스) 다른 천사를 의미한다. 향단(8:3-5, 9:13)에서 나왔다면 끝을 재촉하는 성도의 기도와 연관되었다. 어디와 연관시킨다 할지라도 불을 다스리는 천사의 사역은 세상에 대한 종말적인 심판임을 알 수 있다. 불은 맹렬한 화염처럼 극도로 엄중한 하나님의 심판을 상징하고 있다. 어떤 유대 전통(에녹전서 60:11-21; 희년서 2:2)에서는 하나님이 천사들에게 바람과 불 그리고 흙과 불을 주관토록 하셨다(Charles, Aune, Lohmeyer). 아브라함 유언서 12:14과 13:10에 불을 다스리는 천사의 이름이 푸르엘(Purouel)로 명시되었다.

7절과 9절에서 큰 음성을 발한 다른 천사가 '불'을 다스리는 천사와 같다면 강조점은 또한 메시지에 있다. 일곱 째 인을 떼실 때 일곱 나팔을 받은 일곱 천사가 잠시 대기하고 있는 사이에 다른 천사가 등장한다. 이 천사는 제단 곁에 서서 금향로를 가지고 많은 성도들이 드린 기도에 향을 섞어서 보좌 앞 금단에 드린다. 향연이 성도들이 드린 기도와 함께 보좌에 계신 하나님 앞으로 올라갈 때 천사는 단 위의 불을 향로에 담아 땅에 쏟는다. 향로는 비워지고 대신 불로 채워진다(8:3-5). 금향로에 가득 찼던 향은 성도들의 기도와 함께 하나님에게 올려지고 그 대신에 단 위의 불로 가득 채워진다. 이 천사가 본 절의 불을 다스리는 천사에 연관될 수 있다.

땅의 포도송이를 거두라 그 포도가 익었느니라

모리스는 포도 수확이 심판을 아주 적절하게 표현한 것이라 보았다. 헨드릭슨은 곡식 수확이 전체 악인의 무리를, 포도송이가 개인으로서의 불신자를 상징한다고 보았다. 그럴 경우에 두 환상은 모두 불신자들에 대한 심판이라는 결론이 나온다. 낫을 휘두르는 거친 동작은 악인들을 진멸하기 위한 천사의 사역이 용사의 모습에 가까움을 연상시킨다. 이한 낫을 '휘두르는' 모습은 15절의 곡식 추수 때의 장면과 함께 매우 강하고 거의 폭력에 가까운 행동임을 느끼게 한다.

"휘둘러"(ἔβαλεν / 에발렌)는 문자적으로 내던짐을 뜻한다. 휘익 던져서 한꺼번에 거둘 포도를 싹 베어버리는 모습이다. 본 절은 16절의 표현과 함께 둘 다 같은 시제(단순과거)를 사용하여 동작의 폭력성을 더욱 강조하고 있다. 이한 낫 가진 천사는 불을 다스리는 천사의 메시지를 듣고 그대로 휘둘러 포도주를 거두었다. 곡식 추수와 포도 수확 모두에 휘두르라고 해서 휘둘렀으며 곡식은 곡식대로, 포도는 포도대로 거두어졌다. 천사의 큰 외침과 이한 낫의 휘두름과 큰 포도주 틀에서 밟음과 거의 200마일 가까운 넓이로 퍼져 감은 모두 혹독한 심판을 강조하는 생생한 표현들이다.

20 **틀에서 피가 나서 말굴레까지 닿았고**

이는 "사악한 자에게 임하는 하나님의 진노"를 나타낸다(Beckwith). 곡식 수확이 의인과 악인에 해당되는 상징임에 비해, 포도 수확은 전적으로 악인의 진멸에 대한 상징이다. 캐어드는 이를 순교자의 죽음으로 해석했다. 캐어드의 논점은 이렇다. 성경에서 '포도'(ἄμπελος / 암펠로스)는 이방인에 대한 심판과 연루된 적이 없으므로 교회에 대한 상징으로 간주하여야 한다는 것이다. 포도는 이스라엘을 상징하기도 하였으며(시 80:8-13; 사 5:17; 렘 2:21; 호 14:8), 이스라엘이 누리는 풍요를 상징하였다(사 36:16; 미 4:4; 슥 3:10, 8:12; 말 3:11). 그러나 포도는 배역한 이스라엘에 대한 상징으로도 사용됐다(사 7:23, 32:12; 렘 6:9, 8:13; 애 2:6; 겔 15:6, 17:6-10, 19:10-14; 욜 1:7, 12). 한슨과 브루스는 이 장면묘사를 그리스도의 죽음에 대한 언급으로 보기도 했다. 틀에서 흘러나온 피가 말굴레의 높이까지 이르렀음은 집단적 살육과 대대적인 참상이 있을 것임을 암시한다. 포도 수확은 원래 즐거운 일인데, 악인의 입장에서는 참혹한 심판의 현장이 되겠지만 의인의 관점에서는 더할 나위없는 신원의 때가 되므로 즐거운 축제의 의미를 지닌다.

일천 육백 스다디온에 퍼졌더라

1,600=16×100인데 16은 땅의 수 4를 두 번 곱한 것이요, 100은 완전수 10을 두 번 곱한 것이다. 이 세상과 악인들에 대한 심판이 완전함을 뜻한다. 제롬은 단에서부터 브엘세바까지 이르는 팔레스타인의 거리가 160마일이며, 이를 환산하면 1,280스다디온에 이른다고 했다. 바클레이와 찰스는 이것을 온 땅 위에 임하는 완전한 심판의 상징으로 이해하였다. 자이스는 남동쪽 보스라(사 34:6-8, 63:1-6)에서 북서쪽 므깃도 골짜기까지로 보았다. 므깃도는 에스드랄론 대평원, 또는 계시록에서 아마겟돈이라 불리는 곳으로서 하나님이 자신의 대적을 멸하신 곳으로 알려졌다. 여선지 드보라가 사사로 있을 때 야빈의 철병거 900승이 멸절을 당한 곳이다(사사기 4장). 기드온의 300 용사의 승리가 있기 전까지는 미디안과 아말렉과 동방의 잡족이

거하던 곳이다. 삼손이 블레셋에게 대승을 거둔 곳이요(사사기 15장) 다윗이 골리앗을 죽인 곳이다(사무엘상 17장).

요엘 선지자는 이곳을 여호사밧 골짜기라 호칭하였다(욜 3:12, 14; 대하 20:20-23). 땅의 왕들과 그 군대들이 에돔의 보스라에서 갈릴리의 에스드랄론까지 진을 칠 것이다(16:14, 9:19). 그들의 멸망으로 인해 말굴레의 깊이가 1600 스다디온에 이르기까지 피에 젖을 것이라고 해석했다(사 34:1-8). 헨리 모리스는 더욱 구체적인 계산을 통해 이 구절이 아마겟돈 전쟁에 대한 시사라 보았다. 보스라는 사해 남쪽 끝에서 남동쪽으로 20마일 지점에 있는 옛 이두매 또는 에돔 사람들의 본거지였다. 보스라에서 여호사밧 골짜기를 거쳐 아마겟돈까지 약 140마일에 이른다. 1,600 스다디온은 약 200마일이다. 계 9:16의 마병대의 숫자 이만만을 문자적으로 취했을 경우 2억이 된다. 2억의 사람을 밀집 대형으로 벌려 전후좌우로 1.5m의 간격이 되게 정렬시켰을 때에, 1마일 넓이와 180마일의 길이가 소요된다. 래드와 비슬리-머리는 두로에서 애굽 경계까지의 팔레스타인 거리가 약 1,664 스다디온인 점을 소개했다. 백워드는 1,600 스다디온이 홍해의 길이라는 주장과 함께 팔레스타인 길이로 해석한 시도를 환상적인 것으로 비판하였다.

① 역사주의적 관점 → 심판에 대한 두 개의 상징은 이미 전술한 모든 이미지와 환상에서 설명되어졌던 주제이다. 14장 후반부에서는 특별히 곡식 추수와 포도 수확의 이미지로 그 내용을 선명하게 한다. 원래 이스라엘에선 곡식 추수는 봄에 포도 수확은 늦여름에 시행했다. 곡식 수확은 종말의 때에 의인들을 왕국으로 모아들임이요, 포도 수확은 악인들을 진멸함에 대한 언급이 확실하다. 1,600 스다디온에서

1,600이란 숫자는 40×40으로 심판의 숫자로서 엄중한 심판을 상징한 것이라 주장하는 견해도 있으나 반즈에 의해 반박당했다. 거대한 살육이 일어나 강과 바다는 피로 물들고, 교회의 원수들은 완전하고 최종적으로 파멸되어 궁극적인 승리가 교회에 주어질 것이다.

② 과거주의적 관점 → 두 개의 다른 사건으로 보는가 하면 한 사건의 다른 묘사(Clark)로 보는 견해가 있다. '곡식 수확과 포도 수확이 각각 의인과 악인의 모아들임에 대한 묘사인가? 아니라면 둘 다 악인의 모아들임에 대한 묘사인가?'에 대해서는 견해차가 있다. 러셀(Russell)을 비롯한 많은 주석가들은 곡식 수확을 66~70년경에 펠라로 유대 크리스천들이 피신한 사건으로 간주하고, 포도 수확을 70년에 일어난 예루살렘 멸망으로 보면서 이를 마 24:31-34의 예언이 성취된 것으로 여긴다. 캐링톤은 70년의 예루살렘 멸망을 하나님의 포도나무인 이스라엘이 베임 당한 것으로 해석했다.

③ 미래주의적 관점 → 역시 두 수확이 의인(마 13:30)과 악인(마 24:31-34)에 대한 서술임을 대체적으로 동의하지만, 포도 수확의 첫 단계인 익은 포도송이를 거두는 것이 심판이 떨어지기 전에 성도를 모아들임인지, 아니면 전체적으로 심판에 관한 묘사인지에 대해서는 논의가 분분하다. 대부분의 학자들은 심판에 대한 장면으로 여긴다(Ryrie, Mounce, Gaebelein, Seiss). 아이언사이드는 포도를 배역한 이스라엘로 간주했으나 왈부어드는 보다 일반적으로 적용하여 종족에 상관없이 사악한 자들에 대한 통칭으로 이해했다. 구름 위의 인자를 그리스도로 보는 것이 대세이다(Walvoord, Ryrie, Gaebelein, Ironside, Weidner). 다른 천사가 '이한 낫 가진 그리스도'를 향하여 명령하는 장면은 성도가 드린 신실한 기도에 대한 응답으로 해석한

다. 곡식 추수는 인자이신 '그리스도의 낫'으로 거두지만, 악인들을 심판하는 포도 수확의 경우에는 그리스도의 낫이 아니라 '천사의 낫'이 사용된다. 하나님의 진노의 큰 포도주 틀을 심판 이외에 다른 의미로 받아들이기가 어렵다. 이 심판 장면은 지옥이 아니라 지상에서 일어나는 사건이다. 아마겟돈 전쟁의 이미지(19:17-19)와 연결시킴이 적절하다. 게벌레인도 20절의 묘사를 아마겟돈 전쟁에 대한 최초의 언급으로 이해하였다.

④ 이상주의적 관점 → 두 종류의 수확을 모두 사악한 자의 심판으로 여겼지만(Dana, Summers, Moffatt), 윌슨과 백위드는 곡식 수확을 마 13:30과 39절에 근거하여 의인과 악인에 대한 것으로 해석했다. 그러나 대부분의 학자들은 곡식 수확이 의인을 모아들인 사건이라고 받아들였다(Swete, Alford, Milligan, Wilcock). 14:14-20은 그리스도의 재림 시에 있을 마지막 심판에 대한 세 번째의 그림이다(6:12-17, 11:15-18). 16절은 의인들의 휴거에 해당하며 17-20절은 악한 자들에 대한 것이다. 혹자는 구름 위에 앉으신 분이 천사에게 명령을 받는 모습을 근거로 그리스도라 볼 수 없다고 주장한다. 그러나 보좌로부터 나온 "사람의 아들과 같은 이"를 인자하신 그리스도로 볼 수 없다면 누구로 보아야 하겠는가? 그의 정체성에 대한 해석은 쉬운 일이 아니다.

VI. 다섯째 환상 : 일곱 대접(15:1-16:21)

아직 환상은 끝나지 않았으나 재앙은 일곱 재앙으로 모두 끝이 난다. 일곱 인과 일곱 나팔에 이어서 마지막 재앙은 '일곱 대접'으로 상징되었다. 이 대접은 곧 하나님의 진노의 대접이다(15:1, 16:1). 이 대접 재앙은 전적으로 짐승의 표를 받은 자, 곧 하나님의 원수들에게 쏟아진다(16:2, 6, 9). 그들은 회개하지 않고 하나님의 징벌은 더 강한 강도로 임해 온다(16:9, 11). 심판은 더욱 강화되고 세상은 마지막 종말의 시점을 향해 진군한다. 셋째 화에 대한 언급은 있었지만 셋째 화가 구체적으로 나타난 적은 없다. 8:13에 의하면 공중에 날아가는 독수리가 큰 소리로 '화'를 외친다. "땅에 거하는 자들에게 화, 화, 화가 있으리로다 이외에도 세 천사의 불 나팔 소리를 인함이로다." 황충의 첫째 화(9:1-12)와 마병대의 둘째 화(9:13-21)는 이미 지나갔다. 셋째 화에 대해서는 두 번에 걸쳐 언급되었지만(9:12, 11:14) 두 화처럼 드러나지 않는다. 요한에게 세 화는 중요한 의미가 있다. 그렇지 않았다면 굳이 '화, 화, 화'라고 말하지 않아도 될 노릇이었다.

대환난의 과정에서 세 화가 차지하는 비중은 대단히 높다. 일곱째 천사가 나팔을 불어 "하나님의 비밀이 그 종 선지자들에게 전하신 복음과 같이 이루어지기까지"(10:7) 세 번째 화는 결코 나타나지 않는다. 셋째 화는 반드시 주님의 강림 이전에 이루어져야 한다. 셋째 화를 일곱 대접으로 간주하는 이유는 이렇게 정리할 수 있다(Beale, Ladd, Mounce, Beckwith, Johnson). 15:1에는 일곱 대접이 마지막 재앙으로서 이것으로 하나님의 진노가 끝나는 것이라 되어 있다.

일곱 대접이 셋째 화가 아니라면 일곱 대접 이후에 셋째 화라 부를 만한 재앙이나 심판이 찾아와야 한다. 첫째 화와 둘째 화가 하나의 재앙으로 임해 왔음에 비해 셋째 화는 단일한 모습이 아니라 일곱 대접의 통합으로 임한다. 일곱이 완전수임을 감안할 때에 요한은 마지막 셋째 화를 완전한 일곱 대접의 구조 속에서 정리하여 셋째 화답게 의미를 부여하려고 했을 수도 있다.

하늘에 크고도 이상한 이적이 보인다. 일곱 인(4–5장)과 일곱 나팔(8:2–6)의 경우처럼 본격적인 일곱 대접 재앙에 앞서 15장은 일종의 막간으로서 일곱 대접에 대한 안내 역할을 한다. 15장은 16장에서 쏟아질 일곱 대접을 이해하고 준비시키는 순기능을 한다. 하나님의 진노의 잔에는 이미 포도주가 부어졌고(14:10) 알곡 추수(14:14–16)와 포도 수확(14:17–20)의 심판은 연대기적으로 성취된 것으로 묘사되었다. 14장과 15–16장 사이에는 분명한 일치점이 있다. 14:1–5에서 새 노래를 부르는 십사만 사천은 15:2–4의 모세의 노래, 어린 양의 노래를 부르는 무리들과 비슷하다. 14:6–11과 14–20절에 묘사된 세 천사의 심판 선언과 알곡 추수 포도 수확의 환상은 진노의 마지막이 될 일곱 대접을 다루고 있는 15:1, 16:1–21과 내용상 일치를 보인다. 15장은 전반부에 짐승과 그의 우상과 그의 이름의 숫자를 이기고 벗어난 자들이 부르는 어린양의 노래가 있고(1–4), 후반부에 일곱 천사가 네 생물 중의 하나로부터 금대접 일곱을 받는 장면이 있다.

1. 마지막 일곱 재앙(15:1)

15장은 본서에서 가장 짧은 장이다. 부피의 적음에 비해 다루고 있는 내용은 결코 가볍지 않다. 마지막 재앙을 준비하고 가장 경이적인 환상 중의 하나인 모세의 노래 곧 어린양의 노래 장면이 실려 있다. 본 장은 셋째 화(11:14)의 내용을 밝힘으로서 모든 재앙을 결론짓는다. 요한은 일곱 대접의 성격을 밝히는데 이것은 지금까지 쉬지 않고 진행되어 왔던 모든 재앙의 마무리에 해당한다. 일곱 대접의 마지막 재앙으로 인하여 하나님의 모든 진노가 완료된다. 일곱 대접이 마지막 재앙인 것은 그것들이 종말의 시점을 향해 있고, 그 방향으로 실제 이끌어가기 때문이다.

심판과 연관하여서 세상에 임하는 재앙의 모습은 지금까지 다양한 모습으로 묘사되어 왔다. 그것은 일곱 인, 일곱 나팔, 일곱 대접이라는 '일곱' 시리즈를 통해 요한의 독자들에게는 이 심판이 확실하고 완전하며 불가피한 것으로 주지되었다. 마지막 일곱 재앙으로서 15-16장은 일곱 대접의 기사로 이루어져 있다. 이 재앙들은 구약, 특히 출애굽의 재앙과 많은 면에서 유사하다. 17-18장이 바벨론의 멸망을 상세히 설명하고 있음에 비해 15장은 16장의 일곱 재앙을 준비하는 마중물의 역할을 하고 있다. 천사의 증언과 '이긴 자들'이 부르는 모세의 노래, 어린양의 노래가 단연 압권이다. 사실상 재앙은 14:10의 "하나님의 진노의 포도주"로 인해 이미 시작되었고 곡식 추수와 포도 수확의 환상에 의해 강조되었는데, 16장의 일곱 대접이라는 환상을 통해 보다 구체적으로 묘사되었다. 일곱 나팔에 의하여 주어졌던 심판과 연관된 계시가 보다 강화된 모습으로 나타났다. 일곱 인과 일곱 나팔을 통해 선언되고 일부 실현되었던 심판의 모든 것이 일곱 대접의 재앙을 통해 하나님의 보수하심으로 실행된다. 문학적인 관점에서도 일곱 나팔은 일곱 인의 확장이요 일곱 대접은 일곱 나팔의 확장판으로 비쳐진다.

심판을 암시하는 메시지는 '어린양의 진노'에서 출발하여(6:17), 7장의 인침 역사가 끝나고 8장에 들어서면서 일곱 나팔의 심판이 시작된다. 다섯째 나팔부터 일곱째 나팔까지 나중의 세 나팔은 '세 화'로 말미암아 심판의 강도를 더한다. 특히 여섯째 나팔 심판에서는 세 재앙으로 인하여 인류의 3분의 1이 멸절당한다(9:18). 셋째 화(11:14)는 마지막 재앙으로 일컬어진 일곱 대접을 포함하고 있다. 이로 인해 일곱 나팔로 시작되었던 하나님의 종말론적 심판이 대접 재앙에서 마무리되는 것을 보게 된다. 이 마지막 재앙은 주님의 종말론 강화에서 말씀하셨던 것처럼 "그날 환난 후에" 즉시로 일어난다.

15-16장의 일곱 대접 재앙은 완고한 세상을 향한 하나님의 궁극적인 경고로 이루어져 있다. 물론 아직까지도 회개와 갱신의 가능성은 여전히 유효하다. 그것은 하나님께서 유예하신 은총의 시간으로서 사람들에게는 마지막 기회의 문이 된다. 일곱 인에서 시작되어 일곱 나팔을 거치면서 심판 분위기는 더욱 고조되고 상승되어 왔다. 이제 일곱 대접에 이르러 요한의 환상은 최고의 극점을 향해서 치달린다. 완성을 향한 구원 역사의 마지막 시점에서 하나님의 진노는 드디어 '성취된다'(ἐτελέσθη / 에텔레스떼).

본서에서는 '재앙'(πληγὰς / 플레가스)이란 말이 모두 15회가 나오는데(9:18, 20, 11:3, 12, 14, 15:1, 6, 8, 16:9, 21, 18:4, 8, 21:9, 22:18) 모두 종말론적인 의미를 지닌다. 그 외에 신약에서는 7회밖에 나오지 않는데 그 의미도 종말론적으로 쓰이지 않았다. 15장은 근본 주제로서 새로운 출애굽의 모습을 보여주고 있다. 모세의 노래(출 15:1-18; 그리고 신 31:30-32:43 참조)는 짐승과 그의 우상과 그의 이름의 수를 이기고 벗어났음이 마치 바로의 철병거에서 벗어난 이스라엘의 경험을 암시한다.

종말론적 의미에서 하나님의 의인들은 얼마든지 영적인 출애굽을 경험한다. 이번에는 모순과 불합리가 공존한 가나안이 아니라 영광과 안식만이 존재하는 영원한 처소이다. 16장에서 구체화되는 일곱 대접의 재앙을 준비하며, 15장은 승리한 성도들의 구원 경험을 찬양으로 나타내 보인다.

한편에는 유리 바닷가에서 거문고를 타는 승리자들이, 다른 한편에는 하나님의 진노로 가득한 금대접을 받은 일곱 천사가 시위해 있다. 출애굽의 열 재앙처럼 지금 천상에서는 일곱 재앙을 가진 일곱 천사가 하나님의 명을 기다리고 있다. 비얼도 이곳의 마지막 일곱 재앙을 애굽에 내린 열 재앙과 본질적으로 일치한다고 보았다.

> 1 또 하늘에 크고 이상한 다른 이적을 보매 일곱 천사가 일곱 재앙을 가졌으니 곧 마지막 재앙이라 하나님의 진노가 이것으로 마치리로다

1 또 하늘에 크고 이상한 다른 이적을 보매

12:1에서는 단순히 '하늘에 큰 이적'이라 표현했다. 하지만 이곳에서는 "이상한 다른"이 더 첨가되었다. "크고"(μέγα / 메가)와 "이상한"(θαυμαστόν / 따우마스톤)이란 표현은 계시록에서 오직 이곳과 3절에만 나온다. 12장에서는 용과 미가엘이 여자와 남자 아이와 더불어 환상의 초점을 이루었다. 이곳에서는 일곱 대접을 가진 일곱 천사가 하늘의 환상들과 더불어 초점을 이룬다. '이적'(σεμεῖον / 세메이온)은 '기이한 현상'으로서 복음서에 많이 나오는 단어다. 복음서 전통에서는 이 말이 '기사와 표적'을 의미하는 '테라스'(τέρας / 테라스)와 동의어로 사용되었다(마 24:24; 요 4:48; 행 5:12). '이적'의 뜻으로 사용된 예들은 쉽게 찾아볼 수 있다(15:1, 16:14, 19:20; 눅 21:11; 요 9:16). "크고 이상한"(μέγα καὶ θαυμαστόν / 메가 카이 따우마스톤)은 일곱 천사들의 모습이 그럴 수 있었겠지만 그보다도 연속되어 나오는 마지막 재앙의 모습 때문이었을 것이다(16:21 참조).

일곱 천사가 일곱 재앙을 가졌으니 곧 마지막 재앙이라

일곱 재앙이 세상 종말 직전에 부어진다. "일곱 재앙을 가졌으니 곧 마지막"(ἔχοντας πληγὰς ἑπτὰ τὰς ἐσχάτας / 에콘타스 플레가스 헾타 타스 에스카타스)에서 '마지막'은 '일곱 재앙'과 동격으로서 강조의 뜻을 지닌다. 접속사 '호티'(ὅτι)는 일곱 재앙이 마지막인 이유를 밝혀준다. 그것으로 하나님의 진노가 마치기 때문이다. 메시아 왕국이 이르기 전에 끔찍했던 모든 형벌이 종료된다. 실질적인 원수의 진멸과 영원한 완성은 보다 나중에 이루어진다. 마지막 재앙은 재앙시리즈의 마지막일 뿐 아니라 인류 역사의 마지막 심판이다.

하나님의 진노가 이것으로 마치리로다

일곱 나팔이 불어졌을 때 하나님의 비밀이 전파된 복음과 같이 이루어지듯(10:7), 일곱 대접이 쏟아질 때 하나님의 진노도 '이루어진다'(ἐτελέσθη / 에텔레스떼). 이는 재앙이 완료됨에 대한 선언이다. 단순과거 수동태는 이 성취가 하나님에 의하여 이루어지는 것임을 분명하게 한다. 계시록에서 하나님의 '진노'를 나타낼 때에는 '오르게'(ὀργη, 6:16-17, 11:18, 16:19, 19:15) 또는 "뛰모스"(θυμός, 14:10, 19, 15:7, 16:1, 19, 19:15)로 표현되었으나 의미상 차이는 없다. 신약에서 '하나님의 진노'는 늘 종말과 연관하여 마지막 진노를 의미했다(마 3:7; 롬 2:5, 8, 5:9; 엡 5:6; 골 3:6). 일곱 재앙이 끝나면 곧이어 최후의 심판이 뒤따른다. 일곱째 인 속에 일곱 나팔 재앙이 들어 있고 일곱째 나팔 속에는 일곱 대접 재앙이 들어 있음에 비하여 일곱째 대접에는 재앙의 내용만이 담겨 있다. 일곱 대접이 마지막 재앙임을 이것으로도 알 수 있다.

일곱 재앙 중에서 다섯은 애굽인들에게 내렸던 열 재앙(출애굽기 7-10장) 가운데 다섯을 연상시킨다. 첫째와 셋째의 대접 재앙은 하나님께서 애굽인들을 치심으로 자기 백성을 해방시키신 사건을 연상시킨다. 일곱 대접 시리즈에는 단지 재앙뿐만이 아니라 홍해를 건넘(16:12), 모세의 노래(15:3), 시내산의 연기 중에서의 율법 수여(15:8), 증거 장막의 세움(15:5) 등이 들어 있다. 일곱 재앙을 통한 메시지는 분명하다. 출애굽에서처럼 자기 백성을 원수의 압제에서 해방시켜 약속의 땅으로 이끌어 가신다는 '구원의 테마'다.

2. 모세의 노래 : 어린양의 노래(15:2-4)

일곱 대접의 소개가 끝났으나 마지막 재앙은 15장이 끝나기까지 시작되지 않는다. 재앙과 재앙의 소용돌이 속에서 짐승과 그의 우상과 그의 이름의 수를 이기고 벗어난 자들이 부르는 노래가 초기의 환상을 차지한다. 노래의 제목은 '모세의 노래 곧 어린양의 노래'다. 노래의 주제는 '만국이 만국의 왕께 드리는 경배'다.

불의와 불공정한 세상을 어린양의 죽으심과 부활을 통하여 승리케 하신 하나님의 의도는 놀랍고 기이한 일이었다. 불가능한 승리를 일구어내신 하나님의 전능하심은 그분을 전능자로 호칭하면서 노래를 시작하는 모습에서 알 수 있다.

출애굽기 15장에서는 애굽의 장자를 멸하는 재앙 속에서 살아남은 이스라엘 백성들이 모세의 주도하에 새 노래 곧 승리의 찬가를 불렀다. 그것은 시편 이전의 시편으로서 하나님의 능력과 권세가 자기 백성의 해방이라는 기적을 이루었다. 출애굽기 15장과 요한계시록 15장은 심판과 승리의 노래라는 측면에서 많은 유사성을 갖고 있다.

이스라엘이 애굽의 속박에서 해방되고 적대자들에게 퍼부은 심판재앙에서 벗어났음은, 어린양의 추종자들이 짐승과 그의 우상과 그의 이름의 숫자를 벗어난 승리의 사건과 더불어, 역사 속에서 행하시는 하나님의 공의로우심을 충분히 드러내었다. 3-4절의 모세의 노래, 어린양의 노래는 구원의 노래라기보다 심판의 노래이다. 그와 같은 심판은 천하 만민과 열방의 제 민족들로 하여금 하나님의 의로우신 심판을 긍정하게 만든다. 하나님은 자신의 진노를 담은 대접을 천사들이 지상에 쏟음을 통해 영광을 받으신다.

4-5장의 환상에서는 천상의 보좌 앞에 수정과 같은 유리 바다가 있는데, 이곳에는 불이 섞인 유리 바다가 있다. 4-5장에는 어린양이 서 계시는데, 이곳에는 이제 '어린양의 양들' 곧 고난과 죽음을 통하여 자신들의 바른 정체성을 드러낸 승리자들이 서 있다. 4-5장에는 이십사 장로들이 거문고로 새 노래를 부르는데, 이곳에는 이긴 자들이 모세의 노래 곧 어린양의 노래를 부른다. 4-5장에는 만국의 왕 노릇을 노래하였는데, 이곳에서는 만국의 왕이 언급되었다. 4-5장과 이곳은 내용적으로 많은 유사점을 지니고 있다.

일곱 대접은 일곱 인과 일곱 나팔의 재앙이 일어나고 난 이후에 발생하리라 보는 것이 미래주의적인 관점이다(Rissi). 미래학파 중에는 일곱 대접의 재앙이 일곱째 나팔의 내용이거나 셋째 화의 내용이며, 일곱 나팔들은 일곱째 인의 내용이라 간주하는 이들도 있다(Beckwith, Mounce, Walvoord, Ladd, Kraft, Johnson, Seiss). 그러나 비얼은 요한이 비록 일곱 인과 일곱 나팔의 환상을 보고 난 후에 일곱 대접의 환상을 보긴 했지만, 그것이 꼭 연대기적 의미를 갖는다고 보기에는 어려움이 있음을 토로했다. 일곱 대접의 환상 이후에도 환상 장면들이 더욱 확장되고 있는 모습이 그 이유라고 주장했다. 일곱 대접 재앙 이후에 여러 장면들이 겹치고 새로운 모습을 보인다 해도 큰 틀에서의 재앙의 골격은 여전히 일곱 인 → 일곱 나팔 → 일곱 대접의 순서를 따른 것으로 보는 게 자연스럽다.

모세의 노래는 직전에 묘사되었던 심판의 환상 장면을 되돌아보게 한다. 모세와 어린양의 노래는 만국의 왕이신 주님의 공의가(3절) 의로운 심판으로 나타남으로써 만국이 그 왕께 당연히 바쳐야 할 경배(4절)를 언급한다. 비얼은 일곱 대접 재앙이 쏟아지기 전에 불린 모세의 노래(3-4절)와 일곱 나팔이 울리기 전에 하나님께 올려진 향연과 기도를, 전체 장면에서 하나의 삽입구가 되어 서로 맞물리는 기능을 하고 있는 것이라 보았다. 정확히 말하자면 8장에서는 향연을 올려드리기 전에 일곱 천사가 이미 일곱 나팔을 받았으나(2절), 15장에서는 모세의 노래 곧 어린양의 노래를 부른 후에 일곱 천사가 일곱 대접을 받았다(7절). 2-4절의 모세와 어린양의 노래는 12-14장의 결론 역할을 하면서 자연스럽게 일곱 재앙의 서론으로 이끈다.

2 또 내가 보니 불이 섞인 유리 바다 같은 것이 있고 짐승과 그의 우상과 그의 이름의 수를 이기고 벗어난 자들이 유리 바닷가에 서서 하나님의 거문고를 가지고
3 하나님의 종 모세의 노래, 어린양의 노래를 불러 가로되 주 하나님 곧 전능하신 이시여 하시는 일이 크고 기이하시도다 만국의 왕이시여 주의 길이 의롭고 참되시도다
4 주여 누가 주의 이름을 두려워하지 아니하며 영화롭게 하지 아니하오리이까 오직 주만 거룩하시니이다 주의 의로우신 일이 나타났으매 만국이 와서 주께 경배하리이다 하더라

2 또 내가 보니 불이 섞인 유리 바다 같은 것이 있고

"유리 바다 같은 것"(ὡς θάλασσαν ὑαλίνην / 호스 딸랏산 휘알리넨)은 솔로몬의 물두멍을 연상시키며 하나님의 성별로 인한 광채를 상징한다. 또한 지상에서 천상으로 영적 출애굽 하는 것으로 상징한다면 유리 바다는 홍해를 상기시키는 것일 수 있다(Beale, Kiddle). 요한이 출애굽기 15장에 묘사된 승리 경험을 자신의 독자들을 위해 나름대로 재해석한 것일 수도 있다. 스웨트는 이것을 "순교자의 홍해"라고, 캐어드는 "천상의 홍해"라고 불렀으나 백위드는 환상적인 생각에 불과한 것이라고 혹평했다. 노래 제목이 '모세의 노래'란 점이 그러하고 재앙의 상당 부분이 열 재앙 중에서 여섯 재앙과 비슷한 점도 그렇다. "불이 섞인 유리 바다"(θάλασσαν ὑαλίνην μεμιγμένην πυρί / 딸랏산 휘알리넨 메미귀에넨 퓌리)는 악을 상징한다. 천국에는 아예 바다가 없다(21:1). 바다는 악의 이미지를 갖는다(4:6, 13:1).

불은 하나님의 심판을 상징한다(1:14, 2:18, 4:5, 8:5-8, 10:1, 11:5, 14:10, 18, 16:8, 17:16, 18:8, 19:12, 20, 20:9-10, 14-15, 21:8). 불이 섞인 유리 바다는 파러가 환상적으로 주장하듯 세례를 통한 성결의 상징이 아니다. 물론 불같은 시험(벧전 1:6-7; 4:12)에 대한 상징도 아니다. 만일 계시록에서 불과 바다가 거의 심판과 악에 대한 상징으로 사용되었다면, 이 바다는 적그리스도가 올라온 바로 그 바다일 수도 있다. 적그리스도는 보좌 앞의 유리 바다마저 모방했을 것이다. 짐승의 수를 이기고 벗어난 성도들이 유리 바닷가에 섰음도, 그들이 바다에서 나온 첫째 짐승과 더불어 싸워 이겼음을 반증한다. 그들은 막 이기고 바닷가에 섰다.

홍해의 거친 물결(출 15:8) 속에 바로와 그의 군대를 장사지내고 난 이후에 모세는 승리의 노래를 불렀다. 바다에서 나온 적그리스도와 그 거짓 선지자와 악한 무리들이 홍수와 같이 성도들을 엄습해 왔지만 그들은 수장되지 않았다. 오히려 그들의 체제를 붕괴시키고 건널 수 없을 것 같던 불 섞인 유리 바다를 건너서 하나님의 거문고를 가지고 어린양의 노래를 부른다. 보좌의 환상에서 하나님의 보좌 앞에 수정 같은 유리 바다가 있었다(4:6; 겔 1:22). 본 절의 유리 바다는 수정과 같은 것과는 달리 불에 섞였다. 짐승은 적그리스도에게 받은 권능으로 불을 마음껏 다루었다(13:13).

하늘에서 불을 내리게 한 그가 불을 바다에다 섞지 못할 까닭이 없다. 물과 불은 섞일 수 없다. 섞일 수 없는 것이 섞인 것 그것은 악마적인 성격을 여실히 보여준다. 롯이 바라본 소돔 땅은 여호와의 동산 같고 애굽 땅 같았다(창 13:10).

섞일 수 없는 것이 섞인 경우다. 결국 소돔은 여호와의 불로 멸망당했다. 하나님의 아들들과 사람의 딸들이 섞여 네피림을 낳았다(창 6:1-4). 섞이지 않을 것이 섞여서 하나님의 백성을 괴롭히는 거인족이 생겨났다. 보좌의 유리 바다는 섞인 것이 아니다. 불이 섞인 유리 바다는 적그리스도가 나온 곳인 동시에 음녀가 앉은 곳이다(17:15). 이 물은 하나님을 대적하는 무리들의 세상이다.

유리 바닷가에 서서 하나님의 거문고를 가지고

이긴 자들은 '서서'(ἑστῶτας / 헤스토타스) 이긴 자의 노래를 부른다. 모세도 이겼고 어린양도 이겼으며 성도들도 이겼다. "하나님의 거문고"는 목적 속격으로서 '하나님께 연주할 거문고'의 뜻이다. 만국의 왕께 합당한 영광을 돌리는 데 쓰이기 위해 주어진 악기로서(5:8, 14:2; 대상 16:42) 곧 하프다. 불 섞인 유리 바다를 "순교자의 홍해"로 불렀던 스웨트는 순교자들이 순교의 바다를 안전히 건너 하늘의 해변가에 도착한 것으로 묘사했다. 이럴 경우에는 그들의 죽음이 그들을 승리자로 만든 격이 된다. 유리 바다는 하늘의 바다로서 바로 뒤에 하나님의 보좌가 있다(4:6). 에스겔의 환상에서는 보좌가 궁창 위에 있는 것으로 되어 있다(겔 1:26). 전술한 바와 같이 솔로몬 성전에서 물두멍은 '바다'로 불렸다(왕상 7:23; 대하 4:2).

'이김'이란 계시록의 가장 중요한 주제 중의 하나이다(2:7, 11, 17, 26, 3:5, 12, 21, 5:5, 6:2, 11:7, 12:11, 13:7, 17:14, 21:7). 성도는 그리스도의 승리하신 길을 본받아 이기는 자이다. 그들은 불의한 세상을 믿음으로 이기고 악의 권세를 의의 능력으로 이긴다. 짐승이 성도들을 죽임으로 참패한 것 같은 상황에서도(11:7, 13:7) 오히려 성도들은 어린양의 피와 자신들의 증거로 인해 짐승을 이기되(12:11) 넉넉히 완벽하게 이긴다. 이기신 그리스도와 함께 있음으로 확실하게 이긴다. 왜냐하면 성도들은 그리스도로 말미암아 부르심을 입고 빼내심을 입고 진실한 자들이기 때문이다(17:14). 죽음은 허망한 끝이 아니라 진정한 승리의 첩경이다. 죽음으로 이긴다. 이는 십자가의 죽으심으로 사망을 정복하신 그리스도의 영원한 승리를 영락없이 닮았다. 이김이 사망을 삼키고 거룩한 죽음이 사악한 죽음의 주관자를 꺾는다(고전 15:54). 성도들은 죽음으로 땅에서 제하여져도 하늘에서 처소를 얻고 새 하늘과 새 땅에서 영주하게 된다(21:7).

이러한 유업의 상속 개념은 일곱 교회에 보낸 편지에서 상세하게 설명이 되었다. 성도는 이기는 자로서 생명나무의 실과를 약속받는다

(2:11). 성도는 이기는 자로서 둘째 사망과 상관이 없게 된다(2:11). 성도는 이기는 자로서 감추었던 만나를 얻는다(2:17). 성도는 이기는 자로서 열방과 만국을 다스리는 권세를 얻는다(2:26). 성도는 이기는 자로서 흰 옷을 받고 흐려지지 않을 이름으로 생명책에 녹명된다(3:5). 성도는 이기는 자로서 하나님 성전의 기둥이 되고 하나님과 그리스도의 새 이름으로 그 위에 새겨진다(3:12). 성도는 이기는 자로서 하나님의 보좌에 주님과 함께 앉혀진다(3:21). 성도의 이김은 짐승(13:1-2)을 이기고 그의 우상(13:14)을 이기고 그의 이름의 수(13:17-18)를 이긴 구체적인 승리이다.

3 하나님의 종 모세의 노래, 어린양의 노래를 불러

모세는 하나님의 종으로 호칭되었다(출 14:31; 민 12:7; 신 34:5; 수 1:1, 14:7; 왕하 21:8; 대상 6:49; 느 1:8; 시 105:26; 단 9:11; 말 4:4). 이 노래가 모세의 노래로 불리는 것은 불 섞인 유리 바다를 건너 바닷가에 서 있는 성도들이 홍해를 건너 육지를 밟고 선 이스라엘 백성들과 경험상 별반 다르지 않기 때문이다. 악한 자 적그리스도의 박해를 벗어난 성도들이 악한 자 바로의 핍박을 벗어난 이스라엘 백성들과 비슷했기 때문이다. 원문에는 '그리고'를 뜻하는 접속사 '카이'(καί)가 '모세의 노래'와 '어린양의 노래' 사이에 놓여 있다. 이 경우에는 '즉'의 뜻으로 취해야 한다. 신명기 전통에는 다른 내용을 담은 '모세의 노래'가 수록되었다(31:19, 22, 30, 32:44).

모리스는 이것을 가리켜 두 노래가 아니라 "두 개의 제목을 가진 한 노래"라 불렀다. 래드는 이 노래를 영적 구속의 노래가 아니라 하나님의 능력 있는 사역에 대한 환호의 노래로 간주했다. 백위드와 포드는 모세의 노래로 신명기 32장을 그 배경으로 취하지만 출애굽기 15장이 더 가깝다. 글라슨도 출애굽기 15장의 배경설을 지지하였다. 일부 학자들(Beasley-Murray, Giesen, Beale)은 출애굽기(15:1-19)와 신명기(31:30-32:43)의 두 노래가 이곳에 모두 반영된 것으로 보았다.

주 하나님 곧 전능하신 이시여

모세의 노래는 정작 출애굽기 15장이 아니라 구약 곳곳으로부터 빌려와 하나님의 속성을 찬양하고 있다. 선포된 하나님의 심판에 비추어 이 전형적인 칭호는 잘 어울린다. "주 하나님 곧 전능하신 이"(κύριε ὁ θεὸς ὁ παντοκράτωρ / 퀴리에 호 떼오스 호 판토크라토르)는 요한이 아주 즐겨 사용한 칭호면서(4:8, 11:17, 16:7) 구약적인 배경이 풍부하다. 하나님은 만유를 다스리는 창조주 하나님이시며 만민을 공의로 심판하시는 심판주이시다. 자기 백성을 위해 세상 역사를 이끌어 가시는 주관자로서 그분은 전능자시다.

하시는 일이 크고 기이하시도다

승리자들이 부르는 노래의 전반부인 "하시는 일이 크고 기이하시도다"(μεγάλα καὶ θαυμαστὰ τὰ ἔργα σου / 메갈라 카이 따우마스타 타 에르가 수)는 표현은 신 28:59-60의 내용을 상기시킨다. 이스라엘이 하나님의 말씀을 어기고 불순종하면, 하나님이 애굽 사람들에게 내렸던 재앙을 내리시되 '크고 기이하게'(μεγάλας καὶ θαυμαστάς / 메갈라스 카이 따우마스타스)내리실 것을 경고하였다. '크고 기이한 일'이란 곧 '크고 기이한 재앙'이다(Beale, Mounce). 시편 111장에서도 이와 비슷한 내용이 나온다(시 86:9-10 참조). "여호와의 행사가 크시니"(2절). "그 기이한 일을 사람으로 기억케 하셨으니"(4절). "그 행사의 능을 저희에게 보이셨도다"(6절). 이사야 선지자는 '극히 아름다운 일'로 인해 여호와를 찬송할 것을 언급하였는데, 그럴 경우에 그 일이란 재앙이 아니라 구원과 관련된 일이다. 애굽에 내린 재앙처럼 사악한 자들에게 내려진 재앙은 하나님의 백성들에겐 구원이 된다.

주의 길이 의롭고 참되시도다

"주의 길이 의롭고 참되시도다"(δίκαιαι καὶ ἀληθιναὶ / 디카이아이 카이 알레띠나이). 이 표현은 모세의 노래에 속한 신 32:4의 반영이다. "그 공덕이 완전하고 그 모든 길이 공평하며……정직하시도다"(ἀληθινὰ τὰ ἔργα αὐτοῦ……καὶ πᾶσαι αἱ ὁδοὶ δίκαιος / 알레띠나 타 에르가 아우투……카이 파사이 하이 호도이 디카이오스). 크고 기이한 일을 행하시는 하나님은 만사를 스스로 정하신 기준에 따라 치우침 없이 이루신다. 편벽됨이 없고 불편부당하지 않으시다. 특히 나라와 민족들을 경영하심에 있어 그러하다. 열방을 심판하심이 공의롭고 진실하시다. 공평하고 진실무망하시다. 이는 공의와 진실이 그분의 변함없는 속성이기 때문이다.

신명기 32장의 노래는 하나님의 명령에 따라 모세가 당일에 가사를 써서 백성들에게 가르친 민족의 노래다. 그래서 이스라엘 백성의 "자손이 부르기를 잊지 아니한 노래"라 불렸다(신 31:21). 이 노래는 재앙과 환난을 당할 때에 기억하고 불러야 할 노래였다. 하나님을 거역하는 바로 일당을 심판하시고 그의 백성을 친히 성결한 처소로 이끄신 하나님의 손길을 기억케 하기 위함이었다. 심판자요 구원자이신 하나님을 찬양토록 하기 위함이었다.

만국의 왕이시여

"만국의 왕"(ὁ βασιλεὺς τῶν ἐθνῶν / 호 바실류스 톤 에뜨논)이란 세상의 군왕들 뒤에서 통치하시는 하나님의 절대적 주권을 암시하는 말이다(시 2:7-9). 만국의 왕이신 하나님은 만군의 하나님 여호와셨다. 예언자들은 이 하나님의 이름을 의탁하여 주의 말씀을 그 백성에게 전하였다(학 1:2, 5, 7, 9, 14, 2:4, 6, 7, 9, 11, 17, 23; 슥 3, 6, 12, 14, 17, 2:8, 9, 11, 3:7, 9, 10, 4:6, 9, 5:4, 6:12, 15, 7:3, 4, 9, 12, 13, 8:1, 2, 3, 4, 6, 7, 9, 11, 14, 18, 19, 20, 21, 22, 23, 9:15, 10:3, 13:2, 7, 14:16, 17, 21; 말 1:4, 6, 8, 9, 10, 11, 13, 14, 2:2, 4, 7, 8, 12, 16, 3:1, 5, 7, 10, 11, 12, 14, 17, 4:1, 3). 계시록에서 '왕'(βασιλεύς / 바실레우스) 이란 항상 지상의 통치자(1:5, 6:15, 10:11, 16:12, 14, 17:2, 10, 12, 18, 18:3, 9, 19:18, 19, 21:24)를 의미하였으나 하나님만이 만국의 왕이시며(15:3) 그리스도만이 만왕의 왕이시다(17:14, 19:16). 그분은 땅의 임금들의 머리이시다(1:5).

일곱째 천사가 나팔을 불 때에 하늘의 음성들은 세상 나라가 주와 그리스도의 나라가 되어 통치 받을 것을 노래하였다. 이십사 장로들의 화답에서도 주 하나님 곧 전능하신 이가 친히 권능을 잡아 왕노릇하실 것을 찬양했다(11:15-16).

그는 실로 '만왕의 왕이요 만주의 주님'이시다(17:14, 19:16; 딤전 6:15). 계시록에서 '왕'(βασιλεὺς / 바실류스)은 주로 땅의 통치자를 의미하였으나(1:5, 6:15, 10:11, 16:12, 14, 17:2, 10, 12, 18, 18:3, 9; 19:18, 19, 21:24) 두 경우의 예외가 있다. 본 절의 "만국의 왕"과 "만왕의 왕"(17:14, 19:16)이다.

4 주여 누가 주의 이름을 두려워하지 아니하며

이는 "열방의 왕이시여 주를 경외치 아니할 자가 누구리이까?"(렘 10:7)라고 말하던 예레미야의 반문을 상기시킨다. 하나님께서 행하신 크고 기이한 일들, 의롭고 참되신 그 길을 보았다면 누군들 하나님의 하나님 되심을 인정치 않겠는가! 이 두려움은 공포가 아니라 경외심이다. 항거할 수 없는 경외심이다. 원문은 이중부정으로 쓰여 "두려워하지 않겠는가!"(οὐ μὴ φοβηθῆ / 우 메 포베떼)는 미래의 부정을 예상하면서 필연적인 두려움을 강조하는 어법을 사용했다. 하나님의 능력과 권세를 깨달은 자로서 어느 때라 할지라도 하나님을 감히 두렵게 할 수 없음은 불가능성의 진실이다. 경외심은 자연히 영광돌림으로 나타나고 영광돌림의 결과로 경배를 드리게 된다. 이 두려움은 하나님께서 이미 행하신 일만이 아니라 앞으로 행하실 일까지도 포함한 의미에서의 두려움이다.

오직 주만 거룩하시니이다

이는 도덕적 순결만이 아니라, 창조주로서 피조 세계와 구별된 존재를 가리키는 표현이다. 이곳에서는 무죄성보다 가까이하기에 너무나 높으신 위엄을 가리킨다. 오직 주님 홀로 존귀하시고 주님 홀로 능하시며 주님 '홀로 거룩하시다'(μόνος ὅσιος / 모노스 호시오스). 그분은 세상 모든 것으로부터 거룩하게 구별되어 존재하심으로 거룩하시다. 심판에 공의롭지 못하신 티끌이 조금도 끼어들지 않기에 거룩하시다. 죄를 차마 보지 못하는 정결하신 눈으로 인해 거룩하시다. 악을 멸하심에 불길처럼 타오르는 적개심이 있으시기에 거룩하시다. 이 절대적인 거룩함이야말로 하나님을 두려워하고 경배 드려야 할 충분한 이유가 된다. 4절에는 조건절을 나타내는 접속사 '호티'가 세 번 나온다. 하나님을 경배해야 할 이유를 설명한다. 첫째는, '거룩함 때문'이다. 둘째는, '어찌 두려워하지 않고 영화롭게 하지 않겠는가!'라는 반어법으로 경배의 이유를 밝힌다. 셋째는 '주의 거룩하신 일이 나타났기 때문'이다. 3-4절의 '어린양의 노래'는 다윗이 드린 기도 내용과 비슷하다. "주여 신들 중에 주와 같은 자 없사오며 주의 행사와 같음도 없나이다 주여 주의 지으신 모든 열방이 와서 주의 앞에 경배하며 주의 이름에 영화를 돌리리이다"(시 86:8-9).

주의 의로운 일이 나타났으매

킬튼은 14장에 비추어 세상의 구원으로 보았으나 헨드릭슨이 잘 지적한 대로 4절 하반절의 표현은 보편적 구원을 의미함이 아니다. 찰스를 비롯한 일단의 학자들은 이것을 열방과 관계된 '법적 선고'(자비이든지 심판이든지)로 취하지만(Lohmeyer, Morris, Kraft), 모팻도 정죄의 법적 선고가 세상에 주어진 것으로 보았다(출 6:6, 7:4, 12:12; 단 9:14-15). 그렇다면 본 절은 '의로우신 일'(righteous acts)이 아니라 '심판들'이란 법적인 용어로 번역될 수도 있다. '의로운 길'(δικαιώματα / 디카이오마타)은 하나님의 의로우신 심판을 의미하며 이는 불의한 자들에 대한 형벌의 선고를 포함한다(신 4:1; 왕상 3:28; 대하 6:35; 눅 1:6; 롬 1:32, 5:16). 구원과 해방은 세상을 정결케 하신 하나님의 공의로운 심판에 따른 부수적인 효과이며 본 절의 우주적인 경배는 심판과 연관되었음이 분명하다. 마운스를 비롯한 일부 학자(Caird, Sweet, Ford)는 이것을 자기 백성의 해방을 가져온 하나님의 승리로운 활동이라 여겼고, 그것이 우주적 찬양으로 이어졌다고 보았다.

만국이 와서 주께 경배하리이다

하나님의 구속과 심판의 행위가 경외의 이유임은 그리스도께서 다시 오실 때 구속받은 열방의 모여듦으로 증명된다.

하나님께 대한 이런 우주적인 인식은 시편과 예언서에 뚜렷하게 나타난 주제이다(시 2:8-9, 24:1-10, 66:1-4, 72:8-11, 86:9; 사 2:2-4, 9:6-7, 66:18-23; 단 7:14; 습 2:11; 슥 14:9; 말 1:1). 킬튼은 하나님께서 예루살렘을 멸망시켜 이스라엘에 대한 심판을 행하심으로 열방들이 찬양한 것으로 해석하였다. 케어드는 세계적인 규모의 순교자로 인한 열방의 찬양으로 이해하였다. 토마스는 이 두 견해에 모두 반대하며 그리스도의 재림으로 인한 찬양으로 보았다. 래드는 이때를 여전히 반역의 가능성이 남아 있는 천년 왕국도 넘어선 영원한 천국에서나 실현될 현실로 받아들였다.

3. 준비(15:5-8)

1절의 선언이 시작되려는 찰나이다. 어린양의 노래를 부르는 환상이 끝나면서 1절의 환상에 연속적인 환상을 본다. 증거 장막의 성전이 열린다. 마지막 재앙인 대접을 지닌 일곱 천사가 성전으로부터 나온다. 네 생물 중 하나가 일곱 대접을 일곱 천사에게 건넨다. 마지막 재앙의 근원지는 성전 안에 계신 하나님이다. "이 일 후에 내가 보니"(μετὰ ταῦτα εἶδον / 메타 타우타 에이돈)는 계시록에 여러 번 나오는데(4:1,; 7:1, 9, 15:5, 18:1) 언제나 새로운 환상을 강조하는 의미를 지닌다.

하늘의 성전이 11:19에 이어 두 번째로 열린다. 11장에서는 '언약궤'

가 보였는데, 15장에서는 '증거 장막의 성전'이 보인다. 마지막 심판 재앙을 수행할 일곱 천사가 열린 하늘 성전으로부터 나온다. 물론 강조점은 성전 안에 계신 하나님의 현존이다. 그들은 맑고 빛난 세마포 옷을 입고 가슴에는 금띠를 둘렀다. 천사들이 성전으로부터 나왔음은 마지막 심판 재앙이 성전에 계신 하나님의 거룩하고 의로우신 의지임을 암시한다. 네 생물에게서 건네받은 금대접에는 하나님의 진노로 가득 채워졌다. 대접에는 하나님의 진노가 가득 차고 성전에는 하나님의 영광과 능력을 상징한 연기가 가득 찬다. 가득 찬 연기로 인해 천사들은 자신들이 받은 금대접을 다 쏟아 부어 "되었다!"는 성전으로부터의 소리를 듣기까지 성전으로 들어가지 못한다(16:17). 1절에서 선언되었던 마지막 재앙이 이제 비로소 시작되려고 한다.

5 또 이 일 후에 내가 보니 하늘에 증거 장막의 성전이 열리며
6 일곱 재앙을 가진 일곱 천사가 성전으로부터 나와 맑고 빛난 세마
포 옷을 입고 가슴에 금띠를 띠고
7 네 생물 중에 하나가 세세에 계신 하나님의 진노를 가득히 담은
금대접 일곱을 그 일곱 천사에게 주니
8 하나님의 영광과 능력을 인하여 성전에 연기가 차게 되매 일곱
천사의 일곱 재앙이 마치기까지는 성전에 능히 들어갈 자가 없더라

5 하늘에 증거 장막의 성전이 열리며

성막(출 40:34) 혹은 성소(출 38:26)를 '증거 장막'(민17:7, 18:2)이라 부른 것은 시내 산에서 모세가 가지고 온 증거의 두 돌판(출 16:34, 25:51, 31:38; 32:15)을 거기 보관했기 때문이다(신 10:5). 하나님의 거소로서의 성막은 구약에 모두 140회 정도 나오는데, 그

중에서도 130번이 창세기를 제외한 모세오경에 나온다. 본 절의 "증거"(μαρτυρία / 마르튀리아)는 성소와 연관될 뿐 아니라 예수의 증거까지 포함시켜야 한다. 두 돌판의 말씀이 주님에 의하여 완성되었으므로(마 22:37-40) 주님의 증거 장막이다. 본서에서 17회 사용되고 있는 '증거'란 말도 포괄적으로 사용되어 '예수에 관한 증거'가 아니면 '예수에게서 나온 증거'이므로 내용상 그렇게 적용함이 무리는 아니다. 나머지 신약에서는 행 7:44에만 나타난다. "증거 장막의 성전"(ναὸς τῆς σκηνῆς τοῦ μαρτυρίου / 나오스 테스 스케네스 투 마르튀리우)은 동격의 속격으로서 '성전 곧 증거 장막'이라는 뜻이다(Bousset, Beale, Beckwith). 이스라엘 백성들이 광야를 진행할 때에 그들 가운데 있었던 성막의 원형이 바로 하늘에 있는 성전인 증거 장막이다(히 8:5). 2-4절에 반영되었던 출애굽의 내용이 여기서도 나타난다.

장막 또는 성막에 '증거'란 말이 첨가된 것은 이스라엘이 광야생활을 할 때 머무름과 나아감의 중심에 있었던 것이 성막인데, 이는 성막의 지성소에 증거 돌판을 모셨기 때문이다. 하나님이 손수 기록하여서 모세에게 전수하신 돌판이 곧 '증거'의 계명으로서 이스라엘 백성들에게 있어서는 토라의 핵심을 이루고 있다(출 25:16, 21; 신 10:1-2; 왕상 8:9; 대하 5:10). 지성소 또는 법궤 자체를 간혹 '증거'라고 불렀다(출 16:34, 27:21; 레 16:13; 민 1:50, 17:4, 10). 본 절에서 이 묘사를 삽입한 이유는 계약에 수반된 축복과 저주 개념을 상기시키기 위함이다. 하나님과의 계약을 파기한 민족들이나 개인은 그에 상응하는 조처를 직면해야만 한다. 11:19에서는 언약궤가 자비의 상징이었으나 여기에서는 심판의 상징이 되었다.

계시록에서 '성전'(ναός / 나오스)은 적어도 네 가지의 의미로 사용된다. 첫째는, 예루살렘 성전이요(11:1-2) 둘째는, 하나님의 종말론적 백성이요(3:12) 셋째는, 하나님의 처소로서의 천상의 성전이며(7:15, 11:19, 14:15, 17, 15:5, 6, 8, 16:1, 17), 넷째는, 하늘의 도성에서 하나님이 나타나심이다(21:22). 본 절에서 영적 성전은 증거 장막으로 묘사되었다. 증거는 하나님의 율법만이 아니라 아버지의 언약을 성취하신 그리스도의 증거(고전 11:25; 엡 2:12-13; 히 8:6-7)까지 포함한다.

6 일곱 재앙을 가진 일곱 천사가 성전으로부터 나와

진노로 가득한 대접을 실제적으로 받는 것은 7절에 가서 이루어진다. 이는 불을 다룰 권세를 가진(ἔχων ἐξουσίανἐπί τοῦ πυρός / 에콘 엑수시안에피 투 퓌로스) 천사의 경우와 같이(14:18), 그렇게 "가진"(ἔχοντες / 에콘테스) 것이 아니라 '일곱 재앙의 권세를 가진'이란 뜻으로 보아야 한다.

여기에 언급된 일곱 재앙(ἑπτὰ πληγάς / 헾타 플레가스)에 대한 구약적 배경은 레 26:21을 들 수 있다. "너희가 나를 거스려 내게 청종치 않을진대 내가 너희 죄대로 너희에게 칠 배(πληγὰς ἑπτά / 플레가스 헾타)나 더 재앙을 내릴 것이라." 이처럼 성소에 가득한 연기가 하나님의 거룩한 분노를 상징하였듯이(시 18:8; 사 6:4) 대접에 가득한 진노는 그분의 맹렬하고 누그러지지 않는 분노를 나타내는 말이다. 이사야 선지자는 이스라엘 백성의 어리석음을 책망하며 '진노의 잔'을 마신 비틀거림에서 깨어날 것을 촉구했다(사 51:17, 22).

재앙의 내용을 담고 있는 금대접을 천사들은 이미 손에 들고 있다. 이 재앙은 곧 심판이다. 본서에서 재앙은 자주 심판으로 불린다(9:18, 20, 11:6, 13:3, 12, 14, 15:1, 8, 16:9, 21, 18:4, 8, 21:9, 22:18). 일부 학자들(Beale, Lohmeyer, Moffatt)은 일곱 재앙을 레 26:21의 "내가 너희 죄대로 너희에게 칠 배나 더 재앙을 내릴 것이라"는 말씀에 대한 반향으로 보았다.

맑고 빛난 세마포 옷을 입고 가슴에 금띠를 띠고

그들이 입은 세마포가 맑고 빛남은 그들이 수행할 직분과 관련이 있다. 그 직분이 고상하고 거룩함을 나타낸다. 가슴의 금띠는 세마포와 함께 왕적이고 제사장적인 기능을 상징한다. 빛나는 세마포와 가슴의 금띠는 대제사장의 복장이었다. 대제사장은 하나님을 대리하여 죄의 진노를 희생 제물에게 붓고, 하나님의 천사는 하나님을 대리하여 심판의 진노를 세상의 악인들에게 붓는다. 고대의 왕들이나 귀족들은 빛난 세마포와 느슨한 띠를 걸쳤다. 만왕의 왕을 섬기는 천사들은 왕의 위엄을 갖춘다. 또한 빛난 세마포는 천상의 의복으로서(마 28:3; 막 16:5) 하늘의 거주자인 천사가 영광스러움을 보인다. 세마포를 뜻한 리논(λίνον / 리논)은 이곳에서만 쓰였으며 나머지 경우에 세마포를 나타내는 말로 '뷧시노스'(βύσσινος, 18:12, 16, 19:8, 14)가 사용되었다. 이 세마포는 제사장의 의복(레 16:4, 23)으로서 천사들도 입었다(겔 9:2-3, 11; 단 10:5, 12:6-7).

7 네 생물 중에 하나가

하나님의 보좌를 호위하는 네 생물은 천상의 보좌 환상(4-5장)이 시작된 후로 중요한 장면에 반드시 등장한다. 네 생물은 여섯째 환상 중에서 바벨론이 멸망하고 심판을 찬양하는 장면을 끝으로 더 이상 등장하지 않는다(4:6, 5:6, 6:1, 7:11, 14:3, 15:7, 19:4). 어린양의 환상 속에서는 네 생물과 이십사 장로들이 또는 천사가 성도들의 기도로 가득한 금 대접을 들고 있었다(5:8, 6:9-11, 8:3-5). 금 대접 속에 가득히 들어 있는 성도의 기도가 제단 아래에서 자신의 피를 신원하던 순교자들의 탄원과 맥을 같이한다면, 대접에 가득한 하나님의 진노는 그들의 기도에 대한 응답이다.

금 대접 일곱을 그 일곱 천사에게 주니

대접은 성막이나 성전에서 섬기던 제사장과 연관하여 약 30회 정도 사용되었다. 희생 제물의 기름이나 재를 담는 데 사용했다. 때로는 금으로 만들었다(대상 28:17; 대하 4:8). 천사는 하늘 성전의 제단으로부터 나왔다(16:7 참조). 성도들의 기도가 온전히 응답되는 순간이다. 그들에게는 승리와 기쁨이 되겠지만 원수들에게는 고통과 재앙이 될 것이다. "대접"(φιάλας / 피알라스)은 목이 좁은 용기라기보다 넓고 편평한 대야(민 4:14) 같은 형태로서 내용물을 쉽게 담고 버릴 수 있었다. 이는 마시는 잔과 확연히 구분된다. 하나님 앞에 시위한 일곱 천사에게도 일곱 나팔이 '주어졌는데'(ἐδόθησαν / 에도떼산), 여기에서도 네 생물이 일곱 천사에게 일곱 대접을 '주었다'(ἔδωκεν / 에도켄). 그들은 하나님의 진노를 대행하는 자들로서 적정한 심판을 수행하기에 충분한 하나님의 권위가 주어졌다. 그들이 심판을 수행하지만 심판의 실질적인 권세는 오직 하나님께만 속했다.

8 **성전에 연기가 차게 되매**

'성전에 가득한 연기'는 '쉐키나'(shekinah)의 구름으로서 하나님의 특별하신 현존을 가리킨다. 출애굽 당시 쉐키나의 영광이 이스라엘 백성들 중에 나타났다(출 13:21, 14:19, 24). 구약에서 연기나 구름의 나타남은 늘 하나님의 영광을 상징한다(대하 5:13; 시 18:8; 사 6:1, 4; 겔 10:2-4, 44:4). 시내 산에서(출 24:15-16), 성막에서(민 14:10), 성전에서(겔 11:23), 선지자의 환상 중에(겔 1:28; 행 7:55) 하나님은 영광중에 자기 자신을 구름으로 드러내 보이셨다. 본 절에 나타난 연기는 일시적인 현상이 아니라 일곱 재앙이 끝나기까지 성전을 가득 채웠다. 하나님의 진노로 가득 찬 금대접과 영광의 연기로 가득 찬 성전은 매우 대조적이다.

성전에 능히 들어갈 자가 없더라

구름이나 연기로 하나님의 영광이 가득할 때에는 아무도 성막(출 40:34, 35)이나 성전(왕상 8:10, 11)에 들어갈 수 없었다. 시내 산의 영광중에는 접근이 금지되었다(출 19:16-25, 특히 23-24). 때로는 영광의 불이 임해서 성전의 출입이 불가능하기도 했다(대하 7:1-3). 헨드릭슨은 성소에 가득한 연기를 "하나님의 거룩한 분노"로 보았다. 시 74:1에는 "진노의 연기"가 나온다. 마운스는 성전에 가득한 연기를 "천사가 사악한 자들에 대한 심판을 능동적으로 수행할 수 있도록 하나님이 모든 영광과 능력 속에 나타내 보이신 것"으로 보았다. 성도들의 기도로 인하여 집행되는 거룩한 심판 중에 성전에 들어갈 아무 피조물도 없고 그 재앙의 심판을 막을 자도 없다. "심판이 막 떨어지려는 순간 세상을 위해 중재하기 위해 주님께로 나설 천사는 없다"는 뜻이다(Farrer, Caird, Charles).

4. 일곱 대접(16:1-21)

요한의 눈을 열어 보게 하셨던 성령은 이제 요한의 귀를 열어 듣게 하신다. 성전으로부터 울려나오는 큰 음성이 그의 고막을 뒤흔들었다. 네 생물 중의 하나를 통해 일곱 천사에게 일곱 금대접을 주셨던 하나님이 이제 그들 일곱 천사들에게 직접 명령하신다. 일곱 나팔의 경우에는 천사들이 나팔을 불기 위한 예비적 시간이 주어졌지만 일곱 대접의 경우에는 바로 심판 실행의 명령이 떨어졌다(1절). 이 위임은 신적 심판의 대행자로서 천사들이 지닐 절대적 심판 권세를 보장한다.

일곱 천사는 하나님의 명령에 순응하여 곧장 진노의 대접을 땅에 쏟기 위해 앞으로 나아간다. 이 짤막한 한 절의 묘사는 인류에게 더할 나위 없는 재앙이 된다.

요한의 독자들처럼 우리는 지금 하나님의 의롭고 거룩한 진노와 짐승의 권위를 표로 받아들인 땅의 거주자들 사이의 갈등과 마지막 심판 장면을 본다. 대접이 쏟아지면서 이전 재앙에서 부분적으로 제한되었던 영역이 모두 철폐된다. "바다 가운데 생명 가진 피조물의 삼분의 일"(8:9)이 아니라 "바다 가운데 모든 생물"(16:3)이 죽는다. 물을 차지한 천사와 의인화된 제단과의 간단한 문답을 제외하면 심판은 매우 빠른 속도로 진행된다. 신비로운 대화의 주제는 하나님의 의로우신 심판이다. 요한은 이전의 일곱 시리즈들에 비해 마지막 재앙인 일곱 대접을 간략하게 소개한다. 첫째 천사의 경우에만 명령이 주어졌고, 둘째부터는 명령의 언급 없이 심판은 차례대로 진행되었다. 심판은 대접의 내용물이 완전히 쏟아지기까지 완벽하게 수행되었고, 뒤이은 천사들의 대접 쏟음은 일말의 지체됨 없이 지속되었다. 마지막 대접의 내용물이 완전히 쏟아지기까지 이런 과정은 되풀이되었다.

이렇듯 그는 서둘러 여섯 대접을 소개하고 보다 극적이고 완벽한 심판 장면인 마지막 일곱 대접의 재앙으로 자신의 독자들을 데려가려고 한다.

대접 재앙은 선고되었지만, 실제적인 시작은 16:2부터 시작이 된다. 앞서 15:1과 5-8절에서 소개되었던 일곱 대접의 재앙들이 16장에서 내용별로 소개된다. 1절은 성전에서부터 한 큰 음성이 나와서, 일곱 대접을 가진 일곱 천사들에게 재앙을 땅에 쏟을 것을 명한다. 일곱 나팔과 일곱 대접의 내용은 상당한 유사점이 있으며 출애굽의 재앙과도 연관성을 갖는다. 그러나 이 말은 요한이 자신의 환상을 설명함에 있어 출애굽 전통에 지나치게 의존했다는 의미는 아니다. 요한은 자신이 바라본 환상의 의미를 가장 적절하게 표현하고 수신자들에게 최상의 의미 전달이 용이하도록 구약의 자료들을 임의로 활용했다. 그것이 본서에 구약 인용이 풍성한 이유 중의 하나이다.

구약적인 배경은 수신자들이 이해하기에 가장 손쉬운 도구였던 셈이다. 재앙의 밀도로 따지면 일곱 대접이 일곱 나팔보다 훨씬 강력하다. 일곱 나팔 재앙의 첫 네 재앙이 자연에 국한되었음에 비해 일곱 대접의 첫 네 대접은 사악한 백성들에게 확대된다. 이런 조금의 차이를 제외하고는 일곱 나팔과 일곱 대접은 내용상 매우 비슷하다. 둘 다 같은 순서적인 배열을 따라 땅, 바다와 피, 강들, 해, 흑암과 고통당하는 사람들, 유브라데스처럼 마지막 심판과 자연 현상들이 공통적으로 묘사되었다. 일곱 나팔과 일곱 대접은 별개의 심판을 다루고 있지만, 둘의 장면 묘사는 출애굽 당시 모세의 영도하에 목격했던 심판들에 나타난 하나님의 심판 유형을 따르고 있음이 분명하다. 물론 엄밀하게 말해서 문자적인 인용은 아니지만 언젠가는 세상에서 문자적으로 실제적으로 발생할 확고하고 의로운 심판임을 보여주고 있다.

일곱 나팔	일곱 대접
땅, 피 섞인 우박과 불	땅, 악하고 독한 헌데
바다, 피, 불붙는 큰 산	바다, 피, 생물 전멸
강, 쑥, 타는 큰 별	강, 피
해와 달과 별이 빛 잃음	해가 열기 받아 사람들을 태움
황충, 어둠, 고통	어두움, 고통
유브라데, 3재앙, 마병대	유브라데, 3영, 동방의 왕
하늘, 큰 음성. 뇌성벽력, 지진, 우박	공기, 큰 음성, 뇌성벽력, 지진

인봉되었던 책이 개봉되며 넷째 환상이 시작된다. '빛과 어둠의 투쟁'이 시작되는 넷째 환상(12-14장)에서부터 '바벨론의 멸망과 그리스도의 승리'가 이루어지는 마지막 일곱째 환상에 이르기까지 장면은 대단히 극적으로 구성되어 있다. 일곱 천사의 일곱째 나팔이 불어지고(11:15-19), 용이 출현하고(12장), 곧장 바다로부터 첫째 짐승인 적그리스도(13:1-10)가 올라오며, 땅에서는 둘째 짐승인 거짓 선지자(13:11-18)가 뒤를 잇고 바벨론이 등장한다. 이것은 일곱 재앙을 분기점으로 해서 역순으로 소개되어 그들 심판의 가중함을 돋보이게 한다. 즉 마지막 재앙인 일곱 대접의 마지막 일곱째 대접이 쏟아지면서 바벨론이 간략하게(16:17-21), 그 후에는 상세히 소개된다(17-18장). 두 짐승이 취급되고(19:17-20) 마지막으로 용이 등장한다(20:10).

(일곱째 나팔 울림) 용 → 적그리스도 → 거짓 선지자 → 바벨론

(일곱째 대접 집행) 용 ← 적그리스도 ← 거짓 선지자 ← 바벨론

A. **첫째 대접**(16:1-2)

하늘의 증거 장막의 성전이 열리면서 일곱 재앙을 가진 일곱 천사가 성전으로부터 나왔다(15:5). 그들이 가진 일곱 재앙은 하나님께서 뜻하시고 행하신 이전의 일곱 인과 일곱 나팔에 이은 시리즈 재앙으로서 세상을 향하신 마지막 재앙이다. 그것으로서 하나님의 모든 진노가 완전하게 충족된다. 그들이 원래 있던 곳이요 그들이 나왔던 성전으로부터 큰 음성이 들려왔다. 일곱 대접을 땅에 쏟을 '때'가 이른 것이다. 일곱 천사는 그 음성에 순응하여 연속적으로 대접을 쏟아 갔다. 첫번째 대접이 땅에 쏟아지자 우상의 표를 받았거나 우상에게 경배하는 자들에게 지독한 종기가 돋아났다(2절). 우상의 표는 곧 짐승의 표로 13:15-17에서 그 내용이 소개되었다. 첫째 나팔의 재앙 때는 땅에 피 섞인 우박과 불이 내렸다(8:7).

이 장면에서의 극적인 움직임은 심판이 상당히 신속하고 결정적인 행위로 진행된다는 사실이다. 셋째와 넷째 대접 사이에 물을 차지한 천사와 제단의 대화를 제외하고는 매우 빠른 속도로 진행된다. 그것은 종국적이고 종말론적이며 하나님의 구원 사역을 동반한다. 하늘과 땅은 매우 밀접하게 연관되었다. 하늘에서는 성전으로부터 나온 큰 음성과 일곱 대접을 잡은 일곱 천사들이 있고, 땅에는 짐승의 표를 받은 사람들과 그 우상 곧 짐승의 우상에게 경배하는 자들이 있다. 스몰리가 적절하게 표현했듯이 불의한 자들을 징벌하시는 "구원 사역의 역차별"(salvific discrimination)이 천사들에 의하여 신속하게 진행된다. 심판은 신속할 뿐만 아니라 '점점 세게'의 형식을 취한다. 최종적인 심판은 종말의 마지막 등성이를 넘으면서 정점을 향해 치닫는다. 일곱 인이 심판의 정상을 향한 나아감이고 일곱 나팔이 정상에

오른 것이라면, 일곱 대접은 정상의 마지막 꼭짓점에서 파국의 심연을 향하여 하강과 낙하를 계속하는 것과 같다고 할 수 있다.

일곱 나팔과 일곱 대접은 둘 다 출애굽의 모티브를 활용하면서 명백한 유사점을 지닌다.

① 첫째 나팔과 대접은 땅에 영향을 끼쳐 파멸을 가져오고 땅의 거주자들에게 질병을 일으킨다(출 9:8-11, 22-26).

② 두 번째 심판은 바다에 영향을 끼쳐 바닷물이 피로 변하여 생물들을 죽게 만든다. 세 번째 심판은 강과 물 근원에도 같은 현상이 생기게 만든다(출 7:17-21).

③ 넷째 심판은 해에 (달과 별들) 영향을 끼쳐 어둠과 열기의 재앙이 나타난다(출 9:22-32; 10:21-23).

④ 다섯째 나팔은 흑암의 처소로부터 황충을 불러내 악한 자들에게 고통을 가하고, 다섯째 대접은 흑암이 짐승의 보좌에 임하여 그를 따르는 무리들에게 극심한 고통을 겪게 한다.

⑤ 여섯째 대접이 유브라데 강에 쏟아지자 개구리 같은 세 더러운 영들이 세상의 왕들을 움직여 마지막 전쟁을 준비하게 만든다(출 8:2-14). 여섯째 나팔은 유브라데 강에 결박되었던 네 천사를 풀어주어 마병대로 하여금 인류를 공격하게 만든다.

⑥ 일곱째 나팔을 불고 일곱째 대접을 쏟자 큰 음성이 나서 그리스

도 안에서 하나님이 행하신 일이 완수되었음을 선포한다. 이때 세상은 엄청난 규모의 우주적인 대격변을 향해 줄달음친다(출 9:22-26, 19:16-19).

1 또 내가 들으니 성전에서 큰 음성이 나서 일곱 천사에게 말하되 너희는 가서 하나님의 진노의 일곱 대접을 땅에 쏟으라 하더라
2 첫째가 가서 그 대접을 땅에 쏟으매 악하고 독한 헌데가 짐승의 표를 받은 사람들과 그 우상에게 경배하는 자들에게 나더라

1 또 내가 들으니 성전에서 큰 음성이 나서

요한의 환상은 대개 보는 것이지만 경우에 따라 들음이 수반된다(1:10, 4:1, 5:11, 13, 6:1, 3, 5, 6, 7; 7:4, 8:13, 9:13, 10:4, 12:10, 14:13, 16:1, 5, 18:4, 19:1, 6, 21:3). 계시록에는 "큰 음성"이 자주 나온다(1:10, 5:2, 12, 6:10; 7:2, 10, 8:13, 10:3, 11:12, 15, 12:10, 14:7, 9, 15, 18, 19:1, 17, 21:3). 그 음성은 대개 하늘에서 들려오지만(11:12, 15, 12:10, 14:2, 13) 본 절과 16:17에만 성전에서 들려온다. "큰 음성"(μεγάλης φωνῆς / 메갈레스 포네스)은 천사, 그룹(9:13), 어린양 그리스도(6:6), 하나님의 음성 중 하나이다. 15:8에서 하나님의 영광과 능력이 성전의 연기로 가득 들어찼다는 묘사를 고려하면, 성전에 들린 큰 음성은 하나님의 음성이다(Beckwith, Beale, Beasley-Murray, Prigent, Mounce, Wall, Aune). 하늘 성전에는 어느 누구도 감히 근접할 수 없다(마 3:17, 17:5; 요 12:28; 벧후 1:17-18). 성전에는 하나님 홀로 거하신다(15:8). 성전에서 들린 큰 음성은 17절에서 다시 한 번 더 나타난다.

16장에는 다른 장들에 비해 유난히 '큰'이란 표현이 많이 나온다. "큰 열기"(9절), "큰 강 유브라데"(12절), "전능하신 이의 큰 날"(14절), "큰 지진"(18절), "큰 성"(19절), "큰 우박"(21절), "큰 재앙"(21절) 등 모두 열한 번이나 사용되었다. 이는 계시록만이 아니라 신약 전체를 통틀어서도 가장 많이 나온 장으로 꼽힌다. 그 다음에는 아홉 번 나오는 18장이다. 18장은 16:17-21에 나온 일곱째 대접을 상술한 내용이므로 '큰'이란 형용사는 결국 모두가 일곱 대접 재앙과 연관하여 사용되었다. 일곱 대접 시리즈는 사악한 삼위일체인 용과 두 짐승을 향한 최후의 공격으로 이끌기에 재앙의 심대함을 강조하였을 것이다.

마지막 재앙의 집행을 명령하시는 분으로서 그리스도나 하나님 자신의 음성이라 보는 것이 적절하다(15:8). 사 66:6 말씀을 고려한다면 이것은 하나님의 음성이다(Beckwith, Beale, Wall, Beasley-Murray, Mounce, Aune). 6절에서 천사들은 일곱 대접의 재앙을 행사할 수 있는 존재로 소개된다. 7절에서는 네 생물 중의 하나로부터 일곱 대접을 받는다. 일곱 대접을 받았지만 천사들은 아무런 움직임도 보이지 않았다. 실제적인 재앙을 집행하기 위해서는 하나님의 허락이 떨어져야만 했기 때문이다. 천사들은 포도 수확을 수행했던 천사들처럼(14:17-20) 하나님의 명령에 따라서만 움직이는 천상의 사역자다.

하나님의 심판 시리즈는 일곱 인에서 일곱 나팔 그리고 일곱 대접에 이르기까지 갈수록 점증되어 왔다. 일시적이면서 부분적인 심판은 마지막 일곱 번째 대접에 이르러 절정에 이른다(16:17-21). 출애굽 재앙이 신 7:15에서는 더욱 확대되어, 하나님의 백성을 미워하는 자들에게 임할 것이라 해석하였다. 이곳에서도 출애굽 재앙이 상징적으로 확대, 적용되어 불경건한 자들에게 쏟아진다. 일곱 대접의 재앙은 하나님의 능력에 감히 견줄 수 없음과 악한 자들에 대한 신적 공의로움을 나타내 보일 뿐만 아니라 궁극적으로 하나님의 영광을 드러낸다. '일곱'은 이전의 인과 나팔 재앙에서와 마찬가지로 특정한 일곱의 재앙들일 뿐만 아니라 사악한 자들에 대한 하나님의 심판이 완전하고도 격렬함을 나타낸다. 12장에서는 용의 출현이 예고되었고, 13장에는 용과 두 짐승의 활동이 뒤따르며 바벨론의 심판이 예고된다(14:6-11). 15장에서는 마지막 재앙을 가져올 일곱 천사의 출현을 예고하고, 16장에서는 이전에 출현했던 순서(용, 적그리스도와 거짓 선지자, 바벨론)와는 역으로 바벨론(16:17-21, 17-18장), 첫째 짐승인 적그리스도와 거짓 선지자(19:17-20) 그리고 마지막으로 용(20:10)의 파국적인 운명이 그려졌다.

일곱 천사에게 말하되

이 일곱 천사는 인을 떼던 일곱 천사나 나팔을 불던 일곱 천사와는 분명히 다르다. 포드는 후기 랍비 문서에서 널리 통용된 천사들에 관한 정보에 의하여 재앙의 일곱 천사를 이렇게 소개하였다.

쿠시엘(Kushiel) : 하나님의 엄격
라하티엘(Lahatiel) : 하나님의 불꽃
쇼프테일(Shoftiel) : 하나님의 심판
마카티엘(Makatiel) : 하나님의 재앙
후트리엘(Hutriel) : 하나님의 지팡이
부시엘(Pusiel) 또는 푸리엘(Puriel) : 하나님의 불
로그지엘(Rogziel) : 하나님의 진노

너희는 가서 하나님의 진노의 대접을 땅에 쏟으라

"쏟으라"(ἐκχέετε / 엑케에테)는 말은 계시록 전체를 통해 이곳에서만 사용되었다. 구약에서는 원수에게 보복을 기원하는 내용이 간혹 나온다. 예를 들면 "주를 알지 아니하는 열방과 주의 이름을 부르지 아니하는 열국에 주의 노를 쏟으소서"(시 79:6)와 "주여 우리 이웃이 주를 훼방한 그 훼방을 저희 품에 칠 배나 갚으소서"(시 79:12)와 같다. 제사장들이 성막에서 제사를 드릴 때에도 '쏟는'(ἐκχέω / 엑케오) 의식이 행해졌다. 속죄제 희생의 피를 번제단 밑에 쏟았고(레 4:7,18, 25, 30, 34), 아론과 그 아들들의 위임식을 거행할 때 역시 희생 제물의 피를 제단 아래 쏟았다(레 8:15). 결국 희생 제물의 피를 쏟음으로 정결을 유지하려 했다면, 일곱 재앙을 쏟아 부음은 심판을 통한 세상의 정결예식일 수 있다. 계시록에서는 유독 16장에서만 반복적으로 '쏟아 부음'이 언급되었다. 똑같은 동사가 자신의 종들에게 부어주실 성령과 관련하여서 사용되었다(욜 2:28-29 LXX; 행 2:17, 18, 33; 딛 3:5-6).

구원을 위한 하나님의 진노는 천사를 향한 강한 명령에서 느낄 수 있다. 명령은 단 두 동사로 이루어져 있다. "가서"(ὑπάγετε / 후파게테)와 "쏟으라"(ἐκχέετε / 엑케에테)이다. "가서"는 현재 명령형인데 '너의 길을 가거라!'는 뜻이다(막 6:38, 14:13, 16:7; 약 2:16). "쏟으라"는 단순 과거명령형인데 대접의 내용물을 남김없이 쏟아 부으라는 메시지의 긴급성을 강조한다. 작은 틈도 보이지 않고 일곱 천사가 연속적으로 심판에 심판이 누적될 정도로 쏟으라는 명령이다. 마지막 일곱 천사가 대접을 쏟기까지 재앙의 대접을 땅에 쏟는 일은 계속해서 이어진다. 이 명령에서 대접 재앙이 매우 생동적이면서 연속적으로 진행되는 사건임을 알 수 있다. 심판의 주도권은 전적으로 재앙을 담은 일곱 천사에게 있고, 신속히 이루어지는 매 과정에 빈틈없이 진행되는 하나님의 신원하심이 있다. '하나님의 진노'가 대접에 담긴 내용물이다. "가서 하나님의 일곱 대접을 땅에 쏟으라"는 명령에 실제로 첫째 천사가 '가서' 첫째 대접을 땅에 쏟았다. 둘째부터 일곱째까지는 '가서'란 표현이 없지만 그들 모두가 '가서' 쏟았다. 1절의 명령은 일곱 모두에게 주어졌기에 그들이 같은 동작으로 맡은 일을 수행했음은 미루어 짐작할 수 있다.

구약에는 하나님의 진노와 관련된 성구들이 많다. 진노와 징벌의 우선적인 대상은 이방 민족이 아니라 이스라엘 민족이었다. 그들이 하나님의 주권과 하나님이 그들 가운데 주가 되심을 거역할 때에 그들을 돌이키게 하기 위한 하나님의 다루심이었다. 강한 진노로 나타난 하나님의 징벌은 파멸이 아니라 갱신과 회복이었다. 하나님의 진노는 배역한 자기 백성이라 하여 예외가 없었다(민 16:22, 32:14; 시 78:31). 말씀을 준행치 않은 일에 대하여(왕하 22:13; 대하 34:21), 말씀을 멸시한 데 대하여(대하 36:16), 말씀을 불순종한 데 대하여(민 22:22) 철저히 응징하셨다. 물론 만국이 만군의 하나님을 대적할 때 그들을 향한 진노는 더욱 거셌다(사 34:2). 예언자들의 메시지에 의해 하나님의 진노는 종말론적 관점에서도 취급됐다(사 26:20; 겔 7:19, 22:24; 습 1:15, 18, 2:2-3).

하나님의 진노는 불 이미지와 연관하여 '여호와의 호흡'으로 표현되고(사 30:33) '분노의 잔'으로도 나타냈다(사 51:17, 22-23).

2 **첫째가 가서 그 대접을 땅에 쏟으니**

애굽의 악질 재앙을 연상시킨다(출 9:9-11). 첫째 나팔재앙과 내용상 유사하다(8:7). 첫째 대접이 쏟아진 곳은 땅이었다. 악하고 독한 헌데가 짐승의 표를 받은 사람들과 그 우상에게 경배하는 자들에게 났다. 적그리스도와 거짓 선지자의 시대에서는 그 표(13:16-17)와 우상 경배(13:14-15)가 신분의 안전과 번영을 약속하는 보증 수표였는데, 이제 그것이 재앙을 끌어들이는 흡입구가 되었다. 짐승의 표를 받았던 자들에게 하나님의 심판의 표가 새겨졌다. 그들은 하나님을 알되 하나님으로 영화롭게 하지 않고 짐승의 우상에게 영혼을 팔았던 자들이다. 그래서 여호와를 알지 못하는 자가 되었으며 주의 이름이 아니라 우상의 이름으로 기도하는 자들이었다. 그들에게 진노의 대접은 너무나도 당연한 형벌이었다. 이는 하나님의 백성들을 박해하던 원수들에 대한 하나님의 심판을 연상시킨다.

이는 예레미야 선지자의 외침에 선연히 드러났다. "주를 알지 못하는 열방과 주의 이름으로 기도하지 아니하는 족속들에게 주의 분노를 부으소서 그들은 야곱을 씹어 삼켜 멸하고 그 거처를 황폐케 하였나이다"(렘 10:25). 이는 실로 몸서리칠 만한 재앙이었다. "악하고 독한 헌데"(ἕλκος κακὸν καὶ πονηρόν / 헬코스 카콘 카이 포네론)는 애굽의 실질적인 악질 재앙에 비하여 상징적인 표현이다. 이것을 문자적으로 취한다면 신명기 28장에서 상세하게 묘사된 증세일 것이다. "여호와께서 애굽의 종기와 치질과 괴혈병과 개창으로 너를 치시리니 네가 치료함을 얻지 못할 것이며"(27절). "여호와께서 네 무릎과 다리를 쳐서 고치지 못할 심한 종기(ἕλκει πονηρῷ / 헬케이 포네로)로 발하게 하여 발바닥으로 정수리까지 이르게 하시리라"(35절).

포드는 치유 가능성이 있는 문둥병(πονηρός / 포네로스)에 비해

'가능성이 전혀 없는 문둥병'(κακὸς καὶ πονηρός / 카코스 카이 포네로스)을 나타낼 때 쓰인 말을 구분하면서 이 재앙의 강도를 설명했다. 구약에서는 문둥병은 악한 생각들과 행위에 대한 하나님의 심판으로 여겨졌다. 미리암이 그러하였고(민 12:9-15), 엘리사의 종 게하시가 그러하였으며(왕하 5:27) 아사랴 왕이 그러하였다(왕하 15:5). 요세푸스는 요한의 묘사가 게네사렛 호수에서 벌어졌던 베스파시안 황제와 유대 함대 간의 해전에서 호수가 피로 물들었던 사건에 영향을 받았을 것이라 추정했으나 상상에 불과하다. 게네사렛 호수가 갈릴리 바다 혹은 디베랴 바다로 불렸음은 사실이다.

B. **둘째 대접**(16:3)

두 번째 대접이 바다에 쏟아지자 바닷물이 피로 변하여 모든 어족들이 떼죽음을 당한다(3절). 둘째 나팔의 경우에는 불 붙는 큰 산이 바다에 빠지고 바닷물이 피로 변하였다. 어족의 삼분의 일과 배들의 삼분의 일이 죽거나 깨어졌다(8:8-9).

당시의 상황을 고려할 때 바다의 이와 같은 재앙은 매우 치명적이었음이 틀림없다. 왜냐하면 바다는 식량의 보고일 뿐만 아니라 모든 상업 루트가 뱃길을 따라 이루어졌기 때문이다. 육로는 교통망이 제대로 형성되지 못하였고 많은 위험도 감수해야 했다. 해로는 자연재해로 인한 태풍의 위협만 잘 피하면 가장 신속하고 안전한 무역로였다. 특히 제국의 심장이었던 로마의 지형은 육상 무역에 많은 애로가 있었다. 둘째 대접으로 인한 바다의 재앙은 문명의 붕괴와 마찬가지였다. 13장에 언급된 짐승의 표에 의한 매매 제한이라든가, 18장에 묘사된 큰 바벨론 로마의 경제적 파탄은 둘째 대접의 재앙과 무관하지 않다.

3 둘째가 그 대접을 바다에 쏟으매 바다가 곧 죽은 자의 피같이 되니
바다 가운데 모든 생물이 죽더라

3 둘째가 그 대접을 바다에 쏟으니

둘째 나팔 재앙과 내용상 유사하다(8:8-9). 둘째 천사가 나팔을 불었을 때, 불붙는 큰 산과 같은 것이 바다에 떨어져 바다의 3분의 1이 피로 변했다. 바다의 생물 3분의 1이 죽고 선박들의 3분의 1이 침몰했다. 둘째 천사가 재앙의 대접을 바다에 쏟자 바다가 피로 변했다. 둘째 나팔의 재앙에 살아남았던 3분의 2의 생물이 멸절을 당하여 바다는 더 이상 생물들의 보금자리가 아니라 모든 생물들의 무덤으로 화하고 말았다. 부분적인 나팔 재앙이 전체적인 대접 재앙으로 악화되면서 세상은 파멸을 목전에 두게 되었다. "바다"(θάλασσα / 딸랏사)는 계시록에서 모두 24회 나오는데 대개 불신 세력이나 사악한 민족을 상징한다.

17:1에서는 많은 물 위에 앉은 음녀가 나타나는데, 이 물은 곧 백성과 무리와 열국과 방언들로 표현된(17:15) 세상 사람들이다. 용은 입에서 강물을 토하여 남자 아이를 해산한 여자를 죽이려 하였다(12:15-16). 용은 자신의 시도가 좌절되자 여자의 남은 자손들과 대대적인 전쟁을 하기 위하여 바다 위에 섰다(12:17). 적그리스도는 바다의 심연으로부터 나왔고(13:1), 천년 왕국이 끝난 후 잠시 놓인 사탄이 곡과 마곡을 미혹하여 전쟁을 준비했을 때 바다의 모래로 비유되었다(20:8). 바클레이는 피처럼 변한 바다의 한 배경으로서 밧모 섬 해안의 일몰시 먼 바다에 비친 노을 현상으로 핏빛 같이 느꼈을 가능성을 제시하였다.

C. **셋째 대접**(16:4-7)

세 번째 대접이 강과 물 근원에 쏟아지자 물들은 곧 피로 변한다. '물을 차지한 천사'가 공의로운 심판을 찬양하고 제단이 이에 즉각적으로 화답한다(4-7). 셋째 천사가 나팔을 불자 횃불같이 타는 큰 별이 강들의 3분의 1과 여러 물샘에 떨어짐으로 물들은 쑥처럼 쓰게 되고 마시는 자마다 죽음을 당한다(10-11절).

4 셋째가 그 대접을 강과 물 근원에 쏟으매 피가 되더라
5 내가 들으니 물을 차지한 천사가 가로되 전에도 계셨고 시방도 계신 거룩하신 이여 이렇게 심판하시니 의로우시도다
6 저희가 성도들과 선지자들의 피를 흘렸으므로 저희로 피를 마시게 하신 것이 합당하니이다 하더라
7 또 내가 들으니 제단이 말하기를 그러하다 주 하나님 곧 전능하신 이시여 심판하시는 것이 참되시고 의로우시도다 하더라

4 셋째가 그 대접을 강과 물 근원에 쏟으매 피가 되더라

셋째 대접 재앙은 애굽에 내렸던 첫 번째 재앙에 가까우며(출 7:17-21; 시 78:44, 105:29), 셋째 나팔 재앙과 내용상으로 유사하다(8:10-11). 셋째 천사가 나팔을 불었을 때 횃불같이 타는 큰 별이 떨어져 강들과 물들의 근원 3분의 1을 쑥처럼 쓰게 만들어서 사람 3분의 1이 죽는다. 셋째 대접의 경우에는 강과 물들이 피로 변하는 것으로 그쳤다. 표현은 하지 않았지만 이 재앙도 역시 셋째 나팔의 부분적 재앙에 비하여 전체적인 규모의 재앙이었음이 틀림없다. 강과 물 근원에 쏟은 것의 내용물은 알 수 없지만 생수의 근원들이 모두

피로 변하여 세계적인 기갈을 초래한 것이 실로 가공할 만하다.

5 물을 차지한 천사

계시록에만 해도 일곱 인을 떼는 천사들, 일곱 나팔 부는 천사들, 일곱 대접을 쏟는 천사들을 제외하더라도 특징적 사역을 수행하는 천사들이 다수 언급되었다. 요한은 무수한 천사들의 기능과 사역에 대해 자세한 정보를 제공하지 않는다. 다만 환상의 성격상 꼭 필요한 경우에 짧은 표현으로 소개한다. 불을 다스리는 천사가 있고(14:18), 바람을 붙든 천사가 있고(7:1), 땅과 바다를 해할 권세를 가진 천사도 있으며(7:2), 소식을 전하는 천사가 있고(1:1), 마귀와 싸우는 천사가 있으며(12:7), 물을 차지한 천사도 있다(5절). 천사의 사역은 자연의 기본적인 힘과 연관이 되었는데, 시편 기자는 이를 "(주께서) 바람으로 자기 사자를 삼으시며 화염으로 자기 사역자를 삼으시며"(시 104:4; 히 1:7)라고 표현하였다. 유대 묵시 문헌에도 물로 땅의 거주자들을 심판하는 천사가 나온다(에녹전서 66:1-3).

전에도 계시고 시방도 계신 거룩하신 이여

원래의 형식은 "전에도 계시고 지금도 계시고 장차 오실 이"(1:4, 8, 4:8, 순서는 다름)여야 한다. 11:17에도 "장차오실 이"가 빠져 있는데, 이는 본격적인 심판의 진행으로 인해 장차 오실 하나님이 초기의 형태이기는 하지만 '이미' 오신 것으로 간주했을 수도 있다. "장차 오실 이" 자리는 "거룩하신 이"로 대체되었다. 형식은 약간 달라도 내용적 의미는 동일하다. 예전적 형식인 이 진술은 영존하시는 하나님을 제대로 규정한다. 거룩하신 이는 악을 차마 보지 못하시며 세상의 불의와 부정의에 대해 유일하게 꾸짖을 수 있는 존재이시다. 역사 속에 구현된 하나님의 구원하는 행위가 비로소 마지막 때의 심판으로 제 모습을 완비한다. 주님의 비할 바 없는 거룩함은 다시 오시는 이로서 드러난다. 거룩함이야말로 마지막 심판주의 당연한 풍성이다.

이렇게 심판하시니 의로우시도다

아운은 5-7절을 "심판의 송영"이라 불렀는데, 이는 하나님의 의로우심(시 119:137; 렘 12:1; 단 3:27)을 확언하는 것으로 시작해 심판의 정당성(수 7:19-21; 대하 12:6; 스 9:15; 느 9:33; 시 7:11, 9:4; 렘 46:28)에 초점을 맞춘 내용 때문이다. 하나님의 길이 의로우며(15:3) 하나님의 심판이 의로우시다(16:7, 19:2). 하나님은 의로우신 재판장인데(시 7:11, 9:8, 67:4, 75:2; 사 11:4; 렘 11:20; 딤후 4:8) 계시록은 바로 이 주제 위에 서 있다. 공의는 도덕법으로 이 세계를 지탱하시는 하나님의 속성으로서 인간의 양심에 반하는 우상 숭배나 불의를 단연코 배격한다. 하나님은 의로우신 분이기에 그가 행하시는 심판은 하나부터 열까지 모두 의롭다.

하나님이 행하신 심판에 대한 천사의 반응이 송영(5-6절) 속에 그대로 표현되었다. 천사가 송축한 첫 내용은 의로우신 심판자의 의로운 심판이다. 구약에서 끊임없이 선포하는 메시지의 일관된 주제는 이스라엘과 이방 민족들을 심판하시는 하나님의 의로우심이다. 의로운 심판을 행하실 수밖에 없는 유일한 근거는 하나님의 거룩하심과 공의로우심에 있다. 하나님의 길은 언제나 의롭고 참되다(15:3). 그것이 심판에 그대로 드러났다. 하나님의 의로우심은 거룩함의 한 부분으로서 스스로 더럽히거나 구부러질 수 없는 이유이다. 성경에서 의와 거룩함은 상호 연관되어 사용된다(신 32:4; 시 145:17).

6 저희가 성도들과 선지자들의 피를 흘렸으므로

바벨론이 예루살렘을 훼파할 때에 저지른 만행을 아삽은 자신의 시편에서 이렇게 회상했다. "그들(주의 성도들)의 피를 예루살렘 사면에 물같이 흘렸으며 그들을 매장하는 자가 없었나이다." 둘째 대접과 셋째 대접은 내용은 다르나 '피'의 결과는 같다. 물을 차지한 천사는 첫째 대접의 바다 재앙, 둘째 재앙의 강과 물들의 근원이 피로 변하여 죽음을 몰고 온 사실을 정당화하고 찬양한다. 순교자들의 피 흘리기를 즐겼던 짐승의 세력들이 순교자들의 호소에 따른 심판에 의해 피의 재앙에 처해지게 된 것이다. 미니어는 "사람들은 성도들의 피를 마실 것인지 어린양의 피에 적신 옷을 입을 것인지 선택해야 한다"라고 말했다.

피를 마시게 하는 것이 합당하니이다 하더라

재앙의 대접이 쏟아지듯 불의한 세력들은 성도들과 선지자들의 피를 '쏟았다'(ἐξέκεαν / 엑세케안). 그들이 무죄한 피를 흘리게 했으므로 하나님의 정당한 심판의 결과로 피를 마시는 것은 당연한 일이다. 세 가지 해석이 주어졌다. 첫째, 일반적으로 '피에 취함'이란 '살인'에 대한 상징적 표현이다(겔 39:17-19; 슥 9:15; 계 17:6). 이럴 경우에 물을 차지한 천사의 언급은 서로 살상하는 전쟁으로 이전 동맹국 군사들의 피를 흘렸던 압제자 로마나 기독교 순교자들의 피를 냈던 로마 제국에 대한 언급일 수 있다(Charles). 둘째, 이것은 죽음에 대한 상징이다(사 49:26). 불의한 살인자들이 죗값에 상응하여 자신들의 피를 흘리는 '복수법'(lex talionis, 렉스탈리오니스)에 대한 표현으로 이해할 수 있다. 셋째, 이전의 두 재앙으로 인하여서 바다와 강과 물 근원까지 피가 되었다(16:3-4). 이것은 경제적이며 자연적인 재난이다. 그들이 무죄한 성도들을 죽였으므로 오염된 물을 마시듯 영적 고통을 겪어야 함은 당연한 일이다. 실로 '그럴 만한'(ἄξιοι / 악시오이) 일이다.

7 제단이 말하기를

제단이 의인화되었다. 제단이 실제로 말하는 것은 아니다. 이는 제단에 엎드려 쉼 없이 탄원하는 순교자들의 영혼일 것이다(6:9). 아운이나 비얼은 제단의 음성을 순교한 성도들의 탄원(9:13)으로 해석했다. 그것이 아니라면 향단에 바쳐진 성도들의 기도(8:3-5)를 의인화시킨 것일 수도 있다. 오스본이 후자의 견해를 취하였다. 순교자들이나 성도들의 기도가 하나님의 의로우신 심판을 촉구하는 것이었으므로 천사의 찬양 내용과 일치한다. 계시록에서 '제단'은 11:1의 경우만 제외하고 모두가 심판과 연관하여 언급되었다(6:9, 8:3, 5, 9:13, 14:18).

그러하다 주 하나님 곧 전능하신 이여

천사의 송영에 대한 제단의 화답이다. "그러하다"(Ναί / 나이)는 강조적 의미로 송영 내용을 확정해 준다(1:7, 14:13, 22:20). 7절에서 제단의 목소리는 "주 하나님 곧 전능하신 이시여, 심판하시는 것이 참되시고 의로우시다"라고 찬양하였는데, 역시 다섯째 인을 뗄 때에 제단의 순교자들은 "거룩하고 참되신 대주재여 땅에 거하는 자들을 심판하여 우리 피를 신원하여 주지 아니하시기를 어느 때까지 하시려나이까"(6:10) 하며 탄원을 올렸다. 5절에서도 물을 차지한 천사가 주 하나님의 의로우신 심판을 찬양하였다. "주 하나님 곧 전능하신 이"(κύριε ὁ θεὸς ὁ παντοκράτωρ / 퀴리에 호 떼오스 호 판토크라토르)는 이 세상 역사를 섭리하고 역사하시는 하나님의 절대적인 주권을 나타내는 전용어다(1:8, 15:3).

계시록에서 주님은 '주'와 '전능자'로 일곱 번 불렸다(1:8, 4:8, 11:17, 15:3, 16:7, 19:6, 21:22).

D. **넷째 대접**(16:8-9)

네 번째 대접이 해에 쏟아지자 사람들은 태양열로 인해 태워졌지만 회개를 거부한다(8-9절). 넷째 나팔의 재앙은 천체 3분의 1이 어두워져서 빛을 잃었다. 공중을 날던 독수리가 남은 재앙이 혹독할 것을 암시하는 세 화를 큰 소리로 외쳤다(8:12-13).

연속적으로 쏟아진 세 대접은 각기 땅과 바다와 강에 심대한 피해를 남겼다. 모두 '한가운데'(εἰς / 에이스) 쏟아졌다. 천사의 심판이 얼마나 집중적인지를 잘 보여준다. 나머지의 네 대접들은 모두 해와 짐승의 보좌와 유브라데 강과 공기 '위에'(ἐπί / 에피) 쏟아졌다. 이는 심판의 범위가 얼마나 광범위한지를 보여준다. 넷째 나팔의 재앙으로 인하여 해와 달과 별의 광명이 3분의 1의 기능으로 축소되었는데, 넷째 대접이 쏟아진 결과로 해의 열기는 더욱 강화되었다. 태양의 열기는 사람들을 '불로 태울'(ἐν πυρί / 엔 퓌리) 정도가 되었다. 신실한 하나님의 백성이라면 낮의 해와 밤의 달이 상치 못하게 하실 것이지만, 하나님은 천사를 통하여 해의 가공할 열기로 사악한 자들을 태우신다.

8 넷째가 그 대접을 해에 쏟으매 해가 권세를 받아 불로 사람들을
태우니
9 사람들이 크게 태움에 태워진지라 이 재앙들을 행하는 권세를 가
지신 하나님의 이름을 훼방하며 또 회개하여 영광을 주께 돌리지
아니하더라

8 넷째가 그 대접을 해에 쏟으매

넷째 나팔 재앙과 내용상 아주 유사하다(8:12–13). "권세를 받아"는 '권세가 주어졌다'(ἐδόθη / 에도떼)는 뜻으로 해와 천사 둘 다에 연관시킬 수 있다. 한글성경은 해에 연관시켰다. 9절의 "이 재앙들을 행하는 권세를 가지신 하나님"이 권세의 근원이다. 재앙을 내리는 것은 천사도 아니요 해도 아니다. 천사는 권세를 집행하고 해는 도구로 사용될 뿐이다. 이를 문자적으로 취하여 해의 이상적인 열기로 본다면, 그린란드와 남극 대륙의 얼음만 녹는다 해도 세계의 해면은 단번에 60m 높이로 올라가서 지구는 아수라장이 되어 버리고 만다.

해가 권세를 받아 불로 사람들을 태우니

이사야 선지자는 시온이 재건될 때에 더위와 볕이 언약의 백성을 상하지 않을 것임을 외쳤다(사 49:10). 악인이나 선인에게 두루 비치던 일반 은총의 상징이었던 해(마 5:45)가 은총이 사라짐으로 재앙 덩어리가 되었다. 시편 기자가 "해는 그 방에서 나오는 신랑과 같고 그 길을 달리기 기뻐하는 장사 같아서 하늘 이 끝에서 나와서 하늘 저 끝까지 운행함이여 그 온기에서 피하여 숨은 자 없도다"(시 19:5–6)라고 노래한 대로 해는 만인에게 임하는 하나님의 자비로움

이었다. 본서에서도 해는 영화로우신 그리스도의 위엄을 상징했다 (1:18). 또한 힘센 다른 천사의 얼굴로 상징되었고(10:1), 남자 아이를 낳은 여자는 해를 입은 모습으로 그려졌다(12:1).

물론 성경에서 해가 심판의 도구처럼 부정적인 이미지로 사용된 예도 있다(창 19:24; 신 4:24; 고전 3:13; 히 12:29; 벧후 3:7). 그 자비가 사라지자 해는 맹렬한 심판의 도구가 되어 버렸다. 새 예루살렘에는 성도들을 태울 해가 없다. 하나님의 영광이 그 빛을 대신한다 (21:23). 해가 권세를 (그분에게서) '받아서'(ἐδόθη αὐτῷ / 에도떼 아우토)는 하나님이 사람들을 태울 권세를 해에게 주신 사실을 분명히 한다. 하나님에게서 받은 태우는 권세로 해는 엄청난 열기와 불꽃을 일으켜 무수한 사람들을 실제로 태워버렸다. "태우니 사람들이 크게 태움에 태워진지라"는 태움의 사실을 반복함으로 재앙의 심도를 더욱 강조한다.

9 회개하여 영광을 주께 돌리지 아니하더라

9절 전반에는 해의 권세로 인한 희생을 기록한다. 신명기에 기록된 모세의 노래에는 이 장면이 비교적 사실적으로 묘사되었다. "그들이 주리므로 파리하며 불같은 더위와 독한 파멸에게 삼키울 것이라"(신 32:24). 해의 열기로 많은 사람이 희생되었다. 이쯤이면 하나님께로 돌이킬 만도 한데 그들은 막무가내다. 오히려 하나님의 이름을 훼방하고 회개치 않는다. 성경에는 재앙이 임하고 난 뒤에 돌이킨 사례가 많다. 니느웨 백성의 경우에는 재앙이 임하기 전에도 전 국민적인 회심의 역사가 있었다. 일곱 대접을 통한 재앙은 이전에 세상 사람들이 당했던 재앙의 깊이보다 훨씬 더 깊고 끈질기며 두렵다. 그럼에도 불구하고 그들은 회개하지 않는다. 회개의 영이 거두어졌기 때문이다. 하늘의 문은 이미 닫혔다.

그들은 하나님의 이름을 훼방한다. 멸망받기로 작정되었기 때문이다. 그들은 참람된 말의 권세를 받았던 짐승(13:5)의 후예들이다. 영광을 주님께 돌리지 않는다. 둘째 화가 임하였을 때 성도의 원수 된 행악자들은 두 증인의 부활 승천과 지진을 경험하자 곧바로 영광을 하나님께 돌렸다(11:13). 넷째 대접의 재앙에 괴로워하면서도 짐승의 추종자들은 연자 맷돌 아래짝처럼 그 마음을 굳게 한다. 이들의 돌이키지 않음과 극도의 완악함은 이내 다섯째 대접 재앙을 불러들인다. 해에 태워진 처참한 광경은 구속함 받은 백성들이 누릴 영원한 안전(7:15)과 대조를 이룬다.

E. **다섯째 대접**(16:10-11)

다섯째 대접이 짐승에 쏟아지자 그의 나라에 극심한 흑암이 임하고, 사람들은 고통과 종기로 인해 도리어 하나님을 훼방하고 회개를 거부한다(10-11절). 다섯째 나팔을 불자 하늘에서 떨어진 별이 무저갱을 열고 곧이어 황충이 나와서 사람들에게 죽음 같은 고통을 안긴다. 흉측한 모습을 한 황충은 다섯 달 동안 사람들을 해칠 권세를 지녔다. 그들의 임금은 아볼루온 또는 아바돈이라 불렸다(9:1-12). 이것이 첫째 화이다.

일곱 나팔 재앙에서 넷째 나팔을 불고 난 후에 해와 달과 별들의 3분의 1이 사라졌다. 이것이 다섯째 천사가 대접을 짐승의 보좌에 쏟았을 때 그 나라가 곧 어두워진 배경에 대한 설명이 된다. 짐승은

3분의 1의 광명을 잃어버린 묘한 하늘 밑에서 우상 숭배와 세속적인 악만을 부추기고 있었다. 짐승의 보좌에 쏟아진 내용물이 무엇인지 모르지만 그 재앙의 결과는 끔찍하였다. 이를 갈며 혓바닥을 깨물 만큼 지독한 통증과 종기 때문이었다. 물론 어둠이 통증의 직접적 원인이 될 수는 없다. 그런 어둠으로 켜를 쌓은 지옥에서 장차 불과 유황으로 영원히 고통당할 것을 상상하며 고통을 느꼈을 수 있다(14:10-11, 20:13-15). 강도 높은 재앙을 당하면 당할수록 더 마음의 강퍅함을 키워가던 애굽의 바로처럼, 재앙에 살아남은 사람들은 오히려 하늘의 하나님을 훼방하면서 회개할 의지를 전혀 보이지 않았다.

10 또 다섯째가 그 대접을 짐승의 보좌에 쏟으니 그 나라가 곧 어두워
지며 사람들이 아파서 자기 혀를 깨물고
11 아픈 것과 종기로 인하여 하늘의 하나님을 훼방하고 저희 행위를
회개치 아니하더라

10 또 다섯째가 그 대접을 짐승의 보좌에 쏟으니

다섯째 나팔 재앙과 내용상 아주 유사하다(9:1-11). 다섯째 나팔을 불었을 때 나타났던 황충의 재앙을 제외하고는 어두워짐과 고통의 재앙이 비슷하다. 이전의 네 대접과는 상황이 완연히 다르다. 지금까지 자연을 향해 내려졌던 재앙과는 달리 다섯째 대접은 사악한 자들의 조종자인 '짐승의 보좌'에 쏟아진다. 짐승의 보좌는 짐승의 권위가 나오는 원천으로서의 '사탄의 위'(ὁ θρόνος τοῦ Σατανᾶ / 호 뜨로노스 투 사타나, 2:13)다. 사탄이 모든 권세를 가지고 세상 역사를 하나님의 구속 역사와 거스르는 방향으로 이끌고자 도모하는 곳이다. 궤휼과 사특한 지혜를 발산하는 곳이다. 반역과 불순종의 영을 파송하

는 곳이다.

존슨은 이를 우상 숭배와 연관하여 세계를 장악하려는 사탄적 제도로 보았다. 그 나라가 곧 어두워지며 사람들이 아파서 자기 혀를 깨물었다. 어두움과 연관된 어떤 형언할 수 없는 육신의 고통이 그들을 무진장 괴롭혔을 것이다. 그래서 극심한 고통을 견디지 못한 많은 사람들은 자신의 혀를 깨물었다. 그들은 자신들에게 그런 고통을 내린 하나님을 원망하며 저주했을 것이다. 키들은 이를 "내란으로 인한 어둠"(the darkness of civil strife)으로 해석하였다. 일단의 학자들은 이를 요한 당시에 세속적인 권력과 박해의 선두주자였던 로마에 대한 상징이라 보았다(Hendriksen, Swete, Mounce, Charles).

11 아픈 것과 종기로 인하여 하늘의 하나님을 훼방하고

고통이 심해질수록 훼방하는 말의 수위도 더 높아간다. 종기로 인해 참혹하게 변해 버린 모습과 악취로 사람들의 마음은 악귀처럼 되었다. 그들은 재앙을 불러온 자신들의 죄가 아니라 가중되는 재앙을 쏟아붓는 하나님께 모든 원망의 화살을 쏘았다. 어쩌면 황충의 재앙 때처럼 전갈의 쏘는 것 같은 고통에 시달리게 되었을지도 모른다. 다섯째 대접의 재앙에 황충과 같은 재앙이 언급되지는 않았지만 10-11절에서 보여주는 참상은 전갈 꼬리에 찔린 고통에 못지않다. "하늘의 하나님"(τὸν θεὸν τοῦ οὐρανοῦ / 톤 떼온 투 우라누)이란 표현은 세상 나라를 넘어 온 우주와 영원 세계를 다스리시는 주권자를 가리키는 전형적인 묘사이다(느 1:5; 2:4, 20; 단 2:37, 44).

저희 행위를 회개치 아니하더라

재앙의 현실 앞에서는 마음이 낮아졌다가 재앙이 거두어지면 마음을 강퍅케 함이 바로의 악습이었는데, 짐승의 추종자들은 재앙의 현장에서 하나님을 더욱 거세게 모독한다. 바로가 자신의 마음을 강퍅케 한 것이 아니었다. 바로 스스로도 어쩔 수 없는 마음의 움직임이었다. 하나님이 그렇게 만드셨다. "내가 바로의 마음을 강퍅케 하고 나의 표징과 나의 이적을 애굽 땅에 많이 행하리라마는 바로가 너희를 듣지 아니할 터인즉 내가 내 손을 애굽에 더하여 여러 큰 재앙을 내리고 내 군대 내 백성 이스라엘 자손을 그 땅에서 인도하여 낼지라"(출 7:3-4). 성경은 수차례에 걸쳐 하나님이 바로의 마음을 강퍅케 만들었다고 증거한다(출 7:13, 22, 8:15, 19, 32, 9:7, 12, 35, 10:20, 27, 11:10).

재앙이 크면 클수록 하나님을 훼방하는 신성 모독은 더욱 도를 더했고, 고통이 격심하면 할수록 회개하지 않는 마음은 더욱 굳어만 갔다. 그들은 자신들이 섬기는 짐승을 본받아서(13:5-6) 훼방의 길을 고수했다. 그들은 여전히 회개하지 않는다(9, 9:20). 회개치 않으면 심판의 주님을 직접 대면하는 길밖에 없다. 하나님의 백성들도 회개치 않으면 직면해야만 할 아픈 결과를 이미 경고하신 바 있다(2:5, 16, 22-23, 3:3, 16-19).

F. **여섯째 대접**(16:12-16)

여섯째 대접은 여섯째 나팔과 비슷한 면이 있다. 여섯째 나팔을 불자 인류의 3분의 1을 해할 네 천사가 유브라데에 결박되었던 상태로부터 풀려났다. 이만만의 마병대와 그 탄자들이 세 가지 재앙(불, 연기, 유황)으로 인류의 3분의 1이나 죽였다. 그래도 생존자들은 여전히 회개하지 않았다(9:13-21). 16장에 들어와 여섯째 대접이 유브라데 강에 부어지자 동방의 왕들을 위한 길이 예비된다. 악의 삼총사(용, 짐승, 거짓 선지자)의 입에서 더러운 영이 나와 천하의 임금들을 꼬드기고 아마겟돈 전쟁을 위해 모이게 한다(12-17절). 사 11:15-16에서는 유브라데 강이 말라 흩어졌던 이스라엘 백성이 동방으로부터 돌아오게끔 한다는 예언이 실려 있다. 홍해 사건 이후에 이스라엘 백성이 가나안에 입성하기 전에 여호수아의 지도 아래 요단 강물이 메말랐던 사건이 있었다(수 3:13-17, 4:23). 엘리야는 요단 강물을 갈라지게 하면서 건넜고 엘리사 역시 그 뒤를 따랐다(왕하 2:8). 유브라데 강의 마름은 이중에서도 홍해 사건에 가장 근접하다.

여섯째 대접은 이전의 대접들처럼 재앙이 드러나지 않고 다만 다가올 전쟁을 위한 준비 상황만 언급되었다. 그래서 윌콕은 동방에서 오는 왕들과 땅의 남은 자들이 서로 죽고 죽이는 살상을 일으킨 것이라 주장했으나 본문에 그런 해석을 뒷받침할 만한 아무 내용도 없다. 포드는 로마 제국의 사회적이고 정치적인 조직이 와해됨으로 이민족의 침공에 속수무책이었던 상황과 연관시켰으나 이것 또한 적절한 해석은 못된다. 여섯째 대접이 쏟아진 곳은 큰 강 유브라데였다. 유브라데는 창 2:14에서 처음으로 언급되었다가 본 절의 언급으로 끝난다. 공교롭게도 여섯째 나팔을 불었을 때도 큰 강 유브라데에 결박되었던 네 천사가 풀려남으로 인류 전체의 3분의 1이 멸절당하는 재앙이 일어났다(9:14). 여섯째 대접이 큰 강 유브라데에 쏟아졌음은 큰 재앙의 전조임에 틀림없다.

문제는 "큰 강 유브라데"를 '문자적으로 보아야 하느냐? 아니면 상징적으로 해석해야 하느냐?'이다. 리(Lee)는 여섯째 대접 재앙이 교회를 공격하는 불의한 세상 권력의 전진을 방해하는 장애물이라며 상징적으로 이해하였다. 이에 대하여 왈부어드는 성경에서 강 이름이 지리적으로 정확하게 표기됨은 철두철미한 현상이라며 상징적인 해석에 쐐기를 박았다. 이스라엘 백성이 홍해를 마른 땅과 같이 건넜듯이 전쟁을 위한 왕들과 그들의 군대가 지나가도록 강이 말랐다 함은 문자적으로 해석해야 아귀가 맞아떨어진다. 만일 19:19-21의 전쟁이 상징이 아니라 문자적으로 실제의 전쟁이라면 이곳의 말라버린 강 역시 문자적으로 이해해야 옳다. 홍해의 바닥이 마른 것이 상징이 아니라면 유브라데의 강바닥이 마른 것도 상징이 아니다.

12 또 여섯째가 그 대접을 큰 강 유브라데에 쏟으매 강물이 말라서 동방에서 오는 왕들의 길이 예비되더라
13 또 내가 보매 개구리 같은 세 더러운 영이 용의 입과 짐승의 입과 거짓 선지자의 입에서 나오니
14 저희는 귀신의 영이라 이적을 행하여 온 천하 임금들에게 가서 하나님 곧 전능하신 이의 큰 날에 전쟁을 위하여 그들을 모으더라
15 보라 내가 도적같이 오리니 누구든지 깨어 자기 옷을 지켜 벌거벗고 다니지 아니하며 자기의 부끄러움을 보이지 아니하는 자가 복이 있도다
16 세 영이 히브리 음으로 아마겟돈이라 하는 곳으로 왕들을 모으더라

12 **또 여섯째가 그 대접을 큰 강 유브라데에 쏟으매**

여섯째 나팔 재앙과 내용상 유사하다(9:13–21). 두 곳에 모두 유브라데 강이 언급되었다. 여섯째 나팔 재앙 때는 이만만의 마병대가 나오는데, 여섯째 대접에는 말라버린 유브라데 강에 동방의 왕들을 위한 길이 예비된다. 여섯째 나팔 재앙에는 마병대의 입에서 나온 불과 연기와 유황의 '세 재앙'이 있었는데, 여섯째 대접의 재앙에는 개구리 같은 "세 더러운 영"들이 각각 용과 짐승과 거짓 선지자의 입에서 나온다.

여섯째 대접에서는 바벨론에 대한 심판과 더불어 이스라엘의 회복을 다룬다. 예언자들은 자주 유브라데 강의 메마름에 대하여 예언했다(사 11:15, 44:27; 렘 50:38, 51:36; 그리고 슥 10:11 참조).

역사가 헤로도투스와 크세노폰의 기록에 따르면, 고레스 대왕이 예상 밖의 도강 작전으로 바벨론을 침공하여 구약 예언자들의 유브라데에 관한 예언이 실제적으로 성취되었다(사 44:27–28 참조). 바벨론 중앙을 통하여 곧게 흐르는 강물을 사이에 두고 대치한 고레스는 방어진이 너무 강해 정복이 불가능하다고 느꼈다. 그때 기발한 생각이 떠올라 부대의 일부를 남기고 주력군을 강으로 데려갔다. 훌륭한 기술자의 재주로 일시적이나마 강의 물줄기를 호수 쪽으로 흐르게 만들었다. 강의 수심이 얕아지자 그 길을 마른 땅처럼 건너간 고레스의 군대는 바벨론의 견고한 방어진을 무너뜨려버리고 바벨론에 입성하여 함락시켰다. 자이스는 동방의 왕들이 기세 좋게 마른 유브라데를 건너다가 홍해 때처럼 물에 의해 몰살당할 것이라 보았다.

요한은 바벨론 패망의 역사적인 사건을 이용함으로 장차 땅에 임할 바벨론 세력의 붕괴를 그리고 있는 것이다. 물론 이 바벨론은 문자적인 의미에서의 바벨론이 아니다. 유브라데 강을 따라서 연결되어 있는 고대의 바벨론 제국을 찾으면 어렵지 않게 이라크, 시리아, 터키와 같은 현대 국가들의 이름이 이내 떠오른다. 유브라데가 상징하는 것은 "백성과 무리와 열국과 방언들"(17:15)이다. 바벨론이 상징하는 것은 무엇인가? 바벨론은 "음녀요 음녀는 많은 물 위에 앉은 자요"(17:1) 땅의 임금들을 다스리는 "큰 성"(17:18)이다.

바벨론이 문자 그대로의 바벨론이 아니라면 과연 무엇이란 말인가? 바벨론은 하나님을 대적하는 이 세상의 모든 정치 체제요 경제 질서며 종교 현상이요 철학 사상이다. 하나님이 일체 배제된 하나님의 말씀이 거부된 인간 중심의 삶이다. 바벨론은 모든 나라를 음행으로 인하여 진노의 포도주를 마시게 하던 자다(14:8). 바벨론 붕괴는 이미 선언되었다. "무너졌도다. 무너졌도다. 큰 성 바벨론이여!" 가시적이고 완벽한 바벨론의 멸망은 18장의 후반부에 가서 이루어지겠지만 서서히 파멸의 길로 들어서기 시작했다. 하나님이 바벨론의 아가미를 꿰어 멸망의 길로 이끌어 가신다.

동방에서 오는 왕들의 길이 예비되더라

역사적 바벨론 제국에게 있어 '동방의 왕들'은 고레스와 그를 따르던 제후들이었다. 그렇다면 계시록에 그려진 바벨론에게 있어 '동방의 왕들'은 누구인가? 중동 지역에서 동방이 의미하는 바는 무엇인가? 유럽도 배제되고 미국도 배제된다면 소련 연방도 해체된 지금에 와서 유일한 동방의 강국은 누가 있을 것인가? 이만만의 대군을 유일하게 확보할 수 있는 중국과 그의 동맹국들의 이름인가? 곡과 마곡은 전통적으로 북방의 왕들로 불리는데(에스겔 38-39장) 그들은 과연 북방의 왕들인가? 북방 왕 곡과 마곡의 군대는 단지 북방의 군대만이 아니라 "땅의 사방 백성"(20:8)으로 이루어진 국제 규모의 혼성군이다. 그렇다면 '동방의 왕들'도 동방에 속한 통치자들을 지칭하는 것이 아님은 분명하다. 그들 역시 전능하신 하나님의 큰 날에 더불어 전쟁을 일으키고자 "온 천하 임금을 불러 모으는"(16:14) 국제 규모의 혼성군이다. 그것이 영적인 군대이든 실질적인 군대이든 하나님을 대항하는 자세에서만은 동일하다.

백위드는 네로 부활 신화와 연관하여 이를 네로와 파르티아인들의 로마 침입으로 해석했다. 다시 살아나서 적그리스도의 역할을 맡은 네로와 동방의 왕인 파르티아인들에 의해 로마가 멸망하리라고 요한이 생각했을 것이라는 견해인데, 백위드 자신도 회의적 입장을 취했다. 헤로도투스의 기록에 의하면 네로가 죽고 20년이 흐른 후에 그의 죽음을 둘러싸고 세 명의 가짜 네로가 환생을 주장하여 혹세무민하였다. 그 중의 한 명이 테렌티우스 막시무스(Terentius Maximus)인데, 추종자를 거느리고 유브라데로 나아갔다. 파르티아의 왕은 그를 영접하여 로마 침입에 이용하려 했고 다시 보좌에 앉히려 했다.

13 개구리 같은 세 더러운 영이……입에서 나오더라

13-16절은 상세한 설명을 덧붙인다. 용과 짐승과 거짓 선지자가 함께 소개되고 그들의 시도를 알려준다. 주님의 재림과 경성을 위한 경고의 말씀이 축복의 약속과 함께 주어진다. 사탄 자신과 정치적인 권력의 옷으로 가장한 정치 세력으로서의 적그리스도 그리고 거짓 종교의 탈을 쓴 거짓 선지자가 하나님의 대적자로서 그 모습을 분명히 한다. '거짓 선지자'(ψευδοπροφήτης / 프슈도프로페테스)는 본서에서 처음 나오는데 그의 사술과 허위와 기만은 이미 13:11-17에서 알려졌다. 그의 존재 목적은 오직 하나다. 적그리스도를 영화롭게 하

는 것이다. 적그리스도 역시 존재 목적은 하나이다. 사람들의 마음에서 그리스도의 형상을 완전히 제거하는 것이다. 그렇게 함으로 사탄을 영화롭게 함에 있다. 거짓 선지자들은 거짓 영에 사로잡혀 있기 때문에 거짓을 서슴없이 행한다. 마음도 생각도 말도 행위도 거짓으로 가득차고 거짓으로 충만하다. 진실은 티끌만한 그림자도 끼어들지 못한다. 성경 안에는 거짓 선지자들이 걸어온 길이 명백하게 그려져 있다(마 7:15, 24:11, 24; 막 13:22; 눅 6:26; 행 13:6; 벧후 2:1; 요일 4:1).

그들은 세속의 영으로서 교회 안에 들어와 어둠의 씨앗을 퍼뜨린다. 빛의 생명들이 자라지 못하도록 원천적으로 은혜의 역사를 봉쇄한다. 외부에서는 흉포한 공격성으로 내부에서는 회유책으로 교회의 생동력을 마비시키고 신자들의 영혼을 무력하게 한다. 사탄도 적그리스도도 거짓 선지자도 모두가 인격을 지닌 영이다.

"세 더러운 영"(πνεύματα τρία ἀκάθαρτα / 프뉴마타 트리아 아카따르타)이다. 셋이지만 결국은 허위의 한 영이다. 그들의 형상은 개구리 같은 모습에서 같다. "개구리"(βάτραχοι / 바트라코이)는 옛날 애굽에 내린 두 번째 재앙(출 8:2-11; 시 105:30)을 상기시킨다. 개구리는 초기의 재앙으로서 애굽인들에게 심각한 피해를 주지 않았지만 성경은 그들이 해로운 존재로 밝힌다(시 78:45).

개구리는 해롭지 않으면서 해로운 존재다. 해롭지 않은 것은 그들의 변장술과 기만의 결과로서 그렇게 보일 뿐이다.

해로운 것은 그들이 인간성을 파괴하고 영혼을 무력하게 만들고 영적인 무감각에 이르게 하기 때문이다. 독을 지닌 개구리들은 먹잇감에게 독을 뱉어 마비시켜서는 마비 상태가 풀리기 전에 잡아먹는다.

애굽의 술사들은 자기들의 술법으로 개구리 재앙을 재연시켰다. 하나님이 개구리 재앙을 통해 개구리가 지닌 속임의 상징을 보여주신 것이다. 술법사들의 속임은 애굽인들에게 재앙의 연속에 불과했다. 결국 개구리는 자신도 속이고 남도 속이고 그로 인해 남도 멸망시키고 자신도 멸망당하는 영이다.

이 개구리는 사탄과 적그리스도와 거짓 선지자의 존재의 기반을 이루고 그들이 활동하는 주 무대로서 바벨론이다. 바벨론은 해롭지 않은 듯 보이면서 거주자들을 해하는 세속적 체제다. 개구리 같은 세 더러운 영은 해롭지 않은 모습으로 사람들을 유혹하면서 해로운 독성으로 그들을 죽게 한다.

개구리의 '개골개골'하는 울음소리는 보통 까마귀의 '깍깍'하는 소리와 함께 불길한 소리로 간주된다. 원망하고 불평하고 비관하는 소리를 의미하기도 한다. 그들은 바벨론의 으뜸가는 거주자다. 거짓과 이적으로 세상을 현혹하여 그들의 삶을 지배하는 사악한 통치 그룹이다. 바벨론에는 온갖 귀신들과 더러운 영들이 모여 있다(18:2). 영이 하는 일은 영적인 일이다. 성도를 대적하고 교회를 대적하고 하나님을 대적하는 일을 꾀한다. 헨드릭슨은 개구리가 "지독하고 지긋지긋하고 불쾌한 성질"(abominable, loathsome and repulsive)을 나타내는 것으로 보았다.

14 저희는 귀신의 영이라

용과 짐승과 거짓 선지자의 입에서 개구리 같은 세 더러운 영이 나오는데, 세 더러운 영을 설명함으로 그들이 악마적 존재임을 명백하게 밝힌다. 그들은 "귀신의 영"(πνεύματα δαιμονίων /프뉴마타 다

이모니온)이다. 이것은 동격(귀신 곧 영)이 아니라 서술 속격으로 '귀신의 영'이다. 귀신은 설명적 보족어로서 '귀신들인 영들'이란 뜻이다. 그들은 본질적으로 더럽다. 귀신은 사탄이 부리는 영이다. 그들은 수에서도 많고 활동을 잠시도 쉬지 않는다.

이적을 행하여 온 천하 임금들에게 가서

'큰 날'의 도래를 알고 있는 악의 삼총사도 그래서 힘을 모은다. 세상의 군왕들 앞에서 기적을 행하여 자기 편으로 끌어들인다. 그들은 '이적을 행한다'(ποιοῦντα σημεῖα / 포이운타 세메이아). 세 더러운 영 중에서 이적을 행하는 주체는 거짓 선지자이다(19:20). 그들이 행하는 기적이란 적그리스도의 권능을 보여주는 것이며, 하늘에서 불을 내리는 것이요 사람들을 굴복시키는 힘이고, 우상을 섬기게 만드는 능력이요, 짐승의 표로서 세상의 정치와 경제를 굴복시키는 마력이다(13:11-17). 이 이적은 일반 대중이 아니라 권력층에게 집중된다. 자신들의 군대를 동원할 결정이 걸린 만큼 그 이적은 왕들의 마음을 사로잡는 아주 강력한 것이다.

땅의 통치자들은 세 더러운 영의 농간에 넘어간다. 가장 강한 군대인 어린양의 군대와 감히 싸우려는 것이다. 애굽에 내렸던 개구리 재앙에서 보듯이 개구리 재앙을 통한 거짓 능력은 바로의 마음을 강퍅하게 하는 데 일조를 했다.

구약에는 하나님이 간혹 거짓 영들을 거짓 선지자들에게 보내 악한 왕들을 꼬드기게 했다(왕상 22:19-23; 겔 14:7). 신약에도 거짓 선지자들과 거짓 선생들이 이적과 기사를 행함으로 사람들을 미혹의 길로 이끌 그날이 환난의 날 곧 큰 날이 될 것을 언급하였다(막 13:19-22;

살후 2:9-10). 거짓 선생들의 거짓 가르침은 진리의 도를 훼방한다(벧후 2:1-2).

운명에 어떤 결과를 초래할지 전혀 모르면서 그들은 마지막 전쟁에 소집되는 것이다. 이 왕들은 한 지역이나 국가가 아니라 '천하'(τῆς οἰκουμένης ὅλης / 테스 오이쿠메네스 홀레스)에서 모인 자들이다. 온 세상에서 모여들었다(3:10, 12:9). 이적 때문에 모여들었고 전쟁을 위해 모여들었다.

전능하신 이의 큰 날에 전쟁을 위하여 그들을 모으더라

'여호와의 큰 날'(욜 2:11, 31; 습 1:14)이요 주님께서 오래전부터 예비하신 결정적인 한 날이다. 이날은 진노의 큰 날로서(6:17), 창세로부터 있어 온 하나님의 계획이 완결되는 '큰 날'(마 25:34; 엡 1:4; 히 4:3; 계 13:8, 17:8)이다. 세 더러운 영들은 작은 날들 속에서 속이고 싸우고 다투었지만, 그리스도의 싸움은 오직 한 날 곧 여호와의 크고 큰 날만을 기다려왔다. "큰 날"(τῆς ἡμέρας τῆς μεγάλης / 테스 헤메라스 테스 메갈레스)은 그리스도께서 임하셔서 짐승의 군대와 싸우게 되는 바로 '그날'이다. 이날은 세 더러운 영들이 치욕을 당하는 날이요 하나님의 성도들에게는 회복과 위안의 날이 될 것이다. 패배해야 할 자들은 그동안 누렸던 거짓 승리의 도취에서 깨어나고 승리해야 할 자들이 그동안 당해왔던 패배의 그림자를 벗어나는 날이다. 그들은 참전하지만 참패를 당한다. 전쟁 발발 책임자인 짐승과 이적으로 자신들을 현혹시켰던 거짓 선지자가 포로가 되어 산 채로 유황불 붙는 못에 떨어지고 왕들의 군대는 전멸한다(19:19-21).

사탄이 최후의 반역을 도모하지만 그 역시 짐승(적그리스도)과 거짓 선지자가 미리 길을 터놓은 파멸의 길로 마지막 주자가 되어 들어간다(20:8-10). 끝이 없는 고통 속에 괴로움을 당하던 짐승과 거짓 선지자는 자신들의 영원한 주군이 불못으로 입성하는 그 순간을 고통 중에 맞이하게 될 것이다. 계시록에는 전쟁이나 공격과 관련된 구절이 모두 7회 언급이 되었는데(6:4, 9:13-21, 14:19-20, 17:16, 19:17-21, 20:7, 9), 본 절에서 "전쟁을 위하여"(εἰς τὸν πόλεμον / 에이스 톤 폴레몬)에는 정관사가 붙어서 이 전쟁이 일반적인 전쟁이 아니라 종말론적 전쟁 곧 아마겟돈 전쟁(16:16)임을 암시한다. 세상 끝에 있을 이 마지막 전쟁에 대하여는 구약에서 이미 언급된 바 있고(겔 38-39; 슥 12-14; 욜 2:11, 3:2) 초기 유대 문헌에도 나온다(에녹전서 56:7-8, 90:15-19; 다니엘 유언서 5:10-11; 제4에스라서 13:33-39). 신약에서는 한 군데 언급이 되었다(살후 2:8).

15 보라 내가 도적같이 오리니

이 절은 세 더러운 영을 설명하고 그들이 아마겟돈으로 왕들을 불러들이는 긴박한 상황 중앙에 칸막이처럼 자리하고 있다. 주님은 '도적같이 오신다'(ἔρχομαι ὡς κλέπτης / 엘코마이 호스 클렙테스). 미래적 현재의 시제는 주님의 임박한 재림을 확실하게 보장한다. 도적같이 오시는 주님의 모습은 신약에서 자주 발견된다(마 24:43; 살전 5:2-4; 벧후 3:10; 계 3:3). 이는 오심의 예기치 못함과 맞이할 자들의 미처 준비하지 못함을 암시하는 표현이다. 이는 주님의 재림을 대망하는 교회와 성도들이 끊임없이 깨어 있어야 할 필요를 깨닫게 만든다.

계시록에 나오는 '일곱 축복'(1:3, 14:13, 16:15, 19:9, 20:6, 22:7,

14)의 세 번째에 해당하는 영적 각성의 복은 주님의 재림에 동참할 기대감의 측면에서 가히 압권이다. 마치 도적같이 오실 주님처럼, 15절은 도적같이 세 왕들의 음모 사이에 들어섰다. 요한의 주된 관심은 사악한 자들의 소멸에 관한 것일 뿐만 아니라 성도의 영원한 복지에 있다. 본 절의 권면과 지복을 상기시킴은 타당한 이유가 있다. 실제적으로도 세 더러운 영들이 왕들의 군대를 아마겟돈으로 모으는 이유도 온 세상에 흩어진 하나님의 성도들을 공격하기 위함이다.

그 잔혹한 전쟁이 언제 들이닥칠지 알 수 없기에 성도들은 깨어 있어야 한다.

마지막 전쟁이 생각보다 빠를 수 있으므로 마음의 준비를 가다듬는 것은 지혜로운 일이다. 예기치 못한 순간에 갑자기 들이닥칠 주님의 재림(살전 5:2-3)은 세상을 온통 경악 속으로 몰아넣을 것이다. 래드의 적절한 표현처럼 그리스도의 재림은 "예기할 수 없고(unexpectedness of Coming), 그 시간은 확실하지 않다(uncertainty of the times)." 빛을 거부했던 이들은 빛이나 번개의 번쩍임처럼 임하시는 주님의 재림을 저항 없이 받아들이게 될 것이다(눅 17:24). 빛의 아들들은 도적 같은(마 24:30; 벧후 3:10) 재림의 순간을 피할 수 있을 것이다. 그들은 해산하는 여자에게 임하는 고통처럼 그 시기를 점차로 느껴갈 것이다(살전 5:3-6). 안전한 해산의 순간을 맞이하기 위해 깨어 있을 것이다. 도적 같은 재림의 순간을 맞이하지 않는 길은 오직 깨어 있는 것뿐이다. 깨어 있는 자는 거짓 강림의 소식에도 미동하지 않는다(살후 2:2).

사데 교회 신자들은 주님의 도적 같은 강림의 경고를 받은 바 있다(3:3). 그 경고는 모든 시대의 모든 교회를 위한 경고의 말씀이다(2:7, 11, 17, 29, 3:6, 13, 22). 영적 각성은 재림하실 주님을 영접함에 있어서 필수불가결한 요소이다(마 24:42, 25:13; 막 13:35, 37; 눅

12:36-38; 살전 5:6).

깨어 자기 옷을 지켜 벌거벗고 다니지 아니하며

깨어 있어야 할 두 번째 필요는 '옷의 보존'이다. "자기 옷을 지켜"(τηρῶν τὰ ἱμάτια αὐτοῦ / 테론 타 히마티아 아우투)는 옷을 강탈당하지 않음을 경계하는 말이다(Mounce, Farrer). 옷을 지키기 위해 깨어 있음은 일상적인 표현은 아니다. 그러나 의미만은 충분하고 확실하다. 오스본은 주님이 오실 때에 벌거벗은 상태가 아니라 오히려 옷을 걸치고 있을 것에 대한 경고로 보았다(Bauckham, Beale). 여하튼 옷을 입지 않아서 벗은 모습은 수치와 심판(사 20:1-4; 겔 16:36, 23:10, 29)의 상징이었다. 라오디게아 교회는 흰 옷을 사 벌거벗은 수치를 가리도록 권면 받았다(3:18). 사데 교회는 이기는 자에게 주실 상급을 흰 옷 입음으로 표현하였다(3:5).

갓 태어난 어린아이처럼 피투성이가 되어 손짓 발짓하던 우리를 하나님께서 친히 강보에 싸심으로서 벌거벗은 수치를 가려주셨다(겔 16:1-8). 성도는 주님께로부터 영혼의 의복을 받았다. 주님이 가난하게 되심은 가난한 성도들을 부요케 하기 위함이었고(고후 8:9), 주님이 채찍에 맞음으로 우리가 나음을 얻었듯이(벧전 2:24), 주님의 옷이 십자가에서 벗겨지심으로 성도의 벌거벗은 영혼을 가리게 하셨다. 그리스도의 보혈로 씻어 맑게 한 의의 세마포이다. 이것은 갈아입을 수 있는 여벌이 없는 단 한 벌의 옷이다. 누구에게나 동일하다. 깨어 있는 자는 옷을 빼앗기지 않는다. 깨어 있는 자는 더러움을 순간순간 제할 수 있다. 벌거벗은 수치를 면하는 길은 흰 옷을 사서 입는 길밖에 없다(3:18). 이 표현에 있어서 '산다' 함은 믿는다는 뜻과 같다. 그렇게 입은 옷은 올바른 행실로 깨끗함을 유지해야 한다(19:8). 벌거벗음은 옳은 행실이 사라졌음을 상징한다. 옳은 행실이 사라지고 난 자리에는 불순한 의도와 악한 행위가 독버섯처럼 자란다. 성경에서 벌거벗음은 음행(겔 23:29)과 심판(사 20:2-5; 나 3:5)의 상징이다.

세 더러운 영의 음침한 사역은 성도들의 삶을 쉬 지치게 만든다. 세상의 악은 천지를 진동시키고 권세자들도 하나같이 짐승의 세력을 따른다. 교회는 힘을 잃어버리고 하나님의 이름을 대신하여 싸울 용사가 보이지 않는다. 요셉밧세벳, 엘르아살, 삼마의 세 용사와 우리아를 비롯한 삼십 용사들은 다윗의 용사가 되어 여호와의 크신 구원을 이루었다. 이 시대에는 주님의 용사가 보이지 않는다. 주님의 좋은 군사들도 앞장선 용사가 없이는 힘을 발휘하기가 어렵다. 우리에게는 다만 병사가 필요한 것이 아니라 전쟁에 능한 용사(warrior)가 필요하다. 성도들은 나른한 잠에 빠지기가 쉽다. 살았다 하는 이름은 가졌으나 실상은 죽은 자와 방불하다. 그런 사데 교회에 도적 같은 강림을 상기시켰음은 당연하다. 라잇훗과 브루스가 인용한 《미쉬나》에 따르면, 성전 책임자는 파수병들이 깨어 있는지를 부단히 살폈다. 만일 파수병이 잠들면 그들을 때려 깨우고 두 번째 잠든 것이 발각되면 옷을 벗겨 태워버렸다고 한다.

16 아마겟돈이라 하는 곳으로 왕들을 모으더라

왕들을 모은 자는 세 더러운 영이다. "그들이(세 더러운 영) 그들(온 천하 임금들)을 모았다"(συνήγαγεν αὐτούς / 쉬네가겐 아우투스). 그들은 더러운 영들의 사기에 걸려 파멸의 전쟁에 주역이 되었다. 세 더러운 영을 조종하는 마귀가 왕들을 모아들였다. 소집은 되었으나 실질적인 전쟁은 훨씬 나중에 이루어진다(19:14-21, 20:7-10). 전쟁의 결과는 어린양의 군대가 완승한다. 일격필살! 유브라데와 바벨론이 영적인 의미를 갖는다면, 아마겟돈도 지리적인 의미보다 영적인 의미를 가진 것으로 보는 것이 옳다. 물론 아마겟돈과 연관된 역사적인 사건들을 살피는 것은 마지막 전쟁의 장소에 대해 어떤 빛을 비추어 줄 수는 있을 것이다.

'아마겟돈'(Ἁμαγεδών)은 신비의 베일에 가려 있는 장소다. '666' 못지않은 비밀에 덮여 있고 해석하기도 무척 어렵다. 현재의 하이파 시에서 남동쪽으로 수 킬로미터 떨어진 곳에 위치한 므깃도 광야는 예루살렘 북쪽으로 걸어서 이틀길이다. 이집트에서 다마스커스로 뻗어 있는 고속도로의 일부인 에스드라엘론 평원 안에 위치해 있다. 원래는 가나안의 영토였으나 이스라엘에 편입된 이후로는 전략상 요충지였으므로 전쟁이 쉴 새 없이 일어났던 곳이다(삿 5:19; 왕하 23:29; 대하 35:22).

므깃도는 주전 1448년에 투트모세 3세(Thutmose III)가 가나안의 왕들과 격전을 벌인 곳이요, 주전 1220년에는 메르넾타(Merneptah)가 전쟁을 일으킨 곳이다. 또한 드보라와 바락이 가나안 동맹군을 격파했던 곳이요(사 4:4-16, 5:19), 기드온이 미디안 군대를 몰살시킨 곳이요(사사기 7장) 사울이 블레셋 군대에게 참패를 당한 곳이요(삼상 29:1~31:1-7), 주전 924년에는 시삭의 전투가 있던 곳이요, 주전 609년에는 요시야가 애굽의 바로느고와 전쟁 중에 전사한 곳이요(왕하 23:29-30; 대하 35:22, 24), 솔로몬 시대에 이르러서는 요새로 재정비되었다.

디글랏빌레셀 3세가 통치할 때에는 앗수르 제국의 총독이 머물던 곳이며, 로마제국 하에서는 '대평원의 군단'(Λεγεὼν ἐν τῷ μεγάλῳ πεδίῳ / 레게온 엔 토 메갈로 페디오)이 거처하는 영구적인 주둔지가 되었다. 요한 당시에는 이때 쌓여진 토산으로 인해 언덕 또는 산의 모습을 하고 있었을 것이다. 아마겟돈은 히브리어로 '므깃도의 산'(הַר מְגִדּוֹן) 이란 뜻이다. 전쟁은 예루살렘 성 밖에서 진행된다(14:20). 아마겟돈 전쟁이 20:9에서 묘사한 전쟁과 동일한 것이라면 아마겟돈은 '사랑하시는 성'으로서 예루살렘이요 시온 산이다. 에스겔도 북방 왕이 '예루살렘 산'에서 싸울 것을 예언하였다(겔 39:2, 17).

로메이어는 기손 강이 "므깃도 물가"(삿 5:19, 21)로 불린 것과 같은 이치로, 므깃도의 평원이 갈멜 산과 비슷하고 지리적으로도 가까워 아예 므깃도 산으로 불렸을 가능성을 제시했으나 근거가 빈약하다. 구약에나 랍비 문서들에도 '므깃도의 산'에 대한 언급이 전혀 없다. 캐어드와 키들은 므깃도의 어미에 '공격하다', '약탈하다'는 뜻이 있으므로, 본 절의 아마겟돈은 '약탈하는 산' 또는 '공격의 산'이 어울린다고 보았다(렘 51:25 참조). 슥 12:11의 명확한 기술도 이 주장에 기여한다. 백위드는 종말의 때에 적국을 "이스라엘의 산들"(겔 38:8-21, 39:2-17) 위에서 멸절시키는 에스겔의 예언에 대한 암시로 보았다. 찰스는 '풍성한 산'을 뜻하는 '하르-미그도' 혹은 '아름다운 도성'을 의미하는 "아르-헴다"에서 유래한 것으로 추정했다. 그는 아마겟돈을 에스겔 38-39장의 반향으로 여겼다.

존슨은 '군대가 모이는 곳'을 뜻하는 '마게드'에 접미사 '오'가 붙어 '군대가 모이는 그의 곳'으로 변형된 것이라 보았다. 브루스는 '모임의 산'을 뜻하는 '하르 모-에드'로 가정했다. 릿시와 토레이도 이 견해를 주장하였다. 그러나 므깃도는 인공 언덕으로서 요한 당시의 높이는 고작 21.3m에 불과했다. 부세의 지지를 받은 궁켈은 아마겟돈의 배경을 설명하면서 마르둑과 티아맛 사이의 투쟁을 그린 고대 바벨론 신화로까지 거슬러 올라갔다. 백위드는 예루살렘 해석을 경계하면서 대신에 로마 제국으로 해석했다. 무슨 근거에서인지는 모르지만 미시시피의 대계곡이나 크리미아 심지어 프랑스로 해석하는 시도도 있었다. 생전에 므깃도를 시찰한 나폴레옹은 세계의 모든 군대가 집합될 수 있는 이상적인 전쟁터라고 토로한 바 있다. 아마겟돈의 의미가 무엇이며 그 정확한 장소가 어디든지 간에 사탄의 세력과 하나님의 군대가 '마지막 투쟁을 벌일 곳'인 것만은 확실하다.

G. **일곱째 대접**(16:17-21)

일곱째 대접 재앙은 내용적으로 일곱째 나팔을 불었을 때의 상황과 유사하다. 일곱째 나팔을 불었을 때 하늘로부터 큰 음성들이 나고 이십사 장로들이 하나님께 경배를 드렸다. 하늘의 성전이 열리며 언약궤가 보이고 번개, 음성, 뇌성, 지진, 큰 우박 현상이 나타났다(11:15-19). 일곱 번째 대접이 공기 가운데 부어지자 성전에서 큰 음성이 들리고 번개, 음성들, 뇌성이 들리면서 땅에 대지진이 연쇄적으로 일어난다. 하나님의 원수들에 대한 이 엄청난 규모의 파멸 현상은 지엽적이지 않고 우주적이다. 일곱 대접을 쏟아 부음으로 하나님의 진노는 비로소 끝이 난다. 18절 이하의 종말론적 자연 현상은 하나님의 적대자들이 파멸될 것에 대한 상징이다. 악의 중심 세력으로서의 바벨론이 세 조각으로 붕괴되고 '만국'이 붕괴됨으로, 조직적이고 견고하기 이를 데 없던 악의 성채는 잿더미로 화하고 만다. 땅의 임금들과 거주자들을 혹세무민하던 바벨론(17:2)은 이제 최후의 형량 선고와 함께 즉각적으로 형 집행을 경험한다(19절). 20절의 현상은 땅이 녹아버리는 마지막 모습이 아니라 대지진으로 인해 섬과 산악이 종적을 감춘 것으로 보아야 한다. 21절에 묘사된 거대한 우박의 강타도 종말의 뚜렷한 징조다. 엄청난 크기의 우박이 떨어져 사람들을 상하게 하지만 회개하지 않는다. 오히려 땅의 거주자들은 하나님께 등을 돌리고 그분을 저주한다. 어쨌든 일곱 대접으로 말미암아 세상과 악의 세력을 향한 하나님의 종말론적 진노는 완료되었다.

아마겟돈 전쟁의 직접적인 결과는 타락한 세계 질서의 완전한 붕괴였다. 일곱 번째 나팔을 불었을 때처럼(11:15) 일곱 번째 대접이 쏟아지자, 완전한 도래는 아니지만 역사의 완성을 알리는 "되었다"란 외침이 성전에서 보좌로부터 울려 퍼졌다. 이는 일곱 대접 재앙으로 하나님의 진노가 마치리라던 선언이 내용적으로 성취되었음을 뜻한다(15:1). 하늘에 있는 하나님의 성전은 하나님의 통치가 실현되었음을 선포하는 소리의 진원이다(11:15, 17, 19, 16:17). 요한은 대자연의 파괴라는 미증유의 현상을 상세히 언급하지만 그와 같은 자연적인 재앙이나 역사-정치적 격변을 알리는 것이 목적은 아니다. 요한은 그러한 극적 사건들을 통해 하나님의 심판에 대한 형언할 수 없는 외경심과 함께 역사의 끝에 이르러 자기 백성을 구원하고 해방시키시는 하나님의 섭리를 보게 한다.

17 일곱째가 그 대접을 공기 가운데 쏟으매 큰 음성이 성전에서 보좌로부터 나서 가로되 되었다 하니
18 번개와 음성들과 뇌성이 있고 또 큰 지진이 있어 어찌 큰지 사람이 땅에 있어 옴으로 이같이 큰 지진이 없었더라
19 큰 성이 세 갈래로 갈라지고 만국의 성들도 무너지니 큰 성 바벨론

이 하나님 앞에 기억하신 바 되어 그의 맹렬한 진노의 포도주
잔을 받으매
20 각 섬도 없어지고 산악도 간 데 없더라
21 또 중수가 한 달란트나 되는 큰 우박이 하늘로부터 사람들에게
내리매 사람들이 그 박재로 인하여 하나님을 훼방하니 그 재앙이
심히 큼이러라

17 일곱째가 그 대접을 공기 가운데 쏟으매

내용상 일곱째 나팔 재앙과 유사하다(11:15-19). 일곱째 천사가 나팔을 불었을 때 '하늘'의 큰 음성들이 들렸고 하늘에 있는 하나님의 성전이 열리며 언약궤가 보였다. 뇌성벽력과 지진과 큰 우박의 현상이 나타났다. 마지막 재앙인 일곱째 대접은 '공기 중에'(ἐπὶ τὸν ἀέρα / 에피 톤 아에라) 쏟아졌다. 큰 음성이 성전에서 보좌로부터 났다. 뇌성벽력과 큰 지진이 일어났다. 공중은 마귀가 그 권세를 잡고 있는 영역이다(엡 2:2). 무저갱에서 황충이 나올 때 피어오른 연기로 인하여 공중은 오염되었다(9:2-3). 마지막 대접이 쏟아진 곳은 이전의 땅이나(2절), 바다나(3절), 강과 물 근원이나(4절), 해에 비하여 더욱 치명적이다. 공기는 한 순간도 호흡하지 않을 수 없기에 그 충격과 여파는 엄청나다. 공중은 또한 마귀의 권세가 미치는 영역인데, 그렇다고 해서 이 재앙이 마귀에게 쏟아진 것이라는 식의 해석은 본문의 내용에서 거리가 멀다.

여섯째 대접은 '사탄의 위'가 있는 짐승의 보좌에 쏟아졌는데, 마지막 재앙의 대접은 마귀의 안전 지대에 쏟아졌다. 공기를 문자적으로 취한다 해도 사람들이 숨 쉬는 공기 중에 쏟아진 재앙의 세계적 참상을

능히 미루어 짐작할 수 있다. 일곱째 대접은 아마겟돈 전쟁에 잇따르는 부패한 세상 체계에 대한 마지막 파괴를 묘사한다. 아운은 이로써 고대 헬라인들이 자연계의 네 가지 기본요소로 여기던 땅(16:1-2), 물(3-4, 12절), 불(8절), 공기(17절)에 대한 심판이 완료되었음을 지적하였다. 재앙은 하나님께 늘 반역적이었던 땅에 거하는 자들과 그들의 주군 노릇을 하던 사탄의 세력에게로 집중되었다. 악으로 도배되다시피 한 사탄의 악마적인 왕국의 최후가 다가오자 하늘 성전에서부터 "되었다!"는 소리가 들려왔다.

큰 음성이 성전에서 보좌로부터 나서 가로되 되었다

"보좌로부터"(ἀπὸ τοῦ θρόνου / 아포 투 뜨로누) 나온 음성은 네 영물이 아니면 그리스도이거나 하나님의 것일 수 있다(1:10, 10:3, 11:12, 12:10, 16:1, 21:3). 마지막 재앙을 집행하시며 만족을 표시하실 분은 그리스도 또는 하나님밖에 없으시다(16:1). "다 이루었다!"라고 말씀하실 분은 그리스도(요 19:30)나 하나님뿐이시다. 일곱째 나팔을 불 때에는 하늘로부터 큰 음성들이 났는데(11:15), 일곱째 대접을 쏟을 때는 성전에서 보좌로부터 큰 음성이 들렸다.

여기서 "되었다"(γέγονεν / 게고넨)는 선언은 일곱 대접을 쏟아 부음으로써 "하나님의 진노가 이것으로 마치리로다"던 15:1의 말씀이 실현되었음을 의미한다. 심판의 최종 완성을 언급함이다. 완료시제는 간혹 행위로 말미암은 일의 상태를 강조하기 위해 사용되었다. 즉 성취의 완료 상태가 지속됨을 의미한다.

일곱 대접을 쏟아 부음으로 세상을 향한 하나님의 진노는 이루어졌다. 진노의 잔에 채워졌던 포도주는 한 방울도 남김없이 땅에 쏟아졌다. 하나님의 심판 의지와 계획에 조금도 모자람이 없다. 모든 것은 충족되었다. 세상을 향한 마지막 심판의 때는 이미 왔고 하나님의 왕국도 이르렀다. 기블린(Giblin)은 이것이 특히 심판의 완성에 관한 것이며, 21:6에 언급된 하나님의 계획이 완전히 실현되었다는 선포와 비교해야 한다고 보았다. 보좌로부터 들려온 "되었다"는 음성은 일곱 대접의 진노가 이루어졌다는 뜻만이 아니다. 이것은 일곱 대접 모두 나아가 일곱 인과 일곱 나팔을 통한 자신의 심판 의지와 계획이 완벽히 성취되었음을 인증함이다.

21:3-6 부분에도 성전에서 나온 큰 음성이 "이루었도다"란 선언을 한다. 이는 마지막 재앙이 완성되었음이요, 일곱 인과 일곱 나팔과 일곱 대접인 세 겹의 재앙이 완성되었음이요, 바벨론의 멸망과 그리스도의 승리를 위한 모든 준비가 완료되었음을 확인하는 대만족의 선언이다. 지복의 완성(γέγοναν / 게고난, 21:6)을 외치기 전에 심판을 통한 재앙의 완성(γέγονεν / 게고넨)이 이루어져야 한다. 사악한 자들에 대한 마지막 심판이 이루어지고 옛 세상 질서가 완전히 파괴되며 새 창조 속에서 하나님의 백성의 구속이 온전하게 이루어진다. 하나님이 시작하신 심판과 구원의 모든 과정이 마지막 결과에 이르기까지 아무 결점 없이 이루어졌다. 하나님의 심판은 이미 일어났으며 우리는 이제 역사의 마지막에 서 있다. 심판의 때는 마지막에 이르렀고 하나님의 최종 왕국은 이미 도래하였다. 스몰리의 표현대로 "끝은 아직 오지 않았지만 역사의 완성을 가리키고 있다."

18 이같이 큰 지진이 없었더라

6:12에는 여섯째 인을 뗄 때에 큰 지진이 있어서 땅의 거주자들을

공포에 몰아넣었다. 11:13에는 여섯째 나팔을 불었을 때 큰 지진이 나서 성의 10분의 1이 무너지고 칠천의 인명이 몰살당했다. 그 지진들은 그림자요 예고에 불과하였다. 18절의 지진은 전무후무한 대지진이었다. "큰"(μέγας / 메가스)은 16장에서 재앙과 관련하여 모두 7회가 나오는데(9, 17, 18[2], 19, 21[2]), 악인들을 징벌하시는 하나님의 심판 재앙이 사람의 생각과 기대를 능가하시며 시기와 내용에 있어 완전하고 매우 충분함을 상징한다.

지진 현상의 배경은 모세와 이스라엘 백성들에게 자신을 보여주신 시내 산의 현현이다(출 19:16-18). 또한 곡에 대한 심판 장면과도 유사하다(겔 38:19-23). 두 곳 다 지진과 우박이 결합되어 있음도 흥미롭고 현현 장면과 심판 장면이 대조됨도 퍽 흥미롭다. 본 절에 묘사된 자연 현상의 순서는 다른 곳에서도 비슷하게 표현되었다(4:5, 8:5, 11:19). 일곱 나팔 때는 "큰 우박"(11:19)이 내렸고, 일곱 대접 때는 "큰 지진"(16:18)이 일어났다. 계시록에서 지진은 공의로우신 하나님의 오심을 알리는 장치이다(6:12, 8:5, 11:13, 19). 요한은 17-21절에서 세상 종말과 역사의 정점에, 죄악 된 세상을 하나님이 심판하시고 계심을 보여주려 한다(Beale, Smalley, Hughes, Hendriksen).

19 큰 성이 세 갈래로 갈라지고 만국의 성들도 무너지니

일곱 대접으로 인한 큰 지진은 바벨론 성을 세 갈래로 갈라져서 무너지게 만들었다. 이는 각 산과 섬이 제자리에서 옮겨지던 6:12-14의 "큰 지진"을 연상시킨다. 악의 제국이 총체적으로 붕괴되는 순간이었다. 바벨론만 붕괴되는 게 아니었다. 만국의 성들도 한꺼번에 무너졌다. 큰 성이 무너지면 소알 성(창 19:18-22)처럼 작은 성으로 피할 수 있는

데, 작은 성들마저 모조리 무너졌으니 바벨론의 통치자들은 더 이상 머물 곳이 없게 되었다. 큰 성은 작은 조각들로 내려앉았고 작은 성들은 모래 알갱이처럼 부스러져버렸다. 지진은 마지막 때에 여호와께서 내리시는 대표적인 형벌 중의 하나다(암 1:1; 학 2:6; 슥 14:4; 히 12:26-27). 큰 성 바벨론은 거룩한 성 예루살렘에 대조적인 실체로서 하나님을 모르고 대적하는 이교도들의 터전이다. 구약에서는 지진과 침공이 결합된 경우가 있는데(사 13:13-14; 학 2:21-22) 요한이 그런 배경을 염두에 두었는지는 확실치 않다(Moffatt, Kiddle). 침공 사건이 지진과 동시에 일어나지는 않아도 추후에 백마 타신 분과 그의 군대로 인해 일어난다(19:11-21).

"큰 성"이 예루살렘인지(Lohmeyer, Chilton) 혹은 바벨론/로마인지(Charles, Lohse, Prigent, Mounce, Aune, Knight) 아니면 배역한 인류의 상징인지(Wilcock, Hughes, Bruce, Kiddle, Morris) 의견들이 분분하다. 후반부에(17:5, 18, 18:2, 10, 16, 18, 19, 21) 집중적으로 언급된 '큰 성'에 비추어 바벨론/로마로 해석함은 무리이다. 본 절은 큰 성이 곧 바벨론임을 밝히는데, 바벨론은 하나님을 대적하는 조직적 악의 측면에서 세속 세상이다. 그럴 경우에 바벨론의 상징은 지리적이라기보다는 오히려 신학적이며(Smalley) 세상의 정치-경제-사회-문화적 중심에 해당한다(Beale, Swete).

한편 모팻과 포드는 11:8에 예루살렘을 '큰 성'이라 묘사했음에 비추어 본 절의 큰 성을 예루살렘으로 해석한다. 이전에는 큰 성 예루살렘이 지진으로 인해 10분의 1이 훼파되었으나 일곱째 대접의 재앙에서는 성이 아예 세 토막이 난다. 재앙의 혹독함과 파멸의 강도가 얼마나 극심한지를 보여주는 대목이다. 스가랴는 주님의 재림 시에 예루살렘 앞 동편의 감람 산이 둘로 갈라질 것을 예언하였다(슥 14:4). 하나님이 불경건한 세상을 향해 쏟으시는 심판으로서 지진의 규모는 갈수록 심화된다. 여섯째 인을 떼실 때에는 단지 '큰 지진'으로 언급되었으나(6:12), 여섯째 나팔과 일곱째 나팔 사이에 들어선 둘째 막간의 두 증인의 사건에서는 성의 10분 1이 무너졌다(11:13). 그런데 마지막 진노인 일곱째 대접이 쏟아졌을 때에는 지진의 규모가 3분의 1로 확대되었다.

'큰 바벨론'을 황무하게 만드셨던 하나님(단 4:30-31)은 마지막 날에도 큰 성 바벨론을 그렇게 허무신다. 그렇게 로마 제국을 무너뜨리셨고, 그렇게 제3제국을 무너뜨리셨고, 그렇게 마지막 날이 되면 세계를 정치, 경제, 종교적으로 관장하던 악의 중심축이 순식간에 와해되어 버리고 말 것이다. 모리스는 '큰 성'의 지리적인 해석을 포기하고 '문명사회 속의 인간'으로 이해했다. 모팻은 바이스의 견해를 받아들여 '큰 성'을 예루살렘으로 해석했다. 그러나 이 해석은 17-18장에 묘사된 바벨론의 모습에 비추어 일치하지 않는다. 캐링톤은 타이터스가 복귀한 후 예루살렘에서 일어난 세 당파(세 지도자는 시몬, 엘레아자르, 요한)로 보았다.

큰 성 바벨론이 하나님 앞에 기억하신 바 되어

하나님은 바벨론의 교만을 잊지 않으셨다. 그의 음행과 악행을 기억하고 계셨다. 어떤 무익한 말도 심판 날에 기억하시는 하나님이시다(마 12:48). 짐승이 참람된 말로 하나님을 훼방하는 모든 내용을 기억하신다(13:5-6). 하나님의 이름을 훼방하던 바벨론 거주자들(16:9, 11, 21)을 잊지 않으신다. 이 기억은 심판으로 즉각 연결된다. 하나님은 바벨론이 나라로서 역사의 전면에 나타나기 훨씬 전부터 기억하셨다. 바벨론이 함락되어 파멸에 이를 것을 영원의 관점에서 미리 아시고 이사야에게 혹독한 묵시로 나타나 보이게 하셨다.

그의 맹렬한 진노의 포도주 잔을 받으며

바벨론의 붕괴는 바벨론이 저지른 음행으로 인해 하나님의 진노의 포도주잔을 들이켜야 했던 마지막 들이킴이었다.

성도에게는 하나님의 기억하심이 은총 자체이지만 악인들에게 하나님의 기억하심은 심판밖에 달리 기대할 바가 없다. 바벨론이 받을 재앙의 이유는 이미 6절에서 확실하게 명시되었다. 성도들과 선지자들의 피를 흘린 죗값에 걸맞게 피를 마시게 하는 '신적 복수'는 하나님의 공의와 제단 앞에 엎드려 신원의 날을 호소하던 순교자들에 대한 응답 약속을 위해 반드시 필요하다. 바벨론의 붕괴는 이미 셋째 막간인 심판 환상에서 임박한 심판을 예고했을 때 알려졌다. 그때 하나님의 진노의 포도주잔을 마실 것을 언급하였는데 섞이지 않은 순수한 진노, 그 맹렬한 진노의 포도주를 벌컥벌컥 들이킨다. 어린양이 진노의 포도주 틀을 밟아 순수한 진노의 포도주를 만드신다(19:15). 바벨론의 두려운 파멸 모습은 다시 17-18장에서 상세히 묘사된다.

"그의 맹렬한 진노의 포도주"가 원문에는 "그의 진노의 분노의 포도주"(τοῦ οἶνου τοῦ θυμοῦ τῆς ὀργῆς αὐτοῦ / 투 오이누 투 뛰무 테스 오르게스 아우투)라 되어 있다. '뛰모스'와 '오르게'는 계시록에서 상호 전용이 가능한 동의어로 사용되었다. 이중의 동격 속격은 한글 표현으로는 어색하지만 바벨론에게 합당한 극도의 진노를 나타낸 어법이다. 바벨론은 아직 그 진노의 포도주를 마시지 않았다. 바벨론의 파멸은 서서히 진행되고(17:16) 순식간에 임한다(18장).

20 각 섬도 없어지고 산악도 간 데 없더라

이 충격적인 현상은 18절에 언급된 것처럼 창세 이후로 가장 큰 지진의 여파이다. 이는 여섯째 인으로 인한 천재지변의 현상(6:13-14)과 비슷하나 파멸의 강도에 있어서는 훨씬 더하다. 지구의 대격변이 이루어진다. 섬과 산악의 사라짐은 종말 표적 중의 하나이다. 후기 랍비 문서에서는 높은 산이 낮아지고 밀랍처럼 녹아내리며, 지진이 있고 만민이 심판받으며 선택된 자는 보호받을 것이라는 예언이 수록되어 있다(에녹전서 1:5-8). 모세승천서(10:1-2, 4-7)에도 "해와 달이 빛을 잃고 별들이 어지러워지고 바다는 심연으로 물러가고 샘들과 강들은 이방인을 파멸시키러 오시는 하나님 앞에서 사라진다"라고 묘사하였다. 마지막 심판 때 하나님이 정하신 종말의 순간이 이르면 파국적 지진 현상이 있을 것이란 성경적 기대는 일반적 현상이었다(학 2:6; 슥 14:4; 히 12:26-27). 심판 날의 우주적 파국은 피할 수 없는 사실이다. 캐어드는 요한이 자신의 밧모 섬 수감 사실을 암시하는 것으로도 보았다. 과연 하나님의 맷돌이 천천히 돌아가도 부술 것은 다 부수신다.

21 중수가 한 달란트나 되는 큰 우박이 하늘로부터

일곱째 대접을 부은 마지막 결과로 엄청난 크기의 우박이 갑자기 쏟아진다. 한 달란트는 80~130파운드니 49~59kg에 해당하는 무게다. 이를 크기로 측정하면 직경 4.47m에 이른다. 기네스북에 등재된 가장 큰 우박은 1986년 4월 14일 방글라데시에 떨어진 2.25파운드(1.02kg)이다. 일곱째 대접으로 인한 우박 재앙은 그것의 약 50배에서 60배에 육박한다. 고공에서 떨어질 때의 가속도까지 고려하면 가히 핵폭탄 수준의 파괴력이다. 이 우박 재앙은 애굽에 내렸던 열 재앙 중에서 일곱째에 해당하며(출 9:23-24), 첫째 나팔의 재앙과 비슷하다(8:7). 그때에는 피 섞인 우박에 불까지 곁들였었다. 성경에서 우박은 자주 '하나님의 심판'을 가리켰다(수 10:11; 욥 38:22-23; 사 28:2, 17; 겔 13:11-13, 38:22-23). 한편 키들은 우박을 상징으로 보았으나 전후 문맥을 아무리 살펴도 이를 지지할 만한 근거는 보이지 않는다. 애굽의 우박 재앙이 정확한 사실이었듯이 본 절의 우박 재앙 역시 문자적으로 해석해야 옳다. 그리고 사람들이 단지 상징적인 것 때문에 하나님을 훼방할 이유도 없다. 한편 보컴은 본 절의 배경으로 에브라임에 대한 심판(사 28:2)과 곡의 파멸(겔 38:22)을 제시했으나 확실하지는 않다.

하나님을 훼방하니 그 재앙이 심히 큼이러라

재앙이 크니 훼방도 커진다. 훼방이 커지니 심판도 커진다. 심판이 크니 배역도 커진다. 후렴처럼 반복되는 그들의 회개치 않음과 훼방은 이처럼 고질적이다. 땅의 거주자들은 항상 회개를 거부한다(2:21, 9:20-21, 16:9, 11). 애굽의 우박 재앙이 오히려 바로의 마음을 강퍅하게 만들었던 것처럼 일곱 대접으로 인해 가중되는 파멸의 현장에서 그들은 돌이키지 않고 마음을 돌처럼 굳게 만들었다. 그들은 회개하지 않는다. 그들의 회개 거절은 강력한 의지의 산물이다. 사람은 적당한 재앙 앞에서 두려움을 느껴 회개한다. 그런데 본 절의 경우에는 역설적으로 재앙이 너무 커서 사람들이 회개는커녕 오히려 하나님을 훼방한다. 저주를 퍼붓는다. 당시의 그들의 악독함은 너무 커서 그것이 더 큰 재앙으로 되갚아진다 해도 스스로 무덤을 파는 일도 불사한다.

본 절의 "훼방하니"(ἐβλασφήμησαν / 에블라스페메산)란 표현은 계시록에 자주 등장하는 단어이다. 실상은 '사탄의 회'인 자칭 유대인들의 훼방(2:9), 바다에서 나온 첫째 짐승의 머리에 쓰였던 '참람된' 이름(13:1), 짐승의 '참람된' 말(13:5), 짐승이 하나님을 향해 내뱉은 훼방(13:6), 여자가 탄 붉은 빛 짐승의 몸에 기록되었던 '참람된' 이름(17:3)들이다. 거의가 하나님의 적대자인 짐승과 관련되어 사용되었다.

VII. 여섯째 환상 : 바벨론의 멸망과 그리스도의 승리(17:1-19:21)

바벨론과 짐승에게 내리는 심판은 단연 압권이다. 그러나 요한의 초점은 바벨론의 멸망 뒤에 찾아오는 그리스도의 승리에 있다. 장황하리만치 바벨론의 멸망을 다루는 것은 요한의 의도가 있기 때문이다. 이 세상의 악을 진멸하시고 오래전 선지자로부터 사도들을 통해 전해진 의의 궁극적인 승리가 현실적으로 이루어지는 마지막 과정을 독자들에게 보여주고자 한다. 그리스도의 승리는 매우 결정적이며 영광스러움으로 가득하다. "수난의 희생자"(the Victim)에서 "영광의 승리자"(the Victor)로의 변신은 놀랍고 기이할 정도다. 그리스도의 승리는 곧 교회의 승리요 그를 신실하게 따르던 의인들의 승리이다. 종말은 두 가지 모습으로 찾아온다. 하나는 바벨론의 멸망이라는 인류에 대한 재앙이요(17-18장), 다른 하나는 그리스도의 영광스런 재림을 통한 승리의 달성이다(19장). 17-18장은 마치 색깔이 진한 그림처럼 두 장들이 담고 있는 사건의 극적인 내용을 더욱 강화시키고 있다.

17장과 18장은 동일한 주제를 다루고 있는 하나의 세트이다. 17장에서는 큰 성이 음녀로 묘사되었고(18절), 18장에서는 큰 성이 바벨론으로 드러났다(10절). 결국 큰 성인 음녀와 큰 성인 바벨론은 같은 실체이다. 음녀가 바벨론임을 본문이 증거한다. 음녀로 묘사된 큰 성 바벨론(17:18)의 파국은 18장에서 자세히 그려졌다. 바벨론의 정체성 문제는 중요한 만큼 해석도 간단하지 않다. 예를 들어 로마로 보는 경우에는 여자가 앉은 일곱 산(17:9)은 아우구스투스로부터 도미티안까지 일곱 왕조를 의미할 수 있다. 열 뿔인 열 왕은 로마제국의 식민지화를 경계하며 속국 상태에서 벗어나려고 애쓰는 약소국가의 통치자들을 의미할 수도 있다. 바벨론을 로마로 보는 이유는 로마가 실제로 일곱 언덕 위에 세워졌고(17:9), 당시의 유대인들과 크리스천들이 제후국들을 거느린 로마를 큰 성이라 불렀으며(17:18), 도미티안 치세시에 박해로 인해 순교자들이 많이 생긴(17:6) 역사적 사실에 근거한다. 이런 그럴듯한 해석도 존슨에 의해 반박되었다. 바벨론을 과거나 미래의 어느 특정 국가로 한정짓는 것은 요한의 의도를 곡해했다는 것이다. 큰 성을 영적으로 소돔이나 애굽으로 동일시하는 본문(11:8)으로 인해 역사적인 실체로 한정짓는 것은 어렵다. 그것보다는 하나님께 적대적인 세력으로서 사탄이 배후에 있는 악의 실체로 받아들임이 타당하다. 하나님을 거역하고 대신에 우상을 섬기던 바벨론적 체제는 나라나 도시의 형태로서 성경에 많이 예시되어 있다. 소돔, 애굽, 바벨론, 두로, 니느웨, 로마처럼 하나님의 통치 질서를 거스르는 모든 문명현상과 세속 권력이 죄다 바벨론의 영향권 아래 있다. 세속적 가치관을 바탕으로 인류에게 영향을 미치는 바벨론적 체계는 장차 도래할 거룩한 성인 새 예루살렘과 대조된다. 로마는 바벨론적 체계가 국가의 형태로 드러난 하나의 예다. 둘은 관계가 있지만 같지 않다. 그러므로 17-18장의 바벨론을 역사적인 로마 제국으로 해석하는 것은 온당치 않다.

바벨론의 신비를 다루는 17장에서 큰 음녀가 등장하고(17:1-6), 음녀와 짐승(17:7-11) 그리고 음녀와 짐승과 열 왕(17:12-18)의 관계를 다룬다. 바벨론의 심판을 다루는 18장에 이르면 천사가 바벨론 붕괴에 대한 선언을 하고(18:1-3), 주님이 하나님의 백성들에게 경고의 메시지를 주신다(18:4). 그후 바벨론 심판에 대한 애곡이 뒤를 잇는데 왕들과 상인들과 선원들의 애곡 모습이 그려진다(18:9-19). 18장의 끝부분에서 심판에 대한 찬양이 있고 여섯째 대접과 일곱째 대접을 통해 선포되었던 바벨론의 멸망이 현실로 드러난다(18:21-24). 여섯째 환상의 마지막 부분을 차지하고 있는 19장에서 다시 한 번 심판에 대한 찬양이 있고(19:1-5) 어린양의 혼인이 이루어진다(19:6-10). 혼인 잔치가 끝나면서 그리스도의 영광스런 재림이 이루어지고(19:11-16) 그리스도의 승리가 온 우주에 선포된다(19:17-21).

비슬리-머리는 17:1-19:21을 하나의 묶음으로 간주하며, 서론부(17:1-3a)와 결론부(19:9-10)를 나눈다. 존슨은 이 부분을 일곱 대접에 대한 부록으로 여기며 월(Wall)은 확장된 각주로 이해한다. 그들 모두의 관점은 17-19장이 일곱 대접의 내용을 확장시키거나 설명을 가한 것으로 본다. 바벨론 멸망에 관한 천사의 선언은 14:8까지 거슬러 올라가고, 일곱째 대접의 서론적 개관에서는 '하나님의 진노의 포도주'를 마시는 바벨론이 다루어졌다(16:17). 그럼에도 불구하고 바벨론을 최종적으로 영적이고 물질적인 파국으로 몰고 갈 만한 사건들로 무엇이 있었는지에 대해서는 함구한다. 17-18장은 이 비어 있는 곳을 채운다. 21:9-22:5의 숙고할 만한 삽입부에서는 음녀로 상징된 바벨론의 운명이 신부로 상징된 새 예루살렘과 극명한 대조를 이룬다.

17-19장은 색깔이 아주 선명하며 상당히 강력하고 극적인 내용을

담고 있다. 특히 17-18장은 이전의 환상에서 묘사되었던 여러 사건들에 대하여 상세한 주석을 달면서 다음 장면(19:1-10)으로의 안내 역할을 한다. 17-18장은 앞부분에서 소개되었던 여섯째 대접과 일곱째 대접의 쏟아 부음으로 드러났던 바벨론에 대한 심판(16:12-21)을 전개해 나간다. 요한의 독자들은 본문에서 언급된 바벨론이 당시 소아시아를 비롯하여 세계에 미쳤던 막강한 로마 제국을 상징하고 있었음을 어렵지 않게 알 수 있었다. 베드로는 그의 첫 편지를 마무리하면서 "바벨론에 있는 교회"(벧전 5:13)의 문안을 전하였다. 요한의 의도는 그것만이 아니었다. 바벨론은 모든 시대를 막론하고 그리스도의 이름 까닭에 하나님의 백성들을 박해하는 제도적이고 세속적이며 불의한 세력들을 상징하고 있다. 바벨론의 파멸은 한 나라만이 아니라 전 세계적인 현상이었다. 큰 성 바벨론의 무너짐은 각 나라와 나눈 음행과 연관되었다(14:8). 큰 성이 갈라질 때 만국의 성들까지 무너졌다(16:19). 큰 음녀가 심판을 받는 것은 땅의 임금들과 나눈 음행이 주된 이유였다(17:1-3).

17장과 18장은 내용이나 형식에서 서로가 밀접하게 연결되어 있다. 짐승의 패배(17:14)는 18장에 묘사된 바벨론의 파멸과 연관되었다. 음녀인 바벨론에 대한 심판은 선언되었지만(1, 16절), 18장에 이르기까지 유예된다(19:2절 참조). 땅의 임금들과 거주자들이 음녀와 나눈 음행(17:2)은 땅의 왕들과 상고의 음행(18:3)과 상당히 비슷하다. '음행'의 어원은 모두 같다(17:2, 4, 18:3, 9).

17-18장은 내용적으로 관찰할 때 다음과 같이 여러 개의 단락으로 나눌 수 있다.

① 서론부(1-2절)는 전체 부분에 대한 서언으로서 음녀가 받을 거대한 심판에 대하여 요한을 증인으로 초청한다. 음녀가 선고받은 죄목은 두 가지였다. 땅의 임금들과 나눈 음행, 땅의 거주자들을 음행의 포도주에 취하게 한 일이었다.

② 환상부(3-6절)는 요한이 환상 속에서 본 음녀와 짐승을 서술하고 있으며 두 부분으로 나뉜다. 환상 자체(3하반절-6상반절)와 결론에 해당하는 요한의 반응(3하반절)이다.

③ 해석부(7-18절)는 음녀와 그녀가 타고 있는 일곱 머리와 열 뿔을 지닌 짐승에 대해 설명한다. 짐승의 정체(8절)와 음녀와 함께 당할 운명(18절)이 서술되었다. 3-6절에 그려진 짐승의 보조적인 역할은 7-17절의 핵심을 이룬다.

④ 비가부(18:1-3)는 의식적이고 시적 비가로 되었다(1-3절). 아운은 이 부분을 "예언적인 장송곡"이라 불렀다.

⑤ 경고부(18:4-8)는 삽입 부분으로서 재앙에서 벗어나도록 하나님의 백성에 대한 경고의 내용을 담고 있다.

⑥ 애가부(18:9-20)는 세 개의 애가로 구성되었다. 왕들의 애가(9-10절), 상인들의 애가(18:11-17상반절), 선원들의 애가(17하반절-19)이다. 애가들은 네 개의 형식을 갖추고 있다.

Ⓐ 멀리 서 있음(10, 15, 17절).
Ⓑ 바벨론을 위해 울고 애곡함(9, 11, 15절).

Ⓒ 이중의 '화'를 외침(10, 16, 19절).

Ⓓ 바벨론의 급속한 패망을 알리는 "일시간"의 표현(10, 17, 19절).

⑦ 파멸부(18:21-24)는 바벨론의 궁극적인 패망을 다룬 결론에 해당한다. 이 부분은 천사가 큰 맷돌 같은 돌을 바다에 던지는 것으로 상징되었고(21상반절) 이내 그에 대한 해석이 주어진다(21하반절-23). 바벨론의 살해 행적을 천사가 언급함으로 마무리한다(24절).

1. 바벨론의 신비(17:1-18)

요한은 비교적 많은 지면을 할애하여 음녀의 정체를 밝히는 데 총력을 기울인다. 바벨론에 대한 심판을 표현하는 구절은 실제적으로 16절 단 하나뿐이다. 17:1부터 19:4까지 큰 음녀에 대한 심판이 주를 이루고 있기 때문에, 환상의 서두인 17장에서 큰 음녀의 정체를 알려주려고 애쓰고 있다.

큰 음녀는 곧 큰 성 바벨론이다. 하나님을 거부하는 모든 사악한 세상의 문명과 사조에 영혼을 팔아버린 모습이 마치 음탕한 여인과 같다. 서두에서 요한은 먼저 큰 음녀의 정체를 소상히 그려낸다(1-6절).

음녀는 부요하고 자기 방종적인 창녀로 세속적이요 우상 숭배적이며 압제적인 권력에 탐닉하면서 짐승과 놀아나지만 비참한 파멸로 종말을 맞는다. 외적인 화려함과 내적인 더러움이 오버랩되면서 큰 음녀의 실제 모습이 드러난다. 음녀와 짐승의 관계를 다룬 부분(7-11절)에서는 일곱 머리와 열 뿔을 가진 사탄의 대리자가 어린양이신 그리스도를 대적하는 모습을 그린다. 마지막 부분인 12-18장에서는 음녀와 짐승과 열 왕과의 미묘한 관계를 다룬다. 큰 음녀, 곧 큰 성 바벨론은 자신을 태워주고 받쳐 주었던 괴이한 짐승에 의하여 파멸된다. 내용적으로는 요한이 본 음녀의 환상(1-6절)과 그 환상에 대한 천사의 설명으로 이루어져 있다(7-18절). 천사의 설명은 음녀와 그녀가 타고 있는 일곱 머리와 열 뿔 가진 짐승에 관한 것이다.

짐승은 3-6절에서 단순하게 음녀의 보조 역할을 하지만, 7-17절에서는 초점의 중심에 있다. 큰 성 바벨론은 세 갈래로 갈라져 큰 피해를 입지만(16:19), 요한의 음녀 환상과 잇따른 천사의 긴 설명이 있는 연후인 17:16과 18장에 이르러 비로소 구체화된다. 새 예루살렘을 다루는 21:9에서도 "일곱 대접을 가지고 마지막 일곱 재앙을 담은 일곱 천사 중 하나가 나아와서 내게 말하여 가로되 이리 오라 내가 신부 곧 어린양의 아내를 네게 보이리라"는 표현이 있는데, 17장의 설명하는 천사의 모습과 상당히 비슷하다. 요한은 '큰 음녀'와 '어린양'을 절묘하게 대조시키고 있다. 음녀는 짐승처럼 망해도 어린양은 신부를 취한다.

A. **큰 음녀**(17:1-6)

일곱 대접을 가진 천사들 중에서 하나가 요한을 초청한다. 천사는 요한에게 많은 물 위에 걸터앉은 큰 음녀, 붉은 빛 짐승을 탄 큰 음녀를 보인다. 큰 음녀는 우상 숭배로 자신의 행위를 더럽힌 땅의 거주자들을 모두 포함시킨 큰 성 바벨론이다. 그녀가 모든 악행의 원천이며 근원이다. 큰 성 바벨론이 새 예루살렘 성에 대조적이듯 큰 음녀는 어린양의 신부에 대조적인 존재이다. 구약에서는 배역한 이스라엘을 향하여 '음녀'라고 불렀다(대하 21:11; 사 1:21, 57:3; 렘 2:20, 3:1, 13:27; 겔 16:15, 17, 28, 35, 41, 23:1-21; 호 2:2-5, 4:12, 15,

18, 5:4, 9:1; 미 1:7). 그들은 여호와를 믿음으로 결혼한 아내가 되었는데, 우상을 섬김으로 영적 간음녀(μοιχαλίς / 모이카리스)가 되었을 뿐만 아니라 아예 창기(πόρνη / 포르네)의 길을 걷게 되었다.

특히나 렘 2:20-4:30에는 순전한 참 종자였던 유다가 행음함으로 이방의 악한 가지가 됨(2:20), 여호와의 신부인 그 백성이 하나님을 잊고 행음을 위하여 치장함(2:33), 본 남편을 떠나서 타인의 아내가 됨(3:1), 창녀의 낯을 가짐(3:3), 아름답게 치장하지만 연인들의 살해 위협에 직면함(4:30) 등의 언급들이 나와 있다. 많은 부분에서 본문의 음녀와 유사성을 갖고 있다.

음녀는 짐승과의 관계를 통하여서 거짓 종교의 영향력을 행사하며, 열 왕과의 관계를 통해 정치적 권력을 실현하며, 상인들과의 관계에서 경제적 부를 쌓아갔다. 그녀는 마지막 때에 나타나 세상을 다시 한 번 어지럽게 만들 재앙 덩어리다.

요한 당시에는 로마적인 질서와 제국의 황제 숭배만이 아니라 사회 전반적으로 이교적 풍습이 팽배해 있었다. 길드라는 상인 조합을 통한 무역 체제를 비롯하여 우상과 생업은 거의 불가분리의 관계에 있었다.

요한은 음녀의 출현을 경고하면서 성도들로 하여금 악하고 더러운 제도에 영합치 못하도록 경고하고 있다. 음녀적인 현상은 전 아시아적이며 전 세계적인 현상이었다. 음녀는 배역한 이스라엘, 배역한 교회에 대한 부분적인 상징과 더불어서 종말에 드러나게 될 종교-경제적인 악의 구조로서의 로마 제국을 상당 부분 반영하고 있다. 그것이 로마이든 바벨론이든 하나님을 외면하고 하나님께 적극적으로 항거하는 세력은 음녀에 연관되었다.

1 또 일곱 대접을 가진 일곱 천사 중 하나가 와서 내게 말하여 가로되
이리 오라 많은 물 위에 앉은 큰 음녀의 받을 심판을 네게 보이리라
2 땅의 임금들도 그로 더불어 음행하였고 땅에 거하는 자들도 그
음행의 포도주에 취하였다 하고
3 곧 성령으로 나를 데리고 광야로 가니라 내가 보니 여자가 붉은
빛 짐승을 탔는데 그 짐승의 몸에 참람된 이름들이 가득하고 일곱
머리와 열 뿔이 있으며
4 그 여자는 자줏빛과 붉은 빛 옷을 입고 금과 보석과 진주로 꾸미고
손에 금잔을 가졌는데 가증한 물건과 그의 음행의 더러운 것들이
가득하더라
5 그 이마에 이름이 기록되었으니 비밀이라, 큰 바벨론이라, 땅의
음녀들과 가증한 것들의 어미라 하였더라
6 또 내가 보매 이 여자가 성도들의 피와 예수의 증인들의 피에 취한
지라 내가 그 여자를 보고 기이히 여기고 크게 기이히 여기니

1 많은 물 위에 앉은 큰 음녀의 받을 심판을 네게 보이리라

일곱 대접을 들고 마지막 재앙의 집행을 끝낸 천사들 중의 한 천사가 요한을 위해 해석자로 자처하고 나섰다. 그는 7-18절에서 요한이 의아해한 부분들(2-6절)에 대하여 해석해 준다. 그는 직접 바벨론 멸망에 관련된 재앙 집행자로서 여섯째 대접과 일곱째 대접을 가진 두 천사 중의 하나일 것이다. 많은 물 위에 앉은 큰 음녀의 모습은 바벨론의 멸망과 이스라엘의 회복을 예언하고 있는 렘 51:13을 연상시킨다. 터툴리안이나 제롬은 로마를 바벨론으로 간주했다. 어거스틴도 "바벨론은 이전의 로마요 로마는 나중의 바벨론"이라며 두 제국 간의 상관 관계를 언급했다.

백위드는 요한이 역사적인 바벨론 멸망을 예로 들어 또 다른 바벨론인 로마를 패망시킬 것을 암시한 것이라고 보았다(Barclay, Rist, Charles). 리스트는 이 음녀가 로마 제국일 뿐만 아니라 황제 숭배와 더불어서 "신들의 위대한 어머니"로 숭앙된 여신(Magna Mater/ 마그나 마테르)임을 논증했으나 비약이다. 혹자는 베스파시안 황제의 동전 앞면에는 황제의 두상을 뒷면에는 로마의 일곱 언덕에 앉아 있는 로마의 여신이 음각된 사실을 주목했다(Beauvery). 요한은 그런 암시와 더불어 종말에 있을 사탄 왕국의 대파국을 또한 염두에 두고 있었을 것이다. 그녀는 음녀라 불린다.

구약에서 음녀는 이스라엘의 배역을 뜻했다(사 1:21; 렘 2:24; 13:27; 또한 렘 2:20-32; 겔 16:15-17; 호 2:5 참조). 호세아 선지자를 통해서는 부정한 아내로서의 이스라엘을 꾸짖고 회심을 권유한다. 니느웨(나 3:4), 두로(사23:17), 바벨론(계 17:18)처럼 이방 민족에게도 적용되었다. 래드는 큰 음녀가 1세기경의 로마에 적용될 수는 있지만 온 세상으로 하여금 하나님 아닌 것에게 경배하도록 부추길 종말론적인 바벨론으로 보았다.

많은 물 위에 앉은 음녀는 전 세계에 미치는 영향력(15절)을 상징한다. '앉아 있는'(κάθημαι /카떼마이)은 다스리는 권세를 뜻한다. 일꾼은 서서 일하고 백성은 엎드려 섬기지만 통치자는 앉아서 다스린다. 이 단어는 17장 이외에서만 모두 28회나 나오는데 모두 하나님, 그리스도, 성도, 악의 대리자에게 사용되었다. 보좌에 앉듯이 세상 나라와 백성을 상징한 물 위에 앉음은 세상 만민에 대한 음녀의 다스리는 권세가 막강함을 뜻한다. 한편 포드는 17장의 음녀를 로마가 아닌 예루살렘으로 추정했다. 그녀의 논점은 이렇다.

① 첫 짐승(13:1)이 로마이면 음녀는 로마가 아니다. 로마가 로마 위에 앉을 수 없다. 혹자는 짐승을 로마 제국이라 음녀를 로마의 도시라 하지만 문맥에 의해 부정된다.

② 11:8에 나온 첫 큰 성은 예루살렘이지 로마가 아니다. 계시록에 예루살렘은 나오지만 로마는 언급되지 않는다.

③ 순교자와 성도의 피는 성중에서 발견되는데(18:24) 이는 예루살렘이지 로마가 아니다.

④ 짐승의 비유를 다니엘서에서 취하였다면 그것은 유대 국가에 대한 외국의 권세를 묘사한 것이다.

⑤ 새 예루살렘의 대응은 균형상 로마가 아니라 더럽혀진 옛 예루살렘이다.

2 땅의 임금들도 그로 더불어 음행하였고

음녀는 세상의 통치자들을 무기력하게 만들었다. 그녀의 부도덕하고 난잡한 삶의 원리 앞에 모두가 무너졌다. 그것은 우상 숭배라는 거짓된 종교 정책과 영혼을 팔아서 경제적 부를 약속 받은 맘몬의 경제 정책으로 나타났다. 그녀의 음행은 국가적이었고 세계적이었다. 그것은 완전히 중독이었다. 18:3에 임한 심판의 대상을 보아도 음녀가 끼친 악영향이 얼마나 대단했었는지를 알 수 있다. 땅의 왕들이 음행에 빠졌으며 크고 작은 나라들이 무너져 내렸다. 우상 숭배 즉 하나님 신앙을 말살하려는 정책과 사조에 통치자들과 각 나라들이 세뇌를 당했다. 음녀가 건네는 포도주에는 거절할 수 없는 마력이 있었다. 한 번 마시면 반드시 찾게 되는 그런 포도주였다. 순결의 기운이라곤 전혀 없는 완전한 음행의 포도주였다.

3 성령으로 나를 데리고 광야로 가니라

눈 깜짝할 사이에 요한은 '성령 안에서 성령에 의해'(ἐν πνεύματι / 엔 프뉴마티) 광야로 옮겨졌다. 성령이 친히 요한을 데리러 오셨다. 에스겔도 성령이 와서 일으켜 세운 경험을 묘사했다. "주의 신이 나를 들어 올리시는데"(겔 3:12, 8:3, 11:1, 24, 43:5; 그리고 2:2, 3:14 참조). 해석자는 천사이지만, 환상의 거리를 조절하시는 분은 성령이시다. 땅에서 하늘로, 하늘에서 땅으로, 때로는 바다에, 때로는 광야에, 어떤 때는 높은 산에 그를 위치시켰고 친히 이끌고 가셨다. 특별한 경우에는 성령으로 그에게 임하셨다. 그의 마음을 움직이시고 몸을 이동시키셨다.

성경에서 광야는 두 개의 얼굴을 지녔다. 하나는 위로와 계시를 받는 특별한 장소(출 3:1-3, 19:1-25; 왕상 19:4-9; 사 40:3; 겔 34:25; 막 1:35, 45, 6:31-35)처럼 긍정적 얼굴이며 다른 하나는 시험과 황폐함(시 95:7-11; 사 1:7, 13:21, 37:25; 렘 51:36; 마 4:1; 히 3:8, 17)처럼 부정적 모습이다.

계시록에서도 긍정적인 얼굴이 있고(12:6, 14) 부정적인 모습도 있다(18:2). 요한은 하늘에서 광야의 큰 음녀를 보았다. 그녀가 광야에 있음은 폐허와 파멸의 상징적 장소로서, 그녀의 운명을 관조하기에는 최적이다(사 13:19-21, 14:22-23, 21:1-10; 렘 51:24-58). 황폐한 땅인 광야에 버려질 바벨론의 마지막 자태를 요한은 환상 속에서 바라

보았다.

요한이 받은 계시의 출발과 마지막 단계에 반드시 성령의 나타남이 계셨다. 요한이 영화로우신 주님을 뵙고 계시를 받던 처음 경험도 성령의 감동으로 말미암은 것이었다(1:10). 요한은 성령의 감동으로 보좌에 앉으신 그분을 뵐 수 있었다(4:10). 환상이 마무리되는 시점에서 요한은 성령의 이끌림으로 높은 산에 올라가 하늘에서 내려오는 거룩한 성 예루살렘을 보았다(21:10). 많은 물 위에 앉은 큰 음녀의 모습을 멀찍이 바라보던 요한은 더 가까이에서 짐승의 형체를 살필 수 있었다. 광야에 큰 음녀가 있고 요한은 성령 안에 있다. 성령의 이끄심으로 땅에서 하늘로 옮겨진 요한은, 바벨론의 과거와 현재와 미래를 입체적으로 보며 크게 놀랐다. 그녀의 과거 행적이 놀라웠고, 현재의 모습이 놀라웠고, 그로 인해 받게 될 심판이 놀라웠다.

내가 보니 여자가 붉은 빛 짐승을 탔는데

요한은 음녀의 형상을 정확하고 세심하게 관찰하여 서술한다. 1절의 물 위에 앉은 음녀의 모습은 세상 권력자들과의 관계를, 그리고 3절의 짐승을 타고 앉은 모습은 사탄과의 관계를 나타낸다. 붉은 빛 짐승은 13:1의 바다에서 나온 첫째 짐승인 적그리스도와 비슷한 것 같으나 적그리스도의 경우에는 아무 색도 언급하지 않는다. 오히려 이 붉은 빛 짐승은 12:3에 나오는 남자 아이와 여자를 박멸하려던 '붉은 큰 용'(δράκων μέγας πυρρός / 드라콘 메가스 퓌르로스)의 모습을 자연스럽게 떠올리게 한다. '붉은 용'에 연관시키는 것이 더 자연스럽다. 그렇다면 음녀가 탄 "붉은 빛 짐승"(θηρίον κόκκινον / 떼리온 콕키논)은 다름 아닌 용임을 결론내릴 수 있다.

일곱 머리와 열 뿔의 구약적인 배경은 역시 다니엘 7장이다. 뿔은 하나님의 백성들을 탄압하는 사악한 나라들의 총체적인 권세를 가리킨다. 단 7:24에서는 "그 열 뿔은 이 나라에서 일어날 열 왕이요"라고 말했는데, 이곳에서의 뿔 역시 권세를 행사하는 통치권자로 보아야 한다(짐승의 일곱 머리와 열 뿔에 대해서는 12:3과 13:1의 주석을 참고하라). 마운스는 붉은 빛을 그리스도와 교회의 대적이며 잔혹할 힘으로 다스릴 박해 권력으로 보았다.

한편 캐링턴은 "광야(ἔρημος / 에레모스)와 자줏빛(κόκκινος / 콕키노스)은 구약의 속죄염소(scapegoat)를 암시하는 것"이라며, 자줏빛(κόκκινος / 콕키노스)이 음녀에게는 꾸밈이지만 제사장에게는 대속의 색이라는 이색적인 주장을 내놓았다.

그 짐승의 몸에 참람된 이름들이 가득하고

참람된 이름들은 음녀가 자신을 하나님과 견주어 높인 교만을 상징한다. 그 이름들의 목록이 상세하게 밝혀지지 않았지만 그것이 하나님을 모독하고 훼방하는 것이었음은 분명하다. 5절에 나타난 몇 이름만 보아도 알 수 있다. "비밀", "큰 바벨론", "땅의 음녀들과 가증한 것들의 어미" 그리고 18:7의 "여황으로 앉은 자" 등이다. 전체적인 내용으로 보아 스스로 '이 세상의 신'이라 칭했을 가능성이 높다. 13:4에는 첫 짐승의 추종자들이 용과 짐승을 경배하면서 "누가 이 짐승과 같으뇨? 누가 능히 이로 더불어 싸우리요?"라고 외쳤던 적이 있다. 또한 실제로 짐승의 우상을 만들어서 경배를 강요했다. 이런 정황에 비추어 그가 자칭 신을 주장하였음이 분명하며, 이런 주장이 하나님께는 신성모독이었다. 짐승은 한 가지 칭호만이 아니라 여러 현란스러운 이름을 갖다 붙였다.

4 그 여자는 자줏빛과 붉은 빛 옷을 입고

고대 세계에서 염색은 고가의 비용이 들었으므로 부자나 왕족들만 색깔 있는 옷을 입었다. 그래서 래드는 이 색들이 사치와 호화스러움을 반영한 것이라 보았다. 바클레이는 자줏빛과 붉은 빛을 로마의 영화를 상징한다고 보았다. 찰스도 로마 제국의 사치와 허영으로 설명했다. 비얼은 여자가 입은 자줏빛과 붉은 빛(4절) 그리고 짐승의 붉은 빛(3절)은 둘 다 성도들의 박해와 순교적 죽음과 관련이 있으며 (18:24, 19:2), 동시에 음녀가 지닌 왕적 신분을 나타내는 것으로 이해했다.

음녀는 "성도들의 피와 예수의 증인들의 흘린 피에 취한 자였다"(6절). 음녀는 선지자들과 성도들만이 아니라 수많은 사람들의 피를 흘렸다(18:24). 음녀가 심판을 받는 이유 중의 하나도 바로 하나님의 종들이 흘린 피 때문이었다(19:2). 또한 그녀는 스스로를 '여황'에 비겼다(18:7). 음녀가 몸에 치장한 물품의 내용들은 18:16에서 다시 한 번 간략히 반복된다. 이것들은 장사치들을 통해 마구 사들이던 품목들 속에 포함되어 있다(18:12). 음녀는 무역 제도를 통해 경제적 부를 걸머졌다. 번영을 추구하고 사치와 허영의 삶을 조장하는 삶의 철학, 경제 원리, 정치 체제가 모두 이에 속한다.

큰 음녀(1절)는 큰 성(18절)이요 큰 바벨론(5절)이다. 옛 바벨론제국이 헛된 영화와 우상 숭배로 세상을 속였듯이, 신 바벨론인 로마도 상업 지상주의로 인간의 본성적 탐욕에 불을 지른다. 로마의 정치 질서에 편승하여 황제 숭배와 물질만능주의는 당시의 세계를 비도덕과 무질서와 정신의 황무지로 바꾸어 버렸다. 그런 로마가 일순간에 망해 버림은 세계적인 경제 질서가 흔들리는 재앙이었다. 화려한 치장이 창기들의 호객하는 수단이었듯이(렘 4:30) 음녀는 자신이 쌓아올린 세상의 각종 호화로움으로 세상을 기만한다. 장차 하나님이 아닌 물질, 영원이 아닌 세속적인 가치에 절대적인 의미를 부여하는 운동이 사람들의 정신 세계를 파고들 것이다.

금잔을 가졌는데 가증한 물건과……더러운 것이 가득

금잔 속에는 가증한 물건들과 음행과 관련하여 온갖 더러운 잡동사니들로 가득했다. 이 금잔은 음녀인 바벨론이 사람들에게 강제적으로 먹이던 바로 그 음행의 술잔이었다(2, 14:8). 이것은 바벨론이 추종자들에게 약속한 경제적 번영과 안전에 대한 약속의 증표로서, 번쩍이는 금빛 속에 일렁거리는 음행의 술은 그들의 영혼을 마비시키고, 음행이 주는 쾌락의 나른함으로 인해 중독 증세에 빠지게 하기에 충분하였다. 도취 상태에서 사람들은 바벨론의 화려함에 마음을 빼앗기고 그 악의 실체를 눈치 챌 여유가 없었다. 그들의 진정한 풍요는 만유의 주이신 하나님께 있으며, 그들의 영원한 안전도 어린양의 품속임을 알지 못했다. 그들은 음행의 기운에 빠져 몽롱하고 흐릿한 상태를 벗어나지 못했다.

역사적으로 바벨론은 본래 하나님께 속한 온 세계를 취하게 하여 그들을 미치도록 만든 장본인이었다(렘 51:7). 17:4의 "가증한 물건"(βδελυγμάτων / 브델뤼그마톤)이 의미하는 바는 하나님을 역겹게 하는 영적이고 종교적인 어떤 것이다. 하나님을 진노케 하고 심판의 손을 휘두르시게 만드는 사악한 행위이다. 결국 우상 숭배와 관련되어 있음을 짐작하게 한다. 여기 "더러운 것"(ἀκάθαρτα / 아카따르타)은 더러움을 추구케 만드는 더러운 영을 뜻한다. 용의 입과 짐승의 입과 거짓 선지자의 입에서 나오던 개구리 같은 형상의 더러운 영 곧 귀신의 영이다(16:13-14). 음녀의 배후에는 더러운 영이 있다(18:2). 귀신이 있다. 거짓 선지자가 있다. 적그리스도가 있다. 사탄이 있다. 그래서 그의 음행이 더럽고 그가 만국과 맺은 관계가 더럽다. 그의 쌓은 부가 더럽고 그의 누리는 삶이 더럽다. 그녀에게 속한 모든 것이 더러운 것은 그녀가 음행에 탁월한 음녀이기 때문이다. 인간이 행하는 모든 음행은 더러운 영으로 인한 것이다.

이 땅에 저질러지는 온갖 음행의 배후에는 반드시 더러움의 영이 있으며, 이 영이 음행자의 영혼을 더럽혀 지옥으로 이끈다. "음행의 더러운 것들"(τὰ ἀκάθαρτα τῆς πορνείας αὖτῆς / 타 아카따르타 테스 포르네이아스 아우테스)은 더러운 영 곧 우상 숭배와 연관이 있다. 이는 탐심이다(엡 5:5; 골 3:5). 십계명에서 첫 두 계명은 우상 숭배를(출 20:3-5), 마지막 계명은 탐심을 금하였다(출 20:17). 하나님 이외의 것에 더 나은 가치를 부여하고 하나님보다도 더 애착을 갖고 있는 그 무엇이며 그 누구이다. 본서에서 '음행'은 언제나 우상 숭배의 의미를 지녔다(2:14, 20-21; 그리고 9:21, 14:8, 17:2).

가증한 물건과 음행의 더러운 것은 당시의 상인 조합과도 어떤 연관이 있다. 각종 길드(guild)가 이익 집단으로 굳어 가면서 그들은 자신들의 업종에 맞는 수호신을 정했고 조합원들은 누구나 수호신을 섬겨야 했다. 상업적 이권을 보장받기 위해서는 이런 종교적 행위를 감히 거역할 수 없었다. 정치가 종교와 혼합해도 세상을 위태롭게 만들지만, 경제가 거짓 종교와 결탁하면 세상을 종말에 이르게 만든다. 큰 바벨론, 큰 성, 큰 음녀는 하나님을 완전히 배제한 채 세속적이고 물질적인 기준에 따라서 번영과 사치, 권력과 쾌락을 추구하는 이 세상의 모든 사이비 세력에 대한 총칭이다.

5 그 이마에 이름이 기록되었으니

계시록에서 '이마에 쓰인 이름'은 이름을 지닌 자의 본성과 그가 이름과 맺고 있는 어떤 특별한 관계를 상징한다. 이마에 이름을 쓴 사실은 본 절 외에 계시록에서 모두 7회나 더 사용되고 있다. 때로는 하나님과 관계된 이름으로 사용되었고(7:3, 9:4, 14:1, 22:4) 나머지는 사탄과 관련되어 사용되었다(13:16, 14:9, 20:4). 큰 음녀의 이마에 쓴 이름은 그녀의 거짓, 허영, 교만을 드러낸다. 세네카의 진술에 따르면 로마의 고급 창녀들은 이마에다 자신의 이름을 새겨 넣은 머리띠를 습관처럼 두르고 다녔다. 대제사장들은 정금으로 만든 패에 '여호와께 성결'이란 글자를 새기고 청색 끈으로 매어 항상 이마에 붙어 있도록 했다(출 28:36-38).

요세푸스의 기록에 따르면 대제사장들은 하나님의 신성한 이름이 새겨진 금 밴드나 화관 조각을 이마에다 붙였다. 로마의 비밀스러운 이름도 거론이 되었다. 6세기경의 리두스(Johannes Lydus)에 따르면 로마는 적어도 세 개의 이름을 가지고 있었다. 첫째는, 정치적 이름인 '로마'(Roma)요 둘째는, 신성한 이름으로 알려진 '플로라'(Flora)요 셋째는, 예전적 이름인 '사랑'(Amor)이다. '아모르'는 로마의 철자를 뒤집은 것이다. 79년에 파괴된 고도 폼페이의 집 벽 위에 긁어서 쓴 글씨가 이런 형태로 발견되었다.

R O M A
OM
MO
A M O R

로마인들은 스스로를 사랑의 여신인 비너스(아프로디테)의 아들 아에네아스(Aeneas)의 자손이라 여겼기에 '아모르'란 이름을 가졌다 해서 이상할 것은 없다.

비밀이라

바벨론은 본서에 모두 6회 언급되고 있는데(14:8, 16:9, 18:2, 10, 21, 17:5) 오직 이곳에서만 '비밀'(μυστήριον / 뮈스테리온)이라고 불렸다. 그 나머지 경우에는 '큰 성'으로 불렸다(17:18, 18:16, 18, 19). 비밀은 오직 하나님께만 속하였다(1:20, 10:7; 고전 5:7). '비밀의 하나님'만이 비밀을 해석하신다(7; 단 2:28, 29-30, 45, 47 참조). 음녀는 하나님께 속한 것을 자신의 이마에 기록했다. 참람과 훼방의 극치다. 비슬리-머리는 17장에 묘사된 바벨론을 중심으로 계시록에나타난 시온과 비교하였다.

① 바벨론은 마귀의 처소인 광야에 거하지만 시온은 하늘에 속하며(12:1-3) 하나님의 산에 자리한다(21:10).

② 바벨론은 짐승 위에 머무르나 시온에는 하나님과 어린양의 보좌가 있다.

③ 바벨론은 지상의 화려함으로 대변되는 자줏빛과 붉은 빛과 값비싼 것들을 좋아하지만 시온은 해와 달과 별들로 옷을 입고 성도는 좋은 세마포를 입는다(12:1, 19:8).

④ 바벨론은 가증한 것들을 마시게 해서 죽음을 가져오지만 시온은 모든 이에게 생명수를 마시도록 초청한다(22:17).

바벨론은 음녀의 어미지만 시온은 메시아와 모든 시대를 걸쳐 신실한 자들의 어머니다.

⑤ 바벨론은 성도의 피에 취하고 땅을 파멸시켰지만 시온은 세상에 생명과 구원을 가져온다.

⑥ 바벨론은 영원한 파멸로 끝나고(19:3) 마귀와 미운 물건의 거소이지만(18:2), 시온은 하나님과 그의 백성이 영원토록 거할 새 창조에 속한다.

큰 바벨론이라

음녀가 "큰 바벨론"이라 불리는 이유는 그곳이 사람들의 거주지일 뿐 아니라 귀신들과 각종 더러운 영들과 가증한 새들의 모이는 장소이기 때문이다. 세상의 만민을 품고 세상에 존재하는 모든 악한 영들과 귀신들이 모여드는 곳이니 크지 않을 수 없다(큰 바벨론에 대해서는 14:8의 주석을 참조하라). "큰"(μεγάλη / 메갈레)은 바벨론의 권세와 영광을 상징한다. 큰 바벨론이라 칭함은 그녀가 느부갓네살과 같은 권세와 영광을 지녔다는 과시이다. 그러나 그녀의 과시는 과신에 불과하다. 그 옛날 느부갓네살이 스스로를 큰 자로 여겨 자신의 능력과 권세와 위엄의 영광을 자랑했듯이 마지막 때의 음녀 역시 자신을 높인다.

금신상을 세워 자신을 경배토록 시도하였던 이방 나라의 절대자처럼 음녀도 자신이 이룩한 부의 신상에 만국을 굴복시키고자 했다. 헨드릭슨은 바벨론이 형태는 바뀌어도 본질을 간직한 채 인간 역사의 시간선상에 세 번 나타난다고 보았다. 역사적 바벨론 제국과 신 바벨론으로서의 로마 그리고 종말적 바벨론이다. 일단의 주석가들은 음녀가 영적 바벨론일 뿐 아니라 옛 바벨론 종교의 교의와 의식들이 상당 부분 이전된 로마 제국에 주목하였다. 이방 로마(pagan Rome)에서 교황적 로마(papal Rome)로 옮겨진 가톨릭 교회와 동일시했다. 음녀는 고대의 이교주의에서 현대의 진화론적 범신론에 이르기까지 인간 정신에 더러운 영이 혼합된 모든 세력을 상징한다.

땅의 음녀들과 가증한 것들의 어미라

음녀가 자칭 모든 음녀들과 가증한 것들의 어미라 함은 그녀가 우상 숭배와 거짓 종교에 막강한 영향력을 지니고 있음을 의미한다(4절). 더러운 영들의 사주를 받아 이 땅에 퍼뜨리는 각종 신흥 종교들의 교주와 하나님의 이름으로 행해지는 경제적 착취 행위를 관장한다. 음녀들의 머리인 큰 음녀는 멸망의 가증한 것(마 24:15)의 누이요, 멸망의 아들과 함께 멸망 받을(살후 2:3, 8) 멸망의 딸이다. 음녀들의 어미는 조직화된 적그리스도로서 사탄의 신부요 거짓 선지자를 수종자로 두고 있다. 음녀는 매음의 영으로 땅의 음녀들을 통제함으로 지상에 남아 있는 마지막 순결의 영마저 갈취하려 한다. 음녀는 이교주의의 거짓 종교들과 거짓 경배자들의 헌신을 통해 이 땅에 세력을 넓혀 간다. 마지막 운명이 갑자기 파국으로 끝나기까지 그녀의 유혹과 위선과 사술은 중단되지 않을 것이다.

6 이 여자가 성도들의 피와 예수의 증인들의 피에 취한지라

여기에 언급된 표현인 “성도들의 피”(τοῦ αἵματος τῶν ἁγίων / 투 하이마토스 톤 하기온)와 “예수의 증인들의 피”(τοῦ αἵματος τῶν μαρτύρων / 투 하이마토스 톤 마르튀론)는 두 그룹의 신자들을 지칭하는 듯 보인다. 그러나 그보다 성격상 동격의 의미로 해석하는 것이 적절하다(Beckwith, Beale). 참 성도는 예수의 증인이요 예수의 증인이 참 성도이다. 참 성도는 예수의 증거를 위하여 수감도 되고(2:10) 유배도 당하고(1:9) 죽임도 당한다(2:10, 13절). 참 성도는 충성된 증인이신 주님을 본받아 증거를 위해 목숨까지 버린다(6:9-11, 12:11). 이것이 그들이 흘린 보배로운 피 곧 순교의 뜨거운 피다.

“예수의”(τῶν……Ἰησοῦ / 톤……예수)의 전치사는 목적 속격으로도, 소유 속격으로도 해석이 가능하다. 목적 속격으로 해석하면 예수에 대한 증거가 되고, 소유 속격으로 해석하면 하나님에 대한 예수의 증거가 된다. 어느 것도 내용상 아무 무리가 없다. 음녀는 음행의 포도주에 취하고 성도들의 피에 취했다. 이제 남은 것은 하나님의 진노의 포도주뿐이다.

내가 그 여자를 보고 기이히 여기고 크게 기이히 여기니

요한의 한정된 지혜로는 이 엄청난 환상의 비밀을 알 길이 없었다. 모든 것이 비밀 부호요 은밀한 것들로 가득 찼다. 요한은 ‘엄청나게 놀랐다’(σφόδρα ἐθαύμασα / 스포드라 에따우마사). 이 표현에는 그가 느낀 두려움과 충격, 해석에 대한 숨겨진 갈망이 고스란히 들어

있다. 다니엘은 해석자의 영으로 인해 느부갓네살의 은밀한 꿈을 알게 되었을 때 "얼마 동안 놀라 벙벙하며"(μεγλως ἐθαύμασεν / 메글로스 에따우마센) 마음이 번민에 휩싸였다(단 4:19). 원래 요한은 천사의 음성을 들었을 때 큰 음녀의 받을 심판을 보기도 했었다(1절). 심판받는 음녀의 모습이 아니라 요란스럽게 치장을 하고 나타난 음녀의 당당한 모습에 요한이 경악과 공포를 느꼈을 것은 충분히 납득이 간다. 이 기이히 여김은 초기의 환상인물 위에 앉은 음녀(1-2절)와 성령의 이끄심에 따라 더 상세한 정경을 목도한 나중의 환상(3-6절)까지 포함한다. 요한의 기이히 여김도 흔치 않은 일인데, 천사가 해석자로 자처하고 나섰으니 이 환상의 의미가 얼마나 중요한지를 알 수 있다.

B. **음녀와 짐승**(17:7-11)

요한은 큰 음녀의 기괴한 모습을 보고 심히 놀랐다. 그녀는 의심할 여지없이 독주 같은 존재였다. 그를 가까이 하는 자는 땅의 임금이든지 일반 서민이든지 늘 만취 상태였다. 술에 취한 것이 아니라 음행에 취했다. 큰 음녀가 앉아 있는 곳이 예사롭지 않았고, 타고 있는 짐승 또한 기이하기 짝이 없는 형체를 하고 있었다. 그녀의 외모를 꾸밈도 실로 독특했으며 그 이마에 적힌 글씨들은 참람하기 그지없었다. 땅에 거하는 높고 낮은 자들을 음행의 포도주로 취하게 만들었던 음녀는, 정작 성도들의 피와 예수의 증인들의 피에 취해 있었다. 이것이 요한으로 하여금 의아함에 사로잡히게 만들었다.

천사는 요한에게 이상히 여기지 말 것을 명한 후에, 여자와 그녀가 타고 앉았던 일곱 머리와 열 뿔을 지닌 짐승의 정체를 알려주기로 약속하였다. 이는 요한이 궁금해 하고 있던 것이 무엇임을 밝혀 주는 언급이다. 천사는 여덟째 왕인 짐승을 풀이해 주는 동시에 그의 역할과 임박한 멸망까지 언급하였다. 일곱째 대접 재앙으로 시작된 바벨론 붕괴(16:9)의 실상을, 요한은 이어지는 두 장인 17장과 18장에서 세밀하게 다루었다. 요한의 의아함을 살짝 나무라며 해석 천사로 자처하고 나선 것은 바로 일곱 대접을 가진 일곱 천사 중의 하나였다. 내용과 연관시켜 추정한다면 이 천사는 바로 바벨론 멸망을 선언한 일곱째 천사이다.

이방의 권세자들은 징조가 있는 꿈과 환상을 보았을 해석자를 찾았다. 그것이 하나님께서 주신 몽조나 환상일 경우에는 그 누구도 해석할 수 없었다. 그때마다 하나님의 영의 인도함을 받는 하나님의 사람들이 해석자의 소임을 다했다. 바로의 꿈을 해석한 것은 요셉이었으며(창 40:5-41:36), 벨사살의 글씨를 해석하고 느부갓네살의 꿈과 환상을 해석한 것은 다니엘이었다. 그러나 요한의 경우에는 '감춰진 의미'인 비밀(μυστήριον /뮈스테리온)을 푸는 일에 천사가 해석자로 자임했다. 물 위에 앉고 기괴한 짐승을 탄 여자, 사람들을 음행으로 취하게 만들고 자신은 성도의 피에 취한 여자를 천사는 8절 이후의 18장 전체에서 설명했다. 동시에 짐승의 정체와 둘의 관계를 조명한 후에, 끝부분에 가서 보다 탁월한 존재인 짐승에 의해 둘의 관계가 틀어질 것을 언급하였다.

7 천사가 가로되 왜 기이히 여기느냐 내가 여자와 그의 탄 바 일곱 머리와 열 뿔 가진 짐승의 비밀을 네게 이르리라
8 네가 본 짐승은 전에 있었다가 시방 없으나 장차 무저갱으로부터 올라와 멸망으로 들어갈 자니 땅에 거하는 자들로서 창세 이후로 생명책에 녹명되지 못한 자들이 이전에 있었다가 시방 없으나 장

차 나올 짐승을 보고 기이히 여기리라
9 지혜 있는 뜻이 여기 있으니 그 일곱 머리는 여자가 앉은 일곱 산이요
10 또 일곱 왕이라 다섯은 망하였고 하나는 있고 다른 이는 아직 이르지 아니하였으나 이르면 반드시 잠깐 동안 계속하리라
11 전에 있었다가 시방 없어진 짐승은 여덟째 왕이니 일곱 중에 속한 자라 저가 멸망으로 들어가리라

7 왜 기이히 여기느냐 일곱 머리와……비밀을 네게 이르리라

천사의 질문 "왜 기이히 여기느냐?"(Διὰ τί ἐθαύμασας / 디아 티 에따우마사스)는 "왜 깜짝 놀라느냐?" "왜 놀람과 당혹감에 차 있느냐?"는 뜻으로 독자들까지 같은 느낌을 갖도록 하는 수사학적인 표현이다. 요한이 보인 기이히 여김이 놀라운 일에 대한 경탄감으로서 외경심을 드러낸 자세라 볼 수가 없다. 천사의 반문은 요한의 자세가 바람직하지 못함을 지적함이다. 하나님은 만유의 주권자이시므로 조금도 기이히 여기거나 놀랄 이유가 없다. 하나님은 모든 것을 다스리시고 바벨론의 일시적 성공과 번영도 이미 13장에 예고되었다. 악이 잠시 창궐하고 의인이 박해와 죽음의 위협에 넘겨짐은 결단코 이상한 일이 아니다. 구약에 나타난 예언자들과 신실한 성도들은 모두 같은 길을 걸었다. 결과는 언제나 하나님의 일방적 승리였다. 의인의 억울함은 신원되고 어둠은 물러간다. 악한 통치자들은 왕관을 벗으며 열방은 하나님의 통치에 무릎을 꿇는다. 짐승과 짐승의 대변인이나 열렬한 추종자들도 예비된 파멸의 길에서 벗어나지 못한다. 만사가 하나님의 허락하심 속에 진행되는 세상 역사를 이해한다면 한정된 시간 속에서 최후의 발악을 하는 악의 역사에 놀라거나 당황할 이유가 전혀 없다.

해석자인 성령의 이끄심을 받았음에도 불구하고 기이하게 여기고 있음을 나무라는 것이다. 해석자인 천사를 바로 곁에 두고도 자기 한계를 벗어나지 못함을 꾸짖는 것이다. 힐난조의 질책이 아니라 해석의 기대감을 일으키는 가벼운 나무람이다.

오만과 의심으로 포장된 인간의 지성은 늘 성령의 비추심에 항거하는 본성을 지녔다. 요한은 성령의 이끄심에 따라서 기이한 일들을 보고 듣고 깨달았음에도 새로운 계시 앞에서는 늘 의문과 당혹감을 드러냈다. 도저히 이해할 수 없는 일을 목도하거나 말을 들었을 때 “기이히 여김”은 지각 능력의 한계를 지닌 인간으로서 피할 수 없는 반응이었다. 신약 도처에서 이 표현은 동일한 의미로 사용되었다(마 27:14; 막 12:7, 15:5; 눅 1:21, 4:22; 행 2:7, 13:41). 천사의 꾸지람을 받긴 했지만 요한의 반응은 충분히 이해할 만하다.

천사는 여전히 당혹감을 풀지 못한 채 놀란 상태에 놓인 요한에게 음녀와 음녀가 탄 짐승의 일곱 머리와 열 뿔에 대한 비밀을 가르쳐 주겠다고 말하였다. 감춰진 비밀을 이전에도 가르쳐준 것처럼 지금도 밝히 알려주겠다는 뜻이다. 내용상으로는 여러 비밀인데 천사는 하나의 ‘비밀’(μυστήριον / 뮈스테리온)을 언급한다. 이는 드러난 현상으로는 여러 가지이지만 본질상으로는 하나이기 때문이다. 음녀의 비밀이 곧 짐승의 비밀이요 짐승의 비밀이 곧 음녀의 비밀이다. 요한은 단 한 번도 비밀이나 알지 못하는 일에 대해 해석을 요청한 적이 없다. 초자연적인 존재를 통해서든지(1:20, 7:13-14, 17:7) 아니면 요한 자신에 의하여(4:5, 11:4, 20:14) 비밀의 의미가 설명되었다.

8 전에 있었다가 시방 없으나 장차……멸망으로 들어갈

이는 "내가 전에 죽었었노라 볼지어다 이제 세세토록 살아 있어"(1:18) "죽었다가 살아나신 이"(2:8) 하시던 주님의 자기 선언을 본뜬 모습이다. 여기에는 차이가 있다. 짐승은 전에 있었으나 주님은 전에 없었다('죽었다'). 짐승은 시방 없으나 주님은 지금 계시다. 짐승은 무저갱으로부터 올라와 멸망으로 들어갈 자나 주님은 하늘에서 내려와 음부를 거쳐 보좌의 영광에 이르셨다. 짐승의 결국은 멸망이지만 주님은 '산 자'로서 영원히 존재하신다. 주님의 오메가는 알파와 분리되지 않고 영원 안에서 동일하신 분이다. 알파와 오메가이신 주님이 시작과 끝이요 처음과 나중이라 할 때 끝이나 나중은 짐승이 당하는 결국과는 전혀 다른 차원의 표현이다. 알파가 곧 오메가요 오메가가 곧 알파이신 주님에게 마지막이란 의미에서의 결국은 없다.

우리 주님은 생명으로 말미암아 생명의 권세를 잡으신 분이기에 영생의 근원, 곧 영원한 구원의 근원이 되신다(히 5:9). 짐승은 사망으로 말미암아 사망의 세력을 잡은 마귀(히 2:14)의 대리자답게 사망으로 그 운명이 귀결된다. 그리스도께서 심판자로 강림하심이 성도들에게는 영원한 승리의 순간이겠지만 사탄과 적그리스도, 거짓 선지자, 큰 음녀에게는 영원한 패배가 되기에 짐승의 정체성 모방은, 대조적인 운명을 재확인시킬 뿐이다. 그리스도의 추종자는 종국적인 구원과 영광에 이르겠지만 적그리스도의 추종자는 단 한 순간의 틈도 없이 끝없이 이어지는 파멸과 수치 가운데 거하게 될 것이다.

무저갱으로부터 올라온 짐승은 잠시 권세를 받아 성도들을 이길 것이지만 그 시간은 결코 오래지 않을 것이다. 올라왔던 무저갱보다 더 깊은 곳인 영원한 멸망의 곳으로 내던져질 것이기 때문이다. (멸망으로) '들어감'(ὑπάγει / 휘파게이)은 미래적 현재의 뜻으로 매우 임박한 멸망을 강조한다.

일부 학자는 8절의 현재 분사 "올라와"(ἀναβαίνειν / 아나바이네인)를 11:7의 현재부정사 "올라오는"(ἀναβαίνον / 아나바이논)과 연관시켜서 역사의 전 과정을 통하여 늘 '올라오는' 것이 짐승의 본질적 특성임을 내세웠다(Rissi, Caird, Charles, Mounce, Johnson). 존슨은 짐승의 '시방 없음'이 십자가에서 주님께 패배했기 때문이라고 보았다.

창세 이후로 생명책에 녹명되지 못한 자들

"땅에 거하는 자들"은 믿지 않는 우상 숭배자들이다. 그들은 하나님 섬기기를 혐오하는 자들로서 악한 종자들이다. 그들은 창세 이후로 이 땅에 태어나 이미 죽었거나 여전히 살아 있는 모든 자를 통칭하는 말이다. 한 사람의 예외도 없이 산 자나 죽은 자 모두를 포함한다. 그들은 하나님이 주신 생기로 태어났으나 생명의 원천이신 하나님을 거부함으로 불신자라 일컬어지는 모든 자들의 영혼이다. 장차 나타날 짐승은 시방은 없으나 전에는 존재했던 자다. 주님의 부활을 모방한 이 거짓 부활자에게 사람들은 매우 놀랄 뿐 아니라 지대한 관심을 표하고 애정을 느낄 것이다. 그 대가로 짐승의 표를 얻지만 그 표가 그들의 안전을 책임지지는 않는다.

그들이 받은 표는 하나님의 천사를 통해 성도에게 주신 표와 근원적으로 다르기 때문이다. 그들의 이마에는 짐승의 표가 있고 성도가 주님의 이름을 자랑하듯 음녀의 이름을 자랑한다. 하지만 그들의 영혼은 생명책에 누락되어 있다. 주님의 이름을 자랑함으로 세상의 수치가 되었고, 주님을 사랑함으로 땅에 거하는 자들로부터 온갖 멸시와 학대를 받던 성도들만이 어린양의 생명책에 녹명되었다. 생명책에 녹명된 자만이 하나님의 거룩한 자이다(사 4:3). 이 생명책은 어린양이신 그리스도의 생명책이며(21:27), 죽임 당하신 어린양의 생명책이다(13:8). 이기는 자의 이름만이 흐리지 않고 빛나게 기록되어 있는 생명책이다(3:5). 의인의 이름만이 기록될 생명책이다(시 69:28). 심판의 책들 사이에서 유독 한 권의 책으로 있을 생명책이다(20:12).

시방 없으나 장차 나올 짐승을 보고 기이히 여기리라

용에게서 능력과 권세를 부여받은 적그리스도의 회생은 땅의 거주자들로 하여금 이상히 여겨 그를 적극적으로 따르게 만든다. 그가 보인 놀람과 기이함은 사람들을 끄는 단순한 매력 너머의 마력으로서 자연스럽게 종교적인 경배의 차원으로까지 몰아간다(13:1-4). 이곳의 기이히 여김도 마찬가지의 의미로 보아야 한다. 세상에 현존하는 유일한 경배 대상으로 사람들을 현혹시키고 이런 그의 전략은 대성공을 거둘 것이다. 마지막 때에 나타날 짐승의 존재는 역사상 인류의 지성과 양심을 처참하게 유린할 것이다. 어린양의 이름을 지닌 자들은 하나님의 보호 속에서 짐승의 악마적 공격을 견딘다. 짐승에게 경배하지 않는다. 짐승을 두려워하지도 않는다. 짐승의 정체를 알기 때문이다. 그들에게는 참과 거짓, 참 하나님과 거짓 신, 어린양과 적그리스도를 분별하는 지혜, 통찰력이 있기 때문이다.

9 그 일곱 머리는 여자가 앉은 일곱 산이요

천사는 짐승의 일곱 머리에 대하여 여전히 기이해 하는 요한에게 친절히 해석해 주었다. 해석은 일곱 산과 일곱 왕이라는 두 방향이었다. 일곱 머리는 일곱 산이다. "일곱 머리"를 로마의 '일곱 언덕'(Aventine,

Capitoline, Esquiline, Quirinal, Viminal, Caelian, Palatine)이라고 해석하여 짐승을 로마제국에 적용시킨 이들도 있다(Beckwith, Prigent, Kiddle, Boring, Swete, Caird, Sweet, Aune). 주전 1세기 중엽만 해도 '일곱 언덕'을 곧 로마로 지칭하는 것은 꽤 자연스러웠다. 일곱 왕을 일곱 황제이기보다 일곱 제국으로 이해하는 학자들도 많다(Walvoored, Hendriksen, Thomas, Ladd, Seiss).

다니엘서에서는 네 짐승이 네 왕이나 네 왕국으로 번갈아 적용되었는데(7:17, 23), 그렇다면 일곱 산을 일곱 개인이거나 일곱 왕국에도 적용이 가능하다. 13:1에도 17:3처럼 열 뿔 가진 짐승의 일곱 머리가 나온다. 많은 물 위에 앉은 여자의 모습(17:1)은 짐승을 타고 앉은 모습에서(3절) 이제 일곱 산에 앉은 모습으로 변형이 되었다. 11절에서 명백해지는 짐승의 정체는 머리가 권위 곧 압제하는 권위를 상징함을 보여준다. 13:1에 묘사된 짐승의 머리에 참람된 이름들이 있음도 이를 뒷받침한다.

한편 포드는 지그만 신부(Edward Siegman)의 도표를 인용하여 일곱 왕의 해석을 취하였다. 이는 과거주의적인 해석이다. III과 IV의 설을 따르면 계시록은 도미티안 때에 쓰였고 II의 경우에는 베스파시안 때 쓰였다. 비얼은 일곱 언덕을 로마에 적용하기를 거부하며 '언덕'(ὄρος / 오로스)이란 말이 계시록에서 일곱 번 사용된 경우가, 모두 '산'을 의미하고 있다(6:14-16, 8:8, 14:1, 16:20, 21:10)는 사실에 근거하여 이는 단지 '힘'에 대한 상징임을 내세웠다.

로마 황제		일곱 머리			
		I	II	III	IV
시저	BC 49-44	1			
아우구스투스	BC 31-AD 14	2	1		
티베리우스	14-37	3	2		
칼리굴라	37-41	4	3		
클라우디우스	41-54	5	4		
네로	54-68	6	5	1	1
갈바	68-69			2	2
오토	69			3	3
비텔리우스	69			4	(3)
베스파시안	69-79		6	5	4
타이터스	79-81		7	6	5
도미티안	81-96		8	7	6
네르바	96-98				7
트라얀	98-117				8
하드리안	117-138				

룬드(Lund)는 왕의 적용에 있어 조금 달리 정리하였다.

BC 49-44	시저	1	1			
BC 31-14	아우구스투스	2	2	1	1	
14-37	티베리우스	3	3	2	2	
37-41	칼리굴라	4	4	3	3	1
41-54	클라우디우스	5	5	4	4	2
54-68	네로	6	6	5	5	3
68-69	갈바	7				
69	오토	8		8		
69	비텔리우스					
69-79	베스파시안		7		6	4
79-81	타이터스		8		7	5
81-96	도미티안				8	6

유대 문헌에서 '산'은 왕국을 상징했고(사 2:2; 렘 51:25; 겔 35:3; 단 2:35; 에녹전서 52:1-7), 이것이 8:1과 14:1에서처럼 이 용어가 지닌 의미이다. 일곱은 문자적인 일곱이거나 키들의 견해처럼 로마의 일곱 황제를 의미하는 것이 아니다. 그보다는 비얼의 견해처럼 완전함

의 특성에 대한 상징으로 보는 것이 낫다. 일곱 산, 짐승의 일곱 머리, 일곱 왕은 압제적이고 세속적인 정부의 전체성에 대한 묘사이며 어느 시대를 막론하고 하나님의 주권에 감히 도전하려는 그런 체제로 보아야 한다.

계시록이 저술되었던 시기와 연관하여서 일곱 왕들 혹은 여덟째 왕을 로마 황제로 해석하는 경향이 역사주의적 관점에서는 강하다. 첫 황제의 시작을 줄리우스 시저로 보느냐 아니면 아우구스투스로 보느냐의 차이도 있고 정변으로 권력을 잡은 갈바, 오토, 비텔리우스를 포함시켜야 하는지의 여부에 대해서도 이견이 분분하다. 찰스와 스웨트와 릿시는 요한이 베스파시안 통치 때 환상을 받았고 도미티안 치세 시에 정리한 것으로 보았다. 그럴 경우에는 베스파시안이 여섯째 황제가 되고, 일곱째인 타이터스 황제도 단명하였다. 그러면 자연히 도미티안 황제가 적그리스도에 해당한다. 그렇지만 계시록에는 도미티안을 적그리스도로 여기는 분위기를 찾아볼 수 없다. 게다가 왕위 찬탈자인 갈바와 오토와 비텔리우스의 짧은 황제 재위를 설명할 길이 없다. 그래서 프리겐트와 크로델은 첫 황제를 그리스도의 부활 이후에 집권하였으며 최초의 반기독자요 사악한 황제였던 칼리굴라로 보았다. 그러면 다섯 황제는 모두 기독교를 박해한 황제들이며 여섯째 황제는 도미티안이 된다. 그러나 왜 하필 칼리굴라를 첫 황제로 보아야 하는지? 그리고 그리스도께서 돌아가실 당시의 황제인 티베리우스를 첫 황제로 볼 수 없는지에 대한 설명도 없다.

혹자(Allo)는 네로를 첫 황제로 간주하고 세 명의 찬탈자를 포함시키면 베스파시안이 다섯째, 타이터스가 여섯째, 도미티안이 일곱째 황제가 된다고 주장한다. 그러나 타이터스 치세 때에 계시록을 저술하였다고 보기에는 문제가 많다. 그럴 경우에는 잠깐 동안 통치하리라던 본 절의 예언 대상인 도미티안의 통치 햇수가 길므로 맞지 않는다. 피오렌자는 망한 다섯 황제들을 폭력적인 죽음을 맞이하였던 줄리우스 시저, 칼리굴라, 클라우디우스, 네로, 도미티안으로 보았고 여섯째를 네르바, 일곱째를 짧게 통치한 트라얀 그리고 여덟째를 '돌아올 네로'로 해석하였다. 그러나 그녀가 인용한 다섯 황제 모두가 폭력적인 죽음을 맞이하지 않았고 트라얀의 통치도 짧지 않았다. 스몰리는 9-11절에 대한 해석에서 여덟 명의 황제를 언급하였다.

1. 아우구스투스(BC 30~AD 14)
2. 티베리우스(14~37)
3. 칼리굴라(37~41)
4. 클라디우스(41~54)
5 네로(54~68)
6. 베스파시안(69~79)
7. 타이터스(79~81)
8. 도미티안(81~96)

역사주의적인 관점에서 10-11절은 로마 황제를 가리킴이 명료하다. 아우구스투스 황제로부터 타이터스 황제까지 일곱 황제 가운데 네로까지의 다섯은 이미 죽었다(10상반절). 하나(베스파시안)는 여전히 통치 중이고(10중반절) 다른 이(타이터스)는 아직 이르지 않았다(10중반절). 타이터스는 다른 황제들에 비하여 통치 기간이 짧았기에 "잠깐 동안 계속하리라"(10하반절)고 묘사되었다. 여덟 번째 황제인 도미티안은 '네로 부활 신화'(Nero redivivus)를 자신에게 적용시킴으로 일곱 중의 하나이면서 여덟째 황제가 되었다(11절). 역사주의적 관점에 회의적인 시각을 갖고 있는 이들은, 일곱이 단지 요한 특유의 전용적 표현이며 본서에서 문자적이기보다 대부분 상징적 의미로 쓰였기에, 일곱 황제에 국한시키기보다 로마 황제의 전체적인 권력이란 맥락으로 살펴야 함을 대안으로 제시했다.

"일곱 머리들을 가진 용"에 관한 고대 세계의 잘 알려진 신화적 배경을 거론한 키들 등(Beasley-Murray, Talbert, Caird, Swete, Brown, Bauckham)의 견해를 논외로 친다 해도, 일곱이란 숫자는 본서에서 세상 역사를 주관하시는 하나님이 손수 조정하신 것으로서 전체를 문자적으로 취하는 것은 무리가 있다. 17:10-11만이 아니라 계시록의 특정 본문들을 역사적인 사건에만 가두어두려는 것은 예언의 이중성이나 과거를 해석하고 현재를 진단하며 미래를 예시하는 묵시적 메시지에도 어긋난다. 로마 황제나 로마 제국에 적용시키는 해석은 분명히 강점을 지니고 있다.

계시록의 많은 예언들이 '종말의 때'를 가리키고 있으므로 미래주의적인 해석을 결코 간과해서는 안 된다. 용의주도한 기록자로서 요한은 당시의 역사적 상황을 예언적 메시지에 활용하면서 독자들의 관심을 유도, 증폭시켰을 가능성이 있다. 그것은 고난당하는 신자들에게 로마의 집요한 박해의 물결을 견딜 수 있게 격려하는 일이었다. 나아가 로마의 황제 숭배 같은 위협 상황들이 더더욱 강력한 형태로 미구에 들이닥칠 것을 암시하여 신실한 믿음의 결단을 촉구했음이 틀림없다. 그것은 가까운 미래에서부터 먼 종말의 때를 겨냥한 것이었다.

구약에서 '산'은 언제나 왕국을 의미하였다(사 2:2; 렘 51:25; 겔 35:3; 단 2:35, 45; 슥 4:7). 그러므로 일곱 산은 일곱 왕국 내지 일곱 왕으로 해석하여야 한다. 단 7:17, 23에서는 왕국과 왕이 서로 바꾸어 사용되었기에 산을 왕이 다스리는 왕국이라 여길 수 있다(Swete, Lee). 10절 전반부의 "일곱 왕이라"는 언급도 이 해석을 지지한다(단 10:4-7).

계시록에서는 항상 '일곱'이 숫자상의 의미이기보다 '완전'과 '충만'의 상징으로 쓰였다. 대다수의 주석가들은 일곱 머리 곧 일곱 왕을 로마 제국에 대한 언급으로 해석하지만, 비얼은 일곱 머리가 어느 특정한 왕국이나 개인이 아니라 사악함의 충만한 상징으로 보았다.

다섯은 망하였고 하나는 있고 다른 이는 아직 이르지 아니하였으나

이것은 "이제도 있고 전에도 있었고 장차 올 자요"(1:8)의 형식을 본뜬 표현이다. 짐승과 일곱 왕의 비슷한 정체성 묘사는 그들 간에 어떤 관계가 있음을 암시한다. "다섯은 망하였고"를 개인의 죽음이 아니라 왕국의 붕괴로 해석하는 입장도 매우 강경하다(Alford, Zahn). 이미 망한 다섯 제국은 애굽(또는 신바빌로니아, 창 10:8-11), 앗수르, 바벨론, 페르시아, 헬라이며 현존하는 왕국은 로마요, 미지의 왕국은 아직까지 출현하지 않았다는 입장이다(Ladd, Seiss, Walvoord, Hengstenberg). 미래에 나타날 미지의 왕국은 통치 기간이 상상 외로 짧다. 헨드릭슨은 이 견해를 지지하면서도 일곱째 왕국은 로마로부터 종말까지의 모든 제국을 상징하는 것이라 이해했다.

제국들의 역사에 비해 비교적 짧은 일곱째 왕국의 통치 기간은, 왕이 아니라 왕국이란 해석에 어려움을 제공하는 부분이다. 오스본은 이런 연유로 왕국보다는 왕 해석을 선호한다. 이런 갈등 때문에 일단의 학자들은(Beckwith, Mounce, Beasley-Murray, Giesen, Wall,

Lohmeyer, Caird, Aune, Lohse, Sweet) '일곱'의 표현을 왕이나 제국에다 연관시키지 말고, 세상 왕국이 완결되었다는 의미에서 일곱을 단지 묵시주의적 상징으로 보아야 한다고 주장하였다. 어쨌든 이미 망한 다섯 제국은 모두가 이스라엘을 괴롭힌 나라들이었다(애굽, 겔 29:30 / 니느웨 또는 앗수르, 나 3:1-19 / 바벨론, 사 21:9; 예레미야 50-51장 / 페르시아, 단 10:13, 11:2 / 헬라, 단 11:3-4). 물론 요한 당시에 이스라엘을 괴롭힌 나라는 로마제국이었다. 미래에 나타날 마지막 왕국까지 고려하면 요한이 언급한 일곱 머리를 세상 왕국의 전체 역사로 간주할 수도 있다.

이르면 반드시 잠깐 동안 계속하리라

일곱째 왕의 권세는 오래 가지 않는다. 그는 마지막 중의 마지막 때에 나타났으므로 이전의 여섯 왕이 누려왔던 통치 기간에 비하면 턱없이 짧다. "잠깐 동안"(ὀλίγον / 올리곤)은 매우 짧은 시간을 나타낸다. 무저갱에 갇혔던 용이 영원한 불못에 들어가기 위한 수순으로서 "잠깐 동안"(μικρὸν χρόνον / 미크론 크로논) 놓일 경우와 비슷하다(20:3). 어차피 용은 자기의 '때가 얼마 남지 않았음'(ὀλίγον καιρόν / 올리곤 카이론)을 잘 안다(12:12). 용과 짐승이 자신의 남은 때를 위해 최후의 발악을 계획하느라 분주해 할 때, 어린양의 순교자들은 목전에 다가온 영원한 승리의 날을 카운트다운하며 쉬고 있다. 하나님이 정하신 때를 위해 오래 참고 기다려왔던 제단 밑의 순교자들은 '잠시 동안'(μικρὸν χρόνον / 미크론 크로논) 평온을 취하고 있다. 그것은 영원한 안식의 예행연습 같은 것이다.

11 전에 있었다가 시방 없어진 짐승은 여덟째 왕이니

짐승은 전에 존재했었다. 그는 하나님이 지으신 세상을 마구 휘젓고, 하나님의 형상대로 지음 받은 인간 영혼을 강탈하면서 시대를 따라 교회에 무서운 박해를 가해 왔다. 흑암의 왕자로서 은총의 햇살이 사람들의 영혼에 스며들지 못하도록 부단히도 애썼다. 그는 꽤 성공을 거두었다. 그러나 빛과 생명의 근원이신 주님의 십자가와 부활은 승승장구하던 짐승에게 결정타를 날렸다. 짐승의 머리는 깨어지고 근거지를 빼앗겼다. 그는 이제 없어진 존재다. 있어도 있는 존재가 아니다. 영원히 생명으로 존재하시는 어린양과 하나님 앞에 짐승은, 적그리스도는, 사탄은 무력하다. 사탄의 보좌는 무너졌다. 영계의 싸움에서도 대패했다. 공중에서도 내쫓기고 땅에서도 내쫓기고 무저갱으로, 영원한 불못으로 차츰차츰 내려가게 되었다. 하나님의 허락하심 속에서 난동을 부리던 그의 활동 무대가 점차로 축소되어 가고 있다. 이미 시작된 하나님의 왕국을 대적할 힘이 그에게는 더 이상 남아 있지 않다. 마지막 몸부림으로 짐승은 새로운 변신을 시도한다. 하나부터 일곱까지 그렇게 하나님을 대항하는 세력으로 온갖 실패를 경험한 그가 마지막 술책으로 내어놓은 것이 여덟째 왕이다. 일곱에 속했으나 그들과는 다른, 같으면서도 같지 않은, 다르면서도 같을 수밖에 없는 여덟째 왕을 세상에 내보냈다.

짐승의 정체는 집요하게 어린양의 정체성을 모방한다. 여덟째 왕은 어린양 예수를 모방한다. 창조 6일이 끝나고 일곱째 날에 안식하신 하나님에게 있어 여덟째 날은 새로운 창조의 시작을 암시한다. 주님은 6일째인 금요일에 죽으시고 8일째인 '주의 날'에 부활하셨다. 주님의 십자가의 죽으심과 부활을 모방하여 죽게 되었던 상처가 나았던 짐승(13:3, 14)은 '666'의 표로 '888'의 어린양 예수를 모방하지만 '777'의 완전수의 벽에 걸려 넘어진다. 무저갱에 갇혀 있던 그가 지상으로 올라와 잠시 활동을 하지만 이내 멸망으로 들어간다.

여덟째 왕을 네로 부활 신화와 연관시켜 파르티아 인과 함께 로마로 진격할 네로 황제(Hilgenfeld, Holtzmann, Bousset, Spitta)로 해석한 시도나 도미티안 황제(Moffatt, J. Weiss, Swete)로 국한시킨 해석은, 본문에서 묘사하고 있는 악마적인 능력과 환상에서 차지하고 있는 비중을 고려할 때 안이한 해석이 아닐 수 없다. 마운스가 "수수께끼의 중심"이라고까지 표현한 11절은 대부분의 주석가들이 실제적인 난해 구절에 속한다고 이구동성으로 고백한다.

일곱 중에 속한 자라 저가 멸망으로 들어가리라

여덟째 왕은 다른 일곱 왕들에 비해 특출하다. 일곱까지는 순차적으로 뒤를 이어왔지만 여덟째 왕은 지나간 일곱 왕들에게서 나왔다. "일곱 중에 속한 자"(ἐκ τῶν ἑπτά / 에크 톤 헾타)는 그들에게 속해 그들의 속성과 본질을 그대로 이어받았음을 가리킨다. 그는 일곱 중의 하나가 아니다. 일곱 중의 하나가 소생한 것이 아니다. 그는 일곱의 모든 죄성과 악행을 고스란히 받고 완전히 새롭게 태어난 '새 군왕'으로서의 여덟째 왕이다. 그는 일곱 중에 속했지만 더욱 특출나다는 측면에서 이전의 그들과는 차이가 있다.

사탄적 능력의 완전한 화신이란 측면에서 일곱과 다르게 관찰한 래드의 관점은 옳다. 사탄이 악의 역사를 시작했다면 이 여덟째 왕은 악의 역사를 끝내는 장본인으로서 특별한 존재의 의미를 지닌다. 그의 흉내 내기에는 결정적 한계가 있다. 주님의 나타나심이 모든 것을 완성시키는 영광의 파루시아인 반면에 여덟째 왕의 출현은 멸망의 직전 단계라는 점이다. 천사는 짐승의 파멸적 종말을 연거푸 강조하면서(8, 11절), 요한의 독자들로 하여금 마지막 시련의 순간을 잘 극복하고 영원한 영광의 나라에 안착하게 되기를 염원하고 있는 것이다.

C. **음녀와 짐승과 열 왕**(17:12-18)

음녀와 짐승과 열 왕은 상호보완적 관계에 있다. 그것은 친밀함이 아니라 저마다의 욕망이 서로 엉겨 붙어 생겨난 결과이다. 음녀는 짐승을 배경으로 하고 있으며 짐승은 열 왕을 통제한다. 서로는 한 묶음 같아 보이지만 속사정은 다르다. 결국 음녀는 짐승과 열 뿔의 외면을 받고 망한다. 음녀는 짐승과 직접적인 관계를 맺고 열 왕들과 우호적인 관계를 유지했다. 음녀가 앉아 있던 물은 백성과 무리와 열국과 방언들로 설명되었는데, 이는 음녀가 끼칠 전 세계적인 영향력의 크기를 말해 주는 부분이다(15절). 땅의 임금들을 다스리던 큰 성 바벨론, 곧 음녀(18절)는 짐승과 열 왕들로부터 버림받는다(16절). 열 왕은 땅의 임금들과 분명히 구분된다.

음녀는 앞부분에서 어느 정도 다루었고 열 뿔에 대해서는 우선 본서가 열 왕으로 해석의 첫 단추를 끼운다. 로마가 쇠망의 길을 걸으면서 광활한 제국의 영토는 열 조각으로 나누어졌다. 열 왕은 열 지역을 관할하는 통치자가 되었다. 권력을 상실한 로마 황제는 열 왕을 예속왕(client king)으로 삼아 충돌의 예봉을 피하려 하였다. 예속 왕(분봉왕)이란 명예에 불과했지만 실질적으로는 총독이나 지방 영주에 비하여 지위가 높았다. 그들은 정기적으로 로마에 보고하며 권력을 행사했다. 유대의 헤롯 대왕은 '왕'으로 불렸고 그의 아들들인 아켈라우스, 안티파스, 필립은 헤롯이 죽은 뒤에도 왕의 칭호를 존속시켰다.

열 왕은 아직 나라를 얻지 못했지만 상위의 권력으로부터 권위를 인정받고 그 권세를 짐승에게 양도했다(13, 17절). 열 왕의 왕권은 짐승에 의해 보장되고 함께 권력을 누렸다. 열 왕은 연합하여 힘을 결집시키고(13절) 짐승을 따라 어린양과의 전쟁에 동원되었다(14상반절). 그것은 그들의 자의적인 결정에 따른 것이 아니라 하나님께서 그들에게 한 목적을 이룰 마음을 갖게 하셨다(17절). 그들은 자신들이 짐승에게서 부여받았던 '권위'(authority)를 자신들이 소유한 '권력'(power)과 함께 짐승에게 돌려준다. 이로써 짐승은 어린양과의 전쟁을 위한 모든 준비를 끝낸다. 최전선에 동원될 세력으로는 적그리스도인 짐승, 짐승을 경배하는 땅의 거주자들, 그에게 전폭적인 지원을 아끼지 않는 열 왕들과 나머지 땅의 임금들이다.

12 네가 보던 열 뿔은 열 왕이니 아직 나라를 얻지 못하였으나 다만 짐승으로 더불어 임금처럼 권세를 일시 동안 받으리라
13 저희가 한 뜻을 가지고 자기의 능력과 권세를 짐승에게 주더라
14 저희가 어린양으로 더불어 싸우려니와 어린양은 만주의 주시요 만왕의 왕이시므로 저희를 이기실 터이요 또 그와 함께 있는 자들 곧 부르심을 입고 빼내심을 얻고 진실한 자들은 이기리로다
15 또 천사가 내게 말하되 네가 본 바 음녀의 앉은 물은 백성과 무리와 열국과 방언들이니라
16 네가 본 바 이 열 뿔과 짐승이 음녀를 미워하여 망하게 하고 벌거벗게 하고 그 살을 먹고 불로 아주 사르리라
17 하나님이 자기 뜻대로 할 마음을 저희에게 주사 한 뜻을 이루게 하시고 저희 나라를 그 짐승에게 주게 하시되 하나님 말씀이 응하기까지 하심이니라
18 또 네가 본 바 여자는 땅의 임금들을 다스리는 큰 성이라 하더라

12 네가 보던 열 뿔은 열 왕이니 아직 나라를 얻지 못하였으나

"열 뿔"은 다니엘의 환상을 상기시킨다(7:7, 24). 일곱 머리에 대한 해석을 알려준 해석자는 이제 열 뿔에 대해 알려준다. 열 뿔이 어린양을 대항하여 싸운(14절) 점으로 보아 그들은 대단한 능력의 소유자들이다. 이들은 땅을 다스리는 통치자들이며(16:14, 16, 17:2, 18:3, 9, 19:19) 이 통치자들을 타고 앉은 이가 음녀이다(18절). 천하를 다스리는 임금들인 열 왕은 음녀와 제휴하여 어린양과의 전쟁을 준비한다. 정치적인 권력자들과 경제적이고 종교적인 힘을 소유한 이들이 힘을 합해 어린양과 그의 군대, 곧 부르심을 입고 빼내심을 얻고 진실한 자들을 대적한다. 열 왕과 음녀가 영적 힘으로 하나가 되었음을 알 수 있다. 용에게도 열 뿔이 있었는데 이 짐승에게도 열 뿔이 있음은, 짐승이 용에게서 동일한 권세와 능력을 부여받았음을 뜻한다. 열 왕의 배후에는 음녀가 있고 그보다 더 뒤에는 용이 버티고 있다.

여덟째 왕도 아직 나타나지 않았고 열 왕도 아직 나타나지 않았다. 여덟째 왕과 열 왕 간에는 어떤 관계가 있음이 틀림없다. 짐승과 합세해 행사하는 통치는 '일시 동안'(μίαν ὥραν / 미안 호란) 지속된다. 고대인들에게 시간의 가장 짧은 단위가 '호라'(ὥρα)였음에 비추어 이는 매우 짧은 기간이다. 이 시간은 짐승과 열 왕이 결정한 시간이 아니다. 하나님이 정하신 시간이다. 짐승과 열 왕의 제휴와 공동 통치도 어디까지나 하나님의 허락하심 안에 있다. 그들의 권세는 사탄에게서 나오는 것이 아니다. 하나님께로부터 주어진다. 하나님이 주심으로 하나님에게서 '받을 것이다'(λαμβάνουσιν / 람바누신).

스몰리는 열 명의 왕에 대한 역사적 접근을 정면으로 비판하면서

상징적인 해석을 강력히 피력하였다. 열 왕은 "아직 나라를 얻지 못하였기에" 열 명의 황제로 해석할 수 없다(Mounce). 파르티아의 열 총독도 아니며(Charles, Kiddle), 로마 행정 구역상 열 총독도 아니다(Moffatt). 로마의 열 분봉왕도 아니며(Aune) 로마에서 일어나 로마의 팔을 비틀어버려 로마를 파멸에 이르게 할 미래의 어떤 권력도 아니다(Swete). 스몰리는 열 왕이 종말론적 인물로 모든 시대에서 하나님의 권위와 공의를 뒤집어엎고 스스로의 힘을 과시하는 세속성이라며, 본 절에서는 적그리스도를 추종하는 세상 나라들의 집결된 힘이라고 주장하였다(Hendriksen, Knight, Beckwith, Beale, Caird). 래드 역시 열 왕을 적그리스도에게 공헌하는 모든 나라들이 지닌 권력의 총합이라 여겼다. '열 왕'은 부족함이 없는 완전한 권세를 상징한다. 열 왕은 적그리스도를 도와 인류의 마지막 전쟁을 준비하고 참여하는 악의 세력이다. 미래주의적 관점에서는 열 뿔을 그리스도의 마지막 파루시아 직전에 나타날 로마 제국의 재흥으로 간주한다. 찰스는 열 왕에 대해 몇 가지 견해를 소개하였다.

① 미래에 속한 미지의 권력(Holtzmann).
② 1년 직임(μίαν ὥραν / 미안 호란)의 원로원 선거권이 있는 지역 주지사(Ewald, Hilgenfeld, Mommsen, Selwyn).
③ 파르티아의 총독들(Bousset, Eichhron, Bleek, Moffatt, Wellhausen). 실제로 총독(satrap)은 14명이었다.

이외에도 옛 로마 제국 판도 내의 열 나라 즉 파르티아, 아시아, 팔레스타인 그리고 이름을 알 수 없는 지역들을 포함한 나라들일 것이라 보았다(Charles, Farrar). 느부갓네살이 환상 중에 본 금신상의 열 발가락처럼 다양한 해석을 시도했지만 아직까지 만족할 만한 해석은 주어지지 않았다.

짐승으로 더불어 임금처럼 권세를 일시 동안 받으리라

짐승과 함께하는 왕들의 실질적인 통치는 '잠깐'(μίαν ὥραν / 미안 호란) 지속된다. 문자적 의미는 '한 시간'이다. 이는 매우 짧은 시간으로서 순식간에 지나가는 것이다. 느부갓네살 왕을 짐승처럼 잠깐 살게 하셨듯이, 하나님께서는 열 왕들을 짐승과 더불어 잠깐 동안 통치자의 권세를 누리게 하신다. 왕들의 권세는 함께한 짐승에게서 나오지만 하나님의 허락하에서다. 18장에서는 큰 성 바벨론이 하나님의 심판에 의해 "일시간에" 망한 것으로 묘사됐다(18:10, 17, 19). "받으리라"(λαμβάνουσιν / 람바누신)는 미래적 현재로서 그들이 받아서 누리며 행사할 권세는 짐승과의 결탁으로 인해 주어지는 것임을 분명히 한다. 그들은 오래지 않아 그것을 다시 짐승에게 돌려준다. 그들은 한 뜻을 가지고 자신들의 능력과 권세를 짐승에게 준다(13절). 그런 결정의 배후에 그들도 의식하지 못할 하나님의 섭리가 숨어 있다. 왜냐하면 자신들의 나라를 송두리째 짐승에게 바치고 권력을 완전히 이양할 '한 뜻'을 주신 분이 바로 하나님이시기 때문이다(17절).

열 왕의 짧은 권세는 짐승 자신의 짧은 권세(13:5)보다 더 짧을 수 있다. 짐승은 마흔두 달 동안 일할 권세를 받았다. 그 기간 동안 참람된 말을 하고 함부로 입을 놀리게 되지만 이런 그의 초인적인 활동도 중단되고 말 것이다. 어쩌면 그의 힘이 사라지기 전에 열 왕들에게 자신의 권력을 나누어주고 그들을 통해 통치를 지속하려 들지 모른다. 지상에서 허락된 용의 시간은 결코 길지 않다(12:12). 일곱째 왕의 통치도 잠깐만 허락되었다(17:10). 이는 하나님의 순찰자가 느부갓네살에게 전해주었던 말씀과 일치한다. “인생으로 지극히 높으신 자가 인간 나라를 다스리시며 자기의 뜻대로 그것을 누구에게든지 주시며 또 지극히 천한 자로 그 위에 세우시는 줄을 알게 하려 함이니라”(단 4:17). 계 17:17에도 비슷한 표현이 나타나 있다. “하나님이 자기 뜻대로 할 마음을 저희에게 주사 한 뜻을 이루게 하시고 저희 나라를 그 짐승에게 주게 하시되 하나님 말씀이 응하기까지 하심이니라.” 하나님은 자신에게 적대적인 인물들까지 사용하시면서 그들이 행사할 권세의 크고 작음과 그 시기를 주관하신다.

13 자기의 능력과 권세를 짐승에게 주더라

열 왕은 여덟째 왕과 구별된다. 열 왕의 마음은 하나였다. 그들은 ‘한 뜻’(μίαν γνώμην / 미안 그노멘, 13, 17) 안에 있었다. 행 20:3에서는 본 절의 ‘뜻’(γνώμην / 그노멘)이 ‘작정’으로 번역되었다. 그들이 충돌 없는 합의하에서 권력 이양을 결심했다는 말이다. 자신들의 통치권을 짐승에게 양보함이었다. 그들은 엄밀한 의미에서 짐승과 권력을 분할하여 통치하는 것이 아니라 짐승의 통치권에 종속되어 권력의 하부 구조에서 통치하는 그런 형국이었다. 그것은 열 왕들의 분명한 의지였고 합의된 결론이었지만 그와 같은 마음을 주신 분은 하나님이셨다(17절). 그들이 하나를 이룬 목적은 단 한 가지였다. 어린양과의 싸움을 위해서였다. 그들의 연대적인 권세 반환은 현재시제로서 극적인 장면을 더욱 돋보이게 만든다.

열 왕은 짐승에게서 권세를 받고 열 왕은 자신들의 통치를 통해 강화된 그 힘을 다시 짐승에게 돌려준다. 동사의 현재시제는 열 왕의 집단적인 권력 이양이 지속적으로 이루어짐을 의미하며 그 모습이 매우 극적임을 보여준다. 적어도 네 개의 그룹이 있다. 적그리스도, 그에게 경배하는 땅의 거주자들, 짐승에게 자신들의 모든 권력을 넘겨주는 열 왕, 그리고 적그리스도와 열 왕들의 제휴에 연대하는 땅의 나머지 왕들 곧 세상 임금들이다(16:14, 16). 짐승이 열 왕의 권세를 양도받아 전권을 휘두르는 것은 하나님의 말씀이 응할 때까지이다. 사탄의 흉계와 사특한 지혜까지도 하나님의 권세 아래 놓여 있다.

14 저희가 어린양으로 더불어 싸우려니와

짐승과 열 왕은 역사상 가장 강력한 연합 전선을 구축했다. 그들이 서로 권세를 주고받으며 한 뜻으로 연대함도 오직 한 가지 목적만을 위해서이다. 어린양과의 싸움이다. "싸우려니와"(πολεμήσουσιν / 폴레메수신)의 미래시제는 앞부분(17:9-13)의 현재시제와 연관해 사건의 확실성을 강조한다. 대단한 전투 장면이 예상되는 큰 전쟁임에도 불구하고 전쟁은 아주 싱겁게 끝난다. 짐승과 열 왕의 연합 전선은 어린양을 공격하지만 어린양에게 참패를 당한다. 대적자들은 이길 수 없는 싸움을 싸웠다. 다니엘의 환상에서는 뿔이 성도들과 싸워 이겼는데(7:21), 이곳에서는 어린양이 짐승과 열 왕의 막강 군대를 괴멸시킨다. 용에게서 권세와 능력을 부여받았던 짐승은 불패의 신화로 무적을 장담했었다(13:4). 그 불패의 신화가 여지없이 상승장군이신 어린양의 발밑에서 깨어지고 말았다.

어린양 그리스도는 '만주의 주'요 '만왕의 왕'이신 전능자이셨다. 이 칭호는 어린양 그리스도의 절대적인 주권과 불멸의 통치권을 나타내는 표현이다(신 10:17; 단 2:47; 딤전 6:15; 계 1:5, 19:16; 그리고 시 136:2-3 참조). 이집트의 파라오들(Griffiths)이나 바벨론과 페르시아의 왕들도 '왕중왕'으로 불렸다(Charles). 바벨론 신화에서도 마르둑(Marduk)은 "주 중의 주요 왕 중의 왕"으로 불렸다(Mommsen). 로마의 황제들은 제국 산하의 분봉왕들을 거느렸으므로 '왕중왕'이라 불렸다(Osborne). "주 중의 주"(Lord of lords)란 칭호는 원래 하나님께 속한 것이었다(신 10:17; 단 2:37, 47; 딤전 6:15). 하나님과 하나이신 어린양을 천사가 "만주의 주 만왕의 왕"으로 묘사함은 당연하다.

부르심을 입고 빼내심을 얻고 진실한 자들은 이기리로다

어린양과 함께 영광의 승리에 동참한 이들이 있었다. 그들은 내내 어린양과 함께 있던 자들이다. 승리의 동참자들은 세 가지 다른 칭호로 불려진다. 이 칭호는 하나님의 은혜와 인간의 자발적인 충성의 협력을 보여주는 말이다. 그들은 하나님께 "부르심을 입은"(κλητοί / 클레토이) 자들이었다. 하나님에 의해 '빼내심을 얻은'(κλεκτοί / 클렉토이) 자들이었다. 하나님께 '진실한'(πιστοί / 피스토이) 자들이었다. 그리스도는 이기는 자들에게 만국을 다스릴 권세를 주시되 철장으로 그들을 파쇄할 것을 이미 약속하셨다(2:26-27; 시 2 : 9 참조). 그들은 이기되 넉넉히 완전하게 이긴다.

15 네가 본 바 음녀의 앉은 물은

"백성과 무리와 열국과 방언들"은 온 세상을 나타내는 요한의 전용어로서 계시록에 모두 일곱 번 나온다. 하나님의 백성을 가리킬 때도 있고(5:9, 7:9), 하나님을 거역하는 세력으로서 땅의 거주자들을 의미했다(10:11, 11:19, 13:7, 14:6, 17:15). 앉은 물이 많은 나라나 민족을 상징한다는 본 절 자체의 언급은 1절에 대한 명쾌한 해석이다. 실제로도 바벨론은 내부와 주변에 수로 시설이 대단히 발달해서 외부로부터의 공격에서도 안정을 유지했고 도시의 번영에 큰 몫을 담당하였다. 여기서의 앉은 물은 본문의 설명처럼 많은 나라 곧 열국을 상징한다(사 8:7, 17:12-13, 23:10; 렘 46:7-9, 47:2, 51:13).

16 열 뿔과 짐승이 음녀를 미워하여 망하게 하고

삼각대처럼 든든하던 연합 전선에 문제가 생겼다. 자중지란이 일어났다. 갑자기 증오의 영이 그들을 내분 상태로 몰아갔다. 둘이 하나를 대적하였다. 짐승과 열 뿔이 음녀를 미워하여 망하게 했다. 악이 악을 징벌하는 기이한 현상이다. 겔 23:11-35에는 이스라엘이 우상 숭배 때문에 앗수르에 의해 패망을 당했음에도 불구하고 이를 깨닫지 못하는 유다의 어리석음을 질타하는 내용이 나온다. 오홀라(이스라엘)의 동생 오홀리바(유다)가 앗수르와 연애하고(23:12), 바벨론 사람들에게 더럽혀지고(23:19), 애굽에서 창기로 전락했다(23:26)는 비유를 통하여 우상 숭배의 비참한 결과를 보여주었다. 한때는 연애하는 자들이었는데 그들에 의해 처참한 꼴을 당한 것이다. 적그리스도와 결탁한 정치 권력이 종교와 혼합된 경제 권력을 장악해 버린 것이다. 과거주의자인 칼튼(Chilton)은 음녀의 멸망을 로마의 예루살렘 멸망과 연결시켰지만, 오히려 예루살렘이 로마의 우상 제도를 받아들이지 않아 멸망을 당한 것이므로 비얼에 의해 부당한 해석으로 비판되었다.

음녀가 보였던 매혹과 이점들이 사라지면서 기왕의 애정이 극단적인 증오로 뒤바뀌었다. 이런 애정의 급변 현상은 역사적 기원을 갖고 있다. 암몬이 이복누이인 다말을 연애하다가 "이제 미워하는 마음이 이왕 연애하던 연애보다 더한"(삼하 13:15) 상태에까지 갔던 사례가 있다. 마지막 때에도 유사한 사례가 보다 거대한 규모로 이루어진다. 한 가족사의 비애가 아니라 전 세계적인 재난으로 나타난다. 사탄이 지배하던 왕국의 첨예한 분열은 그 마지막이 그다지 멀지 않았음을 시사한다. 이는 주님께서 말씀하신 그대로이다. "만일 사탄이 자기를 거스려 일어나 분쟁하면 설 수 없고 이에 망하느니라"(막 3:26). 천사는 아무 설명 없이 요한에게 짐승의 세력들이 내부 분열을 일으켜 소진될 것을 선언하였다. 천사의 선언이 끝나자 바로 바벨론 패망의 환상이 18장에서 자세히 주어진다.

벌거벗게 하고 그 살을 먹고 불로 아주 사르리라

'벌거벗김'은 수치스런 심판을 뜻하였다(호 2:3; 미 3:3; 나 3:4-5). "살을 먹고"는 구약에서 인간에 의한 파괴를 상징했다(시 27:2; 렘 10:25; 미 3:3; 습 3:3). 자기가 자기 살을 먹는 자해의 모습이다. 짐승과 열 뿔과 음녀는 셋이지만 하나나 마찬가지였다. 악의 자기 파괴적 성격을 여실히 보여준다. '그녀를 사르리라'는 성을 불태우겠다는 말이다. 살을 먹는 장면은 본서에서 자칭 선지자로 나타난 이세벨의 저주를 상기시킨다.

구약의 이세벨과 계시록의 음녀(두아디라의 자칭 여선지자 이세벨까지 포함하여) 간에는 유사점이 많이 있다.

① 이세벨은 죽기 전에 짙은 화장을 하고, 음녀도 치장을 한다(왕하 9:30; 계 17:4).

② 둘 다 여황이다(대상 16:31; 계 17:1-2, 18, 18:7).

③ 사람들을 유혹한다(대상 21:25; 계 17:2, 2:20, 22).

④ 하나님을 버리고 우상을 섬김으로 음행의 죄를 저질렀다(왕하 9:22; 대하 21:13; 계 17:1-2, 5, 2:20-22).

⑤ 복술로 사람들을 기만했다(왕하 9:22; 계 18:23).

⑥ 물질적 번영의 탐욕을 구했다(열왕기상 21장; 계 18:11-19).

⑦ 성도들을 박해하고 죽였다(왕상 18:4, 19:2; 계 17:6).

⑧ 남은 자들은 더러운 음란죄에 빠지지 않았다(왕상 18:18; 전 19:18; 왕하 9:22; 계 17:14후반절).

⑨ 하나님이 그들의 피를 보수하셨다(왕하 9:7; 계 19:2).

⑩ 멸망이 홀연히 임했다(왕하 9:33-35; 계 18:10, 17, 19).

⑪ 하나님이 추종자를 심판하셨다(왕상 18:40; 왕하 10:19; 계 18:9-11, 2:23)

17 하나님이……저희에게 주사 한 뜻을 이루게 하시고

짐승과 그의 동맹들은 음녀를 망하게 하고 그 타깃을 바벨론으로 향하였다. 열 왕과 짐승의 제휴는 순전히 바벨론의 와해에 있었다. 그것은 하나님의 의도였다. 하나님이 '자기 뜻대로 할 마음'을 저희에게 주셨다. 단순과거형인 '주셨다'(ἔδωκεν / 에도켄)는 히브리어의 예언적 완료와 같은 의미로서 미래의 성취를 강조하는 의미를 지닌다. "한 뜻"(μίαν γνώμην / 미안 그노멘)은 고대 헬라 세계에서 다양한 정치 집단과 민족들 간에 이루어지는 정치적 합의를 의미했다. 시대를 거치면서 악한 세력들이 성도들을 박해하도록 허락하셨듯이, 이제 때가 이르매 짐승과 열 왕의 연대 세력을 통해 바벨론을 붕괴시키고자 하시는 것이다. 악인을 통해 의인을 담금질하시고, 악인을 통해 악한 세대를 징벌하시는 하나님의 신성한 섭리가 느껴지는 대목이다. 성경을 선신과 악신의 각축장 정도로 폄하하려는 이원론적 주장이 설 자리가 없어지는 근거가 된다.

하나님은 "한 뜻"을 자기 백성에게도 주시고(왕상 10:24; 스 7:27; 느 2:12, 7:5; 대하 30:12; 렘 32:40) 사악한 대적자에게도 주신다(출 4:21, 7:3, 9:12, 10:1, 14:4, 8; 대하 36:22-23; 스 1:1; 행 2:23, 4:27-28). 이 모두가 자신의 거룩한 목적인 하나님 자신의 "한 뜻"을 이루기 위해서이다. 어린양을 대적하고 하나님의 우주적인 경륜을 저지하기 위해 하나가 되고 공동 전선을 펼쳐왔던 그들 사이에서 분열의 조짐은, 그들 자신도 원치 않는 현상이요 그 누구도 예상치 못할 놀라운 사건이다. 분열의 조짐은 이내 재기불능의 붕괴로 이어졌다. 이런 양상의 내란은 구약의 예언서에서도 나타났다(겔 38:21; 학 2:22; 슥 14:13). 계시록에서의 내란은 역사상 그 어떤 나라도 경험하지 못한 국제 규모의 대혼란이 될 것이다. 세계적인 종교-경제적인 체제로서의 큰 바벨론은 이스라엘이 온전히 의뢰한 동맹군에 의해 파멸되었던 예언(겔 16:37-41, 23:22-29)의 전철을 그대로 밟게 될 것이다.

하나님은 바벨론을 매처럼 들어 이스라엘을 심판하셨다(렘 25:9-11). 때로는 적군이 적군을 치게 하셨다(삿 7:22; 삼상 14:20; 대하 20:23; 겔 38:21; 학 2:2; 슥 14:14). 하나님은 원하시기만 하면 어느 시대, 어떤 세력이라도 얼마든지 들어서 자신이 쓰시고자 하는 곳에, 쓰시고자 하는 만큼, 쓰시고자 하는 시간 동안 철저히 사용하셨다. 하나님은 자신의 섭리하신 뜻에 따라 두 짐승을 사용하셨고, 사탄까지도 하나님의 구속 목적을 위해 활용하셨다. 백마를 타신 그리스도의 승리를 위해서는 귀신의 영들이 천하 임금들을 꾀어 마지막 전쟁을 목적으로 모여들어야 했다. 모든 것은 하나님의 필요를 위해 존재하고 역사하며 마무리된다.

하나님의 말씀이 응하기까지 하심이니라

모든 것은 말씀의 성취에 달려 있다. 요셉이 13년간이나 감옥에서 고난의 세월을 보내야 했던 것도 여호와의 말씀이 응할 때까지 그렇게 섭리하셨기 때문이다(시 105:19). 천지와 만물도 말씀에 대한 응함으로 이루어졌다. 십자가에서의 완성도 말씀의 응함으로 이루어졌다. 일곱째 천사가 나팔을 불었을 때 하나님의 비밀은 선지자들에게 전해진 복음에 응해 이루어졌다(10:7). 이제 큰 음녀의 비밀, 큰 바벨론의 비밀(5절)과 일곱 머리와 열 뿔을 가진 짐승의 비밀(7절)이 악에 의한 악의 멸망이라는 예기치 못한 방법으로 이루어지게 되었다. 하나님의 말씀이 이루어져야 할 시기가 이르렀기 때문이다. 사탄이 스스로 대적함으로 망하는 꼴이다(막 3:26).

"하나님의 말씀이 응함"(τελεσθήσονται οἱ λόγοι / 텔레스떼손타이 호이 로고이)은 느부갓네살의 꿈이 이루어진 "이 일이……응하므로"(ὁ λόγος συνετελέσθη / 호 로고스 쉬네텔레스떼, 단 4:33)와 형식상 매우 비슷하다.

18 여자는 땅의 임금들을 다스리는 큰 성이라 하더라

중요한 장면들을 해석해 오던(8, 12, 16절) 천사가 요한에게 들려준 마지막 내용은 음녀의 정체다. 음녀가 곧 큰 성이다. 역사를 통틀어 하나님을 대적하고 성도들을 미혹하기 위해 구축해 왔던 사악한 경제-종교 제도로서의 음녀다. 음녀는 사탄에게서 권세와 능력을 받았으며 그의 영향력은 천하만국을 수중에 넣을 정도로 막강하고 화려했다. 그녀는 경제적인 능력으로 세계적인 기업가들을 움직였고(18:19), 거짓 종교의 능력으로 만국을 미혹시켰다(14:8, 17:1-6, 18:2, 3, 9,

23). 음녀의 영화와 기만은 오래가지 않았다. 열 왕과 함께 자신의 권세를 짐승에게 양도하였던 음녀는 결국 짐승과 열 왕의 예기치 못한 증오로 졸지에 망한다.

한편 12장, 19장, 21장에 나오는 여자와 17장의 음녀 간에는 숙고할 만한 차이점들이 있다.

① 정결한 어머니(12:2)와 불결한 음녀(17:1-2. 4-5, 15-18).
② 천사의 어린양 소개(21:9-10)와 천사의 음녀 소개(17:1).
③ 수치를 감추는 치장(17:4)과 남편을 위한 단장(21:2, 19).
④ 남자 아이의 어미(12:5)와 음녀들, 가증한 것들의 어미(17:5).
⑤ 구원받은 여자(12:15-16)와 멸망 당한 여자(17:16).
⑥ 달을 밟은 여자(12:1)와 열국에 앉은 여자(17:15, 18).
⑦ 광야에 도주한 여자(12:6, 14)와 광야에 나타난 여자(17:3).
⑧ 큰 성인 여자(17:18)와 거룩한 성인 신부(21:2, 10).

2. 바벨론의 심판(18:1-8)

계시록에는 두 개의 도성이 나온다. 하나는 하나님의 도성이요 (3:12, 21:2, 10, 22:2-4) 다른 하나는 사탄의 도성인 바벨론이다 (11:8, 14:8, 16:19, 18:4, 20). 영원한 도성인 새 예루살렘은 영광의 도성으로, 바벨론은 파멸당할 도성으로 성도들의 오래되고 상반된 숙원을 이룬다. 바벨론에 대한 심판은 17:1에서 천사의 선언으로 알려졌는데, 아무런 심판의 과정이나 구체적인 정경 없이 16절에 이르러 "망하게 하고"의 단 한 줄로 그친다. 18장에 들어와서야 그 심판의 내용이 상세히 그려진다. 18장의 사건들은 연대기적 순서를 따르지는 않지만 순차적으로 정리해 가고 있다.

서두에 해당하는 1-8절에서는 바벨론에 대한 심판이 천사에 의해 다시 언급되고(1-3절), 자기 백성을 향한 주님의 경고의 말씀이 계속되면서(4-8절) 구체적인 심판이 멀지 않았음을 알려준다. 바벨론의 조력자들은 자신들의 파멸이 가까웠음을 인식하고 애곡하지만(9-19절) 성도들은 바벨론의 멸망을 즐거워한다(20-24절). 18장의 배경은 두로(에스겔 26-28장)와 바벨론의 멸망(이사야 13-14장, 21장; 예레미야 50-51장)에 대한 예언적 애가에서 찾아볼 수 있다. 18장은 이른바 '파멸의 노래'에 속한다(Barclay). 바벨론의 멸망에 대해서도 신학적 입장에 따라서 첨예한 해석상의 논쟁을 가져온다.

① 역사주의적 관점 → 음녀인 바벨론의 멸망은 아직 이루어지지 않았지만, 장차 이루어질 교황 제도의 종교적이고 정치적인 권력의 붕괴로 본다. 백마를 타신 분은 그리스도이시다.

② 과거주의적 관점 → 바벨론을 로마 아니면 예루살렘으로 간주한다. 전자의 경우라면 17-19장에서 묘사하는 것은 로마 제국 특히 음녀인 로마의 패망이며, 후자의 경우라면 로마에 의한 예루살렘 멸망을 다룬 것이다.

③ 미래주의적 관점 → 바벨론을 가톨릭 교회가 아니면 적그리스도 치하에서 형성될 엄청난 거짓 종교로 본다. 그것이 아니라면 옛 바벨론 제국의 부활 내지 로마 제국의 재흥으로도 본다. 진리의 적대 세력인 바벨론은 대환난이 끝나갈 즈음에 멸망당한다. 그리스도는 19장에 백마를 타시고 지상에 강림하신다.

④ 이상주의적 관점 → 바벨론을 미혹하는 세력으로서의 세계 체제로 본다. 종말의 멸망은 로마의 패망으로 가시화되었고, 궁극적인 심판은 백마 타신 그리스도께서 강림하실 때 이루어진다. 또는 백마 타신 그리스도께서 복음의 능력으로 세계 체제를 점차적으로 정복해 가는 것으로도 해석한다.

A. **바벨론 붕괴에 대한 천사의 선언**(18:1-3)

17:18에 따르면 음녀는 큰 성 바벨론이다. 거대한 상업 도시의 파멸 장면에서 요한은 큰 음녀인 바벨론의 처참한 최후를 묘사한다. 바벨론 파멸의 상징에 있어 요한은 인간 역사와 세상의 흐름을 부패시킨 장본인으로서 악의 사탄적 체계에 가하는 하나님의 심판으로 묘사하고 있다. 바벨론 파멸에 대한 생생한 묘사는 고대 바벨론이나 두로에 관한 구약적 배경을 지니고 있다(사 13:21, 47:7-9; 예레미야 50-51장). 18장에 실린 애가는 가장 아름다운 시어로 인해 그 슬픔의 강도를 점증시킨다. 잊지 못할 장례 애가의 정점에 승리의 찬가와 슬픈 노래가 어우러져 있다. 막강한 권세를 지닌 천사가 하늘로부터 온 우주가 알아들을 만큼 큰 소리로 바벨론의 파멸을 선고한다. 그 천사의 출현으로 인하여 "그의 영광으로"(1절) 세상은 순간 광채에 휩싸인다. 이는 마치 예루살렘 성전이 재건된 후에 하나님의 영광이 동편에서부터 이르렀을 때에 땅이 그 영광으로 인하여 빛난 것을 방불케 한다(겔 43:2).

극심한 박해 속에서 힘겨운 삶을 보내던 성도들에게 바벨론 파멸의 소식은 이스라엘 역사에서 희망으로 경험되었던 것처럼(사 21:9; 렘 51:8) 성도들에게 큰 격려와 희망이 된다. 큰 음녀 바벨론은 고대 바벨론이 겪었던 패망의 과정을 그대로 밟는다. 사람으로 북적대던 바벨론에는 인적이 끊기고 들짐승들의 거처로 화해 버린다(사 13:19-22, 34:11; 렘 50:39). 각종 더러운 영들과 귀신들이 모인 유령도시로 변해 버렸다. 무너진 성벽의 높은 첨탑 위에 시체를 먹기 위한 까마귀 떼들이 군락을 이룬 정경이 상상되는 장면이다(2절). 3절은 바벨론이 처참한 파멸을 당할 수밖에 없는 이유를 밝혀 준다. 만국을 무너뜨리고 땅의 왕들과 상인들과 거주자들을 잘못된 길로 이끈 음행의 포도주 때문이었다. 인간의 본능적인 탐욕을 부추겨 세상의 헛된 영광과 부를 추구케 만든 영향력이 주된 원인이었다. 음행과 사치의 상관관계는 바벨론과의 음행이 단지 제의적인 음행의 차원을 벗어난 것이었음을 암시한다. 불의한 재물로 인해 세력을 얻은 그들은 그것으로 치부하며 사치스러운 생활로 그 힘을 과시하였다. 바벨론과의 음행은 그런 그들의 생활 방식이 구체적으로 표현된 것이었다.

"다른 천사"(ἄλλον ἄγγελον / 알론 앙겔론)는 17:1에서 요한의 해석자로 자처하고 나섰던 그 천사가 아닌 듯하다. 그는 큰 권세를 가진 천사로 소개되는데, 이 천상적인 권세는 그가 전하는 심판에 정당성과 유효성을 갖게 한다. 땅을 환하게 밝힐 정도의 광휘를 소유한 천사는 지금까지 나타났던 천사들에 비해 상당한 지위를 소유했음에 틀림없다. 천사는 큰 성 바벨론의 파멸을 큰 소리로 외친다. 애가의 형식을 띠고 있지만 천사의 논조는 비탄조가 아니라 조롱조에 더욱 가깝다. 죽음과 파멸을 선언하면서도 매우 의미심장한 즐거움을 느끼게 하는 표현이다. 심판을 즐겁게 노래하는 모습은 구약에서 쉽게 찾아볼 수 있는 사례다(삼상 17:43-44; 사 23:15-16, 37:22-29). 마치 장례식장에서 고인의 약력을 읊듯 천사는 큰 성 바벨론의 부끄러운 행적을 서술한다. 그래서인지 아운은 이 부분을 "예언적 조롱의 노래"(prophetic taunt song)라 불렀다.

1-3절은 17:1-8과 자연스럽게 연결되며, 18:4 이후에 전개되는 본격적인 애가에 대해 가교 역할을 한다. 바벨론의 파멸 이유는 그곳이 귀신들과 각종 더러운 영들의 본거지가 되었으며 각종 더럽고 가증한 새들의 군락지가 되었기 때문이다. 바벨론의 음행은 만국의 패망을 이끌었고 장사치들에게는 더러운 이득을 챙겨주었다. 18장의 애가는 17:1에서 선언한 음녀의 받을 심판에 대한 성취이다. 17장의 전체 내용은 1절에 언급된 심판의 당위성을 간략히 진술한 것들이다. 18장에서는 더욱 확대된 모습으로 심판의 결과를 다루고 있다.

큰 성 바벨론은 세상에 만연한 악을 더욱 팽배시켜 지옥 같은 현실로 망가뜨린 짐승의 더할 나위 없는 조력자였다. 이제 때가 되어 하나님의 진노가 바벨론에 임하여 산산이 흩으시고자 하신다. 이제 바벨론을 기다리고 있는 것은 전염병으로 인한 사망, 사별로 인한 애통 그리고 흉년으로 인한 기근이다(8절). 요한의 독자들은 큰 성 바벨론에 대한 천사의 선언이 갖는 완전 파멸의 메시지에 완전히 압도당하는 한편, 그것이 자신들의 박해도 거의 끝나 간다는 위로를 갖게 하기에 충분하였다. 18장의 애가들을 연대기적인 기술로 보기에는 미흡하다. 18장의 중요한 내용들을 큰 틀에서 이렇게 정리할 수 있다. 바벨론 파멸이 선언되었다(1절). 바벨론의 파멸 시에 그와 함께 고통을 받지 않도록 하나님의 백성들은 바벨론에서 나와야 한다(4-8절). 바벨론과 함께 제휴했던 세력들은 바벨론이 파멸될 때 애곡하게 된다(9-19절). 신실한 주의 백성들은 바벨론의 멸망이 실제 이루어짐을 기뻐한다(20-24절).

1 이 일 후에 다른 천사가 하늘에서 내려오는 것을 보니 큰 권세를 가졌는데 그의 영광으로 땅이 환하여지더라
2 힘센 음성으로 외쳐 가로되 무너졌도다 무너졌도다 큰 성 바벨론이여 귀신의 처소와 각종 더러운 영의 모이는 곳과 각종 더럽고 가증한 새의 모이는 곳이 되었도다
3 그 음행의 진노의 포도주를 인하여 만국이 무너졌으며 또 땅의 왕들이 그로 더불어 음행하였으며 땅의 상고들도 그 사치의 세력을 인하여 치부하였도다 하더라

1 이 일 후에 다른 천사가 하늘에서 내려오는 것을 보니

요한은 새로운 환상의 국면으로 돌입한다. 원문에는 "이 일 후에" 뒤에 곧바로 "내가 보니"(εἶδον / 에이돈)가 나와 환상 목격의 사실감을 더욱 부각시킨다. 요한에게 천사의 하강 장면은 참으로 장엄하게 느껴졌을 것이다. 10:1에도 힘센 천사가 구름을 입고 내려오는 장면이 묘사되었는데, 본 절 하강 천사도 힘센 천사임은 주목할 만하다. 그가 힘센 천사인 것은 '큰 권세'(ἐξουσίαν μεγάλην / 엑수시안 메갈렌)를 가지고 '힘센 음성으로 외쳤기'(ἔκραξεν ἐν ἰσχυρᾷ φωνῇ / 에크락센 엔 이스쿼라 포네) 때문이다. 그것(ἔκραξεν / 에크락센)은 거의 울부짖음에 가까운 외침이었다. '울부짖음으로 말하였다'(ἔκραξεν…… λέγων / 에크락센……레곤)가 원문의 뜻에 더 가깝다.

그가 지닌 큰 권세는 심판을 집행할 권세가 아니라 심판을 능력있게 선포할 권세다. 온 세상이 들을 수 있을 만큼 크고 확실하게 외칠 사명이 그에게는 주어졌다. 많은 주석가들은 천사가 지닌 '그의 영광'(δόξης αὐτοῦ / 독세스 아우트)이 계시록에서는 하나님(4:9,

11, 5:13, 7:12, 11:13, 14:7, 15:8, 16:9, 19:1, 21:11, 23)이나 그리스도(1:6, 5:12-13)에게 적용되었음에 비추어 이 하강 천사를 그리스도로 해석한다. 그러나 그리스도였다면 굳이 천사로 상징해서 부를 이유가 없다. 본문의 천사는 단지 특별한 천사일 뿐이다. 빛들의 아버지시요 회전하는 그림자도 없으신 하나님(약 2:17)만이 세상의 빛이요(요 8:12, 9:5), 하나님의 영광의 광채이신 그리스도만이 가까이 가지 못할 빛에 거하신다(딤후 6:16).

그의 영광으로 땅이 환하여지더라

에스겔이 동편으로부터 오는 하나님의 영광을 보았을 때 땅은 그 영광으로 인해 빛났다(43:2). 이와 같은 현현의 광경이 구약의 신실한 이스라엘 백성에게는 항상 구원과 승리였지만 적대자들에게는 심판의 전조였으므로 앞으로 전개될 이중적인 상황을 능히 예상케 하는 장면이다. 천사에게 영광 테마가 연결된 것은 이곳이 유일하다. 나머지는 21:24의 '자기 영광을 가지고 새 예루살렘 성으로 들어올 땅의 왕들'의 경우를 제외하고는 모두가 하나님과 그리스도에게만 적용되었다(1:6, 4:9, 11, 5:12-13, 7:12, 11:13, 15:4, 16:9, 19:1, 7, 21:11, 23). 스웨트는 20:10의 거룩한 성의 배경이 겔 40-48장이며 18:1의 영광 테마 배경은 에스겔 43장이라고 보았다. 바벨론으로 상징된 세상 체제는 무너지면 새 창조 속에 영원히 현존하시는 하나님의 친정 체제가 성도들을 위해 구축된다.

2 **힘센 음성으로 외쳐 가로되**

역시 에스겔의 환상 중에 들린 많은 물소리 같은 음성을 연상시킨다

(43:2). 본서에서 메시지의 엄중함을 나타낼 때는 어김없이 천사가 "큰 소리로 울부짖었다"(계 7:2, 10, 10:3, 14:7, 9, 15, 19:17). 이는 바벨론에 대한 심판이 엄중할 것임을 예시한다. 한편 이와 같은 메시지의 엄중함은 성도들에게 예언의 성취가 얼마 남지 않았고, 그들의 고난이 끝날 순간이 눈앞에 이르렀음을 알리는 '최상의 격려'이기도 하였다. 큰 소리로 울부짖듯 외침은 메시지의 중요성과 함께 천사가 전하는 메시지가 하나님에게서 유래한 것임을 암시하는 것이다. '힘센'(ἰσχυρός / 이스퀴로스)이란 형용사가 음성에 붙여지기는 19:6의 "큰 뇌성"을 제외하고선 처음이다. 다른 곳에서는 중요한 진술을 하는 천사의 모습을 묘사할 때 '힘센'이란 단어를 사용했다. 찰스는 힘센 음성의 주인공이 그리스도라 주장하였다.

무너졌도다 무너졌도다 큰 성 바벨론이여

14:8의 예언적 선언을 반복함으로써 바벨론의 붕괴가 필연적이며 돌이킬 수 없는 지경에 이르렀음을 강조한다. "무너졌도다"(ἔπεσεν / 에페센)는 예언적 과거로서 미래의 사건이 확실함을 나타내는 기법이다. 3절에 묘사된 바벨론의 이전 행적들은 심판의 확실성을 더욱 공고히 한다. 천사의 이 음성은 사 21:9의 "함락되었도다 함락되었도다 바벨론이여 그 신들의 조각한 형상이 다 부서져 땅에 떨어졌도다"라는 외침을 연상시킨다. 이사야의 예언 그대로 바벨론은 하나님의 심판으로 멸망당했다. 하나님은 천사의 선언을 통해 예언하고 선포하신 종말의 바벨론 멸망 역시 말씀하신 그대로 이루실 것이라는 요한 자신의 확신과 염원을 담고 있다.

귀신의 처소와 각종 더러운 영의 모이는 곳과

바벨론 멸망의 주요 원인이 우상 숭배에 있었듯이 종말의 바벨론도 영적인 이유로 패망을 면치 못한다. 바벨론은 악인들의 활동 무대만이 아니었다. 거기에는 온갖 귀신들과 더러운 영들이 우글거리고 있었다. 거짓 종교와 우상 숭배의 배후에는 반드시 더럽고 악한 영들의 세력이 도사리고 있다. 두아디라 교회는 자칭 여선지자 이세벨로 인하여 음행과 연루된 우상 숭배의 미혹에 고통을 당했었다(2:20). 두아디라에는 사탄의 깊은 것(2:24)이 자리하고 있었는데 바벨론에 바로 사탄의 깊은 것이 있었다.

귀신들과 각종 우상들과 더러운 영을 빌어 행하는 온갖 복술들은 사람들을 영적 우매자로 변질시켜 더 큰 재앙의 길로 나아가게 만들었다(9:20). 더러운 영들은 용과 짐승과 거짓 선지자의 입에서 나온 귀신의 영으로서 이적으로 권력자들의 눈을 멀게 하고 마음을 빼앗아 하나님을 대적하게 만든다(16:13-14). 이것은 전체 인간 역사를 통틀어 진행되어 온 것으로서 사탄과 그의 졸개들이 벌인 대사기극이다.

3 그 음행의 진노의 포도주로 인하여 만국이 무너졌으며

바벨론의 파괴적인 성격은 그 미혹하는 힘에 있었다. 미혹은 거역하기 힘든 음행의 달콤함이었고(17:2), 그로 인하여 섞인 것이 없는 하나님의 진노의 포도주를 들이켜야 했다(14:8, 10). 땅의 왕들이 그와 나눈 음행은 문자적인 의미가 아니라 상징적으로 취해야 한다. 왕들은 바벨론이 제공하는 물질적 부와 영적 현란함에 저항하지 않았다. 부와 이상야릇한 종교적 경험은 땅의 사람들이 외면하기에는 너무도 매력

적인 미끼였던 셈이다. 바벨론의 경제적 부는 세상의 통치자들을 풍부하게 하기에 충분했다(겔 27:33). 가면을 쓴 경제-종교적인 세력과의 야합이 멸망의 지름길인 줄도 모르고 땅의 왕들은 음행을 즐겼다. 그로 인하여 나라의 패망이 왔고 그것은 전 세계적인 현상이 되었다. 세상을 부패케 하고 타락으로 이끌어가는 바벨론의 능란한 악의 기교와 그 배후에 있는 사탄의 음흉함이 느껴지는 모습이다.

상고들도 그 사치의 세력을 인하여 치부하였도다

바벨론은 허영과 사치의 보스였다. 바벨론의 욕구와 필요는 상인들의 상업적 이득과 맞아떨어졌다. "사치의 세력" (τῆς δυνάμεως τοῦ στρήνους / 테스 뒤나메오스 투 스트레누스)은 서술 속격이면 '사치한 세력'이 되지만, 여기에서는 근원의 뜻을 가진 속격으로 '사치에 속해 있는 세력' 곧 '사치에서 생겨난 세력'으로 이해해야 한다. 상인들은 바벨론의 사치에서 생겨난 세력 때문에 치부할 수 있었다. 명사형 "사치"(στρῆνος / 스트레노스)는 신약에서 이곳에만 나온다. 동사로는 3절과 7절과 9절에 사용되었다.

백위드는 이 단어가 "넘치는 사치와 오만을 동반하면서 방종과 힘의 오용을 가져온다"라고 덧붙여 설명하였다. 단순과거형인 "치부하였도다"(ἐπλούτησαν / 에플루테산)는 부유한 상태에 계속 존재하고 있음을 뜻하는 현재형 동사 "플루테오"(πλουτέω)에 비하여 부의 상태로 진입하는 하나의 사건을 가리킨다. 길드를 통한 경제적 결사 조직은 회원과 비회원에 대한 차이가 엄격하였다. 현실적이고 가시적인 이득과 원활한 경제 활동의 보장은 모든 상인들에게는 그야말로 희소식이었다. 그들은 바벨론이 제공한 거래 상품(package deal)의 배후에 있는 어둠을 보지 못했다.

경제적 동맹의 끈을 쥐고 있는 바벨론의 손바닥 안에는 우상 숭배의 더러운 영이 도사리고 있었으며 그것이 결국 상인들의 기업만이 아니라 영혼까지 파멸에 이끄는 것임을 눈치 채지 못하였다. 가장 견고할 것 같은 바벨론이 실은 기둥 없는 건물처럼 와해 일보 직전에 있는 사상누각임을 보지 못했다. 바벨론의 치마폭에 머무르는 한 경제적 이득은 확보되었기에 그들은 바벨론과의 밀월을 지속하였다. 바벨론의 사치와 상인들의 이득이 손을 마주잡은 격이 되어 서로를 만족시켰지만 파멸의 동반자에 불과했다. 상인들은 작은 것을 얻고 큰 것을 잃었을지도 모른다.

로마 제국은 복속 국가나 민족들에게 언제나 '로마의 평화'(Pax Romana / 팍스 로마나)를 약속하였다. 로마의 법을 지켜 그 질서 내에 있기만 하면 그 나라와 민족을 안전하게 지켜준다는 약속이었다. 물론 복속 국가들은 강대국의 우산 밑에서 얼마간의 안정과 번영을 누렸지만, 그들이 로마에 바쳐야 하는 공물은 실로 막대한 것이었다. 이것은 제도나 체제가 갖는 힘의 당연한 결과이다. 바벨론과 상인의 관계도 이에서 별 차이가 없었을 것이다.

B. **하나님 백성에 대한 주님의 경고**(18:4-8)

하나님이 천사를 보내 바벨론의 붕괴를 선언하신 이면에는 자기 백성을 향하신 마음이 담겨 있다. 바벨론 붕괴보다 더 중요한 것은 자기 백성의 안위이다. 마치 그 옛날 이스라엘 백성이 애굽을 떠나고 롯이 소돔의 불비를 피해 떠나듯 멸망의 화염에 휩싸일 바벨론으로부터 속히 떠나야 했다. 바벨론 패망의 메시지는 하나님의 백성에게는 경성과 돌이킴을 통하여 새롭게 될 수 있는 기회이다. 바벨론 파멸이 돌이킬 수 없는 지경에 이른 것은 이미 그 죄가 하늘에 사무쳤기 때문이다. 장작더미를 쌓아올리듯 죄가 하나님께서 정하신 한계선에 도달했다는 말이다. 심판은 확실하고 징계의 수위는 갑절로 무거우며 바벨론만이 아니라 그와 연관된 자들까지도 모두 포함한다.

이 떠남은 정신적이고 영적인 격리만이 아니라 필요하다면 육체적인 떠남까지도 의미한다. 롯의 소돔 체류 결정은, 그가 비록 의인이었음에도 불구하고 영적이고 정신적인 떠남만 있었지 육체적인 떠남을 방치한 결과가 얼마나 본인의 심령을 상하게 하고 가족의 비극으로까지 이어지게 했는지를 잘 보여준 사건이다. 요한은 이미 일곱 편지를 통하여 사악한 세상의 유혹과 올무에 대해 경고한 바 있다. 그들이 돌이켜 떠나지 않으면 이기는 자가 될 수 없고 결국에는 바벨론을 위해 예비된 재앙을 고스란히 받을 수밖에 없다. 성도는 바벨론의 '무리들 중에서 나와서 따로 있어야'(고후 6:17) 한다. 이것이 격리되고 분리됨이며 따로 구별됨이며 성결한 삶이다. 세상의 벗됨은 하나님과 원수 됨이다(약 4:4). 하나님과의 친밀함을 이룬 성도는 세상에 속하지 않은 자로서 세상에 있는 것들을 사랑치 말아야 한다(요일 2:15-17). 육신의 정욕과 안목의 정욕과 이생의 자랑은 모두 바벨론이 추구하는 삶의 열매들이다.

하늘에서부터 '다른 음성'이 들린다. 이것은 음성의 출처가 다름 아닌 하나님의 보좌라 생각할 수 있는데(10:4, 8, 14:2, 13), 토마스는 길게 이어진 시적 애가(9-20절)가 '예언적 예법'(prophetic decorum)에 어긋난다면서 하나님이나 그리스도의 이름으로 말한 천사로 보았다

(11:3, 22:7-8). 하늘에서 들린 경고는 '자기 백성들을 향해 떠나라'는 메시지였다. 자신에게 속한 자를 "내 백성"이라 부른 곳은 계시록에서는 이곳과 21:3 뿐이다. 도래할 바벨론의 멸망은 하나님의 백성에게 떠나라고 경고할 이유로서 충분하다. 바벨론의 죄악에 대한 계시는 신실한 백성들로 하여금 바벨론의 유혹을 극복하고, 그와의 사귐을 완전하게 단절할 것을 요구한다.

찰스는 신실한 자들이 이미 죽었으므로 떠나라는 표현을 쓴 것이라 주장하였으나 이는 적합한 해석이 아니다. 이 떠남은 우선적으로 육체적 도주를 의미하지만 삶의 현장을 떠나기 어려웠던 소아시아 지역에 살던 요한의 독자들에게는 영적인 의미로도 와 닿았을 것이다. 성도는 세상의 악과 더러움으로부터 스스로를 지켜 정결하게 해야 한다 (16:15).

4 또 내가 들으니 하늘로서 다른 음성이 나서 가로되 내 백성아, 거기서 나와 그의 죄에 참예하지 말고 그의 받을 재앙들을 받지 말라
5 그 죄는 하늘에 사무쳤으며 하나님은 그의 불의한 일을 기억하신지라
6 그가 준 그대로 그에게 주고 그의 행위대로 갑절을 갚아 주고 그의 섞은 잔에도 갑절이나 섞어 그에게 주라
7 그가 어떻게 자기를 영화롭게 하였으며 사치하였든지 그만큼 고난과 애통으로 갚아 주라 그가 마음에 말하기를 나는 여황으로 앉은 자요 과부가 아니라 결단코 애통을 당하지 아니하리라 하니
8 그러므로 하루 동안에 그 재앙들이 이르리니 곧 사망과 애통과 흉년이라 그가 또한 불에 살라지리니 그를 심판하신 주 하나님은 강하신 자이심이니라

4 또 내가 들으니 하늘로서 다른 음성이 나서

1-3절에서는 요한이 본 환상의 내용이지만 4절부터 8절까지는 요한이 들은 천상의 메시지다. 물론 여기에서 메시지를 전하는 천사는 1절의 다른 천사와 같지 않다. 다른 천사와 구별되는 천사가 전하는 "다른 음성"(ἄλλην φωνήν / 알렌 포넨)이다. 하늘로부터 들린 이 음성의 주체를 하나님으로 보는 해석이 있고(Rist), 그리스도로 보는 해석이 있다(Charles, Aune). "내 백성"이란 표현은 음성의 주체를 하나님으로 생각하기 쉬우나 바로 다음 구절에 나온 하나님이 3인칭 단수로 되어 있어 음성의 주체가 아님이 드러난다. 마운스는 이 음성을 하나님의 메신저로서 말하는 천사라 보았다(10:4, 14:2).

4 내 백성아, 거기서 나와……그의 받을 재앙들을 받지 말라

이 경고는 앞에서 선고한 바벨론의 심판이 확실함을 증거한다. 바벨론의 심판과 멸망은 성도들에게 적지 않은 위로가 되지만 그것은 동시에 경고이기도 하다. 멸망을 피하려면 "거기서 나와야"(ἐξέλθατε / 엑셀따테) 한다. 거기 있으면 바벨론의 죄에 참예하게 된다. 바벨론의 죄에 동참하면 그가 받을 심판에 함께 휩쓸린다. 머무르면 영향을 받고 영향을 받으면 결과를 얻는다. '엑셀따테'는 단순과거 명령형으로서 경고의 긴급함을 나타낸다.

하나님은 아브라함에게 갈대아 우르를 "떠나……가라"(ἔξελθε / 엑셀떼)고 권고하셨다. 아브라함은 우상의 도시를 빠져나와야 했다. 천사들은 롯을 향해 "이곳에서 떠나라"(ἔξελθε / 엑셀떼)고 경고하였다. 롯은 유황불에 멸망당할 소돔을 나와야 하였다. "거기서 나오기

를"(ἐξέλθατε / 엑셀따테) 거절한 사위들은 소돔과 최후를 같이했다(창 19:15). 노아와 그의 식구들은 홍수에 잠길 세상에서 나와야 했다. 노아의 경고를 무시한 사람들은 모두 멸절을 당하였다.

찰스는 신실한 자들이 이미 순교를 당했으므로 성도들에게 주는 권고가 아니라고 보았다. 그러나 하늘에서 들린 음성은 "내 백성아"라고 부른다. 이 음성은 분명하게 하나님이나 그리스도의 것이다. 천사나 다른 어떤 천상적 존재가 성도를 향하여 그렇게 부를 수 없기 때문이다. 하나님은 자기 백성과 백성 아닌 자를 아신다. 세상에 심판이 임할 때에는 자기 백성에게 경고를 내려주신다(사 48:20, 52:11; 렘 50:8, 51:4, 45, 50; 겔 20:41; 고후 6:14, 17; 슥 2:7 참조).

'떠나라!'는 명령을 문자적으로만 이해한다면 바벨론을 떠나 멀리 도주하라는 명령처럼 보이지만 그렇게 볼 수만은 없다. 하나님의 백성에게 주신 이 경고의 메시지가 비단 계시와 환상 내용에서만 그런 것이 아니라 소아시아에 흩어진 요한의 독자들을 위한 것이라면 다르다. 다시 말해서 문자적인 떠남보다는 영적인 떠남으로 해석할 필요가 있다. 세상의 더러움을 피해 자신을 '구별'하는 것이 성결이고, 세속의 더러움에서 자신을 지키는 것이 경건이다. 그러므로 4절 이하의 경고는 계시록에 나타난 윤리적 신실함과 견인에 대한 핵심적 진리를 반영한다.

바클레이는 이를 어느 특정한 순간에서의 벗어남이 아니라 세상으로부터의 본질적인 떨어짐으로 이해하여 '거룩한'(ἅγιος / 하기오스)과 같은 의미로 보았다. 키들은 "허영의 세상으로부터의 영적 철수"의 의미로 마지막 세대의 신자들에 대한 부르심이라 이해했다. 어거스틴은 영적인 해석을 가하여 "우리는 세상 시민으로서의 권리를 포기하고 신앙의 날개로 하나님을 향하여 도망해야 한다"라고 했다. 바울은 음행하는 자와의 친교 금지가 그들과의 교류를 단절하라는 뜻이 아니라며 만일 그렇게 하려면 세상 밖으로 나가야 할 것이라고 말하였다(고전 5:9-10). 육신을 입고 세상 사람들과 섞여 살아가는 성도들로서는 '떠남'이란 실제로 세상을 떠나 별세계로 옮김이 아니요 구별되는 삶인 것이 분명하다. 함께 살면서 다르게 살고, 섞여 살면서도 차이를 보이며 사는 것이 성도의 거룩한 삶이다.

5 그 죄는 하늘에 사무쳤으며

죄악이 관영했다는 뜻이다. 하나님이 정하신 심판의 눈금까지 그 죄가 도달했다는 말이다. 탑 꼭대기를 하늘에 닿고자 했던(창 11:4) 바벨탑 사건을 연상시키는 이 묘사는 상당히 강한 이미지로 다가온다. 바벨론의 화는 하늘에 미치고 궁창에 도달하였다(렘 51:9). 소돔의 죄는 하나님에게까지 미쳤다(has reached me, 창 18:20). 유다의 죄악은 정수리에 넘치고 그 허물은 하늘에 미쳤다(스 9:6). 장작더미를 쌓아올리듯 그들의 죄는 하늘 꼭대기에 가 닿았다. 하나님이 그들의 불의한 일들을 낱낱이 "기억하신다"(ἐμνημόνευσεν / 엠네모뉴센). 하나님이 죄들을 기억하시면(시 109:14; 렘 14:10; 호 8:13, 9:9; 계 16:19) 이내 심판이 뒤따른다. 하나님은 반드시 기억하고 행하신다(시 105:8-11, 111:5-6; 겔 16:60).

6 그의 행위대로 갑절을 갚아 주고……갑절이나 섞어 그에게 주라

'되돌려주라'(ἀπόδοτε / 아포도테)로 시작되는 이 문장에는 주어

가 없다. 명령형 복수 형태의 사용은 형벌의 주체가 천사나 하나님의 백성임을 보여준다. 물론 형벌의 근원은 명령을 하달하시는 하나님께 있다. 하나님은 보수하시는 하나님이시다(렘 50:29, 51:24). 역사적 바벨론에 비해 종말의 바벨론이 당하는 아픔이 더 큰 것은 그 보복의 규모가 두 배나 크다는 사실이다. 그것도 반복해서 언급함으로써 하나님의 형벌이 극도로 엄중함을 보인다. 욥은 갑절의 축복을 받았지만(욥 42:10) 바벨론은 갑절의 재앙에 빠진다. '되갚음'(ἀποδιδόναι / 아포디도나이)의 형벌적인 의미는 고난에 대한 것으로도 사용되었다(롬 12:17; 살전 5:15; 살후 4:14; 벧전 3:9).

"갑절"(διπλώσατε τὰ διπλᾶ / 디플로사테 타 디플라)은 완전한 보복을 뜻한다(출 22:4, 7, 9; 사 40:2; 렘 16:18, 17:18). 보통은 심은 것만큼 거두는 법인데(갈 6:7) 바벨론은 심은 것 이상을 거두었다. 일단의 학자들은 6-8절의 내용이 출 21:24-25에 명기된 '보복(복수)의 법'(lex talionis / 렉스 탈리오니스)을 반영한 것이라 보았다. 후기 랍비 문서인 《희년의 책》에서는 가인이 아벨을 돌로 쳐 죽였기 때문에 가인 자신도 집에서 떨어진 돌에 맞아 죽었고(4:31-33), 애굽인들이 이스라엘 남자 아이들을 나일 강에 빠뜨려 죽였기에 그들을 요단 강에 집어 던졌다는 기록이 있다(48:14-15). 이런 보복의 정신은 구약에 매우 팽배하다. 주님의 산상수훈은 긍정적 의미에서 보복 정신을 보상 정신으로 전환시켰다. 특히 팔복의 말씀이 그러하다.

7 그가 어떻게 자기를 영화롭게 하였으며 사치하였든지

천사는 두 배의 심판을 행할 구체적인 내용을 요한에게 설명한다. 심판의 규모와 정도는 정해졌고 이제는 어떤 내용으로 심판을 하느냐는 말이다. 기준은 바벨론이 누린 영화와 행한 사치에 있다. 최고의 한도는 바벨론이 행한 만큼의 두 배다. 스스로를 영화롭게 하였다 함은 자기 교만의 극치다. 자기 영광은 조작된 영광이요 거짓된 영광이다. 영광은 인간에게 속한 것이 아니다. 오직 하나님께만 속한 것이다. 하나님을 가까이 함으로 얻는 영광이 참 영광이다.

1절의 천사는 하나님의 지근거리에서 영광의 빛을 얻었다. 그의 영광은 땅을 환하게 밝혔지만 바벨론의 영광은 땅을 재앙으로 이끈다. 천사장은 교만과 헛된 영광을 추구하다 망했다. 니므롯이 그 뒤를 따랐고 앗수르도 그 뒤를 따랐다. 바벨론도 그 뒤를 따랐고 로마도 그 뒤를 따랐다. 제3제국도 그 뒤를 따랐고 종말의 바벨론도 그 뒤를 따른다. 역사적인 제국들의 패망은 후대인들에게 분명한 거울이 됨에도 불구하고, 바벨론의 후예들은 사악한 선진들의 전철 밟기를 주저하지 않는다. 교만은 패망의 선봉장답게 바벨론을 멸망의 구덩이로 집어넣을 자세를 취하고 있다. 영광을 누린 만큼 갑절이나 고난을 받을 것이다. 사치를 누린 만큼 갑절이나 애통에 젖게 될 것이다.

나는 여황으로 앉은 자요 과부가 아니라

바벨론은 자신에 대한 예언적 메시지를 어렴풋이 알기에 즉각적인 반응을 보인다. 자기 영광을 추구하던 자답게 자기 확신에 찬 목소리다. "나는 여황으로 앉은 자요 과부가 아니라." 이 말은 멸망 직전에 놓여 있던 바벨론의 자만에도 비유된다. "내가 영영히 주모가 되리라 하고……나는 과부로 지내지도 아니하며 자녀를 잃어버리는 일도 모르리라 하는 자여 너는 이제 들을지어다"(사 47:7-8). 자신은 낮은 신분에서 고통을 당하고 과부가 되어 애통해 하는 자들과는 구분되어야 한다는 주장이다. 자신은 여황이고 과부가 아니기에 애통과는 상관이 없으리라는 말이다. 끝까지 자기를 높이고 자기를 위하는 자기 우상화이다.

지나친 자기중심성은 자기 신격화와 동등하다. 바벨론은 마음으로 묵상할 뿐 아니라 '마음에 말한다.' 바벨론의 모든 사상에는 하나님이 없다(시 10:4). 자기뿐이다. 그래서 바벨론은 어리석기 짝이 없다(시 14:1, 53:1). 스스로를 부추겨서 여황인 체할지라도 바벨론은 여황이 아니다. 스스로 마음에 하나님 같은 체할지라도 바벨론은 신적인 존재가 아니다(겔 28:2). 바벨론은 부자이기에 아무런 부족이 없다고 자부하던 라오디게아 교회의 증상을 정확히 반복하고 있다. 라오디게아 신드롬은 애통할 운명의 보증 수표와 같다.

결단코 애통을 당하지 아니하리라

하나님은 애통을 당한다고 말씀하시는데 바벨론은 결코 그런 일은 생겨나지 않을 것이라고 주장한다. 하늘에서는 선고를 내리고 땅에서는 항변한다. 그들의 항변과 고집이 정해진 운명을 거스르게 할 수는 없다. 바벨론은 항변과 고집이 아니라 진실한 회개로 하나님 앞에 부복해야 마땅했다. 그러기에는 바벨론은 이미 너무 장대한 존재가 되었고 엎드리기에는 자칭 여황이라고 칭할 만큼 목이 뻣뻣해졌다. 바벨론의 자기 위안은 나름대로 근거가 없는 것이 아니다. 그는 두 가지 근거를 확신한다. 하나는 여황이라는 자신의 지위요 다른 하나는 자신이 과부가 아니라는 형편이다.

바벨론이 심중에 품은 과신에 대해서는 사 47:8에서 한 배경을 본다.

거기에는 여황 대신에 "나 외에 다른 이가 없노라"는 표현이 나온다. 그러면 여황이란 주장은 그가 스스로 계신 하나님에 버금가는 존재로 자신을 여기고 있었음을 뜻한다. 두로 왕은 스스로를 신이라 불렀다(겔 28:2). 아침의 아들 계명성은 하나님의 뭇별 위에 자신의 보좌를 높여 자신을 지극히 높은 자와 비길 존재로 여겼다(사 14:13-14).

두로 왕과 계명성에 대한 심판이 피할 수 없는 것이듯, 바벨론의 패망은 불가피하다. 하나님이 정하신 운명까지도 거부하는 바벨론의 과신은 그 뿌리가 허탄한 자랑에 있다. 하나님의 뜻이라면 바벨론이 아니라 사탄도 정해진 운명에 순응해야 한다. 여황 신드롬에 빠진 바벨론은 야고보 사도의 날카로운 지적에 귀를 기울여야 한다. "너희가 도리어 말하기를 주의 뜻이면 우리가 살기도 하고 이것저것을 하리라 할 것이어늘 이제 너희가 허탄한 자랑을 자랑하니 이러한 자랑은 다 악한 것이라"(약 4:15-16).

8 **하루 동안에 그 재앙이 이르리니 사망과 애통과 흉년**

바벨론이 누려왔던 영화와 사치에 비해서 재앙의 시간은 너무 짧다. "단 하루 만에"(ἐν μιᾷ ἡμέρα / 엔 미아 헤메라) 모든 것이 끝장난다. "일시간에"(μιᾷ ὥρᾳ / 미아 호라, 10, 16, 19)와 거의 같은 의미로서 갑작스러움을 나타낸다. 하나님은 악인들의 악행을 참으시는 데는 오랜 시간을 두시지만 악인을 징벌하심에는 오래 끌지 않으신다. 홍수 심판도 한순간에 임했고, 유황불도 한순간에 쏟아졌으며 바벨론의 재앙도 한순간에 들이닥칠 것이다. 이는 자만한 바벨론에게 내린 예언적 선고를 상기시킨다. "한 날에 홀연히 자녀를 잃으며 과부가 되는 이 두 일이 네게 임할 것이라"(사 47:9).

그녀가 과부가 아니었다면 사망의 재앙은 그녀의 남편에게 임할 것이다. 남편을 잃음으로써 과부가 아니라 주장하던 그 입을 봉하여 버릴 것이다. 애통은 사망으로 결과된 고통이다. 흉년은 바벨론이 누리던 모든 경제적 번영이 몰락했음을 뜻한다. 그것에서 바벨론의 심판이 머물지 않는다. 바벨론이 불에 태워진다. 바벨론이 잿더미에 휩싸일 것을 말한다. 크고 화려했던 성이 거름무더기가 되어 버렸다. 많은 사람들이 모이던 곳이 시랑의 거처로 전락했다.

자기만족의 수렁에서 허우적거리던 바벨론에게 느닷없이 심판의 쇠뭉치가 날아들었다. 그것은 하루 동안에 일어난 사건으로서 전혀 예측하지 못하던 일이었다. 심판의 강도와 신속함에 바벨론의 여유만만했던 현실이 더욱 참담함을 느끼게 만든다.

"하루 동안에"(ἐν μιᾷ ἡμέρα / 엔 미아 헤메라)란 표현은 돌발성을 강조한 것으로서(Beckwith, Beasley-Murray), 사치와 허영의 삶을 통하여 그토록 피하려고 하였던 고난을 삽시간에 뭉텅이(사망, 애통, 흉년)로 당한 모습이 되어 버렸다. 사망(θάνατος / 따나토스)은 과부가 아니라던 그녀의 고집에 애통(πένθος / 펜또스)은 환락을 일삼던 습성에, 흉년(λιμός / 리모스)은 풍족함을 노래하던 그녀의 삶에 맞춤처럼 찾아온 대재앙이었다.

3. 바벨론의 애곡(18:9-19)

이 부분에서는 1-8절에서 그려진 바벨론 심판, 즉 갑자기 몰아닥친 경제적 몰락에 대한 슬픈 반응을 담고 있다. 이 격렬한 반응은 서두와 말미에 반복되어 나오는데, 그들의 애곡이 얼마나 엄청난 것인지를 대변해 준다. 천사의 지속되는 바벨론 심판의 메시지는 성도에게 확실한 위안과 기쁨이 된다. 특히 복음을 위해 목숨을 버린 순교자들에게 있어 최고의 좋은 소식이 된다(20절). 그들의 오랜 숙원(6:10)이 풀렸기 때문이다. 세상의 구원을 위해 온갖 희생을 감수하며 갖은 애를 쓰던 성도들이 바벨론의 멸망당하는 모습을 보면서도 아무런 연민을 느끼지 않는다. 18:1-19에서는 일곱 대접의 재앙을 통해 무너진 큰 성 바벨론의 멸망이 매우 상세히 그려졌다. 바벨론과 밀접한 관계를 지닌 그룹들은 마치 장례식장에서 부르는 애곡처럼 자신들의 짙은 슬픔을 표한다. 그러나 엄밀히 말해서 그들은 바벨론을 위해 바벨론의 패망을 슬퍼했다기보다는 바벨론의 몰락으로 인해 입을 자신들의 심대한 타격 때문에 통곡했다.

이 애곡은 바벨론으로 인하여 음행과 사치의 극을 치달렸던 왕들(9-10절)과 그로 인해 치부하였던 상인들(11-17상반절), 그리고 선장과 해상 관련업자들과 노동자들의 애곡(17하반절-19절), 이렇게 세 부분으로 세분화된다. 그들은 멀리서 가슴을 치고 발을 동동 구르며 순식간에 임한 바벨론의 패망을 보며 슬피 운다. 부정한 재물과 음탕한 열락으로 살찌웠던 그들이었기에 그 비통함의 깊이도 대단하다. 이 애곡은 에스겔 당시에 해상 무역의 강자였던 두로를 위한 애곡을 연상시킨다(에스겔 27장). 세 그룹이 부른 슬픈 노래는 에스겔의 애곡과 유사하며(겔 27:29-36), 그들의 두려움과 슬픔과 상품 목록도 그러하다(겔 27:12-24; 계 18:12-13). 12-13절에 열거된 상품 거래의 목록은 모두 일곱 종류에 29가지 품목으로 나눌 수 있는데, 이는 바벨론이 누렸을 사치와 영화를 짐작케 한다.

A. **왕들의 애곡**(18:9-10)

3절에 언급된 음녀의 악행에 적극적으로 관여하였던 부류가 바로 땅의 왕들이다. 바벨론의 붕괴를 바라보며 애통하는 왕들의 모습은 렘 51:8-9을 연상시킨다. "바벨론이 졸지에 넘어져 파멸되니 이로 인하여 울라 그 창상을 인하여 유향을 구하라 혹 나으리로다 우리가 바벨론을 치료하려 하여도 낫지 아니한즉 버리고 각기 고토로 돌아가자 그 화가 하늘에 미쳤고 궁창에 달하였음이로다." 바벨론의 파멸은 심각하고 결정적이어서 회복의 기미가 전혀 보이지 않는다. 바벨론을 치료하기 위해 유향을 구하고 각종 약재를 썼지만 소용 없었다. 그의 측근이었던 자들은 모두 고토로 돌아가고 바벨론은 파멸되어 버림받은 신세에 처하고 말았다.

예레미야 선지자의 풍자적인 예언은 왕들의 상황과 별반 다르지 않다. 죄는 하늘에 사무치고 화는 온 땅을 뒤덮었다. 땅의 왕들은 음녀와의 관계에서 우상 숭배로 인한 영적 음행에 깊숙히 빠져 있었다. 그들의 도덕은 실종되었고 양심은 마비되었으며 영혼은 죄에 대한 둔감함으로 인해 피폐할 대로 피폐해 있었다. 그들의 절제를 모르는 사치 행각은 바벨론의 패망으로 인하여 위축되어 버렸다. 왕들의 애곡은 바벨론을 위한 것이 아니라 자신들을 위한 것이었다. 파멸과 붕괴의 운명을 전혀 예측하지 않고 세상 권력과 결탁한 음행과 사치의 삶은 제동 장치 없는 자동차처럼 극한을 향해 무한질주를 계속해 왔다. 그런 그들에게 느닷없는 패망은 바벨론 자신뿐만 아니라, 그에게 빌붙어 삶을 이어 가던 무리들에게는 엄청난 재앙이었고, 어떻게 수습조차 할 수 없는 고강도의 충격이었다. 그들의 반응은 하나같이 절망이요 고통이며 망연자실이었다.

왕들은 사랑하던 정부를 잃었다. 정부를 통해 즐기던 세상의 영화와 즐거움이 사라졌다. 바벨론의 파멸을 가장 애통한 선두주자는 땅의 왕들이었다. 그들은 누구보다 바벨론과의 음행을 즐긴 자들이다. 그녀와의 음행은 곧 사치를 의미했다. 그들이 바벨론과 통정을 나누면 나눌수록 사치와 영화의 규모도 커졌다. 바벨론의 갑작스런 패망 현실은 부와 권세와 풍요로움을 자랑하던 그들의 수중에 아무것도 남지 않음과 같은 거대한 상실감을 느끼게 만들었다. 바벨론의 패망은 그들 자신의 패망 현실이었기 때문이다. 바벨론의 풍성한 물자를 통하여 넘치는 부에 거하였던 두로의 왕들(겔 26:16, 27:30-35)처럼 땅의 왕들은 수입원이 끊어짐으로 인하여 망연자실하였다. 실제로 당시의 소아시아 지역에서는 황제 숭배를 통해 로마에 충성 맹세를 하고 각종 무역 길드의 수호신을 섬김으로 인해 활발한 기업 활동을 할 수 있었다. 바벨론/로마와 어떤 형식으로든 제휴한 개인이나 사업은 상업 활동에서 여러 가지 혜택을 받았고, 이는 급격한 부의 축적으로 이어졌다. 바벨론의 패망은 이 모든 조직과 부와 영화와 열락의 종결을 의미하였다.

> 9 그와 함께 음행하고 사치하던 땅의 왕들이 그 불붙는 연기를 보고 위하여 울고 가슴을 치며
> 10 그 고난을 무서워하여 멀리 서서 가로되 화 있도다 화 있도다 큰 성, 견고한 성 바벨론이여 일시간에 네 심판이 이르렀다 하리로다

9 **그와 함께 음행하고 사치하던 땅의 왕들이**

마운스는 이곳의 "땅의 왕들"(οἱ βασιλεῖς τῆς γῆς / 호이 바실레

이스 테스 게스)이란 바벨론과 불법적인 상업거래를 튼 열방의 통치자들로 보았다. 스몰리는 땅의 왕들이 17:3의 "땅의 임금들"이나 12-17절에 나타난 "열 뿔 곧 열 왕"으로 보았다. 그러나 열 뿔은 음녀의 영향을 받다가 이내 음녀를 미워하여 그녀를 멸망으로 이끄는 역할을 하는데(17:15-16), 바벨론을 망하게 하고 파멸한 바벨론을 보며 애곡함은 논리적으로 어긋나므로 열 왕과의 동일시는 전후문맥상 맞지 않다. 그들의 음행이 본서에서 계속 언급된 것으로 보아 바벨론과의 음행은 시간적으로도 오래고 내용적으로도 깊고 그윽한 것이었다(14:8, 17:2, 4, 18:3). 바벨론이 땅의 왕들과 나눈 음행에는 니골라당의 교훈과 이세벨의 음행이 포함되어 있다(2:14, 20-21). 영적이고 육체적인 난잡함이 스며들어 있었다(9:21, 19:2).

땅의 왕들이 바벨론의 패망으로 절망감을 표하는 모습은 렘 51:8에도 나오고 있다. "바벨론이 졸지에 넘어져 파멸되니 이로 인하여 울라 그 창상을 인하여 유향을 구하라 혹 나으리로다." 더불어 행음을 나누었던 연인의 파멸은 통치자들의 깊은 슬픔을 자아냈다. 그만큼 바벨론의 갑작스런 멸망이 황당했고 그 참상이 끔찍하였기 때문이다. 바벨론이 불에 타서 재만 남기고 검은 연기가 천지를 뒤덮을 때 땅의 왕들은 애절 복통했다. 바벨론과의 음행은 왕들에겐 쾌락이었고 부의 근원이었다. 그것은 소돔의 옹기점 연기와 같은 치밀음(창 19:28)에 비길 만했고 무저갱의 연기(9:2)를 연상시킬 만했다. 그것은 지옥 불에서 고통을 당하여야 하는 고난의 연기와도 같은 것이었다(14:10-11).

여기에서의 고난은 14:9-11에 나타난 고난의 일부와 거의 같다. 선동자와 추종자의 받을 운명은 다를 수가 없다. 왕들의 애통은 물론 바벨론을 위한 것이 아니었다. 바벨론과 함께했기에, 누려왔던 물질적인 부의 한쪽 귀퉁이가 떨어져 나간 것에 대한 아픔이요, 쾌락의 웅덩이가 메워졌음에 대한 분노요, 세상을 지배하던 자신들의 소유를 빼앗겼음으로 인해 상처받은 가슴앓이였다. 수에토니우스의 기록에 따르자면 고대인들의 사치 특히 식생활에 있어서의 사치는 현대인들이 도저히 따라가지 못할 정도였다. 심지어 진주를 식초에 녹여 마시는 것쯤은 일상이었다. 클레오파트라는 일생 3,628kg의 진주를 녹여 마셨다. 네로는 단 한 번도 같은 옷을 입지 않았으며 그가 베푼 연회석은 놀랄 만한 폭식의 현장이었다. 꿩과 공작의 골, 나이팅게일의 혀, 칠성장어의 액 등이 하객들 앞에 차려졌다.

그 불붙는 연기를 보고 위하여 울고 가슴을 치며

바벨론이 불타는 모습은 멀리 있는 자들에게조차 확인될 만큼 거대했다. 하늘을 뒤덮은 시커먼 연기와 멀리 사방으로까지 미치는 화기는 대재앙의 섬뜩함을 느끼게 했다. 계시록에서는 하늘 제단의 향연과 성도가 드린 기도의 연기(8:3-4)와 맹렬한 심판을 상징하는 연기(9:17-18, 14:11, 18:9, 18)가 대조되어 있다. 이 재앙은 제단 밑에서 울부짖던 순교자들의 기도에 대한 응답이다.

10 그 고난을 무서워하여 멀리 서서

땅의 왕들은 후견자인 바벨론과 나누었던 부도덕과 우상 숭배(2:14, 20-21, 14:8, 17:2, 4, 18:3)로 인한 쾌락이 중단된 현실을 못내 아쉬워했다. 동시적으로 졸지에 임한 바벨론의 참상 앞에서 할 말을 잃었다. 그들은 두려웠다. 이 두려움은 파멸에 대한 실질적이고도 근원적인 두려움이었다. 바벨론의 패망한 현실이 두려운 것이 아니라 그와 함께 모든 일들을 함께했던 자신들에게 임한 동일한 운명의 가능성 앞에서 땅의 왕들은 몸서리를 쳤다. 바벨론이 받은 재앙을 자신들도 받을지 모른다는 우려가 그들에게 커다란 공포심을 느끼게 만들었다. 그래서 그들은 '멀리 섰다'(ἀπὸ μακρόθεν ἑστηκότες / 아포 마크로뗀 헤스테코테스). 이기적인 동기로 차별화를 꾀한 것이다.

폐허가 된 도시를 바라보는 것은 그렇게 을씨년스러울 수 없다. 바벨론의 패망과 함께 죽은 자들은 아무런 고통을 느끼지 못한다. 문제는 살아남은 자들의 경우다. 그것이 자신들의 삶에 치명적일 때 땅의 왕들처럼 그 반응이란 참혹하고 어둡기 짝이 없다. 토네이도와 태풍 같은 자연재해나 전쟁의 폭격으로 잿더미로 화해 버린 곳은 상상하는 것만으로도 고통이 된다. 요한은 마치 그런 장면을 바라보고 있는 듯이 바벨론 붕괴의 현장에서 그와 더불어 애정 행각을 벌였던 땅의 왕들이 보인 반응을 세밀하게 묘사하고 있다. 그들은 울고 가슴을 치며 무서움에 진저리를 쳤다. 성경은 그런 경우의 반응을 제대로 보여주고 있다(대하 7:21; 렘 19:8, 49:17, 50:13; 겔 5:14-15, 36:34; 애 2:15). 음행 상대가 사라졌고 그로 인하여 누리던 쾌락의 삶도 불가능하게 되었다. 음행은 그들이 바벨론/로마와 더불어 나누던 부도덕성과 우상숭배를 나타내는 표현이다(14:8, 17:2, 4, 18:3). 땅의 왕들은 음행과 사치도 바벨론의 패망과 함께 사라졌다는 사실에 울며 가슴을 쳤다.

화 있도다 화 있도다 큰 성, 견고한 성 바벨론이여

이 부분은 '두로를 위한 애가'(겔 26:17-18, 27:35)에서 빌려온 듯하다. 왕들의 탄성은 저주의 말이 아니다. 믿을 수 없는 붕괴의 현실에 처절한 고통을 시적으로 표현한 말이다. 말은 짧지만 고통은 길고

시적 표현이지만 무서운 현실이다. 왕들에게 경제적 후견인의 상실은 너무도 뼈아픈 고통이었다. 왕들은 당연한 몫의 상실에 참담함을 느꼈다. 물질적이고 경제적인 측면에서의 애통인 것은 15-16절에 나열된 품목들에서 미루어 알 수 있다. "화 있도다 화 있도다"(οὐαὶ οὐαί / 우아이 우아이).

이 화의 선언은 16절과 19절에서도 반복적으로 나온다. 이는 마치 나팔 심판에서 불어졌던 세 화(8:13, 9:12, 11:14)와 묘한 대조를 이룬다. 왕들은 초라하고 볼품없는 폐허더미로 내려앉은 바벨론을 보면서 과거의 영광을 회상하였다. 바벨론은 결코 작고 초라한 성이 아니었다. "큰 성"(ἡ πόλις ἡ μεγάλη / 헤 폴리스 헤 메갈레)이었다. 바벨론은 결단코 허술한 성이 아니었다. '견고한 성'(ἡ πόλις ἡ ἰσχυρά / 헤 폴리스 헤 이스퀴라)이었다. 그 이름도 크고 견고한 "바벨론"이었다. 큰 성 바벨론이 초라하게 무너짐은 그를 무너뜨리신 하나님 한 분만이 크고 강한 분임을 반증한다(18:8).

바벨론을 배경으로 하여 권세를 누리면서 극도의 사치와 쾌락을 즐기던 통치자들로서는 폐허 더미에서 이 영광을 회상하는 것 자체가 무한한 고통이었다. 바벨론은 만국을 음행의 포도주로 취하게 함에 있어 대단하였고, 왕들과의 제휴 능력에 있어 대단하였고, 붉은 빛 짐승을 타고 있음에 있어 대단함을 보였다. 왕들은 바벨론의 처참한 멸망의 현실 앞에서 자신들의 앞날에 드리워진 어떤 그림자를 엿보았을 것이다. 능력 있는 연인을 잃었거나 자신들의 통치력에 얼마간 손상을 입었거나 경제적인 부의 기반이 무너진 것도 부차적인 것이었다. 그들 자신에게 엄습해 올 가공할 심판의 내용에는 비할 바가 못 되었다.

화의 노래는 그들 자신의 예고된 멸망에 대한 서곡 같은 것이었다. 바벨론의 멸망은 "눈 깜짝할 사이에"(μιᾷ ὥρᾳ / 미아 호라) 찾아왔다. 예고되어 있긴 하였지만 창졸간의 멸망을 바벨론 자신이나 땅의 왕들이나 짐승의 경배자들 중 그 누구도 예상할 수 없었다. 마지막 소절의 "일시간에 망하였도다"는 종속 접속사인 '호티'(ὅτι)를 사용함으로 화의 원인이 바벨론의 돌발적인 심판에 있음을 보여준다. 이는 17절과 19절에도 반복된 표현이다.

B. **상인들의 애곡**(18:11-17**상반절**)

바벨론의 심판과 관련하여 상당 부분이 에스겔의 환상(26-27장)과 유사한 점은 요한이 에스겔의 자료에서 영향 받았을 가능성을 배제할 수 없게 만든다. 로마와의 교역을 통해 엄청난 부를 벌어들였던 도매 중개업자들은 바벨론의 파멸 앞에서 울며 애통하였다(11절). 9절의 미래 동사는 11절에서는 현재형으로 바뀌었는데, 이는 문체의 변화로서 미래 사건의 확실성을 강조하는 미래적 현재이다. 그들이 취급하던 품목은 실로 다양하고 그 양도 엄청났다(12-16절). 순식간에 불어닥친 쓰나미로 인해 모든 것을 잃어버린 해변의 거민들처럼 그들은 한순간에 빈털터리가 되어 버렸다.

오늘날과는 달리 당시의 상인들은 사회적으로 신분이 낮았다. 토지를 소유하지 못한 그들은 다양한 물품들을 확보하여 구매자를 찾아나서야 하는 고달픈 직업인이었다. 그런 그들에게 로마의 황제 숭배와 길드라는 조합 제도는 상업적 부를 키우는 길을 트게 만들어 주었다. 바벨론과의 연대는 상인들에게 이전보다 훨씬 안정적인 수입원을 보장받게 했다. 바벨론과 연계된 상인들의 모임은 회원제로 운영이 되었고, 막대한 이윤 창출로 인해 그들의 신분 상승에도 유리하게 작용하였다. 그런 그들에게 순식간에 들이닥친 바벨론의 붕괴는 받아들이기 어려운 현실이었다. 그들의 애통은 땅의 왕들이 울며 가슴 치던 것과 별 차이가 없어 보였다. 그들이 멸망당한 바벨론을 위해 울고 애통하는 것은 최고의 고객을 잃었기 때문이었다. 그들이 준비한 물품들은 거의가 고가품들이었으며 바벨론이 아니고는 구매할 만한 능력을 가진 부류가 희귀했다. 그들의 통곡은 이내 두려움으로 뒤바뀌었다. 큰 성 바벨론의 붕괴는 바벨론으로 인하여 치부했던 상인들에게도 피할 수 없는 파멸의 메시지로 다가왔기 때문이었다.

바벨론의 파멸을 보면서 애곡의 선두권은 땅의 왕들에게 빼앗겼지만 실질적으로 바벨론을 위한 애곡의 내용면에 있어서는 상인들의 애가가 더욱 절실하고 심금을 울릴 정도였다. 왕들에게 있어 바벨론과의 음행은 일시적이고 부수적인 쾌락에 불과했을지 몰라도 상인들에게는 존재와 삶 자체였다. 상인들의 무역 활동과 그들이 축적한 부의 근거가 바로 바벨론이었기 때문이다. 가장 기본적이고 핵심적인 무역 체계가 붕괴되었다. 그들이 취급한 물품 내역을 살펴보노라면 그 규모의 방대함과 규모에 놀랄 따름이다. 최고의 확실한 고객이 사라졌다. 상인으로서 그들은 설 자리를 완전히 잃어버렸다. 한 번 붕괴된 바벨론의 운명은 회복이 절대 불가한 것이었기에 상인들은 절망에서 벗어날 길이 없었다. 그들은 그런 자신들의 심정을 짧은 애가 속에 담아 비통함을 드러내었다.

> 11 땅의 상고들이 그를 위하여 울고 애통하는 것은 다시 그 상품을
> 사는 자가 없음이라
> 12 그 상품은 금과 은과 보석과 진주와 세마포와 자주 옷감과 비단과

붉은 옷감이요 각종 향목과 각종 상아 기명이요 값진 나무와 진유
와 철과 옥석으로 만든 각종 기명이요
13 계피와 향료와 향과 향유와 유향과 포도주와 감람유와 고운 밀가
루와 밀과 소와 양과 말과 수레와 종들과 사람의 영혼들이라
14 바벨론아 네 영혼의 탐하던 과실이 네게서 떠났으며 맛있는 것들
과 빛난 것들이 다 없어졌으니 사람들이 결코 이것들을 다시 보지
못하리로다
15 바벨론을 인하여 치부한 이 상품의 상고들이 그 고난을 무서워하
여 멀리 서서 울고 애통하여
16 가로되 화 있도다 화 있도다 큰 성이여 세마포와 자주와 붉은
옷을 입고 금과 보석과 진주로 꾸민 것인데
17 그러한 부가 일시간에 망하였도다

11 **땅의 상고들이 그를 위하여 울고 애통하는 것은**

왕들의 애곡에 이어 상인들의 애곡이 소개되었다. 이 부분은 '두로를 위한 애가'(겔 26:30-32)를 연상시킨다.

11절의 "울고"(κλαίουσιν / 클라이우신)와 "통곡하고"(πενθοῦσιν / 펜뚜신)는 현재시제인데, 상인들의 슬픔은 보다 솔직한 표현이 뒤따른다. 왕들의 애곡에는 정치가답게 경제적 손실에 대한 아픔이 노골적으로 표현되지 않았는데, 계산적인 상인들은 경제적 손실을 애곡의 이유로 당당하게 밝히고 있다. 상인들이 바벨론을 위해 애곡하는 것은, 단지 그녀가 초일류 고객의 명단에서 삭제되었다는 사실에 있었다. 세계적인 무역에 적신호가 켜졌기 때문이었다. 한때는 바벨론이라는 거대한 고객으로 인해 전 세계의 상인들은 떼돈을 벌어들였다.

사치와 영화의 대명사로 불린 바벨론의 패망은 당장 물품 부족 사태를 유발하여 세계 경제에 일대 혼란을 가져왔다. 상인들은 바벨론과의 교역을 통해 물품 사재기와 가격담합을 통해 부를 축적하는 악랄한 수단으로 삼았으며 돈을 자신들의 신으로 숭상하였다. 바벨론은 세계 경제의 중심이었고, 시장 붕괴로 인한 이득과 고객 상실의 현실 앞에서 슬피 울었다. 그뿐만이 아니었다. 그들의 애곡 뒤에는 바벨론이 상징하던 영화와 화려함이 순식간에 사라짐으로 마치 보화를 잃어버린 것 같은 절통함이 있었다(16-17상반절). 이는 마치 옛 두로의 상황이 재연된 듯한 느낌이었다(겔 27:1-36). 상인들의 손실은 왕이나 선원들의 것에 비교가 되지 않았다. 무역을 통해 벌어들인 재물은 그들에게 거짓 안전을 제공했고, 그들은 그것을 울타리 삼아 탐욕과 허영을 키우면서 이웃과의 벽을 높이 쌓아갔다.

바벨론은 치부의 최고 수단이었다(15, 19절). 바벨론의 멸망은 상인들의 파멸을 의미하였다. 그들에게는 바벨론 자신의 멸망을 슬퍼할 여유가 없었다. 파산 선고의 위기 앞에서 그들은 철저히 자신들이 잃게 된 이득으로 인해 울고 또 울었다. 그들은 침묵의 흐느낌이 아니라 복받치는 설움으로 목놓아 울고 또 울었다(κλαίουσιν καὶ πενθοῦσιν / 클라이우신 카이 펜뚜신). 현재시제는 통곡의 의미를 더욱 강화한다. '울고 통곡함'이 모두 부자들을 향한 경고에 사용되었음(눅 6:25; 약 4:9)은 흥미롭다. 15절과 19절에서는 이 동사들이 미래형으로 사용되었는데, 이렇게 시제를 번갈아 사용하면서 울고 애통함의 지속성과 확실성을 강조한다. 그들은 두 증인의 죽음을 보면서 엄청 "즐거워하고 기뻐하였는데"(11:10) 이제 그와 반대되는 처지에 놓이게 된 것이다. 바벨론이 품위 유지를 위해서 또한 왕들의 환심을 사기 위하여 사들인 물품들은 일반인들이 사기 원하는 일상용품과는 거리가 멀었다.

12 그 상품은 금과 은과 보석과 진주와 세마포와 자주 옷감

12-13절에는 그 내역들이 적혀 있다. 12절에 열네 품목이 기록되었다. 금, 은, 보석, 진주, 세마포, 자주 옷감, 비단, 붉은 옷감, 각종 향목, 각종 상아 기명, 값진 나무, 진유, 철, 흑석으로 제조한 각종 기명이었다. 금과 보석과 진주와 자주 옷감과 붉은 옷감은 음녀가 늘 치장할 때 애용하는 물품이었다(17:4). 13절과 함께 여기에서는 모두 29개의 물품들이 나열되는데, 그 중의 열다섯 개는 모두 겔 27:7-25에도 언급된 것들이다. 그러나 여기 열거된 품목들은 바벨론보다는 로마풍이 강하다. 보컴에 따르면 플리니가 수록한 로마의 엘리트들이 소장하던 27가지 품목들 중에서 18개가 이곳에 나타난 사실을 지적했다. 학자에 따라 29개의 물품은 다시 6종류로, 혹은 일곱 종류로(백위드, 래드) 나뉜다. 래드는 보석류, 좋은 의류, 고가의 장식품, 향품, 음식류, 짐승들, 노예들로 구분했다. 백위드는 짐승들과 노예들을 한데 묶어서 14절의 "탐하던 과실"을 추가하여 일곱 종류로 나누었다.

요한이 집필할 당시의 로마 제국은 은접시에 대한 열광이 대단하였다. 은은 주로 스페인의 카르타게나(Carthagena) 광산에서 사만 명의 광부들이 채굴한 것을 수입하였다. 로마는 은의 도시였다. 플리니의 보고에 따르면 여인들은 은으로 만든 욕조에서 목욕하려 했고, 군인들은 은자루로 만든 칼이나 은사슬로 된 칼집을 가졌고, 야전사령관들은 은그릇으로 식사하기를 원했고, 가난한 여인들도 은제품을 가졌고 노예들까지 은거울을 갖고 있었다. 당시는 또한 보석과 진주를 애호했다. 홍해산 진주가 일반적이었고 페르시아 만과 인도산의 진주가 최상품으로 인정을 받았다. 고대인들은 보석이 치유력을 제공한다고 믿었다. 제사장과 왕의 의복인 세마포는 주로 애굽에서 수입하였으

나 일부는 인도에서 들여왔다. 조개에서 추출한 액을 짜내서 만든 비싼 염료로 만든 자주 옷감은 주로 페니키아에서 수입했다.

중국에서 들여온 비단은 비싼 값에 거래되었고, 90~30년까지 실크 무역이 성행했다. 상아는 주로 상자(아 5:14)나 침대(암 6:4) 때로는 건물(왕상 22:39)에도 사용되었다. 귀족들은 표범이 조각된 상아 식탁에 음식물이 차려지지 않으면 저녁을 거부하기까지 하였다. 세네카는 상아 다리로 만든 식탁 300개를 보유하고 있었다. 북아프리카에서 수입된 검정빛의 나무는 나뭇결에 따라 높이 평가되었고, 값비싼 가구나 상감 작업에 사용되었다. 최선의 표본은 공작꼬리의 눈과 호랑이의 줄무늬 또는 곰의 반점이나 파슬리의 씨앗처럼 보이는 것이었다. 키에르케고르는 가구의 구입을 위하여 250만 불을 지불하였으며, 갈루스 아시니우스는 식탁 하나를 위하여 500만 불이나 지불했다. 로마에서 시트루스 나무는 식탁으로 애용되었다. 한글성경에서 '진유'로 번역된 것은 청동을 뜻하는데, 고린도산 청동이 세계적인 명성을 지니고 있었다. 철은 흑해와 스페인에서 수입했다.

13 계피, 향료, 향, 향유, 유향, 포도주……사람의 영혼들

13절에 열다섯 개의 품목이 소개되었다. 계피, 향료, 향, 향유, 유향, 포도주, 감람유, 고운 밀가루, 밀, 소, 양, 말, 수레, 종들, 사람의 영혼들이다. 모두가 값지고 귀한 것들이다. 당시로서는 돈을 주고도 구하기 어려운 물품들도 상당히 포함되었다. 계피는 인도와 남중국과 잔지바르 근처의 주산물이었다. 향료는 메소포타미아의 주요 수출품이었다. 향과 향유와 유향은 주로 아라비아산이었고 여인들의 향수와 의학용으로 두루두루 쓰였던 향유는 예멘과 북아프리카에서 들여왔다. 유향은 나무에서 추출한 고무수지로서 나무에 결각을 내어 아래로부터 나무껍질을 벗겨내면 우유 같은 수지가 스며 나왔다. 밀은 대부분 애굽에서 수입하였다. 말은 아르메니아에서 들여왔다. 고울에서 수입한 수레는 경주용이나 전투용 전차가 아닌 부호층이나 귀족들이 애용한 것으로 네 바퀴가 달린 것이었다.

당시 로마 제국에는 6,000만 명의 노예가 있었고 웬만한 부호라면 한 사람이 400명의 종을 거느리는 것은 예사였다. 글을 크게 읽는 노예, 주인의 저술을 위해 자료를 수집하는 노예, 고객들과 식객들의 이름을 상기시키는 노예, 식사와 잠자리 시간을 상기시키는 노예, 피곤한 주인 대신 친구들에게 인사를 전하는 노예, 잔을 나르는 노예, 이루 헤아릴 수 없을 정도였다. 노예는 세계 각처에서 수입했다.

"사람의 영혼들"(ψυχὰς ἀνθρώπων / 프쉬카스 안뜨로폰)이란 '인간 가축'이란 뜻으로서, 역시 노예의 히브리식 표현이다(대상 5:21; 겔 27:13). 헬라식의 표현은 한글성경에서 '종들'로 번역된 '몸뚱이들'(σωμάτων / 소마톤)이다. 노예상인은 '소마템포로스'(σωματέμπορος)라고 하고, 노예의 집은 '소마토트로페이온'(σωματοτροφεῖον)이라 불렸다. 모리스는 "사람의 영혼들"이 '종들'에 대한 설명어로 추가된 것이라 보았다. 겔 16:13에는 본서 18:12-13의 품목 중 여섯 개를 포함하고 있다.

14 바벨론아 네 영혼의 탐하던 과실이 네게서 떠났으며

영원한 현재를 구가하던 바벨론이 이제는 과거의 흉물스런 기억의 파편이 되어 버렸다. 바벨론이 불타 없어지므로 바벨론에서 구할 수 있는 것은 이제 아무것도 없다. 예전에는 모든 진귀한 것들의 집합소

같았던 바벨론이 이제는 아무것도 구하지 못할 황무한 땅으로 변해 버렸다. "과실"(ὀπώρα / 오포라)은 문자적으로 '늦은 여름 실과'를 의미한다. 영혼이 사모한다는 뜻이며(사 26:8) 마음으로 열망한다는 의미다(시 10:3). "이는 삶의 좋은 것들을 상징한다"(Aune). 영혼이 갈망하던 정도이니 얼마나 진기한 과일이겠는가! "네 영혼의 탐하던"(τῆς ἐπιθυμίας τῆς ψυχῆς / 테스 에피뛰미아스 테스 프쉬케스)은 '갈망한다'는 뜻을 가진 셈족 계열의 숙어이다(신 12:20-21; 시 20:4; 렘 2:24). 여기 "맛있는 것들과 빛난 것들"(τὰ λιπαρὰ καὶ τὰ λαμπρά / 타 리파라 카이 타 람프라)은 전형적인 두운체로서 값비싸고 화려한 것을 의미한다. 신약에서 두운체로 사용된 예를 들면 히 1:1('파이'로 시작되는 단어가 6개 나옴)과 11:28('파이'로 시작되는 단어가 5개 나옴)과 12:11('파이'로 시작되는 단어가 4개 나옴)이다. 사치스럽고 요란하기만 한 겉모양의 영화로움은 참으로 빛나는 영광의 도래로 인해 자취를 감추었다. 아름답고 값비싼 것들이 사라졌다. "네게서 떠났으며"는 강조형으로서 상실의 주체자가 느낄 고통을 선명하게 한다. 고귀하고 진기한 모든 것들을 일시 소유하고 누렸는데 이제 다시는 존재하지 않는다. 여기에 사용된 "결코……못하리로다"(οὐκέτι οὐ μὴ / 우케티 우 메)는 삼중부정으로서 매우 드문 현상이다. 두 번 다시 결단코 발견되지 않을 것이라는 뜻이다. 이는 주님의 교훈에서처럼(마 6:19-20) 하늘에 속한 보화가 아니므로 그것들은 사라질 수밖에 없다.

15 바벨론을 인하여 치부한 이 상품의 상고들이

왕들과 상인들의 애곡은 끝났는데 상인들의 애곡이 다시 한 번 더 나온다. 이것은 바벨론의 패망이 가져다준 경제적 손실이 얼마나 치명적인지를 강조하는 것이다. 그들은 파멸의 현장에 접근도 하지 못하고 먼발치에서 고난의 연기를 바라보면서 가슴 치며 통곡한다. 치부의 원천이 사라졌기 때문이다. 바벨론에 절대 의존적이었던 상인들이 모든 희망을 잃었기 때문이다. 그들이 "멀리 서서"(ἀπὸ μακρόθεν / 아포 마크로뗀) 바라보는 데는 화가 자신들에게까지 미칠지 모른다는 심리적인 불안감도 작용했기 때문이다. 그들은 동지애적 공감이나 동정심이 아니라 자기중심적인 슬픔에 잠겨 있다. "멀리 서서"는 18장에만 세 번 나온다(10, 15, 17절). 왕들과 상인들과 선장으로 대표되는 세 그룹은 문자적인 의미보다 상징적으로 이해함이 낫다. 그들은 하나님을 거역하고 불의한 길에서 육신적이고 현세적인 삶에 탐닉하던 모든 땅의 거주자들을 대표한다. 하나님보다 우상을 섬기며 그리스도를 등지고 적그리스도를 따르던 무리들이다. 그러므로 "땅에 거하는 자"(6:10, 8:13, 11:10, 13:8, 12-14, 17:2, 8)라는 표현에 모두 포함시켜야 한다.

16 화 있도다 화 있도다 큰 성이여

이중적인 화의 선언은 18장에만 모두 세 번 나온다(10, 16, 19절). 전반부는 왕들이 멀리 서서 애곡하던 내용과 비슷하고(10절), 후반부에서는 큰 성을 의인화하여 그녀가 꾸민 치장의 내용을 서술한다. "세마포와 자주와 붉은 옷을 입고 금과 보석과 진주로 꾸민 것인데"(16절)는 17:4에 언급된 음녀의 치장에다 세마포가 하나 더 추가된 것으로서 거의 같은 내용의 반복이다. 그녀의 치장은 두로 왕이 즉위식을 거행할 때 꾸몄던 모습과 유사하다(겔 28:13). 바벨론의 치장품인 세마포, 자주, 붉은 옷, 금, 보석, 진주는 상인들이 거래하던 주요 물목에 모두 포함된 것들이다(12-13절). 이스라엘이 왕후로 단장을 하고 하나님이 입히신 영화로 그 명성이 열국에 퍼졌지만, 오히려 하나님을 영화롭게 하지 않고 우상의 세력들과 행음하였다. 하나님이 주신 단장품들을 행음의 대가로 탕진하여 여호와의 진노를 샀다(겔 16:13-20).

17 그러한 부가 일시간에 망하였도다

10절에는 "일시간에 네 심판이 이르렀다"라고 왕들이 탄식했는데, 본 절에서는 상인들이 "그러한 부가 일시간에 망하였도다"라며 왕들이 언급한 심판의 내용을 경제적인 측면에서 명백하게 밝히고 있다. 원문의 첫 소절은 종속접속사 '호티'(ὅτι)로 시작하는데, 바벨론의 엄청난 패망이 상인들에게는 임박한 화의 원인이 됨을 보여준다. 이 부분은 15-16절에 나타난 상인들의 애통과 연관된 결론이다. 바벨론의 심판은 부에 대한 심판이었다. 경제적 파멸임을 다시 한 번 강조하고 있는 것이다. 나눌 줄 모르던 축적된 부가 연기처럼 날아가 버렸다. 경제적인 부의 원천이요 치부의 근원이었던 바벨론이 "일시간"(μιᾷ ὥρᾳ / 미아 호라)에 망하였다면, 바벨론에 빌붙어 살아가던 상인들이 망하는 것도 "일시간"(μιᾷ ὥρᾳ / 미아 호라)인 것은 두말할 나위도 없다. "일시간"이란 표현은 바벨론 파멸의 과정이 너무나 돌발적임을 가리킨다.

"망하였도다"(ἠρημώθη / 에레모떼)는 예기적 단순과거로서 미래의 '버려짐으로 인해 황량한 상태'를 내다보게 만든다(17:16, 18:19). 왕들은 '권력'(견고함으로 에둘러 표현되었음, ἰσχυρά / 이스퀴라)의 성이 무너짐을 애통해 했는데, 상인들은 '부'(직설적으로 표현하였음, πλοῦτος /플루토스)의 성이 사라짐을 인하여 애통하였다. 둘 다 자신들의 관점에서 바벨론의 패망을 애도하는 모습이다. 3절에서 바벨론과 음행을 나눈 왕들이나 바벨론으로 인하여 치부한 상인들이나 한 패거리로 묶여졌는데, 결국 권력이란 측면에서 그들은 동일한 것을 추구했다. 동일한 운명에 처해지게 된 것이다. 정치 권력이든지 부의 축적으로 획득한 사회적 지위나 자금력이든 그것들이 부적절한 관계를 통해 확보한 일종의 권력임에는 똑같다. 그들은 바벨론의 붕괴와 함께 자신들의 권력기반도 잃게 되었다. 그것이 그들이 그토록 애통해 한 근본 이유이다.

C. **선원들의 애곡**(18:17**하반절**-19)

해운업은 지금이나 고대에나 부의 창출에 있어 황금알을 낳는 사업이었다. 해난 사고의 위험 부담이 있긴 해도 사업적 안목이 있는 사람들의 선호 대상이었다. 선박 소유주나 선단을 이끄는 대선주의 경우에는 성공적인 항해를 마칠 때마다 그들의 재산은 눈덩이처럼 불어났다. 선장과 선원과 해상 무역업 종사자들은 바벨론과의 교역이 가져다준 경제적인 이득 때문에 바벨론의 비극적 운명을 누구보다도 가슴 아파했다. 그들의 애절한 슬픔은 티끌을 자기 머리에 뿌리는 것으로 형상화되었다. 바벨론을 위한 애통을 표현함에 있어 그들은 적극적이고 격렬했다. 그들도 상인들처럼 바벨론 덕분에 막대한 이윤을 남겨 치부하였다. 바벨론의 멸망은 선주와 선장, 선원과 해상 운송을 비롯하여 직간접적으로 각종 해운업에 종사하는 자들의 무더기 실직 사태를 가져오는 것이었다.

땅의 왕들은 정치적인 손실을 고려했겠지만 상인들이나 선장과 선주들은 메울 수 없는 경제적 손실 까닭에 깊은 절망감에 빠졌다. 그래서 그들은 약간의 차이가 있긴 해도 거의 비슷한 강도로 울고 애통함으로 바벨론 멸망의 현실에 반응했다. 멀리 서서 울고 애통한 것은 세 부류가 동일했지만 티끌을 머리에 날린 것은 선원들뿐이었다. 물론 이것이 회개의 표식은 아니다. 극도의 슬픔을 표현한 것으로 보아야 한다. "티끌을 뿌리는" 모습은 신약에서 이곳과 마 6:11에만 나온다.

17 각 선장과 각처를 다니는 선객들과 선인들과 바다에서 일하는 자들이 멀리 서서
18 그 불붙는 연기를 보고 외쳐 가로되 이 큰 성과 같은 성이 어디 있느뇨 하며
19 티끌을 자기 머리에 뿌리고 울고 애통하여 외쳐 가로되 화 있도다 화 있도다 이 큰 성이여 바다에서 배 부리는 모든 자들이 너의 보배로운 상품을 인하여 치부하였더니 일시간에 망하였도다

17 각 선장과 각처를 다니는 선객들과 선인들과

해운업에 종사하는 이들도 바벨론의 불타는 모습을 보았다. 상선이건 유람선이건 군함이건 할 것 없이 모든 선박의 선원과 선객들이 멀리에서 바벨론에 치솟은 불기둥과 화염에 싸인 영화의 도시를 구경하게 되었다. 개중에는 바벨론에 하역할 물품을 싣고 전 세계에서 항진중인 상선과 초대형 컨테이너선도 수두룩하였다. 스미스는 소규모의 선주들은 대형선박 회사나 선주들의 횡포에 억압을 당하고 파산에 이르기도 하였기에, 이 목록 속에는 아예 끼지도 못했을 것이라 추정하였다.

바다에서 일하는 자들이 멀리 서서

17절에는 바다와 관련된 사람들이 모두 네 부류로 소개되었다. 첫째는, 선장이다. "선장"(κυβερνήτης / 퀴베르네테스)은 선박의 책임자로서 항해와 관련된 모든 일을 주관하였다. 선장은 행 27:11의 "선주"(ναύκληρος / 나우클레로스)와는 완전히 다르다. 둘째는, "각처를 다니는 선객들"(ὁ ἐπὶ τόπον πλέων / 호 에피 토폰 플레온)이다. 이례적인 표현 때문에 이것을 교정으로 보는 자들(Beckwith, Kraft, Charles)이 있으나 교정이 아니다. 대부분의 학자(Mounce, Bullinger)는 이를 선객으로 해석하지만 상인으로 해석하기도 한다(Conzelmann, Osborne). 셋째는, 선인 곧 선원이다. 넷째는, "바다에서 배 부리는 모든 자들"이다. 이 표현에 대해서도 어부로 해석하는 학자(Mounce, Osborne, Thomas, Aune)와 상인으로 해석하는 학자(Beckwith, Charles)로 나뉜다.

18 이 큰 성과 같은 성이 어디 있느뇨 하며

수사학적 질문이다. 13:4에는 용에게 받은 권세로 인해 사람들이 짐승에게 경배하면서 같은 형식의 질문을 던졌다. "누가 이 짐승과 같으뇨? 누가 능히 이로 더불어 싸우리요?" 이는 부정적인 답변을 기대하는 어법이다. 짐승과 같은 존재가 없고 그와 더불어 싸울 이도 없다는 의미이다. 마찬가지로 바벨론과 같이 큰 성은 존재하지 않는다는 강변이다.

바벨론은 세계적인 성이었다. 큰 성이었고 견고한 성이었다. 땅의 왕들이 수시로 드나들던 세계의 중심이었다. 그곳에는 세상의 온갖 진귀한 것들로 가득 차 있었다. 세상에서 바벨론과 견줄 만한 성은 아무 곳에도 없었다. 천하제일의 성이었다.

19 티끌을 자기 머리에 뿌리고 울고 애통하며 외쳐 가로되

10절과 16절에서 반복되었던 ‘두 화’의 선언이 이곳에서도 나타난다. 해운업 종사자들도 바벨론의 비극을 자신들의 관점에서 솔직히 토로한다. 그들도 상인들처럼 바벨론의 상품으로 인해 치부했던 자들이다. 바벨론과 상인과 선원들은 질긴 끈으로 동여매여져 있었다. 마지막 소절의 “일시간에 망하였도다”라는 앞의 종속접속사 “호티”(ὅτι)는 다시 한 번 바벨론 멸망의 돌발성을 강조한다. “티끌을 자기 머리에 뿌리고 울고”는 겔 27:30의 장면을 연상시킨다. 두로의 멸망을 예언하는 가운데 티끌을 머리에 뿌리고 재 가운데 누워서 뒹구는 묘사가 나온다.

티끌을 머리에 뿌리는 것은 유대인 사회에서 흔히 볼 수 있는 ‘슬픔’(수 7:6; 욥 2:12; 애 2:10)과 ‘회개’(욥 42:6)의 전형적인 모습이다. 그들은 진작부터 이런 모습을 하나님의 말씀 앞에서 보여야 했다. 지금도 그들은 경제적 파국에 대한 절망감만을 보일 뿐이지 회개자의 모습은 아니다. 바벨론의 패망으로 상인들의 상권이 무너진 것은 무역에 종사하던 해운업 관계자들에게는 바로 직격탄이었다.

4. 찬양의 선포(18:20)

원수의 곤경을 기뻐하지 않던 성도들도 이날만은 즐거워할 것을 권고받았다. 전체적인 상황에서 이 구절은 뾰족 튀어나온 돌멩이처럼 부자연스럽다. 초상집에서 승리의 찬가를 합창하는 것 같은 묘한 분위기는 멋쩍기까지 하다. 그래서 찰스는 이 구절을 23절 뒤에 위치시킴으로 조화를 꾀하고자 하였다. 아운은 이 구절이 선원들의 애가에 속하지 않은 것으로서 본문에는 차후에 추가된 것으로 간주했다. 마운스는 애가 이후에 즐거움으로의 빠른 전환을, 묵시 문학의 자유분방한 스타일로 이해하였다. 20절은 세 애가의 어느 부분에도 속하지 않는다. 애가들은 모두 바벨론과 특정 관계를 갖고 있는 그룹들로부터 나왔다. 그렇지만 이것은 하늘에 속한 자(천사/요한)로부터 들려온 선포이다. 애가와 선포의 차이만큼 그 외침의 원천이 땅에 속한 자들과 하늘에 속한 자라는 차이가 엄연히 존재한다.

이것은 요한의 용의주도한 문학적 장치이다. 20절은 본문에 부수적으로 첨가된 것도 아니요 정당한 위치를 확보하기 위하여 다른 구절로 옮길 필요도 없다. 일종의 삽입절로 보는 것이 낫다. 애곡 소리로 천지를 진동하던 바로 그 순간에 하늘과 땅의 즐거운 코러스는 바벨론 파멸로 인한 세상의 비탄감을 더욱 극대화시킨다. 동시에 이와는 대조적으로 두려운 심판을 통하여 여전히 하나님의 사랑과 공의가 살아 있음을 신실한 성도들에게 전달한다. 원문에서는 한글성경에서처럼 "하늘과"로 되어 있지 않고 "하늘이여!"(οὐρανέ / 우라네)라는 호격으로 되어 있다. 12:12의 "하늘과 그 가운데 거하는 자들은 즐거워하라"는 표현에 비추어 보면, 본 절의 하늘만 아니라 성도들과 사도들과 선지자들까지도 호격의 의미로 해석할 수 있다.

요한은 이 극적인 상황에서 숨죽이며 계시의 말씀을 읽어 가던 자신의 독자들에게 위로의 메시지를 전한다. 바벨론의 죄에 동참하여 부와 사치를 즐기던 이들이 애통해 하는 동안 신실한 자들은 하나님이 자기 백성을 위해 이루신 승리를 즐거워한다. 성도들의 신원이 받아들여졌기 때문이다. 하늘과 땅의 성도들, 사도들, 선지자들이 모두 함께 즐거움에 동참한다. "즐거워하라!"(Εὐφραίνου / 유프라이누)는 매우 강한 동사로서, 신실한 두 증인의 죽음을 즐거워하던 "땅에 거하는 자들"(11:10)과 대조적으로 여기서는 하늘에 속한 자들이 즐거워하고 있다. 본 절의 즐거움과 유사한 즐거움이 하나 더 있다. 미가엘과의 싸움에서 패퇴한 사탄과 그의 수하들이 땅으로 내쫓길 때, 하늘과 그 가운데 거하는 자들은 즐거워하라며 하늘의 큰 음성이 들려왔다(12:12).

> 20 하늘과 성도들과 사도들과 선지자들아 그를 인하여 즐거워하라
> 하나님이 너희를 신원하시는 심판을 그에게 하셨음이라 하더라

20 **하늘과 성도들과 사도들과 선지자들아……즐거워하라**

이는 예레미야의 예언(사 44:23, 49:13 참조)을 암시하는 듯 보인다. 찬양의 선포자는 여전히 큰 권세를 가진 영광의 천사일 것이다. "하늘과 땅과 그중의 모든 것이 바벨론을 인하여 기뻐하리니 이는 파멸시키는 자가 북방에서 그에게 옴이니라"(렘 51:48). 자연이 바벨론의 재앙을 기뻐하는 것에 비해 본 절의 경우에는 하늘과 주의 신실한 종들이 기뻐하는 것으로 되어 있다. 그들의 오랜 갈망과 숙원이 이루어졌다. 억울한 피를 흘리며 조롱과 멸시, 갖은 고초와 박해 속에서도 하나님의 공의로운 손길만을 바라던 죽임 당한 성도들과 사도들과 선지자들의 탄원이 성취된 것이다.

"성도들과 사도들과 선지자들"을 보다 넓은 의미에서 받아들인다면(엡 3:5에 언급된 초대 교회의 순회 설교자들처럼), 이 땅에 생존한

모든 주님의 신실한 백성들, 충성스런 사역자들에게 찬양을 권하는 것일 수도 있다. 스웨트와 찰스도 포괄적인 해석을 지지하였다. 그러나 바로 다음에 찬양의 이유와 근거를 밝히는 종속 접속사 '호티'(ὅτι)로 이어진 소절과, 19:1–5의 내용과 24절의 결론은 이 무리를 순교자들의 그룹으로 보아야 할 이유를 제공하고 있다. 힘센 천사가 찬양을 권고하는데, 정작 그 대상에 계시록에 현저한 인물인 천사가 빠졌음은 이상한 일이다. 그러나 "하늘"이란 표현 속에는 천사들도 포함되었다고 보는 것이 적절하다. 비슬리-머리는 성도가 하늘과 땅에 있는 하나님의 모든 백성을 의미한다면 사도는 새 언약의 성도, 선지자는 옛 언약의 성도를 대표한 인물일 것이라며 구분하여 해석했다.

하나님이 너희를 신원하시는 심판을 그에게 하셨음이라

종속 접속사 '호티'(ὅτι)는 찬양의 이유와 근거를 명백하게 밝힌다. "하나님이 너희의 심판을 그녀에게 심판하셨다"(ἔκρινεν ὁ θεὸς τὸ κρίμα ὑμῶν ἐξ αὐτῆς / 에크리넨 호 떼오스 토 크리마 휘몬 엑스 아우테스) 원문의 직역이다. '너희가 심판해야 할 그 심판을 하나님이 행하셨다'는 뜻이다. 하늘과 땅 사이에서 유일한 입법자와 심판자이신 하나님(약 4:12)께서 신실한 종들의 심판을 대행하셨다. 6:10에 나타났던 순교자들의 피에 대한 호소는 이곳에서 성취의 절정을 이룬다. 그동안 제단 밑에서 울부짖던 영혼들의 탄원은 여러 곳에서 암시되어 왔다(11:18, 14:18, 15:4, 16:5–6). 여기서 기뻐함은 그들의 원한이 갚아져서가 아니라 바벨론의 패망이 목숨을 버리면서까지 하나님의 공의를 믿고 신앙의 순결성을 지켰던 의인들의 선택이 옳았음을 확정시킨 사건이기 때문이다. 불의한 자들과 사악한 자들의 종말이 공의로우신 심판자에 의해 집행됨은 산 자나 죽은 자 할 것 없이 주님 안에서 모두 함께 기뻐해야 할 일이다.

5. 바벨론의 멸망(18:21-24)

바벨론의 멸망으로 인한 애가(18:2-19)가 다시 계속 이어진다(18:21-24). 세 그룹의 애가에서는 먼발치에서 바라보는 정도였는데 이제 장면은 바벨론 내부를 비쳐준다. 천사의 예시적인 행동은 멸망당한 바벨론이 회복 불능임을 강력히 암시한다. 바벨론의 실질적인 멸망을 언급하고 있는 이 부분 중에서 21-23절은 20절과 연결되어 하늘과 성도들과 사도들과 선지자들이 기뻐할 이유를 자세히 설명한다. 이 부분에서의 상세한 파멸의 정경 묘사는 렘 51:59-64의 내용을 상기시킨다. 예레미야가 시종장 스라야에게 전한 바벨론 파멸의 메시지는 분명하다. 계시록의 천사가 큰 맷돌을 바다 가운데 던진 것과 비슷하게 책에 돌을 매달아 유브라데 하수에 던졌다. "이같이 몹시 떨어져 결코 다시 보이지 아니하리로다"는 힘센 천사의 선언은 "이같이 침륜하고 다시 일어나지 못하리니"라는 예레미야의 선언과 흡사하다.

힘센 천사의 등장으로 9-19절에서 번갈아가며 점증되던 애곡 장면이 사그라진 것은 아니다. 21-24절에서도 애가의 분위기는 계속된다. 이것은 14절에서 상인들이 자탄하던 내용이 그대로 성취된 것이다. 동시에 그것은 20절의 묘사처럼 하나님이 성도들을 신원하시는 심판을 행하셨음이다. 상인들의 자탄이나 성도들의 신원이나 어느 쪽으로 보아도 21-24절은 하나님에 의해 결행된 엄중한 심판의 결과이다.

9-19절에 묘사된 바벨론 심판과 그 후 폭풍이 21-23절에서 새로운 각도로 재조명된다. 이는 바벨론 파멸의 주제를 이중적으로 강조하기

위함이다. 20절은 바벨론의 파멸이 하늘과 성도들과 사도들과 선지자들에게는 마냥 즐거운 사건임을 천사는 선언하였다. 그들이 살아 있든 이미 죽었든 하나님의 신원하심을 목격하였음은 대단한 위로가 된다. 21-23절은 20절에 묶여 즐거운 관점에서 바벨론 패망을 정리한 것으로 이해해야 한다.

요한에게 있어 바벨론은 하나님께 적대적인 실체로서의 고대 바벨론이나 두로, 니느웨, 예루살렘, 로마에 비해 더욱 포괄적인 의미를 갖는다. 그들에게는 하나님의 말씀이 성취되기까지 자기 마음대로 할 뜻을 하나님에게서 받은 관계로(17:17), 하나님의 교회와 성도들을 박해하는 정도는 이전의 세력들을 훨씬 능가했다. 바벨론이 하나님으로부터 정죄를 당하는 주요 이유는 근본적으로 교만이다. 부와 사치가 강조되긴 하지만 어디까지나 이차적인 범주에 속한다. 성도들이 빠져나와야 할 죄(18:4)와 하늘에 사무쳐 하나님께 불의한 일(18:5)로 기억된 바는 바로 교만과 살인이다. 자기를 영화롭게 꾸미고 사치한 것(18:7상반절)은 교만(17하반절, "나는 여황으로 앉은 자요 과부가 아니라")의 외부적 발산에 지나지 않는다. 부와 권력 자체에 문제가 있다기보다 그것의 남용과 오용에 있으므로, 그것을 잘못 사용하도록 사람들을 호도한 바벨론이 피할 수 없는 파멸의 재앙을 당한 것이다.

21 이에 한 힘센 천사가 큰 맷돌 같은 돌을 들어 바다에 던져 가로되
큰 성 바벨론이 이같이 몹시 떨어져 결코 다시 보이지 아니하리로
다
22 또 거문고 타는 자와 풍류하는 자와 퉁소 부는 자와 나팔 부는
자들의 소리가 결코 다시 네 가운데서 들리지 아니하고 물론 어
떠한 세공업자든지 결코 다시 네 가운데서 보이지 아니하고 또

맷돌 소리가 결코 다시 네 가운데서 들리지 아니하고
23 등불 빛이 결코 다시 네 가운데서 비취지 아니하고 신랑과 신부의
음성이 결코 다시 네 가운데서 들리지 아니하리로다 너의 상고들
은 땅의 왕족들이라 네 복술을 인하여 만국이 미혹되었도다
24 선지자들과 성도들과 및 땅 위에서 죽임을 당한 모든 자의 피가
이 성중에서 보였느니라 하더라

21 한 힘센 천사가 큰 맷돌 같은 돌을 들어 바다에 던져

계시록에서는 "힘센 천사"(ἄγγελος ἰσχυρός / 앙겔로스 이스퀴로스)가 모두 세 번 출현한다. 캐어드는 이 사실에 주목하면서 첫 힘센 천사는 구속 계획과 연관하여 그리스도의 고난에 대한 큰 책을 다루고(5:2), 둘째 힘센 천사는 구속 계획의 일부로 교회의 고난에 대한 작은 책을 다루며(10:1), 셋째 힘센 천사는 두 책에 기록된 모든 내용의 완성과 연관되었음(21절)을 주장하였다. 흥미로운 관점이다. 21절에는 책에 대한 아무런 언급이 없는데 본 절의 장면이 렘 51:63의 장면과 일말의 연관이라도 있다면 거기에 나온 "책"은 캐어드의 주장처럼 세 번째로 출현한 힘센 천사의 사역과 관련지을 수도 있다. 힘센 천사가 엄청난 크기의 돌을 하늘로부터 바다로 내던지는 모습을 상상만 해도 그 역동적인 힘을 느끼게 한다. 이와 같이 큰 성 바벨론도 붕괴의 급락을 벗어나지 못한다.

어쨌든 한 힘센 천사는 큰 맷돌 같은 돌을 바다에 던짐으로 바벨론의 멸망을 가시화하고 명확히 한다. 본문 21절의 "큰 맷돌 같은"(ὡς μύλινον μέγαν / 호스 뮈리논 메간)에서 맷돌이 형용적인 의미로 사용된 것은 신약에서 이곳이 유일하다. 바다에 빠진 돌이 다시 떠오

르지 않듯 무너진 바벨론은 결코 다시 일어서지 못할 것이다. 예레미야가 바벨론에 대하여 기록한 재앙의 책을 바다에 던진 장면과 흡사하다. "너는 이 책 읽기를 다한 후에 책에 돌을 매어 유브라데 하수 속에 던지며 말하기를 바벨론이 나의 재앙 내림을 인하여 이같이 침륜하고 다시 일어나지 못하리니 그들이 쇠패하리라 하라"(렘 51:63-64). 바로의 병거와 그 군대를 바다에 던지신 하나님(출 15:4)이 바벨론을 깊은 바다에 던지듯 내팽개치셨다. 바벨론은 주님의 저주에 따라 마치 연자 맷돌을 목에 매고 깊은 바다에 던져지듯이 결코 다시 보이지 않을 것이다(마 18:7).

손으로 가는 소형 맷돌(마 24:41)이나 당나귀를 이용해서 운반할 정도로 큰 연자 맷돌(막 9:42; 눅 17:2) 정도가 아니라 힘센 천사가 들어서 내던질 만큼 돌은 크고 무거웠다. 바벨론을 향한 심판이 얼마나 큰지를 가늠할 수 있다. 바벨론에 큰 맷돌 같은 돌이 떨어진 것이 아니라 바벨론 자체가 그처럼 깊은 바다에 잠길 정도로 내동댕이쳐졌다. "몹시 떨어져"(ὁρμήματι βληθήσεται / 호르메마티 블레떼세타이)는 충분한 표현이 아니다. 원문은 폭력적으로 내던져짐을 뜻한다. 동사의 미래시제는 이후의 구절들에 이르기까지 힘을 뻗친다. 바벨론의 패망은 두 개의 단계를 밟는다. 열 뿔과 짐승이 연대하여 음녀를 파멸에 이르도록 하는 자체 분열(17:16)과 그리스도의 재림으로 인해 최종적인 파멸이 이루어진다(19:11-21). 바벨론 파멸의 과정은 이렇다. 하나님의 이름을 업신여기고 성도들을 죽였던 바벨론에 대한 심판이 선고되고(20절) 즉시로 폭력적인 형 집행이 이어진다(21절). 바벨론은 깊은 바다에 잠겨서 두 번 다시 세상에 그 모습을 드러내지 못한다. 심판의 선고도 막중하였지만 형 집행은 더 철저하고 완벽하게 이루어졌다.

22 결코 다시 네 가운데서 들리지 아니하고

일부는 사 24:8의 반영이다(겔 26:13 참조). "소고치는 기쁨이 그치고 즐거워하는 자의 소리가 마치고 수금 타는 기쁨이 그쳤으며." 21-23절에는 "결코……아니하고"(οὐ μὴ……ἔτι / 우 메……에티)란 표현이 6회나 연속적으로 나온다. 바다에 빠진 바벨론이 "결코 다시 보이지 아니하고"(οὐ μὴ εὑρεθῇ ἔτι / 우 메 휴레떼 에티) 즐거운 악기 소리들이 "결코 다시 들리지 아니하고"(οὐ μὴ ἀκουσθῇ……ἔτι / 우 메 아쿠스떼……에티), 어떤 세공업자든지 "결코 다시 보이지 아니하고"(οὐ μὴ εὑρεθῇ……ἔτι / 우 메 휴레떼……에티), 맷돌 소리가 "결코 다시 들리지 아니하고"(οὐ μὴ φάνῃ……ἔτι / 우 메 파네……에티), 등불빛이 "결코 다시 비취지 아니하고"(οὐ μὴ ἀκουσθῇ……ἔτι / 우 메 아쿠스떼……에티), 마지막으로 신랑과 신부의 음성이 "결코 다시 들리지 않는다"(οὐ μὴ ἀκουσθῇ……ἔτι / 우 메 아쿠스떼……에티).

바벨론의 미래는 없다. 재건도 부흥도 불가능하다. 하나님이 심판의 재앙을 철저하고도 완벽히 행하셨기 때문이다. 왜 바벨론은 마지막 시대의 사악한 체제와 힘으로 그렇게 무참히 붕괴되어야 했을까? 그들의 죄가 하늘에 사무쳤기 때문이다. 그들에게 티끌만한 미래도 없음은 그들의 과거가 성도들과 사도들과 선지자들의 피에 젖어 있기 때문이다. 바벨론의 멸망은 죄 때문이다. 돌이키지 않은 죗값으로 인한 파국적인 심판의 결과는 무섭도록 혹독하다. 바벨론의 박해 속에서 살아왔던 성도들의 삶이 곧 22-23절에 기록된 삶이었다.

주님의 성도들은 세상이 빼앗아 간 삶의 즐거움들로 인해 아무런 인생의 즐거움도 찾을 수 없었다. 바벨론의 박해 때문이었다. 길드가입을 거절하고 우상 숭배의 길을 차단함으로 사업의 확장도 기대할 수 없었다. 바벨론의 박해 때문이었다. 경제적인 궁핍함으로 인하여 음식 장만하는 소리도 들을 수 없었다. 바벨론의 박해 때문이었다. 그들의 이웃이나 친척들도 기피 인물로 낙인찍힌 크리스천과의 접촉을 꺼렸으므로 사람들의 왕래로 인해 등불을 밝혀야 할 일도 없었다. 바벨론의 박해 때문이었다. 출생이나 혼인 같은 가족적인 경사도 공개적으로 축하할 일이 없었다. 바벨론의 박해 때문이었다. 이제 하나님이 성도들의 빼앗긴 삶을 되찾으시고 짓눌렸던 삶을 펴주신다. 자신이 뿌렸던 재앙의 씨앗을 바벨론이 열매로 거둔다. 이것이 힘센 천사가 보인 비유적 행동의 의미이며 그가 노래한 배경이다.

너의 상고들은 땅의 왕족들이라

힘센 천사는 바벨론 멸망의 이유를 22절 후반부에서 23절에 이르러 다시 한 번 더 강조한다. 세 가지 이유를 열거한다. 첫째는, 바벨론의 상고들은 땅의 왕족이라는 사실이다. 이제 상인의 주체 세력이 드러났다. 서민 출신인 장사치도 있었겠지만 바벨론과 더불어 큰 흥정을 주고받았던 실체는 바로 땅의 왕들과 끈이 닿은 왕족들이었다. 권력을 이용해 바벨론과 관계를 맺은 왕족 출신의 상인들은 거짓 종교가 제공하는 야릇한 신비감에 도취되기도 하고, 음녀가 제공하는 각종 음행의 난잡함에 사로잡혀 경제적 부를 이루었다. 어쩌면 가진 자로서 가지지 못한 자들에 대한 최소한의 도덕적 배려도 하지 않았을 것이다. 그들은 경제적 폭군이었다. 따라서 심판의 철퇴가 가해지지 않을 수 없다.

23 네 복술을 인하여 만국이 미혹되었도다

바벨론 멸망의 둘째 이유는 바벨론이 경제만이 아니라 종교적 측면에서 행한 죄악 때문이었다. 그들에게는 귀신의 영들이 씌어 있었다(16:13-14, 17:4, 18:2).

바벨론은 사악한 영의 힘을 빌려 "복술"(φαρμακεία / 파르마케이아)을 행하였다. 이는 마술을 뜻한다. 그의 마술은 세계적인 흥행을 이룰 정도로 뛰어났다. 마술을 통하여 사람들을 미혹하여 거짓 영에게 그 영혼을 귀속시켰다. 귀신을 섬기고 우상을 섬기고 적그리스도를 섬기고 사탄을 섬기게 하였다. 이 땅에 행해지는 모든 마술 행위는 정죄되어야 마땅하다. 마술사 시몬은 정죄되었다(행 8:20-23). 에베소의 마술사들이 회심의 증거로 마술에 관련된 모든 책을 공중 앞에서 태웠다(행 19:19).

바벨론의 마술은 원조가 사탄이다. 사탄은 마술의 대왕이다. 두아디라 교회를 어지럽힌 자칭 여선지자 이세벨의 음행(2:20-21) 역시 이 마술과 연관이 있었을 것이다. 니느웨도 마술과 연관된 음행으로 화의 심판을 받았다(나 3:4). 사탄이 에덴 동산에서 하와에게 접근할 때 나타난 뱀의 형상이 마술의 첫 작품이다. 사탄은 그날의 흥행 이후로 마술을 통하여 사람들을 바른 진리에서 떠나도록 부추긴다. 바벨론의 멸망은 그녀가 행하던 마술의 모든 능력으로 회복할 수 없게 만들었다. "한날에 홀연히 자녀를 잃으며 과부가 되는 이 두 일이 네게 임할 것이라 네가 무수한 사술과 많은 진언을 베풀지라도 이 일이 온전히 네게 임하리라"(사 47:9). 마술은 영적 음란의 한 형태다. 바벨론은 모든 마술의 본거지였다. 심판의 철퇴가 가해지지 않을 수 없다.

마술 행위(9:21)는 고대 이스라엘의 역사에서만이 아니라 유대교와 심지어 초기 기독교에서도 주요한 문젯거리였다(신 18:10; 사 47:9,

12; 나 3:4; 말 3:5; 행 8:9-13, 13:6-11, 19:13-20; 갈 5:20; 시빌신탁서 5:165-6). 마술(복술)은 단순한 눈속임 정도가 아니라 그 배후에 악령의 술수가 도사리고 있음이 문제였다.

구약에서 복술(φαρμακείᾳ / 파르마케이아)은 이세벨(왕하 9:22), 바벨론(사 47:12), 니느웨(나 3:4)와 연관되었다. 로마 제국이 마술행위를 허용하기 시작하면서 마술은 급증하였고 종교의 성격까지 띠게 되었다. 두아디라 교회는 자칭 선지자 여자 이세벨로 인해 행음과 우상 숭배에 빠지는 죄를 저질렀는데(2:20), 사악한 삼위일체 역시 이러한 행위를 이용해 숱한 사람들을 속였음이 틀림없다(12:9, 13:14, 19:20, 20:3, 8, 10). 마술의 최대 특징은 속임수이다. 속임은 진리에서 벗어난 것이다. 그런 연유로 인해 새 예루살렘 성의 거주민 명단에 술객들이 삭제되었다(21:8, 22:15).

24 선지자들과 성도들과……죽임을 당한 모든 자의 피

18장의 마지막 절은 바벨론 멸망의 마지막 이유를 말한다. 그들이 순교의 피로 바벨론을 물들였기 때문이다. 옛 바벨론도 이스라엘 사람을 살육하여 그 피로 성을 물들였기에 동일한 심판의 재앙을 당해야 하였다(렘 51:49). 주변국들과 이스라엘을 압제하여 피를 흘렸던 니느웨(나 3:1) 역시 심판의 화를 입어야 했다. 이 땅에는 성도들의 거룩한 피가 물들어 있다. 아직도 세계의 도처에서는 알려지지 않은 순교자들의 죽음이 계속된다. 순교자의 거룩한 피가 흐르면 제단 밑에 엎드린 순교자들의 탄원은 속히 이루어진다. 주님의 증인이 되기 위해 흘렸던 그 모든 피가 바벨론의 마지막 파멸을 가져온다.

역사적으로 예루살렘은 많은 의인들의 피를 흘린 것으로 악명 높았다(겔 24:6, 9; 마 23:35; 눅 13:33). 바벨론 역시 피에 젖은 도시였다(렘 51:35, 36, 49; 계 17:6, 19:2). 본서에는 땅의 거주자들이(6:10), 바다에서 올라온 짐승이(11:7; 13:7), 그리고 땅에서 올라온 짐승이(13:15) 성도들의 피를 흘렸다. 순교자들의 영혼은 제단 앞에 엎드려 살인자들에 대하여 그들의 피를 신원해 주시기를 탄원하였다(6:10). 이제 순교자들의 숫자가 채워져서 하나님의 쌓이고 쌓였던 심판이 살인자들의 요람이었던 바벨론에게 쏟아 부어졌다. 바벨론의 갑작스런 파멸은, 순교자들을 비롯하여 수많은 의인들이 질문하며 기다려온 데 대한 해답이 되었다.

6. 심판의 찬양(19:1-5)

17-18장의 바벨론 심판이 끝나자 이어서 하나님의 공의와 승리를 찬양한 내용이 19장의 서두(1-5절)를 장식한다. 바벨론 심판에서는 왕들과 상인들과 선원들이 자신들의 관점에서 바벨론의 파멸을 받아들이고 애통으로 상실의 고통을 표현하였다. 19:1-5에서는 허다한 무리와 네 생물과 이십사 장로의 세 그룹이 18장의 세 그룹에 대조적으로 하나님의 공의로우신 심판을 찬양한다. 이들의 찬양은 분위기상 보좌 장면에 나타났던 찬양과 비슷하다(5:9-14). 또한 내용적으로는 일곱째 나팔을 불고 난 뒤에 들린 찬양들(11:15-18)과 맥을 같이한다. 11장에는 심판과 보상이, 19장에는 심판과 신원이 찬양의 주제인데 보상과 신원은 넓은 의미에서 동질의 것이다.

바벨론 심판에 관한 길고 지루했던 장면이 마침내 종언을 고했다. 17:1로부터 시작된 바벨론 멸망의 기사는 19:5에 이르러 모든 면에서 완료된다. 19:1-5은 새로운 장의 시작에 해당하면서 바벨론 관련 사건을 매듭짓는 찬양이다. 특히 19:1-10은 18:21-24과 내용과 형식면에서 '찬가'와 '만가'라는 극단적 대조를 보인다. 19장의 초반부는 18장 마지막 부분의 연속인데, 일곱째 천사가 나팔을 불 때 하늘의 음성들이 찬양했던 내용들(11:15-19)과 상당히 유사하다. 한편 이곳의 찬양은 일곱 재앙이 시작되기 직전에 하늘의 승리자들이 불렀던 모세의 노래 곧 어린양의 노래 내용과도 유사하다(15:3-4).

바벨론 파멸의 현장에서 "하늘과 성도들과 사도들과 선지자들아 그를 인하여 즐거워하라!"(18:20)고 했던 음성에 대한 화답이 19:1에 드러난다. 그것은 천상에 있는 허다한 무리들의 찬가였다. 할렐루야로 시작된 이 짧은 찬가에는 하나님의 신원하심과 공의로운 심판이 칭송되었으며 할렐루야로 마감한다. 할렐루야에서 시작해서 할렐루야로 끝나는 이 찬가는 곧 이십사 장로들과 네 생물에게서 아멘 할렐루야의 화답송을 이끌어낸다. 보좌에서 난 음성이 찬양의 당위성을 선포하자 다시 허다한 무리들의 할렐루야가 어린양의 혼인 사실을 통고하면서 찬양의 새로운 국면을 연다. 땅에 살면서 땅에 속한 자가 되기를 끝내 거부하고 하늘에 속한 나그네의 외로운 삶을 살아가던 성도들이, 그토록 바라고 꿈꿔왔던 '구원과 영광과 능력'이 오직 하나님께만 있음이 공포됨으로(1절) 이 찬가가 지닌 의미를 극대화한다. '여호와를 찬양하라!' 는 뜻의 할렐루야가 신약에서 오직 이곳에서만 그것도 세 번에 걸쳐 연거푸 사용되었음은, 바벨론 파멸이 하나님께나 성도들에게 얼마나 뿌듯한 찬양의 이유가 되는지를 밝혀 준다.

① 둘 다 주를 경외하는 자를 언급한다(19:2, 5절과 11:18).
② 둘 다 하나님의 의로운 심판을 언급한다(19:2과 11:18).
③ 둘 다 하나님의 통치를 선포한다(19:6과 11:15-16).
④ 둘 다 뇌성을 언급한다(19:6과 11:19).

⑤ 둘 다 하늘의 큰 음성들을 언급한다(19:1과 11:15).
⑥ 둘 다 이십사 장로의 경배를 언급한다(19:4과 11:16).

19-20장은 새로운 국면을 보여준다. 17-18장의 애곡과 황폐해 버린 도성을 보여주고 난 후에 19-20장에서 즐거움과 심판이 어우러진 내용을 다룬다. 이곳에는 서론 부분(1-5절)에 이어 일곱 개의 작은 환상들이 나타난다.

① 어린양의 혼인 잔치(19:6-10).
② 백마를 타신 메시아(19:11-16).
③ 적그리스도의 멸망(19:17-21).
④ 사탄의 결박(20:1-3).
⑤ 천년 왕국(20:4-6).
⑥ 사탄의 멸망(20:7-10).
⑦ 백보좌 심판(20:11-15).

1 이 일 후에 내가 들으니 하늘에 허다한 무리의 큰 음성 같은 것이 있어 가로되 할렐루야 구원과 영광과 능력이 우리 하나님께 있도다
2 그의 심판은 참되고 의로운지라 음행으로 땅을 더럽게 한 큰 음녀를 심판하사 자기 종들의 피를 그의 손에 갚으셨도다 하고
3 두 번째 가로되 할렐루야 하더니 그 연기가 세세토록 올라가더라
4 또 이십사 장로와 네 생물이 엎드려 보좌에 앉으신 하나님께 경배하여 가로되 아멘 할렐루야 하니
5 보좌에서 음성이 나서 가로되 하나님의 종들 곧 그를 경외하는 너희들아 무론대소하고 다 우리 하나님께 찬송하라 하더라

1 이 일 후에 내가 들으니

새로운 환상의 전개를 가리키는 전형적인 표현인 "이 일 후에 내가 보니"(μετὰ ταῦτα εἶδον / 메타 타우타 에이돈, 4:1, 7:1, 9, 15:5, 18:1)와 표현이 비슷한 "이 일 후에 내가 들으니"(μετὰ ταῦτα ἤκουσα / 메타 타우타 에쿠사)와 비슷한 이 묘사는 계시록에서 이곳에만 유일하게 나타났다. 물론 "이 일"(ταῦτα / 타우타)이란 바벨론의 멸망을 가리킨다.

요한은 18장에서 이루어진 바벨론 심판의 의미를 짧게 요약한 하늘의 첫 음성을 들었다. 두 번째 음성은 허다한 무리들이 내지른 '할렐루야'였다. 그 뒤를 이어 다시 네 생물과 이십사 장로들이 '할렐루야 아멘'으로 화답하였다. 최종적으로 보좌로부터 들려온 음성이 찬양의 당위성을 선포하였다. 바벨론의 멸망이 실현되면서 순교자들의 호소도 성취되었고 하나님께 속한 모든 무리들은 산 자나 죽은 자 할 것 없이 함께 기뻐하고 즐거워하였다.

하늘에 허다한 무리의 큰 음성 같은 것이 있어

18절 말미에서 들려준 힘센 천사의 찬양 선포는 19절이 시작되면서, 찬양의 규모와 내용에 있어 획기적인 발전을 이룬다. 더욱 웅장하고 영광스럽다. 최초의 할렐루야 코러스가 우주에 꽉 들어찬다. 요한은 숨이 막힐 정도의 감동으로 이 위엄에 찬 장면을 보고 듣는다. '할렐루야'(Ἀλληλουϊά)는 '여호와를 찬양하라'는 히브리어의 헬라역이다. 히브리인들의 예전적 감탄어를 크리스천의 찬양으로 받아들인 예들 중의 하나다. 할렐루야는 신약에서 오직 이곳에서만 연속적으로 나타난다. 할렐루야는 이후에 계속해서 두 번 더 반복되고(3, 6절), 이십사 장로와 네 생물들의 화답송에 또 한 번 언급되어(4절), 이 찬양을 계시록 전체에서 영광송으로 최우위의 자리를 차지하게 만든다.

"허다한 무리"(ὄχλου πολλοῦ / 오클루 폴루)는 7:9에서 "아무라도 능히 셀 수 없는 큰 무리"로 세밀히 묘사하면서 그들이 보좌 앞과 어린양 앞에 위치하고 있음을 밝혔다.

요한은 단지 들었을 뿐이지만 그것이 "큰 무리"인 것을 영적 감지력으로 이해한다. 음성의 주체가 천상의 존재인지(Wall, Aune), 아니면 하늘의 승리한 성도들인지(Roloff, Mounce, Osborne, Bauckham, Krodel)에 대한 해석상의 차이가 있다. 이들이 만일 7:9에 묘사된 이들과 동일하다면 당연히 성도이다.

하나님을 찬양하여야 할 궁극적인 이유는 오로지 구원과 영광과 능력이 하나님께만 있기 때문이다. 찬양의 주체는 하늘에 허다한 무리들이다. 래드는 이들을 하나님의 보좌 주위에 있는 천군들이라 보았으나 하나님께 구속함 받은 모든 성도들이다. 그들이 느끼는 구원과 심판에 있어서의 하나님의 위대한 사역이 그들로 하여금 할렐루야를 소리 높여 찬양하게 하였다. 성도들의 첫 할렐루야는 구원과 영광과 능력의 원천으로서의 하나님을 높이고 마지막 할렐루야는 하나님의 통치를 선언한다. 존슨은 1-6절에 나타난 할렐루야의 주제를 출애굽 사건을 암시하는 시편의 여러 찬양시들(113-118장)과 결부시켰다. 그는 특별히 두 개의 구절에 주목하였다. "할렐루야, 여호와의 종들아 찬양하라 여호와의 이름을 찬양하라"(113:1). "대소 무론하고 여호와를 경외하는 자에게 복을 주시리로다"(115:13).

그리고 존슨은 유대의 미드라쉬에도 시편의 찬양시들이 악한 자들의 종말적 파국과 연관되었음을 예로 들었다. 비얼은 이에 대해 아무 논평도 가하지 않고 오히려 시 104:35이 악인의 심판과 연관하여 할렐루야를 사용한 점을 들어서 보다 가능성 있는 소스로 제시했다. "죄인을 땅에서 소멸하시며 악인을 다시 있지 못하게 하실지로다 내 영혼아 여호와를 송축하라 할렐루야." 시의 시작과 끝을 할렐루야로 채운 146-150편도 '할렐 찬양시'에 속한다.

2 그의 심판은 참되고 의로운지라

15:3에도 칭송되었던 표현이다. 하나님이 찬양받으실 이유가 구원과 영광과 능력이 하나님께 속했을 뿐만 아니라 그분이 행하시는 심판의 공정성 때문이다. 많은 경우에 하나님의 심판이 급히 행해지지 않기 때문에 의인들은 고통 속에서 의문을 품으며 악인들은 번영 속에서 자만한다. 하나님의 심판은 결코 이르거나 늦는 법이 없다. 시간의 멀고 가까움은 인간이 느끼는 것이지 하나님 편에서는 언제나 동일하다.

자신이 정하신 때에 맞추어 서두르지도 않으시고 늦장 부리지도 않으신다. 섭리의 시간표에 맞추어 수순을 밟아 진행하신다. 하루가 천 년 같고 천 년이 하루 같은 하나님(벧후 3:8)에게 있어 인간 역사의 장구함이란 밤의 한 경점에 불과하다(시 90:4). 참되고 의로우심은 하나님의 변치 않는 속성이다. 음녀의 거짓을 발가벗기셨으니 그분의 심판은 진실하고 불의한 바벨론을 파멸시키셨으니 의로우시다. 정한 때까지 기다렸다가 편벽됨이 없이 그들에게 심판을 행사하시니 그의 심판의 모든 과정도 참되고 의롭다. 땅을 더럽힌 음녀를 심판하여서 더러움을 제하시니 의롭다. 세상을 불신과 불경건의 길로 호도하고 하나님께 이르는 모든 길을 차단시켰던 훼방꾼을 처리하시니 의롭다.

음행으로 땅을 더럽게 한 큰 음녀를 심판하사

음녀는 음행으로 세상의 왕들을 더럽혔고 땅에 거하는 거주자들을 마술과 거짓 종교로 더럽혔으며 그들이 사는 땅까지 더럽혔다. 순교자들의 피가 씻을 수 없을 정도로 그 더러운 죄가 땅속 깊이 스며들었다. 음녀에게는 용과 짐승과 거짓 선지자로부터 더러운 영을 받아 더러운 영으로 충만했기 때문이다. 땅을 정결하게 창조하신 하나님께서 자신의 발등상을 더럽힌 음녀를 심판하심은 당연한 일이다. 땅을 정결하게 만들었던 순교자들의 피가 땅을 더럽힌 음녀를 향해 심판을 행사하시도록 탄원하였으니 그 기도에 응답하심은 당연한 일이다. 보수하시는 하나님이 의로운 백성의 죽음을 간과하실 리 없으시다. 하나님은 자기 종들의 피를 그녀의 손에서 찾으셨다. 원문에 나온 "그녀로부터의"(ἐκ χειρὸς αὐτῆς / 에크 케이로스 아우테스)는 의미가 어색하므로 한글 성경에서처럼 "그(녀)에게"가 바른 의역이다(삼하 4:11; 민 31:2; 왕하 9:7; 계 18:20).

"그가 갚으셨다"(ἐξεδίκησεν / 엑세디케센). 하나님께서 음녀의 악행을 따라 친히 갚으셨다. "땅을 더럽게 한 자"(ἔφθειρεν τὴν γῆν / 엪데이렌 텐 겐, 11:18)는 "땅을 망하게 하자"(διαφθείροντας τὴν γῆν / 디앞떼이론타스 텐 겐)이다. 바벨론은 음행으로 땅을 더럽게 하여 땅을 망하게 하였다. 땅을 망하게 했으니 이제 그가 망하는 것은 합당하다.

2절은 "온 세계를 멸한 멸망의 산"(τὸ ὅρος διεφθαρέμνον τὸ διαφθερον πάσαν τὸ τὴν γῆν / 토 오로스 디엪따렘논 토 디앞떼론 파산 토 텐 겐, 렘 51:25)의 반영이다. 온 세계를 망하게 했던 바벨론을 망하게 하신 심판자 하나님이 종말의 바벨론을 정확히 망하게 하셨다.

바벨론은 역사적 바벨론의 교훈을 통해 그와 같은 파국의 전철을 밟지 말아야 했다.

“그가 갚으셨다”는 예기적 단순과거로서, 바벨론이 세상에 영향을 끼쳤던 음행에 대한 하나님의 반응을 열렬히 환영한다. 하나님은 자기 종들의 피를 바벨론에게 충분히 갚으실 것이다. “갚으심”은 신약에서 계시록에서만 두 번 사용된 희귀단어로서(6:10) 복수에 대한 적나라한 표현이다. 예후에게 아합의 집을 쳐서 창기 같던(왕하 9:30) 이세벨이 흘렸던 자신의 종들의 피를 갚아 주시겠다(왕하 9:7) 하시던 하나님의 노여움이 짙게 깔려 있다. 2장의 이세벨 언급에 미루어 요한의 마음에는 이스라엘 역사에서 악역을 맡았던 이세벨 사건을 염두에 두고 있었을지 모른다.

3 할렐루야 하더니 그 연기가 세세토록 올라가더라

하늘의 큰 무리가 심판의 찬양에 두 번째 할렐루야로 화답한다. 이어서 연기가 세세토록 올라간다. “세세토록”(εἰς τοὺς αἰῶνας τῶν αἰώνων / 에이스 투스 아이오나스 톤 아이오논)은 끝이 없는 시간을 뜻한다. “세세토록”은 본서에서 모두 13번 나오는데 대부분의 경우에 하나님의 영원한 존재라는 의미로 사용되었다. 심판의 연기는 시작은 있으나 끝은 없다. 그들의 심판은 일회에 그쳤지만 그 결과는 영원한 연기로 기억된다. 마치 에돔의 멸망이 그렇게 기억된 것과 마찬가지이다(사 34:9–10). 여기에서의 할렐루야는 이전 찬양에 대한 결론만이 아니라 연이어 계속되는 찬양의 서두 역할까지 한다. 꺼지지 않는 심판의 불이나 연기는 일종의 과장법으로 성경에 두루 사용됐다(사 66:24; 렘 17:27; 겔 20:48; 막 9:43, 48).

4 이십사 장로와 네 생물이 엎드려……아멘 할렐루야

보좌 앞에 시립한 이십사 장로들과 네 생물들이 엎드려 보좌에 앉으신 하나님께 경배를 드리며, 허다한 무리들의 할렐루야 찬양을 "아멘 할렐루야"로 화답하며 그 찬양의 내용을 확증한다. "아멘 할렐루야"는 시편 제4권의 마지막 시편의 마지막 절인 시 106:48의 내용과 표현상 비슷하다. "모든 백성들아 아멘할지어다 할렐루야"(ואמר כל־העם אמן הללו־יה, 웨아마르 콜–하암 아멘 할렐루–야). "아멘"(Ἀμήν)은 일종의 비준 효과를 갖는다. 비얼은 아멘이란 표현이 어떤 경우에는 앞에 진술한 내용을 강화시키기도 함을 주장하였다. 인정하고 받아들이면서 영화로운 존재들은 할렐루야로 무리들의 찬양에 하나님의 영광을 증폭시킨다. 아멘 다음에 할렐루야를 연호한 것은 아멘으로 인증한 내용을 재인증하는 효과를 갖는다.

네 생물과 이십사 장로들의 순서가 일반적인데 이곳에서는 이십사 장로가 앞에 위치하였다. 이 두 그룹은 늘 보좌 장면에 연관되어 있고 하나님께 경배를 드리며 찬양하는 모습을 연상시킨다(4:9–10, 5:8, 14, 7:11, 11:16, 14:3). 네 생물과 이십사 장로들은 보좌를 벗어나는 법이 결코 없다. 그들은 보좌의 지근거리에서 하나님을 보좌하면서 찬양과 경배로 천상의 위엄을 드러낸다. 본 절에서 그들의 경배는 온통 찬양일색이다. "아멘 할렐루야!" 그것으로 족하다.

5 보좌에서 음성이 나서 가로되

보좌에서 나는 음성의 주인공은 하나님과 그리스도 둘밖에 없다. 하나님이라면 "우리 하나님께"라는 표현을 사용하지 않았을 것이다. 그러므로 이 음성은 어린양 그리스도의 음성이다(6:6, 16:1, 17 참조). 래드는 네 영물 중의 하나의 소리로 보았다. 많은 주석가들은 "우리 아버지"가 아니라 "우리 하나님께"란 표현이 그리스도의 음성으로 받아들이기 힘들게 한다는 주장인데 그렇지 않다. 만일 그리스도께서 보좌에 앉으신 분을 가리켜 아버지라 표현하려 했다면 "우리 아버지"가 아니라 "나의 아버지"라야 옳다. 많은 주석가들은 본 절의 보좌에서 들린 음성의 주인공이 네 생물 중의 하나이거나 이십사 장로 중의 하나가 아니면 다른 천사일 것이라 본다(Beckwith, Charles, Kiddle, Hendriksen, Mounce). 스몰리는 보좌에 앉으신 분의 음성으로 여겼다.

주님은 부활하신 후에 "나의 아버지"와 "너희 아버지"를 분명히 구분하셨다(요 20:17). 그러나 요 20:17에서는 "나의 아버지"와 "너희 아버지"의 구분만이 아니라, "나의 하나님"과 "너희 하나님"도 구분되었으므로 그리스도시라면 "우리 하나님"이 아니라 "나의 하나님"이어야 하는 주장으로 또다시 반론을 제기하기도 한다. 그러나 성도들을 구속하신 주님이 성도들과 구원의 계획을 창안하신 하나님께, 구원의 대상자인 성도들과 구원의 집행자이신 그리스도 자신이, 하나님을 향하여 "우리 하나님"이라 부르지 못할 하등의 이유도 없다. 여하튼 요한의 관심은 보좌에서 들려온 목소리의 주인공이 아니라 그의 찬양 선포에 있다.

하나님의 종들 곧 그를 경외하는 너희들아

"하나님의 종들"(οἱ δοῦλοι αὐτοῦ / 호이 둘로이 아우투)은 특별한 계층의 그룹을 지칭한 말이 결코 아니다. 그들은 하나님을 섬기는 신자 전체를 아우르는 표현이다. "그를 경외하는 너희들"(οἱ φοβούμενοι αὐτον / 호이 포부메노이 아우톤)과 동격을 이룬다. 하나님을 두려움으로 섬기고 그의 말씀을 순종하여 받드는 이들은 누구나 하나님의 종이다. 모든 신자가 하나님의 종이다. 하나님을 믿는 자들에게는 그리스도가 저희 주님이요 저희는 그리스도의 종이다(2:20, 7:3, 11:8, 19:2, 5, 22:3). 작은 자나 큰 자, 여자나 남자, 가난한 자나 부요한 자, 유대인이나 이방인, 예나 지금이나 변함없이 하나님을 경외함이 종 된 표식이다. 스웨트는 이 확대된 부르심은, 성도들의 지적 능력이나 사회적 신분이나 영적 진보의 깊고 옅음이나 사람이 어떻게 인간 부류를 나누고 구분하든지에 상관없이 은혜 안에서의 부르심이라 보았다.

7. 어린양의 혼인(19:6–10)

이 부분은 1–10절의 할렐루야 찬가의 후반부에 해당한다. 전반부는 17장과 18장의 음녀와 바벨론에 대한 심판을 결론짓지만 후반부는 그리스도의 재림과 희락의 사건으로 시작한다. 기쁨의 찬가는 어린양의 혼인 잔치가 박두하였기 때문이다. 그리스도의 신부인 성도에게 있어 이 순간은 가장 놀라운 축하의 시간이 된다. 왜냐하면 성도들은 어린양의 신부가 되며, 천상에 속한 모든 것이 신부의 지참금이 되기 때문이다(21:9–10). "어린양의 혼인"은 그리스도와 성도들의 관계를 아름답게 묘사한 상징 중의 하나다. 교회의 신랑이신 그리스도께서 통치하는 것을 본 하늘의 무수한 천사들은 많은 물소리 같고 큰 뇌성도 같은 소리(1:15, 6:1, 14:2)로 할렐루야를 외쳤다. 모든 적대 세력이 사라진 후에 세워진 의의 왕국에서 왕중왕, 주중주이신 그리스도께서 통치하심은 그분의 우주적인 통치권을 확연히 드러내 보이심이다(11:15, 17, 12:10; 마 6:10; 고전 15:24). 그리스도의 나라는 이루어졌고 의의 통치와 사랑의 복종만이 새로운 세상을 가득 채운다.

하나님과 자기 백성 간의 관계를 결혼 상징으로 묘사한 것은 구약 예언자들이 자주 사용한 문학 기법이며(사 54:1-6; 렘 31:32; 겔 16:8), 복음서(마 25:1-10; 막 2:19)와 바울의 서신서에도 나타난다(고후 11:2; 엡 5:32). 여기에서 어린양 그리스도는 자신의 몸 된 교회, 자신의 정결한 신부와 구원의 궁극적인 완성을 기념하는 천상의 결합에 이른다. 찬양의 주요 이유는 전능하신 주님의 통치 개시와 어린양의 혼인이다. 둘은 사실 하나의 사건이지만 두 개의 관점에서 서술하였다. 본서에서 세 번째로 소개된 천상의 찬양에 포함된 할렐루야는 이후로는 다시 나타나지 않는다.

신랑을 맞이하는 신부의 준비는 8절에 나타나 있다. 빛나고 깨끗한 세마포로 단장한다. 이 순백의 옷은 성도의 옳은 행실을 상징한다. 옳은 행실은 10절에서 부분적으로 설명된다. 예수의 증거를 지닌 것이다. 계시록에서 예수의 증거는 항상 신실한 말과 구체적인 행위에 연관되었다(1:9, 6:9, 11:7, 12:11, 17, 20:4). 예수의 증거를 지님은 결코 쉬운 일이 아니었다. 그것은 바벨론에 대한 충성을 거부하여 그들이 짓는 죄에 참예하지 않음으로 그들이 받을 재앙에서 벗어나는 일이었다(18:4). 세상의 박해가 아무리 드세다 할지라도 성도들은 어린양과의 환희의 해후를 맞이하기 위해 말씀에 뿌리 내린 자신들의 믿음을 지켜야 했다. 이것처럼 좋은 결혼 선물도 없다. 천사의 결론적 선언(9-10절)은 17:1에서 언급했던 음녀에 대한 심판이 이로써 완결되었음을 의미한다.

6-8절의 찬양은 계시록에서 마지막에 해당하는 찬양으로서 결혼

축시(epithalamium)에 해당한다. 결혼 당사자는 제자리에 있고 예식은 곧 시작할 찰나이다. 바벨론 심판의 정당성을 선언하였던 허다한 무리들처럼(1-2절), 하나님의 통치를 선언하면서 '심판의 완결자'이신 하나님을 암시한다(6하반절). 음녀는 처단되고 신부는 예비되고 어린양의 결혼식 준비는 무르익었다(7절). 이것은 하나님께서 요한에게 보여주신 메시아 시대의 아름다움인데 결혼식 장면으로 나타났다. 실제의 혼인 예식은 그리스도의 재림 때까지 이루어지지 않지만 바벨론의 급속한 파멸에 뒤이어 이제 막 일어난 것처럼 생생하게 묘사되었다. 모두가 즐거워할 이유는 어린양의 혼인 기약이 이르렀기 때문이다(7절). 정혼녀로서 기다려오던 긴 시간이 드디어 끝났다. 고난 속에서도 충성을 잃지 않고 순결한 신부가 되어 주님께 영원히 속한 자가 되기 원했던 지상 교회의 오랜 숙원이 이루어지는 순간이다. 사랑하는 남편이신 어린양 그리스도와 구원과 영광의 경험을 함께 나누는 일치와 연합이 확인되는 순간이다. 즐거워하지 않을 수 없다. 이 하나 됨의 실상은 21-22장에서 다시 세밀하게 묘사되었다.

6 또 내가 들으니 허다한 무리의 음성도 같고 많은 물소리도 같고 큰 뇌성도 같아서 가로되 할렐루야 주 우리 하나님 곧 전능하신 이가 통치하시도다
7 우리가 즐거워하고 크게 기뻐하여 그에게 영광을 돌리세 어린양의 혼인 기약이 이르렀고 그 아내가 예비하였으니
8 그에게 허락하사 빛나고 깨끗한 세마포를 입게 하셨은즉 이 세마포는 성도들의 옳은 행실이로다
9 천사가 내게 말하기를 기록하라 어린양의 혼인 잔치에 청함을 입은 자들이 복이 있도다 하고 또 내게 말하되 이것은 하나님의 참되신 말씀이라 하기로

10 내가 그 발 앞에 엎드려 경배하려 하니 그가 나더러 말하기를 나는 너와 및 예수의 증거를 받은 네 형제들과 같이 된 종이니 삼가 그리하지 말고 오직 하나님께 경배하라 예수의 증거는 대언의 영이라 하더라

6 허다한 무리의 음성도 같고 많은 물소리도 같고

"가로되"(λεγόντων / 레곤톤)의 주체는 1절에 나온 허다한 무리의 큰 음성이다(λεγόντων / 레곤톤). 스몰리는 관사가 없는 이유로 6절의 "큰 무리"와 1절의 "큰 무리"가 동일하지 않음을 주장하였다. 그것보다는 같은 큰 무리인데 1절의 큰 음성이, 6절에는 "많은 물소리도 같고 큰 뇌성도 같은" 소리로 더 확장된 점이 다르다. "많은 물소리도 같고 큰 뇌성도 같음"은 허다한 '큰' 무리의 발하는 소리가 대단함을 나타내는 상징이다. 1:15에는 인자 같은 이의 음성이 많은 물소리 같았고, 14:2에는 거문고 타는 자들의 연주가 많은 물소리와 큰 뇌성 같았다. 19:6의 묘사는 14:2에 가깝다. 에스겔의 성전 환상에서는 하나님의 음성이 많은 물소리 같았고(43:2), 네 생물의 날개 소리가 많은 물소리 같았다(겔 1:24). 사 17:12에는 앗수르를 둘러싼 열방의 충돌을 큰물이 몰려오는 것으로 표현했다. 단 10:6에서는 무리의 소리로 표현하였다. 요한은 1절에서 다만 허다한 무리의 큰 음성으로만 들었는데, 이곳에서는 많은 물소리도 같고 큰 뇌성도 같은 소리를 첨가하여 소리의 강도를 더 높이고 있다. 소리의 주인공은 당연히 천사들이다. "허다한"이란 표현이 네 생물과 이십사 장로를 배제시키고, 14:2에서처럼 "많은 물소리 같음"은 천사들의 소리 외에 다른 배경을 찾을 수 없다. 우레 같은 소리는 네 생물의 것이었고(6:1), 힘센 천사의 것이었고(10:1-4), 무수한 천사의 것이었다(11:15-16, 14:2

하반절).

할렐루야 주 우리 하나님……전능하신 이가 통치하시도다

"통치하시도다"(ἐβασίλευσεν / 에바실류센)는 과거시제인데, 문법학자들은 이를 동작의 개시를 시작한다 하여 '기동 단순과거'(inceptive aorist)라 한다. 일종의 "예상적 진술"이다(Ladd). 바벨론이 기승을 부릴 때에도 하나님의 통치는 여전하셨다. 에덴 동산에 사탄이 잠입하여 하나님의 첫 피조물을 무너지게 했을 때도 하나님의 통치는 건재하였다. 가인이 아벨을 죽임으로 구속의 가계가 끊어진 듯이 보였을 때에도 하나님의 통치는 지속되었다. 하나님의 백성이 하나님을 반역하고 이방신들의 노리갯감이 되었을 때에도 하나님의 통치는 이어져 왔다.

하나님의 아들이 십자가에서 죽으실 때에도 하나님의 통치는 빛을 발하고 계셨다. 하나님의 교회가 파괴되고 변질되며 하나님의 백성들이 죽임을 당하고 변절을 할 때에도 하나님의 통치는 막을 내리지 않았다. 그런데 이제 통치가 막 시작되었다고 알린다. 바벨론의 멸망이 있고 난 뒤에 새로운 형태의 통치가 시작되는 것은, 모든 악이 소멸되고 하나님의 사랑이 우주에 충만하기 때문이다. 사탄과 그의 무리들이 벌이는 마지막 반역이 꿈틀대고 있긴 하지만 이미 시작된 전능하신 하나님의 통치(11:15, 17) 기운을 꺾을 수는 없다.

7 우리가 즐거워하고 기뻐하여 그에게 영광을 돌리세

고통의 날들은 지나고 기쁨의 날이 도래하였다. 핍박 속에서 움츠려 들고 그 모습이 상했던 그리스도의 신부가 새롭게 단장을 하여 어린양의 잔치 분위기를 북돋운다. 오랜 세월을 통하여 찌들고 상처 입었던 그리스도의 신부는 용과 짐승과 거짓 선지자와 바벨론의 불같은 시련을 거쳐 많이 정련되었다. 찌끼는 모조리 제거되고 불순물은 깨끗이 씻겨졌다.

7절 전반부는 초대장이다. "즐거워함"과 "기뻐함"(χαίρωμεν καὶ ἀγαλλιῶμεν / 카이로멘 카이 아갈리오멘)이 함께 결합된 예는 신약에서 마 5:12뿐이다. 구약에는 여러 곳에서 발견된다(시 97:1, 98:4, 118:24; 사 61:10; 욜 2:23). 마땅히 즐거워하고 기뻐하는 것이 곧 그에게 영광을 돌리는 것이 된다. 어떠한 상황에서도 영광 돌림은 하나님께 대한 성도의 영적 책무에 속한다(수 7:19; 대상 16:29; 시 96:7; 말 2:2; 계 1:6, 11:13, 14:7). 하나님께 영광을 돌려야 할 이유는 본 절의 후반부에서 명확하게 밝히고 있다. 어린양의 혼인 기약이 이르렀고 그 아내가 예비되었다.

세례 요한은 신부를 취하는 신랑 예수의 음성을 듣고 기뻐하였다(요 3:29). 어린양의 혼인은 하늘과 땅과 천상의 존재들과 구속받은 성도들과 만물들이 모두 다함께 즐거워하고 기뻐할 일이다. 핍박의 시대는 끝나고 안식과 누림의 시대가 도래하였다. 신랑을 위해 정절을 지키며 세상의 유혹을 거절하며 살아온 신부는 신랑의 순결한 신부로 흠 없이 보존되었다. 모든 이들이 하나님께 영광 돌리는 것은 마땅하다. "영광을 돌리세"(δώσωμεν τὴν δόξαν / 도소멘 텐 독산)는 서로를 격려하며 영광에로 초청하는 모습이다. 영광 돌리기를 꺼려 하고 마지못하여 영광 돌리던 정경이 아니라(11:13, 14:7, 16:9) 모두가 자발적으로 영광에 흡입된다.

그 아내가 예비되었으니

남편 되신 그리스도를 맞이하기 위하여 어린양의 "아내가 예비되었다"(ἡ γυνὴ αὐτοῦ ἡτοίμασεν ἑαυτήν / 헤 귀네 아우투 헤토이마센 헤아우텐). 이는 아내 스스로 자신을 예비했다는 뜻이다. 이스라엘의 부끄러운 과거를 회상시키던 여호와의 말씀에서, 피투성이였던 그녀를 아름답게 치장시키신 분은 여호와 자신이셨다(겔 16:8-14). 그러나 어린양의 신부는 그리스도를 위해 스스로 예비한다. 신부의 자격을 갖춘다. 이곳에서만 성도들의 스스로 예비함을 언급하였는데 이것은 신실함으로(2:10, 13, 13:10, 14:12, 17:14), 예수 그리스도의 증거를 지킴으로(1:9, 6:9, 12:11, 17, 20:4), 역경을 견딤으로(1:9, 2:2-3, 19, 3:10, 13:10, 14:12), 하나님의 계명에 순종함으로써(12:17, 14:12) 가능해진다.

후기 예언자들은 이스라엘을 무조건적인 순종을 바쳐야 할 남편이신 야훼와 혼인 서약을 맺은 여자로 이해하였다(사 54:6; 겔 16:7; 호 2:14-23). 하나님의 백성들이 보인 불신과 배역은 부정하고 음란한 것으로 여겨졌다(겔 6:9; 호 2:1-7).

유대 사회에서의 결혼은 그야말로 즐거운 축제였고, 그것은 곧 구원이 이루어지는 메시아 시대의 특징이었다. 주님은 추종자들을 자신의 신부로 간주하면서 자신의 사역을 특징지으셨다(막 2:19-20). 주님은 자신에게서 시작된 하나님의 나라에서 나누는 친교를 혼인 잔치의 비유로 설명하셨다(마 22:1-14). 혼인은 비단 당사자들만이 아니라 양가와 모인 하객들 그리고 신랑과 신부의 측근에 도열한 들러리들에게도 크나큰 기쁨이 된다. 세례 요한에게는 이런 기쁨이 충만하였다.

8 이 세마포는 성도의 옳은 행실이라

신부의 기초 화장은 얼굴이 아니라 몸 전체를 감싸는 빛나고 깨끗한 세마포다. 그것은 다름 아닌 "성도의 옳은 행실"(τὰ δικαιώματα τῶν ἁγίων / 타 디카이오마타 톤 하기온)이다. 이 전치사를 주격 속격으로 받으면 "성도가 행하는 옳은 행실"이 되고 목적격 속격으로 취하면 "하나님께서 성도를 위하여 행하신 좋은 행실"의 뜻이 된다. 의미상으로는 두 가지 모두 가능하지만(사 61:10), 주격 속격으로 해석함이 보다 적절하다. 비얼은 두 개의 의미를 다 받아들였다. 예수 그리스도의 속죄적인 죽음과 부활로 인해 믿는 자는 죄의 용서함을 얻고 의를 얻게 되었다. 십자가로 죄를 처리하신 하나님께서 부활로 말미암아 의의 공효를 이루셨다. 아담이 죄의 한 행동을 했듯이 그리스도 역시 의의 한 행동을 하셨다(롬 5:18-19). 아담은 죽이는 행동을 했지만 그리스도는 살리는 행동을 하셨다. 아담은 그른 행동을 하였고 그리스도는 옳은 행동을 하셨다. 세마포는 신부 스스로 준비해야 했다. 신부다운 정결함을 지킴으로 '이기는 자'가 되면 흰 옷은 신부의 것이 된다(3:5).

성도가 옳은 행실을 할 수 있음은 그리스도의 기본적인 의가 있기 때문이다. 이 의는 성도가 어떤 선행으로도 이룰 수 없는 절대적인 "하나님의 의"(δικαιοσύνη τοῦ θεοῦ /디카이오쉬네 투 떼우)다. 예수 안에서 하나님이 이루신 의(righteousness)이다. 믿음으로 우리는 의의 그루터기에 놓인다(justification). 의가 우리를 주관하고 의의 능력이 우리를 장악한다. 한때 우리의 의지와 상관없이 죄의 노예가 되었듯이, 이제는 우리의 의지와 상관없이 의의 종이 된다(롬 6:18). 이것은 전적으로 하나님의 은혜이다.

이 하나님의 의는 성도에게 의로운 삶을 살 수 있는 능력을 제공한다. 빛나고 깨끗한 세마포는 성도가 만드는 것이 아니다. 하나님이 만들어 입혀주신 것이다. "주사"(ἐδόθη / 에도떼)는 수동형으로서 주시는 분이 하나님이심을 밝힌다. 하나님이 만들어 주시기에 어린양의 신부 단장용으로 잘 어울린다. 세마포를 깨끗한 상태로 잘 관리하려면 날마다 우리의 행실을 씻어서 옳은 상태를 계속 유지해야 한다. 날마다의 정결만이 아니라 계시록의 정황과 관련시켜 박해 속에서 연단 받고 정련이 되어서 순금처럼 정결함을 유지시켜 감을 의미한다. 옷을 더럽히지 않은 자가 이긴 자의 상급으로 흰옷을 받는다(3:4-5). 살았다 하는 이름은 가졌으나 실상은 죽은 것 같은 '사데 신드롬'을 벗어나 이긴 자가 됨으로 받은 흰옷이다(3:5). "빛나고 깨끗한 세마포"는 음녀의 호화찬란한 자주와 붉은 옷(17:4, 18:16)과 날카로운 대조를 이룬다.

9 기록하라

요한은 편지의 서두(1:11)와 일곱 서신(2-3장)을 제외하고도 본서에서 세 번에 걸쳐 "기록하라"(Γράψον / 그랍손)는 명령을 받았다. 하나님은 중요한 메시지를 전할 목적에서 요한에게 기록을 명하셨다. "기록하라 자금 이후로 주 안에서 죽는 자들은 복이 있도다"(14:13). "보라 내가 만물을 새롭게 하노라……이 말은 신실하고 참되니 기록하라"(21:5).

특히 14:13의 복 선언과 유사하다. 본 절의 기록은 7-8절의 혼인 선언을 재확인시키는 의미가 있다. 요한에게 기록을 명령하는 천사는 일곱 대접을 들고 있던 천사들 중의 하나로(17:1) 해석천사이다(Beckwith, Aune, Michaels, Thomas, Kiddle). 요한의 모든 묵시는 천사를 통해 하나님에게서 주어졌다(1:1). 그러므로 본 절에서의 천사 출현은 하나도 이상할 것이 없으며 계속 진행되는 강력한 환상에 매우 자연스럽다.

어린양의 혼인 잔치에 청함을 입은 자들이 복이 있도다

초청자는 하나님이 결정하시므로 어린양의 혼인 잔치가 전적으로 하나님의 주관임을 밝힌다. "잔치"(δεῖπνον / 데이프논)란 단어는 식탁에서의 아주 친밀한 사귐을 가리키는 말이다. 어린양과 신실한 백성들과의 영광스러운 결합은 반드시 이루어진다. 주님도 혼인 잔치의 비유를 말씀하셨다(마 22:1-14). 이사야도 하나님이 주관하시는 메시아 왕국에서의 종말론적 잔치에 대해 예언하였다(25:6-7, 65:13-17). 성도는 여기에서 신부인 동시에 혼인 잔치에 초청받은 장본인으로 묘사가 되었다. "청함을 입은"(οἱ κεκλημένοι / 호이 케클레메노이)은 분사적인 실명사로서 초청 과정에 주도권을 지니신 분이 하나님인 사실과 더불어 동사의 완료 시제는 초청받는 상태의 영속성을 강조하고 있다.

고대 세계에서 상징의 의미를 극대화하기 위하여 비유를 뒤섞는 것은 아주 흔한 일이었다. 천사는 어린양의 혼인잔치에 참석한 자들의 복됨을 선포하면서 요한에게 기록을 남기게 하였다. 청함을 받은 자들은 다름 아닌 신부 자신이다. 신부는 어린양의 혼인식에서 꽃이면서 동시에 거룩한 결혼 예식을 축하하는 하객이 된다. "청함을 입은 자들"(κεκλημένοι / 케클레메노이)은 17:14의 "부르심을 받은 자들"(κλητοί / 클레토이), 즉 '빼내심을 입은 자들'(ἐκλεκτοί / 엑클렉토이)로서 '선택 받은 자들'을 의미한다. 혼인 잔치에 청함을 받은 자들의 복은 본서에 언급된 일곱 축복 중의 네 번째에 해당한다(1:3, 14:13, 16:15, 19:9, 20:6, 22:7, 14). 혼인 잔치에 참석하지 못한 채 문밖에서 슬피 우는 자들(마 8:11-12, 25:10-11)에 비하면 이들의 복된 상태를 능히 알 수 있다. 이는 혼인 잔치 비유에서 청함을 받고 참석했던 하객 하나가 "하나님의 나라에서 떡을 먹는 자는 복되도다!" 라고 선포한 내용(눅 14:15)과 흡사하다.

이것은 하나님의 참되신 말씀이라

천사는 9절을 끝내면서 요한이 기록해야 할 근거와 이유를 밝힌다. "이것은 하나님의 참되신 말씀이라"(οἱ λόγοι ἀληθινοί τοῦ θεοῦ / 호이 로고이 알레띠노이 투 떼우)는 하나님에게서 온 말씀이 진리의 말씀이란 뜻이다. 이는 21:5과 22:6에 다시 반복되는 표현으로서 '확정의 인치심'이다.

21장과 22장의 경우에는 "참되신"에 "신실한"(πιστοί / 피스토이)이 첨가되었다. 바울 서신서에서는 "미쁘신 말씀"(딤전 1:15, 3:1, 4:9; 딤후 2:11; 딛 3:8)으로 묘사되었다. 복음서 특히 요한복음에 나오는 "아멘"과 같은 의미다. 천사의 어린양 잔치 비유는 참되신 하나님의 참되신 말씀이다. 이것은 변하거나 고치지 못할 말씀이다.

하나님의 참되신 말씀이 이곳에 명시된 축복의 말씀에만 국한되는지(Wall, Hughes, Thomas), 혼인 잔치에서의 말씀에 대한 건지(Mounce, Beale, Mounce, Johnson, Ladd), 17:1-19:8에 대한 것인지(Lohmeyer, Beasley-Murray, Giesen), 12장에서부터 본서의 마지막 부분까지에 대한 것인지(Roloff), 그것도 아니라면 계시록 전체의 내용에 대한 것인지(Kiddle)는 여러 갈래로 주장이 엇갈렸다. 오스본은 확신할 수는 없지만 참되신 말씀의 대상을 넓게 잡지 않아야 함을 경계하면서 19:6-10에 대한 언급으로 보았다.

10 내가 그 발 앞에 엎드려 경배하려 하니

심판의 찬양 이후에 9절에서 어린양의 혼인에 관한 축복의 메시지를 전한 천사에게 요한은 경배하려 했다. 경의의 마음이 지나쳐 경배의 자세로 나아가 엎드리려 하자 천사가 만류하고 나섰다. 천사는 영적 존재이긴 하지만 신적 존재가 아니기에 경배를 받을 수 없었다. 그는 단지 하나님께서 보내신 전령자에 불과했으며 심부름꾼인 그에게 경배하려 함은 요한의 단견이었다. 요한은 자신의 허물을 솔직히 편지에 담아 천사에 대한 오해를 불식시키려 했다. 천사는 결단코 하나님과 인간 사이의 매개적 존재가 아니다. 환상으로 이끌어 주고 설명하고 환상을 전해주긴 하지만 그는 하나님이 쓰시는 도구에 지나지 않는다. 천사는 귀한 존재이다. 그러나 경배의 대상은 아니다. 어떤 형식의 천사 숭배도 단죄되어야 한다. 천사는 스스로를 요한과 함께 된 종이라 불렀다.

너희 및 예수의 증거를 받은 네 형제들과 같이 된 종

성도는 모두 예수의 증인이다. 말에나 일에나 다 주 예수의 이름으로 하고(골 3:7) 주님을 증거하는 자들이다(1:9, 6:9, 11:7, 12:11, 17, 20:4). "예수의 증거"(τὴν μαρτυρίαν Ἰησοῦ / 텐 마르튀리안 예수)는 예수의 말씀과 행적을 통해 드러난 하나님의 자기 계시다. "하나님의 말씀"(ὁ λόγος τοῦ θεοῦ / 호 로고스 투 떼우)이라고도 불린다(13절). 그들은 바벨론의 제안을 묵살했고, 황제 숭배에 굴복하지 않았으며, 예수의 이름을 배반하지 않았다(3:8). 자랑스러운 복음의 증거자요 예수의 증인이요 하나님의 종이다. 신실한 하나님의 종들에게는 좋은 동역자가 있다. 우리가 동역자라고 깊이 생각하지 못했던 동역자다. 그는 하늘에 있는 존재다. 우리보다 영적 활동에 있어 많은 자유와 능력을 지닌 존재다.

천사가 우리의 동역자인 것은 그가 우리처럼 예수의 증인이기 때문이다. 그렇게 많이 알려지지 않은 천사의 사역들이 실상은 예수의 복음 증거에 상당히 기여하고 있음을 알아야 한다. 영계에서 일어나는 많은 일들을 우리는 잘 알지 못한다. 특별한 경우가 아니라면 인간으로서 영계의 일에 깊이 관여하기가 어렵다. 하나님은 우리에게 인간 세상의 일을 맡기셨다. 영적인 분별력을 가지고 늘 성령의 인도와 감화 속에서 살아야 하지만, 우리가 하나님의 일을 펼칠 무대는 사람들이 살아가는 인간 세상이다. 영적 능력은 필요하다. 이 세상에서의 사역을 위해서다. 영적인 체험도 필요하다. 인간이 영적 존재이기 때문이다.

바울이 삼층천에 가서 말로 다할 수 없는 엄청난 경험을 했지만(고후 12:2-4) 그는 일생 침묵을 지켰다. 그는 슈퍼맨처럼 살지 않았다. 필요할 때 기적과 능력이 뒤따랐지만 일상의 경험 속에서 하나님의 일을 수행하였다. 우리가 천사가 아니듯이 천사도 인간이 아니다. 천상과 지상에 자신의 사역을 위하여 하나님께서 뜻하여 세우신 하늘의 종과 땅의 종이며, 예수의 복음을 위하여 함께 부름 받은 증인이다. 천사는 하나님의 영적인 일을 수행하는 천상의 사역자다. 성도는 지상에서 그 일을 수행한다. 둘 다 함께 하나님의 지으심을 받고 천상과 지상에서 하나님의 구속 사역을 이루는 데 공동으로 사역한다. 성도가 하나님의 종이듯 천사도 하나님의 종이다.

오직 하나님께 경배하라

하나님만이 우리의 유일한 경배 대상이시다. "하나님께 경배하라!"(τῳ θεῳ προσκύνησον / 토 떼오 프로스퀴네손). 이처럼 장엄하고 영광스런 명령이 없다. 사람으로 태어나 자기를 지으신 창조주 하나님께 경배하고 자기를 죄와 사망의 굴레에서 벗어나게 하신 구원자 하나님을 경배할 수 있음은 얼마나 큰 영광이며 특권인가! 엎드려 경배함은 인간이 취할 수 있는 가장 겸허하고 상대를 높이는 자세이다.

인간이나 인간이 만든 우상이나 영적 존재에게 엎드림은 단순한 엎드림이 아니라 경배의 의미가 따른다. 단순한 고개 숙임이나 무릎 꿇음이 아니다. 그것은 아무리 우겨도 경배이다. 천사에게 존경의 뜻으로 무릎을 꿇는다 해도 그것은 경배 행위이다. 그것이 천사로 하여금 요한의 섣부른 행동을 제지하고 나서게 했다. 요한은 22:8-9에서 다시 똑같은 실수를 되풀이하고 천사로부터 같은 권고를 받는다. 인간은 여전히 실수가 많은 반면 천사는 자기 위치를 지킴에 있어 철저하다.

예수의 증거는 대언의 영이라

"예수의 증거"는 주격 속격("예수에 의한 증거")으로도, 목적격 속격("예수에 대한 증거")으로도 받을 수 있다. 예수께서 증거하신 것으로 해석함이 바르다(1:2, 9, 6:9, 12:17, 20:4). 증거자들의 증거에 함께하신 성령은 그리스도의 영이시다. 그러므로 그들이 증거한 내용은 그리스도께서 증거하신 내용이며 그것은 하나님의 말씀과 동일하다(Beckwith, Caird, Beasley-Murray, Johnson, Thomas). 예수의 증거는 예수 자신의 증거이다(22:20). 주님의 증거에서 벗어난 크리스천의 증거는 불가능하다. 예수께서 먼저 증거하셨으므로 증인들이 예수에 대해 증거할 수 있었다. 주님은 자신의 말씀과 사역과 삶의 모든 것을 통해 증거하셨다. 진리에 대해 증거하셨다(요 18:37). 예수의 증거는 단순한 인간의 증언이 아니다. 곧 "대언의 영"(τὸ πνεῦμα τῆς προφητείας / 토 프뉴마 테스 프로페테이아스)이다. 목적격 속격으로 취하면 "성령이 영감을 주는 예언"의 뜻이 된다. 예수의 증인은 예수를 주로 고백함이 선결되어야 한다. 성령이 아니고서는 아무라도 예수를 주라 고백할 수 없다(고전 12:3).

예수를 주로 고백하는 이에게는 성령이 계신다(롬 8:9). 그러므로 예수의 증인에게는 예언의 영이신 성령이 내주하신다. 성령이 실제로 그 가운데 거하시기 때문이다(고전 3:16). 성령은 마지막 시대에 믿는 자에게 약속된 하나님의 선물이다(욜 2:28-32; 겔 39:29; 요 14:26). 이 "예언의 영"은 포괄적인 의미에서 모든 크리스천을 의미할 뿐 아니라 보다 제한적인 의미에서 예언자라 불리는 특별한 능력의 소유자도 뜻한다(고전 12:12; 벧전 1:10-12; 벧후 1:21).

8. 그리스도의 재림(19:11-16)

이전 장들에서 내다보았던 적그리스도의 패퇴가 실체를 드러내며 적대 세력과의 갈등 국면은 최절정에 놓이게 되었다. 혼인의 아름다운 장면이 채 사라지기도 전에 신랑이셨던 주님은 백마를 탄 용사가 되어 피를 부르는 전쟁터 한복판에 늠름한 자태를 보여주신다. 역사 속에서 역사와 함께 자신의 영원한 계획을 진행해 오셨던 하나님은 역사의 목표 성취를 향한 마지막 거보를 내디딜 준비가 되셨다. 주님의 초림으로 구원의 방점을 찍으셨던 하나님은 주님의 재림으로 마침표를 찍게 되셨다. 주님의 파루시아가 없다면, 역사는 계속하여 갈등에서 벗어나지 못할 것이다. 사탄과 적그리스도 그리고 거짓 선지자와 땅의 거주자들을 적절히 다루심이 없다면 땅 위의 교회는 고난의 두꺼운 알을 깨고 새롭게 태어날 수 없을 것이다. 그리스도의 재림은 죄와 연루된 이전 세계에서의 종국적 역사이면서 새로운 시대의 시작을 알리는 팡파르와 같다. 천년 왕국과 인류에 대한 마지막 심판은 두 개의 이질적인 세계를 가르는 분수령이 된다. 이 모든 사건들의 지향점은 새로운 낙원으로서의 새 예루살렘을 향해 있다.

역사상 하나님의 적대자들에 대한 심판과 승리가 이처럼 확실하게 나타난 때가 없다. 19장의 전반부에서는 바벨론 심판에 대한 찬양과 어린양 그리스도의 혼인으로 임박한 최후의 승리를 아름답게 장식했다. 19장의 후반부는 그리스도의 재림(11-16절)과 그리스도의 승리(17-21절)로 모든 초점이 모아진다. 그리스도와 천상의 군대가 강림하면서 그리스도의 승리가 예견된다. 임박한 원수의 멸망이 예언되고 짐승과 거짓 선지자와 그들을 따르던 모든 추종 세력이 파멸에 이른다. 사실 17장에서 19장 서두에 이르기까지 상술된 바벨론의 멸망은 아직 완전히 끝나지 않았다. 완전한 승리에 이르기 위해서는 17:12-18에 묘사된 짐승과 그의 추종세력이 완전히 파멸되어야 한다. 바벨론은 붕괴되었지만 나머지 악의 주체 세력들이 멸절을 당해야 한다. 그래서 짐승과 그를 따르는 세력들을 짓부수는 장면이 19:19-21의 핵심이다.

죽임을 당한 어린양이었던 그리스도는 이제 악의 근본 세력을 정복하고, 사탄과 짐승의 세력을 철저히 유린하여 척결시키는 하나님의 용사로 우뚝 선다. 악의 세력을 정복하여 이기는 자로서의 그리스도는 계시록 곳곳에 명백히 그려졌다(1:14-16, 2:12, 16, 18, 5:6, 6:16, 11:15, 12:11, 14:14, 17:14). 이런 승리자의 모습과 행적이 백마를 타신 정복 왕으로서 11-16절에 특징 지어졌다. 릿시의 지적처럼 그리스도는 일곱 가지의 속성으로 자신을 교회에 보이신다. 곧 충신과 진실, 공의로운 심판, 불꽃 같은 눈, 머리에 쓴 많은 면류관, 자기밖에 아는 자가 없는 이름, 교회를 구속하신 그의 피, 절대 진리인 하나님의 말씀이다.

> 11 또 내가 하늘이 열린 것을 보니 보라 백마와 탄 자가 있으니 그 이름은 충신과 진실이라 그가 공의로 심판하며 싸우더라
> 12 그 눈이 불꽃 같고 그 머리에 많은 면류관이 있고 또 이름 쓴 것이 하나가 있으니 자기밖에 아는 자가 없고
> 13 또 그가 피 뿌린 옷을 입었는데 그 이름은 하나님의 말씀이라 칭하더라
> 14 하늘에 있는 군대들이 희고 깨끗한 세마포를 입고 백마를 타고 그를 따르더라
> 15 그의 입에서 이한 검이 나오니 그것으로 만국을 치겠고 친히 저희를 철장으로 다스리며 또 친히 하나님 곧 전능하신 이의 맹렬한 진노의 포도주 틀을 밟겠고
> 16 그 옷과 그 다리에 이름 쓴 것이 있으니 만왕의 왕이요 만주의 주라 하였더라

11 또 내가 하늘이 열린 것을 보니

새로운 환상이 전개됨을 요한은 상투적인 표현 "또 내가 보니"(καὶ

εἶδον / 카이 에이돈)로 알려준다. 이번의 환상은 지금껏 보아 왔던 환상과는 뭔가 다르다. "하늘이 열린"(τὸν οὐρανὸν ἠνεῳγμένον / 톤 우라논 에네오그메논) 광경은 처음 나타난 현상이다. 하늘에 열린 문이 보이고(4:1), 하늘에 있는 하나님의 성전이 열리고(11:19), 하늘에 증거 장막의 성전이 열리긴 했어도(15:5) 하늘 자체가 열리기는 처음이다. 이는 무언가 새롭고 획기적인 환상이 전개될 것임을 암시한다. 이런 현상은 복음서에도 언급되었는데, 중요한 영적인 계시가 막 이루어지려는 것을 나타냈다(마 3:16; 눅 3:21; 요 1:51).

에스겔의 환상도 하늘이 열림으로서 시작되었다(겔 1:1). 천사의 하강 장면은 열린 하늘을 뜻한다(10:1, 14:17, 18:1). 본 절에 묘사된 열린 하늘은 이전의 열림과는 비교가 안 될 정도로 그 규모가 크다. 환상의 중심에는 죽임을 당하신 어린양도 아니요 신랑의 온화한 모습도 아닌 전사-왕의 위풍당당하신 자태가 있다. 전사-왕이신 그리스도는 짐승과 그의 군대와 더불어 싸우기 위하여 하늘의 군대를 이끌고 하강하신다. 스미스는 이 장면을 이사야의 기도(사 64:1-2)에 대한 응답이라 보았다.

보라 백마와 탄 자가 있으니 그 이름은 충신과 진실이라

"흰" 색은 정결과 승리의 상징이다. 신앙의 정절을 지킨 자들은 흰 옷을 입었고(19:8) 흰 옷을 입은 그들 모두는 승리자였다(11, 3:5, 6:11, 7:13-14, 14:14). 이곳의 백마는 정결보다 승리를 상징한다. 6:2에도 백마 탄 자가 나오는데 그는 재앙의 도구로 사용된 존재로서 본 절에 나타난 진정한 승리자를 모방한 모습이다. 백마의 기수에게는 이름이 있다. "충신과 진실"(πιστὸς καὶ ἀληθινός / 피스토스 카이 알레띠노스)이다. 이것은 그리스도의 속성으로서 그가 어떻게 이 싸움을 싸워왔는지 잘 보여준다. 예수 그리스도는 "충성되고 참된 증인"(ὁ πιστὸς καὶ ἀληθινός / 호 피스토스 카이 알레띠노스, 3:14)이실 뿐 아니라 "충신과 진실" 자체이시다. 존재도 "충성된 분, 참되신 분"이요 속성도 "충신과 진실"이다. 겸손하여 나귀를 타고 와서 이 세상에 화평의 복음을 전하신 예수께서(슥 9:9-10; 막 11:1-7; 요 12:14-15), 종말의 때에는 백마를 타신 개선장군으로 임하여 적들을 궤멸시키실 것이다. 세상 죄를 지고 가던 하나님의 어린양이(요 1:29, 36) 울부짖는 유다 지파의 사자(5:5)로 임하신 것이다.

본 절은 내용적으로 일곱 번째 대접 재앙(16:17-21)과 자연스럽게 연결된다. 그럴 경우에 17:1-19:10은 기다란 삽입부에 해당한다. 바로 앞부분에서 어린양의 혼인을 찬양했는데 실질적인 결혼식은 마지막 전쟁에서 어린양이 이기고 돌아오기 전까지는 일어나지 않는다(시 45:3-9). 주님께서는 원수들의 세력을 진멸하고 열방 가운데 자신의 왕국을 세우기 전까지는 돌아오지 않으신다(사 13:4, 31:4, 42:13; 에스겔 38-39장; 요엘 3장; 슥 14:3). 메시아와 그의 백성들을 공격하던 짐승과 그의 군대를 격멸한 후에 주님의 오심은 실현된다. 이 싸움은 이미 17:14에서 예언되었고 아마겟돈 전쟁에서 어린양과 그의 군대가 이길 것까지 언급되었다. 그리스도의 재림은 성도의 소망이 확증되고 실현됨이다(마 13:41-42, 25:41; 롬 2:5; 살후 1:7-8, 9-10, 2:8).

그가 공의로 심판하며 싸우더라

"공의로 심판하며"(ἐν δικαιοσύνῃ κρίνει / 엔 디카이오쉬네 크리네이)는 "공의롭게 심판하시며"의 뜻이다. 지금까지도 공의가 심판의 기준이었듯이, 앞으로 행할 모든 심판의 기초는 좌우로 치우침이 없는 공의로움에 있다. 어린양 그리스도는 공의로 천하를 심판하실 것이다(행 17:31). 이는 이사야가 메시아 예언을 통하여 전해준 모습 중의 하나이다.

"공의로 빈핍한 자를 심판하며 정직으로 세상의 겸손한 자를 판단할 것이며 그 입의 막대기로 세상을 치며 입술의 기운으로 악인을 죽일 것이며 공의로 그 허리띠를 삼으며 성실로 몸의 띠를 삼으리라"(사 11:4-5). 주님은 공의로 "싸우신다"(πολεμεῖ / 폴레메이) 비얼은 이 싸움을 문자적인 전쟁이 아니라 법적 싸움 곧 심판에 대한 언급으로 이해했다. "심판하여 싸우더라"의 동사들은 현재형인데, 이는 그리스도의 영구한 속성을 가리킨다.

그리스도의 싸움은 상식적인 전쟁 개념과는 전혀 다르다. 이 싸움은 정복을 위한 싸움도 아니요 분쟁과 갈등을 종식시키기 위한 정치적인 동기도 없다. 이 싸움의 결정과 목적은 오직 하나로서 하나님의 공의를 세우기 위함이다. 백마를 타신 그리스도는 전사인 동시에 심판권을 행사하는 군주이시다.

"충신과 진실"(πιστὶς καὶ ἀληθινός / 피스티스 카이 알레띠노스)이란 그의 이름은 이러한 그의 정체성을 확인시켜 준다. 충신과 진실이 싸움과 심판의 전투능력이다. 그리스도는 약속 성취에 있어 '신실하시고' 심판을 수행함에 있어 '곧으시다.'

12 그 눈이 불꽃 같고

이는 요한에게 처음 나타나 보이셨던 '영화로운 인자'의 모습이다(1:14). 두아디라 교회에 나타나셨던 모습이다(2:18). 다니엘도 "그 눈이 횃불 같은 이"(10:6, 70인역에서는 οἱ ὀφθαλμοὶ αὐτοῦ ὡσεὶ λαμπάδες πυρός / 호이 옾딸모이 아우투 호세이 람파데스 퓌로스로서 계시록의 묘사와 비슷함) 곧 인자의 환상을 바라보았다(10:6). "그 눈이 불꽃 같고"(οἱ δὲ ὀφθαλμοὶ αὐτοῦ [ὡς] φλόγα πυρός / 호이 데 옾딸모이 아우투 [호스] 플로가 퓌로스)는 '심판자'의 모습을 상징한다. 그리스도는 불꽃 같은 눈으로 사람의 마음과 뜻을 살피신다(2:23). 그 살핌이 심판으로 이어진다. 15절에 나온 이한 검과 함께 불꽃 이미지와 검 이미지는 백마 타신 자의 영화로운 모습으로서 그가 곧 마지막 심판을 주재하실 합당한 심판주이심을 보여준다. 이곳의 백마 타신 분은 곧 2-3장에 묘사된 주님의 모습과 비슷하다. 불꽃과 이한 검이 그렇고(1:16), 자기만 알 수 있는 이름(2:17)이 그렇고 만국을 다스리는 철장 권세(2:27, 19:15)가 그렇다.

그 머리에 많은 면류관이 있고

"면류관"(διάδημα / 디아데마)은 통치와 관련하여 절대적 주권을 상징한다. 용은 "일곱 면류관"(ἑπτὰ διαδήματα / 헾타 디아데마타)을 썼고(12:3), 짐승은 "열 개의 면류관"(δέκα διαδήματα / 데카 디아데마타, 13:1)을 쓰고 있었는데, 면류관의 참 주인이신 주님은 "많은 면류관"(διαδήματα πολλά / 디아데마타 폴라)을 쓰셨다. 그들은 거짓과 사술을 이용하여 자신들의 한정된 주권을 절대화하려 하였으나, 우리 주님은 만왕의 왕이요 만주의 주(19:16, 19-21)로서 우주적인 통치권을 지니셨다.

이름 쓴 것이 하나가 있으니 자기밖에 아는 자가 없고

자기밖에 알 자가 없는 이름은 버가모 교회의 이긴 자에게 주신 약속의 일부다(2:17). 이 신비로운 이름은 사 62:2을 상기시킨다(65:15 참조). “너는 여호와의 입으로 정하실 새 이름으로 일컬음이 되리라.” 이름은 정체성을 뜻한다. 주님만이 아시는 한 이름 그것은 주님을 가장 주님답게 나타내는 이름일 것이다. 그 이름은 빌라델비아 교회의 ‘이긴 자’에게 주시는 약속의 이름이다. “하나님의 이름과 새 예루살렘의 이름”과 함께 쓰일 이름, 다윗의 열쇠를 가지신 그리스도의 이름이다(3:12). 적그리스도의 머리(13:1)와 짐승의 머리에는 참람한 이름들로 가득했는데(17:3), 우리 주님의 머리에는 하나의 이름이 씌어 있을 것이다. 아마 대제사장들이 이마에 썼던 관의 “여호와께 성결”일지도 모른다. 영원한 대제사장으로서 그분이 많은 관을 쓰셨다면, 그것은 여호와의 영광을 드러내는 그 어떤 이름이어야 한다. 이스라엘 사람들이 부르기조차 꺼려했던 그래서 발음하기를 아예 거부했던 그 거룩하신 이름, 야훼(YHWH)일지도 모른다. 백마를 타신 그리스도는 다리에도 이름을 쓰셨다(16절).

13 그가 피 뿌린 옷을 입었는데 그 이름은 하나님의 말씀

주님의 보혈에 관한 언급이 아니다. 피 뿌린 옷은 원수를 진멸할 때에 튀어서 묻은 피다. 심판과 관련된 모습이다.

백마를 타신 그리스도는 정복자로서 진노의 포도즙 틀에 집어넣고 원수들을 사정없이 짓밟으신다. 이 부분은 사 63:2-3의 말씀을 연상시킨다. “어찌하여 네 의복이 붉으며 네 옷이 포도즙 틀을 밟는 자 같으뇨……내가 노함을 인하여 무리를 밟았고 분함을 인하여 짓밟았으므로 그들의 선혈이 내 옷에 뛰어 내 의복을 다 더럽혔음이니.” “충신과 진실” 외에 한 이름이 더 있으니 “하나님의 말씀”(ὁ λόγος τοῦ θεοῦ / 호 로고스 투 떼우)이다. “충신과 진실”이 단지 씌어졌음에 비하

여 “하나님의 말씀”은 호칭된다. 말씀이기에 “불려진다”(κέκληται / 케클레타이). 이 말씀은 또한 그리스도의 입에서 나오는 이한 검(15절)으로서 장차 심판의 칼로 사용될 것이다. 이것이 곧 예수의 증거며(1:2, 9; 20:4) 대언의 영이요(10절) 하나님의 종들과 사도들과 선지자들이 죽기까지 지키고자 했던 영광의 이름이다.

14 하늘에 있는 군대들이 희고 깨끗한 세마포를 입고

이들은 천사장 미가엘의 군대(12:7)가 아니다. 어린양 그리스도의 막강한 군대다. 이기신 어린양의 이기고 또 이길 군대다. 그리스도가 승리의 백마를 타듯이 그들도 승리의 백마를 탔다. 불패의 승리를 상징한다. 그리스도는 피 뿌린 옷을 입었는데 그리스도의 군대는 깨끗한 세마포를 입었다. 그들의 옷에는 피가 튀지 않았다. 이 싸움은 어린양 그리스도께서 싸우는 싸움이다. 15절에도 그의 입에서 나오는 이한 검 한 자루만으로 만국을 치시고 친히 맹렬한 진노의 포도주 틀을 밟으신다. 그리스도의 군대는 다만 그를 따르기만 하면 된다. 모든 전쟁은 여호와께 속했다(대하 20:15). 모세의 확신에 찬 어조처럼 “여호와께서 너희를 위하여 싸우시리니 너희는 가만히 있을지니라”(출 14:14). 여호와 하나님이 친히 대적과 싸우신다(신 1:30, 3:22, 20:4, 수 10:14, 42, 23:3; 대하 20:29; 느 4:20).

주님 홀로 싸우신다. 승리자 그리스도께서 이기고 또 이기고 또 이기신다. 우리는 그리스도가 이루신 승리에 참여함으로 승리자가 된다. 장군의 영광이 곧 병사의 영광이다. 이 따르는 자가 천군이라 하더라도 마찬가지다. 그들은 단지 그리스도의 심판에 따라 가라지를 뽑아 풀무불에 던져 넣을 뿐이다(마 13:40-42). 그들은 단지 그리스도가 택하신 자들을 하늘 사방에서 모을 뿐이다(마 24:30-31). 아버지의 영광으로 그의 천사들과 함께 이 땅에 임하실 때에 각 사람의 행위대로 갚으시는 분은 천사들이 아니라 인자이신 어린양이시다(마 16:27). 모든 민족을 자기 앞에서 양과 염소를 분별하듯 하실 분은 오직 그리스도시다(마 25:31-32). 능력의 천사들과 함께 하늘로부터 불꽃 중에 나타나실 때에 복음을 복종치 않는 자들에게 형벌을 가하실 분은 오직 그리스도시다(살후 1:7). 수만의 거룩한 자와 임하실 때 뭇사람을 심판하여 경건치 않음을 정죄하실 분은 오직 그리스도시다(유 1:14-15).

15 그의 입에서 이한 검이 나오니 그것으로 만국을 치겠고

15절에서는 구약적 배경이 여럿 나오는데 모두 심판과 관련되었다. "이한 검"(ῥομφαία ὀξεῖα / 롬파이아 옥세이아)은 양날이 선 날카로운 칼이다(1:16, 2:12, 16). 이에 대한 구약의 배경은 사 49:2과 11:4이다. "입술의 기운으로 악인을 죽일 것이며." "주의 칼"은 구약에서 자주 나타난다(신 32:41; 대상 21:12; 시 17:13; 렘 47:6; 겔 30:24; 슥 13:7). 종말적 심판의 상징으로 사용되었다(사 27:1, 66:16; 렘 9:16; 겔 29:8-9).

친히 저희를 철장으로 다스리며

"철장"(ῥάβδῳ σιδηρᾷ / 흐라브도 시데라)은 일종의 쇠막대를 말한다. 구약의 배경은 시 2:9이다. 시편에서는 철장으로 저희를 "깨뜨리나"(συντρίψεις / 쉰트립세이스), 이곳에서는 철장으로 "다스리신다"(ποιμανεῖ / 포이마네이). 주님이 두아디라 교회에게 주신 경고에서는 철장으로 "다스려 깨뜨리신다"(συντρίβεται / 쉰트리베타이).

계 19:15에서는 다스리시는 분이 시편에 비해 더욱 강조되었다. "친히"(καὶ αὐτός / 카이 아우토스)의 반복적인 사용은 하나님의 강한 의지를 엿보게 한다.

친히……맹렬한 진노의 포도주 틀을 밟겠고

구약적 배경은 사 63:2-6이다. 14:19-20의 장면에 알맞은 표현이다. "맹렬한"은 전능하신 이의 진노가 얼마나 큰지를 보여준다. "하나님 곧 전능하신 이의 진노 곧 분노"(τοῦ θυμοῦ τῆς ὀργῆς τοῦ θεοῦ τοῦ παντοκράτορος / 투 뛰무 테스 오르게스 투 떼우 투 판토크라토로스)의 원문은 동격을 병치시켜 하나님의 진노가 극렬함을 암시한다. 이것은 포도 수확의 환상에서 포도주 짜는 틀(14:19)과 하나님의 진노의 포도주(14:10)가 결합된 묘사이다.

16 그 옷과 다리에 이름 쓴 것이 있으니

머리(이마)에 이름 쓴 것은 요한에게 알려지지 않았는데(12절), 옷과 다리에 이름 쓴 것은 알려졌다. 이마의 이름은 불꽃 같은 눈의 광채로 인해, 그리고 말을 타고 쉴 새 없이 움직이던 상황을 고려한다면 읽기도 어려웠을 것이다. 어느 순간 요한은 넓적다리 부위와 옷에 쓴 글씨를 읽을 수 있었다.

"만왕의 왕과 만주의 주"는 온 우주를 다스리는 통치자 되심과 그의 영원한 주권을 표현하는 말이다(17:14; 딤전 6:15). "충신과 진실"이란 이름으로 나타나신 백마 위의 그리스도는 "만왕의 왕, 만주의 주"란 이름으로 전사-왕의 정체성을 재강조한다.

9. 그리스도의 승리(19:17-21)

19-20장에 나타난 일곱 개의 작은 환상들 중 세 번째에 해당하는 이 부분은 둘로 나뉜다. 둘을 경계 짓는 것은 "또 내가 보니"란 전형적 표현이다. 요한은 "또 내가 보니"(καὶ εἶδον / 카이 에이돈)로 환상의 세부적인 내용을 알려준다. 장면은 그리스도의 재림에서 그를 대항하기 위하여 도열된 군대로 바뀐다.

앞부분에서는 백마를 타신 그리스도가 천사들과 성도들로 구성된 하늘 군대를 이끄시고 강림하시는 장면을 보여주었는데 이곳에서는 땅의 장면이 연출된다. 한 천사가 해에 서 있다. 이는 공중에 떠 있는 천사의 모습을 상기시킨다. 본서에 하나님의 모습이 천사에게 적용된 세 번째 예이다. 요한은 어린양과 그의 군대와 싸우기 위해 오래 전부터 준비된 사탄의 군대를 보고 있다. 용의 입과 짐승의 입과 거짓 선지자의 입에서 나온 세 더러운 영들이 이적을 보여, 땅의 임금들을 전능하신 이의 큰 날에 있을 전쟁을 위해 아마겟돈으로 무수한 군대를 모았다(16:13-14, 16).

아마겟돈 전쟁이 시작되었다. 팽팽한 접전이 될 것이라 믿었던 예상과는 달리 전쟁은 개전 초반에 승패가 갈린다. 어린양의 군대가 거둔 위대한 승리였다. 사탄의 군대는 제대로 힘 한 번 써보지 못하고 어린양 그리스도에 의해 격멸되어 버렸다. 최후의 전쟁을 위해 공들인 만큼 사탄은 칼 한번 제대로 휘두르지 못하고 전격 체포되고 말았다. 이것은 우발적인 사고가 아니다. 사탄은 대단한 싸움꾼이지만 전쟁에 능한 주님에게 꼼짝없이 당한다. 그것은 만능과 전능의 차이와 같다. 물 한 방울과 대양이 겨루는 싸움에 비한다 해도 사탄의 무력감과 주님의 능력 충만을 대조하기에는 역부족이다. 그리스도의 승리는 이미 십자가의 죽으심으로 결정 났고(5:5, 9), 천상에서 일어난 미가엘과의 싸움에서도 예시되었다(12:7-9, 11). 싸울아비로 자처하신 그리스도의 용력 앞에서 사탄은 전적으로 무능하다.

1:16에 묘사된 주님의 영광스런 자태는 해같이 빛나는 얼굴 모습이었는데, 이는 하나님의 모습(시 84:11; 사 60:19)을 주님께 적용함이었다. 해와 같은 얼굴은 힘센 다른 천사의 모습이었고(10:1), 18:1의 땅을 환하게 비친 다른 천사의 영광 또한 이와 무관하지 않다. 비얼은 18:1-2과 연관하여 19:17-18이 내용적으로 보다 앙양된 모습임을 지적하였다. 두 경우 모두 하나님의 영광을 입은 천사가 등장하고 각종 새가 모여드는 심판 선언이 언급되었다. 18:2-3에서는 큰 바벨론의 파멸이, 19:17-18에서는 짐승의 군대가 궤멸될 것을 그렸다. 이것은 에스겔서에서 곡과 마곡의 군대가 절멸할 것을 그린 이미지(겔 39:4, 17-20)와 내용적으로 동일하다.

천사는 싸움이 일어나기도 전에 시체를 먹이로 하는 온갖 새들을 죽음의 잔칫상으로 초대한다. 이곳에서는 선과 악의 첨예한 대립 구조가 없다. 그리스도의 군대에게 일방적인 승리 선언이 주어졌다. 전쟁은 일어나는가 싶더니 승패는 순식간에 완연하게 갈렸다. 주님은 종말론 강화에서 주님의 재림과 연관하여 이 새를 독수리로 표현하셨다(마 24:28). 누가도 인자가 임할 때의 정경을 '주검이 있는 곳에 독수리들이 모여드는 것'으로 표현했다(눅 17:37). 독수리는 높은 창공에서 먹이를 재빨리 찾고 먹이를 낚아챔에 있어 신속하기 이를 데 없다. "와서……모여"라는 두 단어로 이루어진 천사의 선언에서 임박할 살육의 규모가 얼마나 엄청날 것인지를 감지케 한다. 새떼들이 모여드는 것은 즐비한 시체들을 뜯어먹기 위해서이다. 이 기묘한 잔치(17-18

절)는 어린양의 잔치(6-9절)와 극적으로 대조를 이룬다. 18절의 잔치도 하나님이 준비하셨기에 하나님의 잔치이다. 초청 대상은 공중에 있는 모든 새떼들이다. 그들의 먹이가 들판에 내버려진 채로 산더미처럼 쌓였다. 그들은 어린양과의 싸움에서 죽임 당한 자들로서 수치스런 전사자가 되어 매장지를 얻지 못하고 포식자들의 즐거움을 위해 아무렇게나 방치되었다.

17 또 내가 보니 한 천사가 해에 서서 공중에 나는 모든 새를 향하여 큰 음성으로 외쳐 가로되 와서 하나님의 큰 잔치에 모여
18 왕들의 고기와 장군들의 고기와 장사들의 고기와 말들과 그 탄 자들의 고기와 자유한 자들이나 종들이나 무론대소하고 모든 자의 고기를 먹으라 하더라
19 또 내가 보매 그 짐승과 땅의 임금들과 그 군대들이 모여 그 말 탄 자와 그의 군대로 더불어 전쟁을 일으키다가
20 짐승이 잡히고 그 앞에서 이적을 행하던 거짓 선지자도 함께 잡혔으니 이는 짐승의 표를 받고 그의 우상에게 경배하던 자들을 이적으로 미혹하던 자라 이 둘이 산 채로 유황불 붙는 못에 던지우고
21 그 나머지는 말 탄 자의 입으로 나오는 검에 죽으매 모든 새가 그 고기로 배불리우더라

17 와서 하나님의 큰 잔치에 모여

17절의 천사에 의한 잔치 초청은 큰 음성의 외침으로 시작된다. 11-16절이 현재형으로서 미래에 다가올 사건의 확실성을 나타냈음에 비하여, "외쳐"(ἔκραξεν / 에크락센)는 단순과거시제를 사용하여 그 사건이 마치 이미 일어난 것 같은 확실성을 재삼 강조하고 있다. 9절에

서는 어린양의 혼인 잔치에 "청함 받은"(συντρίβεται / 쉰트리베타이) 기사가 나옴에 비하여, 이곳에서는 하나님의 큰 잔치에 "초청받는"(συντρίβεται / 쉰트리베타이) 내용이 들어 있다. 실로 섬뜩한 패러디가 아닐 수 없다. 구원과 버림받음은 동전의 양면으로서 잔치라는 동일한 성격에 생명과 사망이라는 정반대의 현실이 놓여 있다. 18장에 그려진 바벨론 멸망은 17-21절의 묘사에서처럼, 불경건한 세상 체제가 완전히 파멸되는 것으로 종료된다. 하나는 영광과 기쁨이 있는 어린양의 혼인 잔치요, 다른 하나는 피비린내가 진동하는 하나님의 큰 잔치다. 하나는 구원의 잔치요 다른 하나는 심판의 잔치이다.

이 장면은 에스겔이 곡과 마곡을 대하여 예언했던 심판의 말씀과 내용적으로 일치한다(37:4, 17-20). 약간의 변화를 주기는 하였지만 거의 동일한 내용이다.

17절의 초청인 "너희는 모여 오라"(δετε συνάχθητε / 데테 쉬나크떼테)가 좋은 예다. 메시지는 분명하다. 하나님께서 곡과 마곡을 멸하셨듯이 어린양과 그의 군대를 동원하여 짐승과 거짓 선지자와 그들의 추종자들을 없이 하실 것이다. 천사는 하늘 가운데 서서 공중을 날고 있는 모든 새들을 향하여, 풍성한 식탁으로 초대한다. 하나님을 대적했던 수괴들과 잔당들의 시체가 산을 이루고 강을 뒤덮었다.

공중을 날고 있는 각종 새들에게 내린 "모여들라"(συνάχθητε / 쉬나크떼테)는 이 명령은, 용과 짐승과 거짓 선지자의 세 더러운 영들이 전능하신 하나님의 큰 날에 전쟁을 위해 "모으고"(συναγαγεῖν / 쉬나가게인) 또 "모으던"(συνήγαγεν / 쉬네가겐) 천하 임금들의 경우와 비슷하다.

18 무론대소하고 모든 자의 고기를 먹으라

새들을 초청하면서 그들이 먹을 고기의 목록들을 제시한다. 본 절의 배경은 겔 39:18이다. 심판의 보편성을 강조하기 위해 사회 각층의 신분들을 나열하는데, 6:15과 13:16의 유형을 따르고 있다. 권력의 비중에 따라서 왕들, 장군들, 상인들, 말과 그 기수들, 자유민들과 종들이다. 장군들은 "천부장"(χιλιάρχων / 킬리아르콘)을 뜻하며 로마 군대의 편제에서는 보통 600명에서 1,000명의 군사를 거느리는 고급 장교이다. 여기에서 죽은 시체들은 땅의 모든 거주자를 의미하지 않고 군사들에 한정된다. 천년 왕국 기간에 불신 그룹들도 성도들과 함께 섞여 사는데, 그들은 사탄의 마지막 반란에 성도들과 싸우기 위해 소집하는 대상들이다.

18절의 시체는 뒤이은 19-21절의 내용에 비추어 볼 때, 땅의 임금들이 이끄는 군대에 속한 자들이다. 어린양의 혼인 잔치(9절)는 성도들의 영광이요 축복이지만, 17절에 묘사된 하나님의 큰 잔치는 짐승의 추종자들에겐 참혹한 심판이다. 어린양의 잔치에는 신부인 성도들이 모여들지만, 하나님께서 특별히 준비하신 잔치에는 공중을 날던 새들이 모여든다. 어린양의 신부에게는 신랑과의 감격적인 해후가 기다리고 있지만, 공중의 새들을 위하여서는 즐비한 시체들이 쌓여 있다.

19 또 내가 보매 그 짐승과 땅의 임금들과 그 군대들이

이 짐승은 바다에서 나온 짐승인 적그리스도이다. 그를 따르는 세상의 통치자들과 군대는 이미 16:12-16에서 묘사된 대로 어린양과의 최후 결전을 위해 아마겟돈에 모여들었다. 오랫동안 준비되었던 세기의 전쟁이 이제 막 시작된다. 19절 마지막에서 전쟁 개시를 알림과 동시에 20절이 시작되자마자 전쟁의 주체 세력인 짐승이 체포된다. 이 전쟁은 천 년이 끝난 후에 잠시 풀려난 사탄이 곡과 마곡을 미혹하여 성도들과 벌일 마지막 전투의 일부분에 해당한다. 아마겟돈 전쟁은 발발되었지만 끝은 아직 아니다(20:1-15, 22:20). 구약에서는 인류의 마지막 전쟁에 해당하는 묘사들로 넘쳐나지만(사 31:4, 42:13, 59:17-20, 63:15; 겔 38-39; 단 12:1-3; 욜 1:15, 3:9-16; 미 4:11-12, 슥 12:3-9, 14:2-9), 신약에서는 계시록을 제외하고는 몇 군데 되지가 않는다(눅 17:30, 21:27, 34-36; 살전 5:1-3; 살후 2:8).

16:14과 19:19과 20:8은 "전쟁"(τὸν πόλεμον / 톤 폴레몬) 앞에 정관사가 붙어 그것이 세 개의 다른 전쟁이 아니라 잘 알려진 하나의 전쟁임을 보여준다. 본질적으로 이 전쟁은 11:7에 묘사된 '그 전쟁'과도 연관된다. 땅의 임금들과 군대들이 모이긴 하였지만 어린양과 더불어 싸울 힘은 그들 자체에게서 나오지 않는다. 심지어 적그리스도의 힘까지도 그 근원은 배후의 사탄에게 있다. 그들이 상대하여 싸우려는 대상은 그리스도와 하늘의 군대이다.

그 말 탄 자와 그 군대로 더불어 전쟁을 일으키다가

19-21절은 하나님께서 인간 역사를 통해 가장 짜릿하고도 결정적인 승리를 쟁취하시는 장면이다. 짐승과 거짓 선지자와 그들의 추종자들을 박멸하신다. 해에 서서 공중에 날아다니는 모든 새들을 향해 하나님의 큰 잔치로의 초대를 크게 외치자마자 요한은 즉시 심판의 현장으로 이끌린다. 이는 이미 16:14에서 역사의 마지막 전쟁을 위해 용과 짐승과 거짓 선지자의 입에서 나온 더러운 영들이 온 천하의 임금들을 미혹하여 하나님께 대적할 군대를 끌어 모으는 것으로 예시되어 있다.

더러운 영들은 타락한 천사들을 동원하여 마지막 전쟁을 위하여 땅의 임금들을 죄다 끌어모으는데 그들은 분봉왕들이다(17:12-14, 18:9-10). 16:14과 16절에서 왕들을 소집한 사건이 자연스럽게 본 절에 연결된다. 수동태인 "모여"(συνηγμένα / 쉬네그메나)의 주격은 짐승도 될 수 있고 하나님도 가능하다. 그러나 16:14과 16절의 연결을 고려하면 짐승으로 보아야 한다. 그들과 접전을 벌이는 하늘의 군대는 이미 준비되었다(19:14). 사탄의 군대가 백마 탄 자와 하늘의 군대를 선제공격하여 전쟁이 일어난다.

비얼은 본 절의 전쟁과 16:14의 전쟁이 동일한 전쟁일 뿐 아니라 20:8의 전쟁 역시 같은 전쟁으로 보아야 한다고 역설했다. 그가 그렇게 주장하는 이유는 세 전쟁 기사에서 '전쟁' 앞에 붙어있는 정관사의 의미이다. "그 전쟁"이란 잘 알려진 전쟁이라는 이해다. 비얼은 이에 그치지 않고 이 전쟁이 11:7에서 말한 전쟁이요, 더 나아가 구약에 예언된 종말적 전쟁으로서 이미 잘 알려진 전쟁이라는 주장이다. 비얼은 너무 멀리 나아갔다. 그것보다는 구약의 예언서에서 언급된 종말론적 전쟁과 11:7의 전쟁은 본 절의 전쟁과 구별되어야 한다. 그 전쟁, 더욱이 어린양을 대표하는 두 증인은 그 전쟁에서 승리자가 아니라 죽임을 당한다. 성격이나 본질상 같을 뿐이지 전혀 다른 전쟁으로 보아야 한다. 16:14의 예비된 군대가 어린양의 군대와 싸운 적이 없기에 실제로 전쟁을 일으키는 본 절의 기사에 연결시켜 생각할 수는 있을 것이다.

인류 최후의 종말적인 전쟁 기사가 구약에는 풍성하다(사 31:4, 42:13, 59:17-20, 63:1-5; 에스겔 38-39장; 단 12:1-3; 욜 1:15, 3:9-16; 미 4:11-12; 슥 12:3-9, 14:2-9). 유대 묵시록에도 꽤 많이 언급되었다

(에녹전서 56:5-8, 90:13-19; 에스라4서 12:33, 13:29-38; 솔로몬 시편 17:21-25; 다니엘 유언서 5:10-11; 모세승천서 16장) 상대적으로 신약에는 그리 많지 않다(눅 17:30, 21:27, 34-36; 살전 5:1-3; 살후 2:8). 본 절의 전쟁은 구약에서 예언자들이 자주 언급한 바로 그 "여호와의 날" 또는 "여호와의 큰 날"이다. 수천 년의 장구한 세월을 거치면서 자주 언급해 왔던 인류의 마지막 전쟁, 예언서와 각종 묵시 문학을 뜨겁게 달구었던 내용에 비해 전쟁의 양상은 싱겁게 끝났다.

엄밀히 말하자면 통속적인 의미에서의 전쟁은 일어나지 않았다. 주님의 입에서 나온 이한 검(19:15)에 전쟁 도발자인 짐승과 거짓 선지자가 체포되고 악의 군대는 순식간에 궤멸되고 말았다. 거대한 전쟁은 19-20절의 짧은 언급으로 시작과 동시에 마무리되었다. 백마를 타신 그리스도를 따라 전쟁의 결의를 다지던 하늘 군대의 역할은 어디서도 볼 수 없다.

요한은 전쟁의 모든 과정을 생략한 듯 보인다. 맹렬한 전쟁이 있었을 것이지만, 요한은 그 장면들을 생략함으로써 왕중의 왕이요 주중의 주이신 그리스도의 절대적 우위성을 강조하려고 하였을 것이다. 천상에서 벌어졌던 미가엘과 용의 엄청난 싸움도 얼마나 간략히 묘사되었던가!

20 짐승이 잡히고……거짓 선지자도 함께 잡혔으니

다른 전쟁 장면(17:14, 20:7-10)같이 극적인 설명이 생략되고 적의 패배만을 간략히 언급한다. "잡힘"(ἐπιάσθη / 에피아스떼)의 원래 동사 피아조(πιάζω)는 "제압할 의도로 붙드는 것"으로서 계시록에서는 이곳에만 나오고 나머지 신약에서는 요한복음(7:30, 32, 44,

8:20, 10:39, 11:57, 21:3, 10)과 행 3:7, 12:4 그리고 고후 11:32에 사용되었다.

20-21절은 심판이 일어나는 실제적인 모습을 보여주고 있는데, 전반부와 후반부로 나뉜다. 전반부(20절)는 짐승과 거짓 선지자의 생포와 유황불에 내던짐이다. 후반부(21절)는 살아남은 추종자들이 백마를 탄 기수의 입에서 나오는 검에 죽어서 새들의 밥이 된다.

그리스도를 따르는 하늘의 군대는 이 전쟁에서 특별하게 할 일이 없다. 그들은 선두에 서서 말을 달리며 짐승과 거짓 선지자를 낚아채고 사탄의 군대를 궤멸시키시는 그분의 뒤를 따를 뿐이다. 13장의 묘사에 비추어 보면 그렇게 막강하던 두 짐승의 무력함이 신기할 정도이다. 짐승과 그의 군대들은 어린양과 그의 군대들을 대적하기 위하여 모여서(16:14) 마지막 결전을 준비하던 자들이다. 인류의 마지막 전쟁을 암시할 만한 기사들은 성경에 상당히 많이 언급되어 있다(사 31:4, 41:13, 52:17-20, 63:1-5; 겔 38-39장; 단 12:1-3; 욜 1:15, 3:9-16; 미 4:11-12; 슥 12:3-9, 14:2-9; 눅 17:30, 21:27, 34-36; 살전 5:1-3; 살후 2:8). 유대 묵시 문학(에녹전서, 제4에스라서, 솔로몬시편, 모세승천서, 다니엘 유언서)에서는 더 많이 나타난다.

바다로부터 나타나 사탄의 하수인으로 온갖 악을 조장하고 세상을 지옥화하려고 애쓰던 적그리스도는 그리스도에 의하여 무력하게 체포되었다. 짐승 앞에서 짐승의 권세를 위임받아 그의 대변인 역할을 하던 거짓 선지자도 역시 함께 잡혔다. 그의 죄상은 13:11-18에 구체적으로 명시되었는데, 요한은 본 절에서 다시 한 번 그가 획책했던 씻지 못할 죄상을 폭로한다. "짐승의 표를 받고 그의 우상에게 경배하던 자들을 이적으로 미혹하던 자"로서 거짓 선지자는 자신의 주군인 짐승과 함께 유황불 붙는 못에 던져진다. 그들의 죄상이 곧 형량 선고였기에 지체 없이 불못에 던져졌다. 그들의 종말은 곧 불못에 떨어질 사탄(20:10)의 운명을 암시하는 조짐이 되었다.

이는 짐승의 표를 받고……이적으로 미혹하던 자라

요한은 두 인물에 대한 소개를 다시 회상시킴으로 하나님께서 자신의 원수가 행한 일들을 결코 잊지 않았음을 상기시킨다. 짐승과 거짓 선지자들이 무슨 일을 저질렀는지를 간략히 서술한다. 사탄의 권세를 등에 업고 바다에서 나온 짐승은 땅에서 올라온 둘째 짐승에게 자신이 지닌 모든 권세와 능력을 전해준다. 많은 이적을 행하여 사람들을 놀라게 하고, 하늘에서 불을 내리고 죽었다 회생한 짐승을 위하여 우상을 만들어 강압적으로 경배케 만든다. 살해를 서슴지 않는다. 짐승의 표를 오른손에나 이마에 받게 한다. 짐승은 신성을 요구하고 거짓 선지자는 이를 뒷받침하며 성도들을 압박한다. 죽음 아니면 짐승의 표라는 두 가지 선택만이 있을 뿐이다(13:11-17, 14:9, 11; 그리고 16:2 참조).

그들에게 적용된 죄목은 "미혹하던 자"였으며, 구체적인 죄상은 두 가지였다. 하나는 그들이 사람들에게 짐승의 표를 받게 하였으며(13:16, 14:9-11, 16:2, 20:4), 다른 하나는 그들을 우상 숭배로 이끌었다(13:12, 15)는 사실이다. 그들은 귀신의 영으로서 온 천하 임금들을 거짓 이적으로 꾀어서 어린양과 그의 군대에게 감히 대적케 하였던 장본인들이다. 전쟁이 끝나고 적대자들에 대한 처결은 일사천리로 진행이 되었다. 두 짐승은 즉결 처분되었고 그들을 따르던 추종자들은 그리스도의 입에서 나오는 검에 죽어 새들의 밥이 되었다.

이 둘이 산 채로 유황불 붙는 못에 던지우고

'살아 있는'(ζῶντες / 존테스) 상태에서 유황불에 던져짐은 그들이 당해야 할 고통이 생생하고 처절한 경험임을 보여준다. 물론 짐승과 거짓 선지자 그 둘만의 심판 집행이 아니다. 그들을 따랐던 추종자들의 운명도 마찬가지가 될 것이다. 마지막 절에서 나머지 추종자들의 운명이 극적으로 그려지긴 했지만, 14:10의 말씀에 근거하면 짐승과 우상에게 경배하고 이마나 손에 표를 받은 자도 불과 유황으로 고난을 받게 되어 있다. 다른 것이 있다면 둘의 경우가 마치 고라와 반역의 무리들이 산 채로 음부에 빠졌던 것처럼(민 16:31-33), 그들 역시 산 채로 유황불 붙는 못에 던져졌다는 사실이다. 쉼이나 죽음 없이 '영원한'(εἰς αἰῶνας αἰώνων / 에이스 아이오나스 아이오논) 고난을 당함은 공동 운명이다(20:10, 21:8).

"유황불" 곧 "유황"과 "불"은 겔 38:22의 "불"과 "유황"을 상기시킨다. 이는 단 7:11에 묘사된 짐승의 운명과 맥을 같이한다. 바울은 적그리스도가 주님의 입에서 나오는 기운으로 죽임을 당하는 것이라고 그렸다(살후 2:8). "불못"(τὴν λίμνην τοῦ πυρός / 텐 리멘 투 퓌로스)이 신약에서는 유일하게 계 19-21장에만 나온다. 이는 '게헨나'로서 마지막 형벌의 장소이다(14:10, 20:10, 14, 15, 21:8). 힌놈의 골짜기(Ge Hinnom)에서 인간 희생의 제사가 드려졌으므로, 마지막 형벌의 장소를 뜻한 '게헨나'(Gehenna)라는 이름이 파생되었을 것이다.

21 그 나머지는 말 탄 자의 입에서 나오는 검으로 죽으매

15절에서처럼 이 마지막 구절은 사 49:2과 11:4의 배경을 암시한다.

이 "검"(ῥομφαία / 롬파이아)은 실제적인 죽음을 가져오는 칼일 수도 있지만 상징적으로 악한 자를 심판하시는 하나님의 말씀(히 4:12 참조)으로 이해할 수 있다. 굳이 말하자면 죽음의 칙령 같은 것이다. "저주를 받은 자들아 나를 떠나 마귀와 그 사자들을 위하여 예비된 영영한 불에 들어가라"(마 24:41)는 그리스도의 단순한 선포로 심판이 즉각 집행될 것임을 말해 준다(마 13:42-44 참조). 회심의 기회가 철저히 차단된 채 그들은 영원한 고통이 시작되는 불못에 던져진다. 그들의 시체는 공중을 배회하던 굶주린 새떼들의 포식용으로 남겨진다.

모든 새가 그 고기로 배불리우더라

21절의 마지막 부분은 17-18절의 성취로서 천사의 초청에 응한 새들이 말 탄 자의 입에서 나오는 검에 죽은 시체들로 포식한다. 짐승에게 시체를 뜯어 먹히는 것은 조롱과 저주의 의미였다(신 28:26; 삼상 17:44; 왕상 14:11, 21:23; 렘 7:33). 이런 승리의 환상이 전개되는 동안에 요한의 독자들이 처한 현실 상황은 계시 속의 호쾌한 장면들과는 많이 달랐다. 인류 최후의 반역자들과 사탄이 맞이할 파국적 운명을 제외하면 세상의 모든 악의 권세는 사그라졌다. 적그리스도와 거짓 선지자와 그들을 추종하면서 거들먹거리던 땅에 거하는 자들도 새들의 먹이가 되고 말았다. 그럼에도 요한의 독자들을 둘러싼 불의하고 막강한 악의 권세는 여전히 소멸되지 않았다. 요한이 들려주고자 하는 메시지는 분명하다. 하나님의 신원은 필연이요 심판은 정당하며 악의 근원을 뿌리채 뽑아버리는 결정적 승리는 오로지 하나님의 주권에만 속해 있다.

혹자(Johnson, Caird, Sweet)는 21절의 "죽으매"를 전쟁으로 인

한 것이 아니라 그리스도의 대속적인 죽음이 가져온 영적 승리에 대한 상징으로 해석하였다. 사탄과 그의 인간 꼭두각시들을 정사로부터 끌어내린 것으로 보았다. 그러나 그리스도의 십자가가 지닌 영적 승리의 의미는 분명하지만 본 절에서 그리스도의 사역을 설명하는 것은 아니다. 죽임은 권좌에서 내리는 것과 같은 상징적인 의미가 아니라 실제적인 죽음을 의미한다. 스웨트와 킬튼은 이것을 적들이 회심함으로 하나님과 인간 사이의 반목이 제거된 것으로 해석했으나 이는 지나친 상징적 접근이다.

VIII. 일곱째 환상 : 심판과 갱신(20:1-22:5)

계시록의 마지막 일곱 번째 환상이 수록된 부분이다. 가장 극적이고 신비롭고 아름다운 현상들로 수놓아진 한 폭의 그림 같다. 사탄이 결박되고 천년 왕국이 시작되고, 사탄이 멸망하고 백보좌 심판이 있으며, 신천 신지가 열리면서 새 예루살렘이 하늘로부터 내려오며, 생명수 강과 생명나무의 실과들이 화면을 가득히 채운다. 몇 개의 증언들과 함께 약속과 인사의 말로 대단원의 막을 내린다. 전체적인 주제는 "심판과 갱신"이다. 옛 것의 완전한 소멸이며 새 것의 영원한 시작이다.

17장으로부터 22:5까지는 X처럼 교차 대구법의 형태를 취한다. 계시 속에서도 요한의 용의주도함이 드러나는 대목이다.

A. 음녀의 심판(17:1-19:6).
B. 백마 탄 자의 심판자(19:11-16).
C. 짐승과 거짓 선지자의 심판(19:17-21).
D. 사탄이 천 년 동안 결박됨(20:1-3).
d. 천년 왕국(20:4-6).
c. 곡과 마곡의 심판(20:7-10).
b. 백보좌의 심판자(20:11-15).
a. 신부의 신원(21:1-22:5).

비얼은 이런 문학적 장치를 근거로 하여 20:1-22:5의 내용이 19:11-21에 바로 연결된 것이라고는 보지 않았다. 20:1-10의 내용과 사탄에 대해 묘사하고 있는 12-13장, 그리고 17장의 내용은 차이가 있음에도 불구하고 상당히 유사점이 있음이 숙고할 만하다. 첫째, 땅으로 쫓겨난 용은 자기 때가 얼마 남지 않음을 알고(12:9-12), 전에 있다가 시방은 없는 짐승은 파국으로 치닫고(17:7-14), 사탄의 패배는 그를 종말로 이끈다(20:1-10). 둘째, 사탄의 추락은 결정되었고 메시아의 통치에 맞아 떨어진다(12:5, 13:3, 17:8, 20:4). 셋째, 사탄이 활약하던 시기는 상징적으로나 연대기적으로 이지러진다(12:6, 14, 13:5, 20:2 그리고 11:3과 9-11절 참조). 넷째, 하나님의 신실한 성도들은 부활하신 예수의 경험을 바탕으로 그리스도와 함께 사탄과 그에게서 비롯된 악을 이긴다(12:10-11, 20:4, 6, 그리고 11:11 참조).

1. 사탄의 결박(20:1-3)

요한계시록 20장은 그리스도의 '천년 왕국' 내용(4-6절)으로 인하여 잘 알려져 왔다. 전체적으로는 사탄의 최후에 관련된 전반부(1-3,

7-10절)와 마지막 심판을 다룬 후반부로 나뉜다(11-15절). 전반부는 사탄의 체포 구금(1-3절)과 재기에 실패한 사탄의 모습(7-10절)을 그리고 있다. 성도의 영원한 원수요 교회의 끈덕진 박해자였던 사탄의 완전 결박이 이루어졌다. 그는 감히 항거할 힘을 잃어버리고 큰 쇠사슬을 든 천사에 의해 결박되어 무저갱 속으로 던져진다. 성도들이 그리스도와 함께 천년 왕국의 황금기를 구가할 동안 사탄은 무저갱에 갇혀 악한 계교로 준동할 근거를 완전히 통제 당한다. 타락 이후에 유일하게 사탄의 활동에서 자유로운 은총의 시간이 천년 왕국의 거주민들에게 주어진다. 사탄이 결박되어 무저갱에 던져지기 전에는 천년 왕국의 메시아 왕국도 빛이 바래고 새 예루살렘의 도래도 불가능해진다. 하나님의 필연으로서 그의 체포와 구금은 불가피하다. 사탄을 영원한 멸망의 처소인 불못으로 내던짐은 잠시 유보되었다. 그에게는 하나님의 허락하심 속에서 천 년 후에 마지막 반역을 꾀할 기회가 주어졌다.

한편 구약에는 천년 왕국 개념에 대하여 명확하게 언급하지 않고 단지 지상에 세워질 하나님의 왕국에 관해 다루는데(시 72:8-14; 사 11:6-9; 슥 14:5-17) 이것들을 천년 왕국에 대한 암시로 볼 수 있다. 천년 왕국에 대한 논쟁은 교회가 출발한 이후부터 약 3백 년간에 걸쳐 활발하게 진행되었다. 교부들(Tertullian, Irenaeus, Justin Martyr)의 저작에는 그와 같은 흔적이 고스란히 남아 있다. 천년 왕국은 일찍이 영지주의 계통의 케린터스가 강력 주창함으로 교회는 문자적 해석에서 주춤하게 되었다. 중세 신학에 큰 영향을 끼쳤던 어거스틴이 무천년주의 입장을 고수한 이후로 약 1200년에 걸쳐 천년 왕국 교리는 사장된 듯하였다. 18세기에 이르러 경건주의 운동이 활발히 전개되면서(Bengel) 천년 왕국의 교리는 다시 고개를 쳐들었다. 후천년설자들도 플리머스 형제단 같은 세대주의적 천년설자들도 모두 이 시기에 생겨났다.

새로운 환상을 알리는 "또 내가 보니"(Καὶ εἶδον / 카이 에이돈)로 20장의 첫 장면이 열린다. 본서에 자주 나오는 이 표현은 연대기적 서술을 위한 것은 아니다. 예를 들어서 19–21장에 서술된 주요 사건들인 '그리스도의 재림–천년 왕국–마지막 심판–새 하늘과 새 땅'에 있어 모두가 연대기적 순서를 보이지만 천년 왕국만큼은 학자들의 관점에 따라 전후가 불분명하다. 하늘에서 무저갱 열쇠와 큰 쇠사슬을 쥔 천사가 하강한다. 그가 무저갱의 열쇠를 가진 사실에 근거하여 그리스도일 것이라 주장한 이(Kraft)도 있으나, 9:1의 하늘에서 떨어진 별(천사)도 무저갱의 열쇠를 가졌다. 오스본은 9:1의 "떨어진"을 "내려옴"과 동일한 의미론적 표현이라고 여기면서 하늘에서 떨어진 별(천사)을 본 절의 천사와 같다는 입장을 취하였다. 어쨌든 이 천사는 18:1의 큰 권세를 가진 다른 천사(18:1)나 큰 맷돌을 바다에 던졌던 힘센 천사(18:21)와도 구별된다. 9:1의 천사는 무저갱을 열었고(9:2), 본 절의 천사는 무저갱을 닫는다(3절).

천사의 으뜸가는 사명은 사탄을 잡아 악령들의 감금 장소인 무저갱에 넣고 천 년 동안 결박하는 일이다. 희대의 적대자, 악의 화신이요 흑암의 왕자였던 사탄은 저항 한 번 제대로 해보지 못하고 무력하게 체포 구금을 당한다. 사탄을 일시에 제압할 만큼 천사가 지닌 초절정의 능력은 그를 붙드시는 하나님에게서 나왔다. 이런 결론이 날 수밖에 없는 이유는 그리스도 때문이다. 사탄은 진작 쫓겨나고(요 12:31–33) 없이함을 당했다(히 2:14). 더 정확히 표현하자면 사탄은 본절의 천사가 결박하여 무저갱에 감금하기 이전에 주님의 복음 사역으로 인하여 결박당하고(마 12:29; 막 3:27) 하늘에서 떨어졌다(눅 10:17–19). 십자가에서 KO패를 당하기 훨씬 이전부터 패배했다(골 1:15). 어쨌든 영적으로 결박당하고 쫓겨나고 떨어지고 결박당했던 사탄의 운명이 이제 현실에서 가시화되었다.

1 또 내가 보매 천사가 무저갱 열쇠와 큰 쇠사슬을 그 손에 가지고 하늘로서 내려와서
2 용을 잡으니 곧 옛 뱀이요 마귀요 사탄이라 잡아 일천 년 동안 결박하여
3 무저갱에 던져 잠그고 그 위에 인봉하여 천 년이 차도록 다시는 만국을 미혹하지 못하게 하였다가 그 후에는 반드시 잠깐 놓이리라

1 천사가 무저갱 열쇠와 큰 쇠사슬을 그 손에 가지고

환상은 마지막 심판 직전의 상황을 보여준다. 비얼은 이 환상을 주님의 부활로부터 그의 영광스런 파루시아까지 확대시킨다. "무저갱 열쇠"가 "사망과 음부의 열쇠"라면 주님의 부활과 연관되었다는 주장이다.

죽었다가 다시 사심으로 "영원히 산 자"(ζῶν εἰμιεἰς τοὺς αἰῶνας τῶν αἰώνων / 존 에이미에이스 투스 아이오나스 톤 아이오논)로서 그리스도는 "사망과 음부의 열쇠"를 가지셨다(1:18). "열쇠"가 통치와 주권을 상징한다면 주님은 부활하심으로 사망 권세를 완전히 장악하시고 음부의 권세까지 틀어쥐셨다. 무저갱의 열쇠를 가진 이 천사는 9:1에서 무저갱의 열쇠를 받았던 바로 그 천사일 수 있다.

계시록에는 모두 세 개의 열쇠가 나온다. "사망과 음부의 열쇠"(1:18)와 "다윗의 열쇠"(3:7)와 "무저갱의 열쇠"(9:1, 20:1)이다. 다윗의 열

쇠는 교회에 주어진 천국 열쇠이다(마 16:19). 사망과 음부의 열쇠나 무저갱의 열쇠는 사탄의 세력을 제압하실 수 있는 하나님의 권세를 의미한다. 이 강한 천사는 열쇠만이 아니라 사탄을 결박할 "큰 쇠사슬"(ἅλυσιν μεγάλην / 할루신 메갈렌)까지 지녔다. 계시록에서 유일하게 언급된 이 쇠사슬은 죄수들의 수족을 억제하려고 사용된 보다 가벼운 쇠사슬(πέδη / 페데, 막 5:4)인 단순한 차꼬나 족쇄와는 구별된다. 이는 사탄을 억제할 수 있는 강력한 힘을 상징한다.

다윗의 열쇠를 가지신 그리스도는 어둠에 소속된 정사와 권세를 깨뜨리시고 거룩한 능력과 생명의 선물을 그의 성령을 통하여 교회에 넘치도록 부으셨다. 이 열쇠를 지니고 있는 그리스도의 교회에게는 사탄의 회가 굴복한다(3:9). 무저갱의 열쇠는 하늘에서 떨어진 별이 하나님께로부터 받았던 것이다(9:1). 이제 그 열쇠는 하늘에서 내려온 천사의 손에 들려 있다. 떨어진 별에게 무저갱의 열쇠를 주신 분도 하나님이시요, 제자리를 지킨 천사에게 주신 분도 하나님이시다. 흉년과 사망과 땅의 짐승으로 땅에 거하는 자들의 4분의 1을 멸했던 청황색 말의 기수에게도 사망과 음부의 권세(6:8) 곧 열쇠가 주어졌다.

하나님이 하늘과 땅에 속한 모든 열쇠를 지니셨다. 이제 천사가 무저갱의 열쇠를 가지고 하늘로부터 내려온 것은, 그동안 열려 있던 무저갱의 문을 잠그기 위해서이다. 천 년 동안 사탄을 감금시키기 위해서이다. 천년 왕국이 열리기 위해서는 무저갱의 문을 잠가야 한다. 사탄이 감금되어야만 그리스도께서 메시아 왕국의 보좌에서 거룩한 통치를 시작하신다. 이 천사가 미가엘인지 그리스도 자신인지에 대한 논란이 있지만 천사로 이해함이 자연스럽다. 그럼에도 천사가 사탄을 결박 지을 수 있는 권세와 능력은 오직 사망을 이기신 그리스도의 부활에 있음이 분명하다. 신약은 이런 관점에서 그리스도의 죽으심과 부활을 명백히 다룬다(마 12:29; 막 3:27; 눅 10:17-19; 요 12:31-33; 골 2:15; 히 2:14).

비얼은 마귀의 실질적인 결박이 그리스도의 부활로 이루어졌다고 본다. 그렇다면 일천 년의 해석은 그리스도의 부활로 시작되었다는 결론이 나온다. 비얼은 이에 대한 근거로서 사탄의 결박이나 추방이나 제어가 그리스도의 죽으심과 부활에 밀접히 관련되었음을 성경적으로 밝히고 있다(마 12:29; 막 3:27; 눅 10:17-19; 요 12:31-33; 골 2:15; 히 2:14). 마귀의 결박 사건은 주님의 지상 사역에서 이미 초기부터 진행되었다는 설명이다(마 12:29; 막 3:27; 눅 10:17-19). 그러나 그것보다는 본 절의 사탄 결박을 특정한 사건으로 이해해야 한다. 일반적인 의미에서 사탄의 머리가 부셔지는 순간부터 사탄은 이미 힘을 잃었다. 그것을 결박이라 본다면 그럴 수 있다. 귀신을 추방하고 악귀를 내쫓으면서 사탄이 하늘에서 떨어진 역사로 이해한다면 그럴 수 있다.

그리스도의 부활 이후에도 세상에는 죄가 더욱 창궐하고 이전보다 더욱 악해졌음은 그 누구도 부인할 수 없는 엄연한 현실이다. 이 땅에 죄를 퍼뜨린 사탄이 결박되고 추방되었음에도 그의 영향력이 세상을 어지럽혔다면 사탄 결박의 의미는 무엇일까? 사탄은 오히려 예전보다 더욱 악랄하게 날뛰고 기승을 부린다. 사탄의 머리가 부서졌지만 그는 죽지 않았다. 더욱 악에 받쳐서 자신의 때가 얼마 남지 않음을 아는 그로서는 주어진 시간 동안 최대한의 힘을 발휘하여서 하나님을 대적하고 그의 거룩한 교회를 해치려 든다. 하늘의 전쟁에서 이기고 적그리스도와 거짓 선지자를 처단하고 그들의 최후 조정자인 악의 괴수

사탄을 결박함은 종말의 시간표에서 결정적인 사건으로 보아야 한다.

사탄은 쫓겨났지만 완전히 추방되지 않았다. 사탄은 완패를 당하였지만 아직 정식으로 항복 문서에 조인하지도 않았다. 사탄은 여전히 활동한다. 변장의 명수답게 광명한 천사로 변장하기도 하고(고후 11:14), 우는 사자처럼 돌변하기도 하며(벧전 5:8), 올무를 놓기도 한다(딤후 2:26). 공중 권세를 잃어버리고 땅으로 쫓겨났지만(12:8-9) 지금 불순종의 아들들 가운데서 역사하고 있다(엡 2:2). 그는 믿지 않는 자들의 마음을 혼미케 하여 그리스도의 복음의 빛이 비쳐들지 못하게 한다(고후 4:4). 다만 예전 같지 않을 뿐이다. 모든 면에서 제약이 뒤따른다. 하나님의 인을 맞은 자들에게 해를 가하지 못함이 이 제약에 속한다(9:4).

2 **용을 잡으니……잡아 일천 년 동안 결박하여**

"용"(δράκων / 드라콘)은 "옛 뱀"(ὁ ὄφις ὁ ἀρχαῖος / 호 오피스 호 아르카이오스)이니 곧 "마귀"(Διάβολος / 디아볼로스)요 "사탄"(Σατανᾶς / 사타나스)이다. 용의 명칭이 무려 네 가지로 사용되었다. 용은 사탄에게 적용된 첫 이름이며 가장 많이 사용된 이름이다(12:3, 4, 7, 13, 16, 17, 13:2, 4, 11, 16:13). 용의 명칭은 제각각 다르나 성격도 같고 능력도 같고 운명도 같다. 천사는 큰 쇠사슬로 사탄을 결박하여 무저갱에 천 년 동안 감금시킨다. 나중에 잠시 풀려나기도 하지만(7-8절), 잠시 반역을 꾀하다가 불과 유황 못에 영원히 던져진다(10절). 사 24:21-22은 사탄의 운명에 대한 그림자를 던져준다. "그날에 여호와께서 높은 데서 높은 군대를 벌하시며 땅에서 땅의 왕들을 벌하시리니 그들이 죄수가 깊은 옥에 모임같이 모음을 입고 옥에 갇혔다가 여러 날 후에 형벌을 받을 것이라." 그가 보낼 금고의 세월은 성도들에겐 영광의 통치 기간이다. 그의 감금은 일시적이다. 천 년이란 시간이 우리에겐 길게 느껴지지만 하나님에게는 눈 깜짝할 사이에 불과하다.

헨드릭슨은 이 사건이 그리스도의 초림과 재림 사이에 일어나는 것으로 보았다. 교회의 강력한 선교 활동을 마귀가 방해하지 못하도록 하나님이 강권적으로 제약하셨다는 주장이다. 이는 비얼과 같은 입장이다. 이에 반하여 왈부어드는 사탄이 제어당한 정도가 아니라 완전 불능 상태에 놓이게 되었는데, 이런 상태는 그리스도의 재림 이후에야 가능하다는 주장이다. 그는 지지할 만한 성구들(눅 22:3; 행 5:3; 고후 4:3-4, 11:14; 엡 2:2; 살전 2:18; 딤후 2:26; 벧전 5:8)을 나열하면서 사탄이 지금도 왕성하게 활동하고 있음을 강조하였다. 그의 운명은 형벌과 죽음의 파멸로 이미 정해졌다(사 27:1).

왈부어드도 본 절의 은유적 묘사가 지상에 미치던 사탄의 영향력이 완전히 중단된 상태로 이해하였다. 불신자들의 마음을 혼미케 만들던 영(고후 4:4)이 마치 물처럼 쏟아졌다.

광명의 천사로 가장하여 유혹하던 그(고후 11:14)의 모습에서 가면이 벗겨졌다. 불순종의 아들들 가운데서 역사하던 영(엡 2:2)이 기가 꺾였다. 영혼들을 낚아채던 올무(딤후 2:26)가 헝클어졌다. 우는 사자같이 두루 다니며 삼킬 자를 찾던 거대한 짐승(벧전 5:8)의 이가 부러지고 발목의 힘줄이 절단되었다.

"결박하여"(ἔδησεν / 에데센)는 물론 포승줄로 결박하는 형태가 아니라 어떤 잠금 장치를 뜻한다. 이는 큰 강 유브라데에 결박되었던 네 천사(9:14)처럼 활동이 완전히 차단된 상태이다. 사탄은 그런 상태로 천 년을 지내다 "여러 날 후에" 형벌을 받게 될 것이다(사 24:22). 용의 금고 상태 천 년은 그리스도의 천년 왕국 통치와 나란히 있다. 20장에는 "천 년"이란 표현이 무려 여섯 번이나 나오는데, 이는 이 숫자의 기간이 갖는 중요성을 반영한다. 천 년에 대한 논쟁들은 성도들을 지치게 하고 견해 차이에 따라서 갈등을 증폭시키기에, 인간이 도저히 알 수 없는 시간이라 단정하는 이들도 있다.

베드로는 "하루가 천 년 같고 천 년이 하루 같다"는 표현을 사용하였는데(벧후 3:8), 이는 하나님의 시간이 인간의 기계적 시간과 같지 않음을 뜻한다. 모세는 천 년이 주님의 안목으로는 지나간 어제 같고 밤의 한 경점과 같음을 토로하였다(시 90:4). 인간 세상에서의 천 년이 하나님에게는 하루와 같다면, 인간 세상의 하루가 하나님께는 천 년도 될 수 있다. 천 년이란 결단코 무의미한 시간이 아니다. 요한은 '잠시 후'라든지 '한참 후'와 같은 모호한 표현을 쓰지 않고 천 년이라는 기간을 언급하였는데 이는 그냥 지나칠 일이 아니다. 유대 묵시 문학에서는 사탄의 형벌 기간이 천만 년으로도 되어 있으며(에녹전서 21:6) 400년으로도 되어 있다(제4에스라서 7:28). 랍비들은 4000년에서 7000년의 기간을 제시했다. 고대 유대 문헌의 한 단편에서는 천 년을 하루로 하여 우주가 한 주간으로 이루어져 있다는 역사관을 피력하였다.

3 그 위에 인봉하여……그 후에는 반드시 잠깐 놓이리라

9:1-2에는 하늘에서 떨어진 별 하나가 무저갱의 열쇠를 받은 것으로 되어 있다. 그 별이 타락한 새벽의 아들 '계명성'이라면 그 역할에

있어 본 절의 천사와 매우 대조적이다. 타락한 천사는 무저갱의 열쇠를 받아서 무저갱을 열었으나 이곳의 천사 혹은 천사장 미가엘은 무저갱을 잠근다. 악령들의 수감 장소(벧후 2:4)인 무저갱에 사탄을 감금시키고자 봉인한다. 마귀와 그의 사자들은 그곳에서 마지막 운명의 때를 기다린다. 땅에서 완전하게 제거되지 않았지만 모든 악의 세력은 그리스도의 왕적 권위에 굴복된다. 일시적으로 사탄이 그리스도의 구속 공동체를 해하긴 하였어도(12:17), 인 맞은 공동체의 구원에 어떤 해악도 끼치지 못한다. 그것은 사탄의 인봉이란 상징으로 분명해졌다. 악이 여전히 기승을 부려도 하나님의 통제하에 있다. 반대로 하나님이 사탄을 제어해도 그는 여전히 교회와 성도들에게 위협적인 존재이다. 완전 파멸은 아니라 해도 사탄이 이 시점에서 억제당함은 매우 중요하다. 천 년 동안 세상은 미혹으로부터 자유롭다. 강약을 조절하며 우는 사자와 광명의 천사로 변장을 거듭하던 유혹자의 끈적끈적한 마수로부터 사람들은 자유와 해방을 얻는다. 물론 영원하지는 않다. 천 년 이후에 무저갱에서 잠깐 풀려난 사탄은 다시 미혹하여 많은 사람들을 하나님께 거스르게 만든다(20:7-8).

용을 쇠사슬로 결박하고 열쇠로 잠그고 인봉까지 한다. 그에 대한 감금 상태가 철저하고 완벽하게 이루어진다. 목적은 오직 하나이다. 또다시 만국을 미혹하지 못하도록 하기 위함이다. 사탄은 미혹하지 못할 뿐 아니라 성도를 하나님 앞에서 참소하지도 못한다. 그는 많은 경우에 "참소자"란 이름으로 불렸던 존재이다(슥 3:1-2; 욥 1:6; 시 109:6; 그리고 딤전 3:6, 11 참조). "인봉"은 그 누구도 열 수 없고 열어서는 안 될 금단의 영역임을 표시한다.

여기에서 사탄의 "인봉"(ἐσφράγισεν / 에스프라기센)은 144,000의 인과(7:3, 4, 5, 8) 일곱 우레의 메시지를 인봉한 것처럼(10:4),

그와 같은 인봉 상태가 하나님의 권세에 의하여 절대적으로 안정됨을 뜻한다. 사탄의 운명은 그리스도와 직결되어 있다. 사탄이 하늘로부터 추방됨은 남자 아이의 탄생과 승천에 관계되었다(12장). 그리스도께서 통치하는 천년 왕국이 시작되면서 사탄은 무저갱에 감금된다. 왕국이 끝나면서 사탄은 풀려나지만 다시 영원한 멸망으로 들어가며 하나님과 어린양 그리스도의 보좌가 있는 신천 신지가 나타난다.

그리스도의 십자가는 사탄을 그 권좌에서 물러나게 하였다. 사탄은 회복 불능의 치명상을 입었지만 여전히 살아 역사하는 존재이다. 그의 하강과 추방은 모든 면에서 완전히 용도 폐기를 당한 것은 아니다. 그는 악의 화신답게 죽어 가면서도 끝까지 저항을 포기하지 않는 끈질긴 투사다. 불과 유황 못에 던져져 영원히 고통을 당하기 직전까지 사탄은 천 년의 감금 기간을 제외하고는 기세 좋게 영혼들을 유혹하고, 사람들이 그리스도께 접근할 가능성을 모든 수단 방법을 강구하여 차단시키려고 애쓴다. 마지막 승리는 그리스도에게 속한 것일지라도 사탄이 존재하고 역사하는 한 교회와 성도들은 주공격 대상에서 제외되지 않는다. 사탄의 추락과 하강은 세 단계를 거친다. 하늘에서 땅으로(12:7-9), 땅에서 심연으로(20:1-3), 그리고 불못으로(20:10) 던져진다. 가장 높은 곳에 올라 북극 집회의 하나님과 견주려 했던 사탄의 영원한 운명은 아래로 굴러 떨어지는 추락만 있을 뿐이다.

2. 천년 왕국(20:4-6)

사탄이 체포되어 구금되어 있는 천 년 동안 성도가 그리스도와 함께 통치하는 천년 왕국이 열린다. 이 기간 동안 그리스도가 지상에 강림하시는 대신 성도들이 하늘에 올라가 통치할 것(Maurice)이라는 주장도 대두되었으나, 1-10절의 묘사들은 천년 왕국이 영원과 관련되어 천상과 지상에서 일어나는 사건들을 아우르고 있다. 그리스도를 위하여, 그리스도의 이름 까닭에 고난을 당하고 박해를 겪다 순교에 이른 신실한 성도들은, 다시 살아나서 자신들의 주이신 그리스도와 더불어 승리자로서의 통치권을 행사한다. 이는 "미쁘다 이 말이여, 우리가 주와 함께 죽었으면 또한 함께 살 것이요 참으면 또한 함께 왕노릇할 것이요 우리가 주를 부인하면 주도 우리를 부인하실 것이라"(딤후 2:11-12)던 바울의 말이 그대로 이루어짐이다.

천년 왕국은 가장 아름다운 지상에서의 삶을 묘사하고 있지만, 그를 받아들이는 해석자의 입장은 신학적인 견해에 따라 차이가 있다. 성경적 지지 근거를 내세우며 다른 견해를 논박하는 정도가 도에 지나쳐 아름답지 못한 모습을 보임은 부끄러운 일이다. 천년 왕국은 하나님의 성령이 성경 속에 그려 놓으신 그림 언어이다. 상징적인 해석이든 문자적인 해석이든 그것이 품고 있는 메시지를 놓치지 말아야 한다. 이미 이루어졌든 아직 이루어지지 않았든 우리의 관심이 천년 왕국 자체에 머무른다면 부족하다. 천년 왕국의 통치자이신 그리스도, 천년 왕국의 하나님을 바라볼 수 있어야 한다.

천년 왕국의 의의는 만왕의 왕이요 만주의 주이신 그리스도께서 세상 역사에 공의와 사랑이 온전하게 결합된 형태의 성령 정권을 수립한다는 차원에서 의미가 깊다. 그리스도의 가르침이 그대로 실현되고 하나님이 자기 백성에게 주셨던 모든 언약이 성취되는 은혜로운 삶의 역사적 경험으로서 이 특별한 시기는 증명한다. 세상 사람들의 눈에는 보이지 않고 다만 믿는 자들의 삶 속에 실재하였던 그리스도의 주권과 통치 능력이 세상에 가시적으로 나타난다. 잠재적이고 이상적인 꿈

정도로 여겼던 인류의 이상향이 성도들의 주가 되신 그리스도에 의해 실현된다. 천년 왕국을 통하여, 스스로 낮아지시고 십자가의 수치스런 죽음을 당하셨던 주님이 사람들로부터 영화롭게 된다. 하늘과 땅과 땅 아래 있는 모든 이, 산 자나 죽은 자 할 것 없이 모두가 그리스도 앞에 무릎을 꿇고 그분의 주되심을 고백하게 될 것이다(빌 2:10-11). 천년 왕국의 역사적 실현은 하나님이 성도들에게 주셨던 말씀의 진정성을 증명하는 계기도 된다.

천국이 좋은 것은 그리스도의 현존 때문이지 그리스도가 없는 천국은 아무런 가치가 없다. 마찬가지로 그리스도의 통치, 성도들의 소망과 믿음이 실현되는 것으로서의 천년 왕국이 우리 마음에 자리 잡아야 한다. 천년 왕국은 우리의 믿음이요 소망이다. 박해당하는 자기 백성들을 위로하신 하나님의 복스러운 약속이다. 우리의 신학적 입장이나 해석의 차이와는 상관없이 천년 왕국은 어떠한 형태로든지 약속의 성취라는 측면에서 이루어질 것이다. 각자의 믿음대로 받아들일 것이다. 무수한 설명들이 주어졌지만 만족할 만한 해답은 아직껏 나오지 못했다. 아마 그리스도께서 재림하시기 전까지는 풀리지 않을 난제에 속한다. 천년 왕국에 대해서는 대체적으로 세 가지 견해가 있다.

① 전천년설(Premillenialism)은 그리스도께서 천년 왕국 전에 재림한다는 주장이다. 두 개의 입장이 있다. 첫째, 주님의 재림 전에 시대적 배교와 휴거와 적그리스도가 통치하는 7년 대환난의 시기가 있다고 믿는 세대주의적 전천년설이다. 둘째, 휴거를 거부하고 환난통과설을 믿는 역사적 전천년설이다. 사탄의 결박은 그리스도께서 재림하실 때 이루어진다. 문자적으로 1000년 동안 그리스도는 자기 백성들과 함께 지상에서 통치하신다. 사탄의 잠시 놓임은 악한 자의

부활과 백보좌 심판으로 인해 천년 왕국의 절정을 이룬다. 천년 왕국 이후에 새 하늘과 새 땅이 창조된다.

② 후천년설(Postmillenialism)은 그리스도의 나라가 이미 실현되었으며, 복음 전파를 통해 더욱 확장되는 과정에 있다고 주장한다. 천년 왕국은 교회 시대의 말기에 이르러서 시작된다. 천 년은 문자적일 수도 있고 아닐 수도 있으며 재림 직전에 나타날 영광의 시대로서 복음의 영향력이 전 세계에 미친다. 천년 왕국이 끝나면 사탄의 마지막 반역이 있고 그리스도의 재림으로 부활 사건, 사탄의 멸망, 최후의 심판이 뒤따른다. 사탄의 결박은 복음의 성공적 사역으로 인하여 사탄의 영향력이 감소되어 소멸될 것을 뜻한다.

③ 무천년설(Amillenialism)은 문자적인 천년 왕국을 거부한다. 계 20:1-3의 천 년도 단지 '완전'과 '장구함'의 상징으로서 복음 전파를 통한 교회의 황금 시기를 뜻한다. 즉 그리스도의 초림부터 재림 때까지의 전 기간을 의미한다. 시대적 배교와 적그리스도의 통치가 절정을 이룰 때 그리스도께서 재림하신다. 부활과 심판이 있고 새 하늘과 새 땅이 이루어진다. 사탄의 결박은 십자가에서 그리스도께서 이루신 사탄에 대한 승리를 의미한다. 미래에 사탄은 잠시 놓여 교회를 미혹하지만 그리스도의 재림으로 멸망당한다. 이들의 입장은 "이미 시작된 종말론"이다.

> 4 또 내가 보좌들을 보니 거기 앉은 자들이 있어 심판하는 권세를 받았더라 또 내가 보니 예수의 증거와 하나님의 말씀을 인하여 목 베임을 받은 자의 영혼들과 또 짐승과 그의 우상에게 경배하지도 아니하고 이마와 손에 그의 표를 받지도 아니한 자들이 살아서

그리스도로 더불어 천 년 동안 왕 노릇하니
5 (그 나머지 죽은 자들은 그 천 년이 차기까지 살지 못하더라) 이는
첫째 부활이라
6 이 첫째 부활에 참예하는 자들은 복이 있고 거룩하도다 둘째 사망
이 그들을 다스리는 권세가 없고 도리어 그들이 하나님과 그리스
도의 제사장이 되어 천 년 동안 그리스도로 더불어 왕 노릇하리라

4 내가 보좌들을 보니 거기 앉은 자들이 있어

환상의 초점이 심연의 깊음에서 하늘의 높음으로 옮겨진다. 심판의 그늘로부터 통치의 밝은 빛으로 달라진다. 사탄의 결박은 성도의 위로요 승리다. 그가 감금당하는 기간 동안 성도들은 그리스도와 더불어 메시아 왕국의 실상을 접하게 된다. 보좌에 앉은 자들은 심판의 권세를 지니고, 순교자들의 영혼과 짐승의 표를 받지 않은 신실한 그리스도의 백성들이 그리스도와 함께 천 년 통치에 들어간다. 그리스도를 신실히 따르고(마 19:28; 눅 22:30) 이겼기에(3:21), 또한 성도로서 바른 신분을 유지했기에(고전 6:2), 심판의 권세를 지닌 자들로서 보좌에 앉는 영광을 취한다(3:21). 이 보좌는 법정에서 재판관이 앉는 자리일 뿐만 아니라 통치권을 행사하는 왕좌다. 재판석의 관점에서는 심판권을 행사하고(4상반절), 왕좌의 관점에서는 왕 노릇한다(4하반절).

그들은 이겼고 끝까지 그리스도의 말씀을 지켰기에 만국을 다스리는 권세를 받았다. 메시아와 함께 철장으로 천년 왕국의 거주민들을 다스린다(2:26-27).

여기에서 "심판하는 권세를 받았더라"(κρίμα ἐδόθη αὐτοῖς / 크리마 에도떼 아우토이스)는 "(사탄에 대한) 심판이 바로 그들 때문에 하나

님으로부터 주어졌다"는 뜻이다. 단 7:22의 "성도를 위하여 신원하셨고"(단 7:22)와 같은 맥락이다. 하나님 자신을 위해서라면 심판의 거추장스러운 과정이 필요 없다. 성도를 위해, 복음을 위해 순교한 영혼들의 신원 때문에, 오직 구속함 받은 백성들의 인내의 결과 까닭에 심판을 시행하신다. 심판의 권세는 성도를 위하여, 성도 때문에, 성도에게 주어졌다. 그들은 심판 권세를 가진 자로서 위엄의 보좌에 앉아 있다.

"목 베임을 받은 자"(τῶν πεπελεκισμένων / 톤 페펠레키스메논)는 문자적으로 해석할 경우에 순교자를 의미하며 상징적인 경우에는 모든 종류의 박해에 희생된 자를 뜻한다.

목 베임을 당한 영혼들과 짐승의 표를 받지 않은 자들이 확연히 구별되어 있으므로 이들은 순교자들의 그룹으로 여겨야 한다. 천 년이 문자적 의미에서의 천 년이라면 천년 왕국은 표현 그대로 천 년 동안 지속될 영광의 나라이다. 만일 상징적인 숫자라면 10일 동안의 환난이 짧고 충분한 환난의 기간을 상징하듯, 천 년은 '완전'과 '충족'의 숫자인 10×10×10의 형태이니 지복의 상태가 충분히 길다는 상징이 된다. 천 년 동안 그리스도의 영광스러운 통치가 세상에 실현된다.

보좌에 앉은 자들은 대관절 누구인가? 그들은 순교자들(6:9-11, 16:6, 18:20, 24, 19:2)과도 구분이 되고 짐승의 표를 받지 않은 자들과도 구분된다. 혹은 이십사 장로로, 교회의 대표자로 보았다. 이는 이십사 장로를 보좌에 앉은(4:4, 11:16) 천상의 법관으로 이해하는 입장이다. 비얼은 그들이 높임을 받은 신자들과 천사들의 혼합된 무리로 여겼다. 대다수는 4절에 나온 신자 그룹을 둘로 여긴다(Ladd, Johnson, Mounce, Thomas). 첫째는, 보좌에 앉아 심판권을 행사하는 이들로서 모든 성도이며(4상반절) 둘째는, 나머지 그룹으로서 특히 목 베임 받은 자의 영혼들이다(4하반절).

일곱 편지 중에서 이긴 자들에게 주신 약속은 모든 믿는 자들에게 해당하며(2:26-27, 3:12), 네 생물과 이십사 장로들은 각 족속과 방언과 백성과 나라 가운데서 피로 값 주고 사신 성도들이 왕 노릇할 것을 새 노래에서 언급하였다(5:10). 주님의 말씀을 고려한다면 보좌에 앉은 이들은 사도들이다. "내가 진실로 너희에게 이르노니 세상이 새롭게 되어 인자가 자기 영광의 보좌에 앉을 때에 나를 좇는 너희도 열두 보좌에 앉아 이스라엘 열두 지파를 심판하리라"(마 19:28; 눅 22:29-30). 바울 서신에 의하면 신실한 성도가 마지막 날에 심판권을 지닌다. "성도가 세상을 판단할 것을 너희가 알지 못하느냐……우리가 천사를 판단할 것을 너희가 알지 못하느냐"(고전 6:2-3상반절).

5 이는 첫째 부활이라

"나머지 죽은 자들"(οἱ λοιποὶ τῶν νεκρῶν / 호이 로이포이 톤 네크론)은 천년 왕국이 지속되는 동안 살아나지 못한다. 이들은 과연 누구인가? 4절에서 언급된 순교자들로 해석한다면 나머지 죽은 자들은 불신자들과 마찬가지로 죽은 모든 성도들이 된다(Beckwith, Caird, Mounce, Aune). 4절을 모든 성도에 대한 묘사로 보면(Johnson, Ladd, Beale, Thomas) 나머지 죽은 자들은 불신자들이다. 오스본은 뒤이어 나오는 5-6절의 묘사와 계시록 전체가 후자의 견해를 지지한다고 해석하였다. 첫째 부활의 참예자 그룹에서 순교하지 않은 성도들을 배제시키기가 전체적 내용 구조상 어려우며 6절의 "둘째 사망"에 그들을 포함시키기가 어렵기 때문이다. "나머지 죽은 자들"은 불신자들로서 천 년 동안 의식 없이 지내다, 심판을 위하여 의식이 돌아왔을 때에 그들을 기다리는 것은 오직 피할 수 없는 백보좌의 영원한 심판뿐이다.

4절의 "보좌에 앉은 자들"이 높임 받은 성도들과 천사들의 혼합체라면 천사를 제외하고 높임 받은 성도들이 첫째 부활에 참예했다. 예수의 증거와 하나님의 말씀을 인하여 목베임 받은 자의 영혼들이 첫째 부활에 참예했다. 짐승과 그의 우상에게 경배하지도 아니하고 이마와 손에 그의 표를 받지도 아니한 자들이 첫째 부활에 참예했다. 보좌에 앉은 자들의 일부와 짐승의 표를 받지 않은 자들도 모두 순교자다. 목 베임을 받은 자들과 죽음의 형태만 구별될 뿐 그들 역시 거룩한 순교자들이다.

"살아서"(ἔζησαν / 에제산)는 짐승의 표를 받지 않은 자들에게만 해당되지 않고 앞에 언급한 그룹 전체를 가리킨다. 그들 모두가 살아서 그리스도와 함께 "다스린다"(ἐβασίλευσαν / 에바실류산). "살아서"는 '다시 살아나다'(ἀναζάω / 아나자오)와 같은 의미이다. 죽었던 육체가 다시 살아남을 뜻한다. 이를 "첫째 부활"(ἡ ἀνάστασις ἡ πρώτη / 헤 아나스타시스 헤 프로테)이라 부른다. 포드는 "첫째 부활자"를 부활을 즐기는 첫 그룹이라 하였고, 쉐퍼드는 첫째 부활을 그리스도의 부활이라 주장하였지만 그들의 해석은 너무 편협하다. 부활 참예자는 모두가 순교자이다.

6 이 첫째 부활에 참예하는 자들은 복이 있고 거룩하도다

첫째 부활에 참예하는 자들은 "복이 있다"(μακάριος / 나카리오스). 이는 본서에 언급된 일곱 축복 중에서 다섯 번째에 해당한다(1:3, 14:13, 16:15, 19:9, 22:7, 14). 복의 선언과 함께 "거룩하다"의 형용

사가 붙은 예는 신약에서 이곳이 유일하다. 그리스도는 "거룩하고 진실하신" 분이신데(3:7, 4:8, 6:10) 부활로 인해 그분의 생명에 참예하는 성도는 복되고 거룩하다. 계시록에는 이런 측면에서 신자를 지칭하는 표현 중에 "성도"가 가장 빈번히 나온다(5:8, 8:3, 4, 11:18, 13:7, 10, 14:12, 16:6, 7:6, 18:20, 24, 19:8, 20:9, 22:21). 거룩한 무리들로서 그리스도의 신부는 거룩한 성(21:2, 10, 22:19)인 새 예루살렘에 들어간다. 거룩한 제사장 나라가 되어 거룩하고 거룩하기에 거룩한 제사장의 직무를 수행한다.

첫째 부활의 참여자가 복된 이유는 둘째 사망이 그들을 다스리지 못하기 때문이다. 사망은 첫째 부활자들을 다스리지 못한다. 그들은 죽기까지 충성함으로 이긴 자가 되었기에 둘째 사망의 해를 받지 않는다(2:11). 그들은 보좌에 앉은 왕권으로서 둘째 사망을 다스린다(3:21). 부활의 생명이 둘째 사망 위에 있다. 둘째 사망에게 다스림을 받는 자들은 하나님의 영원한 생명으로부터 격리되어서 무서운 고통을 겪어야 한다(20:10, 14-15, 21:8, 27, 22:15). 그들은 또한 "거룩하다"(ἅγιος / 하기오스). 하나님과 그리스도의 제사장이기 때문이다. 그들은 복 있고 거룩하다. 천 년 동안 그리스도와 함께 왕권과 제사장권을 행사하며 살 수 있기 때문이다. 영원한 대제사장이신 그리스도와 더불어 그분의 아버지이신 하나님의 제사장이 되어(1:6) 하나님 앞에서 하나님을 섬기게 된다.

성경은 중간 상태에 대하여 아무런 가르침도 베풀지 않는다. 그럼에도 죽은 성도는 천상에서 첫째 부활에 이르기 전의 어떤 상태에 있음에 관해 숙고할 만한 구절들이 있다. 아브라함과 이삭과 야곱의 하나님을 언급한 이후에 주님은 이렇게 말씀하셨다. "하나님은 죽은 자의 하나님이 아니요 산 자의 하나님이시라 하나님에게는 모든 사람이 살았느니라"(눅 20:37-38). 족장들은 오래 전에 죽었으나 육체적 부활에 이르기 전인 지금은 하나님 앞에서 살아 있다. 난해 구절인 벧후 4:6 또한 육체적 죽음 이후의 영적 삶의 상태를 묘사하였다. 유대 묵시 문학에는 중간 상태에 대한 언급이 매우 많다. 어쨌든 요한은 첫째 부활의 참예자가 복된 이유를 본 절에서 매우 간략하고 선명한 어조로 밝혀 주고 있다.

첫째, 둘째 사망이 그들을 다스리는 권세가 없기 때문이다. 첫 번째 죽음이 육체적 죽음이라면 둘째 사망은 영적인 죽음이 지속되다 영원한 불못에 빠지는 것이다(20:14, 21:8).

그들은 생명으로 충만한 새 예루살렘 성안으로는 결코 들어가지 못한다(21:17, 22:15). 성도는 처음 죽음을 피할 수 없으나(마 10:28; 히 9:27) 두 번째 죽음은 피할 수 있다. 그들 안에 내재한 부활의 생명이 이미 죽음을 이겼기 때문이다. 죽음은 그리스도가 십자가에서 죽으심으로 영원히 죽어졌다(고전 15:26, 54-55). 사망으로 말미암아 사망의 세력을 잡은 원수 마귀(히 2:14)는 생명으로 말미암아 생명의 세력을 잡으신 그리스도로 인해 머리가 으깨졌다. 주님은 '살려주는 영'(고전 15:45)이시기 때문이다. 죽음은 생명에게 삼켜졌다. 사망의 독은 완전히 제거되었고 생명의 기운이 성도를 영원한 파멸로부터 지켜준다. 6:8까지만 해도 기세등등하던 죽음과 음부는 인류의 4분의 1을 죽였지만 이곳에 이르러 사망은 불못에 던져진다. 첫째 죽음인 육체적인 죽음은 성도를 첫째 부활인 영적 부활로 이끌지만, 둘째 부활인 육체적 부활은 불신자들을 두 번째 죽음인 영적 죽음으로 이끈다. 성도에게는 첫째 부활이 있고 둘째 죽음이 없지만, 불신자에게는 첫째 부활이 없고 둘째 부활만 있으며 둘째 죽음만이 그들을 기다린다.

둘째, 하나님과 그리스도의 제사장이 되기 때문이다. 성도는 주님 안에서 하나님과 그리스도의 나라와 제사장이 되었다(벧전 2:5). 그것은 영원 전부터 이루어진 하나님의 계획이다(계 1:6, 5:10). 교회가 받을 이런 복은 이스라엘 백성을 향하신 하나님의 약속에서 시작되었다(출 19:6). 요한의 환상에서도 144,000은 하나님의 보좌 앞에 있으며 하나님의 성전에서 주야로 하나님을 섬긴다(7:15). 그들은 이런 특권 까닭에 하나님의 계명을 성실하게 준수해야 한다(2:10, 12:17, 13:10, 14:12, 17:14). 두려움으로 인하여 끝까지 신실함에 거하지 못한 자들은 왕국에서의 삶에 참예하지 못하고 대신 불과 유황 못에 참예한다(21:8). 하나님과 그리스도의 제사장이 된다 함은 그리스도 안에서 하나님의 제사장이 된다는 뜻과 같다. 제사장권과 왕권은 한정적인 시간 안에서 행사되는 것이므로 매우 특별하다. 천 년 동안 그리스도와 함께 이 복합적인 특권을 누린다.

셋째, 천 년 동안 그리스도와 함께 왕 노릇한다. 그리스도의 제사장직에 따라 신실한 제사장이었던 성도는 그리스도의 왕권 행사에 일종의 분봉왕으로서 통치권을 행사한다. 하나님의 백성답게 살았던 성도들은 천년 왕국에 이르러서 과연 왕다운 면모를 보일 것이다. 지상에서 하나님의 제사장으로 섬기며 살았던 성도들은 천상에서 그리스도의 분봉왕이 되어 그리스도와 함께 그리스도가 나누어준 권세에 따라 통치권을 행사하며 왕으로서 누리는 삶을 살게 될 것이다. 이런 이유 까닭에 요한은 첫째 부활의 참여자가 복이 있다고 선언한다.

3. 사탄의 멸망(20:7-10)

성도의 끈질긴 원수요 두려운 적대자였던 사탄이 드디어 파국에 이르렀다. 본 장면은 다섯 개의 모습을 보여준다. 사탄의 풀려남과 그의 미혹과 마지막 전쟁을 위한 사방 백성의 소집, 하나님의 백성들을 포위함과 하늘에서 내린 불이 사방 백성을 태움 그리고 사탄을 불못에 내던짐이다. 이원론적인 구도를 띄고 있으나 둘은 팽팽한 상대가 아니다. 비교할 수 없는 하나님의 능력에 사탄은 애당초 적수가 아니었다. 사탄의 패망 기사를 다루는 이 부분에서 하나님의 주권과 승리는 압도적이다. 이야기는 겔 38-39장에 묘사된 곡과 마곡과의 전쟁에 근거한다. 최후의 종말적 전쟁이란 주제는 기본적으로 유대주의의 묵시록에 바탕을 두고 있다. 3막 중에서 2막에 해당하며 악이 영원히 근절되는 이 부분은 새 하늘과 새 땅의 도래(21:1-22:5)를 위한 준비단계다.

요한은 곡과 마곡의 지리적 의미에는 별 관심이 없다. 그들의 정체는 "땅의 사방 백성"이란 표현에서 하나님과 그의 백성들에게 적대적인 세속적인 체계를 일컬음이 확실하다. 모든 세기를 거치면서 세계 어느 곳에나 하나님을 거역하며 교회와 성도들에게 적대적인 세력이 있다. 최후의 전쟁을 위한 이 모임은 17:14과 19:19의 모임과 구별하기 위해 천 년 이후로 묘사하고 있다. 실질적으로 마지막 전쟁인 셈이다. 천년 왕국을 거쳤으면서도 사탄의 미혹에 연루되어 하나님께 반란을 꾀하는 이 모습 속에서, 인간의 죄라는 것은 환경의 산물도 아니요 사탄의 꼬드김에 의한 것만도 아닌 인간 내면에 뿌리박힌 어떤 것임을 알게 한다. 하나님께 반역하는 의지의 근원은 인간 내부에 있다. 사탄은 자신의 한계 지어진 운명을 알면서도 그의 존재 자체가 하나님께 대항하고 반역하는 속성으로 똘똘 뭉쳐졌기에 스스로도 어찌할 수 없는 상황이다. 악과 혼돈과 흑암의 세력은 비록 강하고 끈덕져도 하나님이 세우신 창조 질서보다는 약하고 모자라다.

사탄은 천 년이 차기까지 풀려나지 않는다. 천 년의 단 한 순간이라도 사탄이 끼어들어올 틈은 없다. 하나님이 사람들을 미혹하지 못하도록 사탄을 금고시키는 천 년에 대한 언급은 무천년설을 주장하는 이들로서는 해석하기 어려운 구절이다. 계시록이 누차 강조하는 바는 사탄이 결코 전능한 존재가 아니요, 성도들을 압살할 수 없으며, 단지 미혹할 수 있을 뿐이라는 사실이다. 사탄이 행사하는 권세는 한정적이고 부분적이다. 그가 지니고 있는 모든 '권세'(13:2, 17:13, 18:3)의 출처가 하나님이고 그 권세의 행사까지도 하나님에 의하여 철저히 통제된다(6:8, 9:3, 13:5, 7, 16:8, 17:12). 천상으로부터 지상으로 쫓겨난 그의 힘이 작용하는 반경은 오직 지상에 국한될 뿐이며 전능하신 주 하나님의 권세(1:16, 4:11, 5:12, 7:12, 11:17, 12:10, 15:8, 19:1)에는 절대 비교불가다.

거짓 선생들을 통해 미혹하고(2:20) 천하를 꾀던(12:9, 13:14, 18:23, 19:20, 20:3, 8, 10) 사탄이 영원한 형벌에 들어가기 전에 스스로 미혹의 챔피언으로서 역사한다.

사탄은 결박과 구금 상태에서 풀려나자마자 무저갱으로부터 땅으로 "나온다"(ἐξελεύσεται / 엑셀류세타이). 이 나옴은 첫째 인과 둘째 인을 뗄 때 흰말과 붉은 말이 "나오듯"(6:2, 4) 황충이 무저갱에서 땅 위로 나오듯(9:3) 그렇게 나왔다. 흥미롭게 가룟 유다가 예수를 팔려고 밖으로 '나감'을 표현할 때도 동일한 단어가 쓰였다(요 13:30). 풀려난 사탄의 마지막 발악적 역사는 땅의 사방 백성인 곡(북방왕)과 마곡(곡의 땅)을 미혹하고 싸움을 위하여 그들을 결집시키는 것이다. 결국 사탄은 하나님의 사랑하는 성도들과 싸우기 위해 땅의 사방 백성을 모으고 그들을 모으기 위해 미혹한 것이다. 세계적으로 소집된 최강의 군대는 숫자가 바다의 모래처럼 허다한 최대 규모였다. "바다 모래 같음"은 셀 수 없이 많음을 상징하는 구약의 상용적 표현법으로서(삼하 17:11; 욥 29:18; 시 78:27; 사 10:22) 거대한 군대를 나타낼 때도 쓰였다(수 11:4; 삼상 13:5). 아브라함은 땅의 티끌같이 셀 수 없을 만큼 중다한 자손의 약속을 받았다(창 13:16).

겔 38-39장에 수록된 엄청난 예언이 역사의 벼랑 끝에서 성취된다(계 7-10). 북방 왕 곡이 약탈을 위하여 염려 없이 모두 평안히 거하던 백성을 침공한다(겔 38:11). 북방 왕은 여러 민족들과 제휴하여(겔 38:5-6) 구름이 땅을 뒤덮음같이 엄청난 군세로 짓쳐 들어간다(겔 38:15-16). 하나님은 열국으로 하여금 하나님만이 홀로 여호와이심을 알게 하고자 이 모든 과정을 허락하시고 통제하신다(겔 38:16, 23, 39:6-7, 22, 28). 이는 겔 38:8에서 언급한 미래의 어느 날인 말년에 발생할 것이요 그때가 되면 하늘과 땅에서 여러 징조들이 보인다(겔 38:18-23). 미래의 작정된 시간이 도래하면 이 마지막 전쟁이 이루어진다(겔 38:8). 그날이 이르면 예언의 말씀은 성취된다(겔 39:8). 하나님의 의도는 제 민족들의 제휴를 와해시키고 자기 백성을 회복시킴으로 만백성은 그분만이 하나님이심을 깨닫게 된다(겔 39:25-29). 여기에서는 곡과 마곡이 서로 결탁하여 하나님과 그의 신실한 백성, 그리스도와 그의 충성스런 추종자들을 대적하려는 세력을 상징하고 있다. 곡은 19장에서 짐승과 제휴하고 20장에서 사탄과 제휴한다.

7 천 년이 차매 사탄이 그 옥에서 놓여
8 나와서 땅의 사방 백성 곧 곡과 마곡을 미혹하고 모아 싸움을 붙이
리니 그 수가 바다 모래 같으리라
9 저희가 지면에 널리 퍼져 성도들의 진과 사랑하시는 성을 두르매

하늘에서 불이 내려와 저희를 소멸하고
10 또 저희를 미혹하는 마귀가 불과 유황 못에 던지우니 거기는 그
짐승과 거짓 선지자도 있어 세세토록 밤낮 괴로움을 받으리라

7 천 년이 차매 사탄이 그 옥에서 놓여

천년 왕국이 끝났다. 사탄도 "옥에서"(ἐκ τῆς φυλακῆς / 에크 테스 퓔라케스) 놓여났다. 무저갱은 바로 감옥이었다.

사탄은 일종의 가석방 상태에 있다. 사탄은 천 년 동안 무저갱의 깊은 감옥 속에서 수감 생활을 하고 있었던 것이다. 그의 풀려남은 좋은 소식이면서 나쁜 소식이다. 영원한 불못으로 가기 위하여 풀려난 것이기에 좋은 소식이다. 반면에 세상을 또다시 반역의 소용돌이 속으로 휘몰아 넣을 것이기에 나쁜 소식이다. 7절 마지막의 "놓여"와 8절 첫 부분의 "나와서"는 단순과거시제가 지배적인 20:1-10에서 미래시제로 사용되어, 장차 사탄이 하나님에 의해 풀려나고 사방 백성을 미혹할 것이 확실함을 강조한다. 그를 풀어주는 것은 3절에 언급되었듯이 하나님의 필연적 의지이며 그 뜻의 실현으로 그의 가석방이 "반드시"(δεῖ / 데이) 이루어진다. 그 기간은 "잠깐"(μικρὸν χρόνον / 미크론 크로논)이었다. 그의 풀려남은 영원한 형벌을 위한 수순에 불과하다.

사탄은 무죄 방면되지 않았다. 집행 유예 상태에서 잠시 풀려났지만 사탄은 천 년 동안 캄캄하고 침침한 감옥, 밑이 없는 구덩이에서 절치부심하며 계획하였던 마지막 카드를 꺼내들었다. 천년 왕국을 거치면서 메시아 왕국의 영광을 목격하였던 사람들도 사탄의 올무에 걸려들고 말았다. 구원받지 못한 영혼들은 별 저항 없이 사탄의 미끼를 덥석

물었다. 마운스의 지적처럼 "사탄의 음모와 인간의 변덕스런 마음은 단순히 시간이 지나간다고 바꾸어지는 것이 아님을 보여주었다." 죄가 통제되고 하나님의 의가 통치하는 메시아 왕국을 거쳤어도 인간 타락의 정도가 어느 정도인지 여실히 증명한 셈이 되었다.

천년 왕국은 성도와 악인이 거룩한 성령 정권 하에서 함께 공존하며 살던 시기였다. 그리스도와 하늘 군대와 싸우기 위해 사탄의 전쟁 음모에 가담하지 않았던 자들과, 백마 타신 그리스도의 참살에도 살아남았던 자들은, 자연히 천년 왕국의 체제 안에서 "그리스도와 함께" 하고 "사탄의 속임이 없는" 낙원 같은 삶을 경험하였다. 그러나 하나님의 영이 없는 그들에게 천년 왕국이 끝나자마자 다가온 사탄의 미혹은 죽어 가던 고기가 물을 만난 격이었다. 그리스도는 끝까지 그들의 목자가 될 수 없었다. 그들이 전심으로 따를 수 있는 주인은 사탄뿐이었다. 그가 거짓 목자라 해도 그들은 괘념치 않았다. 그것은 악을 좇는 무리들로서는 스스로도 어쩔 수 없는 일이었다. 그리스도가 통치한 천년 왕국의 꿈결같던 세월도 모두 잊어버리고 그들은 사탄의 울타리로 들어갔다. 그들은 타락한 옛습성을 이기지 못하고 반란에 적극 가담함으로 영원한 멸망 외에는 그들을 위한 어떤 대안도 불가능한 결과를 낳았다.

8 **땅의 사방 백성 곧 곡과 마곡을 미혹하고**

사탄의 천 년 수감은 여러 가지 목적이 있었지만 가장 중요한 것은 만국을 미혹하지 못하게 함이었다(3절). 3절 후반부에서 암시했듯이 사탄은 풀려났다. 자유의 몸이 되었고 미혹하는 영으로 돌아왔다. 그는 땅의 사방 백성 곧 만민들을 미혹했다. "땅의 사방"(ταῖς τέσσαρσιν γωνίαις τῆς γῆς / 타이스 텟사르신 고니아이스 테스 게스)이란 셈 계열의 사람들이 온 세상을 표현하는 방식이다. 곡과 마곡을 미혹했다. 에스겔 선지자의 예언이 실현되는 순간이다(에스겔 38-39장). 그의 미혹에 걸려든 자들의 숫자는 엄청났다. 그 수가 바다의 모래와 같았다. 세상에는 갓 천년 왕국의 영광스런 삶을 끝낸 자들이 모여 있었지만, 그들의 수는 반역의 무리들에 비하면 여전히 소수였다. 미혹 곧 속임은 사탄과 적그리스도와 거짓 선지자의 본질적인 속성으로서 계시록에 확연하게 그려졌다(12:9, 13:14, 19:20, 20:3).

곡은 '왕'이요, 마곡은 '곡의 땅'이다. 겔 38:2-3에는 하나님이 대적자가 되시어 파멸로 이끄시는 몇 나라들이 있다. 로스와 메섹과 두발이다. 홀 린제이는 이를 현대의 북방 도시인 러시아와 모스크바와 토볼스크로 적용했다. 환상적이지만 단지 환상에 머무는 해석이다. 요세푸스는 마곡을 스키티아인들로 보았다. 곡과 마곡은 이 마지막 시대에서 하나님께 적대적인 온 세상의 사악 집단을 상징한다. 미혹하는 자인 사탄은 자신의 속성을 마지막 순간까지 최대한 활용한다. 하나님이 천 년 동안 그의 활동을 막으셨다가 옥에서 풀려나자마자 사탄이 수행한 일은 전격적이고 대대적인 미혹 작전이었다. 그의 미혹은 성공작이었다. 그의 꾐에 빠져 반역의 패당이 된 숫자가 바다 모래 같이 많았다.

모아 싸움을 붙이리니 그 수가 바다 모래 같으니라

사탄은 무수한 반란군들로 하여금 성도들의 진과 주님께서 사랑하시는 성을 겹겹이 포위하고 마지막 공격을 준비하도록 했다. 아마겟돈 전쟁에서의 양상(16:14)과 별 차이가 없었다. 대접전을 예상하였지만 전쟁초기에 대패하고 전멸당했던 과거에서 사탄은 아무런 교훈도 얻지 못하였다. 오류의 반복이 역사인 듯 천년 왕국 직전의 전쟁 준비 상황과 천년 왕국 직후의 전쟁 준비 상황은 본질적으로 달라진 것이 없었다. "바다 모래 같음"은 광대함의 상징으로서 성경에 자주 사용된 표현이다. 아브라함에게 약속된 자손이 "바다 모래"(창 22:17) 같았다. 요셉이 기근을 준비했던 곡물이 "바다 모래"(창 41:49) 같았다. 여호수아와 싸우기 위해 끌어 모은 가나안의 군대가 "바다 모래"(수 11:4) 같았다. 기드온에게 패한 미디안 군대가 "바다 모래"(삿 7:12) 같았다. 이스라엘과 싸우려던 블레셋 군대가 "바다 모래"(삼상 13:5) 같았다. 후새가 압살롬에게 준 모략에서 백성을 "바다 모래"같이 모을 것을 권했다(삼하 17:11). 솔로몬이 받은 지혜가 "바다 모래" 같았다. 모두가 셀 수 없이 많음을 상징한다.

9 성도들의 진과 사랑하시는 성을 두르매

곡의 무수한 군대는 진과 성을 에워싸기 위해 땅의 사방으로부터 올라왔다. 천년 왕국의 수도는 세상의 중앙이었기에(겔 38:12) 곡의 군대들이 세상의 중앙을 향해 벌떼처럼 올라오는 것이다. 원문은 "땅의 넓이에로 올라왔다"(ἀνέβησαν ἐπὶ τὸ πλάτος τῆς γῆς / 아네베산 에피 토 플라토스 테스 게스)인데, 이는 땅의 모든 곳에 두루 퍼진 상태를 말한다. 메뚜기 떼가 넓은 밭을 뒤덮듯 그렇게 무수한 대적자들이 넓은 땅을 덮었다는 말이다. 일종의 과장법인 셈이다. 성도들의 "진"(παρεμβολή / 파렘볼레)은 이스라엘이 광야를 진행할 때 보여주었던 포진을 생각나게 한다. 성막을 중심에 두고 열두 지파가 세 지파씩 사방으로 포진해 나아가기도 하고 머물기도 하였다.

그들은 이와 같은 포진을 40년 동안 계속했다. 이 포진은 하나님께서 명하신 것이었고 하나님이 그들 중에 계셨다.

성막이 하나님 상징이기도 했지만 하나님은 언제나 진 안에 머무시며 진을 두루 행하시고 자기 백성을 살피셨다. "이는 네 하나님 여호와께서 너를 구원하시고 적군을 네게 붙이시려고 네 진중에 행하심이라 그러므로 네 진을 거룩히 하라 그리하면 네게서 불합한 것을 보시지 않으므로 너를 떠나지 아니하시리라"(신 23:14).

이스라엘의 진중에는 여호와께서 머무셨고 적들은 이스라엘의 진을 둘렀다. 하나님이 적들을 멸하시고자 그들을 붙이신 것이다. 성도들의 진은 거룩한 진이다. 거룩한 주의 백성들이 머물기에 거룩하고 그들 가운데 거룩하신 하나님이 계시기에 전은 거룩하다. '진'의 성결은 필수적이었다(민 5:1-4, 31:19). 진은 광야에 있는 이스라엘 백성의 생활 공간이었고(출 33:7-11; 민 2:1-34), 쉐키나(Shekinah)의 영광이 나타나던 곳이었으며(출 14:19-20), 하나님의 현존이 경험되던 곳이었다(신 23:14).

새로운 종족으로서의 영적 이스라엘인 "성도"(ἅγιος / 하기오스)는 하나님의 거룩한 자들로서 이 진안에 머무른다.

대적들은 성도들의 진만이 아니라 사랑하시는 성까지 포위한다. 요한은 본서에서 예루살렘 성을 하나님의 성(3:12), 거룩한 성(11:2, 21:10, 22:19), "큰 성"(11:8, 16:19))이라 표현하였다. 진과 성으로 자기 백성을 묘사한 것은 세상에서 나그네로 살아가야 할 하늘 백성의 이동성과 구속 공동체로 머물러야 하는 정착성을 보여주는 말이다. 구약에서는 시온이 하나님의 사랑하시는 성으로 묘사되었다(시 78:68, 87:2, 122:6, 132:12-14; 렘 11:15; 습 3:17). 이 땅에 세워진 자신의 몸이요 거룩하게 구별된 공동체로서의 그리스도의 교회가 "사랑하시는 성”(τὴν πόλιν τὴν ἠγαπημένεν / 텐 폴린 텐 에가페메넨)이다. “사랑하시는 성”은 지상의 예루살렘 성도 아니요 새 예루살렘(Beasley-Murray, Giesen)은 더더욱 아니다.

살아 계신 하나님의 도성인 새 예루살렘(갈 4:26; 히 12:22)은 아직도 하늘에서 내려오지 않았다(3:12, 21:2, 10).

하늘에서 불이 내려와 저희를 소멸하고

하나님이 마곡의 군대를 멸한 겔 38:22의 반영인 듯하다. “내가 또 온역과 피로 그를 국문하며 쏟아지는 폭우와 큰 우박덩이와 불과 유황으로 그와 그 모든 떼와 그 함께한 많은 백성에게 비를 내리듯 하리라.” 적대자 마곡의 군대를 멸하시듯(겔 39:6) 이스라엘의 악한 왕 아하시야가 보낸 군대를 멸하시듯(왕하 1:10–14) 그렇게 하나님은 마지막 반역의 무리를 하늘의 심판으로 척결하신다. 불은 반역하는 무리들, 배역하는 무리들에 대한 하나님의 심판을 상징하는데 특히 아모스의 예언에 반복적으로 등장한다(암 1:4, 7, 10, 12; 2:2, 5). 내용적인 차이는 있으나 하늘에서 내린 불로 원수의 세력을 소멸한 것은 엘리야가 갈멜 산에서 벌였던 영적 대결의 장면(왕상 18:38–40)을 연상시킨다. 또는 엘리야를 찾는 오십 부장과 오십 명의 병사들을 두 번에 걸쳐 하늘에서 내린 불로 살랐던 장면(왕하 1:10, 12)이 갈멜 산 사건보다 본문의 이미지에 좀 더 가깝다. 천 년의 깊은 잠에서 깨어 용의 승천을 꿈꾸던 이무기가 허물을 벗고 비상하자마자 태양열에 녹아 버린 밀랍날개의 이카로스처럼, 사탄은 중병에서 회복되자마자 급사하는 꼴이 되고 말았다.

10 저희를 미혹하는 마귀가 불과 유황 못에 던지우니

수많은 인명들을 지옥으로 끌고 간 지옥의 마왕이 산 채로 잡혔다. 이제는 일시적 감금이 아니라 영원한 형벌을 당한다. 그의 미혹이 다시 한 번 강조되면서 피할 수 없는 그의 운명도 암시한다. 그의 오른팔과 왼팔 노릇을 하던 적그리스도와 거짓 선지자는 이미 불못에서 영원한 고통에 괴로워하고 있는데(19:20), 악의 주군으로서 사탄은 불과 유황 못에 던져진다. 그들은 종말의 때에 하나님을 대적한 악의 삼총사였는데, 이제 지옥불의 뜨거운 고통 속에서 재회하게 될 것이다. 그들의 고통은 단 한 순간의 휴식도 없는 맹렬한 것으로서 "세세토록"(εἰς τοὺς αἰῶνας τῶν αἰώνων / 에이스 투스 아이오나스 톤 아이오논), "밤낮"(ἡμέρα καὶ νυκτός / 헤메라 카이 뉙토스) 괴로움을 당할 것이다. 시간의 무한한 단위와 작은 단위를 연결하여 그들이 영원토록 매 순간 고통에 시달릴 것을 강조한 말이다.

사탄은 영적 존재이므로 그가 겪을 고통 또한 영적인 고통일 것이다. 우리가 보통 쉽게 상상하는 그런 종류의 불못은 아닐 것이다. 영적인 고통이지만 육체가 느낄 수 있는 아픔보다 더 격렬하고 완전한 의식적 고통일 것이다. 더 심대하고 강력한 고통의 장소가 될 것이다. 하나님의 통치가 영원히 계속되는 만큼 그들의 고통도 영원토록 지속될 것이다.

하늘의 영광스러운 권좌로부터 축출되고(12:9) 무저갱에 인봉된 채로 천 년 동안 감금되었던 그가(20:2-3) 이제 마지막 거처인 형벌의 장소로 던져진다. 심판도 끝나고 싸움도 끝나고 영원한 보상과 형벌이 시작되어 끝없이 이어진다.

마귀가 불과 유황 못에 던져지는 것은 악을 영원히 박멸하기 위한 세 단계 중에 두 번째에 해당한다. 첫 번째는 짐승과 거짓 선지자가 백마를 타신 그리스도에게 체포되어 즉결 처분되어 유황불 붙는 못에 던져진 것이다(19:20). 세 번째의 단계는 사망과 음부가 불못에 던져지는 것이다(20:14). '유황 불 붙는 못', '불과 유황 못', '불못'처럼 약간씩 다른 표현을 사용했으나 같은 곳인 "지옥"을 지칭한다. 짐승과 거짓 선지자, 사탄, 사망과 음부는 본성적으로 구부러졌기에 어떤 상황에서도 펴질 줄을 몰랐다. 사탄과 짐승과 거짓 선지자는 산 채로, 사망과 음부는 있는 모습 그대로 불못에 던져져 영원한 고통을 견뎌야 했다. 악이 이렇게 영원히 격리되어야 하는 것은 새 하늘과 새 땅의 도래를 위해 불가피한 일이었다.

4. 백보좌 심판(20:11-15)

사탄과 그의 추종자들을 처단한 후에 백보좌 심판이 거행된다. 살아 날뛰던 악의 삼총사 또는 사악한 삼위일체(용, 적그리스도, 거짓 선지자)의 파멸이 확정된 이후에 이제 남은 것은 죽은 자들에 대한 심판이다. 사탄의 마지막 처형이 있은 직후에 성도들의 영원한 시작을 알리는 팡파르가 비로소 울려 퍼진다. 심판의 수렁을 통과해야만 새로운 세상이 열린다. 하나님의 집에서 심판이 시작되는 때(벧전 4:17)가 드디어 이르렀다. 마귀와 최후의 반역자들을 다룬 후에 죄와 죄인들의 결국을 심판하신다. 최후의 심판은 죄로 얼룩진 세상 역사가 마감되는 순간이다. 일반적으로 '백보좌 심판'이라 부르는 것은 심판주가 흰 보좌에 앉아 산 자와 죽은 자들을 심판하시기 때문이다. 인간 세계에서 죄가 척결되기 전까지 영원한 시대의 문빗장은 열리지 않는다. 마지막 심판(20:11)과 새 하늘과 새 땅의 도래는 옛 세상의 사라짐으로 이루어지기에 두 극적인 사건을 동시적인 것으로 파악한 비얼의 견해는 옳다. 백보좌 심판의 첫 장면은 간단한 묘사이지만 생생하기

이를 데 없다. 조금 전까지 존재하던 땅과 하늘이 온데 간데없이 사라져버렸다. 그것들은 심판주를 대면할 자신이 없어 "피하여" 도주했다. "이 세상도, 그 정욕도 지나가되 오직 하나님의 뜻을 행하는 이는 영원히 거하느니라"(요일 2:17)고 했던 요한 자신의 말씀이 그대로 이루어졌다. 이제 남은 것은 죽음 이후의 심판뿐이다(히 9:27).

그리스도의 심판은 공정하고 의로우시다. 왜냐하면 그분 자신이 공평무사하시며 의로우신 분이기 때문이다. 생명책의 언급은 이것이 마지막 심판이며 모든 인류에게 해당되는 사항임을 암시한다. 어느 누구도 이 상태를 벗어날 수 없고 마지막 심판에서 면제될 자는 아무도 없다. 심판은 일방적으로 진행되지 않는다. 행위록과 생명책이 심판의 기준이 된다. 모든 사람들의 행위는 그들의 신, 불신과 선악의 동기를 파헤치고 그들이 하나님 편에 섰는가 아니면 하나님의 적대자들 편에 섰는가를 정확하게 판별해 준다. 이것은 선행과 악행의 저울추에 따라 심판하심이 아니다. 누구나 아버지의 뜻을 행하고 어린양의 생명책에 그 이름이 녹명된 자의 경우에는 행위록에 믿음으로 인한 의로운 행위가 수록되어 있다. 설혹 그들이 악행을 저질렀다 해도 그리스도의 피로 인해 삭제되었음이 틀림없다. 이것은 선악의 저울추가 아니라 은총과 믿음 그리고 자기 의와 불신의 저울추이다.

최후의 심판 정경치고는 내용이 매우 간략하게 서술되고 있지만 인류의 마지막 심판의 장면이란 그리 쉽게 넘겨버릴 성격의 것이 아니다. 보좌에 앉으신 심판자의 엄위하신 자태 앞에서 인간과 자연은 속수무책일 수밖에 없다. 그 거룩하고 엄숙하며 장중한 분위기는 가히 인간 역사를 통해 일어난 대사건들을 무색하게 할 만큼 압권이다. 나와 너, 우리 모두의 영원한 운명과 연관되어 있는 부분이다. 단 다섯

줄의 짤막한 구절 속에 인류와 역사 모든 죽은 자와 산 자들, 모든 것의 영원한 종료가 이루어지는 엄청난 일들이 내포되어 있다. 심판의 장면은 성경의 곳곳에 언급되었다.

계시록에서는 마지막 심판의 반환점을 향하여 전조가 될 만한 언급과 함께 "주의 진노의 날"에 해당하는 조짐들을 계속해서 묘사해 주었다(6:15-17, 11:19, 14:14-20, 16:20-21, 18:21-24, 19:17-21). 크고 작은 역사상의 많은 심판들은 모두 이 하나의 완전한 심판을 위한 예행연습이었다. 악은 징치되고 불의는 정죄를 당한다. 역사의 완성과 구속의 성취를 목전에 둔 상황에서 사려 깊은 요한은 자신의 독자들에게 하나님의 공정하고 엄정하신 심판을 대두시켜, 악과 죄는 결코 용납되지 않는 것임을 경고하고 있다. 요한이 심판 자체를 그림처럼 묘사하면서 설명하기는 이곳이 처음이자 마지막이다. 요한의 글을 대하는 자들은 동서고금을 막론하고 심판대 앞에 놓인 자신의 모습을 보아야 한다. 그것은 실제로 일어나는 대사건이다. 초월적인 실재를 그림처럼 그려가며 색깔을 입혀 가는 요한의 필체가 예사롭지 않다.

천지를 지으신 창조주 하나님께서 심판자이시며(마 6:4; 18:35; 롬 14:10) 인간을 구원하신 그리스도가 심판자이시다(마 7:22-23; 25:31-46; 고후 5:10). 요한은 백보좌에 앉으신 분이 누구인지 밝히지 않는데, 아버지와 아들 둘 다 시사했을 가능성이 있다(Osborne). 요한은 심판의 장소에 대해 아무런 정보를 제공하지 않는다. 다만 하늘과 땅이 사라진 자리를 차지하고 있는 크고 흰 보좌와 보좌에 앉으신 이만을 언급한다. "크고 흰 보좌"는 계시록에서 유일한 언급이다. 계시록에서 사용된 "큰"이란 용례에 비추어 보좌의 크기는 상당히 웅장하고 위엄에 차 있을 것이다. 이 보좌는 하늘의 보좌가 아니다.

악한 자들이 심판을 위해 보좌 앞에 모여들었기 때문에 악한 자들이 근접을 할 수 없는 하늘 보좌일 리가 없다.

11 또 내가 크고 흰 보좌와 그 위에 앉으신 자를 보니 땅과 하늘이 그 앞에서 피하여 간 데 없더라
12 또 내가 보니 죽은 자들이 무론 대소하고 그 보좌 앞에 섰는데 책들이 펴 있고 또 다른 책이 펴졌으니 곧 생명책이라 죽은 자들이 자기 행위를 따라 책들에 기록된 대로 심판을 받으니
13 바다가 그 가운데서 죽은 자들을 내어주고 또 사망과 음부도 그 가운데서 죽은 자들을 내어주매 각 사람이 자기의 행위대로 심판을 받고
14 사망과 음부도 불못에 던지우니 이것은 둘째 사망 곧 불못이라
15 누구든지 생명책에 기록되지 못한 자는 불못에 던지우더라

11 내가 크고 흰 보좌와 그 위에 앉으신 자를 보니

천상의 보좌(4:2-3, 5:13, 7:11-12)가 새로운 환상 중에 나타났다. "옛적부터 항상 계신 이"(단 7:9)가 나타났다. 보좌에 앉으신 이는 하나님일 수도 있고 그리스도(Walvoord, Beale, Bengel)일 수도 있다. 백위드는 그리스도가 아닌 하나님이라고 보았다(Charles, Mounce, Moffatt, Alford). 흰 보좌에 앉으신 이는 연이어 나오는 심판의 장면을 고려할 때 영광의 그리스도시다(마 25:31-33; 요 5:22; 행 17:31; 고후 5:10; 딤후 4:1). 계시록에서 기본적으로 보좌에 앉으신 이는 단연코 하나님이시다(4:2, 3, 9, 5:1, 7, 13, 6:16, 7:10, 15, 19:4, 21:5). 그날은 전능하신 이의 큰 날이요(16:14) 전능하신 이가 맹렬한 진노의 포도주 틀을 밟으신다(19:15). 그럼에도 불구하고

어린양은 보좌 가운데 계시고(7:17) 하나님의 보좌와 어린양의 보좌가 함께 있다(22:1, 3).

전능하신 이와 어린양이 성전이라면(21:22) 보좌 또한 아버지와 아들께 속하였다고 보는 것이 옳다. 하나님과 어린양은 곧 아버지와 아들이시다. 아버지 안에 어린양이 계시고 어린양 안에 아버지가 계신다. 아버지와 아들은 연합되어 있다(요 5:19, 10:30; 계 5:11-13, 11:15, 12:10, 22:16).

스몰리의 요약처럼 본질적으로 백보좌 심판은 그리스도 안에서 하나님이 행하신다. 보좌에 앉으신 이가 누가 되셨든 그분이 심판을 행할 권세를 지니셨다. "흰" 색깔은 거룩하심과 승리를 상징한다.

심판을 행하시는 분의 거룩하심과 그분의 승리를 강조하는 모습이다. 이 심판의 장면은 10절과 연장선상에 있다. 악의 수괴로서 사탄이 심판 받고 그의 추종자들이 심판받고 모든 이들이 심판받는다. 더 이상의 심판은 없다. 마지막 심판이다. 이 마지막 심판은 철저하고 완벽하게 진행된다. 땅과 하늘도 사라져버린 공허한 상황에서 심판이 이루어진다. 이미 새 하늘과 새 땅이 임했음(21:1)을 암시한다. 그것이 아니라면 새 하늘과 새 땅이 들어설 공간을 마련해 주기 위하여 옛 것이 미리 사라진 것일 수도 있다.

땅과 하늘이 그 앞에서 피하여 간 데 없더라

옛 하늘과 옛 땅이 사라지지 않아 새 하늘과 새 땅이 도래하지 못한 것이 아니다. 새 하늘과 새 땅의 도래 앞에 옛 하늘과 옛 땅이 버티지 못하고 사라졌다. 신천 신지가 옛 세상을 쫓아냈다. 성경은 말 그대로 천지개벽의 순간을 다양하게 표현한다. 옛 하늘은 연기같이 소멸되고 옛 땅은 의복처럼 해어지고(사 51:6) 낡아서 바꾸었다(시 102:26). 하늘들이 두루마리처럼 말려(사 34:4) 큰 소리로 떠나갔다(벧후 3:10). 하늘이 진동하고 땅이 떠나갔다(사 13:13). 땅만 아니라 하늘도 진동하리라 하시던 말씀이 이루어졌다. 진동치 않을 것을 영존케 하기 위하여 만든 것들, 곧 옛 하늘과 옛 땅을 변동시키실 것이다(히 12:26-27).

피조물들이 그토록 탄식하며 기다리던 만물 회복의 때가 이르렀다(롬 8:19-22). 죄로 인해 부패해진 세상을 물로 새롭게 하셨듯 이제는 불로 정결케 하신다. 노아의 홍수는 하늘과 땅을 그대로 두고 단지 씻어서 정결케 하셨지만 이제는 불로 태워 사라지게 하신다. 하늘과 땅은 불사르기 위해 지금껏 간수하신 바가 되었다(벧후 3:7). 죄가 자라고 죄로 뒤덮였던 옛 땅과 옛 하늘은 하나님과 그리스도의 낯을 피하여 "도주해 버리고"(ἔφυγεν / 에퓌겐) 말았다.

12 죽은 자들이 무론대소하고 그 보좌 앞에 섰는데

천지가 창조된 이후로 생명으로 태어났다 죽은 모든 자들, 복중의 태아로부터 인간이란 이름을 지니고 죽었던 모든 자들이 보좌 앞에 운집하였다. 그 숫자는 상상할 수 없을 만치 어마어마하다. "무론대소하고"(τοὺς μεγάλους καὶ τοὺς μικροὺς / 투스 메갈루스 카이 투스 미크루스)는 '큰 자로부터 작은 자에 이르기까지'의 뜻으로서 다른 곳에서는 '작은 자나 큰 자 할 것 없이'(τοὺς μικροὺς καὶ τοὺς μεγάλους / 투스 미크루스 카이 투스 메갈루스)처럼 어순이 뒤바뀌어 표현되었다(11:18, 13:16, 19:5, 12, 18). 욥 3:5은 전자의 형식을 따랐지만 시 115:13과 렘 6:13과 31:34은 후자의 형식을 따랐다.

책들이 펴있고 또 다른 책이 펴졌으니 곧 생명책이라

죽은 자들의 대거 출현은 이미 악한 자와 선한 자의 부활이 이루어졌음을 암시하고 있다(단 12:2; 요 5:28-29; 행 24:15; 고전 15:24). "무론대소하고"(τοὺς μεγάλους καὶτοὺς μικροὺς / 투스 메갈루스 카이 투스 미크루스)란 표현은 큰 자나 작은 자, 남자나 여자, 악인이나 선인, 모든 자를 가리키는 표현이다. "책들"은 멸망 받을 자들의 악한 행위를 기록한 심판의 책이다(단 7:10; 계 11:18). "다른 책"은 신실한 자기 백성을 구원하실 생명책이다(13:8, 17:8). 다니엘의 예언과 유사하다. "그때에 네 민족을 호위하는 대군 미가엘이 일어날 것이요. 또 환난이 있으리니 이는 개국 이래로 그때까지 없던 환난일 것이며 그때에 네 백성 중 무릇 책에 기록된 모든 자가 구원을 얻을 것이라"(단 12:1).

자기 행위를 따라 책들에 기록된 대로 심판을 받으니

책은 펴지고 심판이 선고된다. 자기 행위를 따라서 심판 받는 자 중에 구원의 대상은 아무도 없다. 자기 행위에 의한 구원이 원천적으로 불가능하기 때문이다. 하나님의 기억 속에 단 하나의 오차도 없이 모든 것이 그들의 모든 악한 말과 악한 생각과 악한 행위가 기록되어 있다. 각 사람의 행위대로 심판하신다(벧전 1:17). "나 여호와는 심장을 살피며 폐부를 시험하고 각각 그 행위와 그 행실대로 보응하나니"(렘 17:10). 생명책에 기록된 자들에게는 행위록이 무의미하다. 성경에서는 인간의 행위가 기록된다는 언급이 분명히 있다(신 32:34; 시

56:8; 사 65:6; 단 7:10; 말 3:16; 마 12:37). 단 7:10과 말 3:16에 의하면, 인간의 선행과 악행이 기록되지만 사 65:6에 따르면 악행만 기록된다. "자기 행위"는 선행과 악행 모두를 포함하는 것으로 보는 것이 자연스럽다.

비얼은 행위록의 기록에 믿는 자들도 포함되었다고 해석한다. 설혹 행위록이 모든 인간의 행위를 기록한 것이라면 그래서 신자들의 실수와 죄와 타락상이 기록되었다 하더라도 그리스도의 보혈이 그 모든 악행을 도말하셨기 때문에 심판의 기준으로 적용되지 않는다. 성도는 마지막 심판의 순간에서도 그리스도의 보혈을 의지한다. 영원한 구원은 인간의 선행이나 악행에 좌우되지 않는다. 구속의 원천은 오직 그리스도의 우리를 위한 사랑의 사역에 있다. 신자들의 모든 악행은 이미 그리스도의 보혈로 말미암아 하나님 앞에서 은혜로 지워졌다. 구원을 받은 자로서 성도는 악행에서 벗어나 선한 열매를 맺어야 한다. 선행에 힘써야 한다. 선행이 우리의 구원을 이룰 수는 없지만 구원을 얻고 난 이후의 선행은 우리의 구원을 완성함에 있어 중요하다(약 2:18, 22, 26). 이것이 성경이 가르치는 바요 우리의 믿는 바다.

13 사망과 음부도 그 가운데서 죽은 자들을 내어주매

바다뿐이 아니라 땅과 언덕, 골짜기와 사막, 죽은 자들을 모아두었던 음부도 죽음의 권세로 죽은 자들을 짓눌렀던 사망도 모두 죽은 자들을 내어놓는다. 부활을 암시하는 표현이다. 사망과 음부와 연관하여 오직 바다가 언급된 것은 구별되는 죽음을 가리키는 것일 수도 있다. 백위드는 매장 처리 되지 못한 모든 시체들을 가리키는 표현으로 보았다. 어쨌든 죽은 자들이 초자연적인 역사로 말미암아 일어난다. 한순간이긴 하지만 어떤 형태의 생명이 주어질 것이다. 의식의 능력이 있어야 심판의 의미가 있을 것이기 때문이다. 그들의 시체는 살아 일어나 보좌 앞에 선다. 그것이 심판 장면에서 생명책이 보이긴 하지만 모든 초점이 행위에 따라 심판받는 멸망자에게 쏠린 까닭이기도 하다.

14 사망과 음부도 불못에 던지우니 이것은 둘째 사망

불의한 자들에 대한 심판이 끝나자 악의 삼위일체가 한 운명이 되어 영원한 죽음에 처하여졌다(20:10). 본 절에서는 "사망"(ὁ θάνατος / 호 따나토스)과 "음부"(ὁ ᾅδης / 호 하데스)가 악인으로 의인화되었다. 13절에서 사망과 음부는 자신의 소유물로 여기고 있던 죽은 자들을 마치 토해내듯 내어주었다. 죽은 자들로 배를 채웠던 사망과 음부는 죽은 자들을 모두 내어주는 바람에 텅 비게 되었다. 사탄을 위해 인간의 목숨을 취하고 저장 창고 노릇을 하던 사망과 음부는 더 이상 존재 의의를 가질 수 없게 되었다. 사탄의 오랜 협력자였던 사망과 음부는 둘째 사망인 불못에 던져졌다. 이에 대하여 몇 가지 설명들이 주어졌다.

첫째, 이것은 사도 바울이 '맨 나중에 멸망 받을 원수는 사망'(고전 15:26)이라고 말했던 바로 그 의미이다(Johnson, Lohmeyer, Beasley-Murray, Kraft, Mounce, Fiorenza, Thomas, Krodel, Michaels, Giesen). 생명의 이김이 사망을 삼켜 버렸다(고전 15:54). 불못이 곧 둘째 사망이니(20:14) 이것은 육체적이고 실제적인 죽음이어야 한다. 새 하늘과 새 땅에는 다시 죽음이 없다(21:4).

둘째, 사망과 음부는 마귀의 힘을 상징하며 마귀의 영역이 무력해졌음을 뜻한다(Swete, Morris, Caird, Roloff, Wall).

셋째, 파멸에 처해질 불신자들을 뜻하는 환유(metonymy)로서 20:15과 동의어이다(Beale, Aune).

넷째, 영원한 고통인 "둘째 사망"에게 삼켜졌다는 의미에서 육체적 죽음을 상징한다(Beale).

오스본은 네 가지 해석을 가능한 것으로 인정하면서 첫째와 둘째 해석에다 지지표를 던졌다. 이것은 영원한 형벌을 겪어야 하는 악의 삼총사들과는 달리 영원한 소멸의 의미로 보아야 한다. 육체적 죽음처럼 실제적 '없음'으로 돌아간다.

인간을 괴롭히고 성도를 억압했던 죽음의 권세가 영원히 파멸되는 것이다. 맨 나중에 멸망 받을 원수는 사망이었다(고전 15:26). 이제는 죽은 자들을 감금할 일도 없으므로 음부의 존재 이유도 없어졌다. 사망과 음부는 새 하늘과 새 땅의 새 거주민들에게는 영원히 잊힌다. 이것은 "다시 사망이 없다"(21:4)는 말이다. 바울의 호쾌한 표현처럼 '사망은 생명에게 삼켜졌다'(고전 15:54-55). 사망이 없으니 음부도 없다.

15 생명책에 기록되지 못한 자는 불못에 던지우더라

생명책에 기록되지 못한 자는 그리스도를 믿지 않음으로 기록된 행위록에 따라 심판을 받는다. 심판의 결과로 영원한 불못으로 떨어진다. 그것이 바로 "둘째 사망"(ὁ θάνατος ὁ δεύτερος / 호 따나토스 호 듀테로스)이다. 첫 죽음과는 비교도 될 수 없는 저주의 죽음이다. 육체의 죽음에 머물렀던 첫 죽음과는 달리 이것은 영혼과 육신이 함께 멸망을 당하는 전체적인 죽음이다. 더 이상의 죽음이 필요 없는 완벽한 죽음의 상태다. 불못은 끝없이 계속되는 고통의 상태로서 이곳에 떨어진 자들은 완벽한 의식 속에서 그 고통을 느낀다.

지옥의 불은 영원히 꺼지지 않는다(사 66:24). 감금 장소에 불과하였던 음부의 고통도 대단한데(눅 16:23-28) 영원한 형벌의 장소인 불못의 고통은 상상을 초월한다. 불못이 더욱 고통스러운 것은 생명의 원천이신 하나님과 격리된다는 의미에서 그러하다. 생명책에 기록된 이름은 너무나도 선명하다(3:5). 거기 누락이 되었음은 최악의 형벌이다. 하나님이 누락시킨 것이 아니다. 인간 스스로가 불신과 반역으로 그 책에 녹명됨을 거절했기 때문이다. 인간의 악행을 도말하신 그리스도의 십자가를 거절했기 때문이다. 성도의 영원한 운명을 가름하는 생명책은 그리스도로 말미암은 것이다. 이것이 "죽임을 당한 어린양의 생명책"(13:8; 21:27)이 의미하는 바다.

5. 신천신지(21:1-8)

이 부분은 19:11-21:8의 환상들에 대한 결론이면서 21:9-22:5의 서론에 해당한다. 천상의 장면과 지상의 장면을 연결하면서 둘은 하나가 된다. 새로운 환상을 알리는 문학형식인 "내가 보니"(καὶ εἶδον / 카이 에이돈)가 마지막으로 나온다. 성경에서는 언제나 하늘과 땅이 불가분리의 관계에 있으므로, 우주의 갱신에는 하늘만이 아니라 자연히 땅도 포함된다(창 1:6-10; 욥 37:14-21; 시 102:25-26; 사 51:6; 마 24:35). 처음 하늘과 처음 땅의 옛 창조와 새 하늘과 새 땅의 새 창조 사이의 대조는 본문에서 질적인 것이다. 이는 특히 이사야의 배경으로 인해 더욱 확실하다. 이사야는 바벨론 포로라는 이전의 혹독한 참상과 회복된 예루살렘에서의 새 하늘과 새 땅의 기쁨이라는 관점을 극명하게 대조하였다. 요한은 새 하늘과 새 땅을 연이어 나타난 새 예루살렘의 하강 장면과 자연스럽게 연결시킨다.

하나님은 인간의 영구한 처소로 세상을 창조하셨다. 파괴되고 사라질 임시 방편으로 세상을 창조하지 않으셨다. 인간의 죄가 영구한 처소인 세상을 들끓는 가마솥처럼 변질시켰다. 죄로 인해 죽음이 들어오면서 세상은 파괴적인 성격의 반역과 저주의 장소로 돌변하고 말았다. 인간의 관리 대상이었던 세상은 사탄의 영토로 귀속되어 주인이었던 인간은 곁방살이하듯 사탄의 눈치를 살피며 그의 통치력 하에 숨죽이며 살게 되었다. 그래서 세상 만물이 기대하는 바는 전혀 의도되지 않은 속박과 굴레로부터 벗어나는 구속이며 이 때문에 지금껏 탄식하고 있다(롬 8:21-22). 요한이 환상 속에서 본 것은 뒤집혀진 세상이 똑바로 세워지는 정도가 아니라 전혀 다른 죄로 인한 전복이 불가능한 새 세상의 출현이다. 요한이 바라본 세상의 특징은 짐승이 나타나고(13:1) 죽은 자들이 거하던 바다(20:13)가 없는 곳이다. 바다가 없음은 새로운 세상에는 악이 존재하지 않음을 의미한다. 밧모 섬의 귀양지에서 해변을 강타하는 파도 소리를 들으며 지내던 요한에게 바다의 이미지는 부정적이었을 수 있다. 바다는 자신과 사랑하는 성도들이 있는 에베소를 비롯한 소아시아 지역의 교회들과 격리시키는 장애물이었다. 바다의 부재로 시작된 새 하늘과 새 땅은 하나님의 선물로서 하늘에서 내려온 사실(2상반절), 남편을 위해 단장한 신부(2하반절), 하나님의 거소(3절), 없어져야 할 것들이 없어진 곳(4절) 등으로 묘사되었다.

새로운 시작을 알리는 "새 하늘과 새 땅"이 열린다. 백보좌 심판 장면(21:11-15)을 건너뛰고 20:11의 기사 이후에 21:1을 연결시키면 자연스럽다. 옛 하늘과 옛 땅이 물러가고 새 하늘과 새 땅이 나타난다. 21장에도 심판에 관한 언급이 완전히 배제되지는 않았지만(8, 27절), 전체적인 주제는 역시 새롭게 갱신된 창조에 쏠려 있다. 종말 사건을 형성하는 파루시아, 아마겟돈, 천년 왕국, 백보좌 심판, 신천 신지의 도래에 대한 생생함이 본서의 종결 부분에서는 마지막으로 "내가 보니"(19:11, 17, 19, 20:1, 4, 11, 12, 21:1, 3) 또는 "내가 들으니"(19:1, 6, 21:3)의 군락을 이루고 있다. 새 하늘과 새 땅이 이르면서 새 예루살렘이 새 하늘로부터 새 땅에 임한다(21:1-2). 보좌에서부터 난 음성은 구약의 소망이 성취되고 성도들에게서 고난이 제거되는 의미를 되새긴다. 이어서 하나님이 직접 여섯 가지 내용에 대하여 세부적으로 말씀하신다(5-8절). 만물의 갱신(5상반절), 계시의 신실성(5하반절), 성취의 선언(6상반절), 역사의 주권자(6상반절), 목마른 자에 대한 생명수 약속(6하반절) 그리고 이기는 자와 패할 자에 대한 묘사이다.

1절의 짧은 묘사는 지금까지 언급되어 왔던 모든 사건들, 심판과 구원에 연관된 모든 내용들을 한 마디로 압축하고 있다. '처음 하늘과 처음 땅'에 대비된 '새 하늘과 새 땅'이다. 요한의 독자들은 여기에서 지금까지 보고 듣고 느꼈던 모든 일들을 깊이 되새김질한다. 가깝게는 19-20장에 언급된 엄청난 일들에서 멀게는 1장 이후부터 전개된 하늘과 땅을 사이에 두고 벌어졌던 일들에 이르기까지 하나님께서 손수 행하신 바를 살핀다. 음녀 바벨론이 사라진 자리에 어린양의 신부인 거룩한 성 새 예루살렘이 하늘로부터 땅으로 내려온다. 사탄이 거세된 자리에 하나님과 어린양 그리스도가 임재하신다. 불완전했던 세상이 물러나고 완전한 세계가 펼쳐진다. 사탄은 패하고 어린양 그리스도가 영원한 승리를 쟁취하셨다. 요한의 독자들은 이로 인하여 위로와 격려를 얻으며 견디기 힘든 박해의 환경 속에서 믿음을 지키고 그리스도에게 끝까지 신실할 것을 다짐한다. 성도답게 살면서 주님께서 걸으신 길을 말없이 따르는 순명과 성결의 삶은 다가오는 영광에 그들의 주님이신 그리스도와 함께 참예키 위함이다.

1 또 내가 새 하늘과 새 땅을 보니 처음 하늘과 처음 땅이 없어졌고
바다도 다시 있지 않더라
2 또 내가 보매 거룩한 성 새 예루살렘이 하나님께로부터 하늘에서
내려오니 그 예비한 것이 신부가 남편을 위하여 단장한 것 같더라
3 내가 들으니 보좌에서 큰 음성이 나서 가로되 보라 하나님의 장막
이 사람들과 함께 있으매 하나님이 저희와 함께 거하시리니 저희
는 하나님의 백성이 되고 하나님은 친히 저희와 함께 계셔서
4 모든 눈물을 그 눈에서 씻기시매 다시 사망이 없고 애통하는 것이
나 곡하는 것이나 아픈 것이 다시 있지 아니하리니 처음 것들이
다 지나갔음이러라
5 보좌에 앉으신 이가 가라사대 보라 내가 만물을 새롭게 하노라
하시고 또 가라사대 이 말은 신실하고 참되니 기록하라 하시고
6 또 내게 말씀하시되 이루었도다 나는 알파와 오메가요 처음과 나
중이라 내가 생명수 샘물로 목마른 자에게 값없이 주리니
7 이기는 자는 이것들을 유업으로 얻으리라 나는 저의 하나님이 되
고 그는 내 아들이 되리라
8 그러나 두려워하는 자들과 믿지 아니하는 자들과 흉악한 자들과
살인자들과 행음자들과 술객들과 우상 숭배자들과 모든 거짓말
하는 자들은 불과 유황으로 타는 못에 참예하리니 이것이 둘째
사망이라

1 내가 새 하늘과 새 땅을 보니

요한은 새 하늘과 새 땅에 관한 새로운 환상을 본다. 왜냐하면(γάρ / 가르) 처음 하늘과 처음 땅이 없어졌기 때문이다. 옛 질서에 속한 모든 것이 사라졌다. 요한은 전혀 새로운 세상을 응시한다. 이스라엘 백성이 그토록 기다려왔던 메시아 왕국도 끝나고 새로운 인류와 더불어 하나님의 의가 통치하는 새로운 삶의 질서가 새 하늘과 새 땅의 도래로 시작된다. 신천 신지는 도덕적이거나 영적인 갱신만을 포함하는 것이 아니다. 완연히 새롭게 탈바꿈한 우주의 체계가 하나님의 백성들에게 열려졌다. 그것은 시간과 공간에 제약을 받지 않는 4차원의 세계, 그 이상의 세계이다. 과학자들이 250차원 이상의 우주를 컴퓨터에 담을 수 있을 정도니 영원한 질서의 차원은 실로 엄청난 다차원의 세계일 것이다.

부활체가 부활 이전의 육체와는 전연 다르면서도 육체의 모습을 보인다면, 부활된 우주의 모습 또한 완전히 새롭고 결점 없이 갱신된 형태의 것이라 할지라도 현재 우주의 모습을 띠고 있을 것이다. 부활하신 주님은 몸 안에 거하셨고 몸의 제약을 받지 않으셨다. 갱신된 우주 역시 같은 원리에서 크게 벗어나지는 않을 것이다. 설명할 길은 없지만 같으면서도 완전히 다르다. 다시는 기억나지 않고 생각도 나지 않을 만큼 전혀 새로울 것이다(사 65:17; 또한 고후 5:17 참조). “만물을 새롭게 하신 것이다”(5절). 그것은 “무”(ex nihilo / 엑스 니힐로)에서의 창조가 아니라 “유”에서의 새롭게 하심이다. “새로운”(καινός / 카이노스)은 존재하지 않았던 것이 존재하는 것 같은 새로움이 아니라 성질이나 본질의 변화를 가리킨다. 새롭게 되어 하나님 앞에서 영원히 지속될 새 하늘과 새 땅이다(사 66:22).

처음 하늘과 처음 땅이 없어졌고

순간적으로 창조 이전의 상태와 흡사한 '없음'의 공백을 완전히 새롭고 완전한 '있음'의 상태로 채웠다. "없어졌고" (ἀπῆλθαν / 아펠딴)의 단순과거시제는 그것이 표현하는 바로 그 순간에 일어난 사건임을 암시한다. 그 결과 옛 하늘과 옛 땅은 "다시 있지 않다"(οὐκ ἔστιν ἔτι / 우크 에스틴 에티). 더 이상 존재하지 않는다. 영역본(NRSV)은 "땅과 하늘이 사라졌고 바다도 더 이상 없었다"(The first heaven and earth 'had passed away', and the sea 'was no more')라며 극적 행동의 즉각성을 표시하고 있다. 새로운 창조질서가 진입함으로써 옛 창조질서는 설 자리를 잃었다. 그것은 실로 순전한 창조 작업이다. 너무도 완벽해서 이전 것은 기억되거나 마음에 생각나지 않는다(사 65:17). 기억이 아니라 영원한 현실 속에서 새 하늘과 새 땅은 항상 있다(사 66:22). 새로운 '있음'의 능력 앞에 낡아서 해어진 옛 것은 '없음'이 되었다. 창조의 갱신과 함께 열리는 새 시대에 대한 주제는 유대 묵시록에서 현저한 특징이다(에녹전서 45:4-5, 72:1, 91:16; 제4에스라서 7:75; 제2바룩묵시서 32:6, 44:12; 엘리야묵시서 5:38; 희년서 1:29; 시빌 신탁서 5:211-2). 이 사상은 신약에도 발견된다(고후 5:17; 갈 6:15; 벧후 3:13). 옛 하늘과 옛 땅의 파괴라는 묵시 주제는 원시 기독교에도 흔적을 남겼다(히 12:26-27; 벧후 3:12). 공관복음 전통에서는 이 주제가 창조보다 신률(神律, divine law)로 자리 잡고 있다(마 5:18; 막 13:31; 눅 16:17).

바다도 다시 있지 않더라

옛 하늘과 옛 땅이 사라질 때에 바다도 사라졌을 것은 당연하다.

20:13에도 사망과 음부에 연관하여 특별히 바다가 언급되었는데, 이곳에서도 옛 창조에 속한 질서의 사라짐을 얘기하면서 굳이 바다를 거론하고 있다. 어째서일까? 이 바다는 우리가 바라보는 바로 그 바다일까? 계시록에는 하늘과 땅에 대응하는 자연계의 일부로 바다를 분명히 언급했다(5:13, 10:6, 14:7, 18:17, 19). 동시에 악의 영역이란 의미에서도 사용되었다(4:6, 13:1, 15:2). 이곳의 바다는 두 가지 의미를 다 내포했다고 보는 것이 옳다. 이 새로운 세계 질서 속에서 나라 사이를 경계 짓던 바다의 필요성이 없게 된다.

바다나 육지나 하늘에 쇠막대를 박던 국경선이 없어진다. 영토니, 영해니, 영공이니 하는 개념 자체가 완벽히 사라진다. 언어도 통합되고 다툼과 경쟁이 전혀 필요 없는 진정한 의미에서의 신정 정치가 구현될 것이다. 한 나라, 한 민족, 한 통치가 이루어질 것이기 때문이다. 사탄이 영원히 불못 속에 갇혀 있어 악의 영역도 존재할 수 없다. 하나의 '거대한 호수'는 남아 있을 것이다. 불못(λίμνητοῦ πυρός / 리멘에투 퓌로스)이라 불리는 불의 호수는 새 하늘과 새 땅의 거주자들이 알 수 없는 비밀스런 곳에 위치하게 될 것이다. 불못의 존재는 악을 이기신 하나님의 승리, 성도들의 영웅적인 믿음을 기리는 기념비로 기억될 것이다.

본서에서 바다는 다양한 의미로 사용되었다. 비얼은 바다와 연관하여 계시록에서 사용된 다섯 가지 용례를 소개하였다. 그는 본 절에서 언급된 바다가 이 모든 것을 포함하고 있음을 주장하면서 그 이유를 설명했다. 그러나 오스본이 잘 지적한 대로 악의 근원으로서의 바다가 본 절에서 바다를 언급한 이유를 충분히 설명하고 있다. 비얼이 정리한 다섯 가지 용례는 다음과 같다.

① 우주적 악의 근원(4:6, 12:18, 13:1, 15:2).
② 성도를 박해하는 나라들(12:18, 13:1, 17:2, 6).
③ 죽은 자들의 장소(20:13).
④ 세상의 무역 활동이 이루어지는 곳(18:10-19).
⑤ 자연의 바다(5:13, 7:1-4, 8:8-9, 10:2, 5-6, 8, 14:7, 16:3).

2 **거룩한 성 새 예루살렘이 하나님께로부터 하늘에서 내려오니**

옛 하늘과 옛 땅이 새 하늘과 새 땅으로 교체가 되었지만 새로운 우주는 아직 비어 있다. 하나님의 충만함만이 존재한다. 바로 이곳에 새 예루살렘 성이 하나님께로부터 하늘에서 내려온다. 그 장엄한 광경을 어찌 필설로 표현할 수 있을까! 새 예루살렘의 존재 가치는 무한하다. 이기는 자에게 약속되었던 하나님의 이름과 그리스도의 이름과 새 예루살렘의 이름처럼, 새 예루살렘은 하나님과 그리스도와 함께 언급되었다. 성도들의 영원한 거소이다. 하나님이 자기 백성들 가운데 거하시는 거대한 성막이다. 영적으로는 이미 주님의 부활로 말미암아 옛 것과 새 것의 교체 작업이 이루어졌지만(갈 4:26-31; 히 12:22), 실질적인 완성된 교체와 채움이 이제 이루어지고 있다. 새 예루살렘의 특징은 거룩함에 있다. 그 기원은 새 하늘이다. 그리고 그 존재 의의는 신부가 남편을 위하여 단장한 것 같음에 있다.

하나님이 인간의 몸을 입으시고 성육신하신 것처럼 거룩한 성 새 예루살렘이 새로운 하나님의 백성들을 위하여 새로워진 땅으로 내려온다. 새로운 하나님의 도성은 안팎이 온통 거룩함으로 채워졌다. 거룩함은 성의 영구한 속성이다. 그것이 새 예루살렘을 "거룩한 성"(τὴν πόλιν τὴν ἁγίαν / 텐 폴린 텐 하기안)이라 부르게 한다. 한때는 지상의 예루살렘도 "거룩한" 성이라 불렸다(사 52:1; 마 4:5; 27:53). 그러나 옛 땅에 세워졌던 예루살렘은 하나님을 거역하고 불순종함으로 인하여 죄악의 도성이 되었다. 이것이 하늘에서 내려오는 성을 "새 예루살렘"(Ἰερουσαλὴμ καινήν / 예루살렘 카이넨)이라 부르는 이유이다. 죄와 악으로 더럽혀진 예루살렘은 사라졌지만 거룩하고 새로운 예루살렘은 영존한다. 10절에서 다시 "거룩한 성"이라 불리는데, 이는 성의 내적 속성이 어떠함을 보여주는 표현이다. 성도 거룩하고 성안의 등이 되시는 하나님과 어린양도 거룩하고 성안의 거주민들도 온전하게 거룩하다.

그 예비한 것이 신부가 남편을 위하여 단장한 것 같더라

새 예루살렘 성의 아름다움과 무한한 가치를 이처럼 잘 표현할 수 없다. 남편을 위한 신부의 단장(사 61:10), 한 남편을 위해 일생에 가장 아름다운 모습으로 꾸미는 신부 화장, 그 절묘한 아름다움의 최절정에 새 예루살렘의 모습이 있다. 새 예루살렘의 성도들은 이제 "쁄라와 헵시바"(사 62:4)라 불린다. 구원과 의로 성곽을 쌓았지만 이는 외부의 적을 방비함이 아니요 거룩한 구별의 상징이다. 적은 더 이상 존재하지 않는다. 구원과 의로 단장한 신부처럼(사 62:1-2) 새 예루살렘은 하나님의 구원과 의로 충만하다. 구속함 받은 성도들의 새롭고 완전한 처소로서 새 예루살렘은 주님의 약속을 실현한다(요 14:2-3).

"예비하였다"(ἡτοιμασμένην / 헤토이마스메넨). 신랑을 위한 예비인데 누가 예비하였는가? 신랑의 아버지가 예비하셨다. 이것은 인간이 예비할 수 있는 내용이 아니다. 본서에는 각종 "예비"가 하나님에게서 비롯되었음을 수차례 밝히고 있다(9:7, 15; 12:6; 16:12). 신부는 아름답게 "단장하였다" (κεκοσμημένην / 케코스메넨). 신랑을 위한 단장인데 누가 단장하였는가? 신랑의 아버지가 단장하셨다. 이것은 인간이 단장할 수 있는 영역이 아니다. 구원과 의는 오직 하나님에게서 비롯된 것이다. 오직 "하나님의 구원"이요 오직 "하나님의 의"다. "예비하였다"와 "단장하였다"의 시제는 현재 완료형으로서 하나님께서 신랑 되신 그리스도와 신부인 교회를 위하여 사랑의 보금자리로 들일 만반의 준비가 완료되었음을 뜻한다.

3 내가 들으니 보좌에서 큰 음성이 나서 가로되

일곱째 대접의 마지막 재앙을 쏟은 뒤에 재앙의 완료를 "되었다"라고 선언한 음성이 보좌로부터 들려왔다(16:17). 바벨론의 멸망 직후에 심판의 찬양을 마무리한 것도 역시 보좌의 음성이었다(19:5). 이제 새 예루살렘이 하나님께로부터 하늘에서 내려오자 "만물을 새롭게 하노라"며 선언하시는 음성도 보좌에서 들려온다(5절). 일반 천사들의 음성이 아니다. 하나님이 하나님 자신을 3인칭으로 부른 사실만을 놓고 보면 그룹 천사 중의 하나일 가능성도 있다. 그러나 보좌에 앉아 계신 이가 하나님임을 분명하게 밝히셨으니 하나님의 음성으로 간주하는 것이 적절하다. "큰 음성"은 전해질 메시지의 내용이 중요함을 암시한다. 주님이 십자가에서 "다 이루었다!"라고 외치신 것처럼 만물을 새롭게 하시고 "이루었다!" 외치실 분은 보좌에 앉으신 하나님밖에 없다.

하나님의 장막이 사람들과 함께 있으매

겔 37:27의 반영인 듯하다(43:7 참조). "내 처소가 그들의 가운데 있을 것이며 나는 그들의 하나님이 되고 그들은 내 백성이 되리라." 구약에서 성막은 이스라엘 백성 중에 거하시는 하나님의 특별한 임재의 상징이었다. 하나님은 이스라엘 중에 장막으로 임재하실 것을 약속하셨다(사 26:11; 겔 37:27; 슥 2:7, 10; 고후 6:16). 그렇게 하심으로써 하나님은 이스라엘의 하나님이 되시고 이스라엘은 하나님의 백성이 되었다(레 26:12; 렘 24:7, 30:22, 31:1, 33, 32:38; 겔 11:20, 34:30-31, 36:28, 37:23; 슥 8:8, 13:9).

새 예루살렘의 존재는 한 "백성"(λαός / 라오스)이 아니라 "많은 백성"(λαοί / 라오이)을 위한 것이다. 뜰도, 성소와 지성소의 구분도 없이 모든 민족, 누구에게나 개방되었다. 레위 지파만이 아니라 어느 지파라도, 이스라엘 민족만이 아니라 어느 민족이라도, 사독 제사장만이 아니라 여인이라도 하나님의 장막으로 나아갈 수 있다. 그들 모두가 제각각 하나님과 그리스도의 제사장이 되었다(20:6). 한 하나님과 많은 백성들이 하나의 장막 안에 머무른다. 지상의 그 어느 시기보다 하나님의 장막이 인간과 가까이 그리고 영구히 계신다.

에덴 동산의 생명나무의 현존보다, 성막이나 성전보다, 심지어 성육신으로 장막을 치시고 거하시던 때보다(요 1:14), 교회의 머리가 되어 임재하셨던 때보다 더욱 안전하고 결점 없이 하나님의 장막은 인간을 품고 인간과 함께 영원히 함께 간다.

죄로 인해 하나님에게서 숨고 안주하려던 인간(창 3:8)이 이제는 기쁨으로 하나님 곁에 머문다. 새 예루살렘이 성도들에게 제공하는 온갖 좋은 것들 중에서 최선이요 측량할 수 없는 보상은 하나님과 맺어진 새로운 관계이다. 그들은 하나님의 백성이 되고 하나님은 그들 가운데 거하여 그들의 하나님이 되신다(렘 7:23; 겔 36:26-28). 그것은 자기 백성에게 하신 약속의 성취이다(레 26:11; 겔 37:27, 48:35; 슥 2:10; 고후 6:16). 하나님이 인간과 함께하심은 하나님께서 주도권을 쥐신 신성한 친교로서 갈등의 소지가 있을 수가 없다. "하나님은 친히"(αὐτὸς ὁ θεός / 아우토스 호 떼오스)는 하나님의 강한 의지를 표명한다. 이것은 만물이 하나님께 복종하게 됨으로써 하나님이 만유의 주인으로 만유 안에 계실 바로 그때가 이르렀기 때문이다(고전 15:28).

4 모든 눈물을 그 눈에서 씻기시매 다시 사망이 없고

이사야의 찬양이 그대로 성취되었다. "사망을 영원히 멸하실 것이라 주 여호와께서 모든 얼굴에서 눈물을 씻기시며 그 백성의 수치를 온 천하에서 제하시리라"(사 25:8). 그리스도의 재림으로 인한 하나님의 충만한 임재는 성도의 삶에 획기적인 변화를 가져왔다. 더 이상 눈물이나 고통이 존재하지 않는다. 일체의 아픈 것들이 사라졌다. 사망이 없어졌다. 죽음은 죄값이었고(롬 6:23) 그로 인한 저주로 주어졌는데(창 3:19) 이제 저주에서 영원히 풀려났다.

슬퍼할 일도 애통하거나 통곡할 일도 찾아볼 수가 없다. 주야로 눈물을 양식 삼아야 했던 성도들(시 42:3), 그들의 눈물을 주의 병에 담으시던 어린양 그리스도께서(시 56:8), 이제 성도들의 눈에서 모든 눈물을 닦아 주셨다(17:7). 처음 세계, 옛 질서에 속한 모든 것이 사라졌기 때문이다. 슬픔도 고통도 없으니 영영한 희락이 찾아듦이다(사

35:10, 51:11). "처음 것"(τὰ πρῶτα / 타 프로타)이 지나갔다는 말은 옛 하늘과 옛 땅만이 아니라 처음 질서와 체계 속에 안주하던 모든 것들이 사라졌다는 말이다. 1절의 선언보다 더 포괄적인 언급이다.

5 보라 내가 만물을 새롭게 하노라

태초에 만물을 창조하신 하나님은 마지막 때에 이르러서 만물을 새롭게 만드신다. 첫 창조가 완벽하였기에 첫 창조를 완전히 뒤집어엎을 필요는 없다. 지은 바 된 만물은 주님의 뜻대로 있었다(4:11). 죄와 저주로 병들고 부패하고 변질된 부분들(롬 8:19-22)을 새롭게 만들어 원상 복구시킴이 중요하다. 타락 이전의 세계, 에덴 동산의 영원했어야 할 그 삶이 결국 하나님이 새롭게 만드시는 갱신의 사역이다. 실낙원을 단순히 복락원으로 만드시는 정도가 아니다. 완전히 새롭게 하시는 것이다. "새롭게 하노라"(καινὰ ποιῶ / 카이나 포이오)는 현재형인데, 이는 예언적 현재로서 미래에 완성될 새 창조에 대한 확실성을 나타내는 표현이다. 하나님이 창조하실 그때를 미리 내다보고 하는 말이다. 혹자는 동사의 시제에 근거하여 이것이 교회 시대의 역사 속에서 성취될 것이라 주장했는데(Mulholland), 앞뒤의 문맥을 고려할 때에 미래적인 표현으로 보아야 한다(사 43:19, 65:17-18, 66:22).

이 말은 신실하고 참되니 기록하라

다른 모든 말이 신실성이나 진정성에서 떨어짐을 뜻하지 않는다. 그보다 새 창조에 대한 하나님의 의지가 굳건함을 강조하는 말이다. 하늘도 땅도 새로워지고 사람도 삶도 새로워진다. '모든 것'(πάντα

/ 판타)이 하나님께서 세우신 새로운 편제 속으로 변형된다. "아멘이시요 충성되고 참된 증인"(3:14)이 말씀하시니 그 말씀이 또한 신실하고 참되다.

6 이루었도다 나는 알파요 오메가요 처음과 나중이라

"이루었도다"(γέγοναν / 게고난)는 현실로 드러나 최종적 성취에 이르렀다는 표현이다(16:17). 이는 복수 형태인데 '말씀들'이 이루어진 것이다. 이는 1–5절의 성취요 그 이전의 모든 예언의 성취요 성경의 모든 언약의 성취로까지 확대 적용할 수 있다. "알파와 오메가"(τὸ Ἄλφα καὶ Ὦ / 토 알파 카이 오메가)와 "처음과 나중"(ἡ ἀρχὴ καὶ τὸ τέλος / 헤 아르케 카이 토 텔로스)은 "시작과 끝"(ὁ πρῶτος καὶ ὁ ἔσχατος / 호 프로토스 카이 호 에스카토스)이라는 표현과 함께 역사의 절대 주관자이심을 나타내는 요한의 전용어에 속한다(1:8, 17, 2:8, 22:13; 사 41:4, 43:10, 48:12 참조).

내가 생명수 샘물로 목마른 자에게 값없이 주리니

"생명수 샘물"(τῆς πηγῆς τοῦ ὕδατος τῆς ζωῆς / 테스 페게스 투 휘다토스 테스 조에스)이란 "생명이 흘러나오는 샘"이란 뜻이다. 영원한 생명의 물은 하나님과 어린양에게서만 나온다. 하나님과 어린양 그리스도만이 영원한 생명의 원천이시다(22:1, 17; 시 36:9; 렘 2:13; 욜 3:18). 그리스도는 지상 사역 중에도 이를 여러 번이나 강조하셨다(요 4:10, 7:37). 구원도 영생도 오로지 하나님의 은혜다. 아무런 값도 요구하지 않으신다(사 55:1). 이미 어린양 그리스도께서 고가의 대가를 치르셨기 때문이다. 기독교의 구원, 영생의 가치는 결코 싸구려 은총이 아니다. 무엇으로도 대체할 수 없는 절대 고가의 희생을 치렀다. 그 결과를 거저 주셨으니 놀라운 은혜인 것이다. 의에 주리고 목마른 자가 배부르고 기갈을 면한다(마 5:6). 그날 그 자리에는 목마른 자들만이 모여 있을 것이다. 영원한 해갈을 얻고 목말라 했음을 기뻐하는 자들이 생명수 샘물에서 영원한 만족을 누릴 것이다.

7 이기는 자는 이것들을 유업으로 얻으리라

"이기는 자"(ὁ νικῶν / 호 니콘)의 마지막 언급이다. 승리자의 받을 기업이 내용적으로는 7절 후반부에 묘사되었다. 그러나 의미적으로는 6절 후반부를 포함시킬 수 있다. 생명수 샘물과 친밀한 관계가 승리자의 포상이다. 특히 순교자들의 경우에는 그 이김이 확실하다. 세상적인 기준에서 보면 죽음이란 패배의 마지막 길이다. 순교자들은 죽음에 이르면서도 예수의 증거와 하나님의 말씀을 지킴으로 외관상 가장 비참한 패자가 되었다. 그렇지만 그들은 가장 위대한 승리를 일궈냈다. 6-7절은 요한이 박해받는 크리스천들을 염두에 두고 쓴 서신으로서 가장 중요한 목적을 피력하고 있는 것이다.

나는 저의 하나님이 되고 그는 내 아들이 되리라

"저의 하나님이 된다" 하심은 하나님이 친히 저와 함께하신다는 말씀이다. 3절에서는 "저희는 하나님의 백성이 되고 하나님은 친히 저희와 함께 계셔서"라고 표현하셨다. 이것은 매우 중요한 변화다. 집합적인 견지에서 하나님은 "저희들"(αὐτῶν / 아우톤) 모두의 하나님이 되시고, 저희는 하나님의 "백성"(λαοί / 라오이)이 된다. 개인적인 차원에서의 하나님은 "저의"(αὐτόν / 아우톤) 하나님이 되시고 저는 하나님의 "아들"(υἱός / 휘오스)이 된다. 공동체로서 하나님의 백성이 되고 개인으로서 하나님의 아들이 된다. "나는 저의 하나님이 되고 그는 내 아들이 되리라"는 약속은 다윗에게 주신 예언적인 언약의 내용을 상기시킨다(삼하 7:14; 그리고 시 89:26-27 참조). 새 예루살렘에서 얻을 유업들은 일곱 편지에서 이긴 자에게 주신 약속들에 반영이 되었음은 흥미로운 사실이다.

① 하나님의 낙원에 있는 생명나무의 실과(2:7, 22:2).
② 새 성전(3:12, 21:22-23).
③ 새 예루살렘(3:12, 21:2, 10).
④ 하나님의 이름(3:12, 22:4).
⑤ 생명책에 녹명된 이름(3:5, 21:27).
⑥ 빛나는 세마포(3:5, 21:2, 9-11, 그리고 19:7-8 참조).
⑦ 빛나는 돌과 광채(2:17, 28, 21:11, 18-21, 23, 22:5, 16).
⑧ 그리스도와의 통치(2:26-27, 3:21, 22:5).
⑨ 둘째 사망과 무관함(2:11, 21:7-8).

8 두려워하는 자들과 믿지 아니하는 자들과 흉악한 자들과

둘째 사망에 들어갈 자들은 이미 들어갔다. 요한은 둘째 사망에 들어갈 일반적인 대상들을 상세히 설명하고 있다. 하나님의 백성과 하나님의 자녀가 되지 못한 이들은 자동적으로 생명의 근원이신 하나님으로부터 격리된다. 빛이 영원히 차단된 어둠 속에서 불못의 고통을 견뎌야 할 이들을 요한은 담담히 나열한다. 두려워하는 자들, 믿지 아니하는 자들, 흉악한 자들, 살인자들, 행음자들, 술객들, 우상 숭배자들, 모든 거짓말하는 자들이다. 여덟 개의 범주로 불못의 거주자들

을 정리한다. 당시 교회에서 가장 짓기 쉬운 죄들을 선정하였을 것이다. 이들 중에는 불신자들과 믿음을 가졌다가 박해와 유혹을 견디지 못해 배역의 길을 걸은 자들을 모두 포함한다.

찰스는 요한이 열거한 죄악들을 다시 셋, 셋, 둘로 나누었다. 첫째 범주에 속하는 죄들은 두려워하는 자들과 믿지 아니하는 자들과 흉악한 자들이다. 한글성경의 "두려워하는 자들"(δειλοῖς / 데일로이스)은 의미가 약한 번역이다. 두려움으로 인하여 비겁한 행동까지 서슴지 않는 소위 겁쟁이들을 말한다. 믿음을 고백하고 믿음의 길을 걷다가 박해의 모진 고통을 견디지 못하고 믿음에서 떠난 무리들이다. 한때는 공동체에서 멋진 신앙생활을 했지만, 사악한 영들과의 거룩한 싸움에서 기선을 제압당해 기독교적인 용기의 덕목을 채 살리기도 전에 공포의 제물이 된 자들이다. 이들 중에 배교자가 생긴다. 자신과 자신의 가족을 위하여 동료들을 밀고하고 탄압의 주동자로 전락한다.

"믿지 않는 자들"(ἀπίστοις / 아피스토이스)은 일반적인 불신자들을 지칭한 말일 수도 있고, 말과 행위가 달라 바리새인적인 신앙생활을 가리킨 말일 수도 있다. 의심하는 자들이 여기에 속한다. 바울의 표현을 따르면 입으로는 시인하나 행위로 부인해 버리는 가증한 자가 곧 믿지 않는 자다(딛 1:15-16). 믿을 수 없는 인격의 사람이다. 이들은 "흉악한 자들"(ἐβδελυγμένοις / 에브델뤼그메노이스)이란 비열하고 수치를 모르는 자들이다. 딛 1:15-16에는 "믿지 아니하는 자들"(ἀπίστοις / 아피스토이스)과 "흉악한 자들"(ἐβδελυγμένοις / 에브델뤼그메노이스, "가증한 자"로 번역되었음)이 서로 관계되었음을 비쳤다. 짐승 숭배와 관련된 죄이다(17:4-5). 둘째 범주에 속하는 죄가 살인자들과 행음자들과 술객들이다.

22:15에는 순서가 뒤바뀐 상태로 언급이 되었다. 행음자들 역시 문자적인 의미에서의 음행을 다룬 것일 수 있으며, 영적 행음 곧 짐승 경배와 연관 지을 수 있다. 술객들은 마술을 행하는 자들이다. 셋째 범주에 속한 죄는 우상 숭배자들과 모든 거짓말하는 자들이다. "우상 숭배자"(εἰδωλολάτραις / 에이돌롤라트라이스)와 또 "모든 거짓말하는 자"(ψευδέσιν / 프슈데신)는 무엇보다 상관성이 깊다. 모든 우상은 거짓이기에 우상 숭배자는 다 거짓말하는 자들이다. 거꾸로 모든 거짓말하는 자들 역시 거짓의 우상을 섬기는 것과 같다. 자칭 선지자, 자칭 사도, 자칭 큰 자, '스스로' 칭하는 사역자들은 모두 거짓말의 명수들이다. 스스로 칭함은 사탄의 으뜸가는 속성이다.

6. 새 예루살렘(21:9-27)

새 예루살렘의 정경은 에스겔 40-48장의 새 성전 환상에 연관되어 있다. 에스겔 성전에서는 성전이 중심을 이루는데, 계시록의 이 부분에서는 성전이 없고(21:22) 하나님의 성이 성전 자체다. 환상의 서론(21:1-8) 이후에 천사는 요한에게 하나님의 도성의 모습을 자세히 보여주는데(9-10절), 그 아름다움에서 시작해(11절) 문들과 기초석으로 차츰 옮겨간다(12-14절). 성의 전체적인 척량(15-17절), 재료로 사용된 보석들의 아름다움(18-21절)과 내부의 거룩함과 성의 영광(22-27절)을 보여주고 있다. 피오렌자는 요한이 21:1-8에 묘사된 서론적 환상 부분을 21::9-22:5에서 정성들여 다듬은 것으로 보았다. 즉 1절은 22:1-5에서, 2절은 21:9-11에서, 3절은 21:22-23과 22:3에서, 4절은 22:2에서, 6절은 22:1에서, 7절은 22:4에서 그리고 8절은 21:22-23과 22:3에서 명료해진다. 오스본은 한 걸음 더 나아가 이 부분이 21:1-8만이 아니라 17:1-19:5에 관계되어 있음을 지적했다. 비슬리-머리는 지나칠 정도로 둘의 관계를 취급하였다. 크로델은 두 단락이 보이고 있는 병행적 유사성을 제시했다.

① 서론 부분
17:1-3=21:9-10

② 환상 부분
17:4, 18:16-17=21:11
17:5=22:4, 21:27, 22:3상반절
17:8=21:27
17:15-18=21:24
18:2=21:3, 22
18:1-3, 9-19=21:10-22:5

③ 결론 부분
19:9=22:6-7
19:10=22:8-9

이런 대조는 분명하게 짐승과 그리스도의 나라를 가리키고 있다. 즉 두 도성이 두 단락 간에 대조를 이루는 중심축으로서 음녀와 신부를 다루고 있는 것이라 보았다.

21장 서두에서 '새 예루살렘의 하강'을 소개하였던 요한은 후반부 전체를 할애하여 새 예루살렘의 정경을 세밀하게 묘사하고 있다. 이미 완료된 심판 장면이 다시 거론되고, 일곱 대접을 가진 천사들 중의 하나가 다시 나타나고, 어린양의 생명책에 녹명되지 않은 자들의 무자격 등 이미 지나간 일들을 다시 언급함으로, 일단의 학자들은 이 부분의 설명이 천년 왕국 당시의 생활과 뒤범벅이 되었다 주장하나 그렇지 않다. 회상의 측면에서 요한은 자신의 독자들에게 깊은 인상을 남기기 위한 수단으로 얼마든지 지난 일들을 거론할 수 있다. 우리의 입장에서 이것은 종말의 대단원을 마감하는 시점이지만, 요한의 입장에서는 박해 중에서 신앙적인 위기를 겪고 있는 그들을 위무하고 배역 가능성을 차단함이 최우선이었다.

9 일곱 대접을 가지고 마지막 일곱 재앙을 담은 일곱 천사 중 하나가 나아와서 내게 말하여 가로되 이리 오라 내가 신부 곧 어린양의 아내를 네게 보이리라 하고
10 성령으로 나를 데리고 크고 높은 산으로 올라가 하나님께로부터 하늘에서 내려오는 거룩한 성 예루살렘을 보이니
11 하나님의 영광이 있으매 그 성의 빛이 지극히 귀한 보석 같고 벽옥과 수정같이 맑더라
12 크고 높은 성곽이 있고 열두 문이 있는데 문에 열두 천사가 있고 그 문들 위에 이름을 썼으니 이스라엘 자손 열두 지파의 이름들이라
13 동편에 세 문, 북편에 세 문, 남편에 세 문, 서편에 세 문이니
14 그 성에 성곽은 열두 기초석이 있고 그 위에 어린양의 십이 사도의 열두 이름이 있더라
15 내게 말하는 자가 그 성과 그 문들과 성곽을 척량하려고 금갈대를 가졌더라
16 그 성은 네모가 반듯하여 장광이 같은지라 그 갈대로 그 성을 척량하니 일만 이천 스다디온이요 장과 광과 고가 같더라
17 그 성곽을 척량하매 일백사십사 규빗이니 사람의 척량 곧 천사의

척량이라
18 그 성곽은 벽옥으로 쌓였고 그 성은 정금인데 맑은 유리 같더라
19 그 성의 성곽의 기초석은 각색 보석으로 꾸몄는데 첫째 기초석은
벽옥이요 둘째는 남보석이요 셋째는 옥수요 넷째는 녹보석이요
20 다섯째는 홍마노요 여섯째는 홍보석이요 일곱째는 황옥이요 여
덟째는 녹옥이요 아홉째는 담황옥이요 열째는 비취옥이요 열한
째는 청옥이요 열둘째는 자정이라
21 그 열두 문은 열두 진주니 문마다 한 진주요 성의 길은 맑은 유리
같은 정금이더라
22 성안에 성전을 내가 보지 못하였으니 이는 주 하나님 곧 전능하신
이와 및 어린양이 그 성전이심이라
23 그 성은 해나 달의 비침이 쓸데없으니 이는 하나님의 영광이 비취
고 어린양이 그 등이 되심이라
24 만국이 그 빛 가운데로 다니고 땅의 왕들이 자기 영광을 가지고
그리로 들어오리라
25 성문들을 낮에 도무지 닫지 아니하리니 거기는 밤이 없음이라
26 사람들이 만국의 영광과 존귀를 가지고 그리로 들어오겠고
27 무엇이든지 속된 것이나 가증한 일 또는 거짓말하는 자는 결코
그리로 들어오지 못하되 오직 어린양의 생명책에 기록된 자들뿐
이라

9 마지막 일곱 재앙을 담은 일곱 천사 중 하나가

9-10절과 17:1-3은 몇 가지 점에서 비슷하다. 첫째, 둘 다 "일곱 재앙을 담은 일곱 천사 중 하나"(17:1하반절, 21:9하반절)가 소개된다. 둘째, 둘 다 "내게 말하여……이리 오라……큰 음녀의 받을 심판

(17:1하반절)과 신부 곧 어린양의 아내를 네게 보이리라(21:9하반절)"는 천사의 언급이 있다. 셋째, 천사가 말한 직후에 둘 다 "성령으로 나를 데리고"(17:3, 21:10)가 나온다. 영광스러운 새 예루살렘의 환상을 선포하는 천사가 왜 마지막 재앙인 일곱 대접을 가졌던 천사 중의 하나인지는 알 길이 없다. 17장 초반부에 나타난 음녀의 환상에서도 일곱 대접을 가졌던 천사 중의 하나가 요한에게 나타났다. 성령의 이끄심도 똑같이 언급하였다. 종말의 때에 가장 중요한 상징인 두 도성 곧 바벨론과 새 예루살렘을 대조하려는 의도에서 천사나 성령이나 치장같이 비슷한 배열 구조를 의도했을 수 있다. 그는 같은 천사일 수도 있고 나머지 여섯 천사 중의 하나일 수도 있다.

마운스는 두 천사를 동일한 존재로 보았으나 왈부어드는 그렇게 볼 이유가 없다고 밝혔다. 인류에게 마지막 대접 재앙을 쏟았던 천사가 새 예루살렘의 어떠함을 알려주는 안내 천사 또는 해석 천사로 나섰음은 하나의 역설이다. 사악한 삼위일체도 제거되고 마지막 심판도 끝나고 새 하늘과 새 땅도 열렸고 새 예루살렘 성도 하늘로부터 내려왔다. 그래서 모든 것은 해피 엔딩의 구속함 속에 일사천리로 진행되어야 한다. 그러나 요한의 독자들 가운데는 여전히 성에 들어가지 못한 자들이 남아 있다(21:8, 27, 22:15). 지복의 해석 천사가 마지막 재앙의 사역을 수행했던 천사인 이유를 이것으로 설명할 수 있을 것이다. 기쁜 소식은 마지막 순간까지 경고의 끈을 느슨하게 만들지 않는다.

내가 신부 곧 어린양의 아내를 네게 보이리라

구속 받은 하나님의 백성들이 "신부"(τὴν νύμφην / 텐 뉨펜), 곧 어린양 그리스도의 "아내"(τὴν γυναῖκα / 텐 귀나이카)로 소개된다. "신부"는 약혼녀란 뜻이고, "아내"는 예기적 의미로 사용되었다. 아직 결혼 전이므로 아내가 될 약혼녀 정도의 뜻이 원문에 가깝다. 그들은 죽기까지 그리스도께 신실했고 정절을 지킨 자들이다. 정결한 아내는 17:1-5에 묘사된 음란한 여자와 여러 면에서 비교된다. 새 예루살렘의 환상은 요한이 성령의 이끌림을 받아 높은 산으로 갔으나, 음녀의 환상은 요한이 성령의 이끌림을 받아 광야로 갔다. 두 여자는 새 예루살렘과 바벨론 성으로 비유되었다. 둘 다 진귀한 보석들로 치장하였다(17:4, 18:12, 16, 21:18-21).

새 예루살렘의 단장은 하나님께서 어린양을 위해 준비하셨다. 그것은 성도들의 신실함에 대한 영광의 보상이었다. 이에 비해 음녀의 치장은 땅의 임금들을 유혹해 짐승의 하수인으로서 하나님을 대적하기 위함이었다.

하나님의 백성으로서의 교회는 그리스도의 신부며 동시에 정혼한 아내이다. 하나님과 성도를 남편과 아내로 비유한 것은 구약 예언자들의 전통 위에서 그 배경이 견고하다. 전능하신 하나님은 자기 백성의 남편이시다(사 49:18, 61:10, 62:5; 렘 31:32). 신약에는 혼인잔치의 비유(마 22:1-14, 25:1-13)가 있고 주님은 스스로를 신랑이라 밝히셨으며(막 2:19-20), 세례 요한도 그렇게 불렀다(요 3:29). 바울은 한 남편인 그리스도에게 성도들을 중매하는 자신의 사역에 대해 언급하였다(고후 11:2). 엡 5:25-27에서 바울은 그리스도의 희생이 교회를 영광의 광채에 있게 하기 위함임을 논했다.

10 성령으로 나를 데리고 크고 높은 산으로 올라가

다른 별개의 환상을 보여주기 위함이다. 이 과정에서 성령의 주된 역할이 돋보인다. 성령으로 데리고 감은 에스겔의 체험과 매우 유사하다(겔 2:2, 3:12, 14, 24, 11:1, 43:5). 이는 에스겔의 환상에서 높은 곳에 위치한 미래의 축복된 성전 환상(에스겔 40-48장)을 떠올리게 한다. 크고 높은 산으로 요한을 데리고 감은 새 성전이 그곳에 있기 때문이다. 구약의 예언자들은 종말의 때에 임할 하나님의 도성과 성전이 높은 산에 세워질 것을 예언하였다(사 2:2-3, 4:1-5, 25:6-26:2; 미 4:1-2). 창조 기사에서 한 번 언급되었던 창조가 사 67:17-18에서는 세 번이나 반복적으로 언급되었다.

죄가 없었다면 처음 창조로 모든 것은 족했다. 첫 사람들이 에덴에서 쫓겨났을 리도 없고 주님께서 번거롭게 세상을 찾으시거나 수난의 여정을 겪지 않았어도 되었다. 죄가 모든 것을 망가뜨렸다. 그렇게 어수선한 중에서도 하나님의 구속 계획은 영원 전부터 착착 진행되고 있었다. 첫 창조와 둘째 창조는 하나님의 구상 속에 이미 그려져 있었다. 새 창조가 지니는 의미가 그만큼 중요해서이다. 새 하늘과 새 땅을 창조하실 때 하나님께서는 예루살렘으로 즐거움을 창조하며 그 백성으로 기쁨을 삼고 예루살렘을 즐거워하리라 말씀하셨는데, 그 예루살렘이 바로 이곳의 새 예루살렘이다. 첫 창조는 죄로 인하여 더럽혀지고 썩어짐의 종노릇을 해왔는데(롬 8:21) 이제 완전히 새로운 것으로 대체되었다.

새 예루살렘은 시온 산에 세워지지 않았다. 지금 요한은 '크고 높은 산'(시온) 위에서 새 예루살렘을 바라보고 있다. 요한은 지금 새 예루살렘을 관찰하기 가장 좋은 위치에 있다. 마치 에스겔의 환상에서처럼 어느 방향으로 드러난 성의 모습을 전체적으로 바라보기 위해 극히 높은 산으로 데려가셨을 것이다(겔 40:2). 이곳에 선 요한은 2절에서 힐끗 보았던 새 예루살렘의 정경을 근접거리에서 입체적으로 바라보게 되었다(21:11-22:5). 요한은 영원한 상태로 인도할 미래의 사건을 지금 환상 속에서 실제로 체험하고 있다.

11 하나님의 영광이 있으매

새 예루살렘이 하나님께로부터 내려온 것이므로 하나님의 임재로 인한 영광이 나타났다. 성경의 핵심적 테마 중의 하나인 "하나님의 영광"(τὴν δόξαν τοῦ θεοῦ / 텐 독산 투 떼우)은 계시록에서 모두 세 번이 나오는데(15:8, 21:11, 23) 본 절의 경우가 두 번째이다. 이스라엘 백성에게 있어서 성막이나 성전은 하나님의 영광이 임재한 곳이었다. 영광의 임재는 하나님이 그 백성 가운데 거하신다는 표징이었으므로 이스라엘 백성은 영광의 임재 장소로서 성전을 사모하였고, 성전이 있는 예루살렘을 사랑했으며 예루살렘이 위치한 시온 산을 그리워하였다. 이 하나님의 영광이 곧 신부의 단장이었다.

하나님의 영광으로 단장된 새 예루살렘은 빛나는 보석들로 찬란했다. 이는 에스겔이 보았던 성전 환상과도 어긋나지 않는다. "이스라엘 하나님의 영광이 동편에서부터 오는데……땅은 그 영광으로 인하여 빛나니"(겔 43:2). "여호와의 영광이 동문으로 말미암아 전으로 들어가고 성신이 나를 들어 데리고 안뜰에 들어가시기로 내가 보니 여호와의 영광이 전에 가득하더라"(겔 43:4-5). 요한은 이 하나님의 영광을 지극히 귀한 보석의 광채와 벽옥과 수정의 투명함에 견주었다. 비얼은 3절에 언급된 하나님의 장막과 하나님의 영광을 동일시하여 둘 다 신부의 단장으로 보았다.

12 크고 높은 성곽이 있고 열두 문이 있는데

겔 48:31-34을 연상시킨다. 성곽은 매우 크고 높다. 열두 문이 있고 문마다 천사가 하나씩 서 있다. 문들 위에는 이스라엘 열두 지파의 이름이 씌어 있다. 새 예루살렘은 정사각형의 형태에 동서남북으로 각각 세 개의 문들이 있다. 에스겔의 문은 북, 동, 남, 서의 순으로 묘사되었는데 요한의 문은 동, 북, 남, 서의 순으로 언급하여 북쪽 문과 동쪽 문이 동쪽 문과 북쪽 문의 역순으로 바뀌었다.

마운스는 각 문의 천사들을 '하나님이 세우신 파수꾼들'(사 62:6)로 보았다. 문이 달린 벽은 침입자를 막고 거주민들의 출입을 위한 구조다. 안전의 상징이다(사 26:1; 슥 2:5). 이에 비하여 기초석은 성곽 자체를 지탱하는 구조다. 이 역시 안전의 상징이다. 열두 문과 크고 높은 성곽은 실제 높이 때문이기도 하겠지만, 성의 광채를 더욱 고귀하게 만든 하나님의 영광 때문이었다(21:11). 예루살렘 성에도 문이 여럿 있었다. 성벽을 재건한 기사를 다루고 있는 느헤미야서의 기록만 보아도 무려 열 개에 이른다. 희생 제단에 쓸 양을 끌고 가는 문(느 3:1; 요 1:29), 어부가 드나드는 문(느 3:3), 옛 문(느 3:6), 골짜기 문(느 3:13), 오물을 버릴 때 사용하는 분문(느 3:14), 실로암 연못의 물이 흘러내리는 샘문(느 3:15), 수문(느 3:26, 8:1), 말들이 지나다니는 마문(느 3:28), 동문(느 3:29), 함밉갓문(느 3:31)이다. 로마와 바벨론 성의 문도 여럿 되었지만 새 예루살렘 성에 있는 열두 문은 엄청난 규모의 크기를 짐작케 한다.

14 성곽은 열두 기초석이 있고……열두 이름이 있더라

새 예루살렘에는 열두 개의 “기초석”(θεμελίους / 떼멜리우스)이 있었다. 그 기초석 위에는 열두 사도들의 이름이 새겨졌다. 열두 사도는 주님의 열두 제자를 뜻하지 않고 교회를 상징한다. 교회는 열둘이면서 집합적 개체로서 하나이다. 이것은 시험한 돌이요 귀하고 견고한 돌로서 하나님께서 거룩한 산 시온, 곧 거룩한 성 예루살렘의 기초를 삼으셨다(사 28:16, 54:11-12). 교회는 사도들과 선지자들의 터 위에 세워졌다(엡 2:20).

열두 지파와 열두 사도는 각각 구약과 신약의 계약 백성을 대표한다. 옛 언약의 제사장 백성 된 이스라엘과 새 언약의 제사장 된 열두 사도는 선민과 이방인으로 구성된 새로운 구속 공동체를 뜻한다. 구약 성도는 신약 성도 없이는 불완전하다. 한 건물 안에서 서로는 떼려야 뗄 수 없는 연관성을 갖는다. 열두 지파가 문의 본질을 이루듯 열두 사도는 기초의 본질을 이룬다. 기초석은 건물을 지탱시키는 핵심적 하부구조물로서 견고함을 주요 목적으로 하는데, 예루살렘 성전 건축 당시에는 크고 귀한 돌로 전의 기초석을 삼았다(왕상 5:17).

언약은 이스라엘에서 출발했지만 언약의 성취는 교회를 통해서이다. 그러므로 성곽의 기초석에 열두 지파가 아니라 열두 사도의 이름이 씌어 있다. 기초석이 없으면 문은 쓸모 없다. 열두 지파가 그리스도를 출입구로 한 작은 문들이라면, 열두 사도는 그리스도를 모퉁이 돌로 한 ‘터’(θεμελίους / 떼멜리우스)다(엡 2:20). 열두 지파는 ‘터’(θεμελίους / 떼멜리우스)가 있는 성을 소망하며 살았다(히 11:10). 문이 없는 거대한 성곽도 불가능하다. 열두 기초석과 열두 문은 상호 보완의 관계에 있다. 구약과 신약이 상호 보완의 관계임과 동일한 원리다. 24명의 인물군은 구약에서 어떤 근거를 가질 가능성도 있다.

① 성전 봉사에 있어 제사장들의 24반열(대상 24:3-19).
② 레위 족속의 문지기 24(대상 26:17-19).
③ 하나님의 전에서 노래하는 자 24(대상 25:6-31).

15 **그 성과 그 문들과 성곽을 척량하려고 금 갈대를 가졌더라**

성곽 척량의 환상은 에스겔이 본 성전 척량의 환상과 비슷하다(40:3-5). '성곽의 척량'은 새 예루살렘 거주자들의 안전과 성결 유지를 위한 조처이다. 벽은 외침으로부터의 영원한 안전을 상징하고, 기초석은 자체 붕괴로부터의 영원한 안전을 상징한다. 물론 새 예루살렘 성의 외곽이라 해서 불안전하고 불결할 이유가 없다. 모든 것이 새롭게 만들어졌기 때문이다. 악은 더 이상 존재할 수 없다. 침입자도 없다. 지진도 없다. 붕괴의 위험도 없다. 그럼에도 문이 있고 기초석이 있고 성과 문과 성곽을 척량하는 것은 영원한 안전과 성결의 완벽함에 대한 상징이다.

문들에 대한 척량은 이루어지지 않았다. 금갈대를 이용하여 정금으로 만들어진 성과 진주로 만들어진 문과 벽옥으로 쌓인 성곽을 척량함은 상상만 해도 신비롭기 그지없다. 척량을 위한 갈대의 길이는 5피트 4인치(3.15m)인데, 이 작은 갈대로 그렇게 어마어마한 성곽을 척량하기란 현실적으로 불가능하다. 천사는 실제로 성과 성곽을 척량하였으나 문들은 척량하지 않았다. 그런데 문들이 성벽에 포함되었을 수 있다. 척량은 하나님의 주권과 자기 백성에 대한 보호를 상징한다. 하나님의 성은 하나님에 의해 영원한 안전이 보장되고 거주민들의 신분 또한 확실하다.

16 그 성은 네모가 반듯하여 장광이 같은지라

원문은 "네 개의 코너"(τετράγωνος / 테트라고노스)인데, 길이와 넓이가 같다는 다음의 표현으로 인해 "네모가 반듯하여"란 표현이 성립된다. 성곽의 형체는 다시 한 번 후반부에서 "장"(τὸ μῆκος / 토 메코스), "광"(τὸ πλάτος / 토 플라토스), "고"(τὸ ὕψος αὐτῆς / 토 훕소스 아우테스) 모두가 같다는 말로 확실해진다. "일만 이천 스다디온"은 오늘의 1,500마일에 해당한다. 성은 장과 광과 고가 같은 정방형적 건물이다. 어떤 학자는 새 예루살렘의 묘사가 바벨론 성과 비슷한 점에 착안하여 새 예루살렘도 피라밋 형태였을 것이라고 추정했지만(Hoste, Lilje) 본문의 서술과 맞지 않는다. 혹은 성의 형체를 입방체(cube)가 지니고 있는 '12개의 테두리'로 보고 12,000×12=144,000 스다디온이란 성스러운 숫자를 추출해냈다(Farrer). 또는 완벽함과 광대함의 상징으로 해석했다(Beckwith).

장광고(長廣高)가 12,000인 입방체는 문자적 의미보다도 상징적으로 취하는 것이 편하다. 실제의 크기라 해도 놀랄 만한 일도 못된다. 지상적 관점이 아니라 천상적 관점에서 본다면 이 정도 크기는 크기도 아닐 것이다. 어쨌든 척량의 수치를 상징으로 보아도 성은 크기와 구조와 주거 환경 면에서 완전하고 모든 시대를 통틀어서 구원받은 하나님의 백성들이 거하기에 충분히 넓고 안락한 규모이다.

17 그 성곽을 척량하매……사람의 척량 곧 천사의 척량

벽의 길이는 144규빗이다. 한 규빗이 사람의 팔뚝 길이로서 46~56cm이니 144규빗이라 해보아야 66m~80m에 불과하다. 1,500마일 높이의

건물에 성곽의 길이는 너무 짧다. 그래서 비얼은 144=12×12라는 상징적인 의미에 초점을 맞추었고, 헹스텐버그는 높이에 벽의 두께까지 포함된 것으로 보기도 했다. 사람의 척량으로 144규빗인데 이는 곧 천사의 척량과 같다는 데서 해답을 구하려는 시도도 있었다. 즉 천사의 팔꿈치 길이에 144를 곱하면 거의 성의 높이에 닿는 성곽일 것이라는 추측이다. 10:1-2에 보면 하늘에서 내려온 힘센 천사가 오른발은 바다를 밟고 왼발은 땅을 밟고 서 있었는데 손의 길이는 얼마나 되겠는가? 하는 논리다. 마운스는 이를 반박하면서 사람의 길이로 척량하든지 천사의 길이로 척량하든지 규빗은 규빗이라고 일축했다.

18 그 성곽은 벽옥으로 쌓였고 그 성은 정금인데

새 예루살렘의 성과 성곽과 벽의 척량하는 장면이 끝나자 이내 성곽과 문의 재료를 상세히 언급한다. 새 예루살렘이 구속받은 하나님의 백성이 어린양 그리스도와 더불어 나누는 영원한 친교의 영역이라면 성곽과 벽은 영원한 안전을 상징한다. 외부로부터의 침입과 내부로부터의 자체 붕괴의 위험에서 자유롭다. 영원한 안전을 자신할 만큼 충분하게 길고(장) 충분하게 넓고(광) 충분하게 높다(고).

벽은 온통 벽옥으로 쌓였으며 성 자체는 죄다 정금이다. 이는 하나님의 거룩함과 영광을 상징한다. 벽옥(jasper)은 녹색을 띤 보석으로서 순수한 녹색으로부터 우러나오는 기묘한 투명함이 있다(4:3 주석 참조). 녹색은 생명을 상징하는 색이다. 하나님과 어린양 그리스도의 무궁한 생명력을 반영한다. 불순물이 완벽하게 제거된 정금은 하나님의 비길 데 없는 영광을 나타낸다. 정금이 되기까지 정련의 과정을 거치듯 고난 속에서 영글어진 고귀한 영광이다. 고난을 이긴 영광이다. 어린양 그리스도의 십자가를 통한 부활의 영광을 상징한다.

솔로몬은 성전의 지성소(장이 20규빗, 광이 20규빗, 고가 20규빗)를 정금으로 입혔고 백향목으로 만든 단에도 입혔다. 성전 내부 전체를 하나도 빠짐없이 금으로 입혔다(왕상 6:20-22). 그것은 하나님의 영광을 나타내기 위함이었다. 맑은 유리 같은 정금이란 곧 수정 같은 정금인데, 정금의 깊이에서 뿜어져 나오는 어떤 투명함이 있다. 11절에서 성의 빛이 벽옥과 수정같이 맑다고 표현하면서 이를 하나님의 영광으로 규정했다. 4:3에 묘사된 천상의 보좌 환상에도 보좌에 앉으신 이의 영광을 표시하면서 벽옥이 언급되었다. 그렇다면 본 절의 벽옥과 수정 같은 정금 역시 하나님의 영광으로 보아야 한다.

생명의 영광과 승리의 영광이 새 예루살렘의 성곽을 빙 둘러싸고 성을 뒤덮었다. 보석의 색은 각각이지만 이들의 중심에서 내뿜는 투명함은 동일하다. 모든 보석이 자기의 색을 유지하면서 눈부신 빛을 비친다. 색은 다양하나 빛은 하나이다. 그 투명함이란 빛나고 흰 세마포를 연상시키는데, 이것은 하나님과 어린양 그리스도의 거룩함을 상징한다. 새 예루살렘은 하나님의 영광과 거룩함으로 충만하다. 각 보석에 어떤 영적인 의미를 부여하려는 노력은 부질없는 짓이다. 요한은 단지 하나님의 다채로운 영광의 풍성함을 강조하려 하였으며 그것이 당시의 요한으로서 할 수 있는 최선책이었다.

그 성의 성곽의 기초석은 각색 보석으로 꾸몄는데

성을 지탱해 주는 열두 기초석의 첫째도 역시 벽옥이다. 하나님의 영광과 거룩함이 새 예루살렘의 기초 중의 기초를 이룬다. 성곽의 기초는 세워지지 않았고 "꾸며졌다." 완료분사 "꾸몄는데"(κεκοσμημένην / 케코스메메넨)는 새 예루살렘을 하나님께서 손수 "단장하신다"(κεκοσμημένην / 케코스메메넨)는 사실을 보여주고 있다. 하나님께서 친히 "예비하고"(ἡτοιμασμένην / 헤토이마스메넨) 친히 "단장하시는"(κεκοσμημένην / 케코스메메넨) 새 예루살렘은 어린양 그리스도를 위한 것이다. 구속함 받은 전체의 성도들은 하나의 집합적인 인격으로 단장된다.

열두 기초석은 대제사장의 판결 흉패에 박혀 있던 열두 보석을 연상시킨다(출 28:17-20, 39:8-14). 흉배의 열두 보석에는 이스라엘 열두 지파의 이름이 새겨졌지만 예루살렘의 기초석을 이룬 열두 보석은 열두 지파가 아니라 열두 사도에게 속해 있다(14절). 흉배를 걸친 대제사장은 지성소의 하나님께 나아갈 수 있는 유일한 인격이었다. 이제 영광의 하나님께로 나아가는 길은 구속함 받은 모든 성도에게 열려 있다. 그들 자신이 사도적 신앙 고백 위에서 그리스도를 모퉁이 돌로 하여 "신령한 집" 곧 새 예루살렘의 건물을 이루는 산 돌로 세워졌다(벧전 1:5).

열두 문의 배경에 대해서는 숱한 논쟁이 일어났다. 오스본의 요약에 따르면 세 가지 이론이 있다. 첫째, 열두 보석은 고대 이집트와 아랍 세계에서 유통되던 12궁에 연관된 열두 보석과 역순으로 열거되었다. 요한은 의도적으로 "하나님의 도성" 배경에 있는 이교주의적 의심들을 배격했다는 주장이다(Beasley-Murray, Lohmeyer, Farrer, Caird, Morris, Charles, Johnson, Kiddle, Roloff). 둘째, 출 28:17-20과 36:17-20에 나타난 대제사장의 판결 흉패에 박힌 열두 보석과 비교할 때 여덟 개가 같다. 나머지 네 개는 히브리 용어의 모호한 성격 때문이든지 유배지에서 기억을 더듬어가며 집필했을 요한의 상황을 고려하면 이해할 만도 하다. 그리고 계시록의 네 용어는 칠십인역에 나타난 것과 의미상 동일하다는 주장이다(Rissi, Glasson, Morris, Krodel, Ford, Aune, Sweet, Beale, Mounce). 셋째, 12궁도와 판결 흉패의 차이 때문에 둘 다 확실하지 않다. 최선의 해석은 열두 보석의 진술을 '하나님의 백성이 지닌 영광'을 일반적으로 묘사한 것이라 보자는 주장이다(Ladd, Wall, Harrington, Giesen).

출애굽기에서는 열두 보석이 이스라엘 열두 지파를 상징하였는데(28:21, 39:14), 이곳의 열두 보석은 사도들을 상징한다. 대제사장이 가슴에 건 판결 흉패는 교회의 제사장적 성격을 드러낸다. 교회는 종말론적 의미에서의 이스라엘이며 대제사장의 이미지도 계시록에서 하나님의 제사장 된 성도들과 연결되었다(1:6, 5:10, 20:6). 오스본은 셋째 견해가 근본적으로 옳긴 하지만 둘째 견해에 포함되어야 한다고 결론지었다.

세 자료의 열두 보석들을 비교하면 다음과 같다. 한글성경 번역은 일관성이 없어 영어와 함께 표기했다. 예를 들어 토파즈가 황옥(출)과 담황옥(계)으로, 베릴이 녹주옥(출)과 녹옥(계)으로, 에메랄드가 홍마노(출)와 녹보석(계)으로, 제이신스가 호박(출)과 청옥(계)으로, 아메디스트가 자수정(출)과 자정(계)으로, 크리서라이트는 녹보석(출)과 황옥(계)으로 되어 있다. 출애굽의 녹보석인 크리서라이트가 계시록에서는 에메랄드로, 출애굽의 황옥(topaz)이 계시록에서는 크리서라이트로 번역된 것은 이해 못할 일이다. 이탤릭체로 표시한 네 보석 곧 홍보석(ruby), 석류석(turquoise), 백마노(agate), 호마노(onyx)와 계시록에서 볼드체로 표시한 네 보석 곧 옥수(chalcedony), 홍마노(sardonyx), 비취옥(chrysopase), 청옥(jacinth)을 제외하면 두 자료의 보석들은 순서만 바뀌었을 뿐 똑같다. 계시록의 열두 보석과 12궁도의 열두 보석은 똑같고 순서만 거꾸로 되어 있다.

출 28, 39장	계 21장	12궁도
ruby(홍보석)	jasper(벽옥)	amethyst(자정)
topaz(황옥)	sapphire(남보석)j	acinth(청옥)
beryl(녹주옥)	chalcedony(옥수)	chrysopase(비취옥)
turquoise(석류석)	emerald(녹보석)	topaz(담황옥)
sapphire(남보석)	sardonyx(홍마노)	beryl(녹옥)
emerald(홍마노)	carnelian(홍보석)	chrysolite(황옥)
jacinth(호박)	chrysolite(황옥)	carnelian(홍보석)
agate(백마노)	beryl(녹옥)	sardonyx(홍마노)
amethyst(자수정)	topaz(담황옥)	emerald(녹보석)
chrysolite(녹보석)	chrysopase(비취옥)	chalcedony(옥수)
onyx(호마노)	jacinth(청옥)	sapphire(남보석)
jasper(벽옥)	amethyst(자정)	jasper(벽옥)

21 그 열두 문은 열두 진주니 문마다 한 진주요

열두 문은 이스라엘의 열두 지파를 상징한다(12절). 한 문마다 한 진주다. 여러 개의 진주로 하나를 이룬 것이 아니라 한 개의 진주만으로 하나의 문을 만들었다. 성곽 곧 성벽의 높이가 약 66m에 이르니 진주의 크기는 일반인의 상상을 초월한다. 자연산 진주를 생각한다면 그 크기의 진주를 품은 조개의 크기는 또한 얼마나 클 것인가! 한 랍비 문서의 예언(Baba Batra)에 따르면 하나님이 예루살렘의 문들을 30규빗×30규빗의 보석들과 진주로 꾸밀 것인데, 출입구는 10규빗의 넓이에 20규빗 높이로 할 것이라고 했다. 4.6m~5.6m 넓이에 9.2m~11.2m의 높이니 이것도 역시 대단한 크기이다. 맑은 유리 곧 수정 같은 정금으로 깔린 성의 길은 모든 길일 수도 있고 주요 도로에만 국한시킬 수도 있다. "길"(ἡ πλατεῖα / 헤 플라테이아)이 집합적인 의미에서 단수로 쓰였다면 성 안의 모든 길이다. 어찌 됐든 새 예루살렘의 도로 포장은 모두 정금으로 되어 있다. 빛나고 번쩍이는 그 길을 활보하는 성도들의 모습은 상상만 해도 아름답고 영광스럽다.

22 성 안에 성전을 내가 보지 못하였으니

이스라엘의 궁극적인 소망은 새로운 성전에 대한 열망이었다. 파괴된 성전이 복구되고 더 완벽하고 아름다운 성전을 갖게 되는 것이 꿈이었다. 예언자들의 메시지는 이러한 열망을 반영하여 새로 세워질 영광스러운 성전에 대한 비전으로 가득 찼다(학 2:9). 새 성전이 세워진 예루살렘은 세계의 중심이 될 것이었다(렘 3:16-17). 에스겔의 환상은 그 대표적인 사례이다(에스겔 40-48장). 종말론적인 성전은 언제나 구속 공동체의 중심을 이룬다. 요한은 성전을 새롭게 복구하는 정도가 아니라 완전히 독창적인 성전을 소개하고 있다. 이스라엘이 꿈꾸던 차원에서의 성전이라면 아무 성전도 없다. 요한이 성 안에 성전이 없음을 강조하고 있음은 놀랄 만한 일이다. 새 예루살렘에 성전이 없다고 함은 에스겔의 성전을 잘 알고 있는 독자들의 관점에서도 상당히 충격적인 선언이다. 성전은 반드시 예루살렘 안에 있었듯이 새 예루살렘에는 새 성전이 있어야 마땅하다.

아운은 "성전을 내가 보지 못하였으니"(Καὶ ναὸν οὐκ εἶδον / 카이 나온 우크 에이돈)란 표현에서 요한이 '볼' 성전을 기대하고 있었음을 알 수 있다고 하였으나 전체 내용은 그런 해석을 허락하지 않는다. 에스겔 성전뿐만 아니라 성경에서 성전의 우선적인 의의는 하나님의 거하심이다. 에스겔 성전의 결론은 그래서 "여호와께서 거기 계시다"(여호와 삼마)라는 새 이름으로 매듭짓는다(겔 48:35). 성전을 거룩하게 하는 것은 장엄한 성전이나 성전에 가득 찬 기구들이 아니라 하나님의 임재, 쉐키나의 영광이다. 영적으로 임재하시던 하나님이 새 하늘과 새 땅의 환경에서는 실제로 그 백성 가운데 거하신다(21:3). 성소와 지성소의 구분이 따로 없고 하나님께서 실제로 거주하시는 전체로서의 성이 지성소가 된다. 이것이 새 예루살렘에 성전이 없는 이유이다. 그래서 요한은 주 하나님과 어린양이 바로 그 성전이라고 결론을 내린다. 어린양 그리스도가 성전임은 주님 자신의 지상 사역을 통하여서도 증거되었다(막 14:58, 15:29; 요 2:19-22). 신약 곳곳에서는 예수 그리스도께서 모퉁이 돌에 비유되어 성전의 이미지를 나타내셨다(마 21:42; 막 12:10-12; 눅 20:17-18; 행 4:11; 롬 9:32-33; 엡 2:20).

필로(Philo)는 첫 아담이 "거룩한 성전"(νεὼς ἱερός / 네오스 히에로스)으로 창조되었다 하였는데, 마지막 아담이신 그리스도는 바로 그 "성전"(ναός / 나오스)이 되셨다. 새 예루살렘이 구속함 받은 성도들의 집합체라면, 그 안에 성전 된 하나님과 어린양 그리스도가 계심은 당연하다. 성도들은 이미 그리스도의 영을 모심으로 성령의 전, 곧 하나님의 성전이 되었다(고전 3:16, 6:19). 예루살렘 성전 안에 성전이 있었듯이, 그리고 성도들의 몸이 하나님의 성령이 거하시는 성전을 이루었듯이, 이제 새 예루살렘 곧 집합적인 성도 안에 하나님과 어린양 그리스도가 성전으로 계신다. 이기는 자는 성전의 기둥이 되기까지 한다(3:12). 성도들은 새 예루살렘에서 성전을 모실 뿐 아니라 성전의 기둥으로서 그 일부를 이룬다.

23 그 성은 해나 달의 비침이 쓸데없으니

해와 달의 비췸이 쓸데없음은 밤이 없기 때문이다. 이 영원한 나라는 밤낮의 구분이 따로 없는 광명의 세계다. 새 하늘과 새 땅이 옛 하늘과 옛 땅을 대체했을 때에 옛 우주의 질서는 이미 사라졌다. 새로운 우주 체계에는 해와 달과 별들이 필요 없다. 광명의 원천인 해가 없으니 자연히 달도 없다. 별들도 전도자의 영광으로 대체될 것이다(전 12:3). 또한 "하나님의 영광"(ἡ δόξα τοῦ θεοῦ ἐφώτισεν / 헤 독사 투 떼우 에포티센) 자체가 빛이시요(22:5) 어린양이신 그리스도가 "등불"(ὁ λύχνος / 호 뤼크노스)이 되신다. 요한이 강조하고자 하는 요점은 해와 달의 유무 여부가 아니라 하나님과 그리스도의 더할 수 없는 영광이요 그 영광에서 우러나오는 빛이다. 빛의 창조자시요 빛의 영광이신 하나님과 그리스도의 존재 자체가 모든 광명들을 부끄럽게 만드신다. 이것이 또 다른 광명을 필요로 하지 않는 이유이다. 이사야의 예언을 상기시키는 대목이다. "다시는 낮에 해가 네 빛이 되지 아니하며 달도 네게 빛을 비취지 않을 것이요 오직 여호와가 네게 영영한 빛이 되며 네 하나님이 네 영광이 되리니"(사 60:19).

24 **만국이 그 빛 가운데로 다니고**

사 60:11의 반영인 듯 보인다. 문은 항상 열려 있고 만국의 왕들이 자유롭게 드나든다. 왕들이 가진 "자기 영광"(τὴν δόξαν αὐτῶν / 텐 독산 아우톤)은 부나 권세를 말함이 아니다. 물론 그들에게서 비롯된 영광도 아니다. 그런 영광이라면 이곳에서는 아무 쓸모가 없다. 이미 세상적인 기준에서의 부나 권세는 새로운 나라에서 무용지물이다. 영광의 기준이 다르다. 이는 그들이 그 옛날 순례자들처럼 하나님을 경배하는 마음으로 찾아오는 그 마음, 사모하는 그 정성, 경배자의 자세가 곧 영광이 된다. 예배를 받으실 분의 "영광에 일치하는 영광"은 오로지 예배자로서 지닌 경배의 영뿐이다.

구원의 문이 항상 열려 있었듯이 예배자를 위한 새 예루살렘의 문은 언제나 열려 있다. 누구도 이들의 출입을 제한할 수 없다.

하나님과 어린양의 빛은 너무 밝고 강렬해서 만국이 그 가운데로 다닐 정도이다. 하나님을 거스르는 주체 세력으로서의 나라나 민족들은 모두 사라지고, 하나님을 섬기고 사랑하는 만국 체제가 든든히 제자리를 잡았다. 하나님은 만국의 돌이킴과 소성을 위하여 일찍부터 "영원한 복음"을 만국에게 전하셨다(14:6-7). 일곱 인과 일곱 나팔과 일곱 대접의 모든 재앙들은 만국으로 하여금 자신들의 죄를 깨닫고 빛들의 아버지이신 하나님께로 돌이키도록 하기 위함이었다. 대부분은 복음을 거절하고 죄에 머물러 있기를 고집하였으나(9:20-21, 16:9, 11) 일부만은 돌이켜서 하나님을 찾았다(11:13). 만국의 회복은 짐승과 그의 우상과 그의 이름의 수를 이기고 벗어난 자들이 불렀던 어린양의 노래에서 확실하게 드러났다. "주의 의로우신 일이 나타났으매 만국이 와서 주께 경배하리이다"(15:4).

26 **사람들이 만국의 영광과 존귀를 가지고 그리로 들어오겠고**

경배자들이 가져오는 것들은 '만국으로부터 일어난 영광과 존귀함'(τὴν δόξαν καὶ τὴν τιμὴν τῶν ἐθνῶν / 텐 독산 카이 텐 티멘 톤 에뜨논)이다. 만국에 속한 영광과 존귀가 있을 수 없다. 그런 영광과 존귀는 이미 무가치한 것으로 간주되었다. 바벨론의 멸망과 더불어 세속적인 영광과 존귀는 깊은 바다에 빠뜨려졌다. 계시록에서 "영광과 존귀"는 오직 하나님과 어린양 그리스도께 바치는 것으로만 사용되었다(4:9, 11, 5:12, 13). 하나님을 찬양하고 어린양 그리스도를 높이는 예배의 물결이 파도처럼 새 예루살렘의 성전에까지 미쳐 왔다.

하나님에게서 비치는 영광의 빛을 흐리도록 할 아무런 어둠도 존재하지 않는다. 티끌만한 그림자도 존재하지 않는다. 새 예루살렘에서는 모든 것이 빛에 노출되어 있다. 빛이 스며들지 않는 곳은 어디에도 없다. 하나님과 어린양 그리스도의 내재한 영광으로 가득하고 만국에서 가져온 영광들로 충만하다.

27 속된 것이나……결코 그리로 들어오지 못하며

땅의 왕들이 성안으로 들어올 수 있음은 그들의 영광과 존귀함 때문이 아니다. 그들의 이름이 어린양의 생명책에 기록되었기 때문이다(3:5, 13:8, 17:8, 20:12, 15). 남녀노소를 막론하고 출입의 관건은 생명책의 녹명 여부이다. 아무런 예외도 없다. 성안에 들어오지 못할 부류의 사람들이 또다시 강조되었다. 속된 것이나 가증한 일 또는 거짓말하는 자는 결코 들어오지 못한다. 영원한 출입 금지 대상자들이다. 8절의 말씀에 비추어 보면 그들의 주거지는 이곳이 아니라 불못이기 때문이다. 여기의 "결코"(οὐ μή /우 메)와 "오직……뿐이니라"(εἰ μή / 에이 메)는 출입의 불가능성을 강조하는 표현이다.

생명책에 기록되어야만 한다. "생명의 책"(τῷ βιβλίῳ τῆς ζωῆς / 토 비블리오테스 조에스) 책이다. 생명으로 말미암고 생명이 속해 있는 책이다. 어린양의 피가 책장마다 이름마다 묻혀 있다. 어린양의 생명책에 기록되어야 한다. 왜 어린양인가? 그리스도의 대속적 죽음이 아니고는 인간의 죄가 처리될 수 없기 때문이다. 죗값이 치러지지 않고는 사망의 저주에서 풀려날 길이 없다. 사망에 장악된 영혼 속에는 영원한 생명이 머물지 못한다. 생명책의 녹명은 어린양 그리스도의 피로 말미암는다. 영원 전부터 그 이름이 기록되었음은 그리스도의 십자가를 통해서이다. 생명책의 녹명이 새 예루살렘의 출입증이다.

7. 생명수 강과 생명나무(22:1-5)

본문에서 인류의 조상이 잃어버렸던 낙원이 되찾아졌다. 새 예루살렘은 에덴 동산(창세기 2-3장)과 에스겔이 환상에서 보았던 미래의 성전(에스겔 40장, 47장)이 완벽히 결합된 형태를 취한다. 새 예루살렘의 영광은 에덴 동산의 원초적 낙원이 지녔던 것을 훨씬 상회한다. 선악을 알게 하는 나무는 없다. 사탄은 이미 불못에 영원히 던져졌다. 악은 제거되고 영원한 안전과 복락의 상황만이 거룩한 처소를 가득 채운다. 이곳에 묘사된 장면의 배경은 창세기 2-3장의 에덴 동산과 겔 47:1-12의 성전에서 흐르던 물이다. 동향한 성전의 제단 문지방 밑에서 흘러나온 물은 동으로 흐르다가 남편으로 흐른다. 동향한 바깥문의 우편에서도 물이 스며 나온다. 작은 물줄기로 시작한 이 물은 창일한 강이 되어 강가 좌우편을 흐르며 나무를 무성케 한다. 동방을 향해 흐르던 강물은 어느새 바다에 이르고 바닷물도 소생함을 얻는다. 강물이 이르는 곳마다 모든 생물이 살아나고 어족이 풍부해진다. 요한의 의도는 분명하다 에덴 동산에서 발원한 강물처럼 생명수 강물이 보좌로부터 흘러나오고 갱신된 성전의 제단에서 흘러나온 물처럼 생명수 강이신 하나님과 어린양이 자기 백성들 가운데 임재하시며 풍성한 생명을 공급하신다. 부활하여 영광을 받으신 그리스도는 '생명을 주시는 영'이시기 때문이다(고전 15:45).

스가랴 선지자는 낮도 아니요 밤도 아닌 한 날 곧 "여호와의 날"(day of Yahweh)에 '생수'가 예루살렘에서 솟아날 것을 예언했다(슥 14:7-8). 이처럼 구약에 자주 언급된 생명의 원천인 생수(시 36:9,

46:4; 잠 10:11, 14:27; 사 12:3, 35:6-9, 44:3, 55:1; 욜 3:18)는 하나님 자신이요(렘 2:13), 주님 자신이며(요 4:10-14), 성령 자신이셨다(요 7:37-39). 삼위일체 하나님이 만인과 만물을 살게 하는 생수의 근원이시다. 요한은 이전의 환상 속에서 이미 하나님과 어린양이 생명수와 관련되어 있음을 언급하였다. 보좌 가운데 계신 어린양이 어린양의 피에 그 옷을 씻어 희게 한 자들인, 큰 환난에서 나와 흰옷 입은 자들을 생명수 샘으로 인도하셨다(7:13-17). 보좌에 앉으신 이가 목마른 자들에게 값없이 생명수 샘물을 주리라고 약속하셨다(21:6). 이 생수는 원하는 자마다 누구나 값없이 받을 수 있다(17절). 하나님과 그리스도, 하나님과 어린양은 이곳에서도 다른 곳(3:21, 4:9-11, 5:19-12, 13, 6:16, 7:10, 11:15, 14:4, 20:6, 21:22)에서처럼 병렬이 되어 하나님과 그리스도가 동일한 신성을 지니셨고 연합되어 있음을 강조하고 있다.

마지막 장의 서두(22:1-6)는 21장에 대한 결론이다. 새 예루살렘 거주자들이 실제적으로 누릴 수 있는 혜택들을 다루고 있다. 인간의 삶에서 먹고 마시는 일은 가장 단순하면서도 중요한 일이다. 새 예루살렘에서도 이 원리는 마찬가지이다. 단지 먹고 마심의 차원이 높은 차원에서 이루어진다. 생명수 강과 생명나무는 영혼을 위한 음료와 양식으로 존재한다. 하나님과 어린양의 보좌로부터 흘러내리는 강수는 보는 이들의 마음을 즐겁게 하고 마시는 이들의 영혼을 새롭게 한다. 이 강은 도성의 길 가운데로 관통하며 강 좌우의 사람들에게도 매우 친숙하다. 좌우의 강둑에는 생명나무들이 보기 좋게 열을 지어 서 있다. 모든 것이 생명으로 충만하다.

21:9-10에서 천사는 요한에게 어린양의 신부와 거룩한 성 새 예루살

렘을 보여주었다. 여기에서는 영원한 실재인 회복된 에덴의 영광스러운 환상을 보여준다. 에덴 동산에서는 강이 에덴에서 발원하여 동산을 적셨으나(창 2:10) 동산 중앙에는 선악을 알게 하는 나무가 생명나무와 함께 있었다(창 2:9). 금단의 열매를 따먹음으로 생명나무로의 접근이 봉쇄되었다(창 3:22-24). 여기서는 생명나무뿐만 아니라(2절) "생명수의 강"(ποταμὸν ὕδατος ζωῆς /포타몬 휘다토스 조에스)이 보좌로부터 흐른다(1절). "생명수의 강"에는 어떤 관사도 붙어 있지 않아 그것이 암시하는 신학적 개념의 중요성을 강조하고 있다(Osborne). 구속받은 성도들의 새 세상에는 더 이상 죄나 타락이나 사탄이라는 개념 자체가 존재하지 않는다. 동서남북 어디를 둘러보아도 생명과 연관된 것들로만 풍성하다.

1 또 저가 수정같이 맑은 생명수의 강을 내게 보이니 하나님과 및 어린양의 보좌로부터 나서
2 길 가운데로 흐르더라 강 좌우에 생명나무가 있어 열두 가지 실과를 맺히되 달마다 그 실과를 맺히고 그 나무 잎사귀들은 만국을 소성하기 위하여 있더라
3 다시 저주가 없으며 하나님과 그 어린양의 보좌가 그 가운데 있으리니 그의 종들이 그를 섬기며
4 그의 얼굴을 볼 터이요 그의 이름도 저희 이마에 있으리라
5 다시 밤이 없겠고 등불과 햇빛이 쓸데없으니 이는 주 하나님이 저희에게 비취심이라 저희가 세세토록 왕 노릇하리로다

1 저가 수정같이 맑은 생명수의 강을 내게 보이니

생명수의 강은 예언자들의 묵시에서도 뚜렷한 현상이다(겔 47:1-9;

욜 3:18; 슥 14:8). 요한의 생명수의 원천은 예언자들의 전통을 훨씬 넘어선다. 그 사상적 기원은 에덴 동산의 생명수 강까지 거슬러 올라간다. 에덴으로부터 발원한 네 개의 강들 중에서, 첫째 강인 비손은 많은 보석의 산지로 묘사되었다. 새 예루살렘의 강 주변에도 보석들로 단장되었다(21:18-21).

"생명수의 강"(ποταμὸν ὕδατος ζωῆς / 포타몬 휘다토스 조에스)이란 "생명이 곧 물인 강"의 뜻도 되고, "생명의 물이 흐르는 강"의 뜻도 되며, "살아 있는 물의 강"이란 뜻도 가능하다. 어느 경우에도 생명이 강조된다. 이 강은 당연히 영원한 생명의 원천이신 하나님과 어린양의 보좌로부터 흘러나온다.

"생수의 강"이 주님께서 제자들에게 가르치신 것과 같이 "성령"을 의미한다면(요 7:37-39), 하나님과 어린양의 보좌로부터 흘러나오는 생명수의 강은 성부와 성자에게서 나오시는 성령에 대한 신학적인 언급이 된다. 성경에서 물은 자주 성령으로 상징되었다(겔 36:25-27; 요 3:5, 4:10-24; 그리고 요일 5:7-8 참조). 겔 47:1 이하에는 생수가 성전에서 흘러내리는데, 주 하나님과 어린양 그리스도가 곧 성전이시니, 하나님과 어린양의 보좌로부터 흐른다는 본 절과 상치되지 않는다. 스웨트는 생명수를 성령의 상징으로, 래드는 불멸의 약속으로, 바클레이는 하나님이 자기 백성에게 나눠주시는 풍성한 생명으로 보았다.

2 길 가운데로 흐르더라 강 좌우에 생명나무가 있어

보좌로부터 흘러나오는 생명수의 강은 새 예루살렘 성 "길 가운데로"(ἐν μέσῳ τῆς πλατείας αὐτῆς / 엔 메소 테스 플라테이아스 아우테스) 흐른다. 이 길은 보통 우리가 상상할 수 있는 그런 규모의 길이 아니다. 맑은 유리 같은 정금으로 포장이 된 이 길(21:21)은 새 예루살렘에서 좌우사방으로 확 트인 주 도로임에 틀림없다. 문제는 이 길이 두 가지 관점으로 해석될 수 있다는 사실이다. "길 가운데로 흐름"이란 묘사를 1절과 연결시키면 생명수 강은 길의 중심 아래로 흐르는 모습이 된다(Beckwith, Micahels, Beasley-Murray). 다수의 영역본들(NASB, NIV, NRSV, NJB, REB, NLT)은 이 해석을 취했다.

이와 달리 "길 가운데로 흐름"을 2절의 남은 부분에 연결시키면 성 길의 중앙, 생명나무들이 자라나는 강둑의 양쪽편이 된다(Swete, Thomas). 흠정역은 후자의 해석에 그 바탕을 두었다. 이럴 경우에 두 가지 시나리오가 가능하다. 즉 강과 길은 그들 사이에 있는 생명나무들을 따라 한 방향으로 나 있다. 아니면 길 중앙에 오직 한 그루의 생명나무만이 있고, 두 가지를 뻗은 강의 측면에 있는 모습이 된다. 오스본은 "길 가운데로 흐른다"는 표현은 1절에 연결시키는 것이 자연스럽다고 결론지었다.

생명수가 흐르는 강 좌우편 언덕에는 생명나무가 심겨져 있다(겔 47:12 참조). 에덴 동산의 중앙에는 단 한 그루의 생명나무가 있었는데, 새 예루살렘 성에는 적어도 두 그루 이상이다. 비얼은 겔 47:12을 근거로 이곳의 단수로 쓰인 "생명나무"가 집합적인 의미를 갖는다고 보았다. 가로수나 강둑을 따라 즐비하게 서 있는 나무들처럼 수많은 생명나무가 서 있을 것이라는 생각인데 불가능한 것은 아니다. 한편 생명수 강이 두 개의 지류로 나누어지는 지점의 길 중앙에 생명나무가 서 있으므로, 두 강의 좌우편에서 볼 때 한 그루의 생명나무가 서 있었을 것이라는 주장도 제기되었다(Lenski, Caird, Walvoord, Beasley-Murray).

한 그루든지 여러 그루든지 하는 것은 이 시점에서 중요하지 않다. 결국은 풍성한 생명을 의미하기 때문이다. 한 그루도 족하고 여러 그루도 넘치지 않는다. 길 중앙에 심겨진 나무(한 그루건 여러 그루건)에 생명이 있다. 나무들은 생명수 강에서 수분을 빨아들이기 때문에 생명나무로서 계속하여 자랄 수 있다. 생명나무는 생명수에서 나온다. 생명수는 생명의 원천이신 하나님과 어린양에게서 나온다. 생명나무는 열두 가지 실과를 달마다 맺힌다. 해도 달도 사라진 상태에서(21:23, 22:5) 달의 의미는 불투명하나 정기적으로 맺힌다는 뜻이다. 떨어지는 법이 없고 실과가 맺히지 않는 경우도 없다. 항상 풍성한 과실이 주렁주렁 열려 있다.

생명나무의 시초는 에덴 동산이다(창 2:9). 선악을 알게 하는 나무 대신에 첫 사람들이 임의로 따먹을 수 있었으나 그들은 생명나무를 외면하였다. 하나님이 동산 중앙에 계셔서 영원한 생명의 공급자로 다가오셨지만 첫 사람들은 하나님의 생명 임재를 등졌다. 죄는 에덴 동산에서 인간을 추방시켰으며 생명나무는 더 이상 인간에게 접근이 허용되지 않는 금단의 열매가 되었다(창 3:22-24). 금단의 열매를 따먹음으로 허용되었던 생명나무가 금단의 나무로 뒤바뀌는 모순의 환경에 인간은 처하게 되었다. 생명나무에서 멀어진 인간에게 생명나무로 다가온 것이 지혜요(잠 3:18) 의인의 열매요(잠 11:30) 온량한 혀였다(잠 15:4). 생명나무의 실체이셨던 주님이 성육신하셔서 나무에 달려 돌아가심으로 저주의 나무를 생명나무가 되게 하셨다. 생명나무는 곧 그리스도이시다.

그 나무 잎사귀는 만국을 소성하기 위하여 있더라

에스겔의 생수에는 치유의 효력이 나타났는데, 새 예루살렘의 강둑에 심겨진 생명나무의 잎사귀도 효능이 탁월하다. 다시는 눈물이나 사망이나 애통이나 통곡이나 아픔이 전혀 없는 이곳에서 치료용으로 쓰일 리는 만무이다. 한글성경이 적절한 의미를 보여준다. 생명나무 잎사귀는 만국 소성용이다. "소성하기 위하여"(εἰς θεραπεῖαν / 에이스 떼라페이안)는 '신선함을 증가시키기 위해'의 뜻이다. 이 말에는 '치유시킨다'는 뜻도 담겨 있다. '요법'(therapy)이란 말도 여기에서 나왔다. 생명나무의 잎사귀는 죄로 상한 마음과 육체를 치유시키는 복음의 능력을 암시한다. 나무 잎사귀의 효능은 어린양 그리스도의 대속적 생명을 상기시키는 역할에 비추어 이해함이 적절하다.

비슬리-머리는 새 하늘과 새 땅에서는 다시 아픈 것이나 죽음이 없기에 치료의 잎사귀는 천년 왕국 때에나 필요한 것이라 여겼다. 찰스도 이 입장에 동조하였다. 합리적으로 가능한 해석이다. 이전의 창조 질서와는 완전히 다른 새 창조에 속한 삶을 살고자 부단히도 흘렸던 모든 눈물을 닦아 주셨기에, 새 창조의 세계에서는 더 이상 슬픔도 애곡도 병도 죽음도 실제로 존재하지 않는다(21:4). 새 창조의 사전에는 그런 단어들이 영원히 삭제되었다. 이런 해석에 정당성을 부여하는 것은 바로 다음에 이어지는 구절이다. 새 하늘과 새 땅에서는 "다시 저주가 없다."

3 다시 저주가 없으며

만국을 소성시키는 생명나무 잎사귀의 효능은 저주의 부재에 있다. 더 이상 저주는 존재하지 않는다. "다시 저주가 없으며"(κατάθεμα οὐκ ἔσται ἔτι / 카타떼마 우크 에스타이 에티)는 슥 14:11의 "다시는 저주가 있지 아니하리니"(ἀνάθεμα οὐκ ἔσται ἔτι / 아나떼마 우크 에스타이 에티)와 거의 유사하다. 스가랴의 예언은 죄로 인해 파멸되었지만 나중에 모든 것이 새롭게 회복되면 더 이상 그와 같은 파멸의 저주는 없을 것이라는 뜻에서 외쳐진 위로의 메시지이다. 본 절과 단어 하나의 차이지만 히브리어로는 같은 의미이다.

그것은 '죄로 인하여 사람들에게 부과된 완전한 멸망의 선고(ban)'를 의미한다. '카타떼마'는 신약에서 처음 사용되었지만 '저주'를 의미하는 비슷한 단어로, 같은 어원을 지닌 '아나떼마'는 신약에서 모두 여섯 번 사용되었다(행 23:14; 롬 9:3; 고전 12:3, 16:22; 갈 1:8, 9). 행 23:14은 저주의 형량 자체를 의미하는데 "맹세"로 번역되었고, 나머지는 저주의 형량이 선고되는 대상과 연관되었다. 3절의 '카타떼마'는 저주 자체로서의 저주를 뜻한다.

이 저주는 에덴 동산에서 생명나무의 실과는 고사하고 그 잎사귀도 따먹을 수 없었던 아담의 선고(ban)를 상기시킨다. 사망의 저주보다 더 지독한 것은 두루 도는 화염검으로 인해, 생명나무로의 접근이 영원히 차단되었다(창 3:24)는 사실이다. 그것이 인류가 감수해야 할 최대의 저주였다. 이제 더 이상 저주가 없다는 포고(ban)는 두루 도는 화염검이 철수되어 원하기만 하면 언제든지 잎사귀뿐 아니라 생명나무의 실과를 마음껏 따먹을 수 있게 되었으니 영원한 저주가 풀린 것이다. 더 이상 저주가 없다. 저주는 완전히 해체되어 소멸되어 버렸다.

하나님과 그 어린양의 보좌가 그 가운데 있으리니

요한의 강조점은 하나님과 어린양의 동일한 권세와 주권에 있다. 하나님과 어린양이 동일한 보좌를 차지하신다. 사탄의 보좌(2:13)는 이미 붕괴되었다. 보좌 외에 성전도 없고 빛마저 없다. 하나님 곧 전능하신 이와 어린양이 성전이다(21:22). 하나님 곧 전능하신 이와 어린양이 빛이시다(21:23). 성도들에게 성의 의미는 절대적인 안전이며 풍성한 과일과 완전한 치료이다. 이 모든 것은 자기 백성 가운데 거하시는 하나님과 어린양으로 말미암는다. 왕이요 영원한 제사장이 계시기에 그분을 섬기며 예배하는 것은 성도의 당연한 의무이다. 구속하는 의무가 아니라 은혜 안에서 자유로운 선택으로서의 의무이다.

저주가 없음은 하나님과 어린양의 보좌가 그 가운데 있기 때문이다. 하나님과 어린양 그리스도의 영광이 곳곳마다 스며들지 않는 곳이 없듯이 하나님과 어린양의 통치가 미치지 않는 곳이 없다. 생명의 통치력이 마치 이슬이 지면에 스며듦같이 성안에 충만하니 저주는 그림자라도 보일 수 없다.

보좌는 둘이 아니라 하나다. 한 보좌에 둘이 함께 있다. 아버지 보좌에 아들이 아버지와 함께 좌정하신다(3:21, 7:17). 구속함 받은 모든 성도들은 하나님과 어린양의 거룩한 제사장이 되어 항상 그들을 "섬긴다"(λατρεύω / 라트레오). "여호와의 제사장"(ἱερεῖς Κυρίου / 히에레이스 퀴리우)이 되어 섬기고 "하나님의 봉사자"(λειτουργοὶ Θεοῦ / 레이트루고이 떼우)가 되어 섬긴다(사 61:6).

그의 종들이 그를 섬기며

여기서 "종"은 주종 관계와 같은 의미의 종이 아니라, 모든 크리스천을 의미하는 보다 광의적인 의미의 성도를 의미한다. 종들이 그들의 주님이신 하나님과 어린양을 섬긴다. "섬기리니"(λατρεύσουσιν / 라트류수신)는 미래로서 그들의 섬김이 직선마냥 죽 이어져 계속될 것임을 가리킨다. 이 섬김은 굴종의 섬김이 아니라 제사장으로서 수행하는 환희의 섬김이다. 이 섬김에는 예배의 뜻도 있다. 신약에는 예배의 의미에서 사용된 예가 많다(행 16:7; 롬 9:4; 빌 3:3; 히 9:1). 새 하늘과 새 땅에서는 하나님을 예배하는 것이 삶의 일부가 아니라 전부이다. 천국의 일상은 예배에 있다. 하나님의 보좌를 중심으로 2-3절을 이해하면, 새 예루살렘 성의 모든 것이 성도들에게는 영원한 생명과 풍성한 양식, 완전한 치유와 절대적 안전으로 느껴진다. 왜냐하면 보좌에 하나님과 어린양이 앉아서 자기 백성들과 항상 함께하시기 때문이다.

4 그의 얼굴을 볼 터이요 그의 이름도 저희 이마에 있으리라

귀로만 들었고 말씀에서만 상상했던 거룩하신 주님의 형상을 보게 된다. 하나님을 대면한다는 것이 곧 죽음을 의미했지만(출 33:20) 구약의 성도들은 하나님을 보기 원했다. 꿈속에서라도 뵙기를 원했다(시 17:15). 이는 신약의 성도들도 마찬가지일 것이다. 그들이 그분의 얼굴을 친견한다. 얼굴과 얼굴로 마주 대한다. 그렇다면 그분은 과연 누구의 얼굴일까? 하나님의 얼굴일까? 그리스도의 얼굴일까? 보좌에 앉으신 분이 두 분이요(3절) 성도들의 이마에 쓰인 이름도 하나님과 어린양의 이름이므로(2:17, 3:12) 두 분의 얼굴로 이해해야 한다. 하나님의 이름이 그들 이마 위에 있음은 그들이 새 예루살렘에서 지닐 제사장적 직무를 암시한다.

유대 전통에 따르면 대제사장의 이마에 "여호와께 성결"이라 새긴 정금 패를 있게 하였다(출 28:36-38). 그들은 하나님과 어린양에게 영원토록 속한 자들로서 감히 바라볼 수 없는 영광을 바라보는 은혜를 접한다. 그것은 하나님과 어린양이 자신들의 얼굴을 보여주심으로 가능한 것이다. 바라볼 수 있는 영광의 광채를 성도들에게 입혀주셨기

때문이다. 어린양의 영광이 성도들에게 덧입혀지는 순간 성도들은 그리스도와 같은 영광으로 화하고(고후 3:18; 요일 3:2), 마음의 청결함을 이루어서(마 5:8) 얼굴과 얼굴을 마주 대할 수 있게 되는 것이다(고전 13:12). 언제나 하나님을 대면하고 살았던 아담과 하와도 죄로 인해 독대의 영광에서 영원히 멀어졌다.

은총의 사람 모세조차도 하나님의 얼굴을 보는 것이 허락되지 않았다(출 33:20, 23). 주님은 마음이 청결한 자가 하나님을 볼 것이라 말씀하셨고(마 5:8), 시편 기자들과 히브리서 기자는 의롭고 거룩한 자만이 하나님을 볼 것이라고 말하였다(시 11:7, 17:15; 히 12:14).

가인은 아벨을 죽이고도 살아 남았다. 그것은 가인의 요청에 따라 하나님이 그에게 "표"를 주어서였다(창 4:15). 이 표는 만나는 사람들마다 금방 알아볼 수 있어 가인을 죽음의 위협으로부터 건져주었는데, 그렇다면 누구나 쉽게 알아볼 수 있는 그런 표였을 것이다. 하나님이 생명을 위해 주신 표니 이것은 짐승의 표와는 분명히 다르다. 가인의 표를 하나님이 인으로 간주할 수는 없을까? 성도들의 이마에 있는 하나님과 어린양의 이름처럼 가인의 표는 하나님의 생명을 나타내는 어떤 것이었을 것이다. 스몰리는 조심스럽게 가인의 표와 본 절에 묘사된 하나님과 어린양의 이름을 가능성 있는 해석으로 보고 연관시켰다. 이는 가인의 표와 하나님과 어린양의 이름을 연결시킬 만한 성경적 근거를 찾아볼 수 있지만 논리적 비약일 뿐이다. 하나님의 인(7:1)은 성도의 이마에 새겨진 아버지와 어린양의 이름으로 새 창조 질서에서 합법적인 거소증 역할을 하게 될 것이다(3:12).

5 다시 밤이 없겠고 등불과 햇빛이 쓸데없으니

새 예루살렘에는 생명과 빛과 영광으로 가득한데 없는 것도 많다. 눈물도, 사망도, 애통도, 통곡도, 아픔도, 해도, 달도, 별도, 등불도, 밤도 없다. 없었으면 하는 것들만 없다. 찌꺼기조차 없다. 옛 질서에 속했던 모든 것은 이미 사라져버렸다. 어떤 빛도 필요 없음은 빛이신 주 하나님께서 영원히 비치시기 때문이다. 어떤 등불도 소용없음은 어린양께서 친히 등이 되시기 때문이다(21:23). 문은 항상 열려 있고 아예 밤이 없기에 온통 낮뿐이다(21:25). 대낮의 밝은 빛은 다른 대체적인 빛을 조금도 필요로 하지 않는다. 게다가 하나님과 어린양이 빛 자체이시다. 본 절은 21:23과 25절의 내용적 반복이다. 해와 달은 하늘이 사라질 때 함께 사라졌다. 이사야는 시온이 맞아들일 영광의 때에 해가 지지 않고 달이 물러가지 않을 것이라 표현했는데, 이는 슬픔으로 엮어진 해와 달의 운행이 그치고 영영한 빛이 되신 여호와의 영광 중에 그들이 영원히 거할 것을 강조한 표현이다(사 60:19-20).

만일에 해나 달이 있다 할지라도 이제는 하나님과 어린양의 영광이 새로운 천체를 비추어 우주의 밝음을 유지하게 만들 것이다. "주 하나님의 비침"은 구약 성도, 특히 시편 기자들에게는 끊임없는 기도의 제목이기도 하였다(민 6:25-26; 시 4:6, 31:16, 67:1, 80:3, 7, 19. 119:135). 그들의 오랜 숙원이 드디어 새 예루살렘에서 이루어졌다. 성도들은 주님과 함께 영원한 통치에 참여한다(1:6, 3:21, 5:10; 단 7:27; 눅 22:30; 롬 5:17). 그들의 제사장권이 영원한 것처럼 그들의 왕권도 "영원의 영원까지"(εἰς τοὺς αἰῶνας τῶν αἰώνων / 에이스 투스 아이오나스 톤 아이오논) 영원하다. 망가졌던 옛 세상은 다시 고쳐지지 않고 폐기처분되었다. 더 좋고 더 나은 형체로 새로운 세상이 열렸다. 잃어버린 낙원이 다시 회복되었다. 주님과 함께 나누는 통치의 특권은 천년 왕국에서 예행연습하듯이 누려 왔던 삶이다. 이제 영화와 기쁨이 넘치는 천국생활이 영원히 지속된다. 영원에서 영원까지 끝없이 이어진다.

IX. 결론(22:6-21)

대단원의 막이 내리기 직전이다. 환상은 끝나고 현실에 직면해야 할 시간이 가까워오고 있다. 지금까지의 모든 세밀하고 방대한 내용들은 "반드시 속히 될 일"에 관한 것들이었다. 하나님은 이 일을 위해 요한을 한적한 밧모 섬에 있게 했고 정한때에 그를 부르시고 그에게 자신을 나타내셨다. 때로는 그의 천사들을 보내거나 간혹 성령께서 오셔서 요한의 눈을 여시고 그를 이끌어 보여주시고 들려주셨다. 사도였던 요한은 환상의 증인이 되었고 이를 증거하심으로 예언자가 되었다. 그는 이제 주님 품에서 마지막 날의 일들이 이루어지는 것을 보며, 박해 중에 있던 당시 수신자들의 후예인 우리에게 격려와 응원을 보내고 있을 것이다.

결론 부분의 목적이 있다면 지금까지의 모든 예언과 환상의 출처가 하나님이라는 점이다. 하나님의 계시이기에 주님의 재림은 확실한 것이고, 그런 만큼 박해 중에 있는 성도들은 배역의 위기를 극복하고 담대함으로 예수의 증거와 하나님의 말씀을 지켜야 한다. 요한은 분명한 어조로 교훈하고 경고하며 격려한다. 결론 부분은 증언들(22:6-19), 약속과 인사(22:20-21)로 되어 있고 증언들은 다시 다섯 가지 권면을 다루고 있다. 결론 부분의 첫 절에 해당하는 6절은 1장 1절의 서술을 거의 반복하고 있다. 본서의 서론(1:1-8)과 결론(22:6-21)을 대조하면 다음과 같다.

① 계시는 하나님으로부터 왔다(1:1, 22:6).
② 계시는 예수에게서 왔다(1:1, 22:6).
③ 계시는 천사를 통해 왔다(1:1, 22:6, 16).
④ 참된 예언의 말씀이다(1:3, 22:6, 9, 10, 18-19).
⑤ 요한은 잘 알려진 인물이다(1:1, 4, 9, 22:8).
⑥ 요한의 자기 소개(1:1, 9-11, 22:8-9).
⑦ 교회에게 읽혀야 할 내용이다(1:1, 9-11, 22:8-9, 10).
⑧ 보상의 약속으로 격려한다(1:3, 22:7, 12, 14).
⑨ 불신자, 불충자에 대한 경고(1:7, 22:11-12, 18-19).
⑩ 임박한 주의 재림(1:3, 22:7, 10, 12, 20).
⑪ 역사적 예수, 영광의 그리스도(1:5, 7, 22:12-13, 16).

1. 증언들(22:6-19)

권면의 증언을 하시는 분은 7절에 비추어 보아 승리자이신 그리스도 자신이다. 이 부분은 계시록 전체의 결론이면서 신구약 성경 66권에 대한 결론이다. 특히 1:1-3의 진술처럼 반드시 속히 될 일이 성취되었음을 밝힌다. 서문에 나타났듯이 계시를 통한 하나님과의 소통은 결어 부분에 이르러 주님의 말씀과 요한 자신의 술회에 그대로 나타났다. 결론에서는 서론에서 언급되었던 주요 논점들이 술회되었다. 즉 증언자 요한(1:2=22:8), 예언의 말씀인 계시(1:3=22:18), 반드시 속히 될 일(11=22:6), 축복(1:3=22:7), 예언의 말씀(1:3=22:7, 10), 기록된 말씀을 지킴(1:3=22:7), 임박한 파루시아(1:3, 7=22:7, 12, 20), 신실한 자들을 향한 도전들(1:3, 6=22:7, 9, 11, 14, 17) 그리고 알파와 오메가(1:8=22:13) 등이다. 한 가지 뚜렷한 차이가 있다면 서문에서는 계시의 말씀을 읽는 자와 듣는 자들과 지키는 자들에 대한 축복을 언급했음에 비하여(1:3), 결어 부분에서는 계시의 말씀을 지키지 않는 자들에 대한 저주(22:18-19)를 피력했다. 그렇다면 본서의 유력한 목적 중의 하나가 에필로그에서 명확하게 드러난다. 하나님께 대한 거룩한 복종으로 저주에서 벗어나 약속된 축복의 보상을 얻게 하기 위함이다.

마지막 15절의 절반 가량인 여덟 절은 복종에 대한 권면과, 거룩한 삶에 대한 축복의 약속과, 거룩한 삶을 살지 못함에 대한 심판의 경고로 이루어져 있다(7, 9, 11-12, 14-15, 18-19). 이 부분에서는 본서가 다루고 있는 주요 주제들 중에서 얼마를 선별하여 수신자의 주의를 환기시킨다. 예를 들면 신실함(6=14:12), 거룩함(11=11:1-3), 새 생명(14, 17=3:4-5), 어린양의 사역으로 말미암는 구원(12-14=5:9-10; 7:13-14) 등이다. 반복적으로 권면하는 성결한 삶의 언급은 에필로그의 주요 논점이며, 그리스도의 오심과 때의 가까움이 그 논점들을 다룬 강력한 이유이다. 본서의 결론(22:6-21)을 세 개의 단락(22:6-9, 22:10-17, 22:18-21)으로 나누는 이가(Wikenhauser)있고, 네 단락(22:6-11, 22:12-16, 22:17-20, 22:21)으로 나누는 이도 있다(Vanni, Roloff). 그러나 비얼은 계시록의 결론을, 거룩한 삶으로 초청하는 다섯 개의 권면으로 나누었다(6-7, 8-10, 11-12, 13-17, 18-19).

A. **성결의 첫째 권면**(22:6-7)

6-7절은 21:1-22:5에 나타난 환상의 결론이면서 또한 계시록의 결론부에 해당한다. 22장의 내용은 책의 진정성에 대한 선포(6-7절),

하나님께만 경배드려야 할 것과 악과 의 중에서 하나를 택할 것에 대한 천사의 명령(8-11절), 다시 오심과 연관된 주님의 정체성, 축복과 경고, 계시와 초청(12-19절), 재림의 화답에 담긴 간청과 결론적 축도로 이루어졌다. 로메이어는 22장의 구조를 약간 달리 보았다. 6-7절은 이전의 구절들과 연관되어 있고 세 분의 화자 곧 하나님(21:5-8), 천사(21:9-22:5), 그리스도(22:6-7)의 언급으로 이루어졌으며 에필로그는 22:8에서 시작된다고 보았다. 토마스는 6-7절만이 아니라 8-9절까지 포함한 이 부분이 거룩한 성의 삽입부(21:9-22:5)에 대한 결론이면서 계시록 전체의 결론이라는 이중적 기능을 한다고 여겼다.

요한은 예언의 책이 지니고 있는 신적 권위를 밝히면서 주님의 임박한 재림의 사실을 강조한다. 모든 환상과 계시의 목적이 이 사실을 깨우치기 위함이다. 주님의 재림은 예언의 말씀에 복종하는 삶을 요구한다. 순종하면 축복이지만 거역하면 형벌의 심판을 면치 못한다. 천사는 신실하고 참된 메시지를 인증하면서 예언의 메시지는 곧 일어날 일들을 자기 종들에게 알리기 위한 목적으로 주어졌음을 밝힌다(6절). 이 예언의 말씀이 믿을 만한 가치가 있음은 실제와 부합되기 때문이다. 주님의 오심은 확실한 사건이며 말씀 준수가 복임을 선포함으로, 요한의 독자들이 말씀 준수에 대한 실천 의지를 견고히 하도록 돕는다(7절). 모든 참 예언의 말씀은 하나님과 하나님의 성령으로 감동을 입은 사람에게서 나온다(벧후 1:21). 주님의 조속한 재림 강조는 비단 요한 특유의 사상만은 아니다. 바울 역시 임박한 재림의 사실을 근거로 어떠한 삶을 살아야 할지를 논한 적도 있다(고전 7:29-31).

첫째 권면의 내용은 1장과 많은 유사점을 지녔다. 하나님 자신과 그리스도에게서 계시가 나온다(1:1 / 22:6). 예언된 일들은 신속히 일어난다(1:1 / 22:6). 소통의 수단으로 천사와 요한을 사용하신다(1:1 / 22:6, 8). 저자는 요한이다(1:1, 4, 9 / 22:8). 메시지는 진실한 예언이다(1:3 / 22:6, 7, 9, 10, 18-19). 전달의 사명이 주어졌는데(1:1, 11 / 22:6, 10) 이는 자신의 종들에게 보이기 위함이다(1:1 / 22:6). 교회에서 읽히기 위함이다(1:3, 11 / 22:16, 18). 말씀을 지키는 자에게 보상이 약속되었다(1:3 / 22:7, 12, 14). 불의한 자들에게는 임박한 형벌을 경고한다(1:7 / 22:11, 12, 18-19). 메시지의 중심에 그리스도가 있다(1:2, 5, 9 / 22:16, 18, 20). 알파와 오메가, 처음과 나중이란 표현이 나온다(1:17 / 22:13). 그리스도가 환상의 중심에 계시다(1:5, 7 / 22:12, 13, 16). 주님은 속히 오신다(1:3, 7 / 22:7, 10, 12, 20). 이처럼 본서의 서두와 말미에서 뚜렷한 내용상의 일치는 요한의 저작이 매우 치밀하게 이루어졌음을 의미한다.

> 6 또 그가 내게 말하기를 이 말은 신실하고 참된지라 주 곧 선지자들의 영의 하나님이 그의 종들에게 결코 속히 될 일을 보이시려고 그의 천사를 보내셨도다
> 7 보라 내가 속히 오리니 이 책의 예언의 말씀을 지키는 자가 복이 있으리라 하더라

6 또 그가 내게 말하기를

요한에게 말씀하신 분이 그리스도인지(Lohse, Charles, Lohmeyer), 1:1과 21:5에 나타났던 해석 천사(Angelus Interpres)인지(Aune, Lee, Sweet, Smalley), 그것도 아니라면 21:9에 나타난 마지막 일곱 재앙을 담은 일곱 천사들 중의 하나인지는(Beasley-Murray, Swete, Kraft,

Michaels, Robertson, Prigent, Beckwith, Thomas) 논쟁이 끊임없었다. 스몰리는 6절의 화자가 7절에서 말씀하신 영광의 그리스도라 보았지만, 천사로 해석할 경우에는 일곱 재앙을 담은 천사들 중의 하나로 보기보다는 해석 천사로 보는 것이 타당하다고 설명했다. 1:1의 해석 천사와 22:6의 천사와 동일시할 수 있는 근거는 두 구절 모두 "반드시(결코) 속히 될 일"(ἃ δεῖ γενέσθαι ἐν τάχει / 하 데이 게네스따이 엔 타케이)을 언급하고 있기 때문이다(Aune). 요한에게 말하는 자는 21:9-10과 15절에서처럼 천사 그것도 일곱 대접을 붙들었던 천사들 중의 하나로 보는 것이 적합하다. 에필로그에서는 화자가 누구인지 식별하기가 쉽지 않지만 조심스럽게 정리하면 이렇다. 6절과 9절과 11절에서는 천사가 화자이고, 17절은 성령과 신부(교회)가 화자이며, 7절과 10절과 13절과 20절에서는 그리스도가 화자이다. 마지막 21절의 화자는 요한 자신이다.

이 화자를 그리스도로 본다 해서 해석상 무리가 따르는 것은 아니다. "이 말은 신실하고 참된지라"고 선언한 화자는 21:5에서 역시 "이 말은 신실하고 참되니"라고 말한 분과 다르지 않다. 그분은 바로 보좌에 앉으신 분이므로 6절의 화자를 그리스도로 간주할 수 있다. '신실함과 참됨'은 본서에 나타난 그리스도의 대표적인 성품이다. 그리스도는 신실하시고(1:5, 3:14) 참되시다(3:7, 14, 19:11). 21:5과 본 절에서의 신실하고 참된 말씀은 바로 직전의 환상에서 언급된 메시지라기보다 책 전체를 일컫고 있는 것으로 간주해야 한다. 하나님이 그리스도에게 주셨고 천사를 요한에게 보내어 친히 증거하신 그리스도의 계시이기에 참되고 진실하다. 말씀의 원천이 하나님이시요, 말씀을 받으신 분이 말씀 자체이신 그리스도시요, 말씀을 요한에게 전한 존재가 바로 하나님에 의해 파송된 천사이기에 이 계시의 말씀은 진실하고 참되다.

이 말은 신실하고 참된지라

앞과 뒤의 위치를 빼면 21:5의 정확한 반복이다. 19:9에서는 신실함이 생략되고 "하나님의 참되신 말씀"으로 표현되었다. 이것은 하나님의 새 창조 사역에 대한 신뢰와 진정성을 나타내는 말이다. 배경이 되는 말씀은 새 창조에 있어서의 하나님의 미래적 행위에 대한 신뢰와 확신을 강조한 사 65:16-17이다. 엄밀히 말해서 6절은 계시록 전체의 결론 부분인 22:7-21의 서론에 해당한다. '로고스'는 계시록에서 그리스도 안에 있는 하나님의 속성을 표현하거나 그분에 관한 신자들의 증거라는 뜻에서 사용되었다(1:2, 9, 3:8, 10, 6:9, 12:11, 17:17, 19:9, 13, 20:4).

"이 말"(οὗτοι οἱ λόγοι / 후토이 호이 로고이)을 협의적인 의미에서 이해하면 본서에 언급된 "예언의 말씀"(1:3, 21:5, 22:6-7, 9-10, 18-19)이지만 광의적으로 이해하면 책 전체이다. "이 말"은 실제의 말씀만이 아니라 계시로 알려진 모든 내용을 의미하고 직전의 환상으로 나타난 모든 계시들(21:9-22:5)과 함께 이전의 전체 내용을 포함한다. 계시의 말씀은 그 원천과 내용, 계시의 전달자와 전달 과정 그리고 말씀이 지닌 속성과 발휘되는 역사로 말미암아 진실함과 참됨이 더욱 공고히 된다. 신실하고 참된 말씀은 "충신과 진실"의 이름을 가지신 그리스도의 말씀으로서 매우 합당한 속성이다. 이 말씀을 받은 성도는 이 말씀에 대하여 신실하고 참된 자세를 견지하여야 한다. 주님은 신실하고(1:5, 3:14) 참되신(3:7, 14, 19:11) 분으로 묘사되었다. 하나님의 말씀은 신실하다. 이는 말씀하신 하나님이 신실하시기 때문이다. 하나님은 진리의 하나님 곧 아멘의 하나님이시다(사 65:16).

주 곧 선지자들의 영의 하나님이

6절에서의 “주 곧 선지자들의 영의 하나님”(ὁ κύριος ὁ θεὸς τῶν πνευμάτων τῶν προφητῶν / 호 퀴리오스 호 떼오스 톤 프뉴마톤 톤 프로페톤)이란 칭호는 상당히 이례적이다. “주”는 계약에 성실하신 하나님이시다. “선지자들”(τῶν προφητῶν / 톤 프로페톤)은 구약과 신약에서 두드러지게 활동을 한 선지자들로 볼 수도 있다. 그러나 특별한 은사를 지닌 예언자 그룹(Beale)으로 보기보다 탁월한 은사를 지닌 보통 크리스천으로 받아들이는 것이 적절하다. 하나님은 구약과 신약의 선지자들처럼 요한을 선지자로 삼아 그에게 하나님의 말씀을 주셨다. “선지자들의 영”을 소유 속격으로 취하면 선지자들의 영들이 되고, 서술 속격으로 취하면 예언적인 영들이 된다. 비얼은 이를 목적 속격으로 취해 선지자들의 영에 (주 하나님이) 영감을 주시는 것으로 이해했다.

하나님이 선지자들에게 말씀을 주신다는 사실은 감추었던 비밀을 풀어 전하도록 하기 위함이다. 즉 하나님의 비밀이 선지자들에게 주어지는 순간 전할 수 있는 복음이 된다. 그 과정에 영감 또는 계시의 사역이 있다. “하나님의 비밀이 그 종 선지자들에게 전하신 복음과 같이 이루리라”(10:7). 이는 “예수의 증거를 받은 네 형제들”(19:10)이란 표현도 이 사실을 지지한다. 그러므로 본 절의 선지자들을 당시의 순회 설교자들로 이해하는 것이 옳다. 9절의 “네 형제 선지자들”이란 표현이 선지자의 포괄적인 적용에 힘을 실어준다. “그의 종들”(τοῖς δούλοις / 토이스 둘로이스) 역시 특수한 계층을 의미하는 것이 아니라 일반 성도들을 지칭하는 말로 받아들여야 한다. 본서에서 요한은 그런 의미로 많이 사용하였다.

원문에는 선지자들의 “영들”(τῶν πνευμάτων / 톤 프뉴마톤)로 되어 있어 이 영이 성령에 대한 언급이 아님을 분명히 한다. 그러나 복수로 표현된 “영들”을 보좌 앞의 일곱 영(1:4, 4:5, 5:6)이라 해석한 이도 있다. 그것보다는 예언자들에게 속한 영들이나 고전 14:32에 의거하여 예언적인 영들로 보는 것이 훨씬 낫다. ‘선지자들의 영’이신 성령은 자신의 선지자들에게 복음의 말씀을 주시고(10:7) 영감을 주시며(벧전 1:10-11) 깨달아 알게 하신다(벧후 1:21). 요한은 하나님의 예언적 메시지를 위탁받은 예언자이다. 천사는 요한을 포함하여 선지자들까지 모두 하나님의 종으로 묶었다(9절). 신구약의 예언자들에게 말씀으로 임하셨던 하나님의 영이 동일한 정도로 요한에게 말씀으로 임하셨다.

요한은 예언자일뿐 아니라 주님의 종이다. “종”을 선지자 그룹에 속하는 이들(Charles, Aune, Giesen)로 보았으나 평범한 그리스도인으로 이해하는 것이 적절하다(Bauckham, Osborne). 몇 번의 예외가 있긴 하지만(10:7, 11:18) 계시록에서 “종”은 요한 자신을 포함하여 신자들을 가리키는 일반적 언급으로 사용되었다(1:1, 2:20, 7:3, 19:2, 5, 10, 22:3, 9). 배타적인 적용보다는 포괄적인 적용이 더 바람직하다. 결국 6절은 요한에게 천사를 보내 계시의 말씀을 전하고 기록하게 하며 환상을 보이고 해석하신 분이 바로 ‘하나님’이라는 사실이다. 성령의 감동으로 깨닫게 하시고 계시의 내용들이 하나라도 빠짐없이 모두 성취될 것을 요한과 그의 독자들에게 보증하시는 것도 하나님 자신임을 확언한다.

7 보라 내가 속히 오리니

승천하신 그리스도는 보좌 우편에서 중보기도의 사역을 수행하시는 동시에 늘 자신의 교회를 둘러보신다. 주님은 일곱 별을 붙드시며 일곱 교회 사이에 다니시는 분이다(2:1).

그러나 이런 내림이 아니라 종말론적 일대 사건으로서 주님은 재림하신다. 각 시대마다 교회에 임하셨던 주님은 종말의 때에 마지막으로 나타나신다. 역사 속에 오셨던 주님은 영으로 오시면서 영광중에 오실 것이다. 여기에서 "내가 속히 오리니"(ἔρχομαι ταχύ / 엘코마이 타퀴)는 마지막 오심에 대한 언급이다. 동사의 현재시제는 주님이 장차 오실 것이 아니라 이미 오고 계심을 강조하고 있다. 하나님의 편에서 주님의 재림은 이미 시작되었다. 예언적 현재는 주님의 재림이 곧 임박했음을 강조한다.

성경은 주님의 임박한 재림에 관해 자주 언급하고 있다(롬 13:11; 고전 7:29-31; 살전 4:15, 5:2; 히 10:25; 약 5:8; 벧전 3:8-9). 주님이 승천하신 후부터 지금까지 각 시대마다 교회는 주님의 재림을 손꼽아 기다렸다. 재림 일자를 예측하여 발표하여 교회를 혼란시키고 성도들의 변별력을 흐리게 했던 일도 부지기수이다. 분명한 사실은 주님의 정확한 재림 시기가 베일에 가려 있다는 점이다. 심지어 주님 자신도 모르신다. 하나님만이 아신다. 주님의 십자가 죽음과 부활 그리고 승천 이제 남은 것은 주님의 재림뿐이다. 주님의 재림은 내일도 가능하고 100년 후도 가능하다. 성도가 잊지 말아야 할 것은 '주님의 재림이 매우 가깝다'는 한 가지 사실밖에 없다.

"속히"(ταχύ / 타퀴)는 가까운 미래에서의 성취를 나타내는 말로 매우 급한 속도를 뜻한다. 신속성, 돌발성, 예측불허의 의미를 지닌다. 신약 전체에서 열한 번 나오는데 본서에서만 다섯 번 사용되었다

(2:16, 3:11, 22:7, 12, 20). 간접적으로도 주님의 오심은 본서에서 여러 번 암시되었다(1:1, 2:25, 3:3, 20). 속히 오심에 대한 약속은 서론 부분과 일곱 편지에 주로 반복됐다(1:7, 2:5, 16, 3:3, 11, 16:15 참조). 실제로 주님은 지체함이 없이 오신다. 조급한 자가 생각하는 것처럼 늦거나 그와 반대로 이르지도 않은 가장 적합한 때에 오시지만 요한은 '재림의 임박성'을 강조한다. 예언의 말씀을 지키는 자는 복되다(1:3). 경고와 함께 축복의 약속은 본서의 취지에 부합한다. 박해 중에 있는 성도들이 배역하지 못하도록 경고하는 동시에 믿음의 승리자가 되어 받을 축복을 약속함으로써 요한은 자신의 독자들에게 하나님의 뜻을 전하고 있다.

이 책의 예언의 말씀을 지키는 자가 복이 있으리라

본서에 "지킨다"(τηρέω / 테레오)는 표현이 자주 사용되었는데(1:3, 2:26, 3:3, 8, 12:17, 14:12, 16:15), 이는 말씀에 대한 성실한 준수만이 아니라 명령에 대한 복종을 의미한다. 실제로 하나님의 말씀인 계명을 준수하고 믿음을 지킨다는 차원에서 '성도의 견인'(the perseverance of the saints)을 뜻하는 기술적 용어이다. 이것은 계시록에 언급된 일곱 축복 중 여섯 번째에 해당한다(1:3, 14:13, 16:15, 19:9, 20:6, 22:7, 14). 이 복은 첫 복과 매우 비슷한데 1:3에서는 "지키는 자들"이 복수로 사용되었으나 이곳에서는 단수인 "지키는 자"로 표현되었다. 전자가 모든 성도에 대한 권면이며 후자는 요한 본인에게 대한 권면이라 나눔은 부자연스럽다.

계시록 1장에서는 단순하게 "이 예언의 말씀"인데, 22장에서는 "이 책의 예언의 말씀"으로 표현되었다. 예언의 내용이 되는 "이 책의"(τοῦ βιβλίου τούτου / 투 비블리우 투투)란 표현이 추가되었다. 듣고 본 모든 환상의 내용을 기록하라는 명령에 따라 계시록의 내용이 완성되었고, 이제 요한의 독자들이 읽고 들어 준수해야 할 말씀은 완전한 두루마리 형태로 준비되었다.

요한이 성령의 명령에 순종한 것처럼 그의 독자들 역시 예언의 말씀을 읽고 듣고 지켜야 할 영적 책무가 있다. 그가 전하고자 하는 메시지는 단순한 말씀이 아니라 때와 연관된 "예언의 말씀"(10, 18, 19절)이다. 지키지 않으면 책망의 대상이 된다. 사데 교회는 이 부분에서 저촉이 되어 받은 바 말씀을 지키고 회개할 것을 권면 받았다. 이에 비해 빌라델비아 교회는 적은 능력을 가지고도 인내의 말씀을 지켜 칭찬을 받았다(3:8, 10).

B. **성결의 둘째 권면**(22:8-10)

8-10절에서 권면하는 두 번째 내용은 경배에 관한 문제다. 헛된 경배를 경계하며 오로지 한 분 하나님께 경배하도록 권장한다. 바른 경배는 성결에 이르는 또 하나의 길이다. 이 책을 인봉치 못하게 하는 이유 중의 하나도 바른 경배의 길과 그 이유를 보여주기 위함이다. 천사는 자신의 위치를 분명히 함으로 하나님 앞에서 요한과 영적으로 대등한 종임을 밝힌다. 천사는 예언자 그룹만이 아니라 예언의 말씀을 지키는 성도들과도 자신을 동등시한다. 그는 특별한 종이 아니라 "함께 된 종"이다. 이 부분에서 천사는 하나님 한 분께 대한 경배의 중심성(9절)과 종말의 임박성(10절)을 다시 한 번 요한에게 깨우친다. 사탄은 40일 금식 후에 육신은 주렸어도 영은 한층 고양된 상태였던 주님에게까지 나타나 감히 자신에게 경배할 것을 흥정했다. 하나님을 향해 거짓 경배와 만국의 영광을 바꾸자고 제안할 만큼 사탄은 왜곡된

경배를 추구한다. 이에 비하여 천사는 요한의 경배를 단호히 배격하였다. 이것이 천사가 사탄과 구별되는 점이다.

8 이것들을 보고 들은 자는 나 요한이니 내가 듣고 볼 때에 이 일을
내게 보이던 천사의 발 앞에 경배하려고 엎드렸더니
9 저가 내게 말하기를 나는 너와 네 형제 선지자들과 또 이 책의
말을 지키는 자들과 함께 된 종이니 그리하지 말고 오직 하나님께
경배하라 하더라
10 또 내게 말하되 이 책의 예언의 말씀을 인봉하지 말라 때가 가까우
니라

8 **이것들을 보고 들은 자는 나 요한이니**

증거자인 요한의 자기 소개다. 비슷한 개인적 자증은 다니엘의 경우도 마찬가지이다(단 12:5). 계시록에서 "내가 보니"(1:12, 5:1, 2, 11, 6:1, 2, 5, 8, 9, 12, 7:1, 2, 9, 8:2, 9:1, 17, 10:1, 13:1, 14:1, 6, 14, 15:1, 2, 5, 16:13, 17:3, 6, 18:1, 19:11, 17, 19, 20:1, 4, 11, 12, 21:1)와 "내가 들으니"(1:10, 4:1, 5:11, 13, 6:1, 3, 5, 6, 7, 7:4, 9:13, 10:4, 12:10, 14:13, 16:1, 5, 7, 18:4, 19:1, 6, 21:3) 또 "내가 보고 들으니"(8:13, 22:8)는 환상과 환상을 연결해 주는 역할을 한다. 대부분 보여주심으로 요한이 보았지만 간혹 보이기도 했다. 보고 듣는 시청은 예언적 환상에서 가장 기본이다. 본서의 서두에서 자신을 밝혔던 요한(1:1, 4, 9)은 본서를 끝내기 전에 자신을 다시 한 번 소개한다. 그것은 자신의 저술에 사도적 권위가 있으며 증거한 모든 내용이 진실한 것임을 확증하기 위함이다.

'보고 들음'은 증거의 가장 중요한 요소이다. 법적 증언자로서도 아무 손색이 없다(요일 1:1-2). 사도들은 자신들이 보고 들은 것을 증거하기에 적대자들의 위협과 박해를 조금도 두려워하지 않았다(행 4:20). 요한은 책의 서두와 말미에서 자신을 분명히 밝히는데, 이는 증거의 진정성과 이 놀라운 계시에 대한 사도적 권위를 나타내기 위해서이다. "보고 들은"의 시제는 둘 다 현재 분사인데, 이것은 환상의 즉각성과 함께 환상이 지금도 계속 진행 중임을 강조한다.

요한의 증거는 어디까지나 믿는 자들을 향한 것이다. 듣고 순종하면 축복이요 거역하면 형벌의 심판을 면치 못할 것이다. 기록해서 전해질 내용들은 수신인들에게 잘 알려지고 존경을 받고 있던 요한이 보고 들은 모든 것이다. 진정성에 아무런 의문을 제기할 수 없도록 자신의 정체성을 명백히 밝힌다. 환상을 보고 듣던 요한은 그 내용에 압도되어서 그만 천사의 발 앞에 엎드려 경배하려 하였다. 이는 19:10에서 저질렀던 실수의 반복이다. 그는 아직도 경배의 대상을 분별하지 못하고 있다. 그만큼 천사의 모습이 영광에 싸였을 것이다. 요한을 나무랄 수만은 없다. 환상 속에서 전개되는 장면들에 푹 젖어서 자신도 모르는 사이에 요한은 경배의 굴신을 했던 것이다. 천사는 요한의 경배를 금했다. 천사의 반응은 "그만! 그렇게 하지 마!"의 의미로서 매우 신속하고 결연하였다.

밧모 섬에서 주의 날에 임해 온 주님의 영광, 일곱 교회를 향한 메시지, 천상의 인자와 보좌의 환상, 일곱 인의 재앙, 일곱 나팔의 재앙, 일곱 대접의 재앙, 하늘과 땅에서의 전쟁, 용과 여자와 남자아이의 투쟁, 두 짐승의 출현, 144,000과 시온 산의 어린양, 바벨론의 멸망, 그리스도의 재림과 승리, 사탄의 파멸과 천년 왕국, 백보좌 심판, 새 예루살렘, 생명수 강과 생명나무 등 모든 환상이 끝날 즈음에서 요한은 자신에게 환상을 보이던 천사 앞에 엎드렸다. 그 상황에서라면 누구라도 그랬을 것이다. 고넬료가 베드로의 발 앞에 엎드려 절했는데, 하물며 거룩한 천사의 현존 앞에 요한의 경배 의지는 이해할 만한 오류이다. 천사의 만류로 요한은 헛된 경배의 유혹에서 벗어날 수 있었다.

9 나는 너와 네 형제 선지자들과……하나님께 경배하라

천사의 만류가 요한을 인간적 오류에서 건져주었다. 천사의 경배 금지는 어떠한 형태의 천사 숭배도 우상 숭배 못지 않은 죄임을 무언으로 경고함이다. 황제 숭배든 천사 숭배든 하나님이 아닌 일체의 존재에 대한 경배는 우상 숭배다. 삼위일체 하나님 이외의 어느 특정한 존재도 인간의 경배를 받을 수 없다. 천사의 자기 정체성은 겸손의 모습을 보여준다. 천사는 자신을 요한과 요한의 형제 선지자들, 곧 순회 설교자들 그리고 예언의 말씀을 듣고 지킬 성도들과 함께 된 종이라고 밝힌다. "오직 하나님께만 경배하라"(τῷ θεῷ προσκύνησον / 토 떼오 프로수퀴네손)는 권면은 천사의 정확한 경배 금지 언어다(19:10절 주석 참고). 요한은 한 번 경고를 받았음에도 불구하고 자기에게 계시와 환상을 보이고 들려준 천사 앞에 순간적으로 경배하는 실수를 재현했다. 천사의 영광에 그만큼 압도당했다는 반증이다. 하나님만 경배함이 본서의 목적이다. 독자들이 황제 숭배의 유혹을 거절하고 참되신 주 하나님만을 섬기게 하기 위함이 요한이 본서를 기록한 중요 동기이다.

19:10의 경배 금지와 본 절의 경배 금지는 약간의 차이가 있다. 전자의 경우에는 천사가 자기를 가리켜 "너와 및 예수의 증거를 받은

네 형제들과 같이 된 종"이라 했으나, 후자의 경우에는 "너와 네 형제 선지자들과 또 이 책의 말을 지키는 자들과 함께 된 종"이라 묘사하였다. 후자에서 "선지자"에 강조점을 두었지만, 비얼은 이것이 구약의 예언자와 같은 수준이 아니라 그리스도를 신실하게 따르는 모든 의인들에 대한 포괄적 호칭으로 보았고, 선지자가 곧 책의 말씀을 지키는 자들이라 간주하였다. 그러나 오스본은 본 절에서는 그런 포괄적인 언급보다 전통적인 "예언자"라는 의미에서 이해해야 한다고 주장하였다. 토마스는 포괄적인 적용을 지지하였다. 그럴 경우 본 절의 천사 경배 금지는 19:10과 병행을 이룬다.

10 이 책의 예언의 말씀을 인봉하지 말라 때가 가까우니라

다니엘은 주야에 대한 이상을 받았으나 여러 날 후의 일이기에 인봉된 상태에서 간수하도록 명령받았다(단 8:26). 환상과 계시의 내용은 아예 마지막 때까지 봉함하도록 명령받았다(단 12:4, 9-10). 요한의 경우와는 조금 다르다. 일곱 우레가 발한 것은 인봉하여 아예 기록이 되지 않았다(10:4). 하나님이 그렇게 명하셨다. 일곱째 천사가 나팔을 불기 전에 힘센 천사가 큰 소리로 외칠 때 일곱 우레가 발하였는데, 하나님은 일곱 우레를 영원히 인봉하고 기록치 말도록 명하셨다(10:1-4). 이제 천사는 책에 기록된 예언의 말씀을 인봉치 못하게 한다. 개봉하라는 말씀이다. 이 또한 하나님의 명령에 따른 것이다. 이 책《요한계시록》이 1-11장을《인봉된 책》, 12-22장을《개봉된 책》이라 구분한 것도 바로 이 구절들을 배경으로 하고 있다. 개봉하지 않으면 요한이 보거나 들었던 환상과 계시의 내용을 알 길이 없고, 위기에 처한 성도들은 아무런 경고나 안내 지침 없이 힘겹게 살아야 할 것이다. 배교자는 속출할 것이고 교회들은 파멸의 위기에 처하게

될 것이다.

요한은 지금까지 보고 들은 환상과 계시를 그때그때마다 거룩한 명령에 따라 기록했다(1:10-11, 19, 19:9, 21:5, 22:18-19 참조). 기록은 읽히기 위해서 존재한다. 교회와 성도들에게 자신의 뜻을 알리기 위해 이 책을 저술케 한 것이다. 요한은 혼자만 간직하기 위해 예언의 말씀을 받지 않았다. 엄청난 사건들의 도래를 앞두고 요한은 교회들과 자신의 특이한 경험을 나누어야 할 의무가 있다. 하나님은 그럴 목적으로 요한을 택하시고 그의 천사를 보내 여러 환상의 장면 속으로 그를 이끄셨다. 계시록은 특수한 계층만을 위해 전해준 비밀스런 경전이 아니다. 모두가 읽고 모두가 듣고 모두가 지켜야 할 영적 지침과 신앙적 교훈을 목적으로 주셨기에 반드시 책을 펼쳐야 한다. 예언의 말씀은 항상 열린 상태여야 한다.

C. **성결의 셋째 권면**(22:11-12)

성결을 위한 세 번째 권면은 경건한 삶으로의 초대다. 주님의 재림은 경건한 주의 백성들로 하여금, 세상의 더러움을 피하고 의와 거룩함을 추구하도록 요구한다. 악한 무리들은 주님의 재림으로 인해 심판받기 위한 자신의 형량을 쌓게 된다. 보상을 생각하며 살아야 한다. 회개하지 않은 사람들은 자신들이 살아온 삶에 따라 뿌린 씨의 대가를 열매로 거둬들여야 한다. 그들은 배역과 불순종의 삶을 평생 동안 일관함으로 득죄와 회개치 않음은 제2의 천성인 습관으로 굳어 버렸다. 이제 변화의 가능성은 없다. 자신이 걸어온 길에는 자신만의 발자국을 남긴다. 심사숙고한 끝에 내린 자신의 결정에 따른 합당한 보응은 자연스런 귀결이다.

한글성경은 불의한 자, 더러운 자, 의로운 자, 거룩한 자 모두가 각각 그런 삶을 살라는 명령의 의미로 이해하기가 쉽다. 다나(Dana)와 멘티(Mantey)는 이것이 명령을 위한 명령형이 아니라 허용을 위한 명령형이라 설명하였다. 결국 어떤 삶을 살도록 허용하는 것은 전적으로 개인에게 달려 있다. 누구의 책임도 아니다. 환경 탓으로 돌릴 수도 없고 하나님에게 책임을 전가시킬 수도 없으며 운명 탓으로 치부할 수도 없다. 본인이 어떤 처지에 있든지 부정적이거나 긍정적인 삶의 양식을 살 수도 있고 바꿀 수도 있다.

얼핏 보아 11절은 거의 운명론에 가깝다. 숙명처럼 정해진 길을 따라 사람이 기계처럼 이끌린 것이 아니고 스스로 선택한 결과이기에 일반적인 운명론과는 판이하게 다르다. 아직도 돌이킬 기회는 얼마든지 있다. 주님이 오시기 전까지, 한 개인이 죽기 전까지는 계속 하나님께로 돌이키고 자신의 어그러진 삶의 방향을 돌릴 수 있는 기회는 얼마든지 있다. 요한은 악을 행하는 자들을 향해 이미 정도에서 너무 벗어났기에 돌이킬 길은 영구히 사라졌다고 겁박하지 않는다. 11절의 말씀이 갖는 근본 의미는 회개의 돌이킴을 촉구하는 진술이다. 이 사실은 본서 최후의 초청이라 할 수 있는 마지막 부름에서, 목마른 자와 원하는 자는 누구든지 와서 값없이 조건 없이 생명수를 받을 것을 선포함(17절)에서 알 수 있다.

> 11 불의를 하는 자는 그대로 불의를 하고 더러운 자는 그대로 더럽고 의로운 자는 그대로 의를 행하고 거룩한 자는 그대로 거룩되게 하라
>
> 12 보라 내가 속히 오리니 내가 줄 상이 내게 있어 각 사람에게 그의 일한 대로 갚아 주리라

11 불의를 행하는 자는 그대로 불의를 하고……거룩되게

단 12:10을 반영한다. "많은 사람이 연단을 받아 스스로 정결케 하며 희게 할 것이나 악한 사람은 악을 행하리니 악한 자는 아무도 깨닫지 못하되 오직 지혜 있는 자는 깨달으리라." 천사는 불의한 자와 의로운 자, 더러운 자와 거룩한 자가 각각 자신들이 살고 있는 삶의 형태를 지속하리라고 선언한다. 의로운 자와 거룩한 자의 지속된 삶은 존귀한 일이다. 반면에 천사가 불의한 자와 더러운 자의 삶을 방조하는 것 같은 말의 수위는 가늠하기 어렵다. 명령형으로서 결정론적인 천사의 어투는 해석상 어려움을 준다. 학자들 간에 다양한 해석상의 시도가 주어졌지만 만족할 만한 결과는 없다.

① 여기에서 천사의 언급을 단 12:10에 비추어 악한 자들에게 자신들의 악행을 돌이켜보라는 명령으로 이해했다. 그러나 지금의 정황에서 변화를 촉구한다는 것은 너무 늦다. 그렇게 해석하기에는 천사의 명령이 너무 단호하고 결정적이다.

② 임박한 종말에 대한 언급으로 보았다. 주님은 변화의 기회가 없을 정도로 속히 오신다. 그러나 이를 역사의 종말에 최후의 인간 집단에게 주어진 명령으로 보기 어렵고 요한의 독자들에게 주신 메시지로 보아야 한다.

③ 이는 개인이 아니라 집단에 대한 언급이다. 즉 개인은 변화될 수 있지만 선악의 현존은 그리스도께서 오시기 직전까지 지속된다. 그러나 개인에 대한 명령에서 그룹에 대한 명령으로 전환할 수 있음을 증명하기가 어렵다.

④ 개인의 행위에 대한 것이라기보다 요한의 예언이 지니고 있는 신성한 성격에 대한 진술이다. 사람들의 악하고 선한 행동이 예언의 성취에 어떤 영향도 미칠 수 없다. 예언은 사람의 행위보다 하나님께 더욱 근거를 두고 있다.

오스본은 네 번째 견해가 가장 그럴듯하지만 첫째와 둘째를 결합한 형태가 천사의 명령을 이해하기가 가장 수월하다고 설명했다. 천사는 그리스도의 재림이란 빛 안에서 자신들의 행동을 신중하게 결정하도록 불신자들에게 경고한 것이다. 천사의 명령은 앞 구절의 "때가 가까우니라"와 뒷 구절의 "내가 속히 오리니"처럼 임박한 파루시아에 의해 맞추어져 있다.

비얼은 이 명령을 일곱 교회의 결론 부분에서 후렴처럼 반복되었던 "……성령이 교회들에게 하시는 말씀을 들을지어다"와 "누구든지 귀가 있거든 들을지어다"(13:9)의 구절과 함께 계시록 전체의 맥락에서 살펴야 할 것을 주장했다. 임박한 주님의 재림이라는 시간적 촉박성 때문에, 인간의 성격이나 습성을 바꾸기 어려울 것이라는 마운스의 시도가 수용할 만하다. 그는 한 인간의 습관은 오랜 생활 습관을 통해 형성된 것이기에, 변화해야 할 때 변화하지 않으면 결국 마지막 순간이 찾아올 때 변화의 가능성에서 제외된다는 설명이다. 백위드도 같은 입장을 취하였다. 그럼에도 불구하고 최후의 순간까지 돌이킬 자를 기대하는 것은 하나님의 인자와 긍휼이다. 요한은 14절과 17절에서 여전히 두루마기를 빨고 성령과 신부의 초청에 반응할 기회가 있음을 밝혔다. 그러므로 본 절에 언급된 천사의 명령은 결정론적인 진술이라기보다는 경고에 대한 수사학적인 표현으로 이해하는 것이 마땅하다.

12 내가 줄 상이 내게 있어……그의 일한 대로 갚아 주리라

"내가 속히 오리니"(Ἰδοὺ ἔρχομαι ταχύ / 이두 엘코마이 타퀴)는 22장에만 세 번 반복해서 선언한다(7, 20절). 지체하지 않고 서둘러 오시겠다는 의지의 표명이다. 11절에서 명령한 권면의 동기를 설명한다. 임박한 주님의 재림, 그리고 포상과 보상의 확실성이다.

"상"(μισθός / 미스또스)이란 단어는 이곳과 11:18에서만 사용되었는데, 그곳에서는 포상의 대상자가 "주의 이름을 경외하는 자들"이었다. 주의 이름을 경외하는 자들은 불의와 더러움을 멀리하며 의롭고 거룩한 삶을 살되 계속해서 살아간다. 후반부에서는 이중적인 보상을 설명한다. 11절과 연관하여 불의한 자와 더러운 자가 받을 형벌의 보상, 의로운 자와 거룩한 자가 받을 영광의 보상이다. 의로운 자는 의로운 삶을, 거룩한 자는 거룩한 삶을 계속 살고, 불의한 자와 더러운 자는 그 삶에서 돌이켜 의로움과 거룩함에 이르기를 바라는 것이 요한의 염원이다. 만일 그러지 못하고 원래 상태로 주님을 대하면 자신이 일한 대로 보상과 형벌을 받게 될 것이다. 이것은 주님의 긍휼이면서 또한 공의이다. 현세에서 사람이 행함으로 보인 삶의 결국은 모두 보상과 형벌의 두 범주 안에 있다.

이는 사 40:10과 62:11의 말씀을 연상시킨다. "보라 주 여호와께서 장차 강한 자로 임하실 것이요 친히 그 팔로 다스리실 것이라 보라 상급이 그에게 있고 보응이 그 앞에 있으며." "여호와께서 땅 끝까지 반포하시되 너희는 딸 시온에게 이르라 보라 네 구원이 임하느니라 보라 상급이 그에게 있고 보응이 그 앞에 있느니라 하셨느니라." 바울 사도와 베드로도 '일과 보상'에 대하여 언급하였다(롬 2:6; 벧전 1:17).

여기서 “일한 대로 갚아 주리라”(ἀποδοῦναι ἑκάστῳ ὡς τὸ ἔργον / 아포두나이 헤카스토 호스 토 에르곤)는 말씀은 하나님의 일에 관한 언급이다(2:23). 이것은 구원과 관련된 보상이 아니다. 구원은 은혜로 말미암은 믿음으로만 얻고 의인의 받을 보상은 행한 일에 의하여 좌우된다.

D. **성결의 넷째 권면**(22:13-17)

성결을 위한 네 번째 권면은 궁극적인 축복의 소유자 됨에 있다. 핵심적인 강조는 전 절의 보상에 근거하여 올바른 삶을 사는 데 있다. 14-15절에 묘사된 성에 들어갈 자와 성 밖에 버려질 자에 대한 언급은 요한의 독자들로 하여금 더러움을 벗어나서 정결한 삶을 살아가도록 이끈다. 알파와 오메가요 처음과 나중이며 시작과 끝인(13절) 주님께서 자기 사자를 파송하여 이 메시지를 전하게 하신 의도이다(15절). 주님의 증거를 받은 이들은 누구나 경계해야 할 삶을 조심하고 예수의 증거를 붙들며 거룩한 성도의 길을 걸어야 한다. 이것이 새 예루살렘의 중앙로를 따라 흐르는 생명수 강과 강둑을 따라 즐비하게 심겨진 생명나무의 축복을 얻게 한다.

13 나는 알파와 오메가요 처음과 나중이요 시작과 끝이라
14 그 두루마기를 빠는 자들은 복이 있으니 이는 저희가 생명 나무에 나아가며 문들을 통하여 성에 들어갈 권세를 얻으려 함이로다
15 개들과 술객들과 행음자들과 살인자들과 우상 숭배자들과 및 거짓말을 좋아하며 지어내는 자마다 성 밖에 있으리라
16 나 예수는 교회들을 위하여 내 사자를 보내어 이것들을 너희에게 증거하게 하였노라 나는 다윗의 뿌리요 자손이니 곧 광명한 새벽

별이라 하시더라
17 성령과 신부가 말씀하시기를 오라 하시는도다 듣는 자도 오라
할 것이요 목마른 자도 올 것이요 또 원하는 자는 값없이 생명수를
받으라 하시더라

13 나는 알파와 오메가요 처음과 나중이요 시작과 끝이라

계시록에서 알파와 오메가는 하나님과 그리스도께 붙인 칭호인데 요한은 이를 하나님과 그리스도께 번갈아가며 적용하였다. 1:8에서는 하나님께, 1:17과 2:8에서는 그리스도께, 21:6에서는 다시 하나님께, 21:13에서는 다시 그리스도께 붙였다. 알파와 오메가, 처음과 나중, 시작과 끝이라는 삼중 칭호를 그리스도에게 헌정한 것은 그분의 신성을 두드러지게 만든다. 그리스도는 알파와 오메가요 시작과 끝이시며 처음과 나중이시다. 이는 하나님의 주권과 그리스도가 역사의 주관자 되심을 나타내는 칭호다. 그리스도는 창조의 시작과 끝을 관장하시며 인간 역사의 시작과 끝을 다스리신다.

하나님과 그리스도는 창조 시에도 함께 나타나셨고 구원 역사의 종착점인 새 창조의 현장에도 함께 나타나신다. 그리고 창조와 새 창조 사이의 인간의 모든 역사에 주권적인 권위를 행사하셨다. 모든 면에서 모든 순간에 그리스도는 하나님과 더불어 주님으로서의 주권을 함께 행사하셨다. 세 개의 칭호가 한데 붙어 그리스도께 헌정된 것은 처음으로서, 우주만물과 인간의 전 역사를 주관하시는 그리스도의 능력과 권세를 강조한다. 그리스도는 "알파와 오메가요 처음과 나중이요 시작과 끝"을 자신에게 적용시켜 본질적으로 하나님과 동등이심을 암시한다. 어린양 그리스도께서 아버지와 함께 세상을 시작하신

창조주요 끝내실 심판자이심을 나타내는 표현이다.

알파와 오메가, 시작과 끝, 처음과 나중은 모두 동일한 의미를 지닌다. 영원 자존자이신 하나님을 그렇게밖에 표현할 수 없는 것은 인간의 인식 능력과 언어가 지니고 있는 한계성 때문이다. 하나님은 시작도 없고 끝도 없으며 처음도 없고 나중도 없으시다. 시간이 있기 훨씬 이전부터 영원히 존재하셨다. 시간에 매인 존재로서 인간이 영존하신 하나님을 영원에 가장 가깝게 묘사한 것이 알파와 오메가, 시작과 끝, 처음과 나중이라는 칭호이다. 하나님은 유일하신 창조주시요 무이하신 심판자이시다(唯一無二). 인간도 역사도, 시간도 공간도, 세상의 모든 일과 우주 만물이 하나님으로 말미암았고, 하나님께서 지탱하시며 하나님에 의하여 완성된 목표를 향해 나아간다. 모든 것이 하나님에게서 기원되었기에 모든 것이 하나님으로 인하여 마감된다. 구부러진 것이 바로 펴지듯 잃었던 낙원을 회복하고 영원한 새 창조로 인해 하나님의 뜻이 서게 될 때, 구속함 받은 하나님과 그리스도의 백성들은 만유의 주 하나님과 함께 영원히 거할 것이다. 요한에게 주어서 장차 이루려 하신 모든 일들은 빠짐없이 이루어진다. 하나님께서 뜻하셨기에 하나님께서 이루신다.

14 그 두루마기를 빠는 자들은 복이 있으니

두루마기를 빠는 것은 인내로 성결한 삶을 유지하는 것을 상징한다. 복종과 제자도를 통해 그리스도께 속했음을 의지적으로 표명한 삶이 그들의 깨끗한 옷을 반영한다. 구원받은 그들에게 새 예루살렘의 성문은 항상 열려 있다. 그리스도의 죽으심을 본받아 의와 거룩함의 길에 서고자 짙은 어둠 속을 헤쳐 나왔던 그들에게 이제는 영원히 흑암이 없는 빛의 세계가 약속되었다. 무수한 숫자의 구속함 받은 성도들은 세마포를 어린양의 피에 빨아 희게 만들었다(7:14). 그것은 단순과거 (ἔπλυναν / 에플뤼난)로서 주님의 십자가 사역과 연관하여 단번에 이루어진 행위였다. 그러나 14절의 경우는 현재형(πλύνοντες / 플뤼논테스)으로서 계속되는 동작을 뜻한다. 계속해서 빠는 행위가 구체적으로는 성도들이 의로운 삶을 실천하는 것이다(19:8).

온갖 박해에도 불구하고 믿음의 순전함을 포기하지 않으며 예수의 증거와 하나님의 말씀을 지키는 것이 성도의 옳은 행위이다. 구원 이후에 성도로서 거룩한 삶은 불가피하다. 거룩함 없이는 아무도 주를 뵙지 못한다(히 12:14). 주님이 거룩하시기에 성도는 거룩해야 한다(레 11:45; 19:2). 믿는 자를 성도로 부르신 하나님은 능히 그들을 거룩하게 하실 수 있다. 하나님이 거룩하게 하시기에(레 22:9) 성도는 거룩할 수 있고 거룩한 삶을 살 수가 있다. 한번 얻은 구원을 온전히 이루기 위하여(빌 2:12) 성도는 영광의 그날이 이르기까지 어떤 대가를 지불하더라도 두루마기를 빠는 삶을 중단하거나 포기해서는 안 된다.

"두루마기를 빤다" 함은 곧 세상의 더러움에서 벗어나서 자신을 지키며 하나님 앞에서 거룩하고 정결한 삶을 살아가는 것이다. 두루마기를 빠는 자가 누릴 복은 계시록의 일곱 복 중에서 마지막에 해당한다. 성도들은 생명나무로 나아갈 권세를 얻는다. 대부분의 경우에 "흰옷"은 승리한 성도들을 가리켰다(6:11, 7:9, 13-14, 16:15, 22:14). 혹자(Lohmeyer, Caird, Bauckham)는 14절의 주인공을 순교자들에 국한시켜야 한다고 주장했으나 묘사 자체가 그러기에는 너무 광범위하다. 당연히 모든 믿는 자에게 적용해야 한다. 21:1-22:5에 문들과 생명나무의 이미지는 모든 성도들을 위한 것이지 소수의 순교자들에 대한 것만은 아니다.

"생명나무에 나아가며"(ἡ ἐξουσία ἐπὶ τὸ ξύλον τῆς ζωῆς / 헤 엑수시아 에피 토 크쉴론 테스 조에스)는 "생명나무 위로 나아갈 권세" 즉 실과를 따먹을 수 있는 권세를 뜻한다. 겸하여 문들을 통하여 성에 들어갈 권세를 얻는다. "성"과 "문들"과 "생명나무"는 21:10-22:5에 다루어진 새 예루살렘에서 핵심적인 위치를 차지하고 있다. 일부 학자들(Lohmeyer, Rist, Caird)은 이 구절을 특별한 순교자의 무리들에 대한 보상이라 해석하나 너무 제한적이다. 성으로 들어감과 생명나무와 생명수 강의 축복은 구속함 받은 모든 성도가 얻을 유업이다. 바로 다음 구절이 성안에 들어가지 못할 악인들로서 14절의 의로운 무리들과 대조를 이룬다. 15절의 악인들이 특별한 악인들의 그룹이 아니듯 14절의 의인들은 특별한 그룹의 의인이 아니다.

15 개들과 술객들과……성 밖에 있으리라

구속함 받은 자들에게는 축복이 기다리고 사악한 자들에게는 형벌이 기다린다. 의인들이 성 안으로 들어감에 비하여 구원 받지 못한 이들은 성 "밖"(ἔξω / 엑소)에 머문다. 이는 악인들의 영원한 거소가 새 예루살렘 성 밖이라는 뜻이 결단코 아니다. 주님은 성문 "밖"(ἔξω / 엑소)에서 죽임 당하셨기에 우리는 주님에게로 가기 위하여 영문 "밖"(ἔξω / 엑소)으로 나아가야 한다(히 13:12-13). 여기의 "밖"은 상징적으로 이해해야 한다. 구약에서 하나님을 모독한 자들은 저주를 받아서 언약 공동체로부터 즉각 추방되었다(레 24:14, 23; 민 15:36).

"밖"이 의미하는 바는 추방과 수치 그리고 예루살렘 성벽 바깥에서 재를 태우던 힌놈의 골짜기로서 벌레도 죽지 않는 형벌의 장소이다(사 66:24; 막 9:48). 성 밖에 버려질 자들은 여섯 부류로 상세히 열거되었는데, 개들만 제외하고 나머지 다섯은 순서가 약간 뒤바뀌어 21:8에 다시 언급되었다. 그곳에서는 그들의 운명이 불못임이 밝혀졌다. 메시지는 분명하다. 그리스도를 거역한 자의 운명은 수치(22:15)와 영원한 형벌(21:8)이다. 21:8과 27절을 본 절과 비교할 때에 내용상 약간의 차이는 있으나 결국은 동일한 의미다. 세 곳 모두에 거짓말이 언급되었음은, 당시의 황제 숭배와 배교를 염두에 둘 때 요한이 얼마나 거짓의 영을 경계하였는지 알 수가 있다.

① 불못에 들어갈 자 → "두려워하는 자들과 믿지 아니하는 자들과 흉악한 자들과 살인자들과 행음자들과 술객들과 우상 숭배자들과 모든 거짓말하는 자들"(21:8).

② 성문 출입자 → "무엇이든지 속된 것이나 가증한 일 또는 거짓말하는 자"(21:27).

③ 성 밖에 있을 자 → "개들과 술객들과 행음자들과 살인 자들과 우상 숭배자들과 및 거짓말을 좋아하며 지어내는 자"(22:15).

특히 본 절의 "거짓말을 좋아하고 지어내는 자"(φιλῶν καὶ ποιῶν ψεῦδος / 필론 카이 포이온 프슈도스)는 전술한 두 경우에 비해 그 표현이 생생하다. 요한은 지금 거짓에 대한 애정과 허위 제조에 남다른 이들을 경고하고 있다. 그들은 거짓말을 즐기고 생활화한 사람들이다. 뱀의 혀를 가진 자들이다. 단물과 쓴물이 섞여 나오듯이 그들에게는 진지한 신앙 고백과 우상의 찬양들이 뒤엉켜있다. 결국 이 거짓은 다른 악행들과 이리저리 연결되어 있다. 작은 진실은 큰 거짓에 함몰되어 거짓에 휘둘리며 살게 된다. 그들의 실질적 주관자인 사탄 역시

온 천하를 꾀는 자의 속성을 지녔는데(12:9), 그들이 땅의 거주자들로 하여금 짐승에게 경배하게 만들고(13:13-15), 천하의 임금들을 미혹하여 어린양과 대적하기 위한 싸움에 동원케 만들었다(16:14).

본 절에 부가된 악행자의 그룹에 "개들"(οἱ κύνες / 호이 퀴네스)이 들어있다. 전형적 불신자와 배교자(벧후 2:20- 22)를 상징하는 개는 교회 내에 침투하여 바울의 근심을 자아내게 만들었던 유대주의자로서 교회 내의 경계 대상 1호이다(빌 3:2-3). 탐욕과 거짓 가르침으로 성도들을 유혹하고 더럽히는 발람이요 이세벨이며 니골라당이다. 개는 물어뜯고 죽이기까지 하는 '짐승'(θηρίον / 떼리온)의 본능이 있다(13:15). 거룩한 것은 개와 상관없다(마 7:5). 그런 이유로 개들은 거룩한 성안에 들어올 수 없다. 구약에서 개는 비열하고 사악한 인간에 비유되었다(신 23:17-18; 왕하 8:13; 시 22:16, 20). 주님 당시의 유대인들은 이방인을 개처럼 취급했다(마 15:26-27).

16 나 예수는 교회들을 위하여……증거하게 하였노라

증거의 주체이신 "나 예수"(Ἐγὼ Ἰησοῦ / 에고 예수)가 강조되었다. 본서에서 14번이나 "예수"가 언급되는데, 거의가 증거자 또는 계시자로서의 모습으로 그려졌다. 요한을 성령으로 감동케 하여 다양한 환상의 세계로 이끄시며 보여주고 들려주며, 필요할 때는 해석 천사를 통해 계시의 의미를 밝혀 주셨던 분은 바로 예수 그리스도이시다. 이를 위해 천사가 매개자로 동원되었다. 요한이 받은 계시는 요한 자신만을 위한 것이 아니라 교회 공동체 모두를 위한 것이었고(6절), 당시 소아시아에 흩어져 있던 교회들만이 아니라 오고 오는 시대의 전체 교회를 위해 주신 메시지였다. 계시의 대상자가 "교회들"로 밝혀졌음에도 "너희에게"(ὑμῖν / 휘민)가 나와서 중복된 느낌을 준다. "너희"가 누구인가?에 대한 해석도 다양하다.

백위드는 요한을 포함한 당시의 예언자 또는 순회 설교자 그룹으로 보았다. 마운스는 이를 전체 교회로 보았다. "너희"가 일곱 교회 신자들에게 국한되었든지 전체 교회를 포함했든지, 교회의 대표격인 지도자들이든지 순회 설교자들이든지, 중요한 것은 계시의 내용이며 계시의 주체이신 그리스도시다. 개인이나 공동체나 할 것 없이 모두가 이 계시의 말씀을 가감 없이 받아들여 순종해야 한다.

혹자는 "교회들을 위하여"에서 "위하여"에 해당하는 전치사 "에피"(ἐπί / 에피)가 "대항하여"(against)의 뜻을 지녔기에 "교회들을 향하여"로 이해해야 한다고 주장했다(Kraft).

이럴 경우 계시록은 구약 예언자들의 전통을 따라 하나님과의 계약을 어긴 당사자인 요한의 수신자들에게, 법적 고소를 제기하는 내용이 된다. 그러나 계시록은 경고와 경계의 내용이 산발적으로 있음에도 불구하고 전체적으로는 위로와 격려의 메시지가 더 풍부하다. "이것들"(ταῦτα / 타우타)은 계시록 전체에 나타난 환상과 계시를 모두 포함한다. 그리고 "증거하노니"(μαρτυῆσαι / 마르튀에사이)는 18절과 20절에 반복해서 나오는데 이 모든 증거가 법적 효력을 지니고 있음을 강조한다.

나는 다윗의 뿌리요 자손이니 곧 광명한 새벽별이라

천상의 보좌 환상에서 책을 떼기에 합당한 자로 소개된 그리스도는 "유대 지파의 사자 다윗의 뿌리"(5:5)이셨다. 두아디라 교회의 이기는 자에게 약속하신 두 번째 상급에서 그리스도는 “새벽별”로 암시되었다(2:28). 본 절에서는 두 개의 호칭이 결합되었다.

“나는……이다”(ἐγώ εἰμι / 에고 에이미)의 전형적인 자기 계시 형식을 따른다. 주님의 자기 계시는 13절에서 다른 형식으로 주어졌는데, 승리자의 모습을 강조하기 위하여 새롭게 소개되었다. 구약에서 “다윗의 뿌리”(사 11:1, 10, 53:2)와 “새벽별”(민 24:17)은 메시아에 대한 상징이다.

17 성령과 신부가 말씀하시기를 오라 하시는도다

성령을 “그리스도”(Charles) 또는 “예언자들”(Kiddle)로 이해하기도 하지만 성령은 어디까지나 성령이다(Beale). 한글성경에서 “성령”이라고 번역된 “토 프뉴마”(τὸ πνεῦμα)의 정체성에 대해서도 학자들 간에 논쟁이 끊이지 않았다. 성령이라 주장하는 이들(Bauckham, Johnson, Mounce)이 있으며 성령의 감동을 받은 예언자들이라 주장하는 이들(Beale, Beckwith, Swete, Lohse, Morris, Lohmeyer, Giesen)이 있다.

어린양의 신부는 일반적인 교회의 의미를 넘어 종말의 때에 이르러, 새 예루살렘 성에 들어간 구속공동체를 말한다(19:7-9, 21:2, 9-11). 이는 하나님께서 그리스도를 위해 단장시킨 그분의 교회요 구속함 받은 공동체이다. 그들은 일곱 교회에게 주신 메시지 속에서 이기는 자들에 해당한다. 어둠과 고통의 때는 지나가고 인내하며 기다린 삶에 대한 보상의 때가 찾아왔다. 교회는 성령과 함께 아직도 생명의 길에 들어서지 못한 사람들에게 구원의 메시지를 전한다. 일차적으로 초청의 음성을 듣는 이는 요한의 독자들이며 전 시대에 걸쳐 복음의 도전에 직면한 영혼들이다.

"성령과 신부"(τὸ πνεῦμα καὶ ἡ νύμφη /토 프뉴마 카이 헤 눔페)를 일종의 중언법(hendiadys)으로 보고 "신령한 신부"라 해석한 이(Farrer)도 있으나 초청하는 이는 분명히 성령과 신부 둘이다. "오라"를 다시 오겠다고 약속하신 그리스도의 말씀(7, 12절)에 대한 성령과 신부의 화답으로 여기는 것은 적절하지 않다. 뒤이어 나오는 "오라"의 명령 동사들과 함께 요한의 독자에 대한 초청이다. 성령은 주로 예언자들의 메시지를 통해 말씀하시지만 여기서는 참된 성도로 이루어진 교회와 함께 말씀하신다.

듣는 자도 오라 할 것이요 목마른 자도 올 것이요

혹자는 "오라!"("Ερχου / 에르쿠)의 두 명령어에 대하여 전자는 그리스도께 대한 정중한 간청이요 후자가 모든 믿는 자들을 향한 권면이라 보았다(Beasley-Murray). 그러나 초청의 말이 21:6의 선언을 발전시킨 형태라면 "올 것이요"(ἐρχέσθω / 엘케스또)까지 포함한 세 개의 명령어가 인간 모두를 향한 권면이라 볼 수 있다(Ladd, Mounce). "(오라) 할 것이요"(εἰπάτω / 에이파토)까지 포함하여 네 개의 명령어를 신자, 불신자 할 것 없이 모든 인류를 향한 권면으로까지 확대 해석할 수도 있다.

오스본은 이 초청이 독자들을 향한 것이라면 말씀하시는 이가 그리스도일 가능성을 제시했다. 16절의 화자와 18-19절의 화자가 그리스도이신 점에 근거하여, 17절의 화자가 다른 이로 바꾸어질 이유가 없으므로 그리스도라 보는 이도 있다(Michaels). 하지만 그럴 경우에 성령과 신부의 초청을 인용한 사실이 매우 부적절하게 느껴진다. 그보다는 아직도 결정을 내리지 못한 독자들을 향해 다시 오실 그리스도 예수께로 나올 것을 초청함으로 보는 것이 타당하다(Mounce, Charles, Ladd, Beale). 누구든지 귀 있는 자는 들을 것이요(13:9) 누구든지 귀 있는 자는 "오라!"는 초청의 말씀을 들을 것이다.

E. **성결의 다섯째 권면**(22:18-19)

성결의 마지막 권면은 경고성 권면으로 되어 있다. 축복과 약속에 대한 언급은 없고 조건적인 재앙을 선포한다. 이는 새로운 구속 공동체를 위한 새로운 법전의 요약이다. 말씀 가감을 금한 신명기의 말씀을 상기시킨다(신 12:32, 29:19-20 참조). "내가 너희에게 명하는 말을 너희는 가감하지 말고 내가 너희에게 명하는 너희 하나님 여호와의 명령을 지키라"(신 4:2). 이 권고의 대상은 교회 밖의 불신자들이 아니라 교회 안의 신자들이다. 계시록에 있는 예언의 메시지를 듣고 읽은 모든 성도들 각자를 향하신 경고의 말씀이다.

우상 숭배를 경계하고 오직 하나님만을 섬겨야 할 믿음을 계시의 말씀을 따라 지켜야 할 것이다. 말씀을 있는 그대로 믿고 행함이 재앙을 피하는 길이다. 성결의 마지막 권면 내용은 신명기의 말씀과 몇 가지 유사점을 지닌다. 새 땅과 생명에 대한 긍정적 반응(신 4:1, 12:28-29; 계 21:1-22:5, 14, 17-19)과 신실치 않은 자가 받을 재앙(신 29:21; 계 22:18)이다. 아로새긴 말씀에 뭔가를 더하면 재앙이 더해지고 제하면 축복이 제해진다. 이 역설적인 진술은 구약의 심판 속성인 "눈에는 눈"을 상징적으로 표현한 것이다. 죗값에 따른 형벌은 반드시 뒤따른다.

18 내가 이 책의 예언의 말씀을 듣는 각인에게 증거하노니 만일 누구든지 이것들 외에 더하면 하나님이 이 책에 기록된 재앙들을 그에게 더하실 터이요
19 만일 누구든지 이 책의 예언의 말씀에서 제하여 버리면 하나님이 이 책에 기록된 생명나무와 및 거룩한 성에 참예함을 제하여 버리시리라

18 내가 이 책의 예언의 말씀을 듣는 각인에게 증거하노니

각인에게 증거하신 이가 누구인지에 대한 논쟁이 뜨겁다. 그리스도로 돌리는 입장(Charles, Fiorenza, Michaels, Giesen, Mounce)이 있고, 요한으로 단정하는 그룹(Moffatt, Roloff, Kraft, Caird, Lohmeyer, Krodel)이 있다. 16절의 "나 예수는……증거하게 하였노니"란 구절은 곧이어 나오는 20절의 "증거하신 이"와 함께 본 절의 "내가……증거하노니"(Μαρτυρῶ ἐγώ / 마르튀로 에고)와 병행을 이룬다. 16절과 20절의 화자가 그리스도라면 본 절의 화자 역시 그리스도로 이해하는 것이 자연스럽다. 경고자는 요한으로 보기보다 그리스도로 보는 것이 실제 내용상 더 적절하다. 계시록의 결론 부분에서 이와 같은 권위를 가지고 선언하실 수 있는 분은 책의 첫 언급을 자신의 계시로 증거하신(1:1) 그리스도이시다.

다른 누구가 아닌 바로 "나 자신이 증거한다"(Μαρτυρῶ ἐγώ / 마르튀로 에고). 1인칭 대명사는 증거하는 주체를 강조하고 "증거하노니"가 문장의 서두에 있음도 증거 자체를 강조하는 형태이다. 본문에서의 "증거"는 법적 의미를 강력히 함축하고 있다. 아운은 자체적으로 "순전의 형식"(integrity formula)을 소개하는 "맹세의 형식"(oath formula)

이라 불렀다. 이를 "정경화의 형식"(canonization formula)이라 부른 이(Käsemann)도 있다. "순전의 형식"은 잠언의 결론 부분에서도 나온다(30:5-6). 어쨌든 설령 요한이라 해도 그의 말은 성령(2:7, 11, 17, 29, 3:6, 13, 22)과 하나님과 그리스도에게서 나온 것(1:1, 19:9, 21:5, 22:6)이므로 신적인 권위를 지닌다. 18-19절의 경고는 일곱 교회에 속하여 있는 모든 신자들이다. 그러나 "예언의 말씀"을 성경 전체로 확대 해석한다면, 각인을 향한 이 말씀은 모든 시대의 신자들에게 주시는 경고로 적용할 수도 있다.

교회에 말씀하시는 분은 각자에게도 말씀하신다. 몸만이 아니라 지체에도 관심을 가진 분이 주님이다. "각인"(παντί /판티)은 말씀을 듣는 모든 사람 각자를 가리킨다. 한 사람의 예외도 없다. 1:3의 말씀과 더불어 예언의 말씀을 회중 가운데 누군가 한 사람이 크게 읽으면 모든 사람이 분명하게 들을 수 있었음을 의미한다. 낭독자의 말씀은 모든 이에게 들려졌지만, 믿음과 순종으로 반응하여 지키는 자(22:7)는 많지 않았다. 결국 말씀을 듣고 보는 것은 단순하게 귀와 눈에 관계되는 것이 아니라 실천적 준수로까지 나아가게 하는 영적 들음과 바라봄의 문제였다. "이 책의 예언의 말씀"이란 "이 예언적인 책의 말씀들"이란 뜻으로 전형적인 셈족의 어투이다.

만일 누구든지 이것들 외에 더하면

본 절의 표현은 요한의 편지를 받을 교회 신자들에게만 국한되어야 한다. "더하면"(ἐπιθῇ / 에피떼)의 의미는 무엇인가? 잘못된 교훈을 바른 교훈에 덧붙인다는 말이다. 바울이 준엄하게 꾸짖었던 다른 복음(갈 1:6-7)까지는 아니더라도 "더함"이란 "의도적인 말씀의 왜곡"(Mounce)

을 말한다. 더함과 제함은 일반적인 하나님의 말씀에 대한 것이라기보다 명각된 말씀에 관한 거짓 가르침에 집착하거나 아로새겨 놓음을 뜻한다. 고대의 중근동 지방에서는 조약 문서의 의도적 변조를 방지하기 위하여 제재 규약과 저주의 문장을 명각시켰다. 말씀의 첨삭을 경계한 이 경고는 앞에서도 언급하였지만 신 4:2의 선언이거나 "내가 너희에게 명하는 이 모든 말을 너희는 지켜 행하고 그것에 가감하지 말지니라"(12:32)는 이전 권면의 말씀을 그 배경으로 하고 있음이 추정된다. 신명기의 두 말씀은 모두 가감 금지와 함께 철저한 준수를 내용으로 하고 있다.

21:8과 27절 그리고 22:15에 명시된 악의 목록들이 우상 숭배와 연관된 속임에 비중을 두고 있는 점으로 볼 때에, 18-19절의 경고는 거짓 가르침에 현혹되기 쉬운 부류를 향한 것일 수 있다. 당시의 상황을 고려하면 이 경고가 우상 숭배와 연관된 어떤 구체적인 시도들을 경계하는 말씀임을 알 수 있다. 우상 숭배를 합리화할 수 있도록 말씀의 의미를 교묘하게 희석하려는 교회 내부의 모든 세력을 제거하기 위함이다. 계시의 말씀이 주어지기 전에 이미 교회들은 거짓 교훈들로 인하여 그리스도를 섬김과 우상을 섬김의 경계를 긋는 기준점에서 일종의 혼란을 경험했을 것이다.

요한은 충성스런 신자들을 소망의 메시지로 격려하면서 다른 한편 박해에 흔들리는 신자들을 붙들어 세우고자 했다. 본서의 마지막 부분에서 강한 경고의 메시지를 반복하는 이유도 거기에 있었을 것이다. 말씀의 변질은 두려운 재앙들을 불러온다. "이 책에 기록된 재앙들"이란 일곱 인의 재앙, 일곱 나팔의 재앙 그리고 일곱 대접의 재앙들을 모두 포함한다. 거의 저주에 가까운 경고가 아닐 수 없다. 이를 피하려면 우상 숭배의 세력과 완전히 절연하고 말씀을 완화시키려는 모든 공교한 술책도 포기하여야 한다. "너는 그 말씀에 더하지 말라 그가 너를 책망하시겠고 너는 거짓말하는 자가 될까 두려우니라"(잠 30:6).

19 만일 누구든지 이 책의 예언의 말씀에서 제하여 버리면

18절 후반부와 19절은 두 개의 조건절로 되어 있어 익살스럽게 경고의 메시지를 푼다. 내용은 대조적이지만 형식은 동일하다. 경고의 도입부는 단순과거 가정법에 의하여 조건절("더한다면", "제한다면")을 이루고 귀결부는 미래 가정법으로 그 결과를 표현한다("더할 것이요", "제할 것이다"). 가정법에서의 미래시제는 아운의 설명처럼 가능하거나 개연성이 있는 사건을 나타낸다. 보컴은 본 절에 나타난 범죄와 형벌의 주제는 종말론적 "복수법"(lex talionis / 렉스 탈리오니스)의 경우라 보았다.

만일 누구든지……더하면	하나님이……더하실 터이요
만일 누구든지……제하면	하나님이……제하실 것이다.

이는 18절 후반부의 경고 내용과 정반대의 경우를 말한다. 역시 우상 숭배와 연관된 경고이다. 거북한 내용을 빼고 모호한 내용을 삭제하고 순교 정신을 북돋우는 내용을 건너뛰는 식의 행태는 말씀을 삭제시키려는 시도다. 모팻은 반복적이며 격렬한 경고 형식이 구약과 동등한 정경성(canonicity)을 요구하는 것이라 보았다. "예언의 말씀"(18, 1:3)도 반복되어 경고의 무게를 더한다. 생명나무와 거룩한 성의 참예(21:10-22:5)에서 제거됨은 곧 불못의 영원한 고통과 직결되는 것이므로 18절의 경고에 비하여 더욱 격한 내용이 된다. 하나님 섬김과 우상 숭배의 경계선에서 모호한 태도를 보이는 자들이 당할

화는 분명하다. 그들의 안목으로는 순교적 신앙은 극단적이다. 적당히 세상과 타협하며 믿음생활을 해도 거룩한 성에 참예할 수 있다고 여기는 것이다. 요한의 거듭된 경고는 그들의 자세를 정죄한다. 태도를 분명하게 하지 않으면 그들 자신이 가졌다고 확신하던 것까지 다 빼앗기게 될 것이다(막 4:25).

한편 22:12-19에 명시된 각종 보상들은 2-3장의 일곱 편지에 나타난 이기는 자에 대한 보상과 매우 유사하다. 행한 대로 상을 베푸심(2:23, 22:12), 생명나무의 실과를 먹음(2:7, 22:14), 하나님의 성의 모습(3:12, 22:14, 19), 흰옷과 두루마기(3:4-5, 22:14) 등이다.

2. 약속과 인사(22:20-21)

계시록은 임박한 재림의 약속과 요한의 인사로 그 장엄한 막을 내린다. 본 장에서 "속히 오리라!"는 세 번째 반복이다. 주님의 직접적인 이 진술에 요한은 "아멘 주 예수여 오시옵소서!"로 화답했다. 문제는 "속히"가 얼마나의 "속히"인가이다. 우리가 연대기적 관점에서 이르고 늦음을 따지면 임박한 재림을 기다렸다 실현되지 않음으로 낙심하는 우를 범한다. 계시록만이 아니라 신약의 모든 가르침 그리고 구약의 예언 전통에 이르기까지 파루시아와 연관한 말씀들은 한결같이 때의 긴박함, 짧은 시간을 표현한다. 하나님의 시간은 태양력의 체계에 따른 측정에 좌우되지 않는다. 수백만 년에 1초의 오차도 내지 않는 원자 시계의 초침이 어느 순간을 가리켜도 하나님의 때를 잡아내기에는 부족하다. 요한은 현실 속에서 어떤 몽환경에 빠져 경험했던 신비로움을 서술한 것이 아니었다. 그가 조심스럽게 언어의 껍질을 입혀 내놓은 것은 성령의 이끄심 속에 영원 세계를 접촉한 놀랍도록 생생한 계시의 세계이다. 쏜살처럼 진행되는 인간 역사의 흐름과 달리 그 속에 내재하며 초월하여 역사하는 하나님의 구속 역사를 그는 높은 곳에서 마치 독수리처럼 아우르며 보았다. 과거-현재-미래라는 도식이 아니라 영원의 관점에서 수학적이고 물리적인 시간계를 응시하였다. 중요한 사실은 아직 주님은 재림하지 않으셨다. 임박한 재림의 약속은 지금 우리에게 매우 유효하다. 하루를 살아도 오늘이 마지막인 것처럼, 순간을 살아도 영원을 살 것처럼 그렇게 현실에 충실하며 미래를 은혜 안에서 기대하며 사는 것이다. 분명한 것은 요한의 시대에 비해 우리는 종말의 끝 시간대에 살고 있다.

> 20 이것들을 증거하신 이가 가라사대 내가 진실로 속히 오리라 하시거늘 아멘 주 예수여 오시옵소서
> 21 주 예수의 은혜가 모든 자들에게 있을지어다 아멘

20 이것들을 증거하신 이가 가라사대

"이것들"(ταῦτα / 타우타)은 임박한 재림의 약속(7, 12, 17절)이나 계시록 전체를 의미할 수도 있는데 계시록 전체로 보는 것이 마땅하다(8, 16절). 그리스도의 증거는 계시록의 진정성에 권위를 부여한다. 환상의 진실성과 계시의 확실성을 보장한다. 이 예언의 말씀은 천사가 증거하였고 요한이 증거하였고 성령이 증거하셨다. 이제 어린양 그리스도께서 증언자로 증거하신다. 주님은 "증거하신 이"(ὁ μαρτυρῶν / 호 마르튀론)로 나타나 자신이 본서 예언의 근원임을 보이셨다(1:5, 3:14, 22:16, 18). 요한과 그 형제들은 "예수의 증거"(1:3, 6:9, 19:10)를 위하여 견디었는데, 증거의 주체이신 그리스도께서 스스로 마지막 증언대에 서셨다(16절). 그리스도의 증언은 단 한 마디이다. "내가

진실로 속히 오리라"(Ναί, ἔρχομαι ταχύ / 나이, 엘코마이 타퀴). 이것은 7절과 12절에서 언급하신 주님의 재림을 결론적으로 확언하는 내용이다. 그 앞에다 불변화사인 "진실로"를 덧붙여 그 의미를 강조한다. 이는 1:7에서도 "(과연) 그리하리라"의 뜻으로 사용되었다. 요한은 짤막하게 화답한다. "아멘 주 예수여 오시옵소서"(고전 16:22 참조). 속히 오실 그리스도를 맞이하는 것은 요한의 소망이요 믿음이다.

주님의 오심 확언에 따른 교회의 반응은 "아멘 주 예수여, 오시옵소서"이다. "내가 진실로 속히 온다"에서 사용된 동사의 현재 명령형은 주님이 언급하신 약속의 강도를 나타내는 것이며, 그리스도의 오심을 교회가 갈망하도록 특별한 주의를 환기시킨다. 20절 말씀을 성례전적 관점에서 이해한 이들(Prigent, Giesen, Roloff, Beasley-Murray, Sweet)도 있는데, 그럴 가능성을 배제할 수 없다. 몇 가지 해석이 가능하다. 첫째, 성례전의 현장에서 주님의 오심을 뜻한다(Krodel, Harrington). 둘째, 주님의 오심을 내다보는 성례전에서 오심이 시작된다(Beale). 셋째, 성례전과는 무관하며 단지 주님의 마지막 오심에 대한 포괄적인 언급이다(Aune). 오스본은 본문에서 성례전에 관한 어투가 보이지 않고, 종결부분 곳곳에서 유난히 파루시아를 강조하고 있는 점에 비추어 셋째 견해에 찬성표를 던졌다. "주 예수여, 오시옵소서"는 아람어의 기도 형식인 "마라나 따"(Μαρανα θα / 마라나 따)의 번역이다(고전 16:22). 주님의 다시 오심은 교회에 대한 불변의 약속이면서 부동의 경고이다. 파루시아를 거듭 반복하신 주님의 약속에 대한 요한 자신의 열렬한 반응 "마라나 따"는 초대교회 예배에서 한 부분을 이루었다.

21 주 예수의 은혜가 모든 자들에게 있을지어다

계시록은 예수 그리스도의 계시로 시작해서 예수 그리스도의 축복으로 끝난다. 마지막 절은 요한의 갈망이면서 그를 통해 그의 독자들에게 주시는 주님의 축복이다. 주님의 은혜를 비는 요한의 마음은 축복의 염원으로 가득 찼다. 하나님의 계시는 은혜로 시작해서 은혜로 끝나며 그것이 곧 축복이다. "은혜가 너희에게 있을지어다"는 로마서를 제외한 바울의 모든 서신들과 히브리서에 나타난다. 이는 계시록이 단지 예언서나 묵시서일 뿐 아니라 서신서에 속하였음을 보여주는 대목이다. 바울의 경우에서처럼 "주 예수의 은혜"(ἡ χάρις τοῦ κυρίου Ἰησοῦ / 헤 카리스 투 퀴리우 예수)는 요한의 독자들로 하여금 도에 복종하고 어려운 환경을 능히 견딜 수 있도록 만든다. "주 예수의"(τοῦ κυρίου Ἰησοῦ / 투 퀴리우 예수)는 주어 속격으로서 "주 예수께서 자신의 은혜를 너희에게 보이시리라"는 뜻이다. 주님의 은혜로 계시록에 증거된 어린양 그리스도를 더 깊이 알고 더 확실히 따르게 되기를 염원하는 마음이 담겨 있다.

그들은 주님께서 베푸시는 은혜로 말미암아 박해를 능히 견디고 악의 권세들을 물리치며 이기는 자의 반열에 들게 될 것이다. 마지막 장에서는 다시 오시는 주님의 빛 안에서 윤리적이고 영적인 책임이 매우 강조되었다(22:7하반절, 9하반절, 11하반절, 14, 17절). 그들이 처한 환경은 결코 녹록치 않으며 상황의 심각성은 하나님의 은혜를 절실히 필요로 한다. 삼가 주 예수의 은혜가 《인봉된 책-요한계시록 주석》과 《개봉된 책-요한계시록 주석》을 접하는 모든 이들에게 있기를 소망한다.

■ 참고도서

Achtemeier, Paul J. "The New Testament Becomes Normative," *Understanding* the New Testament. ed. Howard C. Kee. Englewood Cliffs : Prentice-Hall. Inc., 1983.

Ahn, J. Y. *The Parousia in Paul's Letters to the Thessalonians, the Corinthians, and the Romans, in Relation to Its Old Testament-Judaic Background.* UMI. Ph.D. dissertation at the Fuller Theological Seminary, 1988.

Alford, H. "Apocalypse of John," *The Greek Testament.* Chicago : Moody, (1958) 4 : 544-750.

Anderson, R. A. *Signs and Wonders : A Commentary on the Book of Daniel.* Grand Rapids : Wm.B. Eerdmans Publishing Co., 1984.

Angus, S. *The Religious Quest of the Graeco-Roman World.* New York : Charles Scribner's Sons, 1929.

Arndt, W. F., & F. Gingrich. *A Greek-English Lexicon of the New Testament.* 2nd ed. Walter Bauer's 5th ed. revised and augmented by F.W. Gingrich and F.W. Danker. Chicago : University of Chicago, 1979.

Aune, David E. "Revelation," *Word Biblical Commentary.* 2 vols. Dallas : Word Book, Publisher, 1997 & 1998.

______, *Prophecy in Early Christianity and the Ancient Mediterranean World.* Grand Rapids : Wm.B. Eerdmans Publishing Co., 1983.

______, "The Form and Function of the Proclamamation to the

Seven Churches(Revelation 2–3)," New Testament Studies 36 (1990) : 182–204.

______, "The Apocalypse of John and Graeco–Roman Revelatory Magic," *New Testament Studies* 33 (1987) : 481–501.

Averky, Archibishop. *The Apocalypse of St. John*. Platina : St. Herman of Alaska Brotherhood, 1985.

Baldwin, J.G. *Daniel*, Downers Grove : InterVarsity Press, 1978.

Balge, R.D. "The Bible through the Ages : I. The Canon of Scripture," *Wisconsin Lutheran Quarterly* 88 (1991) : 280–293.

Barclay, William. *The Revelation of John, 2 vols. Philadelphia* : The Westminster Press, 1976.

______, *Seven Churches. New York* : Abingdon Press, 1957.

Barnes, Albert. "Revelation," *Barnes' Notes on the Old & New Testaments*. Grand Rapids : Baker Book House, 1980.

Barnhouse, D.G. *Revelation : An Expository Commentary*. Grand Rapids : Zondervan Publishing House, 1971.

Batto, Bernard F. *Slaying the Dragon : Mythmaking in the Biblical Tradition*. Louisville : John Knox Press, 1992.

Bauckham, R.J. *The Climax of Prophecy : Studies on the Book of Revelation*. Edinburgh : T.&T. Clark, 1993.

______, "Apocalyptic," *The Illustrated Bible Dictionary*, vol. 1. ed. J.D. Douglas. Wheaton : Tyndale House Publishers, 1980.

Bauer, Walter. *A Greek–English Lexicon of the New Testament*. trans. W.F. Arndt & F.W. Gingrich. Chicago : The University of Chicago Press, 1957.

Baumeister, T. "Martyrdom and Persecution in Early Christianity,"

Concilium 163 (1983) : 3–8.

Baxter, M. *The Formation of the Christian Scripture*. Philadelphia : The Westminster Press, 1988.

Beagley, Alan J. *The "Sitz im Leben" of the Apocalypsewith Particular Reference to the Role of the Church's Enemies*. New York : Walter de Gruyter, 1987.

Beale, G.K. "The Book of Revelation," *The New International Greek Testament Commentary*. Grand Rapids : Wm.B. Eerdmans Publishing Co., 1999.

_______, *The Use of Daniel in Jewish Apocalyptic Literature and in the Revelation of John*. Lanham : University Press of America, 1984.

Beardslee, W. "New Testament Apocalyptic in Recent Interpretation. *Interpretation* 25 (1971) : 419–435.

Beasley–Murray, G.R. "Revelation," *The New Century Bible Commentary*. Grand Rapids : Wm.B. Eerdmans Publishing Co., 1983.

Becker, Siegbert W. *Revelation. The Distant Triumph Son Song*. Milwaukee : Northwestern Publishing House, 1987.

Beckwith, Isbon T. *The Apocalypse of John*. Grand Rapids : Baker Book House, 1979.

Bell, Albert A. "The Date of John's Apocalypse : The Evidence of Some Roman Historians Reconsidered," *New Testament Studies* 25 (1978) : 93–102.

Benko, S. *Pagan Rome and the Early Christians*. Bloomington : Indiana University Press, 1984.

Blaiklock, E.M. *The Seven Churches*. London : Marshall, Morgan & Scott, 1951.

Blaney, Harvey J.S. "Revelation," *The Wesleyan Bible Commentary*, vol. VI. General ed. C.W. Carter. Grand Rapids : Wm. B. Eerdmans Publishing Co., 1966.

Blevins, J.L. *Revelation as Drama*. Nashville : Broadman 1984.

Boettner, L. *The Millenium. New Jersey* : Presbeterian and Reformed Publishing Co., 1984.

Boring, M. Eugine. "Revelation," *Interpretation*. Louisville : John Knox Press, 1989.

_______, "The Theology of Revelation 'The Lord Our God the Almighty Reigns,'" *Interpretation* 40 (1986): 257–269.

Botha, P. J. J. "God, emperor worship and society : Contemporary experience and the book of Revelation," *Neotestamentica* 22 (1988) : 87–102.

Boutflower, C. *In and Around the Book of Daniel*. Grand Rapids : Kregel Publications, 1977.

Bowman, J.W. "Revelation of John : Its Dramatic Structure and Message," *Interpretation* 9 (1955) : 436–453.

_______, "Revelation, Book of," *The Interpreter's Dictionary of the Bible*, vol. 4.

Brown, C. "Revelation," *New International Dictionary of New Testament Theology*, vol. 3. ed. C. Brown.
Grand Rapids : Zondervan Publishing House, 1981.

Bruce, F.F. "Revelation," *The International Bible Commentary*. Gen. ed. F.F. Bruce. Marshall Pickering : Zondervan, 1986.

_______, *The Canon of Scripture*. Downers Grove : Inter–Varsity Press, 1988.

Brunk, M.J. "The Seven Churches of Revelation Two and Three,"

Bibliotheca Sacra 126 (1969) : 240–246.

Bullinger, E.W. *Number in Scripture*. Grand Rapids : Kregel Publications, 1980.

Campenhausen, H. *von. The Formation of the Christianm Bible*. Philadelphia : Fortress Press, 1972.

Carson, D.A., D.J. Moo & L. *Morris. An Introduction to the New Testament*. Grand Rapids : Zondervan Publishing House, 1992.

Charles.R.H. "Revelation," *The International Critical Commentary*, vol. I. Edinburgh : T.& T. Clark, 1979.

Childs, B.S. *The New Testament as Canon. An Introduction*. Philadelphia : Fortress Press, 1985.

Chilton, D.C. *The Days of Vengeance : An Exposition of the Book of Revelation*. Fort Worth : Dominion Press, 1987.

Clark, Adam. "The Revelation of St. John the Divine," *The New Testament of Our Lord and Saviour Jesus Christ*. vol. VI. N.Y. : Abingdon–Cokesbury Press, n.d.

Cohen, Gary. *Understanding Revelation*. Chicago : Moody Press, 1978.

Collins, Adela Y. *Crisis and Catharsis : The Power of the Apocalypse*. Philadelphia : The Westminster Press, 1984.

______, *The Combat Myth in the Book of Revelation*. Missoula : Scholars, 1975.

______, *Apocalypse*. Wilmington : Michael Glazier, Inc., 1983.

______, "The Political Perspective of the Revelation to John," *Journal of Biblical Literature* 96(1977) : 241–256.

______, "Reading the Book of Revelation in the Twentieth World,"

Interpretation 40 (1986) : 229–242.

_______, "The Apocalypse," *The New Jerome Biblical Commentary*. eds. R.E. Brown, S.S., J.A. Fitzmyer, S.J., & Roland E. Murphy,

_______, O. Carm. Englewood Cliffs : New Jersey : Prentice–Hall, 1990. "The History–of–Religion Approach to Apocalypticism and the 'Angel of the Waters'(Rev. 16 : 4–7)," *The Catholic Biblical Quarterly* 39 (1977) : 367–381.

Collins, J.J. "Apocalyptic Eschatology as the Transcendence of Death," *Visionaries and Their Apocalypses*. ed. Paul D. Hanson. Philadelphia : Fortress Press, 1983.

_______, *The Apocalyptic Imagination*. New York : Crossroad, 1984.

_______, Daniel : *A Commentary on the Book of Daniel*. Minneapolis : Fortress Press, 1993.

_______, Daniel, *First Maccabees, Second Maccabees with an Excu–rsus on the Apocalyptic Genre*. Delaware : Michael Glaxier, Inc., 1981.

Conzelmann, Hans. *History of Primitive Christianity*. trans. J.E. Steely. Nashville : Abingdon Press, 1984.

_______, *An Outline of the Theology of the New Testament*. trans. John Bowden. New York : Harper & Row, Publishers, 1969.

Court, John M. *Myth and History in the Book of Revelation*. *Atlanta* : John Knox Press, 1979.

Coward, P.C. *Revelation Systematically Studied*. Cleveland : Pathway Press, 1974.

Crowe, J. "How the Bible Came About–Old Testament and New Testament," *Melanesian Journal of Theology* [Papua, New Guinea] 6 (1990) : 7–16.

Cullmann, Oscar. *Christ and Time*. trans. F.V. Filson. London : SCM Press, 1951.

_______, *Salvation in History*. trans. S.G. Sowers. New York : Harper & Row, Publishers, 1965.

Dunn, James D.G. *Unity and Diversity in the New Testament*. London : SCM Press, 1990.

Easley, K.H. "Revelation," *Holman New Testament Commentary*. Nashville : Holman Reference, 1998.

Ellul, Jacques. *Apocalypse. The Book of Revelation*. trans. G.W. Schreiner. N.Y. : The Seabury Press, 1977.

Farmer, W.R. & D.M. Farkasfalvy. "The Formation of the New Testament Canon. An Ecumenical Approach," *Theological Inquiries*. ed. H.W. Attridge. New York : Paulist Press, 1983.

Farrar, F.W. *The Early Days of Christianity*. New York : Funk & Wagnalls, 1883.

Farrer, A. *The Revelation of St. John the Divine*. Oxford : Clarendan, 1964.

Feinberg, C.L. *Millenialism, the Two Major Views*. Chicago : Moody, 1980.

Feuillet, A. *The Apocalypse*. trans. Thomas E. Crane, S.S.L. Staten Island, N.Y. : Alba House, 1964.

Fiorenza, Elizabeth S. *Revelation : Vision of a Just World*. Minneapolis : Fortress Press, 1991.

_______, *The Book of Revelation, Justice and Judgment*. Philadelphia : Fortress Press, 1985.

_______, "The Quest for the Johannine School : The Apocalypse and the Fourth Gospel," *New Testament Studies* 23 (1976–

1977) : 403–411.

Fishwick, D. *The Imperial Cult in the Latin West Studies in the Ruler Cult of the Western Provinces of the Roman Empire*, vol. I. New York : Brill, 1991.

Ford, J.M. "Revelation," *The Anchor Bible*. New York : Doubleday & Company, Inc., 1984.

______, "Persecution and Martyrdom in the Book of Revelation," *Bible Today* 28 (1990) : 141–146.

Franzmann, M.H. *The Revelation to John*. St. Louis : Concordia Publishing House, 1986.

Frend, W.H.C. *The Rise of Christianity*. Philadelphia : Fortress Press, 1984.

Friedrich, B. "προφήτης," *Theological Dictionary of the New Testament*, vol. VI. ed. G. Kittel. Grand Rapids : Wm.B. Eerdmans Publishing Co., 1965.

Frost, S.B. *Old Testament Apocalyptic : Its Growth and Origins*. London : The Epworth Press, 1952.

Furgusson, E. *Early Christians Speak. Faith and Life in the First Three Centuries*. Abilene : University Press, 1987.

______, *Backgrounds of Early Christianity*. Grand Rapids : Wm.B. Eerdmans Publishing Co., 1987.

Gabel, J.B. & C.B. Wheeler. *The Bible as Literature. An Introduction*. Oxford : University Press, 1986.

Gaebelein, A.C. *The Revelation : An Analysis and Exposition of the Last Book of the Bible*. New Jersey : Loizeaux Brothers, 1915.

Gamble, H. *The New Testament Canon : Its Making and Meaning*.

Philadelphia : Fortress Press, 1985.

Gentry, K. *The Beast of Revelation*. Texas : Institute for Christian Economics, 1989.

Giblin, S.J. Charles H. *The Book of Revelation. The Open Book of Prophecy*. Collegeville : The Liturgical Press, 1991.

Glasson, Thomas F. "The Revelation of John," *The Cambridge Bible Commentary*. Cambridge : University Press, 1965.

———, *Greek Influence on Jewish Eschatology*. London: S.P.C.K., 1961.

Goldingay, J.E. "Daniel," *Word Biblical Commentary*. vol. 30. Milton Keynes, England : Word Publishing, 1991.

Goldsworthy, G. *The Lamb and the Lion*. Nashville/N.Y. Camden : Thomas Nelson Publishers, 1984.

Graham, Billy. *Till Armageddon*. Waco : Word Books Publishers, 1981.

Gregg, Steve. *Revelation : Four View*. ed. S. Gregg. Nashville : Thomas Nelson Publishers, 1997.

Grenz, S.J. *The Millenial Maze : Sorting Out Evangelical Options*. Downers Grove : Inter-Varsity Press, 1992.

Gundry, R.H. *The Church and the Tribulation*. Grand Rapids : Zondervan, 1973.

Guthrie, Donald. *New Testament Introduction*. Downers Grove : Inter-Varsity Press, 1990.

———, *The Relevance of John's Apocalypse*. Grand Rapids : Wm. B. Eerdmans Publishing Co., 1987.

Hailey, H. *Revelation : An Introduction and Commentary*. Grand Rapids : Baker Book House, 1979.

Hammer, R. "The Book of Daniel," *The Cambridge Bible Commentary*.

Cambridge : University Press, 1976.

Hanson, Paul D. *The Dawn of Apocalyptic*. Philadelphia : Fortress Press, 1983.

Harrington, Wilfrid J. *The Apocalypse of St John*. London : Geoffrey Chapman, 1969.

Harris, O.G. "The Social World of Early Christianity," *Lexington Theological Quarterly* 19 (1984) : 102–114.

Hartingsveld, L.van. *Revelation*. trans. John Vriend. Grand Rapids : Wm.B. Eerdmans Publishing Co., 1985.

Hartman, L.E. & A.A. Di Lella. "The Book of Daniel," *The Anchor Bible*. vol.23. N.Y. : Doubleday & Company,Inc., 1977.

Hemer, C.J. *A Study of the Letters to the Seven Churches of Asia with Special Reference to Their Local Background*. Unpublished Ph.D. Dissertation at the University of Manchester, 1969.

Hendriksen, William. *More Than Conquerors*. Grand Rapids : Baker Book House, 1985.

Hengstenberg, G.P. *The Revelation of St. John. I–II*. New York : Carter, 1853.

Henry, Matthew. "Revelation of St. John," *Matthew Henry's Comme–ntary*, vol. VI. McLean : MacDonald Publish–ing Co., n.d.

Hill, D. "Prophecy and Prophets in the Revelation of St. John," *New Testament Studies* 18 (1971–1972) : 401–418.

Hoekema, A.A. *The Bible and the Future*. Grand Rapids : Wm.B. Eerdmans Publishing Co., 1984.

Holman, Charles. L. *Till Jesus Comes : Origin of Christian Apocalyptic Expectation*. Peabody : Hendrikson Publishers, Inc., 1996.

Howard, G. "Canon : Choosing the Books of the New Testament," *Bible Review* 5 (1989) : 16–17.

Hughes, P.E. *The Book of the Revelation*. Grand Rapids. Wm. B. Eerdmans Publishing Co., 1990.

Hunter, Archibald M. *Introducing the New Testament*. Philadelphia : The Westminster Press, 1972.

Ironside, H.A. *Lectures on Revelation*. New Jersey : Loizeaux Brothers, 1920.

_______, *Daniel*. New Jersey : Loizeaux Brothers, 1983

Jenkins, Ferrell. *The Old Testament in the Book of Revelation*. Marion : Cogdill Foundation Publications, 1972.

Jeremiah, David with C.C. Carlson. *Escape the Coming Night*. Dallas/London/Vancouver. Melbourne : Word Publishing, 1990.

_______, *The Late Great Planet Earth*. Grand Rapids : Zondervan Publishing House, 1970.

Jeremias, Joachim. *Jerusalem in the Time of Jesus*. trans. F.H. & C.H. Cave. Philadelphia : Fortress, 1969.

Johnson, Alan F. *Revelation*. Grand Rapids : Zondervan Publishing House, 1983.

_______, "Revelation," *Expositor's Bible Commentary*, vol. 12. General ed. Frank E. Gaebelein. Grand Rapids : Zondervan Publi–shing House, 1981.

Johnson, S.E. "Early Christianity in Asia Minor," *Journal of Biblical Literature* 77 (1958) : 1–17.

Kallas, James. *Revelation : God & Satan in the Apocalypse*. Minneapolis : Augsburg Publishing House, 1973.

Käsemann, Ernst. *Essays on New Testament*. trans. W.J. Montague. London : SCM Press, 1964.

_______, "The Beginnings of Christian Theology," *Journal for Theology and Church*, vol. 6. ed. R.W. Funk. N.Y. : Herder & Herder, 1969.

Kealy, C.S. Sp, Sean P. *The Apocalypse of John*. Wilmington : Michael Glazier, 1987.

Keresztes, P. *Imperial Rome and the Christians. From Herod the Great to about 200 A.D.*, vol. I. London : University Press of America, 1989.

Kiddle, Martin. "The Revelation of St. John," *The Moffatt New Testament Commentary*. N.Y. : Harper & Brothers Publishers, 1940.

Kim, S. *The Origin of Paul's Gospel*. Grand Rapids : Eerdmans, 1982.

Koch, Klaus. *The Rediscovery of Apocalyptic*. London : SCM Press, 1972.

_______, "What is Apocalyptic? An Attempt at A Preliminary Definition," *Visionaries and Their Apocalypses*. ed. P.D. Hanson. Philadelphia : Fortress Press, 1983.

Koester, Helmut. *History and Literature of Early Christianity*, vol. 2. N.Y./ Berlin : Walter de Gruyter & Co., 1987.

Kraft, Heinrich. *Die Offenbarung des Johannes*. 안병무 역. 《국제성서주석》 47. 서울 : 한국신학연구소, 1983.

Krodel, Gerhard A. *Revelation*. Minneapolis : Augsburg Publishing House, 1989.

Kümmel, Werner G. *Introduction to the New Testament*. trans. Howard C. Kee. Nashville : Abingdon Press, 1984.

Ladd, G.E. "Apocalyptic," *Evangelical Dictionaryof Theology*. ed. Walter A. Elwell. Grand Rapids : Baker Book House, 1987.

_______, *A Commentary on the Revelation of John*. Grand Rapids : Wm. B. Eerdmans Publishing Co., 1984.

_______, *The Presence of the Future*. Grand Rapids : Eerdmans, 1974.

_______, "Why Not Prophetic-Apocalyptic?," *Journal of Biblical Literature* 76 (1957) : 192-200.

Lamorte, A. "Prophet, Prophecy," *Baker's Dictionary of Theology*. ed. E.F. Harrison. Grand Rapids : Baker Book House, 1981.

Lamorte, A. & G.F. Hawthorne. "Prophet, Prophecy," *Evangelical Dictionary of Theology*. ed. W.A. Elwell. Grand Rapids : Baker Book House, 1987.

Lang, G.H. *The Revelation of Jesus Christ*. London : Oliphants, 1945.

Lawrence, D.H. "Apocalypse," *The Revelation of St. John the Divine*. ed. Harold Bloom. New York : Chelsea House, 1988.

Leaney, A.R.C. *The Jewish and Christian World. 200 BC to AD 200*. Cambridge : University Press, 1984.

Lee, William. "The Revelation of St. John the Divine," *The Bible Commentary*. ed. F.C. Cook. Grand Rapids : Baker Book House, 1981.

Lenski, R.C.H. *The Interpretation of St. John's Revelation*. Minneapolis : Augsburg, 1963.

Lesbaupin, I. *Blessed Are the Persecuted. Christian Life in the Roman*

Empire A.D. 64–313. trans. R.R. Barr. Maryknoll : Orbis, 1987.

Leupold, H.C. *Exposition of Daniel*. Grand Rapids : Baker Book House, 1980.

Lilje, Hans. *The Last Book of the Bible*. trans. Olive Wyon. Philadelphia : Muhlenberg Press, 1957.

Lindsay, Hal. *There's a New World Coming*. Santa Ana : Vision House, 1973.

_______, *The Late Great Planet Earth*. Grand Rapids : Zondervan, 1970.

_______, *The Terminal Generation*. New Jersey : Fleming H. Revell, 1976.

Loeznertz, R.J. *The Apocalypse of St. John*. trans. H.J. Carpenter. London : Sheed and Ward, 1947.

Lohse, Eduard. *The New Testament Environment*. trans. J.E. Steely. Nashville : Abingdon Press, 1987.

Malina, B.J. *On the Genre and Message of Revelation : Star Visions and Sky Journeys*. Peabody : Henriksen Publishers, 1995.

Martin, D.B. "Ancient Slavery, Class, and Early Christianity," *Fides et Historia* [Grand Rapids] 23 (1991):105–113.

McDonald, L.M. *The Formation of the Christian Biblical Canon*. Nashville : Abingdon Press, 1988.

McGinn, Bernard. "Early Apocalypticism : the ongoing debate," *The Apocalypse in English Renaissance Thought and Literature*. eds. C.A. Patrides & J. Wittreigh. Ithaca, N.Y. : Cornell University Press, 1984.

McKelvey, R.J. *The New Temple*. Oxford : University Press, 1969.

McKim, D.K. *The Authoritative Word : Essays on the Nature of Scripture*. Grand Rapids : Wm.B. Eerdmans Publishing Co., 1983.

Meinardus, Otto F.A. *St. John of Patmos and the Seven Churches of the Apocalypse*. New Rochelle, New York : Caratzas Brothers, Publishers, 1979.

Metzger, B.M. *Breaking the Code : Understanding the Book of Revelation*. Nashiville : Abingdon, 1993.

______, *The Canon of the New Testament*. Oxford : Clarendon Press, 1988.

Michaels, J.R. *Interpreting the Book of Revelation*. Grand Rapids : Baker, 1992.

Mickelson, A. Berkeley. *Daniel and Revelation : Riddles or Realities?* Nashville : Thomas Nelson Publishers, 1984.

Miller, F.P. *Revelation : A Panorama of the Gospel Age*. Florida : Moellerhaus, 1991.

Milligan, W. "The Book of Revelation," *The Expositor's Bible*. London : Hodder & Stoughton, 1909.

Minear, P.S. *I Saw a New Earth : An Introduction to the Visions of the Apocalypse*. Cleveland : Corpus, 1968.

______, "Ontology and Ecclesiology in the Apocalypse," *New Testament Studies* 13 (1966) : 89–105.

Moffatt, James. "The Revelation of St. John the Divine," *The Expositor's Greek Testament*. ed. W. Robertson Nicoll. Grand Rapids : Wm. B. Eerdmans Publishing Co., 1988.

Moor, C.A. "Daniel, Esther and Jeremiah : The Additions," *The Anchor Bible*. N.Y. : Doubleday & Company, Inc., 1977.

Morris Henry. *The Revelation Record*. *Wheaton* : Tyndale House

_______, Publishers, Inc., 1983.

Morris, Leon. "The Revelation of St. John," *Tyndale New Testament Commentaries*. Grand Rapids : Wm.B. Eerdmans Publishing Co., 1983.

_______, *Apocalyptic*. Grand Rapids : Wm.B. Eerdmans Publishing Co., 1972.

_______, *New Testament Theology*. Grand Rapids : Zondervan Publishing House, 1986.

Moule, C.F.D. "Revelation," *The Interpreter's Dictionary of the Bible*, vol. 1. ed. George A. Buttrick. Nashville : Abingdon Press, 1986.

Mounce, Robert H. "The Book of Revelation," *The New International Commentary on the New Testament*. Grand Rapids : Wm.B. Eerdmans Publishing Company, 1980.

Moyse, S. *The Old Testament in the Book of Revelation*. Sheffield, England : Sheffield Academic Press, 1995.

Murdock, W.R. "History and Revelation in Jewish Apocalypticism," *Interpretation* 21 (1967) : 167–187.

Murphy, F.J. *Fallen is Babylon : The Revelation to John*. Harrisburg : Trinity Press International, 1998.

_______, "The Book of Revelation," *Current in Research : Biblical Studies* 2 (1994) : 181–225.

Napier, B.D. "Prophet," *The Interpreter's Dictionary of the Bible*, vol. 3. ed. G.A. Buttrick. Nashville : Abingdon Press, 1986.

Newman, B.M. "The Fallacy of the Domitian Hypothesis," *New Testament Studies* 10 (1963) : 133–139.

Rediscovering the Book of Revelation. Valley Forge : The Judson Press, 1968.

Newport, John P. *The Lion and the Lamb*. Nashville : Broadman Press, 1986.

Oepke. "ἀποκάλυψτος, ἀποκάλυψσις." *Theological Dictionary of the New Testament*, vol. III. ed. G. Kittel. Grand Rapids : Wm. B. Eerdmans Publishing Co., 1965.

Olson, Daniel C. "Those Who Have Not Defiled Themselves with Women' : Revelation 14:4 and the Book of Enoch," *Catholic Biblical Quarterly* 59 (1997) : 492–510.

Peake, Arthur S. *The Revelation of John*. London : Holborn Publishing House, n.d.

Pentecost, J.D. *Things to Come*. Grand Rapids : Zondervan, 1958.

Perrin, N. "Apocalyptic Christianity," *Visionaries and Their Apocalypses*. ed. P.D. Hanson. Philadelphia:Fortress Press, 1983.

Pieters, A. *The Lamb, the Woman, and the Dragon*. Grand Rapids : Zondervan Publishing House, 1937.

Plummer, A. "Revelation," *The Pulpit Commentary*. vol. 22. Grand Rapids : Wm.B. Eerdmans Publishing Co., 1980.

Preston, R.H. & A.T. *Hanson. The Revelation of Saint John the Divine*. London : SCM Press, 1962.

Poellot, L. "Revelation," *Concordia Classic Commentary series*. St. Louis : Concordia Publishing House, 1987.

Porteous, N.W. "Daniel," *The Old Testament Library*. Philadelphia : The Westminster Press, 1965.

Pritz, R. "New Testament Canon," *Jerusalem Perspective* [Jerusalem] 5 (1992) : 10, 15.

Rad, G. von. *Old Testament Theology.* trans. D.M.G. Stalker. New York : Harper & Row, Publishers, 1965.

Rall, Harris F. *New Testament History.* N. Y. : Abingdon Press, 1914.

Ramsay, William. *The Letters to the Seven Churches.* Grand Rapids : Baker Book House, 1985.

_______, *The Church in the Roman Empire Before A.D. 170.* New York & London : G.P. Putnam's Sons, 1919.

Readings, B. "Canon and On : From Concept to Figure," *Journal of the American Academy of Religion* 57 (1989):149–172.

Reddish, M.G. (ed.) *Apocalyptic Literature : A Reader.* Nashville : Abingdon Press, 1990.

Richards, Hubert J. *What the Spirit Says to the Chruches. A Key to the Apocalypse of John.* New York : P.J. Kenedy & Sons, 1967.

Richardson, Donald W. *The Revelation of Jesus Christ. An Introduction.* Richmond : John Knox Press, 1964.

Rissi, Mathias. "The Future of the World : An Exegetical Study of Rev. 19:11–22:15," *Studies in Biblical Theology* 23. London : SCM, 1972.

_______, "The Kerygma of the Revelation to John," *Interpretation* 22 (1968) : 3–17.

Rist, Martin. "The Revelation of St. John the Divine," *The Interpreter's Bible*, vol. 12. ed. Nolan B. Harmon. Nashville : Abingdon Press, 1984.

Roberts, J.W. "The Interpretation of the Apocalypse," *Restoration Quarterly* 8 (1965) : 154–162.

Robertson, Archibald T. "The Revelation of John," *Word Pictures in the New Testament*, vol. VI. Grand Rapids : Baker Book House, 1933.

Robinson, John A. T. *Redating the New Testament*. Philadelphia : The Westminster Press, 1976.

Roloff, Jürgen. *Revelation*. trans. John E. Alsup. Minneapolis : Fortress Press, 1993.

Rowland, C. *The Open Heaven : A Study of Apocalyptic in Judaism and Christianity*. N.Y. : Crossroad, 1982.

Rowley, H.H. *The Relevance of Apocalyptic*. Greenwood : the Attic Press, Inc., 1980.

Russell, D.S. *The Method and Message of Jewish Apocalyptic*. Philadelphia : The Westminster Press, 1964.

Russell, J.S. *The Parousia : A Critical Inquiry into the New Testament Doctrine of Our Lord's Second Coming*. Grand Rapids : Baker Book House, 1983.

Ryrie, Charles. *Biblical Theology of the New Testament*. Chicago : Moody Press, 1978.

Sanders, J.A. *Canon and Community*. Philadelphia : Fortress Press, 1985.

Sawyer, M.J. "Evangelicalsand the Canon of the New Testament," *Grace Theological Journal* 11 (1990) : 29–52.

Schaff, Philip. *History of the Christian Church*. N.Y. : Charles Scribner's Sons, 1887.

Schlatter, A. *The Church in the New Testament Period*. trans. Paul P. Levertoff. London : S.P.C.K., 1955.

Schmithals, W. *The Apocalyptic Movement : Introduction and Interpretation*. trans. J.E. Steely. Nashville : Abingdon Press,

1975.

Schnackenberg, R. *God's Rule and Kingdom*. New York : Herder and Herder, 1963.

Scott, C. Anderson. "Revelation," *The New Century Bible*. London : Henry Frowde Publisher, n.d.

Scroggie, W.G. *The Book of the Revelation*. Cleveland : Union Gospel Press, 1920.

Seiss, J.A. *The Apocalypse : Lectures on the Book of Revelation*. Grand Rapids : Zondervan Publishing House, 1900.

Sherk, R.K. (ed.) *The Roman Empire : Augstus to Hadrian*. Cambridge : University Press, 1988.

Smith, D. Moody. "A Review of J.A.T. Robinson's Redating the New Testament," *Duke Divinity School Review* 42 (1977) : 193–205.

Spinks, L.C. "A Critical Examination of J.W. Bowman's Proposed Structure of the Revelation," *Evangelical Quarterly* 50 (1978) : 211–222.

Stanley, John E. "Revelation," *Asbury Bible Commentary*. General ed. Eugene Carpenter & Wayne McCown. Grand Rapids : Zondervan Publishing House, 1992.

Stark, R. "Christianizing theUrbanEmpire : An Analysis Based on Greco-Roman Cities," *Sociological Analysis*. [Washington D.C.] 52 (1991) : 77–88.

Starr, C.G. *The Roman Empire. 27 B.C.–A.D. 476. A Study in Survival*. Oxford : University Press, 1982.

Stauffer, Ethelbert. *New Testament Theology*. trans. John Marsh. London : SCM Press, Ltd., 1955.

_______, *Christ and the Caesars*. London : SCM Press Ltd, 1965.

Stott, John R. *What Christ Thinks of the Church*. Grand Rapids : Wm. B. Eerdmans Publishing Co., 1958.

Strand, K. A. "The Eight Basic Visions in the Book of Revelation," *Andrews University Seminary Studies* 25 (1987) : 107–102.

Strauss, L. *The Book of the Revelation*. New Jersey : Loizeaux Brothers, 1964.

_______, *The Prophecies of Daniel*. New Jersey : Loizeaux Brothers, 1982.

Suetonius, Gaius. *The Twelve Caesars*. trans. R. Graves. Baltimore : Penguin Book, 1984.

Summers, Ray. *Worthy is the Lamb*. Nashville : Broadman Press, 1951.

Sweet, J.P.M. *Revelation*. Philadelphia : The Westminster Press, 1979.

Swete, Henry. *Commentary on Revelation*. Grand Rapids : Kregel Publications, 1980.

Talbert, C.H. *The Apocalypse*. Louisville : Westminster/ John Knox, 1994.

Taylor, H.O. *Ancient Ideals*, vol II. New York : Frederick Ungar Publishing Co., 1964.

Tenney, Merrill C. *Interpreting Revelation*. Grand Rapids : Wm. B. Eerdmans Publishing Co., 1957.

Thiessen, H.C. *Introduction to the New Testament*. Grand Rapids : Wm. B. Eerdmans Publishing Co., 1979.

Thomas, R.L. "Revelation," *An Exegetical Commentary*. 2 vols. Chicago : Moody Press, 1992 & 1995.

Thompson, L. L. *The Book of Revelation. Apocalypse and Empire.* Oxford : Oxford University Press, 1990.

_______, *The Book of Revelation : Apocalypse and Empire.* Oxford : University Press, 1990.

Torrance, T.F. *The Apocalypse Today.* Grand Rapids : Eerdmans, 1959.

Torrey, Charles C. *The Apocalypse of John.* New Haven : Yale University Press, 1958.

Towner, W.S. "Daniel," *Interpretation.* Atlanta : John Knox Press, 1984.

Trench, Richard C. *Commentaryon the Epistles to the Seven Churches in Asia : Revelation II and III.* N.Y. : Charles Scribner's Sons, 1862.

Tyson, J.B. *The New Testament and Early Christianity.* New York : Macmillan, 1984.

Vawter, B. "Apocalyptic : its Relation to Prophecy," *The Catholic Biblical Quarterly* 22 (1960) : 33–46.

Vos, Louis A. *The Synoptic Traditions in the Apocalypse.* J. H. Kok N. V. Kampen. Ph. D. dissertation at the University of Amsterdam, 1965.

Wall, R.W. "Revelation," New International Biblical Commentary. ed. W.W. Gasque. Peabody : Hendriksen Publishers, 1991.

Wallace, R.S. "The Message of Daniel," *The Bible Speaks Today.* Downers Grove : Inter–Varsity, 1979.

Walvoord, J.F. *The Revelation of Jesus Christ.* Chicago : Moody Press, 1966.

Wardam, Alan. *Religion and Statecraft Among the Romans.* London

: Granada, 1982. Wernecke, Herbert H. *The Book of Revelation Speaks to Us*. Philadelphia : The Westminster Press, n.d.

West, N. *The Thousand Year Reign of Christ*. Grand Rapids : Kregel Publications, 1993.

Wilcock, M. *I Saw Heaven Opened*. London : Inter-Varsity, 1975.

Wilke, C.G. *Greek-English Lexicon of the New Testament and Other Early Christian Literature*. trans. J. H. Thayer. Grand Rapids : Zondervan Publishing House, 1974.

Wilken, R.L. *The Christians as the Romans Saw Them*. New Haven & London : Yale University Press, 1984.

Williams, C.S.C. "The History of the Text and Canon of the New Testament," *Cambridge History of the Bible*, vol. 2. ed. G.W.H. Lampe. Cambridge : University Press, 1969.

Wilson, G.B. *Revelation*. Durham, England : Evangelical Press, 1985.

Wood, L.A. *Commentary on Daniel*. Grand Rapids : Zondervan Publishing House, 1973.

Yamauchi, E.M. *New Testament Cities in Western Asia Minor*. Grand Rapids : Baker Book House, 1987.

_______, *Archaeology of New Testament Cities in Western Asia Minor*. Grand Rapids : Baker Book House, 1980.

Young, E.J. *The Prophecy of Daniel*. Grand Rapids : Wm.B. Eerdmans Publishing Co., 1980.

Zahn, Theodor. *Introduction to the New Testament*, vol. III. trans. J. M. Trout, W. A. Mather, L. Hodous, E. S. Worcestor, W. _______, H. Worrell & R.B. Dodge. New York : Charles Scribner's

Sons, 1917.

권성수. 《요한계시록》 서울 : 선교횃불, 1999.
김재준. 《요한계시록》 서울 : 대한기독교서회, 1981.
이상근. 《요한계시록》 서울 : 대한예수교장로회총회교육부,1984.
이상찬. 《요한계시록의 아시아 일곱 교회》 대구 : 도서출판 두레마을, 1989.
이순한. 《요한계시록 강해》 서울 : 한국기독교교육연구원, 1985.

요한계시록 주석(12–22장)
개봉된 책

2014년 5월 20일 인쇄
2014년 5월 30일 발행

지은이 | 한명철
발행인 | 이형규
발행처 | 쿰란출판사

주소 | 서울특별시 종로구 이화장길 6(이화동)
TEL | 02-745-1007, 745-1301, 747-1212, 743-1300
영업부 | 02-747-1004, FAX / 02-745-8490
본사평생전화번호 | 0502-756-1004
홈페이지 | http://www.qumran.co.kr
E-mail | qrbooks@daum.net
qrbooks@gmail.com
한글인터넷주소 | 쿰란, 쿰란출판사

등록 | 제1-670호(1988.2.27)

책임교열 | 김주경 · 신영미

값 23,000원

ISBN 978-89-6562-614-5 94230
978-89-6562-615-2(세트)